AutoCAD 2014 und LT 2014

Detlef Ridder

AutoCAD 2014 und LT 2014

für Architekten und Ingenieure

Bibliografische Information der Deutschen Nationalbibliothek
Die Deutsche Nationalbibliothek verzeichnet diese Publikation in der
Deutschen Nationalbibliografie; detaillierte bibliografische
Daten sind im Internet über <http://dnb.d-nb.de> abrufbar.

Bei der Herstellung des Werkes haben wir uns zukunftsbewusst für
umweltverträgliche und wiederverwertbare Materialien entschieden.
Der Inhalt ist auf elementar chlorfreiem Papier gedruckt.

ISBN 978-3-8266-9491-2
1. Auflage 2013

www.mitp.de
E-Mail: kundenservice@hjr-verlag.de
Telefon: +49 6221 / 489 -555
Telefax: +49 6221 / 489 -410

© 2013 mitp, eine Marke der Verlagsgruppe Hüthig Jehle Rehm GmbH
Heidelberg, München, Landsberg, Frechen, Hamburg

Dieses Werk, einschließlich aller seiner Teile, ist urheberrechtlich geschützt.
Jede Verwertung außerhalb der engen Grenzen des Urheberrechtsgesetzes ist
ohne Zustimmung des Verlages unzulässig und strafbar. Dies gilt insbesondere
für Vervielfältigungen, Übersetzungen, Mikroverfilmungen und die
Einspeicherung und Verarbeitung in elektronischen Systemen.

Die Wiedergabe von Gebrauchsnamen, Handelsnamen, Warenbezeichnungen usw.
in diesem Werk berechtigt auch ohne besondere Kennzeichnung nicht zu der Annahme,
dass solche Namen im Sinne der Warenzeichen- und Markenschutz-Gesetzgebung als
frei zu betrachten wären und daher von jedermann benutzt werden dürften.

Lektorat: Sabine Schulz
Sprachkorrektorat: Petra Heubach-Erdmann
Coverbild: Pixel & Création – Fotolia
Satz: III-satz, Husby, www.drei-satz.de
Druck: Westermann Druck Zwickau GmbH

Inhaltsverzeichnis

		Vorwort	21
1		**AutoCAD starten und loslegen**	27
1.1		Die Testversion	27
	1.1.1	Hard- und Software-Voraussetzungen	28
	1.1.2	Installation	29
1.2		Installierte Programme	34
1.3		AutoCAD 2014 und AutoCAD LT 2014	35
1.4		AutoCAD starten	36
	1.4.1	Start	36
1.5		Die AutoCAD-Benutzeroberfläche	38
1.6		Wie kann ich Befehle eingeben?	45
	1.6.1	Befehle eintippen	46
	1.6.2	Befehle und automatisches Vervollständigen	47
	1.6.3	Befehlsabkürzungen	47
	1.6.4	Befehlsoptionen	48
	1.6.5	Befehlsvorgaben	48
	1.6.6	Dynamische Eingabe	49
	1.6.7	Befehlszeile ein- und ausschalten	49
	1.6.8	Multifunktionsleisten und Werkzeugkästen	49
	1.6.9	Kontextmenü	50
	1.6.10	Doppelklicken auf Objekte zum Bearbeiten	50
	1.6.11	Griffmenüs bei markierten Objekten	51
	1.6.12	Heiße Griffe	51
	1.6.13	Kontextmenü: Ausgewähltes hinzufügen	52
	1.6.14	Die Statusleiste	53
	1.6.15	ViewCube	56
	1.6.16	Navigationsleiste	57
	1.6.17	Ansichtssteuerung	58
	1.6.18	Bereichswahl: Modell-Layout	58
	1.6.19	Hilfe	59
	1.6.20	Begrüßungsfenster abschalten	60
1.7		Übungsfragen	61

2	**Einfache Zeichenbefehle**	63
2.1	Vorbereitung für die Zeichenarbeit	63
	2.1.1 Hintergrundfarbe	63
	2.1.2 Die Zeichenhilfen	64
	2.1.3 Zeichenhilfen Fang und Raster	64
	2.1.4 Zoom, Pan und Achsenkreuz	66
2.2	Erste Konstruktion mit Linien	67
2.3	Zeichnungen beginnen, speichern und beenden	72
	2.3.1 Speichern und Speichern unter...	72
	2.3.2 Schließen und beenden	75
	2.3.3 Neue Zeichnung beginnen oder vorhandene öffnen	76
	2.3.4 Weitergeben mit ETRANSMIT	79
	2.3.5 Was tun nach einem Absturz?	80
2.4	Objekte löschen, Befehle zurücknehmen	81
2.5	Architekturbeispiel	83
2.6	Kreise	84
2.7	Rechteck	86
2.8	Solid, Ring und Polylinie	87
2.9	Übungen	90
2.10	Was noch zu bemerken wäre	94
2.11	Übungsfragen	94
3	**Exaktes Zeichnen mit LINIE und KREIS**	95
3.1	Ansichtssteuerung: Zoom-Funktionen	95
3.2	Rechtwinklige Koordinaten	98
	3.2.1 Absolute rechtwinklige Koordinaten	98
	3.2.2 Relative rechtwinklige Koordinaten	99
3.3	Polarkoordinaten	101
	3.3.1 Relative Polarkoordinaten	102
	3.3.2 Absolute Polarkoordinaten	104
	3.3.3 Zusammenfassung der Koordinateneingaben	106
	3.3.4 Beispiel mit verschiedenen Koordinatenarten	106
3.4	Koordinateneingabe im ORTHO-Modus	111
3.5	Absolute rechtwinklige Koordinaten und dynamische Eingabe	113
	3.5.1 Dynamische Eingabe auf absolute Koordinaten einstellen	113
	3.5.2 Absolute Koordinaten im DYN-Modus	114
	3.5.3 Optionen von Befehlen im DYN-Modus	115
	3.5.4 Absolute Koordinaten in der Befehlszeile	118
3.6	Relative rechtwinklige Koordinaten und dynamische Eingabe	119

3.7	Koordinaten-Übung.		122
3.8	Polarfang		122
3.9	Objektfang		126
	3.9.1	Temporärer Objektfang	127
	3.9.2	Permanenter Objektfang	135
	3.9.3	Übungen	137
3.10	Komplexer Objektfang		140
	3.10.1	Objektfangspur – OTRACK	141
	3.10.2	Temporärer Spurpunkt	143
	3.10.3	Von Punkt	145
	3.10.4	Hilfslinie	146
	3.10.5	Parallele	147
	3.10.6	Objektfang »Punktfilter«	148
	3.10.7	Objektfang »Mitte zwischen 2 Punkten«	149
3.11	KREIS		149
	3.11.1	Optionen des Befehls KREIS	150
3.12	Was gibt's noch?		155
3.13	Übungsfragen		156
4	**Grundlegende Editierbefehle und Objektwahl**		**157**
4.1	Übersicht über Editierbefehle		157
4.2	VERSETZ		159
4.3	STUTZEN und DEHNEN		165
4.4	ABRUNDEN, FASE und MISCHEN		172
	4.4.1	Abrunden mit verschiedenen Radien	172
	4.4.2	Abrunden mit Radius 0	174
	4.4.3	Fasen	175
	4.4.4	Die Option POLYLINIE	176
	4.4.5	Stutzen-Modus	177
	4.4.6	Mischen (Kurven Verschmelzen)	178
4.5	Objektwahl		179
	4.5.1	Objektwahlmodi	179
	4.5.2	Übereinander liegende Objekte: Wechselnde Auswahl	189
	4.5.3	Objektwahlen im Kontextmenü	190
	4.5.4	Objektwahl mit Schnellauswahl	191
	4.5.5	Gruppe	192
4.6	Weitere Editierbefehle		194
	4.6.1	SCHIEBEN	195

	4.6.2	KOPIEREN	196
	4.6.3	SPIEGELN	199
	4.6.4	BRUCH	200
	4.6.5	VERBINDEN	202
	4.6.6	DREHEN	203
4.7	Griffe		204
	4.7.1	Griffe als Vorauswahl für nachfolgenden Editierbefehl	205
	4.7.2	Kontextmenü bei aktivierten Griffen	206
	4.7.3	Griff-Menü beim heißen Griff	207
	4.7.4	Griffaktionen mit regelmäßigen Abständen	210
	4.7.5	Griffe-Übung	211
4.8	Kalte Griffe – Multifunktionale Griffe		212
4.9	Eigenschaften von Objekten bearbeiten		214
	4.9.1	Eigenschaften-Manager	214
	4.9.2	Übungen zu den Eigenschaften	218
	4.9.3	Eigenschaften anpassen	220
4.10	Kontextmenüs		221
	4.10.1	Kontextmenü ohne aktiven Befehl	221
	4.10.2	Kontextmenü bei aktivem Befehl	225
	4.10.3	Kontextmenü bei Dialogfenstern	225
	4.10.4	Kontextmenüs für die Statusleiste	226
	4.10.5	Kontextmenü für die Befehlszeile	227
	4.10.6	Kontextmenü im Bereich der Registerkarten	227
4.11	Übungen		228
	4.11.1	Übungsteil: Küche	228
	4.11.2	Übungsteil: Wiege	229
4.12	Was gibt's noch?		229
4.13	Übungsfragen		232
5	**Zeichnungsorganisation: Layer**		**233**
5.1	Layer, Linientypen und Linienstärken		234
	5.1.1	Layer einrichten	234
	5.1.2	Farben	237
	5.1.3	Linientypen	238
	5.1.4	Linienstärken	242
	5.1.5	Hinweis zu normgerechten Linien: Linientypfaktor	242
	5.1.6	Linientypen mit Texten	244
	5.1.7	Transparenz	245

	5.1.8	Modi der Layer	245
	5.1.9	Weitere Layerfunktionen	248
	5.1.10	Layerfilter	250
5.2	Layerstatus-Verwaltung		251
	5.2.1	AutoCAD DesignCenter (ADC)	252
5.3	Standards-Verwaltung (nicht LT)		253
	5.3.1	Standards konfigurieren	254
	5.3.2	Standards überprüfen	254
	5.3.3	Layer konvertieren	256
	5.3.4	Stapelweise Standards überprüfen (nicht LT)	257
5.4	Eine einfache Zeichnungsvorlage erstellen		257
	5.4.1	Fang, Raster, Ortho	257
	5.4.2	Zahlen-Genauigkeit und Einheiten	258
	5.4.3	Zeichnungsvorlage speichern	259
	5.4.4	Zeichnungsvorlage verwenden	260
5.5	Eigenschaften		260
	5.5.1	Eigenschaften-Manager	261
	5.5.2	VonLayer-Einstellungen	261
5.6	Layerzugehörigkeit ändern		262
5.7	Übungen		262
	5.7.1	Grundriss	262
	5.7.2	Übung: Badezimmer	264
5.8	Was gibt's noch?		265
5.9	Übungsfragen		266
6	**Weitere Zeichenbefehle**		**267**
6.1	BOGEN		267
	6.1.1	Linie-Bogen-Übergänge	270
	6.1.2	Bogen editieren	272
6.2	Die Ellipse		272
6.3	Die Polylinie		273
	6.3.1	Die allgemeine Polylinie	273
	6.3.2	Polylinien bearbeiten	282
	6.3.3	Laufrichtung umkehren, Polylinien erweitern	287
	6.3.4	Polylinien mit multifunktionalen Griffen bearbeiten	287
	6.3.5	Geglättete Polylinien mit multifunktionalen Griffen bearbeiten	288
	6.3.6	RECHTECK	289
	6.3.7	POLYGON	290

6.4		RING	291
6.5		SKIZZE	294
6.6		SPLINE	295
6.7		Multilinien	297
	6.7.1	MLINIE (nicht LT)	297
	6.7.2	MLEDIT (nicht LT)	300
	6.7.3	Multilinienstil (nicht in LT)	300
	6.7.4	DLINIE (nur LT)	302
6.8		Regionen	303
6.9		Revisionswolke	306
6.10		ABDECKEN	307
6.11		Ausgewähltes hinzufügen: der universelle Zeichenbefehl	308
6.12		Übungen	308
	6.12.1	Rundbogen aus Rechteck	308
	6.12.2	Fußball	309
	6.12.3	Konstruktion einer Mutter	311
6.13		Was gibt's noch?	313
6.14		Übungsfragen	314
7		**Weitere Editier- und Abfragebefehle**	**315**
7.1		REIHE-Anordnungen	315
	7.1.1	Rechteckige Anordnung	316
	7.1.2	Polare Anordnung	318
	7.1.3	Pfadanordnung	319
	7.1.4	Beispiele	321
	7.1.5	Anordnungen mit multifunktionalen Griffen bearbeiten	325
	7.1.6	Alter Befehl: REIHEKLASS	326
7.2		TEILEN und MESSEN	327
7.3		STRECKEN	328
7.4		VARIA	330
	7.4.1	Skalieren komplexer Objekte	330
7.5		LÄNGE	332
7.6		AUSRICHTEN	333
7.7		Abfragebefehle	334
	7.7.1	ID	334
	7.7.2	BEMGEOM	335
	7.7.3	MASSEIG	341
	7.7.4	LISTE	344
	7.7.5	ZEIT	345

7.8	Übungen		347
	7.8.1	Mutter	347
	7.8.2	Bienenwabe	347
	7.8.3	Schachbrett	348
	7.8.4	Treppe mit Reiherechteck	349
7.9	Was gibt's noch?		351
7.10	Übungsfragen		353
8	**Modellbereich, Layout, Maßstab und Plot**		**355**
8.1	Prinzipielles: Charakteristika von Modellbereich und Layout		355
	8.1.1	Charakteristika Modellbereich	359
	8.1.2	Charakteristika Papierbereich	360
8.2	Maßstabsliste bearbeiten		361
	8.2.1	Maßstabsliste in Vorlage oder in Registry	363
8.3	Vorbereitung: Plotter einrichten		364
	8.3.1	Systemplotter konfigurieren	365
	8.3.2	Rasterplotter konfigurieren	366
8.4	Plotten mit Layout		367
	8.4.1	Layout	367
	8.4.2	Seiteneinrichtung	367
	8.4.3	Zeichnungsrahmen, Schriftfeld	370
	8.4.4	Rahmen einfügen	372
	8.4.5	Ansichtsfenster	373
	8.4.6	Ausschnitt und Ausschnittsprojektion erzeugen	374
	8.4.7	Maßstab einstellen	376
	8.4.8	Weitere Ansichtsfenster-Befehle	376
	8.4.9	Ansichtsfenster ausrichten	377
	8.4.10	Ansichtsfenster-spezifische Layersteuerung	379
	8.4.11	PLOT-Befehl	380
	8.4.12	Farbabhängige Plotstile	382
8.5	Übungsteil		383
8.6	Publizieren		384
8.7	Im Web publizieren		387
8.8	Verwaltung mehrerer Zeichnungen (nicht LT)		387
	8.8.1	Plansatzeigenschaften	389
	8.8.2	Neuer untergeordneter Satz	389
	8.8.3	Neuer Plan	389
	8.8.4	Pläne verschieben und nummerieren	389
	8.8.5	Titelliste erstellen	390

8.9		Was noch zu bemerken wäre	390
8.10		Übungsfragen	392
9		**Texte, Schriftfelder, Tabellen und Schraffuren**	**393**
9.1		Skalierung von Beschriftungen	393
9.2		Beispiel für Beschriftungsskalierung	394
9.3		Die Textbefehle	401
9.4		Textstile	403
9.5		Der dynamische TEXT oder DTEXT	406
	9.5.1	Befehlsablauf	406
	9.5.2	Positionierungsvarianten	407
	9.5.3	Sonderzeichen	408
9.6		Der Befehl MTEXT	409
	9.6.1	Register TEXTEDITOR	409
	9.6.2	Stapeln von Text	413
	9.6.3	Das Textfenster	414
	9.6.4	Sonderzeichen	415
	9.6.5	Rechtschreibprüfung	417
9.7		Texte ändern	418
	9.7.1	Texte skalieren	418
	9.7.2	Textausrichtung ändern	419
	9.7.3	Objekte vom Papier- in den Modellbereich transferieren	420
9.8		Allgemeine Suchfunktion	420
9.9		Schriftfelder	421
9.10		Tabellen	424
	9.10.1	AutoCAD-Tabelle – Excel-Tabelle	427
	9.10.2	Direkte Datenverknüpfung zwischen Tabelle und Excel-Datei	428
9.11		Taschenrechner	429
9.12		Schraffur	431
	9.12.1	Assoziativität der Schraffur	435
	9.12.2	Benutzerdefinierte Schraffur	436
	9.12.3	Schraffur mit Farbverlauf	436
	9.12.4	SCHRAFFEDIT	437
	9.12.5	Schraffieren mit Werkzeugpaletten	438
	9.12.6	Schraffuren spiegeln	439
	9.12.7	Schraffuren stutzen	439
9.13		Übungen	440
	9.13.1	Textstile	440

	9.13.2	Namensschild	440
	9.13.3	Stapeln mit MTEXT	441
	9.13.4	Texte importieren mit MTEXT	441
	9.13.5	Rechtschreibprüfung	441
9.14		Übungsfragen	442
10		**Parametrik (in LT nur passiv)**	443
10.1		Geometrische Abhängigkeiten	446
	10.1.1	Auto-Abhängigkeit	452
10.2		Bemaßungsabhängigkeiten	454
10.3		Der Parameter-Manager	458
10.4		Parametrische Konstruktion im Blockeditor	461
10.5		Übungsfragen	463
11		**Blöcke und externe Referenzen**	465
11.1		Begriffserklärung BLOCK, WBLOCK, XREF	465
11.2		Interne Blöcke	471
	11.2.1	Erzeugen interner Blöcke	471
	11.2.2	Einfügen von Blöcken	474
	11.2.3	Blöcke bereinigen	475
	11.2.4	Layerzugehörigkeit bei Blöcken	477
	11.2.5	Skalierung von Blöcken	477
	11.2.6	Blöcke der Größe 1	478
	11.2.7	Block ändern	480
	11.2.8	Block an Ort und Stelle ändern	480
	11.2.9	Objekte aus Block in Zeichnung kopieren	482
	11.2.10	Block über die Zwischenablage erstellen	483
11.3		Externe Blöcke	484
	11.3.1	Erzeugung externer Blöcke	484
	11.3.2	Einfügen externer Blöcke	487
	11.3.3	Ändern	488
	11.3.4	Aktualisieren	489
11.4		Arbeiten mit dem DesignCenter	489
	11.4.1	Erzeugen von Normteilebibliotheken	490
	11.4.2	Verwenden von Normteilen	490
11.5		Blöcke und die Werkzeugpalette	492
	11.5.1	Normteile in Werkzeugpaletten	493
11.6		Attribute	494

	11.6.1	Attributdefinition	495
	11.6.2	Block mit Attributen erzeugen	498
	11.6.3	Einfügen von Blöcken mit Attributen	498
	11.6.4	Attributwerte ändern	500
11.7	Dynamische Blöcke		502
	11.7.1	Schraube	503
	11.7.2	Fenster	505
	11.7.3	Tisch	506
	11.7.4	Block mit Parametern (nicht LT)	509
11.8	Stücklisten und Excel		512
	11.8.1	Attributsextraktion in der Vollversion	512
	11.8.2	Stücklisten aktualisieren	513
	11.8.3	Attribute in der LT-Version extrahieren	514
	11.8.4	Transfer AutoCAD LT – Excel	517
11.9	Externe Referenzen		519
	11.9.1	Externe Referenzen verwalten	522
11.10	Übungen		526
	11.10.1	Elektroinstallation	526
	11.10.2	Zeichnungsübung	527
11.11	Was gibt's noch?		532
11.12	Übungsfragen		533
12	**Bemaßung**		**535**
12.1	Schnelle Einstellung des Bemaßungsstils		535
	12.1.1	Bemaßungsstile	535
	12.1.2	Maschinenbaubemaßung	536
	12.1.3	Architekturbemaßung	540
12.2	Maßstäbe vorher einstellen		544
12.3	Eine schnelle Bemaßung		545
12.4	Detaillierte Einstellungen für Bemaßungsstile		547
	12.4.1	Registerkarte LINIEN	549
	12.4.2	Registerkarte SYMBOLE UND PFEILE	551
	12.4.3	Registerkarte TEXT	553
	12.4.4	Registerkarte ANPASSEN	555
	12.4.5	Registerkarte PRIMÄREINHEITEN	557
	12.4.6	Registerkarte TOLERANZEN	561
12.5	Bemaßungsbefehle		562
	12.5.1	Linear – Befehl: BEMLINEAR	565

	12.5.2	Ausgerichtet – Befehl: BEMAUSG	565
	12.5.3	Bogenlänge – Befehl: BEMBOGEN	565
	12.5.4	Koordinaten – Befehl: BEMORDINATE	565
	12.5.5	Radius – Befehl: BEMRADIUS	565
	12.5.6	Verkürzt – Befehl: BEMVERKÜRZ	566
	12.5.7	Durchmesser – Befehl: BEMDURCHM	566
	12.5.8	Winkel – Befehl: BEMWINKEL	566
	12.5.9	Basislinie – Befehl: BEMBASISL	567
	12.5.10	Weiter – Befehl: BEMWEITER	568
	12.5.11	Bemaßungsplatz – Befehl: BEMPLATZ	569
	12.5.12	Bemaßungsbruch – Befehl: BEMBRUCH	569
	12.5.13	Toleranz – Befehl: TOLERANZ	570
	12.5.14	Zentrumsmarke – Befehl: BEMMITTELP	571
	12.5.15	Schräg – Befehl: BEMLINEAR und BEMEDIT, Option Schräg	571
	12.5.16	Prüfung – Befehl: PRÜFBEM	571
	12.5.17	Verkürzt linear – Befehl: BEMVERKLINIE	572
12.6		Bemaßungen erneut verknüpfen	572
12.7		Besonderheiten	573
	12.7.1	Bemaßungsfamilien	573
	12.7.2	Überschreiben	574
	12.7.3	Zusätze zur Maßzahl, Sonderzeichen, Fensterhöhen	575
	12.7.4	Hochgestellte Fünf in Architekturbemaßungen	576
	12.7.5	Radius- und Durchmesserbemaßung	576
	12.7.6	Sonderzeichen für Maschinenbau	578
	12.7.7	Abstand Maßlinie – Objekt	579
	12.7.8	Arbeiten mit Griffen	581
	12.7.9	Aktualisieren von Bemaßungen	582
	12.7.10	Überlagerungen mit Bemaßungen	583
	12.7.11	Text und Bemaßung in Schraffuren	585
12.8		Bemaßung bei 3D-Konstruktionen	586
12.9		Führungslinien und Multi-Führungslinien	586
	12.9.1	Führungslinien mit SFÜHRUNG	587
	12.9.2	Führungslinien mit MFÜHRUNG	588
12.10		Zeichnungsübung	590
	12.10.1	Architekturbeispiel	590
	12.10.2	Holztechnik: Schubkasten	591
12.11		Übungsfragen	592

Inhaltsverzeichnis

13	**Einführung in Standard-3D-Konstruktionen (nicht LT)**	593
13.1	3D-Modelle	593
13.2	3D-Benutzeroberflächen	596
13.3	Ansichtssteuerung	597
	13.3.1 Ansichten manipulieren	598
13.4	3D-Koordinaten	600
13.5	Übersicht über die Volumenkörper-Erzeugung	603
	13.5.1 Grundkörper	603
	13.5.2 Bewegungs- und Interpolationskörper	604
	13.5.3 Übereinander liegende Objekte wählen	605
13.6	Konstruieren mit Grundkörpern	606
	13.6.1 Voreinstellungen für den 3D-Start	607
	13.6.2 Die Konstruktion	608
13.7	Die Bewegungs- und Interpolationskörper	614
13.8	Volumenkörper bearbeiten	621
	13.8.1 ABRUNDEN und FASE: Bekannte Befehle mit anderem 3D-Ablauf	622
	13.8.2 Für 3D-Konstruktionen nützliche Befehle	624
	13.8.3 Boolesche Operationen	629
	13.8.4 Volumenspezifische Editierbefehle.	630
13.9	Konstruktionsbeispiele	637
	13.9.1 Badewanne	637
13.10	Übungen.	640
	13.10.1 Haus modellieren	640
	13.10.2 Kirchlein mit Wandstärken, Fenstern und Beleuchtung . .	645
	13.10.3 Greifer in 3D	647
13.11	Übungsfragen	648
14	**Modellieren mit Volumenkörpern, NURBS und Netzen (nicht LT)**	649
14.1	Gründe für Volumenmodellierung	649
14.2	Der Arbeitsbereich 3D-Modellierung – Übersicht.	649
14.3	2D-Objekte dreidimensional machen (auch in LT)	658
	14.3.1 Objekthöhe	658
	14.3.2 Erhebung.	658
	14.3.3 Drahtmodell – Konstruktionen mit Kurven.	660
14.4	Modellieren mit Flächen	662
	14.4.1 Register FLÄCHE Gruppe ERSTELLEN.	663
	14.4.2 Register FLÄCHE Gruppe BEARBEITEN	668

	14.4.3	Register FLÄCHE Gruppe KONTROLLSCHEITELPUNKTE	671
	14.4.4	Register FLÄCHE Gruppe GEOMETRIE PROJIZIEREN	674
	14.4.5	Register FLÄCHE Gruppe ANALYSE.	674
	14.4.6	Beispiel: Flächenmodell mit Lofting-Flächen	675
14.5	Modellieren mit Netzen		682
14.6	Modellieren mit Netzkörpern................................		684
	14.6.1	Beispiel für 3D-Modellierung	691
14.7	Aufbereitung zum Plotten		693
	14.7.1	Standard-Ansichten aus dem Modellbereich heraus erstellen	693
	14.7.2	Ansichtsverwaltung im Layout	694
14.8	3D-Darstellung		697
	14.8.1	Visuelle Stile....................................	697
	14.8.2	Rendern mit Materialien und Beleuchtung............	700
	14.8.3	Render-Optimierung	705
14.9	Bewegungspfad-Animation		710
14.10	Stereobilder für 3D-Zeichnungen		713
14.11	Was gibt's noch?		716
14.12	Übungsfragen		717
15	**Benutzeranpassungen.**....................................		**719**
15.1	Hilfe in AutoCAD		719
15.2	Schnelle Bedienung mit Tastenkürzeln.......................		720
15.3	AutoCAD zurücksetzen		722
15.4	Einstellung der OPTIONEN in AutoCAD........................		722
	15.4.1	Register DATEIEN..................................	723
	15.4.2	Register ANZEIGE..................................	725
	15.4.3	Register ÖFFNEN UND SPEICHERN	726
	15.4.4	Register PLOTTEN UND PUBLIZIEREN	727
	15.4.5	Register SYSTEM...................................	728
	15.4.6	Register BENUTZEREINSTELLUNGEN...............	729
	15.4.7	Register ZEICHNEN	730
	15.4.8	Register 3D-MODELLIERUNG (nicht LT).............	731
	15.4.9	Register AUSWAHL	732
	15.4.10	Register PROFIL (nicht LT)........................	733
	15.4.11	Register ONLINE	734

15.5	CUIX-Datei für AutoCAD anpassen	734
	15.5.1 Neuer Werkzeugkasten	736
	15.5.2 Eigene Multifunktionsregister	737
	15.5.3 Eigene Werkzeuge im CUSTOM-Menü	739
	15.5.4 Eigene Menüs	743
15.6	Anpassen von Werkzeugpaletten	744
15.7	Zusatzprogramme in AutoLISP (nicht LT)	746
	15.7.1 Einführung in das Programmieren in AutoLISP	746
	15.7.2 Erstes Programm	747
	15.7.3 Programm für Variantenkonstruktion	749
	15.7.4 AutoLISP- oder weitere Zusatzprogramme laden	755
	15.7.5 AutoLISP-Übersicht	756
15.8	Befehlsskripte	757
15.9	Der Aktions-Rekorder (nicht LT)	760
15.10	Die Express-Tools (nicht LT)	761
	15.10.1 Blocks (Blöcke)	762
	15.10.2 Text (Text)	762
	15.10.3 Modify (Ändern)	763
	15.10.4 Layout Tools (Layout-Werkzeuge)	764
	15.10.5 Draw (Zeichnen)	764
	15.10.6 Dimension (Bemaßung)	765
	15.10.7 Tools (Werkzeuge)	765
	15.10.8 WEB-Tools (Internet-Werkzeuge)	766
	15.10.9 Nur im Menü: Selection Tools (Objektwahl)	766
	15.10.10 Nur im Menü: File Tools (Dateiwerkzeuge)	766
	15.10.11 Nur im Menü: Web Links (Internet-Links)	767
	15.10.12 Nur im Menü: Express-Tools FAQ (Häufig gestellte Fragen)	767
	15.10.13 Nur im Menü: Help (Hilfe)	767
	15.10.14 Befehle zur Eingabe im Textfenster	767
15.11	Wichtige Systemvariablen	768
15.12	Was gibt es sonst noch?	770
	15.12.1 Neue Befehlsvorgaben bearbeiten	770
15.13	Übungsfragen	770
16	**Plugins – Autodesk 360 – Verfügbare Apps**	**771**
16.1	Der Content Explorer	771
16.2	Apps managen	775

16.3	Import von SketchUp-Dateien	776
16.4	Autodesk 360	777
	16.4.1 Direkt im Internet bearbeiten: AutoCAD WS (Web Space)	780
16.5	Apps nun auch für AutoCAD	782
16.6	Übungsfragen	783
A	**Fragen und Antworten**	785
B	**Inhalt der DVD**	805
	Stichwortverzeichnis	807

Vorwort

Neu in AutoCAD 2014 und AutoCAD LT 2014

Jedes Jahr Ende März erscheint eine neue AutoCAD-Version. Sowohl die Vollversion als auch die LT-Version (Light) warten immer wieder mit verbesserten und neuen Funktionen auf. Alle drei Jahre gibt es ein neues Hauptrelease mit neuen Objekten oder Verfahren und auch mit einem neuen DWG-Format. Das aktuelle Release 2014 ist kein solches Hauptrelease. Das Format der Zeichnungsdateien bleibt also dasselbe wie für die letzte Version.

Bei der Version AutoCAD 2014 wird das Schwerpunktthema *Verbesserungen im Bereich der Benutzerinteraktion* von Version 2013 etwas fortgesetzt: Für die Befehlseingabe gibt es jetzt zusätzlich zum *Auto-Vervollständigen*, das die teilweise Eingabe eines Befehls erlaubt, mehrere weitere Eingabeerleichterungen:

- *Auto-Vervollständigen* mit *Suche in der Textmitte* möglicher Befehle,
- *Auto-Korrektur* sucht nach ähnlichen Befehlen bei Schreibfehlern,
- eine *dynamische Vorschlagsliste* passt sich nach Häufigkeit ihren üblichen Schreibfehlen an,
- Eine *Synonymliste* erlaubt andere als die vorgegebenen Befehlsnamen zu verwenden (Liste ist bearbeitbar),
- Systemvariablen und ähnliches werden in der Vorschlagsliste ggf. in *Kategorien* zusammengefasst und können aufgeblättert werden.

Eine Arbeitserleichterung bieten auch die *Datei-Reiter* über dem Zeichenbereich. Pro geöffneter Datei existiert ein Reiter, wodurch der Wechsel von Zeichnung zu Zeichnung sehr einfach wird.

Bei Verwaltung von *Layern* und externen *Referenzen* gibt's noch einige Verbesserungen und Kleinigkeiten bei diversen Befehlen.

Im 3D-Bereich hat sich die Georeferenzierung grundlegend geändert. Sie läuft nur noch entweder über direkte Eingabe der geografischen Koordinaten Länge- und Breitengrad, oder über eine *.kml/*.kmz-Datei aus Google Earth oder über die von Autodesk angebotene Kartensoftware. Letztere setzt aber mindestens voraus, dass Sie sich eine Autodesk-ID besorgt haben. Das ist kostenlos und unkompliziert möglich unter **www.autodesk.de**, Rubrik SUPPORT, dann REGISTRIERUNG UND CODES und dort wählen Sie BENUTZER ID ERSTELLEN.

Die interessanteren Neuigkeiten finden Sie im Bereich der Internet-Funktionalität. Auch für diese ist eine *Benutzer ID* nötig. Cloud-basierte Funktionen werden im Zusammenhang mit dem Cloudbereich *Autodesk 360* angeboten. Schon in Version 2013 konnten Zeichnungen und Systemeinstellungen in der Cloud gespeichert und von dort wieder abgerufen werden. Das wurde nun noch ergänzt durch weitere speicherbare Zeichnungseinstellungen und vor allem durch die *Design-Feeds*. Letztere ermöglichen die Erstellung von Notizen und Markern in einer Cloud-basierten Zeichnung mit der Möglichkeit, anderen Projektpartnern diese quasi in Echtzeit zu mailen.

Weiter gibt es jetzt einen Apps-Store *Autodesk Exchange*, bestückt mit zahlreichen interessanten Apps, teilweise gratis, teilweise gebührenpflichtig. Eine komplette Registerleiste ist für heruntergeladene Apps vorgesehen.

Für wen ist das Buch gedacht?

Dieses Buch wurde in der Hauptsache als Buch zum Lernen und zum Selbststudium konzipiert. Es soll AutoCAD-Neulingen einen Einstieg und Überblick über die Arbeitsweise der Software geben, unterstützt durch viele Konstruktionsbeispiele. Die grundlegenden Bedienelemente werden schrittweise in den Kapiteln erläutert. Spezielle trickreiche Vorgehensweisen werden am Ende der Kapitel mit kurzen Tipps dargestellt.

Das Buch wendet sich an Konstrukteure aus verschiedenen Fachrichtungen, nicht nur Architektur, sondern auch Metallbau, Holzbearbeitung, Maschinenbau und auch Elektronik. Die Beispiele wurden aus diesen verschiedenen Branchen gewählt, wobei ein gewisses Schwergewicht auf dem oft vernachlässigten Bereich Architektur liegt.

In den Anfangskapiteln wird besonders darauf Wert gelegt, dem Benutzer für die ersten Schritte mit präzise und detailliert dokumentierten Beispielen das erfolgreiche Konstruieren zu garantieren. Jede einzelne Eingabe wird in den ersten Kapiteln dokumentiert und kommentiert. Das Buch führt somit von Anfang an in die CAD-Arbeit für Architekten, Handwerker und Ingenieure ein und stellt die AutoCAD-Grundfunktionen in diesen Bereichen dar. Insbesondere soll durch die authentisch wiedergegebenen Bedienbeispiele in Form von Befehlsprotokollen auch ein schnelles autodidaktisches Einarbeiten erleichtert werden. Der Leser wird im Laufe des Lesens einerseits die Befehle und Bedienelemente von Auto-CAD in kleinen Schritten erlernen, aber darüber hinaus auch ein Gespür für die vielen Anwendungsmöglichkeiten entwickeln. Wichtig ist es insbesondere, die Funktionsweise der Software unter verschiedenen praxisrelevanten Einsatzbedingungen kennen zu lernen. In vielen besonders markierten Tipps werden dann auch die kleinen Besonderheiten und Raffinessen zur effizienten und flüssigen

Arbeit erwähnt, die Ihnen langwierige und mühsame Experimente mit verschiedenen Befehlen ersparen sollen.

In zahlreichen Kursen, die ich für die *Handwerkskammer für München und Oberbayern* abhalten durfte, habe ich erfahren, dass gute Beispiele für die Befehle mehr zum Lernen beitragen als die schönste theoretische Erklärung. Erlernen Sie die Befehle und die Vorgehensweisen, indem Sie gleich Hand anlegen und mit dem Buch vor sich jetzt am Computer die ersten Schritte gehen. Sie finden hier zahlreiche Demonstrationsbeispiele, aber auch Aufgaben zum Selberlösen. Wenn darunter einmal etwas zu Schwieriges ist, lassen Sie es zunächst weg. Sie werden sehen, dass Sie etwas später nach weiterer Übung die Lösungen finden. Benutzen Sie die Dokumentationen und insbesondere das Register an Ende auch immer wieder zum Nachschlagen.

Umfang des Buches

Das Buch ist in 16 Kapitel gegliedert und kann, sofern genügend Zeit (ganztägig) vorhanden ist, vielleicht in zwei bis drei Wochen durchgearbeitet werden. Am Ende jedes Kapitels finden Sie Übungsaufgaben zum Konstruieren und auch Übungsfragen zum theoretischen Wissen. In beiden Fällen liegen auch die Lösungen vor, so dass Sie sich kontrollieren können. Nutzen Sie diese Übungen im Selbststudium und lesen Sie ggf. einige Stellen noch mal durch, um auf die Lösungen zu kommen. An vielen Stellen waren auch kleine Tipps nötig, die extra hervorgehoben wurden. Auch wurden kleine Ergänzungen zu spezielleren Tricks und Vorgehensweisen am Ende mehrerer Kapitel hinzugefügt unter dem Titel *Was gibt's sonst noch?* Darin finden Sie Hinweise auf Details, die vielleicht für das eine oder andere Konstruktionsgebiet interessant sein können, aber keinen Platz mit einer ausführlichen Darstellung im Buch gefunden haben. Das sind oft Dinge, die Sie beim ersten Lesen auslassen können.

Die Konstruktionsbeispiele wurden so dokumentiert, dass Sie den kompletten Befehlsablauf mit den AutoCAD-Ausgaben in normalem Listing-Druck und die nötigen Eingaben Ihrerseits in Fettdruck finden. Dazu wurden ausführliche Erklärungen und Begründungen für Ihre Eingaben ebenfalls im Fettdruck abgedruckt. Bei den meisten Befehlsaufrufen sind die Werkzeugbilder oder Icons dargestellt. Um den Text in den protokollierten Beispielen kompakt zu halten, wurden sich wiederholende Teile des Dialogs durch »...« ersetzt. Auch für Optionen, die für die aktuelle Eingabe nicht wichtig sind, steht oft »...«.

Sie werden natürlich feststellen, dass dieses Buch nicht alle Befehle und Optionen von AutoCAD beschreibt. Sie werden gewiss an der einen oder anderen Stelle tiefer einsteigen wollen. Den Sinn des Buches sehe ich eben darin, Sie für die selbstständige Arbeit mit der Software vorzubereiten. Sie sollen die Grundlinien und Konzepte der Software kennen lernen. Mit dem Studium des Buches haben Sie dann die wichtigen Vorgehensweisen und Funktionen kennen gelernt, so dass Sie sich auch mit den Online-Hilfsmitteln der Software dann weiterbilden können.

Für weitergehende Fragen steht Ihnen eine umfangreiche Hilfefunktion in der Software selbst zur Verfügung. Dort können Sie nach weiteren Informationen suchen. Es hat sich gezeigt, dass man ohne eine gewisse Vorbereitung und ohne das Vorführen von Beispielen nur sehr schwer in diese komplexe Software einsteigen kann. Mit etwas Anfangstraining aber können Sie dann leicht Ihr Wissen durch Nachschlagen in der Online-Dokumentation oder über die Online-Hilfen über das Internet erweitern, und darauf soll Sie das Buch vorbereiten.

Über die E-Mail-Adresse DRidder@t-online.de erreichen Sie den Autor bei wichtigen Problemen direkt. Auch für Kommentare, Ergänzungen und Hinweise auf eventuelle Mängel bin ich Ihnen immer dankbar. Geben Sie als Betreff dann immer den Buchtitel an.

Übungsbeispiele, dynamische Eingabe und andere Zeichenhilfen (wichtig!)

Sie finden in AutoCAD in der Statusleiste unten in der linken Hälfte eine große Anzahl von Zeichenhilfen. Von denen sind standardmäßig etliche voreingestellt für den professionellen Einsatz. Für den Anfang wäre es aber besser, davon erst einmal die meisten abzuschalten. Hier gilt auch die Devise »Weniger ist mehr«. Seit AutoCAD 2006 gibt es dort insbesondere die dynamische Eingabeoption *Dyn*. Damit können Sie durch Voreinstellung angeben, wie Ihre Koordinateneingaben verwertet werden sollen: absolut, relativ, rechtwinklig oder polar. Ihre Eingabe und das Echo von AutoCAD in der Befehlszeile können dann eventuell unterschiedlich aussehen. Damit Sie bei Ihren Übungen im Vergleich mit den im Buch wiedergegebenen Koordinatenwerten nicht durcheinanderkommen, empfehle ich, die dynamische Eingabe zunächst zu deaktivieren. Dazu müssten Sie unten in der Statusleiste von AutoCAD das kleine Werkzeug Dyn bzw. (Hilfetext Dynamische Eingabe) mit einem Mausklick ausschalten. Danach können Sie die Koordinaten alle so eingeben wie im Buch angegeben. Diese *Zeichenhilfen* können Sie insbesondere auf *Textanzeige* umstellen, indem Sie dort oft einem beliebigen Icon Rechtsklicken und mit einem Klick die Option *Symbole verwenden* abschalten.

Schreibweise für die Befehlsaufrufe

Da die Befehle auf verschiedene Arten eingegeben werden können, die Multifunktionsleisten sich aber wohl als normale Standardeingabe behaupten, wird hier generell die Eingabe für die Multifunktionsleisten beschrieben, sofern nichts anderes erwähnt ist. Ein typischer Befehlsaufruf wäre beispielsweise Start|Zeichnen| Linie (Register|Gruppe|Funktion). Als Arbeitsbereich wird dann Zeichnen & Beschriftung vorausgesetzt, nur für die Kapitel 12 und 13, in denen es um 3D-

Konstruktion geht, wird der Bereich 3D-GRUNDLAGEN bzw. 3D-MODELLIERUNG vorausgesetzt.

Oft gibt es in den Befehlsgruppen noch Funktionen mit Untergruppierungen, so genannte Flyouts, oder weitere Funktionen hinter der Titelleiste der Gruppe. Wenn solche aufzublättern sind, wird das mit dem Zeichen ▾ angedeutet. Oft findet sich auch in der rechten Ecke des Gruppentitels ein spezieller Verweis auf besondere Funktionen, mit denen meist Voreinstellungen vorzunehmen sind. Das Zeichen dafür ist ein kleines Pfeilsymbol nach rechts unten. Es wird im Buch mit ↘ dargestellt.

Die Befehle können prinzipiell auch über *Werkzeugkästen* (z.B. in der Oberfläche AUTOCAD KLASSISCH) aufgerufen werden oder über das sehr schön logisch gegliederte *Menü*. Da beides aber inzwischen vor den modernen Oberflächen mit *Multifunktionsleisten* verdrängt wurde, werden *Werkzeugkästen* und *Menüs* in diesem Buch nicht mehr referenziert werden. Die Menüleiste kann über die Dropdown-Liste des SCHNELLZUGRIFF-WERKZEUGKASTENS ▾ aktiviert werden. Manchmal ist es für einige Arbeiten auch nützlich, Werkzeugkästen zusätzlich zu aktivieren. Dies geschieht am einfachsten über das Menü EXTRAS|WERKZEUGKÄSTEN|AUTOCAD|NAME DES WERKZEUGKASTENS.

Inhalt der DVD und Verwendung der Testversion

Vollversionen von AutoCAD 2014 sind mit freundlicher Genehmigung der Firma Autodesk auf der beiliegenden DVD als Testversionen für 32- und 64-Bit-Windows enthalten. Sie dürfen ab Installation 30 aufeinanderfolgende Tage (Kalendertage) zum Testen benutzt werden. Der 30-Tage-Zeitrahmen für die Testversion gilt strikt. Eine De-Installation und Neu-Installation bringt keine Verlängerung des Zeitlimits. Auch die Installation mit einer neuen DVD funktioniert nicht, da die Testversion nach einer erstmaligen Installation auf Ihrem PC registriert ist. Für produktive Arbeit müssen Sie dann eine kostenpflichtige Lizenz bei einem autorisierten Händler erwerben. Adressen erfahren Sie dafür unter www.autodesk.de.

Daneben sind auf der DVD noch die Zeichnungen und Übungen aus den einzelnen Kapiteln des Buches gespeichert und analog zu den Kapiteln durchnummeriert. Am besten kopieren Sie sich die Zeichnungen in Ihr Verzeichnis `Eigene Dokumente` auf der Festplatte, um dann dort auch Änderungen vornehmen zu können.

Von der DVD her werden die Dateien dann aber noch den Schreibschutz besitzen. AutoCAD wird sich deshalb weigern, diese Dateien nach Bearbeitung unter gleichem Namen zu speichern. Deshalb empfehle ich,

- mit dem Windows Explorer die Dateien im Verzeichnis Eigene Dokumente zu markieren (erste Datei normal anklicken und die letzte mit gehaltener Shift-Taste anklicken),
- mit Rechtsklick das Kontextmenü aufzurufen,
- dort EIGENSCHAFTEN anzuklicken und
- im EIGENSCHAFTEN-Dialogfeld die Option SCHREIBGESCHÜTZT zu deaktivieren.

Die Übungen sind ähnlich denen im Buch aufgebaut, sie hatten aber leider dort keinen Platz mehr. Deshalb wurden Sie als PDF-Dateien auf der DVD hinzugefügt. Da in diesen Beispielen alle Eingaben nachvollziehbar gestaltet sein müssen, wurde hier natürlich auf die raffinierteren Bedienmethoden über Griff-Menüs oder heiße Griffe verzichtet. Versuchen Sie selbst, in der Hinsicht noch die Aktionen zu verkürzen.

Zur genauen Beschreibung der Daten auf der DVD lesen Sie bitte dort die Datei Liesmich.txt.

Wie geht's weiter?

Mit der AutoCAD-Testversion und den hier angebotenen drei Lernmitteln, nämlich dem Buch, den Beispielzeichnungen und den Multimedia-Tutorials, hoffe ich, Ihnen ein effektives Instrumentarium zum Erlernen der Software zu bieten. Weitere vollständig dokumentierte Übungsbeispiele, die nicht mehr ins Buch passten, finden Sie auch noch auf der DVD als PDF-Dateien. Benutzen Sie auch den Index zum Nachschlagen und unter AutoCAD die Hilfefunktion zum Erweitern Ihres Horizonts. Dieses Buch kann bei Weitem nicht erschöpfend sein, was den Befehlsumfang von AutoCAD betrifft. Probieren Sie daher immer wieder selbst weitere Optionen der Befehle aus, die ich in diesem Rahmen nicht beschreiben konnte. Arbeiten Sie viel mit Kontext-Menüs und Griffen, sowie deren Menüs. Das Buch hat viel Mühe gekostet, aber ich hoffe, dass es sich lohnen wird, um Ihnen als Leser eine gute Hilfe zum Start in das Thema AutoCAD 2014 zu geben. Ich wünsche Ihnen damit viel Spaß und Erfolg bei der Arbeit mit dem Buch und mit der AutoCAD-Software.

Detlef Ridder
Germering, den 1.7.2013

Kapitel 1

AutoCAD starten und loslegen

In diesem einleitenden Kapitel wird grundlegend in die Programmbenutzung eingeführt. Sie lernen zuerst den AutoCAD-Bildschirm mit seinen Bedienelementen kennen. Schließlich wird auch die grundlegende Dateiverwaltung erläutert.

1.1 Die Testversion

Testversionen von AutoCAD 2014 für 32- und 64-Bit-Betriebssysteme befinden sich auf der beiliegenden DVD. Sie können 30 Kalendertage (gerechnet ab dem Installationstag) zum Testen benutzt werden. Eine Testversion kann auf einem PC nur ein einziges Mal installiert werden.

Alternativ können Sie sich von Autodesk auch Testversionen aus dem Internet herunterladen. Dort wäre auch AutoCAD LT und eine Version für den Mac (in Englisch) verfügbar:

- http://www.autodesk.de
- Links auf *Kostenlose Testversionen* klicken.

Im nächsten Fenster unter *Kostenlose Testversionen von CAD-Programmen* wählen Sie *AutoCAD* oder *AutoCAD LT*.

- Im darauffolgenden Fenster können Sie unter *Testversion herunterladen* noch zwischen *Autodesk AutoCAD 2014* und *AutoCAD 2013 for Mac* (nur in Englisch und zunächst auch nur die 2013er Version) wählen. Dann müssen Sie noch die gewünschte Sprachversion *Deutsch* und die Betriebssystemversion *32-Bit* oder *64-Bit* auswählen. Dann müssen Sie die *Autodesk-Datenschutzrichtlinien* akzeptieren und dürfen auf *Jetzt installieren* klicken.
- Für den Erwerb einer länger nutzbaren Studentenversion finden Sie in diesem Fenster oben rechts einen Link *Besuchen Sie die Autodesk Education-Community*.
- Um zu erfahren, welche Anforderungen an Hard- und Software gestellt werden, klicken Sie neben *Jetzt installieren* auf *Hilfe zur Installation*

> **Hinweis**
>
> Bitte beachten Sie, dass der Verlag weder technischen noch inhaltlichen Support für die AutoCAD-Testversionen übernehmen kann. Bitte wenden Sie sich ggf. an den Hersteller Autodesk: www.autodesk.de.

1.1.1 Hard- und Software-Voraussetzungen

AutoCAD 2014 bzw. LT 2014 läuft unter folgenden Microsoft-Windows-Betriebssystemen:

- Windows XP Home oder Professional ab Service Pack 3 (für 32 Bit-Version),
- Windows XP Professional (für 64 Bit-Version) ab Service Pack 2,
- Windows 7 Enterprise, Ultimate, Professional oder Home Premium,
- Windows 8 Standard, Enterprise oder Professional.

Zusätzlich ist mindestens Microsoft Internet Explorer 7.0 für die Installation und Hilfe nötig.

Bei der Hardware wird mindestens SSE2-Technologie mit folgenden Prozessoren vorausgesetzt:

- Für 32-Bit-Betriebssysteme: Mindestens 1,6 GHz für Windows XP bzw. 3,0 GHz für Windows 7 und 8
  - Intel Pentium 4-Prozessor
  - AMD Athlon Dual Core-Prozessor
- Für 64-Bit-Betriebssysteme:
  - Intel Pentium 4-Prozessor mit EM64T-Unterstützung
  - Intel Xeon-Prozessor mit EM64T-Unterstützung
  - AMD Athlon 64-Prozessor
  - AMD Opteron-Prozessor

Ferner wird benötigt

- mindestens 2 GB RAM Speicher für AutoCAD 2014 bzw. 1 GB RAM für AutoCAD LT 2014, empfohlen wird 4 GB bzw. 2 GB
- Bildschirmauflösung ab 1024x768 Pixel mit True Color, empfohlen werden 1600x1050 Pixel und mehr
- 6 GB freier Speicherplatz (3 GB für die LT-Version) auf der Festplatte zur Installation, > 8 GB zum Betrieb
- Microsoft-Mouse-kompatibles Zeigegerät (am besten optische Wheel-Mouse), 3D-Maus (z.B. SpaceMouse) oder Trackball

- DVD-Laufwerk für die Installation
- Grafikkarte ab 128 MB, True Color, Windows-fähig, zur Nutzung der Hardwarebeschleunigung muss DirectX (für LT-Version) bzw. Direct3D installiert sein.

Grafikkarte und Treiber werden beim ersten Start auf ihre Leistung überprüft und die Voreinstellungen für fortgeschrittene 3D-Darstellungen ggf. angepasst. Auto-CAD bietet dann auch die Möglichkeit zum Treiber-Update übers Internet. Wenn die Grafikkarte nicht allen Ansprüchen der Software genügt, können die 3D-Darstellungsfeatures heruntergeschaltet werden.

Sie können anstelle der normalen Maus auch die 3D-Maus von 3D-Connexion verwenden. Diese Maus kann mit ihren Funktionen dann auch in die Navigationsleiste rechts am Bildschirmrand integriert werden.

Wer viel im 3D-Bereich arbeitet und fotorealistische Darstellungen erzeugt, sollte mit RAM-Speicher nicht sparen und vielleicht auf 8 GB aufrüsten, ebenso mindestens 3-GHz-Prozessoren und eine Grafikauflösung ab 1280x1024 Pixel verwenden.

1.1.2 Installation

Obwohl Sie zur Ausführung von AutoCAD nur einfache Benutzerrechte benötigen, müssen Sie für die Installation Administratorrechte auf dem PC besitzen. Vor der Installation schließen Sie bitte alle Programme.

Nach Einlegen der Buch-DVD wählen Sie mit dem WINDOWS-EXPLORER aus dem Verzeichnis \AUTOCAD die zu Ihrem Betriebssystem passende *.EXE-Datei mit einem Doppelklick. Das Entpacken und Installieren der Software beginnt automatisch.

Bei einer gekauften Version auf einer Original-AutoCAD-DVD startet die Installation nach dem Einlegen automatisch. Sollte die Installation nicht von selbst starten, dann wählen Sie die Betriebssystemfunktion START|ALLE PROGRAMME|ZUBEHÖR|AUSFÜHREN... oder START|AUSFÜHREN... und geben dort unter PROGRAMME/DATEIEN DURCHSUCHEN die Datei SETUP.EXE auf dem DVD-Laufwerk an (üblicherweise Laufwerk D:).

Wenn Sie die Downloaddatei aus dem Internet verwenden wollen, können Sie gleich beim Download die Option *Installieren* wählen.

Die folgenden Dialogfenster können Sie meist mit Klick auf WEITER durchlaufen:

1. Begrüßungsbild: Wählen Sie INSTALLIEREN (Abbildung 1.1).
2. Auf der zweiten Seite müssen Sie den Lizenzvertrag mit *I accept* akzeptieren, erst dann kommen Sie weiter (Abbildung 1.2).

Kapitel 1
AutoCAD starten und loslegen

Abb. 1.1: Produkte installieren

Abb. 1.2: Lizenzvertrag

3. Es folgt eine Seite mit Auswahl des Installationstyps: *Einzelplatz* oder *Netzwerk* (nicht LT). Hier wäre also *Einzelplatz* zu wählen. Dann folgt die Abfrage von Seriennummer und Produktschlüssel (bei einer gekauften Version stehen diese Angaben in den beiliegenden Unterlagen oder auf der Verpackung der DVD). Wenn Sie nur eine Installation für einen 30-Tage-Test machen wollen, wählen Sie ICH MÖCHTE DIESES PRODUKT FÜR 30 TAGE TESTEN. Sie müssen dann weder Seriennummer noch Produktschlüssel eingeben.

Abb. 1.3: AutoCAD-2014-Komponenten konfigurieren

4. Das nächste Dialogfenster heißt INSTALLIEREN > INSTALLATION KONFIGURIEREN. Hierüber lassen sich die gewählten Produkte AUTOCAD 2014 oder AUTOCAD LT 2014 und AUTODESK RECAP (nicht bei LT) noch konfigurieren (Abbildung 1.3).
5. Bei AUTOCAD 2014 oder AUTOCAD LT 2014 können Sie nach Klick auf ▼ die Installationsdetails einstellen:
    - Das Programm sucht zuerst bei vorhandener Netzwerkverbindung nach den neuesten Service Packs, verarbeitet sie und meldet den aktuellen Stand.
    - Unter UNTERKOMPONENTEN werden *Manager-Werkzeuge* und das *Exchange-Plugin* für APPS angeboten. Da etliche APPS aus dem Autodesk Shop gratis sind, ist das auf jeden Fall nützlich.
    - Wählen Sie darunter bei INSTALLATIONSTYP im Normalfall die Option STANDARD. Die nützlichen EXPRESS TOOLS (nicht bei LT-Version) sollten Sie unter OPTIONALE WERKZEUGE INSTALLIEREN aktivieren.
    - Über ZURÜCK kommen Sie wieder in das übergeordnete Fenster zurück.

6. In der zweiten Zeile (Abbildung 1.3) wird für die AutoCAD-Vollversion (nicht für LT) das Zusatzprogramm AUTODESK RECAP (Reality Capture) angeboten. Dies ist eine Zugabe, mit der Sie 3D-Modelle aus mehreren Fotos oder aus Punktewolken eines 3D-Laserscanners erstellen können. Die Software ist ein Blick in die Zukunft zur Erstellung von 3D-Objekten.

7. Nach Abschluss dieser Einstellungen finden Sie weiter unter DURCHSUCHEN den Speicherort und die Speicherplatzanforderungen und können ggf. den Installationspfad auf ein anderes Laufwerk oder einen anderen Pfad umsetzen. Danach klicken Sie auf INSTALLIEREN. Es folgt die Anzeige des Installationsfortschritts. Mit FERTIG STELLEN beenden Sie die Installation (Abbildung 1.4).

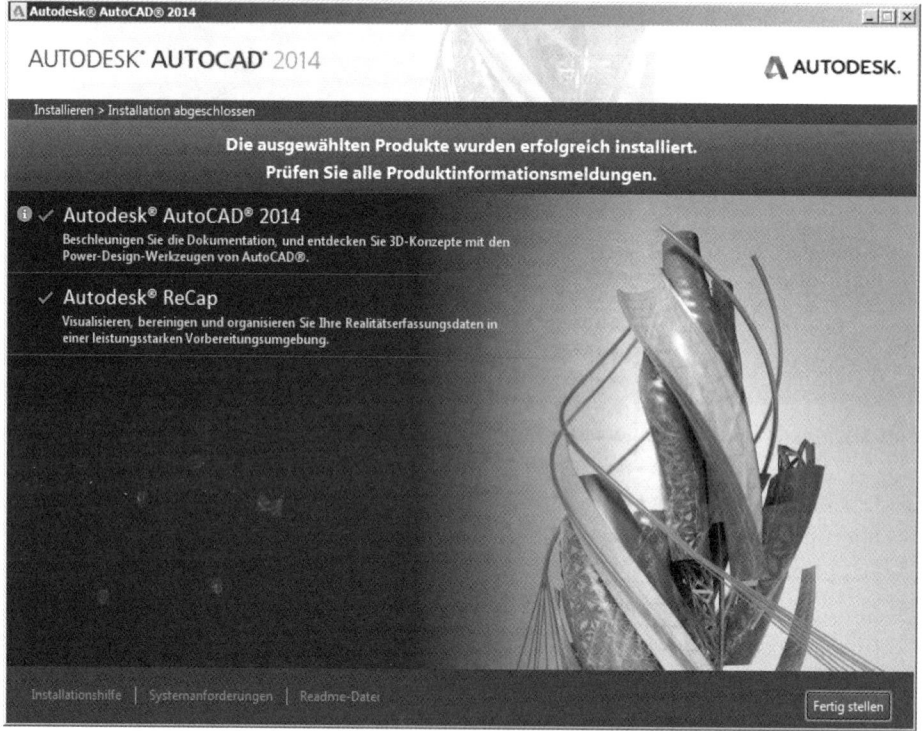

Abb. 1.4: Abschluss der Installation

Beim ersten Start des Programms mit einem Klick auf das AutoCAD-Symbol auf dem Desktop können Sie entweder das Programm aktivieren lassen, wenn Sie es als lizenzierte Version benutzen wollen, oder für 30 Kalendertage als Testversion ausführen. In dieser Zeit dürfen Sie die Funktionen von AutoCAD austesten, aber keine produktiven Arbeiten damit ausführen. Wenn Sie dazu einfach PRODUKT AUSFÜHREN anklicken, werden Sie regelmäßig informiert, wie viele Kalendertage Ihnen noch als Testversion verbleiben.

Tipp

Strikte 30-Kalendertage-Test-Phase!

Bedenken Sie bei der Installation auch, dass die Test-Phase exakt vom Installationstag an in Kalendertagen zählt und eine spätere Neuinstallation zur Verlängerung der Test-Phase keinen Zweck hat. Nach den 30 Tagen ab Erstinstallation kann und darf die Software nur noch nach Kauf benutzt werden! Die Zeitspanne für die 30-Tage-Testperiode lässt sich nicht durch Neuinstallation umgehen!

AutoCAD legt beim ersten Start für jeden Benutzer private Verzeichnisstrukturen an, in denen die Dateien gehalten werden, die der Benutzer ggf. anpassen möchte. Die unten gezeigten Verzeichnisbäume wurden unter dem aktuellen Benutzer angelegt. Die meisten Dateien liegen im Unterverzeichnis SUPPORT. Die typischen Dateien sind:

- acad.cuix, acad.mnr, acad.mnl (bei LT: acadlt.cuix) – Dateien für die Benutzeroberfläche
- acad.pgp (bei LT: acadlt.pgp) – Datei mit den Befehlsabkürzungen
- acadiso.lin (bei LT: acadltiso.lin) – Linientypdatei
- acadiso.pat (bei LT: acadltiso.pat) – Schraffurmusterdatei
- sample.cus – Benutzerwörterbuch für die Rechtschreibprüfung

Abb. 1.5: Benutzerverzeichnisse für anpassbare Dateien

Kapitel 1
AutoCAD starten und loslegen

Hier sind auch die Verzeichnisse für Plotstile, Plotter und Werkzeugpaletten, die Sie während Ihrer Arbeit ändern oder einrichten. Die Zeichnungsvorlagen (zum Beispiel acadiso.dwt, acadiso3D.dwt oder bei der LT-Version acadltiso.dwt) und Zeichnungsrahmen (zum Beispiel Generic 24in x 36in Title Block.dwg) werden unter dem Pfad LOKALE EINSTELLUNGEN bzw. APPDATA/LOCAL im Verzeichnis TEMPLATE ebenfalls benutzerspezifisch verwaltet.

Abb. 1.6: TEMPLATE-Verzeichnis für Zeichnungsvorlagen

Hinweise:

Um diese Dateistrukturen zu sehen, müssen Sie die Sichtbarkeit für *Versteckte Dateien und Ordner* aktivieren. Bei Windows 7 wäre das im *Windows-Explorer* unter ORGANISIEREN/ORDNER UND SUCHOPTIONEN/REGISTER ANSICHT/VERSTECKTE DATEIEN UND ORDNER.

1.2 Installierte Programme

Nach erfolgter Installation stehen Ihnen neben AutoCAD oder AutoCAD LT noch weitere Programme zur Verfügung, die Sie unter START|ALLE PROGRAMME|AUTODESK|AUTOCAD 2014 bzw. ...|AUTOCAD LT 2014 finden:

- DIENSTPROGRAMM ZUR LIZENZÜBERTRAGUNG – Das ist ein Programm, mit dem Sie eine AutoCAD-Lizenz von einem Rechner auf einen anderen übergeben können. Das Programm benutzt als Transfermedium das Internet. Sie parken also die Lizenz von einem Quellcomputer im Internet. Damit verliert dieser seine AutoCAD-Lizenz. Vom Zielcomputer, auf dem AutoCAD ohne Lizenz installiert ist, holen Sie sich dann mit dem gleichen Programmaufruf die Lizenz ab.

- DIGITALE SIGNATUREN ANHÄNGEN – Das Programm versieht Ihre Zeichnungen mit digitalen Signaturen, einer Art softwaremäßiger Versiegelung, damit Sie erkennen können, ob jemand nach Versand einer Zeichnung Änderungen vorgenommen hat. Dies setzt voraus, dass Sie im Internet bei einem Signaturdienst registriert sind.
- EINSTELLUNGEN AUF VORGABE ZURÜCKSETZEN – Eine sehr nützliche Funktion zum Rücksetzen der AutoCAD-Einstellungen, insbesondere, wenn nichts mehr so recht klappt!
- REFERENZMANAGER (nicht bei AutoCAD LT) – Ein Programm zur Anzeige von Zeichnungen oder Bildern, die in anderen Zeichnungen als Referenzen verwendet werden.
- STAPELWEISE STANDARDS-PRÜFUNG (nicht bei AutoCAD LT) – Ein Programm, das die Einhaltung von Standard-Vorgaben für Layer und Stile überprüft, die in einer Standards-Datei festgelegt sind.
- BENUTZERDEFINIERTE EINSTELLUNGEN MIGRIEREN – Hierunter finden Sie drei Optionen, um benutzerdefinierte Einstellungen von und zu anderen Computern mit der gleichen Version zu übertragen oder von älteren Versionen zu übernehmen. Insbesondere wenn Sie schon eine Vorgängerversion besessen haben, ist es interessant, Ihre individuellen Einstellungen und Anpassungen in der Menüdatei (CUIX-Datei) inklusive eigener Werkzeugsymbole, Linientypen (ACADISO.LIN-Datei), Schraffurmuster (ACADISO.PAT-Datei) und Befehlsabkürzungen (ACAD.PGP-Datei) nach entsprechender Auswahl zu übernehmen.

1.3 AutoCAD 2014 und AutoCAD LT 2014

Zwischen der Vollversion von AutoCAD und der Light-Version gibt es wichtige Unterschiede. Im Buch werden beide Versionen beschrieben. Funktionen, die bei der Light-Version nicht vorhanden sind, werden im Text mit *nicht LT* gekennzeichnet. Einige Funktionen sind auch umgekehrt *nur* in der Light-Version vorhanden. Dies wird dann mit *nur LT* markiert. Die wichtigsten Unterschiede sind folgende:

- Die LT-Version verfügt über *keine Volumenkörper* und dazugehörige Bearbeitungsfunktionen, zeigt aber vorhandene Volumenkörper aus einer DWG an, die mit der Vollversion erstellt wurde.
- In der LT-Version sind *keine Programmierschnittstellen* wie AutoLISP, Visual Basic oder ARX (für C++-Programme) vorhanden.
- Parametrische Konstruktionen können in der LT-Version *nicht* erstellt werden, aber es können mit Parametern und Abhängigkeiten versehene Konstruktionen der Vollversion mit dem Parametermanager *verwaltet* werden.

- Der *Aktionsrekorder* zum Aufnehmen von Befehlsabläufen als wieder abspielbare Makros ist *nicht* enthalten.
- Es gibt *keinen Referenzmanager* (als Zusatzprogramm) zur Anzeige und Überprüfung referenzierter Dateien wie Zeichnungen, Bilder, Zeichensätze und Plotkonfigurationen.
- Es gibt *keine stapelweise Standardsüberprüfung* (als Zusatzprogramm) zur Überprüfung der Einhaltung benutzer- oder firmenspezifischer Standards.
- Eine *Netzwerklizenz* ist mit LT *nicht* möglich.
- Darstellungsoptionen für *Präsentationsgrafik* sind *nicht* enthalten.
- Mehrere Produktivitätshilfsmittel, insbesondere die *erweiterte Attribut-Extraktion* zur Erstellung von Stücklisten, werden in LT *nicht* angeboten.

In der LT-Version haben die Dateipfade etwas andere Namen: ...\Autodesk\AutoCAD LT 2014\R20\deu.... Auch die Namen für die Programmdatei, Supportdateien und einige Vorlagen lauten anders: `acadlt.exe`, `acadlt.cuix`, `acadltiso.lin`, `acadltiso.pat`, `acadltiso.dwt`. Wo es bei der Vollversion »acad« heißt, steht bei der LT-Version dann »acadlt«.

1.4 AutoCAD starten

Wir wollen hier zunächst AutoCAD so benutzen, wie es bei Standard-Installation eingerichtet wird. Für einige Übungen können Sie Beispielzeichnungen von der Buch-DVD in das normale Arbeitsverzeichnis `Eigene Dateien` bzw. `Eigene Dokumente` herunterladen. Die Anleitung dazu finden Sie in Anhang B.

Abb. 1.7: Startsymbole für AutoCAD 2014 und AutoCAD LT 2014 auf dem Desktop

Nach der oben beschriebenen Installation finden Sie auf dem Bildschirm das AutoCAD-2014-Symbol bzw. AutoCAD-LT-2014-Symbol. Mit einem *Doppelklick* auf dieses Symbol starten Sie nun AutoCAD.

1.4.1 Start

Wenn Sie schon eine Vorgängerversion besessen haben, meldet sich beim ersten Start das Dialogfenster BENUTZERDEFINIERTE EINSTELLUNGEN MIGRIEREN, um benutzerspezifische Anpassungen der alten Version zu übernehmen.

1.4 AutoCAD starten

[Dialogfeld: Benutzerdefinierte Einstellungen migrieren]

Es folgt ein datenschutzrechtlicher Hinweis auf die Erfassung gewisser Daten.

[Dialogfeld: Autodesk-Lizenzierung – Autodesk-Datenschutzrichtlinien]

Dann erscheint die Produktaktivierung mit den Optionen AKTIVIEREN und TESTEN. Solange Sie die Version nur testweise benutzen, wählen Sie die Option PRODUKT AUSFÜHREN aus.

Wenn Sie eine Lizenz erworben haben, gehen Sie auf AKTIVIEREN und folgen den Anweisungen zur Freischaltung über das Internet.

Es folgt ein *Willkommensbildschirm* mit drei Überschriften ARBEITEN, LERNEN und ERWEITERN. Unter ARBEITEN finden Sie die Funktionen zur Dateiverwaltung und die zuletzt bearbeiteten Zeichnungen. LERNEN bietet Videos zu den Neuerungen

Kapitel 1
AutoCAD starten und loslegen

der Version 2014 und zur Einführung in die Arbeitsweise mit AutoCAD. Unter ERWEITERN finden Sie eine Neuerung: AUTOCAD EXCHANGE APPS (nicht LT). Darüber können Sie diverse Zusatzprogramme verschiedener Hersteller aus einem APPS-STORE herunterladen. Sie sind teilweise auch kostenfrei. Außerdem wird unter Autodesk 360 eine Cloud angeboten, in der Sie eigene Dateien ablegen können, die Sie von verschiedenen Orten her abrufen möchten.

Nach Beenden des *Willkommensbildschirms* sehen Sie das AutoCAD-Fenster mit der Benutzeroberfläche und dem Arbeitsbereich ZEICHNEN & BESCHRIFTUNG.

1.5 Die AutoCAD-Benutzeroberfläche

Die AutoCAD-Benutzeroberfläche kann mithilfe der *Arbeitsbereiche* unterschiedlich gestaltet werden. Das Programm startet mit dem Arbeitsbereich ZEICHNEN & BESCHRIFTUNG. Die mehr traditionelle Oberfläche ist der Arbeitsbereich AUTOCAD KLASSISCH. Für die 3D-Konstruktionen gibt es zwei Arbeitsbereiche: für die einfacheren Arbeiten 3D-GRUNDLAGEN und für die komplexeren Konstruktionen 3D-MODELLIERUNG. Das Werkzeug zum Umschalten der Arbeitsbereiche liegt unten in der *Statusleiste* des Programmfensters.

Abb. 1.8: AutoCAD-Bildschirm der Vollversion, Arbeitsbereich ZEICHNEN & BESCHRIFTUNG

Programmleiste

Als oberste Leiste erkennt man die *Programmleiste*. In dieser Leiste wird einerseits der Programmname angezeigt, hier *AutoCAD 2014*, andererseits der Name der gerade in Arbeit befindlichen Zeichnung. Der Name Ihrer aktuellen Zeichnungsdatei ist zu Beginn `Zeichnung1.dwg`. AutoCAD legt beim Start von selbst eine leere Zeichnung dieses Namens an. Wenn Sie diese Zeichnung dann erstmalig selbst speichern, können Sie einen individuellen Namen eingeben. Die Dateiendung für AutoCAD-Zeichnungen ist stets `*.DWG` (von engl. **DraWinG**).

Anwendungsmenü

Ganz links oben in der *Programmleiste* liegt in der Schaltfläche mit dem AutoCAD-Symbol »A«, das ANWENDUNGSMENÜ. Dieses Werkzeug bietet

- ganz oben ein Listenfeld zur Suche nach Befehlen, wenn Sie Befehlsnamen, Teile davon oder Teile der Befehlsbeschreibung eintippen,
- einen schnellen Zugriff auf LETZTE DOKUMENTE, GEÖFFNETE DOKUMENTE,

Kapitel 1
AutoCAD starten und loslegen

- die wichtigsten Dateiverwaltungsbefehle wie NEU, ÖFFNEN, SPEICHERN, SPEICHERN UNTER und EXPORTIEREN, PUBLIZIEREN, DRUCKEN
- speziell unter dem Titel ZEICHNUNGSPROGRAMME auch grundlegende Funktionen
  - zum Einstellen der Zeichnungseinheiten,
  - zum Bereinigen der Zeichnung von unnötigen Objekten,
  - zum Wiederherstellen von Zeichnungen nach Programmabsturz und
  - zum Überprüfen und Reparieren fehlerbehafteter Zeichnungen,
- unter SCHLIEßEN die Möglichkeit zum Schließen der aktuellen oder aller Zeichnungen,
- ganz unten die Schaltfläche OPTIONEN mit Zugriff auf viele Grundeinstellungen des Programms
- und ganz rechts unten eine Schaltfläche zum BEENDEN der AutoCAD-Sitzung.

> **Vorsicht**
>
> Wenn Sie versehentlich einen Doppelklick auf dieses Anwendungsmenü »A« machen, wird die unterste Funktion ausgeführt, nämlich SCHLIEßEN, und AutoCAD umgehend beendet. Falls Sie noch nicht gespeichert hatten, wird Ihnen das aber angeboten.

Abb. 1.9: Anwendungsmenü und seine Funktionen

Schnellzugriff-Werkzeugkasten

Gleich rechts neben dem ANWENDUNGSMENÜ finden Sie den SCHNELLZUGRIFF-WERKZEUGKASTEN. Darin liegen die wichtigsten und meistgebrauchten Befehlswerkzeuge wie

- die Dateiwerkzeuge SNEU, ÖFFNEN, SICHERN und SICHALS (Speichern unter neuem Namen),
- der Befehl PLOT zur Zeichnungsausgabe,
- ferner die beiden Werkzeuge ZURÜCK und WIEDERHERSTELLEN. Neben ZURÜCK und WIEDERHERSTELLEN finden Sie kleine schwarze Dreiecke, die Symbole zum Aufklappen. Dahinter verbirgt sich die Änderungshistorie mit der Möglichkeit, gleich mehrere Befehle rückgängig zu machen oder wiederherzustellen,
- die Dropdown-Liste ARBEITSBEREICHE [Zeichnen und Beschriftung] zur Arbeitsbereichswahl.

Rechts daneben finden Sie die Dropdown-Liste ▾ SCHNELLZUGRIFF-WERKZEUGKASTEN ANPASSEN, um weitere Werkzeuge aufzunehmen.

- EIGENSCHAFTEN ABSTIMMEN – ist ein sehr empfehlenswertes Werkzeug, mit dem Sie später die Eigenschaften von einem Objekt auf andere übertragen können.
- STAPELPLOTTEN – ist eine Funktion zum Ausgeben mehrerer Plots, was für den professionellen Betrieb interessant wäre.
- PLOT-VORANSICHT – ist generell eine sehr nützliche Funktion zur Vorschau vorm Abschicken eines Plots, um beispielsweise die Linienstärken zu beurteilen.
- EIGENSCHAFTEN – ist der *Eigenschaften-Manager* zum nachträglichen Bearbeiten von allgemeinen und geometrischen Eigenschaften gewählter Objekte, wieder eine sehr nützliche Funktion.
- MANAGER FÜR PLANUNGSUNTERLAGEN – dient der Verwaltung von ganzen Zeichnungssätzen mit vielen Einzelzeichnungen und ist für professionelle Großprojekte nützlich (nicht LT).
- RENDERN – startet für 3D-Objekte die Berechnung einer fotorealistischen Darstellung, ist also erst für 3D-Konstruktionen sinnvoll (nicht LT).
- WEITERE BEFEHLE – startet den Befehl SCUI, aus dessen Dialogfenster Sie beliebige AutoCAD-Befehle per *Drag&Drop* hier einfügen können. Zum Entfernen solcher Befehle brauchen Sie sie nur mit der rechten Maustaste anzuklicken und AUS SCHNELLZUGRIFF-WERKZEUGKASTEN ENTFERNEN zu wählen.
- MENÜLEISTE ANZEIGEN – bietet die traditionelle Leiste mit den altbekannten Pull-down-Menüs an. Das Aktivieren dieser Menüleiste ist vor allem den Anwendern zu empfehlen, die schon in älteren Versionen Erfahrungen mit AutoCADs Menüoberfläche gewonnen haben und sich eventuell mit neuen Oberflächen mit den Multifunktionsleisten schwer tun.

Kapitel 1
AutoCAD starten und loslegen

- UNTER DER MULTIFUNKTIONSLEISTE ANZEIGEN – legt den SCHNELLZUGRIFF-WERKZEUGKASTEN unter die Multifunktionsleiste.

Abb. 1.10: Kontextmenü des SCHNELLZUGRIFF-WERKZEUGKASTENS

Durchsuchen, Autodesk 360, Autodesk Exchange Apps, Bleiben Sie in Verbindung und ?

Oben rechts in der Programmleiste finden Sie fünf Werkzeuge.

- DURCHSUCHEN – ermöglicht die Suche nach Begriffen in der *AutoCAD-Hilfe-Dokumentation* und bei *Autodesk-Online* im Internet. Sie können dort einen Begriff eingeben und dann auf das Fernglassymbol klicken. Die Fundstellen werden durchsucht, und Sie können sie zum Nachschlagen anklicken.

- AUTODESK 360 – dient zur Anmeldung in der Cloud unter einer Autodesk-Kunden-ID. Sie können dort Zeichnungen hinterlegen, die sich von jedem Ort aus abrufen lassen.

- AUTODESK EXCHANGE APPS (NICHT LT) – Über das Werkzeug mit dem »X«-Symbol gelangen Sie in den AUTODESK APPS-STORE, wo Sie zahlreiche Zusatzfunktionen gratis oder gegen Gebühr herunterladen können.

- BLEIBEN SIE IN VERBINDUNG – Hier erhalten Sie einerseits Meldungen über die *Aktualität* Ihres Programms oder nötige Updates, andererseits können Sie als Subskriptionskunde ins SUBSCRIPTION CENTER gehen und sich die Extras für Subskriptionskunden abholen. Zugänge zu FACEBOOK und TWITTER werden hier auch angeboten.

- ? – bietet mit *Hilfe* die übliche Online-Hilfe zur Information über Befehle und Verfahren an. Im Punkt *Info über AutoCAD 2014* und weiter unter *Produktinformationen* können Sie die Daten Ihrer Installation und Registrierung finden.

Multifunktionsleiste, Register, Gruppen und Flyouts

Unterhalb der Programmleiste erscheint die *Multifunktionsleiste* mit zahlreichen *Registern*. Jedes *Register* enthält thematisch gegliederte *Gruppen* von Befehlen. Diese *Gruppen* können teilweise noch aufgeblättert werden. Das erkennt man dann am kleinen schwarzen Dreieck ▾ im unteren Rand. Das Aufblättern kann über eine Pin-Nadel fixiert werden. Im aufgeblätterten Bereich finden sich üblicherweise die selteneren Befehle der Gruppe.

Auch innerhalb der Gruppe können die Werkzeuge noch in sogenannten *Flyouts* organisiert sein. Das *Flyout* wird wieder durch ein Dreieckssymbol ▾ gekennzeichnet. Klicken Sie darauf, um zum gewünschten Befehl zu navigieren. Danach bleibt der zuletzt benutzte Befehl als sichtbares Symbol stehen.

Sie können auch eine Gruppe aus der Multifunktionsleiste heraus auf die Zeichenfläche bewegen, indem Sie mit gedrückter Maustaste am *Gruppentitel* nach unten ziehen. Dadurch bleibt die Gruppe auch dann erhalten, wenn Sie das Multifunktionsregister wechseln. Mit einem Klick auf das kleine Symbol in der rechten oberen Ecke der Berandung lässt sich die Gruppe später wieder zurückstellen. Diese Berandung erscheint erst, wenn Sie mit dem Cursor die Gruppenfläche berühren.

Nicht immer sind alle Gruppen einer Multifunktionsleiste aktiviert. Mit einem Rechtsklick in einen *Gruppentitel* lassen sich weitere unter GRUPPEN ANZEIGEN per Klick aktivieren.

In manchen *Gruppentiteln* finden Sie rechts einen kleinen schrägen Pfeil ↘. Dahinter befinden sich üblicherweise spezielle Einstellungen und Stile für die Befehle dieser Gruppe.

Im Arbeitsbereich ZEICHNEN & BESCHRIFTUNG werden folgende Register angeboten:

- START – enthält die grundlegenden Konstruktionsbefehle zum Zeichnen und Ändern, die Layerverwaltung, einige Text- und Bemaßungsbefehle und Funktionen für die Verwaltung von Blöcken, das sind zusammengesetzte Objekte für Normteile o.Ä. Weiter rechts werden die Eigenschaften für neue Objekte angezeigt und die Verwaltung von Gruppen, also benannten Objektzusammenfassungen. Es folgt eine Gruppe mit Dienstprogrammen zum Abmessen und Auswählen von Objekten. In der letzten Gruppe liegen die üblichen Funktionen zur Verwendung der Windows-Zwischenablage. Darin ist vor allem das Werkzeug zum Übertragen von Eigenschaften auf andere Objekte EIGANPASS zu erwähnen.

- EINFÜGEN – enthält alle möglichen Befehle zum Einfügen von komplexen Objekten. Das können Blöcke sein, andere Zeichnungen als sogenannte externe

Referenzen oder auch PDF-Anhänge. Hier werden auch die Attribute – zusätzliche Textinformationen für Blöcke – verwaltet und die Werte in Tabellen wie etwa Stücklisten zusammengefasst. Auch die Verwertung von Punktwolken aus Lasermessgeräten wird hier angeboten (nicht LT).

- BESCHRIFTEN – umfasst Befehlsgruppen für Textbefehle, alle Bemaßungsbefehle, Führungslinien, Tabellen und die Maßstabsverwaltung. Zwei Markierungsfunktionen finden Sie hier: ABDECKEN, eine Art Tipp-Ex, und die REVISIONSWOLKE zum Hervorheben.

- LAYOUT – bietet Funktionen zum Einrichten des Plots und der Ansichtsfenster im Layoutbereich. Für 3D-Konstruktionen bieten sich weitere Befehle (nicht in LT) zur Gestaltung korrekter Ansichten und orthogonaler Projektionen an sowie von Schnitt- und Detailansichten.

- PARAMETRISCH – Dieses Register enthält Funktionen zur Erzeugung (nicht LT) und Verwaltung geometrischer Abhängigkeiten und von Bemaßungsabhängigkeiten. Durch diese Befehle ist es möglich, nun parametrisch änderbare Konstruktionen in 2D zu erstellen (nicht LT) und zu bearbeiten (auch LT).

- ANSICHT – Zuerst treffen Sie hier auf die Befehle zum Navigieren zwischen verschiedenen Ansichten und Auswählen fester Ansichtsrichtungen. Es folgen (nach Aktivieren der Gruppe KOORDINATEN) die Funktionen für die Positionierung eigener Koordinatensysteme (nicht LT). Dann schließen sich die Befehle für die Gestaltung eines oder mehrerer Ansichtsfenster an. Danach folgen weitere Befehlsgruppen zur Verwaltung diverser Paletten und der Ansichtsfenster. Unter BENUTZEROBERFLÄCHE können Sie die wichtigen Werkzeuge zur Ansichtssteuerung VIEWCUBE (nicht LT) und NAVIGATIONSLEISTE (bei LT reduziert auf ZOOM, PAN und 2D-Navigations-Rad) aktivieren.

- VERWALTEN – Hierunter finden Sie vier Gruppen von Befehlen. Da wäre einmal der AKTIONSREKORDER (nicht LT), ein Hilfsmittel zum Aufnehmen und Abspielen von Befehlsabläufen. Unter BENUTZERANPASSUNG finden Sie Funktionen zur Umgestaltung aller Elemente der Benutzeroberfläche und der Befehlsabkürzungen. Mit ANWENDUNGEN (nicht LT) können Sie Zusatzprogramme verwalten und AutoLISP-Programme entwickeln. CAD-STANDARDS (nicht LT) schließlich enthält drei Werkzeuge, um die Einhaltung gewisser Standard-Vorgaben zu sichern.

- AUSGABE – Hier sind alle Befehle zum Plotten, zum Publizieren – der Ausgabe im Design-Web-Format (.DWF) – und für weitere Ausgaben in anderen Formaten, insbesondere PDF, zusammengefasst.

- PLUGINS – Dieses Register enthält drei Werkzeuge, den CONTENT EXPLORER, den EXCHANGE APPS MANAGER (nicht LT) und SKP-DATEI IMPORTIEREN (nicht LT). Der CONTENT EXPLORER ist eine Art Suchmaschine, mit der Sie in bestimmten Ordnern nach Dateien, Blöcken, Layern, Stilen oder referenzierten Zeichnungen suchen können. Mit dem EXCHANGE APPS MANAGER können Sie die von der Website Autodesk Exchange Apps geladenen Apps anzeigen, aktualisieren, deinstallieren und sich Hilfe holen. Mit SKP-DATEI IMPORTIEREN können Sie Modelle des Programms *SketchUp* (vormals eine *Google*-Entwicklung, jetzt von *Trimble Navigation* erworben) importieren. Das sind in AutoCAD dann dreidimensionale *Netz-Objekte*, die als Blöcke zusammengefasst sind.

- AUTODESK 360 – enthält verschiedene Werkzeuge, um Zeichnungen ins Internet in den Cloud-Bereich AUTODESK 360 zu bringen, zu verwalten und auch wieder herunterzuladen. An diesem Ort können Sie Zeichnungen auch für andere zur Bearbeitung freigeben.
- VERFÜGBARE APPS (nicht LT) – enthält das Werkzeug MIT EXCHANGE VERBINDEN, um *Apps* aus dem Internet herunterzuladen. Alle Ihre aus dem AUTODESK EXCHANGE APPS-STORE geladenen Apps würden hier dann erscheinen.
- EXPRESS TOOLS (nicht LT) – ist ein Register, das die altbekannten Zusatzfunktionen EXPRESSTOOLS enthält. Während der Installationsphase können Sie sie aktivieren. Sie werden nicht übersetzt und bleiben in englischer Sprache.

> **Tipp**
>
> MFLEISTE aktiviert die Multifunktionsleiste, falls sie mal fehlen sollte. Oben rechts neben den Registertiteln können Sie über ein *Flyout-Menü* ▼ wählen, wie detailliert die Darstellung sein soll.

Zeichnungsregister

Unterhalb der Multifunktionsleiste bzw. am oberen Rand des Zeichenfensters erscheinen die *Zeichnungsregister*. Jedes *Register* entspricht einer geöffneten Zeichnung. Damit kann schnell zwischen verschiedenen Zeichnungen hin- und hergeschaltet werden. Zeichnungen, die seit dem Öffnen bearbeitet wurden, sind hier mit einem * markiert. Mit dem äußersten Register, mit dem +-Zeichen markiert, können Sie weitere Zeichnungen erstellen (entspricht dem Befehl SNEU).

Design Feed

Auf der Zeichenfläche werden Sie beim ersten Start noch die Palette DESIGN FEED finden. Da sie aber erst in Zusammenhang mit der Cloud eine Rolle spielt, können sie diese vorerst abschalten. Näheres dazu finden sie unter Abschnitt 16.4 Autodesk 360.

1.6 Wie kann ich Befehle eingeben?

Zur Bedienung von AutoCAD gibt es viele Alternativen der Befehlseingabe. Das Programm erhielt im Laufe der Zeit immer wieder neue und schnellere Bedienmöglich-

Kapitel 1
AutoCAD starten und loslegen

keiten, die mit etwas Übung eine sehr intuitive Arbeit erlauben. Deshalb sollen hier einmal in einer Übersicht die verschiedenen Möglichkeiten aufgezeigt werden.

1.6.1 Befehle eintippen

Grundsätzlich kann man natürlich jeden AutoCAD-Befehl eintippen. Die Eingabe erfolgt in der Zeile unterhalb des Zeichenbereichs, wo die Eingabeaufforderung Befehl: steht.

Sie tippen hier den Befehl ein und drücken dann die ⟨Enter⟩-Taste mit dem abgewinkelten Pfeil: ↵ (auch *Return-* oder *Eingabe-Taste* genannt). Der Befehlsdialog fragt dann nach weiteren Eingaben oder grafischen Aktionen wie Auswahl von Objekten oder Punkten.

Die Befehlszeile ist mit der aktuellen Version sehr flexibel geworden. Sie können hier mit dem Mauszeiger im grauen Rand in den gepunkteten Bereich gehen und die Zeile mit gedrückter Maustaste an eine beliebige Bildschirmposition verschieben oder auch in den Rändern andocken. Mit dem Mauszeiger im Rand erscheint ein Doppelpfeil, um mehrere Zeilen anzuzeigen. Damit lassen sich auch vorhergehende Befehlsabläufe verfolgen.

Mit der Funktionstaste ⟨F2⟩ kann man die Befehlszeile zum *Textfenster* vergrößern. Ein weiterer Druck auf ⟨F2⟩ lässt es wieder verschwinden

Tipp

Sind Befehlszeile oder Multifunktionsleiste einmal abhanden gekommen, helfen die Befehle BEFEHLSZEILE und MFLEISTE weiter. Die Befehlszeile aktivieren oder deaktivieren Sie auch mit ⟨Strg⟩+⟨9⟩.

1.6.2 Befehle und automatisches Vervollständigen

Es ist auch möglich, einen Befehl nur teilweise einzugeben. Nach den ersten Buchstaben des Befehls erscheint automatisch eine Liste möglicher Befehlsvervollständigungen (Auto-Vervollständigen). Aus dieser Liste können Sie dann den gewünschten Befehl durch Anklicken mit der Maus auswählen. Die Liste enthält nun auch Befehle, die Ihren eingetippten Begriff in der Mitte des Wortes enthalten. In der aktuellen Version kann die Befehlseingabe über das Werkzeug ANPASSEN vielseitig konfiguriert werden. Allerdings sind die vorgegebenen Einstellungen schon sehr sinnvoll. Neuerdings ist diese Liste noch erweitert worden um Befehls-Synonyme und eine Autokorrektur-Liste, die benutzerspezifisch angepasst werden können (s. Kapitel 15 Benutzeranpassungen).

1.6.3 Befehlsabkürzungen

Die meisten Befehle können durch ein, zwei oder drei Buchstaben abgekürzt werden. Im Beispiel wird AB für den Befehl ABSTAND eingegeben. Wenn der gewünschte Befehl in der Vorschau oben erscheint, können Sie bereits mit [Enter] abschließen. Diese Abkürzungen werden im Buch bei den Befehlsbeschreibungen präsentiert.

Wichtig

Dialog mit dem Computer – Befehlszeile beachten

Sie sollten wenigstens in der Lernphase die kompletten Befehlsabläufe *in der Befehlszeile verfolgen*. Nur hier erhalten Sie nämlich bei vielen Befehlen Informationen über Voreinstellungen wie etwa den aktuellen Radius beim ABRUNDEN oder auch die *Fehlermeldungen*, wenn Sie etwas Falsches eingegeben haben.

> Aktuelle Einstellungen: Modus = STUTZEN, Radius = 0.0000 ← Voreinstellungen des Befehls ABRUNDEN
> ABRUNDEN Erstes Objekt wählen oder [rückgängig Polylinie Radius Stutzen Mehrere]:

1.6.4 Befehlsoptionen

Die meisten Befehle bieten in ihrem Dialog zahlreiche Optionen in eckigen Klammern zwischen »[« und »]« an. Eine solche Option wird entweder dadurch aufgerufen, dass Sie die Buchstaben eingeben, die bei der betreffenden Option großgeschrieben sind, gefolgt von [Enter] bzw. ↵.

> Erstes Objekt wählen oder [rückgängig/Polylinie/Radius/Stutzen/Mehrere]: R
> ABRUNDEN Rundungsradius angeben <5.0000>:

Alternativ können Optionen seit AutoCAD 2013 auch angeklickt werden.

> Aktuelle Einstellungen: Modus = STUTZEN, Radius = 5.0000
> ABRUNDEN Erstes Objekt wählen oder [rückgängig Polylinie **Radius** Stutzen Mehrere]:

Wenn die dynamische Eingabe 🔁 bzw. DYN in der *Statusleiste* aktiviert ist, erscheint jeweils die letzte Zeile des Befehlsdialogs an der Cursorposition und Sie können die Optionen mit der Pfeiltaste aktivieren. Hier zum Beispiel der Dialog beim ABRUNDEN-Befehl.

- Erstes Objekt wählen oder ← 1x Pfeiltaste [↓] aktiviert die Optionenanzeige
  - rückgängig
  - Polylinie
  - • Radius ← 3x Pfeiltaste [↓][↓][↓] aktiviert die dritte Option, [↵] ruft dann die Option Radius auf
  - Stutzen
  - Mehrere

Bei aktiver dynamischer Eingabe sind allerdings die Vorgaben des Befehls wie Abrundungsradius etc. nicht am Cursor zu sehen, sondern nur in der Befehlszeile.

1.6.5 Befehlsvorgaben

Einige Befehle zeigen eine Vorgabeeinstellung in spitzen Klammern »<« und »>« an. Eine solche Vorgabe wird durch Eingabe von [Enter] bzw. ↵ gewählt. In Beispiel wird beim Befehl RING der Innendurchmesser mit 0.5 als Vorgabe angeboten.

> Befehl: _donut
> RING Innendurchmesser des Rings angeben <0.5000>:

1.6.6 Dynamische Eingabe

Wenn in der *Statusleiste* die DYNAMISCHE EINGABE ▦ bzw. DYN aktiviert ist, erscheint die aktuelle Dialogzeile direkt an der Cursorposition. Für diesen Modus sollten Sie aber etwas Erfahrung mit den Befehlsabläufen mitbringen, weil er die vorhergehenden Dialogzeilen nur noch in der Befehlszeile anzeigt. Außerdem werden Koordinateneingaben gemäß Vorgabeeinstellung ab dem zweiten Punkt dann immer relativ berechnet, was auch etwas Gewöhnung verlangt. Das Beispiel zeigt die dynamische Eingabezeile bei Eingabe des KREIS-Befehls und bei der darauf folgenden Anfrage nach den Mittelpunktskoordinaten.

1.6.7 Befehlszeile ein- und ausschalten

Da bei aktivierter DYNAMISCHER EINGABE ▦ die meisten Anfragetexte und Optionswahlen aus der Befehlszeile an der Fadenkreuzposition erscheinen, kann man bei genügend Erfahrung dann auf die Befehlszeile verzichten. Was die DYNAMISCHE EINGABE nicht bringt, sind die aktuellen Einstellungen etlicher Befehle. Wenn Sie also auf diese Informationen verzichten können, wäre natürlich die Befehlszeile mit `Strg`+`9` wegzuschalten. Sie können übrigens auch Befehle und deren Optionen erfolgreich eintippen, wenn weder die Befehlszeile noch die dynamische Eingabe aktiv sind, vorausgesetzt Sie wissen auswendig, was der Befehl im Dialog erwartet.

Zeichnen & Beschriftung	Icon	Befehl	Tastenkürzel
ANSICHT|PALETTEN|BEFEHLSZEILE		BEFEHLSZEILE, BEFEHLSZEILEAUSBL	`Strg`+`9`

1.6.8 Multifunktionsleisten und Werkzeugkästen

Die häufigste Befehlseingabe geschieht durch Anklicken der Icons für die Befehle in den Multifunktionsleisten in der modernen Oberfläche ZEICHNEN UND BESCHRIFTUNG oder in übersichtlichen Werkzeugkästen der älteren Oberfläche AUTOCAD KLASSISCH.

1.6.9 Kontextmenü

Mit einem Rechtsklick aktivieren Sie ein *Kontextmenü*. Das Beispiel zeigt das Kontextmenü, wenn gerade kein Befehl aktiv ist. Es bietet dann an erste Stelle die *Wiederholung des letzten Befehls*. Eine Zeile tiefer können Sie *einen aus mehreren letzten Befehlen* auswählen. Dann folgen die Operationen mit der *Zwischenablage*, in die Sie etwas speichern oder aus der Sie etwas abholen können. Ganz unten liegt der wichtige Befehl OPTIONEN, mit dem Voreinstellungen für das Programm verändert werden können.

1.6.10 Doppelklicken auf Objekte zum Bearbeiten

Um Objekte zu bearbeiten, müssen Sie nicht immer unbedingt Befehle eintippen oder Werkzeuge anklicken, oft genügt ein Doppelklick auf das betreffende Objekt. Bei einfachen Objekten wie Linie, Kreis, Bogen und Bemaßung erscheinen dann die *Schnelleigenschaften*, über die Sie Objektdaten verändern können.

Bei komplexeren Objekten wie Polylinien oder Texten erscheinen nach Doppelklick dann die passenden Bearbeitungsbefehle (z. B. PEDIT zum Bearbeiten der Polylinie) oder gar kontextspezifische Multifunktionsleisten. Zum Bearbeiten von Schraffuren genügt das einfache Anklicken, mit Doppelklick werden zusätzlich die Schnelleigenschaften aktiviert.

1.6 Wie kann ich Befehle eingeben?

1.6.11 Griffmenüs bei markierten Objekten

Wenn Sie ein Objekt mit einem Klick markieren, erscheinen kleine blaue Kästchen, die Griffe. Bei bestimmten Objekten und Griffen erscheint ein spezifisches Menü mit Funktionen, sobald Sie mit dem Fadenkreuz einen dieser Griffe berühren (nicht anklicken!). In diesem Menü können Sie dann eine von mehreren Funktionen zum Verändern anklicken.

Das Griffmenü für Endpunkte von Linien bietet eine Funktion zum Ändern der LÄNGE, bei der die Richtung der Linie erhalten bleibt, und eine Funktion STRECKEN zum Verschieben des Endpunkts in beliebige Richtung an.

1.6.12 Heiße Griffe

Nach Anklicken eines Objekts können Sie in einen der blauen Griffe noch einmal hineinklicken. Er wechselt dann die Farbe nach Rot und wird als »heißer« Griff bezeichnet. Wenn Sie danach mit der rechten Maustaste ein Kontextmenü aktivie-

Kapitel 1
AutoCAD starten und loslegen

ren, erscheinen dort auch die allgemeinen Transformationsbefehle wie STRECKEN, VERSCHIEBEN, DREHEN, SKALIEREN und SPIEGELN.

1.6.13 Kontextmenü: Ausgewähltes hinzufügen

Auch wenn Sie mit Klick ein Objekt aktiviert haben, erscheint nach Rechtsklick ein Kontextmenü mit grundlegenden Bearbeitungsbefehlen wie LÖSCHEN, VERSCHIEBEN, KOPIEREN, SKALIEREN und DREHEN. Außerdem gibt es hier den Befehl AUSGEWÄHLTES HINZUFÜGEN. Damit wird der zum markierten Objekt passende Zeichenbefehl aktiviert. Also wenn Sie beispielsweise eine Ellipse angeklickt hatten, wird damit der Befehl ELLIPSE aufgerufen.

1.6.14 Die Statusleiste

Als letzte Leiste von AutoCAD sehen Sie am unteren Rand die STATUSLEISTE. Sie dient zur Aktivierung und Einstellung wichtiger Hilfsmittel während Ihrer Zeichenarbeit, der ZEICHENHILFEN. An erster Stelle steht hier links die Koordinatenanzeige. Die Bedeutung der weiteren Schaltflächen sei hier kurz tabellarisch wiedergegeben. Nähere Details folgen dann in diesem Kapitel und den folgenden mit Beispielen.

Symbol	ohne Symbol	Tooltip	Bedeutung
	ABLEITEN	ABHÄNGIGKEITEN ABLEITEN (nicht LT)	Automatisches Ableiten von *geometrischen Abhängigkeiten* wie z. B. lotrecht oder konzentrisch während Ihrer Konstruktion
	FANG	FANGMODUS	Ein- und Ausschalten eines unsichtbaren Rasters, an dem das *Fadenkreuz einrastet*
	RASTER	RASTERANZEIGE	Ein- und Ausschalten eines *sichtbaren Rasters* zur Unterstützung des FANGMODUS
	ORTHO	ORTHO-MODUS	Beschränkung der Fadenkreuzbewegung in Befehlen auf *orthogonale Richtungen*, das heißt nur senkrecht oder nur waagerecht
	POLAR	SPURVERFOLGUNG	Ein- und Ausschalten eines polaren FANGMODUS mit *festen erlaubten Winkeln* und auch radialen Abständen
	OFANG	OBJEKTFANG	Ein- und Ausschalten der Möglichkeit, *charakteristische Punkte* wie End- oder Mittelpunkte etc. *einzufangen*
	3DOFANG	3D-OBJEKTFANG (nicht LT)	Ein- und Ausschalten der Möglichkeit, *charakteristische Punkte an 3D-Objekten* einzufangen (Knoten auf Splines oder Mittelpunkte von Flächen)
	OTRACK	OBJEKTFANGSPUR	Anzeige einer *Fangspur durch charakteristische Punkte* in vorgegebenen Winkelrichtungen (Winkel einstellen unter POLAR) als Basis für Positionierungen
	DBKS	DYNAMISCHES BKS (nicht LT)	Dynamisches *Ausrichten der xy-Ebene an* vorhandenen *Flächen* bei 3D-Modellierungen
	DYN	DYNAMISCHE EINGABE	Aktivieren der dynamischen Eingabemöglichkeiten mit Eingabefeldern und *Dialog am Cursor*
	LST	LINIENSTÄRKE	Aktivieren der *Linienstärken-Anzeige*
	TPY	TRANSPARENZ AKTIVIEREN/ DEAKTIVIEREN	Schaltet die *Transparenz* für Objekte ein/aus

Kapitel 1
AutoCAD starten und loslegen

Symbol	ohne Symbol	Tooltip	Bedeutung
	SEIG	SCHNELLEIGEN-SCHAFTEN	Anzeige der *Schnelleigenschaften*
	SC	WECHSELNDE AUSWAHL	Aktiviert ein Auswahlmenü zur gezielten *Wahl bei übereinander liegenden Objekten*.
	AM	BESCHRIFTUNGS-ÜBERWACHUNG	Zeigt ein Warnsymbol ein, wenn der *Bezug einer Bemaßung zum zugehörigen Objekt* verloren geht, z.B. durch Löschen

> **Tipp**
>
> **ZEICHENHILFEN als Text anzeigen**
>
> Wer die beschrifteten ZEICHENHILFEN bevorzugt, kann nach Rechtsklick auf eine Zeichenhilfe das Häkchen vor SYMBOLE VERWENDEN wegnehmen und damit die Textanzeige aktivieren.

Rechts neben diesen ZEICHENHILFEN folgen weitere Hilfsmittel für die Ansichtssteuerung und zur Maßstabseinstellung. Die Maßstabseinstellung ist nötig, damit Texte, Bemaßungen, Schraffuren und bestimmte Blöcke bei Verwendung verschiedener Maßstäbe richtig skaliert werden. Diese Werkzeuge werden erst interessant, wenn wir maßstabs- und normgerecht bemaßen und beschriften wollen. Die angebotenen Hilfsmittel hängen davon ab, ob Sie im normalen Konstruktionsmodus im Bereich MODELL arbeiten oder im LAYOUT die Plotausgabe im PAPIERBEREICH aufbereiten.

Symbol	Statusleiste	Bedeutung
	MODELL	Aktiviert den Modellbereich, in dem die eigentliche Konstruktion stattfindet
	LAYOUT1	Aktiviert den Layoutbereich, in dem die Plotausgabe vorbereitet wird, mit den nötigen Ansichtsfenstern für die gewünschten Maßstäbe

1.6 Wie kann ich Befehle eingeben?

Symbol	Statusleiste	Bedeutung
	SCHNELLAN-SICHT-LAYOUTS	Bietet eine Schnellansicht für alle vorhandenen Layouts
	SCHNELL-ANSICHT-ZEICHNUNGEN	Bietet eine Schnellansicht für alle geöffneten Zeichnungen
	ANSICHTSFENSTER MAXIMIEREN	Zeigt im LAYOUT den Inhalt eines Ansichtsfensters ohne die Ansichtsfensterbegrenzung maximiert an. Wechselt in das maximierte Ansichtsfenster hinein und wieder zurück in den Papierbereich oder zu anderen maximierten Ansichtsfenstern über ◀ und ▶.
	BESCHRIFTUNGS-MASSSTAB	Dient zur Wahl des Maßstabs für die automatische Skalierung von Texthöhen, Maßtexthöhen und Schraffuren
	BESCHRIFTUNGS-SICHTBARKEIT	Beschriftungs-Sichtbarkeit: zeigt Beschriftungs-Objekte wie Bemaßungen und Texte auch dann an, wenn deren Maßstäbe nicht mit dem aktuellen Maßstab übereinstimmen
	AUTOMATISCH MASSSTÄBE ZU BESCHRIFTUNGSOBJEKTEN HINZUFÜGEN	Fügt bei einem Wechsel des Maßstabs den neuen Maßstab automatisch zu Beschriftungsobjekten wie Texten und Bemaßungen hinzu
	ARBEITSBEREICHSWECHSEL	Wechselt zwischen den Arbeitsbereichen ZEICHNEN & BESCHRIFTUNG, AUTOCAD KLASSISCH, 3D-GRUNDLAGEN (nicht LT) und 3D-MODELLIERUNG (NICHT LT)
	WERKZEUGKASTEN/FENSTERPOSITIONEN FREIGEBEN	Verschiebbarkeit von Werkzeugkästen oder Fenstern freigeben oder blockieren
	HARDWAREBESCHLEUNIGUNG	Aktiviert/deaktiviert die Hardwarebeschleunigung für schnelle komfortable 3D-Darstellungen
	OBJEKTE ISOLIEREN/VERBERGEN	Gewählte Objekte isolieren (d.h. restliche unsichtbar machen) oder verbergen (selbst unsichtbar machen) oder Isolieren/Verbergen aufheben
	ANWENDUNGSSTATUSLEISTEN-MENÜS	Konfigurationsmenü für die Schaltflächen der Statusleiste. Einzelne Schaltflächen können aktiviert/deaktiviert werden.
	VOLLBILD	VOLLBILDDARSTELLUNG [Strg]+[0]

Kapitel 1
AutoCAD starten und loslegen

> **Tipp**
>
> **Zeichnungsstatusleiste**
>
> Über das *Konfigurationsmenü* ▪ sollten Sie sich eine extra ZEICHNUNGSSTATUS-LEISTE aktivieren, damit Sie später die Maßstäbe übersichtlicher verwalten können. Die Auswahl für BESCHRIFTUNGS-MAßSTAB (im MODELLBEREICH) und ANSICHTS-FENSTERMAßSTAB (für Ansichtsfenster im LAYOUT) sowie die beiden Icons zur Maßstabsverwaltung finden dann in der ZEICHNUNGSSTATUSLEISTE Platz.

1.6.15 ViewCube

Rechts oben im Zeichenbereich finden Sie den VIEWCUBE (nicht LT), der bei 3D-Konstruktionen zum Schwenken der Ansicht verwendet werden kann. Im 2D-Bereich sind davon die beiden Schwenkpfeile interessant, um Hoch- oder Queransicht zu wählen.

Für dreidimensionale Objekte sind die Darstellungen mit Projektion PARALLEL und PERSPEKTIVISCH interessant. Die Option PERSPEKTIVE MIT ORTHO-FLÄCHEN bedeutet grundsätzlich eine perspektivische Darstellung, nur wird automatisch in Parallelprojektion umgeschaltet, wenn Sie über den VIEWCUBE eine der orthogonalen Richtungen wie OBEN, LINKS etc. aktivieren.

Abb. 1.11: VIEWCUBE mit Bedienelementen

1.6.16 Navigationsleiste

Am rechten Rand befindet sich die Navigationsleiste mit folgenden Werkzeugen:

- VOLL-NAVIGATIONSRAD – und weitere Navigationsräder bieten verschiedene Optionen zum Schwenken und Variieren der Ansichtsrichtung.
- PAN – Mit dieser Funktion können Sie den aktuellen Bildschirmausschnitt verschieben. Sie können das Gleiche aber auch erreichen, indem Sie das Mausrad drücken und mit gedrücktem Mausrad dann die Maus bewegen.
- ZOOM GRENZEN – zoomt die Bildschirmanzeige so, dass alles Gezeichnete sichtbar wird. Als GRENZEN bezeichnet man den Bereich, der von den kleinsten bis zu den größten Koordinatenwerten Ihrer Zeichnungsobjekte definiert wird. Die GRENZEN werden von AutoCAD automatisch bestimmt und aktualisiert. Dieselbe Aktion können Sie auch mit der Maus durch einen Doppelklick aufs Mausrad tätigen. Normales Zoomen geschieht durch Rollen des Mausrades. Weitere Zoom-Funktionen finden sich hier im Flyout.
- ORBIT (nicht LT) – Diese Funktion ermöglicht für 3D-Konstruktionen das dynamische Schwenken der Ansicht. Es kann aber auch mit der Maus ausgeführt werden, indem Sie [Shift] halten und dann die Maus bei gedrücktem Mausrad bewegen. Mit FREIER ORBIT kann auch über die +/-Z-Richtung hinweg geschwenkt werden.
- SHOWMOTION (nicht LT) – aktiviert das Animieren von Ansichten, die mit einer Art Filmvorspann versehen sind.

Abb. 1.12: Funktionen der Navigationsleiste (bei LT nur ZOOM, PAN und 2D-Navigations-Rad)

> **Tipp**
>
> Im Register ANSICHT können Sie über die Gruppe FENSTER|BENUTZER-OBERFLÄCHE die verschiedenen Bedienelemente VIEWCUBE (nicht LT), SHOWMOTION (nicht LT), NAVIGATIONSLEISTE und TEXTBILDSCHIRM ein- und ausschalten.

1.6.17 Ansichtssteuerung

Oben links im Zeichenfenster finden Sie nun die STEUERELEMENTE DES ANSICHTS-FENSTERS (nicht LT) in der Form: [-] [OBEN] [2D-DRAHTKÖRPER]

Hinter jeder eckigen Klammer liegt eine Optionsliste zur Auswahl verschiedener Ansichtsfenstereinstellungen:

- [-] oder [+] – bietet die Wahl einer Ansichtsfensterkonfiguration mit einem oder mehreren Ansichtsfenstern. Bei mehreren Ansichtsfenstern oder innerhalb eines Layout-Ansichtsfensters kann dieses Ansichtsfenster zur bequemeren Arbeit maximiert werden. Außerdem können hier die Steuerelemente VIEWCUBE, STEERINGWHEEL und NAVIGATIONSLEISTE ein- und ausgeschaltet werden.
- [OBEN] – listet die Standard-Ansichten OBEN, VORNE, LINKS, ISO-ANSICHT SW etc. auf.
- [2D-DRAHTKÖRPER] – fordert zur Wahl eines visuellen Stils auf, der besonders für 3D-Konstruktionen interessant ist, um beispielsweise mit VERDECKT die verdeckten Kanten auszublenden oder mit KONZEPTUELL schattierte Oberflächen anzuzeigen.

1.6.18 Bereichswahl: Modell-Layout

Unterhalb des Zeichenbereichs sind noch zwei oder drei Registerfähnchen zu sehen: MODELL, LAYOUT1, LAYOUT2. Hiermit können Sie aus dem normalen Zeichenmodus – MODELL genannt – dann später in bestimmte noch einzustellende

Plot-Voransichten umschalten – hier LAYOUT... genannt. Ihre Konstruktion gehört auf jeden Fall in den Bereich MODELL, der normalerweise aktiviert ist. Es sind beliebig viele Plot-Layouts möglich.

Tipp

Abbruch einer Funktion

Vielleicht haben Sie gerade versucht, den einen oder anderen Befehl anzuwählen und wissen nicht, wie Sie ihn bedienen sollen. Da das alles erst im weiteren Text erklärt wird, sollten Sie aber auf jeden Fall wissen, wie man aus jedem beliebigen Befehl wieder herauskommt: *Befehlsabbruch* wird durch die [Esc]-Taste (Escape-Taste) ganz oben links auf der Tastatur erreicht. Auch wenn Sie mal ein Zeichnungsobjekt angeklickt haben und nun kleine blaue Kästchen erscheinen, hilft die [Esc]-Taste weiter, die diese »Griffe« wieder entfernt.

1.6.19 Hilfe

Hilfe zu allen AutoCAD-Befehlen können Sie erhalten, wenn Sie das Menü HILFE oder oben rechts im Info-Bereich anklicken. Auch mit der [F1]-Taste erhalten Sie schnell zu jedem laufenden Befehl die aktuelle Information. Mit der Funktion HILFE können Sie in der ONLINE-HILFE nach jedem Thema suchen.

Die ONLINE-HILFE können Sie auch mit OFFLINE-HILFE HERUNTERLADEN auf Ihrem Computer installieren, um vom Internet unabhängig zu sein.

Die traditionellen Hilfsmittel wie BENUTZERHANDBUCH oder BEFEHLSREFERENZ sind etwas mühsamer zu finden. Diese Dokumentationen sind allerdings nicht auf dem Stand von 2014, sie sollten nur zusammen mit den extra Informationen über neue Features benutzt werden. Benutzerhandbuch und Befehlsreferenz sind erst nach folgenden Klicks zugänglich:

- Befehl HILFE oder ? führt Sie ins Dialogfenster AUTOCAD 2014 – DEUTSCH – HILFE.
- Unter COMMUNITY UND SUPPORT gehen Sie zu WEITERE RESSOURCEN und klicken Sie auf AUTODESK-SUPPORT.
- Der Internet Explorer geht auf die Autodesk-Seite SERVICE & SUPPORT, wo Sie auf AUTOCAD klicken.

Kapitel 1
AutoCAD starten und loslegen

- Die nächste Seite ist AUTOCAD SERVICES & SUPPORT, wo Sie unten auf DOKUMENTATION klicken.
- Nun befinden Sie sich auf der Seite PRODUKTDOKUMENTATION mit den interessanten Themen BENUTZERHANDBUCH, BEFEHLSREFERENZ und HANDBUCH FÜR BENUTZERANPASSUNGEN.

Die Informationen über neue Features der Version 2014 finden Sie im Begrüßungsbildschirm unter der Rubrik LERNEN als Videos.

1.6.20 Begrüßungsfenster abschalten

Im normalen Alltagsbetrieb werden Sie meist auf das Begrüßungsfenster verzichten können oder wollen. Dann deaktivieren Sie einfach unten links die Anzeige für den nächsten Start.

Zum Reaktivieren können Sie jederzeit oben in der Programmleiste ?▼ |BEGRÜSSUNGSBILDSCHIRM wählen.

1.7 Übungsfragen

1. Wie unterscheiden sich Demo-Version, Studenten-Version und lizenzierte Version?
2. Wo liegen die wichtigsten benutzerspezifischen Dateien?
3. Was sind neben dem Preis die wichtigsten Unterschiede zwischen LT- und Vollversion?
4. Was versteht man unter Migrieren?
5. Wie reaktivieren Sie eine »verlorene« Befehlszeile?
6. Was ist der Unterschied zwischen *Befehlsoptionen* und *Befehlsvorgaben*?
7. Was ist der Unterschied zwischen *Kontextmenüs* und *Griffmenüs*?
8. Wo erscheint die *Koordinatenanzeige* der Fadenkreuzposition?
9. Womit können Sie die STATUSLEISTE konfigurieren?
10. Wo finden Sie die ANSICHTSSTEUERUNG und was ist enthalten?
11. Mit welchen Funktionstasten schalten Sie FANG und RASTER ein oder aus?

Kapitel 2

Einfache Zeichenbefehle

In diesem Kapitel wird grundlegend in das Zeichnen mit AutoCAD eingeführt. Sie lernen einige Grundeinstellungen für Zeichnungen sowie das Starten einer neuen Zeichnung kennen. Die einfachen Zeichenbefehle LINIE, KREIS, RECHTECK, POLYLINIE, RING und SOLID werden mit Positionseingabe im Raster vorgestellt. Alle raffinierteren Eingabeoptionen werden hier abgeschaltet und erst in den nachfolgenden Kapiteln schrittweise aktiviert. Schließlich wird auch die grundlegende Dateiverwaltung erläutert.

2.1 Vorbereitung für die Zeichenarbeit

Vor unseren ersten Zeichenarbeiten ist es sinnvoll, einige wichtige Grundeinstellungen vorzunehmen. Einige müssen Sie nur einmal vornehmen, andere sind zunächst bei jeder neuen Zeichnung zu wiederholen. Die Ersteren werden nämlich in der Windows-Registry gespeichert, die übrigen könnten in einer geeignet vorbereiteten Vorlage gespeichert werden.

2.1.1 Hintergrundfarbe

Die Hintergrundfarbe für den Bildschirm ist standardmäßig auf ein dunkles Grau eingestellt. Für dieses Buch, aber auch für die tägliche Arbeit benutze ich üblicherweise einen weißen Hintergrund:

- Über Rechtsklick mit dem Fadenkreuz bzw. Cursor im Zeichenfenster erscheint ein Kontextmenü. Wenn kein Befehl aktiv ist, enthält es unten den OPTIONEN-Befehl.
- Klicken Sie OPTIONEN an.
- Im Dialogfenster wählen Sie das Register ANZEIGE.
- Im Bereich FENSTERELEMENTE wählen Sie die Schaltfläche FARBEN.
- Es sollte im neuen Dialogfenster unter KONTEXT der Bereich 2D-MODELLBEREICH und unter BENUTZEROBERFLÄCHENELEMENT die Option HINTERGRUND aktiviert sein.
- Wählen Sie unter FARBEN anstelle der Voreinstellung (RGB-Kombination **33,40,48**) einfach die Farbe **Weiß**.
- Beenden Sie mit ANWENDEN & SCHLIEßEN und dann mit OK.

Diese Einstellung bleibt ab jetzt dauerhaft erhalten.

2.1.2 Die Zeichenhilfen

Beim Start von AutoCAD sind gleich einige nützliche ZEICHENHILFEN unten in der Statusleiste aktiviert. Sie erkennen das an den bläulich markierten Buttons für die ZEICHENHILFEN. Da ich deren Wirkung aber in einzelnen Schritten im Folgenden erst vorstellen möchte, empfehle ich, durch entsprechendes Anklicken erst mal alle zu deaktivieren. Sie müssen danach also alle in reinem Grau erscheinen.

Da man sich außerdem die Bedeutung der einzelnen ZEICHENHILFEN besser anhand der Beschriftung merken kann, empfehle ich, die Icons in die Beschriftung umzuwandeln:

- Klicken Sie auf eine der ZEICHENHILFEN mit der rechten Maustaste.
- Klicken Sie dann das Häkchen vor SYMBOLE VERWENDEN weg.

Auch diese Einstellung bleibt beim nächsten AutoCAD-Aufruf erhalten.

2.1.3 Zeichenhilfen Fang und Raster

Es gibt einige Unterstützungsfunktionen, die für einfache Zeichnungen, Skizzen und Entwürfe sehr nützlich sind. Hier ist an erster Stelle das Einstellen eines rechteckigen Rasters gemeint. Damit kann man sich, ähnlich wie bei der Erstellung einer Handskizze auf kariertem Block, von einem Rasterleiten lassen.

Zur sinnvollen Nutzung dieses Rasters gehören zwei Einstellungen. Zum einen muss das sichtbare Raster aktiviert werden, zum anderen muss dafür gesorgt werden, dass das Fadenkreuz nur auf diesen Positionen einrastet. Das sichtbare Raster wird mit RASTER eingeschaltet, bewirkt aber noch nicht das Einrasten des Fadenkreuzes. Damit das geschieht, muss zusätzlich FANG aktiviert werden.

Statusleiste	Befehl	Kürzel	Funktionstaste
RASTER	RASTER		F7
FANG	FANG	F	F9

Für beide Funktionen sind vorgabemäßig Raster- und Fangabstand von 10 Einheiten in x- und y-Richtung, also waagerecht und senkrecht, eingestellt.

Um neue Werte für die Abstände einzugeben, müssen Sie die EINSTELLUNGEN ändern. Dazu öffnen Sie mit einem Rechtsklick auf FANG oder RASTER das Kontextmenü und wählen dort EINSTELLUNGEN (ABBILDUNG 2.1). Zu empfehlen ist, dass FANG und RASTER auf gleichen Werten stehen. Auf keinen Fall sollten Sie die Einstellung bei FANG sehr viel enger setzen als bei RASTER.

2.1 Vorbereitung für die Zeichenarbeit

In der Architektur stellt man für Rohbauentwürfe das Raster beispielsweise auf 12,5 x 12,5 ein. Wenn ein verschobenes oder gedrehtes Raster verwendet werden soll, muss das Koordinatensystemsymbol nach Anklicken über die blauen Griffe oder mit dem Befehl BKS manipuliert werden. Das Raster richtet sich immer nach dem aktuellen Koordinatensystem.

Abb. 2.1: Einstellungen für RASTER und FANG

> **Tipp**
>
> **Raster-Einstellungen**
>
> Die Option ADAPTIVES RASTER bedeutet, dass es sich später beim Zoomen jeweils mit einem Faktor 5 ändert (siehe HAUPTLINIE ALLE: **5**), um auf dem Bildschirm nicht zu eng und nicht zu weit zu erscheinen. Sie wissen also nie genau, ob Sie echte 10x10 als Raster sehen oder 50x50 oder 250x250. Das sollte in den ersten Übungen eher ausgeschaltet sein. Dagegen ist die Option RASTER ÜBER BEGRENZUNG ANZEIGEN sehr nützlich, weil damit die sogenannten LIMITEN als Grenzen für die Anzeige des Rasters *ignoriert* werden. Die LIMITEN sind in der benutzten Vorlagendatei *acadiso.dwt* mit dem Befehl LIMITEN bereits mit 0,0 bis 420,287 eingestellt.

Im folgenden Beispiel (Abbildung 2.2) wurden FANG und RASTER auf je 10 gestellt und die Konturen mit dem LINIE-Befehl und nur durch Anklicken der Bildschirmpositionen eingegeben. Sie sollten darauf achten, dass von den Zeichenhilfen nur FANG und RASTER aktiviert sind, die übrigen Felder aber noch nicht.

2.1.4 Zoom, Pan und Achsenkreuz

Beim normalen Start von AutoCAD wird als Zeichenvorlage *acadiso.dwt* verwendet und es erscheint ein Zeichenfenster, das ungefähr 5000 Einheiten breit und 3000 hoch ist. Dies ist für unsere Übungszeichnungen sowohl aus den Bereichen Architektur als auch Maschinenbau meist viel zu groß. Um mit einem Zeichenbereich zu starten, der ungefähr einem A3-Blatt in Millimetern entspricht, rufen Sie am besten den Befehl ZOOM mit Option G auf:

- Tippen Sie in der Befehlszeile **ZOOM** Enter ein und dann **G** Enter oder
- wählen Sie die Funktion ZOOM GRENZEN in der Navigationsleiste am rechten Rand oder
- wählen Sie in der Multifunktionsleiste ANSICHT|ZOOM|GRENZEN oder
- machen Sie einen *Doppelklick auf das Mausrad* (falls Sie eine Maus mit Mausrad besitzen).

Danach entspricht das Zeichenfenster etwa einem DIN-A3-Blatt in Millimetern. Sie können das leicht verifizieren, indem Sie mit dem Fadenkreuz über den Bildschirm fahren und die Koordinatenwerte links unten in der STATUSLEISTE verfolgen.

Der Bildschirm zeigt aber nur einen Ausschnitt von einem unendlich großen Zeichnungsblatt. Sie können diesen Ausschnitt beliebig verschieben und vergrößern oder verkleinern. Dazu eignet sich am besten das Mausrad einer Wheel-Maus mit folgenden Bedienungen:

- MAUSRAD ROLLEN – Dieser ZOOM-Modus bewirkt eine Vergrößerung oder Verkleinerung des Bildschirmausschnitts. Fixiert bleibt dabei die Position, auf der gerade Ihr Fadenkreuz steht.
- MAUSRAD DRÜCKEN UND MAUS BEWEGEN – Sie sind dann im PAN-Modus und können das gesamte Zeichenblatt in beliebige Richtungen verschieben. Die Koordinaten gezeichneter Objekte verändern sich dabei nicht, weil Sie das ganze Zeichnungsblatt mitsamt Nullpunkt verschieben.
- DOPPELKLICK AUFS MAUSRAD – Nun wird ein Zoom auf die sogenannten *Zeichnungsgrenzen* ausgeführt. Die *Zeichnungsgrenzen* sind die größten und kleinsten Koordinaten in x- und y-Richtung, die in Ihren bisher gezeichneten Objekten vorkommen. Sie werden von AutoCAD ständig aktuell gehalten. Damit sehen Sie alles bisher Gezeichnete. Wenn noch nichts gezeichnet wurde, wird auf die LIMITEN gezoomt (Vorgabe ist 0,0 bis 420,297).

Bei den ZOOM- und PAN-Aktionen verschiebt sich natürlich auch der vorgegebene Koordinatennullpunkt Ihrer Zeichnung. Wo der Nullpunkt genau liegt, können Sie einerseits über die Koordinatenanzeige in der Statusleiste ermitteln. Andererseits wird ein Achsenkreuz angezeigt, aber nicht immer am Nullpunkt. Das Achsenkreuz besteht aus zwei Linien für die x- und y-Richtung und einer kleinen Box.

Wenn Sie das Fadenkreuz und den Koordinatennullpunkt mit gedrücktem Mausrad (PAN-Aktion) etwas mehr in die Mitte des Bildschirms bewegt haben, sehen Sie – sofern in den Zeichenhilfen RASTER ▦ aktiviert ist – auch eine rote Linie vom Nullpunkt ausgehen, die für die x-Richtung steht, und eine grüne für die y-Richtung. Sobald Sie diese beiden Linien sehen, können Sie sicher sein, dass ihr Ausgangspunkt der Nullpunkt ist. Sobald der Nullpunkt eventuell nicht mehr auf dem Bildschirm liegt, bleibt das Achsenkreuz-Symbol in der linken unteren Ecke liegen, aber die rote und grüne Linie sind dann nicht mehr zu sehen. Um den Nullpunkt im Auge zu behalten, ist es nützlich, zu Beginn der Zeichnung nicht nur mit einem *Doppelklick aufs Mausrad* auf einen A3-Ausschnitt zu zoomen, sondern dann auch *mit gedrücktem Mausrad* so etwa 10 mm in x- und y-Richtung eine PAN-Bewegung zu machen.

> **Tipp**
>
> **Transparente Befehle**
>
> Einige Befehle in AutoCAD können auch aufgerufen werden, während andere Befehle aktiv sind. Dazu gehören die Befehle ZOOM und PAN. Wenn Sie einen solchen Befehl bei laufendem anderen Befehl eintippen wollen, müssen Sie ein Hochkomma davor setzen: 'ZOOM⏎. Wenn Sie für PAN und ZOOM die Maus benutzen, dann sind diese Aktionen immer automatisch transparent und damit jederzeit auch im laufenden Befehl möglich.

2.2 Erste Konstruktion mit Linien

Mit den eingestellten Fang- und Rasterwerten sollen nun einfache Linienkonstruktionen erstellt werden. Wir wollen uns in den ersten Versuchen noch nicht mit den unterschiedlichen Eingabemethoden für Koordinaten auseinandersetzen. Sie können unter Benutzung der Zeichenhilfen FANG und RASTER einfach die geforderten Positionen anfahren und in der Statusleiste links unten die Koordinatenwerte überprüfen.

Abbildung 2.2 zeigt unser erstes Probeobjekt.

Um diese Konstruktion zu zeichnen, werden Sie nun den ersten Zeichenbefehl kennenlernen: LINIE. Die Tabelle zeigt die verschiedenen Möglichkeiten, den Befehl aufzurufen.

Zeichnen und Beschriftung	Icon	Befehl	Kürzel
START|ZEICHNEN	╱	LINIE	L

Kapitel 2
Einfache Zeichenbefehle

Um eine gefundene Position zu übernehmen, klicken Sie diese dann im Befehl LINIE mit der linken Maustaste an. Die Koordinaten lesen Sie in der Statusleiste links ab. Sollte dort keine Anzeige erscheinen, dann können Sie mit einem Rechtsklick auf die Koordinatenanzeige die Option ABSOLUT aktivieren.

Abb. 2.2: x- und y-Positionen für die Linien

Der Befehl LINIE erzeugt eine einzelne Linie oder auch mehrere Liniensegmente hintereinander, wenn mehr als zwei Punktpositionen eingegeben werden.

```
Befehl:     <Fang ein>
Befehl:     <Raster ein>
Befehl:     LINIE Ersten Punkt angeben:    Position 50,50 anfahren und Klick
LINIE Nächsten Punkt angeben oder [Zurück]:     Position 50,110 anfahren und Klick
LINIE Nächsten Punkt angeben oder [Zurück]:     Position 70,130 anfahren und Klick
LINIE Nächsten Punkt angeben oder [Schließen Zurück]: Position 90,130 anfahren, Klick
LINIE Nächsten Punkt angeben oder [Schließen Zurück]: Position 110,110 anfahren, Klick
LINIE Nächsten Punkt angeben oder [Schließen Zurück]: Position 110,50 anfahren, Klick
LINIE Nächsten Punkt angeben oder [Schließen Zurück]: Position 90,50 anfahren, Klick
LINIE Nächsten Punkt angeben oder [Schließen Zurück]: Position 90,100 anfahren, Klick
LINIE Nächsten Punkt angeben oder [Schließen Zurück]: Position 80,110 anfahren, Klick
LINIE Nächsten Punkt angeben oder [Schließen Zurück]: Position 70,100 anfahren, Klick
LINIE Nächsten Punkt angeben oder [Schließen Zurück]: Position 70,50 anfahren, Klick
LINIE Nächsten Punkt angeben oder [Schließen Zurück]: S Enter
```

Nach Anwahl des ersten Punkts erscheint im LINIE-Befehl eine Gummibandlinie, um die Verbindung der aktuellen Position mit dem letzten Punkt anzudeuten. Die erzeugten Objekte sind mehrere Liniensegmente, d.h. einzelne Linienobjekte. Weiter im Befehlsablauf sehen Sie, dass *Optionen* in eckigen Klammern angeboten werden. Die *Option* ZURÜCK bietet die Möglichkeit, die letzte Punkteingabe zurückzunehmen.

> **Tipp**
>
> **Option wählen**
>
> Sie aktivieren eine *Option* aus der eckigen Klammer, indem Sie immer *diejenigen Zeichen eintippen, die als Großbuchstaben* erscheinen. Alternativ können Sie seit AutoCAD 2013 eine *Option* auch direkt in der Befehlszeile *anklicken*.
>
> Sie können aber alternativ die *Option* auch über das *Kontextmenü* des Befehls aktivieren, indem Sie die rechte Maustaste drücken und aus dem erscheinenden Menü mit der linken Maustaste die gewünschte *Option* anklicken (Abbildung 2.3).

Abb. 2.3: Kontextmenü des Befehls LINIE

Die Option SCHLIEßEN bewirkt, dass ein letztes Liniensegment von der aktuellen Position bis zum ersten Punkt des aktuellen LINIE-Befehls gezeichnet wird und der Befehl LINIE damit auch automatisch endet:

- **LINIE** Nächsten Punkt angeben oder [Schließen Zurück]: S⏎

Dadurch wird eine abschließende Linie hin zum ersten Punkt – erzeugt durch Ersten Punkt eingeben: – gezeichnet und der Befehl ist beendet. Es ist dann kein abschließendes ⏎ nötig, um den Befehl zu beenden.

- **LINIE** Nächsten Punkt angeben oder [Zurück]: Z⏎

Solange Sie sich im LINIE-Befehl befinden, können Sie mit **Z** das letzte Segment zurücknehmen. Das geht auch mehrfach, sodass Sie rückwärts alle erzeugten

Punkte bis zum ersten Punkt wieder entfernen können. Das gilt aber nur, solange Sie den Befehl LINIE noch nicht beendet haben.

- **LINIE** Nächsten Punkt angeben: `Enter`

Die Eingabetaste `Enter` beendet den Befehl und der Linienzug bleibt offen.

> **Tipp**
>
> **Befehle beenden**
>
> Es gibt zwei Arten von Befehlen. Die einen enden automatisch nach der letzten Eingabe, andere warten auf erneute Eingaben und müssen mit `Enter` beendet werden. Beim Befehl LINIE tritt beides auf. Die Eingabe der Option **S** führt zur automatischen Beendigung nach dem Schließen des Linienzugs. Bei einem offenen Linienzug kann die Koordinateneingabe und damit der Befehl nur durch `Enter` beendet werden. `Esc` bewirkt genauso das Befehlsende, hat aber bei manchen anderen Befehlen die Wirkung, dass die gesamte Eingabe des Befehls verschwindet. Sie sollten sich also an die normale Befehlsbeendigung mit `Enter` gewöhnen.

> **Tipp**
>
> **Rechte Maustaste, Kontextmenü**
>
> Die Optionen, die in der Befehlszeile in eckigen Klammern erscheinen, können ganz einfach über das Kontextmenü angewählt werden (Abbildung 2.3). Beim Befehl LINIE erscheint nach Drücken der rechten Maustaste das *Kontextmenü* mit den Optionen: EINGABE, ABBRECHEN, LETZTE EINGABE | SCHLIEßEN, ZURÜCK | FANG-ÜBERSCHREIBUNGEN | PAN, ZOOM, STEERINGWHEELS | TASCHENRECHNER. Durch einen normalen Mausklick auf SCHLIEßEN kann beispielsweise die Option SCHLIEßEN aufgerufen werden. Das erspart die Tastatureingabe von **S**.

Bei einzelnen Linien oder offenen Linienzügen beendet man den Befehl einfach mit `Enter` anstelle einer Punkteingabe. Damit lassen sich auch die beiden fehlenden Linien des Buchstabens A schnell zeichnen (Abbildung 2.2). Die Positionen, die Sie bei den übrigen Buchstaben anfahren müssen, sind in den folgenden Abbildungen angegeben. Versuchen Sie, diese ähnlich wie vorgeführt zu konstruieren.

Eine weitere Erleichterung der Konstruktion bietet die Benutzung der dynamischen Eingabe, mit DYN in der Statuszeile zu aktivieren. Hierfür wären allerdings zur sinnvollen Benutzung noch einige Einstellungen vorzunehmen. Gehen Sie in die Statusleiste unten zu DYN, machen Sie einen Rechtsklick und klicken Sie EINSTELLUNGEN an. Im Dialogfenster sehen Sie das Register DYNAMISCHE EINGABE. Deaktivieren Sie die Option WO MÖGLICH BEMAßUNGSEING. AKTIVIEREN, klicken

2.2 Erste Konstruktion mit Linien

Sie auf die *linke* Schaltfläche EINSTELLUNGEN und aktivieren Sie dort KARTESISCHES FORMAT und ABSOLUTE KOORDINATEN. Mit zweimal OK geht's zurück. Ab jetzt sehen Sie zusätzlich zur Eingabeaufforderung im Textfenster unten immer die letzte Zeile auch am Fadenkreuz mit den aktuellen Koordinaten. Diese können Sie nun durch Klicken übernehmen.

Abb. 2.4: Einstellungen für DYN zur Anzeige der absoluten Position

Abb. 2.5: Anzuklickende Koordinaten für Buchstaben-CAD

Kapitel 2
Einfache Zeichenbefehle

2.3 Zeichnungen beginnen, speichern und beenden

Sobald Sie eine vorzeigbare Zeichnung erstellt haben, wollen Sie Ihr »Erstlingswerk« natürlich auch in Sicherheit bringen und speichern. Danach wollen Sie dann weitere Zeichnungen beginnen. Aus diesen Gründen sollten wir uns nun die Befehle zur Dateiverwaltung vornehmen, die in der nächsten Tabelle zusammengefasst sind.

Zeichen und Beschriftung	Icon	Befehl	Kürzel
-	-	NEU	Strg+N
SCHNELLZUGRIFF-WERKZEUGKASTEN		SNEU	-
SCHNELLZUGRIFF-WERKZEUGKASTEN		ÖFFNEN	Strg+O
SCHNELLZUGRIFF-WERKZEUGKASTEN		KSICH	Strg+S
ANWENDUNGSMENÜ|SPEICHERN UNTER|AUTOCAD-ZEICHNUNG		SICHERN, SICHALS	Strg+Shift+S
ANWENDUNGSMENÜ|SCHLIEßEN|AKTUELLE ZEICHNUNG		SCHLIEßEN	-
ANWENDUNGSMENÜ|AUTOCAD BEENDEN		QUIT oder EXIT	Strg+Q

Tabelle 2.1: Befehle zur Dateiverwaltung

2.3.1 Speichern und Speichern unter...

Zunächst ist zu bemerken, dass beim Start von AutoCAD eine erste leere Zeichnung automatisch eingerichtet worden ist. Sie erinnern sich, dass von Anfang an ein grauer Zeichnungshintergrund vorhanden war und der Name der Zeichnung mit ZEICHNUNG1.DWG vorgegeben war. Dieser Name ist von AutoCAD generiert worden, damit für eventuelle Zwischensicherungen schon mal ein Dateiname existiert. Dieser Name ist ein *vorläufiger* Name. Den richtigen Namen für Ihre nun fertige Zeichnung vergeben Sie aber erst jetzt, wenn Sie SICHERN aufrufen. In diesem Moment merkt AutoCAD, dass die Zeichnung noch keinen endgültigen vom Benutzer vergebenen Namen besitzt, und führt den Befehl SICHALS aus. Sie erhalten nun im Dialogfenster die Möglichkeit, einen eigenen Zeichnungsnamen einzugeben.

2.3 Zeichnungen beginnen, speichern und beenden

Abb. 2.6: Dateiverwaltungsbefehle

Abb. 2.7: Dialogfenster von SICHALS

> **Kapitel 2**
> Einfache Zeichenbefehle

Das Dialogfenster bietet als vorgegebenen Namen natürlich `Zeichnung1.dwg` an, aber Sie können ihn überschreiben. Der Dateiname ist bei Aufruf des Dialogfensters schon blau markiert. Das bedeutet, dass Sie nun einfach den neuen Namen eingeben können. Im Beispiel wurde 01-15 eingetragen. Man kann die Dateiendung `.dwg` weglassen, sie wird aufgrund des eingestellten Dateityps automatisch ergänzt. Der Speicherort für die Dateien ist das Verzeichnis `Eigene Dokumente`, das standardmäßig von den meisten Windows-Programmen verwendet wird. Sie könnten auch ein eigenes Verzeichnis einstellen. AutoCAD merkt sich Ihr Verzeichnis auch für die nachfolgenden Speichervorgänge.

Sobald Sie Ihrer Zeichnung einmal einen eigenen Namen verpasst haben, können Sie natürlich noch weiter daran arbeiten. Um dann wieder den Zeichnungsfortschritt zu sichern, brauchen Sie nur 🖫 aufzurufen. Nun allerdings merkt AutoCAD, dass Ihre Konstruktion schon einen eigenen Namen besitzt, und speichert automatisch unter dem bestehenden Namen und überschreibt somit Ihre vorherige Sicherung. Ein Dialogfenster erscheint diesmal nicht mehr, weil ja nichts mehr anzugeben ist. Dass das Speichern geklappt hat, erkennen Sie nur an dem Befehlsecho in der Befehlszeile Befehl: _QSAVE.

Wenn Sie eine Zeichnung unter einem anderen Namen speichern wollen, dann brauchen Sie allerdings den Befehl SICHALS 🖫, der nach einem neuen Namen fragt und speichert.

Sie können die Zeichnungen auch in der Cloud speichern, wenn Sie im Info-Bereich AUTOCAD 360 aktiviert und sich dort angemeldet haben.

Abb. 2.8: Anmelden in der Cloud

Im OPTIONEN-Befehl lässt sich dann auch das automatische Speichern in der Cloud aktivieren. Mit der einfachen Lizenz können Sie bis 3 GB kostenlos speichern, mit der Abonnements-Lizenz bis 25 GB.

> **Wichtig**
>
> **Alte Versionen**
>
> Die Zeichnungsdateien der verschiedenen AutoCAD-Versionen haben meist eine unterschiedliche interne Organisation. Deshalb müssen sie für Benutzung durch eine ältere AutoCAD-Version unter einer entsprechenden Versionsangabe gespeichert werden. Die aktuelle Zeichnung wird automatisch als AUTOCAD

2013-ZEICHNUNG gespeichert. Sie können aber auch ältere DWG-Formate zum Speichern wählen. Dabei gehen natürlich Features der neuen Versionen wie beispielsweise Parametrik verloren. AutoCAD 2010, 2011 und 2012 besitzen gemeinsam das DWG-Format AutoCAD 2010-ZEICHNUNG (*.DWG). Damit der Benutzer einer dieser alten Versionen Ihre aktuelle Zeichnung lesen kann, müssen Sie explizit beim Speichern AutoCAD 2010/LT 2010-ZEICHNUNG(*.DWG) als DATEITYP wählen. Alle drei Jahre ändert sich das DWG-Format. Für die Versionen 2007 bis 2009 ist AutoCAD 2007/LT 2007-ZEICHNUNG(*.DWG) nötig, für 2004 bis 2006 dann AutoCAD 2004/LT 2004-ZEICHNUNG(*.DWG), für die Versionen 2000 bis 2002 dann AutoCAD 2000/LT 2000-ZEICHNUNG(*.DWG). Für ganz alte Versionen gäbe es die Möglichkeit, den Typ AutoCAD R12/LT 2 DXF(*.DXF) zu verwenden und dann beim Einlesen in der älteren Version auch den Typ DXF (*.DXF) zu aktivieren.

Abb. 2.9: Befehl OPTIONEN mit Cloud-Einstellungen für AutoCAD 360

2.3.2 Schließen und beenden

Wollen Sie eine Zeichnung nicht mehr weiter bearbeiten, dann sollten Sie sie mit dem Befehl SCHLIESSEN beenden. Alternativ klicken Sie auf das Symbol ✕ auf der Zeichenfläche oben rechts. Damit ist aber das Programm AutoCAD noch nicht beendet. Sie können danach weitere Zeichnungen neu beginnen oder alte Zeichnungen öffnen und weiterbearbeiten.

Kapitel 2
Einfache Zeichenbefehle

Um AutoCAD zu beenden, können Sie in der Programmleiste oben rechts auf ⊠ klicken. AutoCAD wird dabei für alle noch geöffneten und bearbeiteten Zeichnungen fragen, ob sie nun gespeichert werden sollen.

2.3.3 Neue Zeichnung beginnen oder vorhandene öffnen

Wenn Sie eine neue Zeichnung beginnen wollen, dann klicken Sie normalerweise auf das Werkzeug 🗋 im SCHNELLZUGIRFF-WERKZEUGKASTEN, das dem Befehl SNEU entspricht. Alternativ können Sie auch den Befehl NEU bzw. ANWENDUNGSMENÜ| NEU|ZEICHNUNG oder das Tastenkürzel [Strg]+[N] wählen.

Abb. 2.10: Wahl der Vorlage im Befehl NEU

Der feine Unterschied zwischen den beiden Alternativen, Befehl SNEU bzw. Werkzeug 🗋 im SCHNELLZUGRIFFS-WERKZEUGKASTEN einerseits und dem Menü ANWENDUNGSMENÜ|NEU|ZEICHNUNG andererseits macht sich erst bemerkbar, wenn Sie die Einstellung für die Vorlagendatei ändern.

Gehen Sie dazu ins ANWENDUNGSMENÜ, das Menü unter dem großen roten A links oben und klicken Sie auf die Schaltfläche OPTIONEN. Im Register DATEIEN klicken Sie auf den Knoten (+-Zeichen) VORLAGENEINSTELLUNGEN, und dann auf VORGEGEBENER VORLAGENDATEINAME FÜR SNEU. Dort steht KEINER als Vorgabe. Nach

Doppelklick darauf wählen Sie eine bestimmte Vorlage, die beim Befehl SNEU automatisch verwendet wird. Wählen Sie **acadiso.dwt** aus dem angebotenen Verzeichnis **template** und aktivieren Sie sie mit ÖFFNEN. Diese Vorlage ist auf metrische Einheiten, und zwar Millimeter eingestellt und enthält noch keinen Zeichnungsrahmen. Sie sehen, dass die Vorlagendatei die Endung *.DWT anstelle *.DWG trägt. Ansonsten ist es eine normale AutoCAD-Zeichnung. Ihre Funktion besteht eben darin, dass Voreinstellungen, die zeichnungsspezifisch bei AutoCAD verwaltet werden und natürlich Geometrieobjekte wie Zeichnungsrahmen und Schriftfelder aus der Vorlage beim Anlegen neuer Zeichnungen mit SNEU übernommen werden. Nur beim Befehl NEU bzw. ANWENDUNGSMENÜ|NEU|ZEICHNUNG erscheint auch in Zukunft die Anfrage nach einer individuellen Vorlage.

Im OPTIONEN-Dialogfenster sehen Sie unter POSITION DER ZEICHNUNGSVORLAGENDATEI übrigens auch, wo AutoCAD seine Vorlagen gespeichert hat, nämlich im Verzeichnis *template* unter *C:/Dokumente und Einstellungen/.../template (Windows XP)* bzw. *c:/Users/.../template (Windows 7, 8)* (siehe Abbildung 2.11).

Abb. 2.11: Einstellung der Vorlage für SNEU

Wenn Sie keine neue Zeichnung beginnen, sondern eine alte Zeichnung fortsetzen wollen, dann wählen Sie den Befehl ÖFFNEN oder das Werkzeug im SCHNELLZUGRIFF-WERKZEUGKASTEN. Der Befehl greift standardmäßig auf das Verzeichnis **Eigene Dokumente** zu. Sie klicken nun den gewünschten Dateinamen an und klicken dann auf ÖFFNEN. Es ist auch möglich, die Datei gleich mit einem Doppelklick auf den Dateinamen zu öffnen. Das Dialogfenster des Befehls ÖFFNEN zeigt standardmäßig eine *Voransicht* der markierten Zeichnung an.

Kapitel 2
Einfache Zeichenbefehle

> **Wichtig**
>
> **Zeichnungen nur einmal öffnen!**
>
> Bevor Sie eine Zeichnung öffnen, sollten Sie stets sicher sein, dass diese Zeichnung nicht schon geöffnet ist. AutoCAD kann ja mehrere Zeichnungen zugleich geöffnet halten. Für manche Bearbeitungen ist das auch wichtig und sinnvoll. Wenn Sie aber ein und dieselbe Zeichnung, z.B. Büro.dwg, die bereits geöffnet ist, noch mal öffnen, dann erhalten Sie einen Warnhinweis und können die Zeichnung nur mit Schreibschutz öffnen. Das würde bedeuten, dass Sie diese zweite Version der Zeichnung – hier dann gekennzeichnet durch Büro.dwg:2 – nicht mehr unter dem Originalnamen speichern können. Nur die Version Büro.dwg:1 lässt sich speichern. Die Version Büro.dwg:2 können Sie höchstens unter einem neuen Namen speichern. In der Startleiste sollten Sie sich informieren, welche Zeichnungen Sie bereits geöffnet haben.

Abb. 2.12: Voransicht bei ÖFFNEN

Abb. 2.13: Warnhinweis beim nochmaligen Öffnen einer Datei

2.3.4 Weitergeben mit ETRANSMIT

Zum Weitergeben von Zeichnungen, insbesondere per E-Mail, eignet sich der Befehl ETRANSMIT.

Anwendungsmenü	Icon	Befehl
PUBLIZIEREN|ETRANSMIT		ETRANSMIT

Hiermit können eine Zeichnung und auch weitere mit ihr verbundene Dateien und andere Zeichnungen wie externe Referenzen (siehe Abschnitt 11.9 *Externe Referenzen*) zu einer Übertragungsdatei zusammengepackt werden. Sie können als Typ die selbst extrahierende EXE-Datei (*.exe) wählen, die Sie auch mit einem Kennwort versehen können. Der Empfänger braucht dann nur noch die erzeugte EXE-Datei auszuführen und das Kennwort anzugeben, um die Dateien zu entpacken. Je nachdem, wie die enthaltenen Dateien weiterverwendet werden, ist zu entscheiden, ob die Verzeichnisstrukturen und Pfadangaben beibehalten werden sollen. Das Register Dateien bietet eine Übersicht über die zu versendenden Dateien.

Abb. 2.14: Dialogfenster ETRANSMIT

2.3.5 Was tun nach einem Absturz?

Wenn Sie bei der Benutzung von AutoCAD doch einmal abgestürzt sind, wird sich beim nächsten Programmstart der Wiederherstellungsmanager melden und mögliche Zeichnungsvarianten in einem Fenster anbieten. Maximal vier Varianten stehen zur Verfügung:

Zeichnungsname.dwg – ist die letzte Version der Zeichnung, vor dem letzten Öffnen.

Zeichnungsname.bak – ist eine Sicherungsdatei, die automatisch erstellt wurde, als Sie die DWG-Datei zum letzten Mal gespeichert haben.

Zeichnungsname-x-x-xxx.sv$ – ist eine automatische Sicherung, die in regelmäßigen Zeitabständen gespeichert wird. Der Zeitabstand ist in der Systemvariablen SAVETIME mit 10 Minuten vorgegeben.

Zeichnungsname-recover.dwg – ist eine automatische Sicherung, die AutoCAD dann erstellt, wenn es den Absturz »vorausahnt«.

Aus diesen Möglichkeiten können Sie diejenige auswählen, die die neueste oder korrekteste Zeichnungsinformation enthält und dann den Wiederherstellungsmanager schließen. Vergessen Sie nicht, die Zeichnung dann eventuell unter dem Originalnamen oder einem sinnvollen neuen Namen zu speichern

Abb. 2.15: Wiederherstellungsmanager mit möglichen Zeichnungsversionen

Anwendungsmenü	Icon	Befehl
Zeichnungsprogramme|Wiederherstellungs-manager		Zchngswdherst

2.4 Objekte löschen, Befehle zurücknehmen

An dieser Stelle ist es angebracht, die nützlichen Befehle ZURÜCK, ZLÖSCH und LÖSCHEN vorzustellen, mit denen Sie Befehle zurücknehmen und gezeichnete Objekte löschen können. Man hat leicht etwas verkehrt eingegeben und möchte es ungeschehen machen oder man hat so viel herumexperimentiert, dass der ganze Bildschirm voll ist. Auf jeden Fall müssen Sie unsere Zeichnungsobjekte und Befehlsabläufe manipulieren können.

Zeichnen und Beschriftung	Icon	Befehl	Kürzel
Schnellzugriff-Werkzeugkasten		Z	Z oder [Strg]+[Z]
Schnellzugriff-Werkzeugkasten		Zlösch	
Start|Ändern		Löschen	LÖ oder [Entf]
		Hoppla	

Da haben wir an erster Stelle den nützlichen Befehl Z. Mit ihm kann man komplette Befehle rückgängig machen. Also: Haben Sie gerade mit dem Befehl LINIE einige Liniensegmente erzeugt und den Befehl mit [Enter] beendet, dann können Sie als nächsten Befehl Z eingeben oder das Werkzeug wählen, um die Aktion des Befehls LINIE rückgängig zu machen. Es verschwinden dann alle in diesem Befehl gezeichneten Liniensegmente.

Z macht den letzten Befehl rückgängig. Zu beachten ist, dass alle Aktionen des letzten Befehls zurückgenommen werden. Der Befehl Z kann mehrfach gegeben werden, und zwar so oft, bis der Beginn Ihrer Zeichnungssitzung oder die letzte Speicherung wieder erreicht wurde. So lange wird nämlich die Befehlshistorie aufgezeichnet.

Sie können auch mehrere Befehle auf einen Schlag zurücknehmen. Dazu klicken Sie im Schnellzugriff-Werkzeugkasten auf das schwarze Dreieck neben dem Werkzeug Z und wählen in der Liste die Befehle aus.

Kapitel 2
Einfache Zeichenbefehle

Abb. 2.16: Befehlsliste am Werkzeug Z

Was tun, wenn Sie zu viel zurückgenommen haben? Hierzu gibt es den Befehl ZLÖSCH . Auch der kann wie Z mehrere Befehle behandeln und verfügt neben dem Werkzeug auch über eine Befehlsliste. Mit Z und ZLÖSCH können Sie also notfalls mehrfach hin- und herwerkeln. Die beiden Befehle Z und ZLÖSCH richten sich an vorhergehende Befehle.

Von ganz anderer Natur ist der Befehl LÖSCHEN . Mit dem Befehl LÖSCHEN kann man Zeichnungsobjekte auf dem Bildschirm löschen. Hiermit können Sie also gezielt einzelne Liniensegmente löschen. Es ist dabei egal, von welchem Befehl sie erzeugt wurden oder in welcher Reihenfolge. Sie klicken einfach nach der Aufforderung OBJEKTE WÄHLEN: die zu löschenden Objekte an, beenden den Befehl mit Enter, und schon sind die gewählten Objekte gelöscht. Die Objekte, die in dem Befehl angeklickt werden, erscheinen auf dem Bildschirm dann in gestrichelter Darstellung. Das ist die Markierung für Objekte, die in einem Befehl ausgewählt wurden. Gelöscht werden die Objekte aber erst, wenn der Befehl mit Enter abgeschlossen wird.

```
Befehl: LÖSCHEN Enter
LÖSCHEN Objekte wählen: Das zu löschende Objekt mit der Objektwahlbox anklicken
LÖSCHEN Objekte wählen: Das nächste zu löschende Objekt mit der Objektwahlbox anklicken
LÖSCHEN Objekte wählen: Das nächste ...
LÖSCHEN Objekte wählen: Enter Hiermit wird der Befehl beendet und nun erst das
Löschen ausgeführt.
Befehl:
```

Alle durch Anklicken mit der Objektwahlbox gewählten Objekte werden gelöscht.

> **Wichtig**
>
> **Objektwahl und Hervorhebung**
>
> Wenn ein Befehl wie LÖSCHEN die Wahl von Objekten verlangt, wird das Fadenkreuz in eine Objektwahlbox umgewandelt. Mit dieser Box müssen Sie die gewünschten Objekte anklicken. Die erfolgreich gewählten Objekte erscheinen in gestricheltem Linientyp, sodass sie sich von den übrigen Objekten abheben. Man nennt das die *Hervorhebung der Objekte*. Die Objektwahl beendet man stets mit Enter. Man kann auch die rechte Maustaste dazu benutzen.

> **Tipp**
>
> **Größe der Objektwahlbox**
>
> Die Größe der Objektwahlbox können Sie variieren. Dazu machen Sie einen Rechtsklick auf der Zeichenfläche (es darf kein Befehl mehr aktiv sein, ggf. vorher Esc) und wählen OPTIONEN, Register AUSWAHL und stellen dort mit einem Schieberegler die PICKBOX-GRÖSSE ein.

Nun könnte man fragen, ob es auch einen Befehl gibt, mit dem man den Befehl LÖSCHEN rückgängig machen kann. Ja, es gibt ihn: HOPPLA nimmt den letzten Löschbefehl wieder zurück. Sie können zwischendurch ruhig andere Befehle benutzt haben. Mit HOPPLA wird genau die letzte LÖSCHEN-Aktion rückgängig gemacht, auch wenn sie im Befehlsablauf schon etwas länger zurückliegt. Der Befehl HOPPLA kann aber nur *einen einzigen* Löschbefehl rückgängig machen.

Befehl: **HOPPLA** Enter

2.5 Architekturbeispiel

Beginnen Sie nun eine neue Zeichnung für eine zweite Übungskonstruktion. Im Architekturbereich können Sie das Raster mit einem Abstand von 12.5 für Rohbau-Entwürfe nutzen. Damit erreichen Sie, dass gleich korrekte Baumaße entstehen. Das gezeigte Beispiel können Sie mit FANG- und RASTER-Einstellungen von **12.5**

Kapitel 2
Einfache Zeichenbefehle

für die x- und y-Abstände leicht erstellen. Die Fertigbaumaße erreicht man später durch entsprechendes Verschieben einiger Kanten um die Fugenbreite von 1 cm.

Abb. 2.17: Konstruktion mit Rasterabstand 12.5

2.6 Kreise

Der nächste wichtige Zeichenbefehl heißt KREIS. Der Standard-Aufruf des KREIS-Befehls fragt nach Mittelpunktposition und Radius. Zu beachten ist nur, dass der Mittelpunkt beim Kreis meist als Zentrum bezeichnet wird. Der KREIS-Befehl besitzt zahlreiche Optionen, die am besten über START|ZEICHNEN|KREIS|... zu sehen sind.

Zeichnen und Beschriftung	Icon	Befehl	Kürzel
START|ZEICHNEN		KREIS	K

Abb. 2.18: Optionen des KREIS-Befehls

Das Konstruktionsbeispiel (Abbildung 2.19) ist wieder mit eingestellten Fang- und Rasterabständen von 10 entstanden. Die Linien werden leicht mit dem Befehl

LINIE gezeichnet, wie im ersten Beispiel gezeigt. Das Rad auf der linken Seite ist mit dem Standard-Aufruf des KREIS-Befehls entstanden:

> In der Gruppe ZEICHNEN anklicken
> Befehl: _circle
> ▼ KREIS Zentrum für Kreis angeben oder [3P 2P Ttr (Tangente Tangente Radius)]: **Position 110,30 anfahren und Klick**
> Radius für Kreis angeben oder [Durchmesser]: **20** Enter

Das linke der beiden Hinterräder wird nach der 2-Punkte-Methode gezeichnet. Danach werden zwei Punkte angegeben, die auf dem Durchmesser des Kreises liegen. Diese Methode wird am schnellsten das KREIS-Flyout in der Multifunktionsleiste START aufgerufen:

> Befehl: **Start|Zeichnen|Kreis▼|2 Punkte**
> _circle
> ▼ KREIS Zentrum für Kreis angeben oder [3P 2P Ttr (Tangente Tangente Radius)]: _2p
> Ersten Endpunkt für Durchmesser des Kreises angeben: **Position 240,30 anfahren und Klick**
> ▼ KREIS Zweiten Endpunkt für Durchmesser des Kreises angeben: **Position 280,30 anfahren und Klick**

Mit dem letzten Rad soll noch die 3-Punkte-Methode demonstriert werden, die hier auch über das Register START aufgerufen wird:

> Befehl: **Start|Zeichnen|Kreis▼|3 Punkte**
> _circle
> ▼ KREIS Zentrum für Kreis angeben oder 3P 2P Ttr (Tangente Tangente Radius)]: _3p
> Ersten Punkt auf Kreis angeben: **Position 300,30 anfahren und Klick**
> ▼ KREIS Zweiten Punkt auf Kreis angeben: **Position 320,50 anfahren und Klick**
> ▼ KREIS Dritten Punkt auf Kreis angeben: **Position 340,30 anfahren und Klick**

Abb. 2.19: Konstruktion mit Kreisen

2.7 Rechteck

Zum Zeichnen von Rechtecken gibt es einen speziellen Befehl, bei dem nur zwei diagonale Positionen für die Eckpunkte eingegeben werden müssen. Abbildung 2.20 zeigt einen kleinen Hocker, der mit Fang- und Rasterabständen von 2 und mit dem Befehl RECHTECK schnell und einfach gezeichnet wird.

Zeichnen und Beschriftung	Icon	Befehl	Kürzel
START|ZEICHNEN	▭	RECHTECK	RE

Der Dialog läuft wie folgt:

> **In der Gruppe ZEICHNEN anklicken**
> Befehl: _rectang
> ▼RECHTECK Ersten Eckpunkt angeben oder [Fasen Erhebung Abrunden Objekthöhe Breite]: **Position 0,0 anfahren und Klick**
> ▼RECHTECK Anderen Eckpunkt angeben oder [Abmessungen]: **Position 4,50 anfahren und Klick**

Abb. 2.20: Konstruktion mit Rechtecken, Fangabstand 2

2.8 Solid, Ring und Polylinie

Abschließend sollen noch einige Zeichenbefehle gezeigt werden, mit denen Sie gefüllte Objekte erstellen können. Sie können zum Beispiel für die unten gezeigten Elektroniksymbole gut verwendet werden. Sie sollten wieder FANG ▨ und RASTER ▨ auf Abstand 10 einstellen.

Zeichnen und Beschriftung	Icon	Befehl	Kürzel
START|ZEICHNEN ▾	◎	RING	RI
START|ZEICHNEN	⌒	PLINIE	PL
-	▽	SOLID	SO

Mit dem Befehl SOLID kann man gefüllte Dreiecke oder Vierecke zeichnen. Der Befehl muss eingetippt werden, weil es kein Werkzeug oder Menü dafür gibt. Das gefüllte Dreieck im Diodensymbol entsteht mit dem Befehl SOLID wie folgt:

```
Befehl: SOLID Enter
 ▽ ▾SOLID Ersten Punkt angeben: Position 90,260 anklicken
 ▽ ▾SOLID Zweiten Punkt angeben: Position 90,280 anklicken
 ▽ ▾SOLID Dritten Punkt angeben: Position 110,270 anklicken
 ▽ ▾SOLID Vierten Punkt angeben oder <beenden>: Enter
 ▽ ▾SOLID Dritten Punkt angeben: Enter
```

Nach der dritten Ecke wird also mit zweimal Enter beendet.

Die gefüllten Rechtecke für den Transformator zeichnet man ebenfalls als SOLID. Hierbei ist zu beachten, dass Position 3 gegenüber Position 1 liegt und Position 4 gegenüber 2. Was passiert, wenn man die Eckpunkte in verschiedener Reihenfolge eingibt, zeigt Abbildung 2.21. Die linke Seite des Trafos ist als Beispiel noch mal gezeigt. Achten Sie darauf, den Befehl nach dem vierten Punkt mit Enter zu beenden. Wenn Sie das nicht tun, wird eine weitere gefüllte Fläche angeschlossen mit weiteren Punkten 3 und 4.

```
Befehl: SOLID Enter
 ▽ ▾SOLID Ersten Punkt angeben: Position 380,60 anklicken
 ▽ ▾SOLID Zweiten Punkt angeben: Position 380,150 anklicken
 ▽ ▾SOLID Dritten Punkt angeben: Position 390,60 anklicken
 ▽ ▾SOLID Vierten Punkt angeben oder <beenden>: Position 390,150 anklicken
 ▽ ▾SOLID Dritten Punkt angeben: Enter
```

Kapitel 2
Einfache Zeichenbefehle

Abb. 2.21: Elektroniksymbole mit dem Befehl SOLID

Vertauscht man die Positionen, dann entsteht ein verzwirbeltes Viereck, wie in Abbildung 2.22 gezeigt.

Abb. 2.22: Punktreihenfolge bei SOLID

In der nächsten Zeichnung sollen die Lötpunkte und Leiterbahnen mit den Befehlen RING ◎ und PLINIE ⌇ erstellt werden. Beim Befehl RING wird zuerst nach einem Innendurchmesser und einem Außendurchmesser gefragt. Danach können Sie gleich mehrere Positionen für die Platzierung der Lötpunkte anklicken. Beendet wird der Befehl mit ⌷Enter⌶. Auch wenn Sie einen Ring mit anderen Durchmesserwerten zeichnen wollen, müssen Sie den aktiven Befehl mit ⌷Enter⌶

beenden und den RING-Befehl erneut aufrufen. Die ersten Lötpunkte in Abbildung 2.23 entstehen wie folgt:

```
Befehl: RING Enter
▼RING Innendurchmesser des Rings angeben <0.5000>: 2 Enter
▼RING Außendurchmesser des Rings angeben <1.0000>: 8 Enter
▼RING Ringmittelpunkt angeben oder <beenden>: Position 70,240 anklicken
▼RING Ringmittelpunkt angeben oder <beenden>: Position 140,240 anklicken
▼RING Ringmittelpunkt angeben oder <beenden>: Position 160,220 anklicken
▼RING Ringmittelpunkt angeben oder <beenden>: Position 240,220 anklicken
▼RING Ringmittelpunkt angeben oder <beenden>: Enter
```

Die Leiterbahnen sollen als verbreiterte Linien entstehen. Deshalb kann hier nicht der LINIE-Befehl verwendet werden. Beim Befehl PLINIE ist es möglich, eine konkrete Breite für die Linie anzugeben. Ansonsten können Sie ihn wie den LINIE-Befehl bedienen. Die weiteren Optionen des PLINIE-Befehls werden später erläutert. Die oberste Leiterbahn in Abbildung 2.23 ist hier dokumentiert. Nach Anklicken des Werkzeugs meldet sich das englische Befehlsecho _pline. Dann klicken Sie auf die Startposition 70,40. Danach erhalten Sie die Möglichkeit, eine Linienbreite einzugeben. Mit B Enter wird die Option BREITE aktiviert und nach Anfrage dann der Wert 2 Enter für die Startbreite des ersten Liniensegments eingegeben. Der Befehl übernimmt dann diesen Wert auch als Endbreite des Segments, die Sie mit Enter dann einfach akzeptieren können. Anschließend können Sie die gewünschten Positionen anfahren und anklicken. Beendet wird der Befehl mit Enter. Die einmal eingegebene Linienbreite ist auch beim nächsten Befehlsaufruf noch aktiv und braucht nicht erneut eingegeben zu werden.

```
In der Gruppe ZEICHNEN anklicken
Befehl: _pline
▼PLINIE Startpunkt angeben: Position 70,240 anklicken
Aktuelle Linienbreite beträgt 0.0000
▼PLINIE Nächsten Punkt angeben oder [Kreisbogen Halbbreite sehnenLänge Zurück Breite]: B Enter
▼PLINIE Startbreite angeben <0.0000>: 2 Enter
▼PLINIE Endbreite angeben <2.0000>: Enter
▼PLINIE Nächsten Punkt angeben oder [Kreisbogen Halbbreite sehnenLänge Zurück Breite]: Position 140,240 anklicken
▼PLINIE Nächsten Punkt angeben oder [Kreisbogen Schließen Halbbreite sehnenLänge Zurück Breite]: Position 160,220 anklicken
▼PLINIE Nächsten Punkt angeben oder [Kreisbogen Schließen Halbbreite sehnenLänge Zurück Breite]: Position 240,220 anklicken
▼PLINIE Nächsten Punkt angeben oder [Kreisbogen Schließen Halbbreite sehnenLänge Zurück Breite]: Enter
```

Kapitel 2
Einfache Zeichenbefehle

Abb. 2.23: Ringe und Polylinien

> **Tipp**
>
> **FÜLLEN Ein/Aus**
>
> Die Füllung der Objekte RING, SOLID und POLYLINIE kann mit dem Befehl FÜLLEN ein- und ausgeschaltet werden. Die Wirkung wird aber erst nach Eingabe des Befehls REGEN oder Kürzel RG sichtbar. FÜLLEN wirkt auch auf Schraffuren!

Befehl	Kürzel
FÜLLEN	
REGEN	RG

2.9 Übungen

Die folgenden Übungszeichnungen sind zum Nachzeichnen gedacht.

Abb. 2.24: Übungszeichnung

Abb. 2.25: Übung zu RASTER und FANG

Abb. 2.26: Übung zu RASTER und FANG

Kapitel 2
Einfache Zeichenbefehle

Abb. 2.27: Übung zu RASTER und FANG

Abb. 2.28: Übung zu RASTER und FANG

Abb. 2.29: Übungszeichnung mit Fangabstand 1 und Rasterabstand 10

Abb. 2.30: Übungszeichnung mit Fang- und Rasterabstand 12.5

2.10 Was noch zu bemerken wäre

- Autovervollständigen – In AutoCAD ist der automatische Vervollständigungsmodus aktiv. Es gibt aber auch Befehle, bei denen das automatische Vervollständigen gar nicht erwünscht ist. Dann löschen Sie mit ⌫Backspace einfach die angebotene Vervollständigung weg. Also bitte immer genau hinschauen!
- *.DWL – Ein Dateityp, der zu jeder aktiven Zeichnung automatisch erstellt wird, sog. LOCK-Datei, markiert die Zeichnung als »in Arbeit befindlich«, wird bei Beenden der Zeichnung wieder gelöscht, bleibt bei Absturz erhalten und gibt später dem Wiederherstellungsmanager zu erkennen, dass es mit dieser Zeichnung einen Absturz gab.
- *.SV$ – Der Dateityp der 10-minütigen automatischen Sicherung im Verzeichnis TEMP, die Systemvariable SAVETIME mit Wert **10** garantiert diese automatische Sicherung.
- *.BAK – Der Dateityp der Sicherung, die automatisch bei jedem aktiven Speichern Ihrerseits erstellt wird, enthält den Stand der vorherigen DWG.
- ANWENDUNGSMENÜ|ZEICHNUNGSPROGRAMME|WIEDERHERSTELLEN versucht das Restaurieren einer Zeichnung, wenn es ÖFFNEN nicht mehr schafft.
- ANWENDUNGSMENÜ|ZEICHNUNGSPROGRAMME|ÜBERPRÜFEN überprüft die aktuelle Zeichnung auf interne Fehler und kann diese auch korrigieren.
- *Punktraster statt Gitterraster* – In älteren Versionen gab es anstelle des *Gitterrasters* ein *Punktraster*. Dies können Sie leicht umstellen mit RMK (Rechtsmausklick) auf RASTER, Wahl von EINSTELLUNGEN, dann unter RASTERSTIL bei PUNKTRASTER ANZEIGEN IN den 2D-MODELLBEREICH oder auch andere Bereiche aktivieren.

2.11 Übungsfragen

1. Für welchen der Befehle NEU oder SNEU können Sie eine Zeichnungsvorlage für spätere Verwendung dauerhaft vorgeben?
2. Mit welchem Befehl können Sie ein gefülltes Viereck zeichnen?
3. Mit welchem Befehl kann man den Anzeigebereich für das RASTER anders einstellen?
4. Welcher Befehl speichert *immer* mit Anfrage nach einem neuen Dateinamen?
5. Welche Optionen gibt es beim KREIS-Befehl?
6. Können Sie bei der *Polylinie* die Breite segmentweise eingeben?
7. Welcher Befehl macht das letzte LÖSCHEN rückgängig?
8. Wie oft können Sie im Befehl LINIE die Option ZURÜCK eingeben?
9. Welche Eingaben verlangt der Befehl RING?

Kapitel 3

Exaktes Zeichnen mit LINIE und KREIS

Dieses dritte Kapitel ist eine Einführung in das Zeichnen mit exakten Koordinatenangaben. Zuerst müssen wir uns aber etwas mit der Ansichtssteuerung befassen, denn unser Bildschirm zeigt ja immer nur einen Ausschnitt der prinzipiell unendlich großen Zeichenfläche. Diesen Ausschnitt steuern Sie mit der Maus und mit den ZOOM- und PAN-Befehlen. Sie üben danach die Koordinateneingabe mit den schon aus dem zweiten Kapitel bekannten Zeichenbefehlen. Sie benutzen rechtwinklige Koordinaten und Polarkoordinaten, sowohl absolute als auch relative. In den ersten Kapiteln des Buches wird rein zweidimensional konstruiert. Erst in den letzten Kapiteln bei den 3D-Konstruktionen spielt die Eingabe einer zusätzlichen z-Koordinate eine Rolle.

3.1 Ansichtssteuerung: Zoom-Funktionen

Bei Detailarbeiten muss man manchmal näher hinsehen, d.h. etwas vergrößern und danach auch wieder verkleinern können. Dazu haben Sie oben schon ZOOM und PAN übers Mausrad kennengelernt. Diese ZOOM- und PAN-Funktionen sind in der Praxis die nützlichsten. Hier sei aber noch auf einige schöne ZOOM-Funktionen, im Flyout ZOOM in der NAVIGATIONSLEISTE verwiesen.

> **Wichtig**
>
> **ZOOM und PAN mit Mausrad**
>
> Bei einer Maus mit Scroll-Rad können Sie die wichtigsten Pan- und Zoom-Optionen ganz optimal bedienen. Der ECHTZEIT-ZOOM wird aber am einfachsten durch *Drehen des Mausrades* bewirkt. Dabei bleibt die aktuelle Fadenkreuzposition fixiert. Der ECHTZEIT-PAN kann durch *Druck auf das Mausrad und Bewegen* der Maus am schnellsten ausgeführt werden. ZOOM-GRENZEN kann am leichtesten durch einen *Doppelklick* auf das Mausrad ausgelöst werden.

Kapitel 3
Exaktes Zeichnen mit LINIE und KREIS

Zeichnen und Beschriftung	Icon	Befehl	Kürzel
NAVIGATIONSLEISTE	ZOOM GRENZEN	ZOOM|G	ZO|G
NAVIGATIONSLEISTE	ZOOM FENSTER	ZOOM|F	ZO|F
NAVIGATIONSLEISTE	ZOOM VORHER	ZOOM|V	ZO|V
NAVIGATIONSLEISTE	ZOOM ECHTZEIT	ZOOM [Enter]	ZO [Enter]
NAVIGATIONSLEISTE	ALLES ZOOMEN	ZOOM|A	ZO|A
NAVIGATIONSLEISTE	DYNAMISCHER ZOOM	ZOOM|D	ZO|D
NAVIGATIONSLEISTE	ZOOMFAKTOR	ZOOM|FA	ZO|FA
NAVIGATIONSLEISTE	ZOOM MITTE	ZOOM|M	ZO|M
NAVIGATIONSLEISTE	ZOOM OBJEKT	ZOOM|O	ZO|O
NAVIGATIONSLEISTE	VERGRÖSSERN	ZOOM|2X	ZO|2X
NAVIGATIONSLEISTE	VERKLEINERN	ZOOM|0.5X	ZO|0.5X
NAVIGATIONSLEISTE	PAN	PAN	P

- ZOOM GRENZEN – Der neue Bildausschnitt richtet sich nach den minimalen und maximalen Koordinaten aller Ihrer Objekte. Diese werden von AutoCAD automatisch ermittelt. Wenn noch nichts gezeichnet wurde, wird hier stattdessen auf die Limiten gezoomt. Falls Sie die Vorlage *acadiso.dwt* verwenden, laufen die Limiten von 0,0 bis 420,297 (siehe Befehl LIMITEN).

- ZOOM FENSTER – Ein Fenster wird mit zwei diagonalen Pickpositionen aufgemacht und wird auf den gesamten Bildschirm vergrößert. Sie können statt der Pickpositionen natürlich auch Punktkoordinaten eingeben, um beispielsweise zum Start den Bildschirmausschnitt schon passend für die geplante Konstruktion auszurichten.

- ZOOM VORHER – Der vorhergehende Bildschirmausschnitt wird wieder aktiviert. Das geht auch mehrfach.

- ZOOM ECHTZEIT – Bewegung des Mauszeigers (in Form einer Lupe) mit gedrückter Maustaste nach oben vergrößert, nach unten verkleinert. Dieser Modus kann über das Kontextmenü mit BEENDEN beendet werden oder mit der Taste `Esc` links oben auf der Tastatur.

- ALLES-ZOOMEN – Diese Zoom-Funktion zeigt das Maximum von den Zeichnungsgrenzen und den Limiten an. Die Zeichnungsgrenzen sind die kleinsten und größten x- und y-Koordinaten aller Objekte in der aktuellen Zeichnung. Die Limiten sind mit dem Befehl LIMITEN vom Benutzer einstellbare Abmessungen für die Zeichnung, die in der normalen Vorlage *acadiso.dwt* auf die Ecken eines A3-Blatts vorbelegt sind: 0,0 – 420,297.
- DYNAMISCHER ZOOM – Das ist ein Vorgänger des Echtzeit-Zooms oder Mausrad-Zooms, der angesichts dieser neuen Möglichkeiten keine Rolle mehr spielt.
- ZOOMFAKTOR – (auch ZOOM SKALIEREN) Hierbei können Sie den Vergrößerungsfaktor selbst individuell angeben. Fixiert bleibt die Bildschirmmitte. Der Faktor wird als Zahl gefolgt von **x** eingegeben: **3x** zeigt den Bildschirminhalt dreifach vergrößert an. Zahlen zwischen 0 und 1 bedeuten eine Verkleinerung. Ohne x wird relativ zum Limiten-Ausschnitt (Vorgabe ist A3) gerechnet, was selten nützlich ist.
- ZOOM MITTE – Sie können die neue Mitte des Bildschirms zuerst angeben und dann entweder einen Vergrößerungsfaktor (Zahl mit nachfolgendem x) oder die neue Höhe des Bildes als Zahl eingeben.
- ZOOM OBJEKT – Sie wählen hierzu Objekte aus, auf die dann der Bildschirm optimiert wird.
- VERGRÖSSERN – Diese Funktion vergrößert um einen Faktor 2.
- VERKLEINERN – Diese Funktion verkleinert mit einem Faktor 0.5.
- PAN – Mit gedrückter Maustaste wird der Bildschirmausschnitt verschoben. Dieser Modus kann im Kontextmenü (Rechtsklick) mit BEENDEN verlassen werden oder mit der Taste `Esc`.

Tipp

Größe des Zeichenbereichs – Wenn Sie eine neue Zeichnung starten, wird immer ein sehr großer Zeichenbereich mit Abmessungen von 0 bis 5000 in waagerechter x-Richtung und 0 bis 3000 in senkrechter y-Richtung angezeigt. Da meist die Übungszeichnungen und wahrscheinlich auch Ihre ersten Zeichnungen einen Bereich von einigen Hundert Einheiten benötigen werden, ist es sinnvoll, durch Doppelklick aufs Mausrad auf Zeichnungsgrenzen zu zoomen (ZOOM Option GRENZEN). Da aber noch nichts gezeichnet ist, gibt's gar keine Grenzen von Zeichnungsobjekten, und AutoCAD verwendet die LIMITEN und setzt den Zeichenbereich auf 0,0 bis 420,297. Besser arbeitet es sich auch noch, wenn Sie den Nullpunkt auf dem Bildschirm haben. Dazu fahren Sie mit gedrücktem Mausrad etwa einen Finger breit nach schräg rechts (PAN).

3.2 Rechtwinklige Koordinaten

3.2.1 Absolute rechtwinklige Koordinaten

Absolute rechtwinklige Koordinaten beziehen sich immer auf den Koordinatennullpunkt und auf die oben schon vorgestellten x- und y-Achsen, die im Zeichenbereich mit roten bzw. grünen Linien markiert sind. Sie geben an, welchem Koordinatenwert ein Punkt entspricht, wenn man ihn auf die x- und y-Achse projiziert (links in Abbildung 3.1). Dies sind auch die Koordinaten, die für die ersten Übungsbeispiele in Kapitel 2 angegeben wurden. Rechtwinklige oder auch kartesische Koordinaten werden als Paare von Dezimalzahlen eingegeben. Zu beachten ist, dass eine Dezimalzahl in AutoCAD mit *Dezimalpunkt* zu schreiben ist. Der Grund dafür liegt in der Herkunft des Programms. In Amerika ist es üblich, bei Dezimalzahlen einen Dezimalpunkt zu schreiben. Das *Komma* als Zeichen wird anderweitig verwendet, nämlich um *bei Koordinatenangaben den x- und den y-Wert voneinander zu trennen*. Eine gültige Koordinateneingabe für eine Position in kartesischen Koordinaten würde folgendermaßen aussehen:

```
x-Wert,y-Wert
120.5,200.1
```

Wenn keine Nachkommastellen vorhanden sind, können der Dezimalpunkt und folgende Nullen auch weggelassen werden:

Statt **10.0,11.5** können Sie also auch **10,11.5** schreiben.

Sie sollten die Koordinateneingabe gleich ausprobieren und testen, indem Sie die Linien aus Abbildung 3.1 mit exakten Koordinaten zeichnen. Beginnen Sie eine neue Zeichnung wie im zweiten Kapitel. Zunächst starten Sie wie oben beschrieben im SCHNELLZUGRIFF-WERKZEUGKASTEN den Befehl SNEU. Die Zeichenhilfe FANG aus dem zweiten Kapitel schalten Sie nun über einen Klick in der Statusleiste *aus*. Führen Sie mit einem *Doppelklick aufs Mausrad* wieder die Funktion ZOOM mit der Option GRENZEN aus und schieben Sie dann das ganze Zeichenfenster *mit gedrücktem Mausrad* (entspricht dem PAN-Befehl) etwas nach rechts oben. Danach werden Sie die roten und grünen Koordinatenachsen sehen und das Achsenkreuzsymbol mit dem Nullpunkt.

> **Wichtig**
>
> Achten Sie bitte auch darauf, dass die Schaltflächen DYN, FANG und RASTER diesmal *nicht* aktiviert ist. Nach Rechtsklick auf eine dieser Zeichenhilfen können Sie von der Symboldarstellung in die Textform umschalten: einfach das Häkchen vor SYMBOLE VERWENDEN wegnehmen. Die Textform macht das Lernen leichter. Wenn Sie doch mit DYN arbeiten, sollten Sie dieselben DYN-EINSTELLUNGEN wie im zweiten Kapitel zur Eingabe *absoluter Koordinaten* aktiviert haben!

3.2 Rechtwinklige Koordinaten

Sie fahren nun nicht mehr die Rasterpositionen für die einzelnen Punkte an, sondern tippen die Koordinatenwerte nach Aufruf des Befehls LINIE ein. Achten Sie auf den Befehlsdialog in der Eingabezeile:

```
Im Register START in der Gruppe ZEICHNEN anklicken
Befehl: _line
 ▼ LINIE Ersten Punkt angeben: 80,40 [Enter]
 ▼ LINIE Nächsten Punkt angeben oder [Zurück]: 140,70 [Enter]
 ▼ LINIE Nächsten Punkt angeben oder [Zurück]: 170,130 [Enter]
 ▼ LINIE Nächsten Punkt angeben oder [Schließen Zurück]: [Enter]
```

Abb. 3.1: Absolute und relative rechtwinklige Koordinaten (Kartesische Koordinaten)

Wenn das Ergebnis anders aussieht, haben Sie eventuell unter den Einstellungen von DYN die relativen Koordinaten aktiviert.

3.2.2 Relative rechtwinklige Koordinaten

Relative rechtwinklige Koordinaten geben immer den *Abstand vom letzten Punkt* an, den Sie konstruiert haben. Solche Angaben finden Sie rechts in Abbildung 3.1. Den Abstand vom letzten Punkt in x und y bezeichnet man auch als Δx und Δy (Δ – sprich Delta – ist der griechische Buchstabe für d und wird von den Mathematikern gern für Distanzen verwendet). In absoluten Koordinaten ausgedrückt berechnen sich die Relativkoordinaten für Punkt 2 als:

Δx = x2 - x1 = 140 - 80 = 60
Δy = y2 - y1 = 70 - 40 = 30

Und für Punkt 3 erhalten wir:

Δx = x3 - x2 = 160 - 140 = 20
Δy = y3 - y2 = 130 - 70 = 60

Nun muss man bei der Koordinateneingabe AutoCAD irgendwie mitteilen, dass es sich um die relativen Koordinaten handelt. Dazu stellt man den Koordinaten das Zeichen @ voran. @ erhält man durch die Tastenkombination [AltGr]+[Q] oder auch über [Strg]+[Alt]+[Q]. Bei solchen Tastenkombinationen beachten Sie bitte, dass Sie die Tasten in dieser Reihenfolge nacheinander drücken und dann so lange halten, bis die letzte Eingabe einmal getippt wurde. Es gibt verschiedene Bezeichnungen für dieses Zeichen: *Klammeraffe* oder *at* (aus dem Amerikanischen).

Die korrekte Eingabe für den Punkt P2 wäre: @60,30, nachdem vorher P1 konstruiert wurde. Da sich Relativkoordinaten immer auf den vorhergehenden Punkt beziehen, ist klar, dass man den ersten Punkt in absoluten Koordinaten eingeben sollte, weil es noch keinen sinnvollen vorhergehenden Punkt gibt. Das Beispiel in Abbildung 3.1 wäre dann also folgendermaßen einzugeben:

```
Im Register START in der Gruppe ZEICHNEN anklicken
Befehl: _line
 ▾ LINIE Ersten Punkt angeben: 80,40 [Enter]
 ▾ LINIE Nächsten Punkt angeben oder [Zurück]: @60,30 [Enter]
 ▾ LINIE Nächsten Punkt angeben oder [Zurück]: @20,60 [Enter]
 ▾ LINIE Nächsten Punkt angeben oder [Schließen Zurück]: [Enter]
```

Wichtig

Relative Koordinaten

Relative Koordinaten beziehen sich immer auf den zuletzt eingegebenen Punkt und werden mit einem vorangestellten @ eingegeben. Das Zeichen @ erhält man durch die Tastenkombination [AltGr]+[Q] oder auch über [Strg]+[Alt]+[Q].

Viele Architekturzeichnungen sind mit Kettenmaßen versehen, bei denen stets die Entfernungen relativ zum letzten Punkt angegeben sind. Hier sind dann relative Koordinaten gefragt. Sie stehen für den Zuwachs in x-Richtung und in y-Richtung.

Stellen Sie sich Relativkoordinaten so vor, als sollten Sie beschreiben, *um wie viel* Sie sich in x- und y-Richtung jeweils weiterbewegen müssen, um zum nächsten Punkt zu gelangen. Geht die x-Bewegung nach links, also in die Richtung der negativen x-Achse, dann ist die relative x-Koordinate mit einem Minuszeichen einzugeben. Geht die y-Bewegung nach unten, dann ist die relative y-Koordinate mit einem Minuszeichen zu versehen.

Hier noch einmal die Gegenüberstellung der absoluten und relativen Koordinaten:

Punkt	Absolut x,y	Relativ @Dx, Dy	Berechnung	
1	x1,y1 = 80,40			
2	x2,y2 = 140,70	@Δx, Δy = @60,30	Δx = x2-x1	Δy = y2-y1
3	x3,y3 = 160,130	@Δx, Δy = @20,60	Δx = x3-x2	Δy = y3-y2

Wenn die dynamische Eingabe aktiv ist, können Sie dabei die Eingabe für relative Koordinaten noch vereinfachen. Wählen Sie nach Rechtsklick auf DYN die Option EINSTELLUNGEN und im Dialogfenster nochmal links die Schaltfläche EINSTELLUNGEN und dann KARTESISCHES FORMAT und RELATIVE KOORDINATEN. Die Option WO MÖGLICH BEMASSUNGSEING. AKTIVIEREN bleibt im Hauptfenster nicht aktiviert. Jetzt wird das Programm von selbst das @-Zeichen vor die Koordinaten setzen, und zwar immer von der zweiten Koordinateneingabe im aktuellen Befehl an. Die erste Positionseingabe wird mit absoluten Koordinaten verwendet.

Abb. 3.2: Einstellen von DYN auf relative rechtwinklige Koordinaten (ab 2. Punkt)

3.3 Polarkoordinaten

Polare Koordinaten spielen oft nur als Relativkoordinaten eine Rolle. Bei Polarkoordinaten gibt man den radialen Abstand des neuen Punkts vom letzten an und den Winkel, unter dem er liegt. Der Abstand ist immer eine positive Zahl. Für die

Winkeleingabe muss man eine Richtung als *null Grad* spezifizieren, und das ist hier immer die *Richtung der x-Achse*, auch *3-Uhr-Position* genannt – für diejenigen, die noch eine Zeigeruhr besitzen. Wer dagegen auf Digitaluhren steht oder gerne wandert, kann sich vielleicht unter der *Himmelsrichtung Osten* auf der Landkarte das Gleiche merken: Null Grad entspricht der Himmelsrichtung *Osten*, also rechts auf der Landkarte. Die positive Richtung für den Winkel läuft gegen den Uhrzeiger. Das wird auch als der mathematisch positive Sinn bezeichnet, also von der positiven x-Achse zur positiven y-Achse hin. Folglich bedeutet 90° die Richtung senkrecht nach oben, 180° nach links und 270° oder auch –90° nach unten.

Abb. 3.3: Winkelangaben für Polarkoordinaten

> **Wichtig**
>
> **Polarkoordinaten**
>
> Bei Polarkoordinaten wird nicht das Komma als Trennzeichen verwendet, sondern das Zeichen ⟨<⟩ (Kleiner-Zeichen). Das Zeichen ⟨°⟩ wird nicht geschrieben.

3.3.1 Relative Polarkoordinaten

Zunächst rufen Sie wieder den Befehl SNEU auf. Sämtliche Zeichenhilfen in der Statusleiste schalten Sie wieder aus. Das Beispiel aus Abbildung 3.4 lautet dann wie folgt:

Abb. 3.4: Sechseck in Polarkoordinaten

> ✏ **Im Register START in der Gruppe ZEICHNEN anklicken**
> Befehl: _line
> ✏ ▾ **LINIE** Ersten Punkt angeben: **0,0** [Enter]
> ✏ ▾ **LINIE** Nächsten Punkt angeben oder [Zurück]: **@60<0** [Enter]
> ✏ ▾ **LINIE** Nächsten Punkt angeben oder [Zurück]: **@60<60** [Enter]
> ✏ ▾ **LINIE** Nächsten Punkt angeben oder [Schließen Zurück]: **@60<120** [Enter]
> ✏ ▾ **LINIE** Nächsten Punkt angeben oder [Schließen Zurück]: **@60<180** [Enter]
> ✏ ▾ **LINIE** Nächsten Punkt angeben oder [Schließen Zurück]: **@60<240** [Enter]
> ✏ ▾ **LINIE** Nächsten Punkt angeben oder [Schließen Zurück]: **@60<300** [Enter] **oder**
> S [Enter]
> ✏ ▾ **LINIE** Nächsten Punkt angeben oder [Schließen Zurück]: [Enter]

Wichtig

Koordinaten des letzten Punkts: LASTPOINT

@ bezieht sich auf den *zuletzt konstruierten Punkt*. War das letzte Objekt ein Kreis, so ist es dessen Mittelpunkt bzw. Zentrum; war es ein Bogen oder eine Linie, so ist es dessen oder deren letzter Endpunkt. Die Koordinaten dieses zuletzt konstruierten Punkts sind in der Systemvariablen LASTPOINT abgespeichert. Sie können sich die Werte ansehen, indem Sie an der Befehlseingabe einfach Lastpoint als Befehl eingeben.

Kapitel 3
Exaktes Zeichnen mit LINIE und KREIS

Will man den letzten Punkt selbst direkt zur Konstruktion verwenden, so müsste man nach unserer bisherigen Logik @0,0 Enter in rechtwinkligen Koordinaten oder @0<0 Enter in Polarkoordinaten angeben. Es ist aber erlaubt, in diesem Spezialfall einfach @ Enter zu schreiben ohne weitere Koordinatenangabe.

Für die dynamische Eingabe können Sie auch die Eingabe für relative Polarkoordinaten wieder vereinfachen. Wählen Sie nach Rechtsklick auf DYN die Option EINSTELLUNGEN (Abbildung 3.5). Jetzt wird das Programm von selbst das @-Zeichen vor die Koordinaten und das Winkelsymbol »<« in den Koordinaten setzen, und zwar immer von der zweiten Koordinateneingabe im aktuellen Befehl an. Geben Sie ins erste Eingabefeld den relativen Abstand ein und gehen Sie am besten mit ⇥ in die Winkeleingabe. Dort brauchen Sie dann *kein Winkelsymbol* mehr zu schreiben, nur die Zahl. Achten Sie auf die Voranzeige für den Winkel. Bei dieser Eingabe rechnet der Winkel mal im Gegenuhrzeigersinn, mal im Uhrzeigersinn, abhängig davon, ob Ihr Fadenkreuz über oder unter der Horizontalen liegt. Das reduziert die Winkeleingabe immer auf positive Werte zwischen 0 und 180. Die erste Positionseingabe in einem Befehl wird aber wieder mit absoluten Koordinaten vorausgesetzt.

Abb. 3.5: Einstellung von DYN für relative Polarkoordinaten

3.3.2 Absolute Polarkoordinaten

In einem weiteren Beispiel können Sie die absoluten Polarkoordinaten üben. Es soll der gezeigte Stern um den Koordinatenursprung herum gezeichnet werden. Beginnen Sie wieder eine neue Zeichnung mit SNEU. Alle Zeichenhilfen schalten Sie wieder aus.

Für die Stern-Zeichnung ist es aber nötig, den Koordinatenursprung in die Bildschirmmitte zu bringen.

1. Mit einem Doppelklick aufs Mausrad stellen Sie den Bildschirmausschnitt auf etwa DIN A3-Größe ein.
2. Fahren Sie nun mit der Maus in die linke Bildschirmecke.
3. Dann verschieben Sie bei niedergedrücktem Mausrad den Bildschirminhalt diagonal, sodass der Nullpunkt in die Mitte kommt. Der Druck auf das Mausrad bewirkt, dass sich Ihr Fadenkreuz in eine Hand verwandelt.
4. Nach Loslassen des Mausrads verschwindet das Handsymbol und das Achsenkreuz liegt in der Bildmitte.

Abb. 3.6: Konstruktion in absoluten Polarkoordinaten

Sie rufen dann den Befehl LINIE für das Beispiel mit absoluten Polarkoordinaten auf und geben Folgendes ein:

```
Im Register START in der Gruppe ZEICHNEN anklicken
Befehl: _line
  ▼ LINIE Ersten Punkt angeben: 60<0
  ▼ LINIE Nächsten Punkt angeben oder [Zurück]: 30<30
  ▼ LINIE Nächsten Punkt angeben oder [Zurück]: 60<60
  ▼ LINIE Nächsten Punkt angeben oder [Schließen Zurück]: 30<90
  ▼ LINIE Nächsten Punkt angeben oder [Schließen Zurück]: 60<120
```

```
LINIE Nächsten Punkt angeben oder [Schließen Zurück]: 30<150
LINIE Nächsten Punkt angeben oder [Schließen Zurück]: 60<180
LINIE Nächsten Punkt angeben oder [Schließen Zurück]: 30<210
LINIE Nächsten Punkt angeben oder [Schließen Zurück]: 60<240
LINIE Nächsten Punkt angeben oder [Schließen Zurück]: 30<270
LINIE Nächsten Punkt angeben oder [Schließen Zurück]: 60<300
LINIE Nächsten Punkt angeben oder [Schließen Zurück]: 30<330
LINIE Nächsten Punkt angeben oder [Schließen Zurück]: s
```

3.3.3 Zusammenfassung der Koordinateneingaben

Koordinatenart	absolut	relativ
rechtwinklig	X,Y	@ΔX, ΔY
polar	R<W	@ΔR<W

Bedeutung:

X,Y: absolute x-,y-Koordinate

ΔX, ΔY: Abstand in X,Y vom letzten Punkt

R: absoluter Abstand vom Nullpunkt

ΔR: Abstand vom letzten Punkt

W: Winkel in xy-Ebene, zählt immer von der x-Achse weg (3-Uhr-Position) im Gegenuhrzeigersinn

3.3.4 Beispiel mit verschiedenen Koordinatenarten

Zeichnen Sie nun als abschließendes Beispiel eine Lokomotive. Nachdem Sie wie in den vorangegangenen Beispielen mit dem Befehl SNEU eine neue Zeichnung begonnen haben, müssen Sie sich überlegen, wo Sie die Zeichnung beginnen. Da sich viele Bemaßungen auf die Position links unten am ersten Rad beziehen, wäre es sinnvoll, diese Position als Nullpunkt zu verwenden. Dann können nämlich alle Bezugsmaße ohne viel Kopfrechnen als absolute Koordinaten eingegeben werden. Es treten in diesem Beispiel unterschiedliche Bemaßungsarten auf, damit Sie jetzt noch einmal die verschiedenen Koordinateneingaben üben können. Von einer einheitlichen Bemaßung wurde hier absichtlich Abstand genommen.

> **Tipp**
>
> **Nullpunkt bei Bezugsbemaßung**
>
> Wenn Objekte mit Bezugsbemaßungen versehen sind, ist es für die Koordinateneingabe sinnvoll, den Bezugspunkt als Nullpunkt anzunehmen. Dann können die Bezugsmaße als absolute Koordinaten verwendet werden.

3.3 Polarkoordinaten

Abb. 3.7: Lokomotive

Zuerst sollen die Räder gezeichnet werden. Das erste Rad kann mit absoluten Koordinaten, die übrigen dann mit relativen gezeichnet werden. Achten Sie darauf, dass im Beispiel die wiederholte Eingabe des Radius nicht nötig ist, wenn er vom vorherigen Kreisbefehl noch gültig ist. Der vorherige Wert wird stets in spitzen Klammern <...> angezeigt und kann dann mit [Enter] übernommen werden.

> **Tipp**
>
> Befehlswiederholung – Um den letzten Befehl einfach zu wiederholen, müssen Sie an der Befehlseingabe nur [Enter] drücken (↵).

⊘ **Im Register Start in der Gruppe Zeichnen anklicken**
Befehl: _circle ⊘
⊘ ▼ **Kreis** Zentrum für Kreis angeben oder [3P 2P Ttr (Tangente Tangente Radius)]:
10,10
⊘ ▼ **Kreis** Radius für Kreis angeben oder [Durchmesser] <10.0000>: **10** [Enter]

107

Kapitel 3
Exaktes Zeichnen mit LINIE und KREIS

```
Befehl: [Enter]     Das zweite [Enter] dient zur Befehlswiederholung.
KREIS
 ▼ Kreis Zentrum für Kreis angeben oder [3P 2P Ttr (Tangente Tangente Radius)]:
@30,0 [Enter]
 ▼ Kreis Radius für Kreis angeben oder [Durchmesser] <10.0000>: [Enter]
Befehl: [Enter]
KREIS
 ▼ Kreis Zentrum für Kreis angeben oder [3P 2P Ttr (Tangente Tangente Radius)]:
@40,10 [Enter]
 ▼ Kreis Radius für Kreis angeben oder [Durchmesser] <10.0000>: 20 [Enter]
Befehl: [Enter]
KREIS
 ▼ Kreis Zentrum für Kreis angeben oder [3P 2P Ttr (Tangente Tangente Radius)]:
@50,0 [Enter]
 ▼ Kreis Radius für Kreis angeben oder [Durchmesser] <20.0000>: [Enter]
Befehl: [Enter]
KREIS
 ▼ Kreis Zentrum für Kreis angeben oder [3P 2P Ttr (Tangente Tangente Radius)]:
@50,0 [Enter]
 ▼ Kreis Radius für Kreis angeben oder [Durchmesser] <20.0000>: [Enter]
Befehl: [Enter]
KREIS
 ▼ Kreis Zentrum für Kreis angeben oder [3P 2P Ttr (Tangente Tangente Radius)]:
@60,-10 [Enter]
 ▼ Kreis Radius für Kreis angeben oder [Durchmesser] <20.0000>: 10 [Enter]
```

Die Radnaben werden hier nicht weiter demonstriert, es sind die gleichen Kreisbefehle wie oben, nur stets mit dem gleichen Radius 1. Den Schieberkasten zeichnen Sie mit dem RECHTECK-Befehl über die diagonalen Positionen. Das Gestänge wird unterschiedlich mit absoluten oder relativen Koordinaten erstellt. Die Art der Koordinaten wird so gewählt, dass möglichst wenig im Kopf gerechnet werden muss

Wichtig

Befehlslistings: In den nachfolgenden Befehlslistings werden aus Platzgründen nicht mehr die Befehlsechos mit Symbol und Befehlsname ⊘(▼ **Kreis**) wiederholt. Auch werden die Enter-Eingaben am Zeilenende nun als selbstverständlich vorausgesetzt und nicht mehr extra gedruckt.

```
Befehl: _rectang
Ersten Eckpunkt angeben oder [Fasen Erhebung Abrunden Objekthöhe Breite]: 10,30
Anderen Eckpunkt angeben oder [Fläche Abmessungen Drehung]: 40,50
Befehl: _line
```

3.3 Polarkoordinaten

```
Ersten Punkt angeben: 0,40
Nächsten Punkt angeben oder [Zurück]: @10,0
Nächsten Punkt angeben oder [Zurück]: Enter
Befehl: _line
Ersten Punkt angeben: 40,40
Nächsten Punkt angeben oder [Zurück]: @10,0
Nächsten Punkt angeben oder [Zurück]: @70,-30
Nächsten Punkt angeben oder [Schließen Zurück]: Enter
```

Die nächste Stange wird mit relativen Koordinaten begonnen, weil kein anderer Bezug zu benachbarten Geometrien bemaßt ist. Sie starten also nicht immer mit einer absoluten Koordinatenangabe, sondern beziehen sich auch oft auf den letzten Punkt der letzten Zeichenaktion. Nur müssen Sie an dieser Stelle darauf achten, dass Sie dazwischen nichts anderes anklicken oder anfahren, um nicht den Bezugspunkt LASTPOINT für @ zu verlieren.

```
Befehl: _line
Ersten Punkt angeben: @-50,0
Nächsten Punkt angeben oder [Zurück]: @100,0
Nächsten Punkt angeben oder [Zurück]: Enter
Befehl: _line
Ersten Punkt angeben: 0,50
Nächsten Punkt angeben oder [Zurück]: @200,0
Nächsten Punkt angeben oder [Zurück]: @20,-20
Nächsten Punkt angeben oder [Schließen Zurück]: 260,30
Nächsten Punkt angeben oder [Schließen Zurück]: Enter
```

Bei den folgenden Konturlinien der Lokomotive wird wiederholt auf den letzten Punkt der vorhergehenden Linie Bezug genommen.

```
Befehl: _line
Ersten Punkt angeben: @-10,0
Nächsten Punkt angeben oder [Zurück]: @0,80
Nächsten Punkt angeben oder [Zurück]: Enter
Befehl: _line
Ersten Punkt angeben: @10,0
Nächsten Punkt angeben oder [Zurück]: @-80,0
Nächsten Punkt angeben oder [Zurück]: Enter
Befehl: _line
Ersten Punkt angeben: @10,0
Nächsten Punkt angeben oder [Zurück]: @0,-60
Nächsten Punkt angeben oder [Zurück]: Enter
Befehl: _line
Ersten Punkt angeben: @0,40
Nächsten Punkt angeben oder [Zurück]: 10,90
```

```
Nächsten Punkt angeben oder [Zurück]: @0,-40
Nächsten Punkt angeben oder [Schließen Zurück]: Enter
```

Der Schornstein wird größtenteils mit Polarkoordinaten gezeichnet. Dabei müssen Sie beachten, dass der einzugebende Winkel sich immer auf die Richtung der positiven x-Achse bezieht. In der Bemaßung wurde jedoch bei der ersten Linie der Winkel zur negativen x-Achse bemaßt. Statt der dort angegebenen 80° ist also bei der Koordinateneingabe dann 100° zu verwenden. Beachten Sie auch die negativen Winkelangaben, wenn der Winkel im Uhrzeigersinn gezählt wird.

```
Befehl: _line
Ersten Punkt angeben: @20,40
Nächsten Punkt angeben oder [Zurück]: @30<100
Nächsten Punkt angeben oder [Zurück]: @5<45
Nächsten Punkt angeben oder [Schließen Zurück]: @10,0
Nächsten Punkt angeben oder [Schließen Zurück]: @5<-45
Nächsten Punkt angeben oder [Schließen Zurück]: @30<-100
Nächsten Punkt angeben oder [Schließen Zurück]: Enter
```

Der Sanddom wird größtenteils in absoluten Koordinaten eingegeben, weil die Maße als Bezugsmaße vorliegen.

```
Befehl: _line
Ersten Punkt angeben: 100,90
Nächsten Punkt angeben oder [Zurück]: 100,100
Nächsten Punkt angeben oder [Zurück]: 120,100
Nächsten Punkt angeben oder [Schließen Zurück]: 120,90
Nächsten Punkt angeben oder [Schließen Zurück]: Enter
Befehl: _line
Ersten Punkt angeben: 110,90
Nächsten Punkt angeben oder [Zurück]: @-50,-40
Nächsten Punkt angeben oder [Zurück]: Enter
Befehl: _line
Ersten Punkt angeben: 110,90
Nächsten Punkt angeben oder [Zurück]: @0,-40
Nächsten Punkt angeben oder [Zurück]: Enter
Befehl: _line
Ersten Punkt angeben: 110,90
Nächsten Punkt angeben oder [Zurück]: @50,-40
Nächsten Punkt angeben oder [Zurück]: Enter
Befehl: _circle
Zentrum für Kreis angeben oder [3P 2P Ttr (Tangente Tangente Radius)]: 210,90
Radius für Kreis angeben oder [Durchmesser] <10.0000>: Enter
```

Speichern Sie die Zeichnung als **Lokomotive.dwg**, damit sie in weiteren Übungen verwendet werden kann.

> **Tipp**
>
> **Relative Koordinaten anzeigen**
>
> Über das Kontextmenü lässt sich die Art der Koordinatenanzeige in der Statusleiste umschalten. Nach einem Rechtsklick auf die Anzeige können Sie zwischen ABSOLUT, AUS und RELATIV wechseln. Die letzte Stellung ist allerdings nur dann sinnvoll und wählbar, wenn Sie zum Beispiel *im* Befehl LINIE mindestens schon einen Punkt eingegeben haben. Sie erkennen den Anzeigemodus RELATIV daran, dass die Koordinaten als *Polarkoordinaten* angezeigt werden. Beachten Sie, dass leider *kein* @ mit angezeigt wird, obwohl es relative Koordinaten sind.

3.4 Koordinateneingabe im ORTHO-Modus

Besonders einfach gestaltet sich die Eingabe der Koordinaten im ORTHO-Modus. Diesen Modus, in dem man nur senkrecht oder waagerecht konstruieren kann, erreichen Sie am einfachsten über einen Klick auf die Schaltfläche ORTHO in der Statusleiste.

Abb. 3.8: Beispiel für ORTHO-Modus

Sie können dann alle relativen Koordinaten so eingeben, dass Sie *mit dem Fadenkreuz die Richtung* andeuten und dann nur *noch die Entfernung* zum nächsten Punkt eintippen. Obwohl es sich hierbei um eine relative Entfernung handelt, ist nun *kein* @ nötig! Diese Methode klappt so lange einwandfrei, wie Sie Ihren Zeichenbereich nicht überschreiten. Wenn die Koordinaten größer als die aktuelle Zeichenfläche werden, klappt die Richtungsweisung über das Fadenkreuz nicht mehr. Man muss dann den ZOOM-Befehl bemühen, um die Zeichenfläche zu vergrößern (oder einfach das Mausrad rollen), oder den PAN-Befehl (oder die Maus bei gedrücktem Mausrad bewegen), um den sichtbaren Ausschnitt zu verschieben.

Kapitel 3
Exaktes Zeichnen mit LINIE und KREIS

Statusleiste	Befehl	Funktionstaste
ORTHO	ORTHO|E	F8

Hinweis

ORTHO-Modus und Eingabe von Koordinaten

Den ORTHO-Modus schalten Sie in der *Statusleiste* oder durch F8 ein oder aus. Im ORTHO-Modus wird die Fadenkreuz-Bewegung auf die Horizontale und Vertikale beschränkt. Sie geben dann nur noch die *Entfernung* zum neuen Punkt *als reine Zahl* ein, also nicht in Form von x-y-Koordinaten und auch *ohne* @.

1. Startpunkt   50,50   ↵

   Ortho: 123.8765 < 0°   2. waagerechte Länge eingeben   100 ↵
   Ortho: 53.8765 < 90°   3. senkrechte Länge ...   50 ↵
   Ortho: 53.8765 < 0°   4. waagerechte ...   50 ↵
   Ortho: 43.8765 < 90°   5. Senkrechte.   25 ↵

Abb. 3.9: Konstruktionsablauf im ORTHO-Modus

```
Befehl: _line Ersten Punkt angeben: 50,50 Enter
        Startposition mit absoluten Koordinaten
        Für den nächsten Punkt Fadenkreuz nach rechts fahren
Nächsten Punkt angeben oder [Zurück]: 100 Enter
        Für den nächsten Punkt Fadenkreuz nach oben fahren
Nächsten Punkt angeben oder [Zurück]: 50 Enter
        Für den nächsten Punkt Fadenkreuz nach rechts fahren
Nächsten Punkt angeben oder [Schließen Zurück]: 50 Enter
        Für den nächsten Punkt Fadenkreuz nach oben fahren
Nächsten Punkt angeben oder [Schließen Zurück]: 25 Enter
        Für den nächsten Punkt Fadenkreuz nach links fahren
Nächsten Punkt angeben oder [Schließen Zurück]: 100 Enter
        Für den nächsten Punkt Fadenkreuz nach unten fahren
Nächsten Punkt angeben oder [Schließen Zurück]: 50 Enter
        Für den nächsten Punkt Fadenkreuz nach links fahren
Nächsten Punkt angeben oder [Schließen Zurück]: 50 Enter
Nächsten Punkt angeben oder [Schließen Zurück]: s Enter
```

Abb. 3.10: Konstruktion im ORTHO-Modus: Richtung mit dem Fadenkreuz vorgeben

3.5 Absolute rechtwinklige Koordinaten und dynamische Eingabe

3.5.1 Dynamische Eingabe auf absolute Koordinaten einstellen

In der Statusleiste wird eine DYNAMISCHE EINGABE für die Koordinaten angeboten. Die *Voreinstellung* sieht vor, dass Sie für den ersten Punkt im Befehl absolute rechtwinklige Koordinaten verwenden und für alle nachfolgenden Punkte relative Polarkoordinaten. Dies sollten Sie für die folgenden Übungen *umstellen*, damit Sie zunächst einmal *nur in absoluten rechtwinkligen Koordinaten* arbeiten.

Dazu gehen Sie in die Statusleiste (Abbildung 3.9) und machen einen Klick mit der rechten Maustaste (in Zukunft nur kurz *Rechtsklick* oder *RMK* genannt) auf die Schaltfläche DYN bzw. . Dann klicken Sie im Kontextmenü auf EINSTELLUNGEN. Stellen Sie das Dialogfenster gemäß Abbildung 3.11 ein.

Abb. 3.11: Aktivierung absoluter rechtwinkliger Koordinaten

Denken Sie daran, für die ersten Übungen auch die restlichen Zeichenhilfen zu deaktivieren. Also sollten alle Knöpfe ABLEITEN, FANG, RASTER, ORTHO, POLAR, OFANG, 3DOFANG und OTRACK nicht gedrückt sein, notfalls mit einem Mausklick herausnehmen. Aktivierte Buttons erscheinen hellblau, deaktivierte grau.

3.5.2 Absolute Koordinaten im DYN-Modus

Jetzt können Sie die in Abbildung 3.10 gezeigten Linien konstruieren. AutoCAD arbeitet nun nicht mehr allein in der Befehlszeile, sondern zeigt Ihnen die wichtigsten Eingabefelder in der Nähe des Fadenkreuzes (auch Cursor genannt). Dort können Sie Ihre Eingaben tätigen, wie in Abbildung 3.11 demonstriert.

Nach Aufruf des Befehls LINIE sehen Sie auf der Zeichenfläche an der aktuellen Fadenkreuzposition zwei Eingabeboxen für x und y. Das erste Feld ist markiert, und Sie können nun den x-Wert des Startpunkts eingeben. Um in das Eingabefeld für die y-Koordinate zu kommen, können Sie entweder ein [,] eingeben oder die [⇥]-Taste drücken (das ist die Taste links auf der Tastatur mit den beiden Pfeilsymbolen). Nachdem Sie den y-Wert eingegeben haben, können Sie mit [Enter] abschließen. Wenn Sie sich verschrieben haben, können Sie auch mit der [⇥]-Taste noch mal zum x-Wert zurückgehen, solange Sie noch nicht mit [Enter] beendet haben. Die übrigen Punkte geben Sie genauso ein und beenden den LINIE-Befehl, indem Sie keinen Punkt mehr eingeben, sondern die [Enter]-Taste drücken.

Abb. 3.12: Absolute rechtwinklige Koordinaten (Kartesische Koordinaten)

3.5 Absolute rechtwinklige Koordinaten und dynamische Eingabe

Abb. 3.13: Eingabe absoluter rechtwinkliger Koordinaten

Der Dialog wird genauso in der Befehlszeile protokolliert:

```
Befehl: _line
Ersten Punkt angeben: Koordinaten des Anfangspunkts eingeben
Nächsten Punkt angeben oder [Zurück]: Koordinaten für Endpunkt des ersten Liniensegments
Nächsten Punkt angeben oder [Zurück]: Koordinaten für den Endpunkt des zweiten
Liniensegments
Nächsten Punkt angeben oder [Schließen Zurück]: Koordinaten ...
Nächsten Punkt angeben oder [Schließen Zurück]: [Enter]    zum Beenden des Linie-
Befehls
```

3.5.3 Optionen von Befehlen im DYN-Modus

Der Befehl LINIE kennt wie viele andere Befehle mehrere Optionen. Das erkennen Sie in der dynamischen Eingabeaufforderung an dem kleinen Pfeilsymbol. Diese Optionen können Sie sich nach Drücken der Pfeiltaste [↓] anzeigen lassen, dann daraus wieder mit [↓] die gewünschte Option wählen und durch Anklicken oder mit [Enter] diese Option ausführen.

Die Option SCHLIEßEN wird erst angeboten, wenn mindestens zwei Liniensegmente über drei Punkte konstruiert wurden. SCHLIEßEN bedeutet dann, dass der Linienzug durch ein weiteres Liniensegment zum ersten Punkt des aktuellen Befehls geschlossen und der LINIE-Befehl damit beendet wird.

Kapitel 3
Exaktes Zeichnen mit LINIE und KREIS

Die Option ZURÜCK nimmt einen eingegebenen Punkt im aktuellen Befehl zurück. Das kann man auch mehrfach wiederholen, im Extremfall bis zum Startpunkt im aktuellen Befehl.

Abb. 3.14: Optionen in der DYNAMISCHEN EINGABE

Eine zweite Variante zum Aufruf von Optionen eines Befehls besteht darin, das *Kontextmenü* über einen Rechtsklick aufzurufen. Das Kontextmenü bietet neben den Optionen noch weitere Funktionen. Die eigentlichen Befehlsoptionen sind dabei durch zwei Trennlinien von den anderen Funktionen (Abbildung 3.13).

1. In der ersten Zeile wird die [Enter]-Taste simuliert.
2. In der zweiten die Taste [Esc], die zum Befehlsabbruch dient.
3. In der dritten Zeile können Sie zu einem weiteren Menü verzweigen, über das Sie vorhergegangene Eingabedaten wiederholen können.
4. Bei aktivierter dynamischer Eingabe finden Sie in der vierten Zeile eine *Option* DYNAMISCHE EINGABE mit den Alternativen RELATIVE KOORDINATEN @ zur expliziten Eingabe von @ für relative Koordinaten und WKS-KOORDINATEN * zur expliziten Eingabe von * für absolute Koordinaten bezogen auf das Weltkoordinatensystem. Das Weltkoordinatensystem ist dasjenige, das bei Zeichnungsbeginn vorgegeben wird. Das Zeichen * vor den Koordinaten würde auch bei eingestelltem DYN-Modus RELATIV die Koordinaten absolut auswerten.
5. Dann folgt die befehlsspezifische *Option* SCHLIEßEN, sofern schon mindestens 3 Punkte im Linienzug eingegeben wurden.
6. In der nächsten Zeile folgt die befehlsspezifische *Option* ZURÜCK. Damit kann immer die letzte Positionseingabe wieder rückgängig gemacht werden, auch mehrfach.

3.5
Absolute rechtwinklige Koordinaten und dynamische Eingabe

7. Die folgende Zeile bietet unter FANG-ÜBERSCHREIBUNGEN die Auswahl für einen OBJEKTFANG, das ist die Möglichkeit, bestehende charakteristische Punkte von Objekten präzise durch Anklicken auszuwählen.
8. Danach folgen zwei Zeilen mit Befehlen zum Verschieben (PAN) und Verkleinern bzw. Vergrößern (ZOOM) des Bildschirmausschnitts.
9. In der nächsten Zeile folgt das Werkzeug STEERINGWHEEL, das hauptsächlich in der Vollversion für 3D-Konstruktionen nützliche Funktionen bringt.
10. Am Schluss erscheint der TASCHENRECHNER, der auch zur Berechnung von Koordinaten verwendet werden kann.

Abb. 3.15: Kontextmenü im Befehl LINIE

Die dritte Möglichkeit besteht darin, die Optionen eines Befehls in der Befehlszeile auszuwählen. Sie werden dort immer in eckigen Klammern anzeigt. Eine Option wird hier dadurch gewählt, dass man sie einfach anklickt oder den bzw. die Buchstaben eintippt, die großgeschrieben sind. Hier die drei Optionen beim Befehl LINIE:

- Nächsten Punkt angeben oder [Schließen Zurück]: S Enter
  Solange Sie sich im Befehl LINIE befinden und mindestens drei Punkte eingegeben haben, können Sie mit **S** den Linienzug schließen. Dann wird eine abschließende Linie hin zum ersten Punkt gezeichnet und der Befehl ist beendet.
- Nächsten Punkt angeben oder [Schließen Zurück]: Z Enter
  Solange Sie sich im LINIE-Befehl befinden, können Sie mit **Z** das letzte Segment zurücknehmen. Das geht auch mehrfach, sodass Sie rückwärts alle erzeugten Punkte wieder entfernen können.

Kapitel 3
Exaktes Zeichnen mit LINIE und KREIS

- Nächsten Punkt angeben oder [Schließen Zurück]: [Enter]

  Die [Enter]-Taste beendet den Befehl. So wird ein Linienzug beendet, der nicht geschlossen sein soll.

3.5.4 Absolute Koordinaten in der Befehlszeile

Nun sollten Sie mit dem Befehl LINIE die Koordinateneingabe ohne DYN probieren. Sie zeichnen dann die in Abbildung 3.10 angegebenen Liniensegmente mit folgendem Echo in der Befehlszeile:

```
Befehl: _line
Ersten Punkt angeben: 30,20 [Enter]
Nächsten Punkt angeben oder [Zurück]: 50,60 [Enter]
Nächsten Punkt angeben oder [Zurück]: 100,75 [Enter]
Nächsten Punkt angeben oder [Schließen Zurück]: [Enter]
```

Mit dem Befehl zeichnen Sie zwei Liniensegmente von x=30, y=20 nach x=50, y=60 nach x=100, y=75.

> **Wichtig**
>
> **Rechte Maustaste, Kontextmenüs**
>
> Bei AutoCAD kann die rechte Maustaste benutzt werden, um in jeder Situation *Kontextmenüs* aufzurufen. Kontextmenüs sind sehr hilfreich. Sie bieten in der jeweiligen Situation immer diejenigen Funktionen oder Optionen an, die möglich und sinnvoll sind.

> **Tipp**
>
> **Rechtsklick-Anpassung der Maus**
>
> Unter ANWENDUNGSMENÜ|OPTIONEN im Register BENUTZEREINSTELLUNGEN können Sie den Rechtsklick der Maus über die Schaltfläche RECHTSKLICK-ANPASSUNG noch raffinierter einstellen. Dort können Sie die Option ZEITABHÄNGIGES RECHTSKLICKEN AKTIVIEREN einschalten und eine individuelle Zeitspanne so einstellen, dass bei einem schnellen Rechtsklick ein [Enter] eingegeben wird, bei einem längeren Rechtsklick aber das *Kontextmenü* aufgerufen wird. Empfehlenswert ist dies erst, wenn Sie einige Übung mit dem normalen Befehlsaufruf in AutoCAD haben.

Um den Befehl LINIE zu beenden, sollten Sie auf EINGABE klicken. Abbrechen mit [Esc] bewirkt hier zwar genauso das Befehlsende, hat aber bei manchen anderen

Befehlen die Wirkung, dass das gesamte Ergebnis des Befehls verschwindet. Sie sollten sich also generell an die normale Befehlsbeendigung mit EINGABE gewöhnen.

3.6 Relative rechtwinklige Koordinaten und dynamische Eingabe

Sie haben weiter vorn im Kapitel erfahren, wie man Koordinaten eingeben kann, die sich auf den absoluten Nullpunkt der Zeichnung beziehen: Die *absoluten rechtwinkligen Koordinaten* sind dann sinnvoll, wenn eine Zeichnungsvorgabe in *Bezugsmaßen* vorliegt. Das ist meist im Maschinenbau der Fall.

Bei Bauzeichnungen liegen aber meist Kettenmaße vor, wo stets die Entfernungen relativ zum letzten Punkt angegeben sind. Hier sind relative Koordinaten gefragt. Man gibt dann nur noch den Zuwachs in x-Richtung und in y-Richtung ein. Stellen Sie es sich so vor, als sollten Sie beschreiben, um wie viel Sie sich in x- und y-Richtung jeweils weiterbewegen müssen, um zum nächsten Punkt zu gelangen.

Für diese Übung stellen Sie nun praktischerweise erst einmal die DYN bzw. ⊞ auf relative Koordinaten um. Dazu gehen Sie in die Statusleiste (Abbildung 3.15) und wählen nach Rechtsklick auf DYN die Option EINSTELLUNGEN. Stellen Sie dann im Dialogfenster alles gemäß Abbildung 3.17 ein.

Abb. 3.16: Konstruktion in relativen rechtwinkligen Koordinaten

Kapitel 3
Exaktes Zeichnen mit LINIE und KREIS

Nach Aufruf des Befehl LINIE sehen Sie auf der Zeichenfläche an der aktuellen Fadenkreuzposition (auch Cursor genannt) wieder zwei Eingabeboxen für x und y. Sie haben nun vereinbart, dass nach dem ersten Punkt die Koordinaten relativ gezählt werden sollen, das heißt, sich immer auf den vorhergehenden Punkt beziehen und nur der jeweilige Abstand in x und y angegeben wird. Sie können nun also wie im ersten Beispiel den x-Wert des Startpunkts eingeben. Um in das Eingabefeld für die y-Koordinate zu kommen, können Sie wieder ein Komma [,] eingeben oder die [⇆]-Taste drücken. Nachdem Sie den y-Wert eingegeben haben, schließen Sie mit [Enter] ab.

Abb. 3.17: Aktivierung relativer rechtwinkliger Koordinaten

Die übrigen Punkte geben Sie nun zwar ohne @ ein, aber sie werden wie relative Abstände gewertet (Abbildung 3.14 und Abbildung 3.16). Schließlich beenden Sie den LINIE-Befehl, indem Sie die [Enter]-Taste drücken.

Der Dialog wird in der Befehlszeile aber ab dem zweiten Punkt nun mit @ protokolliert. Für das Beispiel aus Abbildung 3.14 lautet die Eingabe in der Befehlszeile dann:

```
Befehl: _line
Ersten Punkt angeben: 30,20 [Enter]
```

3.6 Relative rechtwinklige Koordinaten und dynamische Eingabe

Nächsten Punkt angeben oder [Zurück]: **@20,20** [Enter]
Nächsten Punkt angeben oder [Zurück]: **@50,25** [Enter]
Nächsten Punkt angeben oder [Schließen Zurück]: [Enter]

LINIE-Befehl mit ⏎ beenden

Nächsten Punkt angeben oder ⊕ 134.6081 98.5886

Nächsten Punkt angeben oder ⊕ 50 🔒 15 mit ⏎ abschließen
50,15 entippen

Nächsten Punkt angeben oder ⊕ 20 🔒 40 mit ⏎ abschließen
20,40 eintippen

Ersten Punkt angeben: 30 🔒 20 mit ⏎ abschließen

Ersten Punkt angeben: 75.3244 176.3911 30,20 eintippen

aktuelle Fadenkreuzposition
vor Koordinaten-Eingabe

Linie
LINIE-Befehl anklicken

Abb. 3.18: Eingabe mit relativen rechtwinkligen Koordinaten

Interessant ist auch, vor Beenden des Befehls im Kontextmenü nachzuschauen, was er sich unter der Option LETZTE EINGABE an Koordinaten gemerkt hat. Dort werden Sie feststellen, dass da die ausgerechneten *absoluten* Koordinaten stehen. Diese Werte werden nach Anklicken auch als absolute Werte verwendet.

Hier noch einmal die Gegenüberstellung der absoluten und relativen Koordinaten:

Punkt	Absolut	Relativ	Berechnung	
1	$X_1, Y_1 = 30,20$			
2	$X_2, Y_2 = 50,60$	$\Delta X, \Delta Y = 20,40$	$\Delta X = X_2 - X_1$	$\Delta Y = Y_2 - Y_1$
3	$X_3, Y_3 = 100,75$	$\Delta X, \Delta Y = 50,15$	$\Delta X = X_3 - X_2$	$\Delta Y = Y_3 - Y_2$

Hinweis

Relativkoordinaten

Die Eingabe von *Relativkoordinaten* bedeutet, dass man immer eingeben muss, *wie weit man sich vom letzten Punkt bis zum neuen Punkt bewegen will*. Es geht dabei also immer um die *relative Wegstrecke*, nicht um die absolute Position.

3.7 Koordinaten-Übung

Zeichnen Sie die nachfolgend skizzierte Übung in der angegebenen Weise nach.

Abb. 3.19: Übungsteil Traktor

3.8 Polarfang

Von den Zeichenhilfen in der Statusleiste haben Sie im zweiten Kapitel die wichtigen Einstellungen FANG und RASTER kennengelernt, und hier eben den ORTHO-Modus. Eine andere Möglichkeit ist die Einstellung eines polaren Fangs, bei dem vordefinierte Winkelrichtungen und diskrete radiale Abstände über Spurlinien mit dem Fadenkreuz angewählt werden können. Der polar orientierte Fangmodus, kurz Polarfang, nennt sich POLAR oder SPURVERFOLGUNG und gestattet es, Linien zu zeichnen, die auf vorgegebene Winkelrichtungen beschränkt sind, wie etwa auf 15°-Schritte. Zusätzlich kann mit den Einstellungen des FANG auch ein Entfernungsraster für radiale Entfernungen gewählt werden.

3.8 Polarfang

Statusleiste	Funktionstaste
POLAR	F10

Der Polarfang wird über zwei Registerkarten eingestellt. Auf der Karte FANG UND RASTER wird durch die Wahl von POLAR SNAP unter FANGTYP und durch einen Wert unter POLARE ENTFERNUNG das Einrasten in radialen Entfernungsschritten aktiviert.

Abb. 3.20: Rasterschrittweite für POLARFANG

Die Registerkarte SPURVERFOLGUNG steuert die Winkelschritte. Zuerst markieren Sie SPURVERFOLGUNG EIN und wählen unter POLARE WINKELEINSTELLUNGEN bei INKREMENTWINKEL die Winkelschrittweite. Sie können hier auch eigene Schrittweiten eintippen. Wenn Sie neben den Winkelschritten noch einzelne spezielle Winkel brauchen, aktivieren Sie ZUSÄTZLICHE WINKEL, klicken auf NEU und geben den gewünschten Wert ein. Die zusätzlichen Winkel werden nicht inkrementell verarbeitet, also nicht als Vielfache angeboten. Für die Winkelschritte kann man unter POLARE WINKELMESSUNG wählen, ob sie relativ zum letzten Liniensegment zählen sollen oder wie üblich absolut zur Horizontalen, d.h. zur x-Richtung.

Kapitel 3
Exaktes Zeichnen mit LINIE und KREIS

Abb. 3.21: Winkeleinstellungen für POLARFANG

Abb. 3.22: Beispiel für POLARFANG

Eine Zeichnung, die mit diesen Einstellungen erzeugt wurde, zeigt Abbildung 3.20. Alle Liniensegmente haben hier die Länge 50, die Winkel sind Vielfache von 15°.

Mit den erläuterten Polarfangeinstellungen können Sie ohne weitere Tastatureingaben diese Konstruktion durch Anklicken der angebotenen Polarfangpositionen erstellen. Nach Anklicken des ersten Linienpunkts entsteht immer dann eine Spurlinie, wenn Sie in die Nähe eines Vielfachen von 15° kommen. Auf dieser Spurlinie wird dann beim nächstliegenden Vielfachen des eingestellten Rasterabstands von 50 eine Marke angezeigt. Durch einen Mausklick können Sie die angebotene Position wählen. Sie erhalten zusätzlich noch eine Informationsbox mit einem entsprechenden Text. Der Konstruktionsablauf ist in Abbildung 3.21 mit den QuickInfo-Boxen wiedergegeben. Das letzte Segment wurde mit der Option SCHLIEẞEN erstellt.

Abb. 3.23: Benutzte Polarfangrichtungen und Entfernungen für Stern

Der Winkel für Polarfang kann auch nach Rechtsklick auf POLAR oder im Kontextmenü aktiviert werden (siehe Abbildung 3.24). Im EINSTELLUNGEN-Dialogfenster können zur vorgegebenen Liste auch weitere eigene Werte hinzugefügt werden.

```
  90
  45
  30
  22,5
  18
✓ 15
  10
  5
✓ Aktiviert
✓ Symbole verwenden
  Einstellungen...
  Anzeigen           ▶
```

Abb. 3.24: Kontextmenü von POLAR zur Winkelauswahl

3.9 Objektfang

Betrachten Sie die Brückenkonstruktion aus Abbildung 3.27, so stellen Sie fest, dass mehrere Punkte mehrfach angefahren werden müssen. Hier stellt sich natürlich die Frage, ob es nicht eine Möglichkeit gibt, sich diese Punkte, nachdem sie das erste Mal eingegeben sind, später dann irgendwie einzufangen. Es sind ja besonders ausgezeichnete Punkte, nämlich genau immer die Endpunkte von Linien oder manchmal die Mittelpunkte, teilweise auch Lotpunkte. Hierzu verwendet man den OBJEKTFANG. Es gibt zwei Varianten des Objektfangs, einen temporären Objektfang, der nur für den nächsten Punkt gilt, und einen permanenten Objektfang, der so lange gilt, bis man ihn explizit wieder abstellt. Betrachten wir zunächst den temporären Objektfang.

> **Tipp**
>
> **Objektfang-Bereich und -Farbe**
>
> Damit Sie besser sehen, *wann* Sie ein Objekt berühren, sodass der Objektfang wirkt, empfehle ich folgende Einstellung: Im ANWENDUNGSMENÜ sollten Sie unter OPTIONEN im Register ZEICHNEN ein Häkchen bei AUTOSNAP-ÖFFNUNG ANZEIGEN setzen. Dies ist standardmäßig nicht gesetzt. Ihr Fadenkreuz erhält dann bei Objektfangsituationen eine kleine Box, die andeutet, wie weit der Objektfang von der Fadenkreuzmitte aus reicht. Auch die GRÖSSE DER ÖFFNUNG können Sie hier einstellen.

Abb. 3.25: Einstellungen für Objektfang

3.9.1 Temporärer Objektfang

Der temporäre Objektfang gilt schlicht gesagt nur *einmal*, nämlich gerade zur Eingabe des nächsten Punkts. Weil das zwar nicht die eleganteste, aber zunächst die einfachere Methode ist, in der Zeichnung schon vorhandene Punkte zu verwenden, wollen wir damit beginnen.

Der Objektfang ist wohlgemerkt kein eigener Befehl (!!!), sondern er wird immer innerhalb eines Befehls aufzurufen sein, wenn AutoCAD nach einem Punkt fragt. Wenn Sie also in der Folge Objektfänge ausprobieren wollen, so sollten Sie zuerst immer einen Zeichenbefehl aufrufen, der Positionseingaben verlangt. In unserem ersten Beispiel werden Sie mit dem Befehl LINIE arbeiten. Wenn der Zeichenbefehl dann nach einer Positionseingabe fragt – normalerweise mit Erster Punkt: oder Nächster Punkt: –, dann wählen Sie einen Objektfang. In dem Beispiel aus Abbildung 3.26 ist dies bei den Punkten 3 bis 10 der Fall.

Sie können den Objektfang im Prinzip über die Tastatur eingeben. Dazu müssen Sie bei der betreffenden Anfrage nach einer Position ein bestimmtes Kürzel eintippen. Für die Wahl eines Endpunkts geben Sie ein: END Enter und klicken dann in der Nähe des gewünschten *Endpunkts* die schon vorhandene Linie an. Sie werden sehen, dass in dem Moment, in dem Sie mit der Box am Fadenkreuz die Linie auch nur berühren, ein quadratisches Symbol erscheint. Das soll Ihnen andeuten, dass nun der Objektfang auf der markierten Position aktiv ist, und Sie können nun die Linie anklicken. Die Position wird am Endpunkt einrasten.

Eleganter ist es aber, den gewünschten Objektfang mit Strg+Rechtsklick im Kontextmenü auszuwählen (Abbildung 3.26).

Kapitel 3
Exaktes Zeichnen mit LINIE und KREIS

Abb. 3.26: Kontextmenü für Objektfang

Gehen wir einmal gemeinsam den Lösungsweg für die Abbildung 3.26 mit den neuen Möglichkeiten durch. Damit die Koordinateneingabe unkompliziert abläuft, sollte ab jetzt auch die dynamische Eingabe über die Zeichenhilfe DYN deaktiviert werden. Zunächst zeichnen Sie den Umriss nach den angegebenen Maßen. Wählen Sie also den LINIE-Befehl zum Beispiel als Werkzeug, geben Sie die Punktdefinitionen wie hier ein und verfolgen Sie auch immer den Dialog.

```
Befehl: _line Ersten Punkt angeben: 50,50
Nächsten Punkt angeben oder [Zurück]: @400,0
Nächsten Punkt angeben oder [Zurück]: @-100,100
Nächsten Punkt angeben oder [Schließen Zurück]: @-100,25
Nächsten Punkt angeben oder [Schließen Zurück]: @-100,-25
Nächsten Punkt angeben oder [Schließen Zurück]: s
```

Abb. 3.27: Umriss der Brückenkonstruktion

3.9 Objektfang

Damit Sie nicht durch andere Voreinstellungen irritiert werden und tatsächlich nur der von Ihnen jetzt gewünschte Objektfang aktiv ist, sollten Sie darauf achten, dass in der Statusleiste keine der Optionen ABLEITEN, FANG, RASTER, ORTHO, POLAR oder OTRACK aktiv ist. Die eingeschalteten Zeichenhilfen erscheinen hellblau, die ausgeschalteten grau. Die Zeichenhilfen 3DOFANG (3D-OBJEKTFANG) und DBKS (DYNAMISCHES BKS) werden erst für Konstruktionen im 3D-Bereich interessant und wirksam.

Bezeichnung	Symbol	Textform	Funktionstaste
Ableiten		ABLEITEN	
Fangmodus		FANG	F9
Rasteranzeige		RASTER	F7
Ortho-Modus		ORTHO	F8
Spurverfolgung		POLAR	F10
Objektfang		OFANG	F3
3D-Objektfang		3DOFANG	F4
Objektfangspur		OTRACK	F11
Dynamisches BKS		DBKS	F6
Dynamische Eingabe		DYN	F12

Tabelle 3.1: Zeichenhilfen und Funktionstasten

Bei den nächsten Linien brauchen Sie nun keine Koordinaten mehr einzugeben, sondern Sie wählen immer den gewünschten Objektfang aus dem Werkzeugkasten und fahren dann in die Nähe der richtigen Position. Wenn das grüne Symbol für den Objektfang erscheint, dann klicken Sie. Sie werden sehen, dass die Linie dort bei dem richtigen Punkt einrastet. Geht mal etwas schief, dann können Sie natürlich mit Eingabe von Z Enter die letzte Positionseingabe notfalls auch wieder rückgängig machen. Die Objektfänge, die hier nötig sind, lauten ENDPUNKT, LOT und MITTELPUNKT oder als Kürzel: END, LOT und MIT.

Kapitel 3
Exaktes Zeichnen mit LINIE und KREIS

```
Befehl: _line Ersten Punkt angeben: _ von Position 5 anklicken
Nächsten Punkt angeben oder [Zurück]: _ nach Position 6 anklicken
Nächsten Punkt angeben oder [Zurück]: _von Position 4 anklicken
Nächsten Punkt angeben oder [Schließen Zurück]: _nach Position 7 anklicken
Nächsten Punkt angeben oder [Schließen Zurück]: _von Position 3 anklicken
Nächsten Punkt angeben oder [Schließen Zurück]: _nach Position 8 anklicken
Nächsten Punkt angeben oder [Schließen Zurück]: _ von Position 9 anklicken
Nächsten Punkt angeben oder [Schließen Zurück]: [Enter]
```

Wie Sie sehen, reicht es immer aus, in die Nähe des gewünschten Punkts zu kommen und dort die Linie zu berühren. Schon erscheint das Objektfangsymbol. Sie brauchen also nicht ängstlich exakt auf den Endpunkt oder Ähnliches draufzufahren, sondern können schon klicken, sobald das Symbol an der gewünschten Stelle erscheint.

Abb. 3.28: Linienzug mit Objektfang eingefügt

Weiter geht es nun mit den restlichen Linien.

```
Befehl: _line Ersten Punkt angeben: von Position 10 anklicken
Nächsten Punkt angeben oder [Zurück]: von Position 6 anklicken
Nächsten Punkt angeben oder [Zurück]: [Enter]
Befehl: LINIE Ersten Punkt angeben: von Position 5 anklicken
Nächsten Punkt angeben oder [Zurück]: von Position 7 anklicken
Nächsten Punkt angeben oder [Zurück]: [Enter]
Befehl: LINIE Ersten Punkt angeben: von Position 4 anklicken
Nächsten Punkt angeben oder [Zurück]: von Position 8 anklicken
Nächsten Punkt angeben oder [Zurück]: [Enter]
```

Alternativ kann der temporäre Objektfang auch im laufenden Befehl mit [Shift]+RMK aufgerufen werden.

Abb. 3.29: Fertige Brücke

Tabelle 3.2 zeigt viele der üblichen Objektfänge zusammen mit einer kurzen Erläuterung. Einige der komplexeren Methoden wurden hier noch weggelassen und werden im nächsten Abschnitt demonstriert.

Icon	Kürzel	Bezeichnung	Objektfang-Erklärung
	END	Endpunkt	Endpunkte von Linien, Bögen und anderen Kurven, in Polylinien (zusammengesetzten Kurven) die Endpunkte der einzelnen Segmente
	MIT	Mittelpunkt	Mittelpunkt auf einer Linie, einem Bogen oder einer anderen Kurve. Beim Bogen ist wohlgemerkt nicht der Mittelpunkt gemeint, in dem der Radius ansetzt, sondern die Mitte auf der Bogenlänge.
	SCH	Schnittpunkt	Schnittpunkt zweier Kurven, auch Schnittpunkte bei Kurven, die sich nicht direkt schneiden, sondern deren Verlängerungen sich erst schneiden. Man muss dazu beide Kurven einzeln anwählen.
	ZEN	Zentrum	Zentrum eines Kreises, eines Bogens, einer Ellipse oder eines Bogen- bzw. Ellipsensegments. Entweder die betreffende Kurve anklicken, um den Zentrumspunkt zu erhalten, oder direkt ins Zentrum klicken. Letzteres klappt nur dann, wenn Sie vorher mit dem Fadenkreuz über den Kreis, die Ellipse oder den Bogen gefahren sind.

Tabelle 3.2: Grundlegende Objektfänge

Kapitel 3
Exaktes Zeichnen mit LINIE und KREIS

Icon	Kürzel	Bezeichnung	Objektfang-Erklärung
	QUA	Quadrant	Die Positionen bei 0°, 90°, 180° oder 270° auf einem Kreis, einem Bogen, einer Ellipse oder einem Bogen- bzw. Ellipsensegment. Bei der Ellipse bezieht sich der Winkel auf die Hauptachse. Sonst zählt der von der Horizontalen.
	TAN	Tangente	Tangentenberührpunkt an eine Kurve wie Kreis, Bogen, Ellipse oder auch Spline. Wenn mehrere Tangenten möglich sind, wird die Tangentenposition verwendet, die dem Fadenkreuz am nächsten liegt.
	LOT	Lot	Lotpunkt auf eine Kurve
	BAS	Basispunkt	Basis- oder Einfügepunkt eines Blocks oder eines Texts. Der Block ist ein zusammengesetztes Objekt, wie zum Beispiel ein Normteil, eine Schraube etc. Ein solcher Block hat immer einen einzigen Punkt, mit dem er positioniert wird. Ähnlich verhält es sich beim Text. Auch der hat einen Positionierpunkt, der meist links unten liegt.
	PUN	Knoten (= Punkt)	Fängt das Objekt Punkt
	NÄC	Nächster	Position auf einer Kurve, die der Fadenkreuzposition am nächsten liegt. Man braucht diesen Fangmodus zum Beispiel für Bemaßungen, wo es nur wichtig ist, dass die Position auf einer bestimmten Kurve liegt, aber nicht, wo genau auf der Kurve.
	KEI	Keiner	Schaltet einen ggf. anstehenden permanenten Objektfangmodus ab

Tabelle 3.2: Grundlegende Objektfänge (Forts.)

> ### Tipp
>
> **Objektfang-Positionierung**
>
> Sind beim Objektfang mehrere Punkte möglich, wählt AutoCAD immer denjenigen, der dem Fadenkreuz am nächsten liegt. Sie sollten auch immer verfolgen, ob und wo der Objektfang genau greift. Dazu ist zu empfehlen, dass Sie mit dem Fadenkreuz *nie genau auf* den gewünschten Punkt selbst klicken, sondern *immer etwas daneben*. Umso besser sehen Sie beim Anklicken dann das Einrasten auf die Position. Insbesondere würden Sie es sofort bemerken, wenn der Objektfang nicht eingeschaltet war. Dann liegt der gewonnene Punkt nämlich sichtbar falsch.

Abb. 3.30: Beispiele für Objektfang ZENTRUM

Abb. 3.31: Beispiel für Objektfang SCHNITTPUNKT

Abb. 3.32: Beispiel für ERWEITERTEN SCHNITTPUNKT

Kapitel 3
Exaktes Zeichnen mit LINIE und KREIS

Abb. 3.33: Beispiel für Objektfang QUADRANT

Abb. 3.34: Beispiel für Objektfang TANGENTE

> ### Tipp
>
> **Temporäre Überschreibungen**
>
> Zur schnellen Aktivierung einiger wichtiger Objektfänge gibt es die *Temporären Überschreibungen*. Das sind Kombinationen der [Shift]-Taste zum momentanen temporären Aufruf von Objektfängen: [Shift]+[C] ist ZENTRUM, [Shift]+[E] ist ENDPUNKT, [Shift]+[M] ist MITTELPUNKT und [Shift] alleine schaltet den ORTHO-Modus um.

3.9.2 Permanenter Objektfang

In vielen Fällen wird ein und derselbe Objektfang öfter gebraucht. Es wäre dann mühsam, für jeden Punkt wie im vorangegangenen Kapitel erneut den Objektfang einzustellen. Hierfür gibt es den permanenten Objektfang. Er lässt sich auf verschiedenen Wegen (siehe Tabelle 3.3) einstellen. Der schnellste Weg ist ein Rechtsklick auf das Statusleisten-Werkzeug. Danach erscheint ein Kontextmenü mit den Symbolen für alle permanenten Objektfänge. Die aktivierten Objektfänge werden je nach Windows-Oberfläche farblich hervorgehoben oder umrahmt.

Abb. 3.35: Kontextmenü des Objektfangwerkzeugs mit Symbolen

Statusleiste	(Strg)+Rechtsklick	Befehl	Kürzel
Rechtsklick auf ▢ | Einstellungen	∩	OFANG	OF

Tabelle 3.3: Permanente Objektfangmodi einstellen

Beim Befehl OFANG oder bei den EINSTELLUNGEN im obigen Kontextmenü erscheint ein Dialogfenster, in dem Sie ebenfalls ein oder mehrere Objektfangmodi dauerhaft aktivieren oder deaktivieren können (Abbildung 3.31). Sie können permanent ruhig mehrere Objektfänge einstellen, AutoCAD verwendet immer denjenigen, der zur aktuellen Fadenkreuzposition dann am nächsten liegt. Im Dialogfenster werden links auch die Symbole angezeigt, die an der jeweiligen Position dann das Einrasten signalisieren.

Kapitel 3
Exaktes Zeichnen mit LINIE und KREIS

Abb. 3.36: Permanente Objektfangmodi

Das Ein- und Ausschalten *aller* aktivierten Objektfänge geschieht entweder gleich im Dialogfeld durch das Häkchen oben links oder sonst am schnellsten in der Statusleiste.

Statusleiste	(Strg)+Rechtsklick		Kürzel
		(schaltet nur einmal für die nächste Positionseingabe ab)	F3

Tabelle 3.4: Permanente Objektfänge generell ein- oder ausschalten

Beim permanenten Objektfang kann es passieren, dass mehrere Objektfänge miteinander konkurrieren. Damit Sie sehen, welcher Objektfang dann wirkt, gibt es eben die verschiedenen vorher angezeigten Objektfangsymbole. Wenn Sie beispielsweise die Objektfänge ZENTRUM und QUADRANT aktiviert haben, dann wird beim Anfahren eines Kreises zunächst das Symbol für den nächsten Objektfang angezeigt, der die kürzeste Entfernung zum Fadenkreuz hat.

> **Tipp**
>
> **Objektfang wechseln**
>
> Sie können auch zwischen verschiedenen möglichen permanenten Objektfängen wechseln, ohne das Fadenkreuz zu bewegen, indem Sie mit der ⇆-Taste »blättern«. Voraussetzung ist natürlich, dass Sie ein Objekt mit mehreren Objektfangmöglichkeiten mit Ihrer Fadenkreuzbox dabei berühren.

3.9.3 Übungen

Die folgenden Übungszeichnungen sollen die Anwendung der Objektfänge noch einmal demonstrieren. Zu jeder Übung gebe ich einen kurzen Abriss des Befehlsablaufs. Die zu benutzenden Objektfänge sind in die Aufgaben eingezeichnet.

In der ersten Übung (Abbildung 3.32) zeichnen Sie zunächst mit dem Befehl LINIE ein Quadrat der Seitenlänge 100. Sie können dazu auch den Befehl Rechteck verwenden. Dann zeichnen Sie mit Linie das innere Quadrat unter Benutzung des Objektfangs MITTELPUNKT. Abschließend können Sie das innerste Quadrat wieder entweder mit Linie oder mit Rechteck, aber auch wieder mit Objektfang MITTELPUNKT zeichnen.

Abb. 3.37: Übung zum Objektfang MITTELPUNKT

Abb. 3.38: Übung zum Objektfang QUADRANT und MITTELPUNKT

Kapitel 3
Exaktes Zeichnen mit LINIE und KREIS

Die zweite Übung (Abbildung 3.34) beginnen Sie mit einem Kreis mit Radius 100. Dann zeichnen Sie mit LINIE und Objektfang QUADRANT das darin liegende Quadrat. Das innerste Quadrat können Sie entweder mit LINIE oder mit RECHTECK und mit Objektfang MITTELPUNKT zeichnen.

Abb. 3.39: Übung zum Objektfang LOT und MITTELPUNKT

Die nächste Übung beginnen Sie wie die letzte mit dem Kreis und dem Quadrat. Dann konstruieren Sie die vier Linien jeweils mit den Objektfängen MITTELPUNKT und LOT.

Abb. 3.40: Übung zum Objektfang SCHNITTPUNKT und ENDPUNKT

In der nächsten Übung zeichnen Sie mit RECHTECK die Außenkontur der Breite 200 und Höhe 100. Dann setzen Sie mit dem LINIE-Befehl und Objektfang END-

PUNKT die beiden Diagonalen ein. Abschließend zeichnen Sie einen Kreis und wählen das Zentrum des Kreises mit dem Objektfang SCHNITTPUNKT.

Abb. 3.41: Objektfänge QUADRANT, TANGENTE und ERWEITERTER SCHNITTPUNKT

Die letzte Übung soll den ERWEITERTEN SCHNITTPUNKT demonstrieren, bei dem ein Schnittpunkt für zwei Kurven durch deren *Verlängerung* errechnet wird. Zeichnen Sie zuerst an beliebiger Stelle einen Kreis mit Radius 100. Dann zeichnen Sie einen zweiten Kreis an derselben Stelle mit Radius 50. Für den zweiten Kreis können Sie entweder als Zentrum den Objektfang ZENTRUM auf den ersten Kreis anwenden oder als Koordinate für das Zentrum einfach @ Enter eingeben. Das bedeutet nämlich auch die Koordinate der letzten eingegebenen Position – und das war ja das Zentrum des letzten Kreises. Nach den beiden Kreisen rufen Sie LINIE auf, wählen als Startpunkt den markierten QUADRANTEN und den zweiten Punkt mit Objektfang TANGENTE am inneren Kreis. Schwierig wird der nächste Punkt auf dem äußeren Kreis. Den können Sie aber mit Objektfang SCHNITTPUNKT ermitteln. Sie klicken dann zunächst die gerade gezeichnete Linie an und dann den äußeren Kreis. Sobald Sie die Linie angeklickt haben, merkt AutoCAD, dass noch ein zweites Geometrieobjekt zur Schnittpunktberechnung fehlt, und gibt deshalb den Text ERWEITERTER SCHNITTPUNKT aus. Nach Anklicken des Kreises wird der Schnittpunkt beider berechnet und Sie haben die gewünschte Position auf der Verlängerung der ersten Linie. Weiter geht es dann wieder mit TANGENTE am inneren Kreis und mit dem ERWEITERTEN SCHNITTPUNKT zwischen der letzten Linie und dem äußeren Kreis. Danach können Sie das Dreieck mit der Option SCHLIEẞEN des LINIE-Befehls vervollständigen.

Nachdem wir uns im zweiten Kapitel auf eher spielerische Übungszeichnungen beschränken mussten, können Sie hier bald schon praxisrelevante Beispiele bearbeiten. Doch zunächst noch etwas Spielerei mit dem Kreis.

> **Risiko**
>
> **Erweiterter Schnittpunkt und übereinander liegende Kurven**
>
> Manchmal erscheint kein Symbol für ERWEITERTER SCHNITTPUNKT, obwohl man es erwartet. Der Grund dafür liegt darin, dass Sie *zwei Kurven übereinander liegen* haben. AutoCAD findet dann beim Anklicken beide Kurven, kann aber keinen Schnittpunkt ausrechnen, da die Kurven übereinander liegen und damit ja parallel sind – und zwar mit Abstand = 0. Und bei parallelen Linien gibt es keinen Schnittpunkt. Vermeiden Sie also übereinander liegende Kurven. Sie führen nur zu Problemen, weil dadurch geometrisch nicht eindeutige Konstellationen auftreten. In der Vollversion gibt es den Befehl AUFRÄUM bzw. in der Multifunktionsleiste START|ÄNDERN▼|DOPPELTE OBJEKTE LÖSCHEN zum pauschalen Entfernen übereinander liegender Objekte. Auch können Sie selbst mit dem Befehl VERBINDEN bzw. in der Multifunktionsleiste START|ÄNDERN▼|VERBINDEN übereinander liegende oder exakt fluchtende Objekte zu einem einzigen kombinieren.

> **Tipp**
>
> **Objektfang ANGENOMMENER SCHNITTPUNKT**
>
> Oft wird dieser Modus mit dem ERWEITERTEN SCHNITTPUNKT verwechselt. Der ANGENOMMENE SCHNITTPUNKT ist für dreidimensionale Schnittpunkte in bestimmter Projektionsrichtung nötig, beispielsweise bei windschiefen Geraden. Für 2D-Konstruktionen ist dieser Objektfang nicht nötig.

3.10 Komplexer Objektfang

Ich möchte hier noch einige komplexe Objektfänge mit Beispielen erörtern. Komplexe Objektfänge sind solche, die Hilfskonstruktionen ersparen können. Es handelt sich um die Spurlinieneinstellung OTRACK in der Statusleiste und die Objektfänge TEMPORÄRER SPURPUNKT, VON, HILFSLINIE, PARALLELE, PUNKTFILTER und MITTE ZWISCHEN 2 PUNKTEN.

(Strg)+Rechtsklick	Tastatur
Temporärer Spurpunkt	TT
Von	VON
Hilfslinie	HIL
Parallele	PAR

(Strg)+Rechtsklick	Tastatur
Mitte zwischen 2 Punkten	M2P oder MZP
Punktfilter|.x Punktfilter|.y	.x oder .y

3.10.1 Objektfangspur – OTRACK

Der Spurmodus wird durch Anklicken von OTRACK bzw. ⌐ in der Statusleiste aktiviert. Er erspart das Zeichnen von Hilfslinien, indem er dynamische Spurlinien erzeugt, nachdem Sie vorher eine Objektfangposition für einen Augenblick angefahren haben. Wenn Sie dann das Fadenkreuz entlang dieser *Spurlinie* bewegen, können Sie eine Position durch Eingabe einer einzigen Zahl für die Entfernung vom Objektfangpunkt angeben. Wenn Sie das ausprobieren, denken Sie bitte daran, dass der Objektfang nur wirkt, wenn ein Zeichen- oder Editierbefehl wie beispielsweise LINIE aktiv ist.

AutoCAD markiert die Punkte, in denen Spurlinien ihren Ursprung haben, mit einem kleinen grünen Kreuzchen. Diese Punkte heißen AUSRICHTEPUNKTE. Da die AUSRICHTEPUNKTE nicht durch explizites Anklicken, sondern lediglich durch Anfahren einer Objektfangposition aktiviert werden, hat man manchmal unabsichtlich viele AUSRICHTEPUNKTE aktiviert und kann sich vor Spurlinien kaum retten. In einem solchen Fall können Sie durch *erneutes Anfahren* einen AUSRICHTEPUNKT und die damit verbundenen Spurlinien wieder deaktivieren. Die Spurlinien sind normalerweise horizontal und vertikal voreingestellt,

Abbildung 3.37 zeigt die Konstruktion einer Linie mit dem Startpunkt in waagerechter Entfernung 100 von einem Mittelpunkt mit folgenden Schritten:

1. Bei den Zeichenhilfen ist OTRACK aktiviert.
2. Ein LINIE-Befehl ist aktiv mit der Anfrage Erster Punkt:.
3. Sie fahren bei entsprechend aktiviertem OFANG auf den MITTELPUNKT, wo das Objektfangsymbol sichtbar wird.
4. Wenn Sie das Fadenkreuz wieder wegziehen, bleibt ein grünes Kreuzchen stehen, das den Punkt als AUSRICHTEPUNKT markiert.
5. Fahren sie nun auf eine Position ziemlich genau rechts neben dem Mittelpunkt, so erscheint die Spurlinie. Die möglichen Richtungen für Spurlinien sind auf waagerecht und senkrecht eingestellt.
6. Auf der gepunkteten Spurlinie geben Sie nun die gewünschte Entfernung **100** ein.
7. Der LINIE-Befehl geht normal mit der Anfrage Nächster Punkt: weiter.

Kapitel 3
Exaktes Zeichnen mit LINIE und KREIS

1. Linie-Befehl anklicken

2. Objektfangposition nur anfahren, kurz warten

3. Ausrichtepunkt bleibt stehen

4. Spurlinie erscheint unterm Fadenkreuz (wenn Richtung stimmt)

5. Entfernung auf der Spurlinie

6. Linie-Befehl fragt nach nächstem Punkt

Erster Punkt der neuen Linie in Entfernung 100 vom Mittelpunkt

Abb. 3.42: Position auf Spurlinie mit OFANG und OTRACK

Wenn Sie mehrere AUSRICHTEPUNKTE aktiviert haben, können Sie mit dem Fadenkreuz an die Position fahren, wo sich zwei Spurlinien schneiden. Bei genauem Hinsehen erkennen Sie an dieser Position dann ein kleines graues Kreuzchen. Mit einem Klick können Sie dann diese *Schnittpunktposition* exakt wählen. Auf diese Weise erhalten Sie zum Beispiel schnell den Mittelpunkt eines Rechtecks, indem Sie mit OTRACK und OFANG auf MITTELPUNKT in den Seitenmitten AUSRICHTEPUNKTE aktivieren und dann den Schnittpunkt der Spurlinien anklicken. Der Objektfang SCHNITTPUNKT ist hierzu nicht nötig!

Abb. 3.43: Positionen als Schnittpunkte von Spurlinien

Sie können Spurlinien auch unter anderen Winkeln als 0° und 90° erhalten, wenn Sie unter den EINSTELLUNGEN von POLAR/SPURVERFOLGUNG bei OBJEKTFANGSPUR-EINSTELLUNGEN die Option SPUR MIT POLAREN WINKELEINSTELLUNGEN aktivieren und dann unter POLARE WINKELEINSTELLUNGEN die gewünschten Winkel eingeben. Im Beispiel (Abbildung 3.43) werden also folgende Winkel für POLAR und OTRACK aktiv: 0°, 30°, 60°, 90°, 120°, 150°, 180°, 210°, 240°, 270°, 300°, 330° (also 30° inkrementell) sowie 45° und 135°. Die zusätzlichen Winkel gelten nicht inkrementell, schließen also nicht 45° und Vielfache ein, insbesondere nicht 225° und 315°.

Abb. 3.44: Einstellungen der Winkel für OTRACK unter POLAR

3.10.2 Temporärer Spurpunkt

Sie sollten nun weitere Linien mit den komplexen Objektfängen gemäß Abbildung 3.44 konstruieren. Dazu stellen Sie ein:

- OFANG mit ENDPUNKT, POLAR und OTRACK aktiviert
- POLAR SPURVERFOLGUNG: INKREMENTWINKEL auf **90°**

Kapitel 3
Exaktes Zeichnen mit LINIE und KREIS

Als vorgegebene Geometrie zeichnen Sie folgende Linie:

```
Befehl: _line
Ersten Punkt angeben: 100,100
Nächsten Punkt angeben oder [Zurück]: @100,50
Nächsten Punkt angeben oder [Zurück]: Enter
```

Eine zweite Linie soll nun mit ihrem Startpunkt von der letzten den x-Abstand 20 und den y-Abstand 50 haben.

Abb. 3.45: Linienkonstruktion mit Objektfang TEMPORÄRER SPURPUNKT

Der Objektfang TT (= Temporary Track, deutsch Temporärer Spurpunkt) bzw. erlaubt bei aktiviertem Spurmodus (das heißt OTRACK bzw. aktiviert), dass Sie nicht nur entlang *einer* Spurlinie durch Entfernungsangabe die neue Position markieren, sondern Sie erzeugen dort erst einmal einen weiteren AUSRICHTEPUNKT, von dem aus Sie wiederum dann auf einer *zweiten* Spurlinie eine *zweite* Entfernung angeben können. Man benutzt diesen Modus üblicherweise, um bei der Positionsangabe »um die Ecke« zu gehen. Bei rechtwinkligen Einstellungen der Spurlinien geben Sie beispielsweise auf der ersten Spurlinie die x-Entfernung an, auf der zweiten dann die y-Entfernung.

3.10
Komplexer Objektfang

Dieser Modus hat nur Sinn, wenn permanent normale Objektfänge wie zum Beispiel ENDPUNKT gesetzt und geeignete POLARE INKREMENTWINKEL für Spurlinien eingeschaltet sind (hier 90°). Sie sollten nun eine Linie zeichnen, deren Startpunkt zur ersten in x-Richtung um 20 und in y-Richtung um 50 verschoben ist:

```
Befehl: _line
Ersten Punkt angeben: TT Enter
Temporären Punkt für OTRACK angeben: Startpunkt der ersten Linie mit permanentem
Fangmodus ENDPUNKT anfahren und eine halbe Sekunde verweilen (nicht anklicken). Der
Endpunkt wird mit einem Kreuzchen als AUSRICHTEPUNKT markiert, und dann fahren Sie auf
der Spurlinie in 0°-Richtung nach rechts und geben die Entfernung ein: 20 Enter
Ersten Punkt angeben: Es ist ein weiterer AUSRICHTEPUNKT entstanden, von dem aus Sie in
90°-Richtung nach oben fahren. Dann geben Sie ein: 50 Enter
Nächsten Punkt angeben oder [Zurück]: beliebig weiter Enter
```

3.10.3 Von Punkt

Der Objektfang VON bzw. FANG VON PUNKT gestattet, zuerst einen *Basispunkt* zu wählen und dann den *relativen Abstand* von diesem in x und y anzugeben. Sie sollten nun die gleiche erste Linie zeichnen wie in der ersten Übung mit TT und dann

```
Befehl: _line
Ersten Punkt angeben: VON Enter
Basispunkt: Startpunkt der ersten Linie mit ENDPUNKT anfahren und Klicken
<Abstand>: @20,50 Enter
Nächsten Punkt angeben oder [Zurück]: beliebig weiter Enter
```

Abb. 3.46: Objektfang VON

Kapitel 3
Exaktes Zeichnen mit LINIE und KREIS

3.10.4 Hilfslinie

Der Objektfang HILFSLINIE erlaubt, das Ende einer vorhandenen Kurve als Hilfskurve zu verlängern und dann darauf einen Punkt, zum Beispiel über den Abstand auf dieser Hilfslinie, anzugeben. Sie können vom Kurvenende nach außen, aber auch nach innen gehen. Zur Übung sollten Sie eine Linie zeichnen, deren Startpunkt 20 Einheiten von der ersten Linie entfernt liegt, und zwar gemessen in Richtung dieser Linie.

```
Befehl: _line
Ersten Punkt angeben: HIL Enter
von Über dem Endpunkt der ersten Linie kurz stehen bleiben, dann nach außen auf der
gedachten Verlängerung wegfahren (nicht zu schnell). Im Endpunkt entstehen ein grünes Kreuzchen und eine Spurlinie. Nun geben Sie die Entfernung auf dieser Spurlinie
an: 20
Nächsten Punkt angeben oder [Zurück]: beliebig weiter Enter
```

Diese Technik können Sie auch auf andere Kurven anwenden, zum Beispiel auf Bögen, Ellipsen und Polylinien. Dabei entstehen Spurkurven mit den passenden Krümmungen. Die Entfernung wird dann als Bogenlänge gewertet.

Abb. 3.47: Objektfang HIL

3.10.5 Parallele

Mit dem Objektfang PARALLEL können Sie eine Linie parallel zu einer vorhandenen Linie ausgehend von einem beliebigen Punkt erzeugen. Die Aufgabenstellung sei folgende: Vom Punkt 150,150 soll eine 50 Einheiten lange Linie nach rechts parallel zur allerersten Linie gezeichnet werden.

Abb. 3.48: Objektfang PAR

```
Befehl: /_line
Ersten Punkt angeben:  _mid von Mitte der letzten Linie anklicken
```

Kapitel 3
Exaktes Zeichnen mit LINIE und KREIS

> Nächsten Punkt angeben: **PAR** Enter nach **Jetzt die Linie anfahren, deren Richtung Sie übernehmen wollen** – nur mit dem Fadenkreuz berühren, nicht klicken. Daraufhin erscheinen auf der angefahrenen Linie das Parallelsymbol und ein Ausrichtepunkt-Kreuzchen. Nun fahren Sie etwas in die beabsichtigte Richtung mit dem Fadenkreuz und erhalten eine Spurlinie. Sobald die Spurlinie erscheint, können Sie die Entfernung auf der Spurlinie für den nächsten Punkt angeben: 50 Enter
> Nächsten Punkt angeben oder [Zurück]: Enter **Befehlsende**

Die Markierungskreuzchen für Spurlinien können Sie auch wieder deaktivieren, indem Sie einfach noch einmal mit dem Fadenkreuz auf diese Kreuzchen fahren. Das ist nämlich nötig, wenn Sie permanent Objektfangspur OTRACK bzw. aktiviert haben und zu viele Objekte berührt haben.

3.10.6 Objektfang »Punktfilter«

Abb. 3.49: Objektfang PUNKTFILTER

Die komplexen Objektfänge haben eine Gemeinsamkeit, sie bauen einen neuen Punkt aus mehreren vorhandenen Komponenten auf. Einer der ältesten komplexen Objektfänge ist der Punktfilter. Er erlaubt, einen neuen Punkt aus den x-, y- und z-Koordinaten verschiedener vorhandener Punkte zusammenzubauen. Beim Punktfilter können Sie die x-Koordinate *eines* Endpunkts verwenden, während die y-Koordinate von einem *anderen* Endpunkt stammt. Den Punktfilter erreichen Sie über das OBJEKTFANG-Kontextmenü, also über Strg +rechte Taste oder durch Tastatureingabe von **.X** oder **.Y**. Abbildung 3.49 zeigt ein Beispiel. Die neue Position wurde so bestimmt, dass sie die gleichen x-Koordinaten hat wie die Ecke oben. Dazu wurde der Punktfilter mit Option **.x** aufgerufen und dann mit Objektfang ENDPUNKT das Ende der Ecke oben angeklickt. Damit übernimmt AutoCAD nur die x-Koordinate des Punkts und fragt im Dialogfeld: benötige yz. Diese beiden Koordinaten werden dann durch Anklicken der Ecke rechts unten eingegeben. Dieser Punktfilter arbeitet in diesem Fall ähnlich wie der Objektfang HILFSLINIE.

3.10.7 Objektfang »Mitte zwischen 2 Punkten«

Dieser Objektfang berechnet den Mittelpunkt aus zwei anzugebenden Positionen. Der Objektfang kann mit M2P oder MZP aktiviert werden oder mit Strg+Rechtsklick und der Wahl MITTE ZWISCHEN 2 PUNKTEN aus dem Objektfang-Kontextmenü.

```
Befehl:  _line Ersten Punkt angeben: M2P
Erster Punkt der Mitte: Ersten Punkt anklicken
Zweiter Punkt der Mitte: Zweiten Punkt anklicken
```

Aus diesen zwei Punkten wird dann automatisch die Mitte berechnet.

3.11 KREIS

Der Befehl KREIS ist der zweite Zeichenbefehl, den Sie schon im zweiten Kapitel kennengelernt haben. Er soll aber hier noch einmal mit allen Optionen erklärt werden.

Zeichnen und Beschriftung	Befehl	Kürzel
START|ZEICHNEN	KREIS	K
Mittel, Radius		
Mittel, Durchm		
2 Punkte		
3 Punkte		
Tan, Tan, Radius		
Tan, Tan, Tan		

Kapitel 3
Exaktes Zeichnen mit LINIE und KREIS

Sie sehen hier einen Befehl, der mehrere Optionen bietet. Unter Optionen versteht man verschiedene Möglichkeiten, den Befehl mit Daten zu versorgen, oder verschiedene Einstellungen, die zu unterschiedlichen Geometrien führen. In der Multifunktionsleiste werden diese Optionen in einem Aufklappmenü angezeigt. Damit kann man gleich bei der Auswahl bestimmen, welche Befehlsvariante man benötigt. Bei Aufruf per Tastatureingabe oder über das Werkzeug ⊘ müssen Sie die jeweilige Option in der Befehlszeile anklicken oder über das Kontextmenü auswählen. Gegenüber diesem Abarbeiten der Optionen ist es bequemer, aus der Multifunktionsleiste die gewünschte Option direkt zu wählen.

Mit dem noch vorzustellenden Editierbefehl STUTZEN lassen sich aus dem Kreis auch Bogenstücke herausschneiden. Damit haben wir dann die gebräuchlichste Methode zur Hand, nach der Bögen gezeichnet werden. Der eigentliche Befehl BOGEN hat sehr viele verschiedene Optionen entsprechend den verschiedenen Konstruktionsanforderungen und wird daher nicht so gerne verwendet. Einfacher zeichnet man oft einen Kreis und stutzt ihn später.

3.11.1 Optionen des Befehls KREIS

Probieren Sie zunächst die KREIS-Optionen im Menü aus. Eine Musterkonstruktion zeigt die verschiedenen Varianten. Beginnen Sie eine neue Zeichnung wie üblich mit ▫.

Im folgenden Dialog sind Ihre Eingabeaktionen fett hervorgehoben.

Abb. 3.50: Kreiskonstruktionen

Wenn Sie einen Objektfang wählen müssen, ist er hier als Werkzeug wiedergegeben. Sie rufen ihn am schnellsten über den Werkzeugkasten OFANG oder mit ⌈Strg⌉+Klick mit rechter Maustaste auf. Sie sehen hier im protokollierten Ablauf auch zahlreiche Optionswahlen, die nicht fett hervorgehoben sind. Das sind dann Optionen, die sich AutoCAD bei der jeweiligen Menü-Variante selbst einstellt. Überdies bemerken Sie auch, dass diese Optionswahlen mit einem Unterstrich beginnen. Das bedeutet, dass es sich um Eingaben in Englisch handelt.

Folgender Ablauf ergibt sich für die sechs Kreise in Abbildung 3.50:

- Beginnen Sie mit einer waagerechten Linie:

```
Befehl: _line Ersten Punkt angeben: 50,50 [Enter]
Nächsten Punkt angeben oder [Zurück]: @200,0 [Enter]
Nächsten Punkt angeben oder [Zurück]: [Enter]
```

- Dann zeichnen Sie zwei »normale« Kreise über Angabe von Mittelpunkt und Radius. Dabei nutzen Sie aus, dass Sie sowohl den Kreismittelpunkt über Objektfang ENDPUNKT eingeben können als auch den Radius mit Objektfang ENDPUNKT wählen können.

```
Befehl: _circle Zentrum für Kreis angeben oder [3P 2P Ttr (Tangente Tangente Radius)]: von linkes Linienende anklicken
Radius für Kreis angeben oder [Durchmesser]: von rechtes Linienende anklicken
Befehl: [Enter]  zur Befehlswiederholung
KREIS Zentrum für Kreis angeben oder [3P 2P Ttr (Tangente Tangente Radius)]: von rechtes Linienende anklicken
Radius für Kreis angeben oder [Durchmesser]: von linkes Linienende anklicken
```

- Für den dritten und vierten Kreis geben Sie jeweils zwei Kurven an, die sie tangieren sollen, und einen Radius. Es entstehen tangential sich anschmiegende Ausrundungskreise. Sie geben hier keinen Objektfang TANGENTE an, weil der von der Funktion selbst eingestellt wird. Diese Option wird bequemerweise über das Menü aufgerufen. Als Positionen klicken Sie nach Augenmaß die zukünftigen Berührpunkte an.

```
Befehl: Zeichnen  Kreis  Tan, Tan, Radius
_circle Zentrum für Kreis angeben oder [3P 2P Ttr (Tangente Tangente Radius)]:
_ttr
Punkt auf Objekt für erste Tangente des Kreises angeben: Klick-1
Punkt auf Objekt für zweite Tangente des Kreises angeben: Klick-2
Radius für Kreis angeben <200.0000>: 30    Radiuswert eingeben
Befehl: Zeichnen  Kreis  Tan, Tan, Radius
_circle Zentrum für Kreis angeben oder [3P 2P Ttr (Tangente Tangente Radius)]:
_ttr
Punkt auf Objekt für erste Tangente des Kreises angeben: Klick-3
Punkt auf Objekt für zweite Tangente des Kreises angeben: Klick-4
Radius für Kreis angeben <30.0000>: [Enter]    Radiuswert akzeptieren
```

Kapitel 3
Exaktes Zeichnen mit LINIE und KREIS

- Der fünfte Kreis ist ein sogenannter Inkreis, der sich an drei Kurven anschmiegt. Auch hier ist wieder der Objektfang TANGENTE von AutoCAD her voreingestellt.

```
Befehl: Zeichnen   Kreis   Tan, Tan, Tan
_circle Zentrum für Kreis angeben oder [3P 2P Ttr(Tangente Tangente Radius)]: _3p
Ersten Punkt auf Kreis angeben: _tan nach Klick-5
Zweiten Punkt auf Kreis angeben: _tan nach Klick-6
Dritten Punkt auf Kreis angeben: _tan nach Klick-7
```

- Der letzte Kreis wird über zwei Punkte bestimmt, die seinen Durchmesser festlegen:

```
Befehl: Zeichnen   Kreis   2 Punkte
_circle Zentrum für Kreis angeben oder [3P 2P Ttr (Tangente Tangente Radius)]: _2p
Ersten Endpunkt für Durchmesser des Kreises angeben:  ⊙ von Klick-8
Zweiten Endpunkt für Durchmesser des Kreises angeben:  ✕ von Klick-9
```

Optionswahl am Beispiel KREIS

Wenn Sie den KREIS-Befehl eintippen, über Tablett oder über das Werkzeug aufrufen, wird zunächst die Standardoption angeboten:

```
Befehl: KREIS Enter
Zentrum für Kreis angeben oder [3P 2P Ttr (Tangente Tangente Radius)]:
Koordinaten für einen Mittelpunkt eingeben
Radius für Kreis angeben oder [Durchmesser]: 50 Enter    Radius-Wert eingeben
```

In den eckigen Klammern sehen Sie die möglichen Optionen. Eine andere Option als die standardmäßig angebotene wählen Sie, indem Sie die Buchstaben und/oder Ziffern eintippen, die in den eckigen Klammern großgeschrieben sind. Die Option TTR wählen Sie also mit Enter aus:

```
Befehl: KREIS Enter
Mittelpunkt für Kreis angeben oder [3P 2P Ttr(Tangente Tangente Radius)]: T Enter
Punkt auf Objekt für erste Tangente des Kreises angeben: Klick auf tangierendes
Objekt
Punkt auf Objekt für zweite Tangente des Kreises angeben: Klick auf zweites tangierendes Objekt
Radius für Kreis angeben <50.0000>: 20 Enter    Radiuswert
```

Die Optionen 2P oder 3P für den 2-Punkte- oder 3-Punkte-Kreis erhalten Sie mit 2P Enter bzw. 3P Enter.

Wenn Sie bei der Standardoption oben anstelle des Radius einen Durchmesser eingeben wollen, müssen Sie zunächst mit D[Enter] die Option DURCHMESSER wählen:

```
Befehl: KREIS[Enter]
Zentrum für Kreis angeben oder [3P 2P Ttr(Tangente Tangente Radius)]: Koordinaten für
einen Mittelpunkt eingeben
Radius für Kreis angeben oder [Durchmesser]: D[Enter]
Durchmesser für Kreis angeben <100.0000>: 200[Enter] Durchmesserwert
```

Wichtig

Optionen wählen

Optionen werden von den Befehlen stets in *eckigen Klammern* angeboten. Sie können auf verschiedene Arten gewählt werden. Seit Version 2013 können Sie die gewünschten Optionen in der Befehlszeile *direkt anklicken*. Alternativ können über die *Tastatur* die *großgeschriebenen Buchstaben* eingegeben werden. Ferner können Sie nach einem *Rechtsklick* mit der Maus die Optionen aus einem *Kontextmenü* auswählen. In den Multifunktionsleisten des Arbeitsbereichs ZEICHNEN UND BESCHRIFTUNG gibt es für die Optionen oft Flyouts, die Sie über die kleinen schwarzen Dreiecke ▾ erreichen. Manchmal wird eine Option auch als *Vorgabe* in spitzen Klammern angeboten. Diese wird dann durch Eingabe von [Enter] gewählt.

Abb. 3.51: Übung für Objektfang SCHNITTPUNKT ERWEITERTER SCHNITTPUNKT

Kapitel 3
Exaktes Zeichnen mit LINIE und KREIS

Abb. 3.52: Übung für Objektfang MITTELPUNKT

Abb. 3.53: Übung für Objektfang MITTELPUNKT und LOT

3.12 Was gibt's noch?

- POLARANG – Wenn Sie einen weiteren inkrementellen Winkel für POLAR eingeben wollen, können Sie das auch über die Systemvariable POLARANG tun. In einigen älteren Versionen ging's nicht über die Liste in den POLAR-EINSTELLUNGEN, sondern nur so.

- ZUSÄTZLICHE WINKEL – in POLAR werden *nicht* inkrementell, also *nicht* mit Vielfachen, verwendet.

- Rechtwinklige Linien – Wenn Sie zu einer eben gezeichneten Linie öfter eine weitere genau senkrecht am Endpunkt anfügen müssen, dann sollen Sie bei POLAR den Inkrementwinkel auf **90°** stellen, zusätzlich aber die Einstellung RELATIV ZU LETZTEM SEGMENT wählen.

- ISOMETRIE – Bei den FANG-Einstellungen gibt es die Möglichkeit, einen *isometrischen Fang* einzustellen. Damit werden auch der ORTHO-Modus und das *Fadenkreuz* umgestellt, um in den Iso-Ebenen links, rechts und oben zeichnen zu können. [F5] schaltet dann zwischen den einzelnen Iso-Ebenen um. Sie sollten dann allerdings die *Rasterdarstellung auf Punkt umstellen*, was Sie in den RASTER-EINSTELLUNGEN für den 2D-MODELLBEREICH tun können. Im Isometrie-Modus bietet der Befehl ELLIPSE dann auch eine Option ISOKREIS an, um in den drei Iso-Ebenen die entsprechend verzerrten Kreise zeichnen zu können.

- ÜBERSICHT ÜBER DIE ZEICHENBEFEHLE – Nachdem Sie die wichtigsten Zeichenbefehle LINIE und KREIS nun kennen und im nächsten Kapitel erst mal jede Menge Editierbefehle folgen, soll hier eine Übersicht zeigen, in welchen Kapiteln die weiteren Zeichenbefehle behandelt werden

Kapitel 2, Kapitel 3	LINIE		Zeichnet Linie mit mehreren Segmenten
Kapitel 2, Kapitel 3	KREIS		Zeichnet einen Kreis mit verschiedenen Methoden
Kapitel 6	BOGEN		Zeichnet einen Bogen mit verschiedenen Methoden (<360°)
Kapitel 6	ELLIPSE		Zeichnet eine Ellipse oder einen Ellipsenbogen
Kapitel 6	POLYLINIE		Zeichnet eine aus Linien- und Bogensegmenten zusammengesetzte Kurve
Kapitel 6	RECHTECK		Zeichnet ein Rechteck
Kapitel 6	POLYGON		Zeichnet ein regelmäßiges Vieleck
Kapitel 6	RING		Zeichnet eine ringförmige Polylinie mit Breite und Füllung

Kapitel 6	UMGRENZUNG	Erzeugt nach Hineinklicken eine geschlossene Polylinie für eine geschlossene Geometrie
Kapitel 6	SKIZZE	Erzeugt eine Freihandkurve als Liniensegmente, als Polylinie oder als Spline
Kapitel 6	SPLINE	Erzeugt eine glatte Splinekurve über Anpassungspunkte oder Kontrollstützpunkte
Kapitel 6	MULTILINIE	Zeichnet mehrere parallele Liniensegmente (nicht LT)
Kapitel 6	DOPPELLINIE	Zeichnet eine Doppellinie ähnlich zur Polylinie (nur LT)
Kapitel 6	REGION	Erzeugt eine geschlossene Kontur mit flächenartiger Füllung, die auch mit booleschen Operationen bearbeitbar ist
Kapitel 6	REVISIONSWOLKE	Erzeugt eine Polylinie in Form der Revisionsmarkierung
Kapitel 6	ABDECKEN	Zeichnet eine polygonale Fläche mit Hintergrundfarbe
Kapitel 9	SCHRAFFUR	Erstellt Schraffuren mit verschiedenen Mustern
Kapitel 14	SPIRALE	Zeichnet eine 2D/3D-Spirale
Kapitel 6	ADDSELECTED	Zeichnet ein neues Objekt vom gleichen Objekttyp, den Sie gerade markiert haben

3.13 Übungsfragen

1. Auf welchen Punkt bezieht sich die Koordinatenangabe, die mit @ beginnt?
2. Welcher Objektfang liefert den Kreismittelpunkt?
3. Mit welchem Objektfang können Sie eine Position in Richtung einer Linie, aber 10 Einheiten vom Linienende entfernt angeben?
4. Welches Zeichen garantiert, dass die Koordinaten als absolute im Weltkoordinatensystem gelten, unabhängig davon, wie die DYNAMISCHE EINGABE voreingestellt ist?
5. Wie bezeichnet man rechtwinklige Koordinaten sonst noch?
6. Müssen Sie selbst den Objektfang TANGENTE einstellen, wenn Sie die Kreisoption ZEICHNEN|KREIS|TAN,TAN,TAN benutzen?
7. Unter welcher Bedingung können Sie drei Punkte *nicht* für die Option ZEICHNEN|KREIS|3 PUNKTE verwenden?
8. Wo wird eingestellt, wie weit der Objektfang vom Fadenkreuzmittelpunkt aus reicht?

Kapitel 4

Grundlegende Editierbefehle und Objektwahl

Neben den Zeichenbefehlen spielen bei CAD-Systemen die Editierbefehle eine besonders wichtige Rolle. Das sind alle Befehle, die zum nachträglichen Ändern von Objekten dienen. Sie befinden sich im Arbeitsbereich ZEICHNEN UND BESCHRIFTUNG im Register START in der Gruppe ÄNDERN. Im Gegensatz zum Konstruieren am Zeichenbrett darf am Bildschirm beliebig oft geändert werden, weil man nicht radieren muss. Damit gewinnen die Editierfunktionen, mit denen wir uns in diesem Kapitel beschäftigen, ein ganz besonderes Gewicht. Damit Sie die so wichtigen Editierbefehle gut beherrschen lernen, machen Sie sich ruhig einen Sport daraus, bei nötigen Korrekturen nicht zu löschen, sondern immer nach einer Editierfunktion zu suchen, mit der Sie es noch »reparieren« können.

4.1 Übersicht über Editierbefehle

Unter der Oberfläche ZEICHNEN UND BESCHRIFTUNG liegen die Befehle zum Ändern von Objekten im Register START in der Gruppe ÄNDERN.

Abb. 4.1: Editierbefehle Register START, Gruppe ÄNDERN

Kapitel 4
Grundlegende Editierbefehle und Objektwahl

In diesem Kapitel sollen Sie von allen Editierbefehlen die grundlegenden kennenlernen. Etliche Editierbefehle beziehen sich auf bestimmte Objekte und werden deshalb in den nachfolgenden Kapiteln beschrieben. Zwei wichtige allgemeine Editierbefehle EIGENSCHAFTEN und EIGANPASS können durch Erweitern des SCHNELLZUGRIFF-WERKZEUGKASTENS angezeigt werden (Abbildung 4.2). Dazu müssen Sie nur auf das Flyout-Dreieck rechts im SCHNELLZUGRIFF-WERKZEUGKASTEN klicken und die entsprechenden Befehle im Dropdown-Menü anklicken. EIGANPASS finden Sie auch unter Register START in der Gruppe ZWISCHENABLAGE.

EIGENSCHAFTEN
Eigenschaften von Objekten verwalten

EIGANPASS
Eigenschaften von einem Objekt auf andere übertragen

Hier aktivieren

Abb. 4.2: Erweiterter SCHNELLZUGRIFF-WERKZEUGKASTEN

Befehl	Symbol	Beschreibung
LÖSCHEN		Löscht Objekte
VERSETZ		Erzeugt Abstandskurven
STUTZEN		Schneidet Kurven an Schnittkanten ab
DEHNEN		Verlängert Kurven bis zu Grenzkanten hin
FASE		Erzeugt eine Abschrägung zwischen linearen Segmenten
ABRUNDEN		Erzeugt eine Abrundung zwischen beliebigen Kurven
MISCHEN		Erzeugt eine Splinekurve als glatten Übergang
URSPRUNG		Zerlegt zusammengesetzte Objekte, zum Beispiel Polylinien
SCHIEBEN		Verschiebt Objekte
KOPIEREN		Kopiert Objekte
DREHEN		Dreht Objekte um einen Punkt
SPIEGELN		Spiegelt Objekte an einer Spiegelachse (durch 2 Punkte)
BRUCH		Trennt Kurven auf, an zwei Positionen/an einer Position

VERBINDEN		Verbindet passende Linien, Bögen, Polylinien zu einer Gesamtkurve gleicher Art oder verschiedene Kurven zu einer Polylinie, schließt einen Bogen zum Kreis

In den nachfolgenden Kapiteln werden dann noch folgende Befehle vorgestellt:

Kapitel 7	PEDIT		Bearbeitet eine Polylinie
Kapitel 7	SPLINEEDIT		Bearbeitet eine Splinekurve
Kapitel 7	UMDREH		Kehrt die Laufrichtung einer Kurve um
Kapitel 7	REIHE-RECHTECK, REIHEKREIS, REIHEPFAD		Anordnungen in rechtwinkligen, kreisförmigen Mustern oder entlang von Pfaden
Kapitel 7	REIHEBEARB		Anordnungen in rechtwinkligen oder kreisförmigen Mustern oder entlang von Pfaden ändern
Kapitel 7	VARIA		Skalieren von Objekten
Kapitel 7	STRECKEN		Verschieben von Objekten einer Konstruktion unter Beibehalten der angrenzenden Geometrie
Kapitel 7	LÄNGE		Ändern der Länge von Kurven
Kapitel 7	AUSRICHTEN		Objekte verschieben, drehen und ggf. skalieren
Kapitel 7	AUFRÄUM		Entfernt doppelt übereinander liegende Kurven
Kapitel 7	ZEICHEN-REIHENF		Steuert die Darstellungsreihenfolge übereinander liegender Objekte
Kapitel 8	BERWECHS		Projiziert Objekt vom Modell- in den Papierbereich (Layout) und umgekehrt
Kapitel 9	SCHRAFFEDIT		Bearbeitet Schraffuren
Kapitel 11	NKOPIE		Kopiert Objekte aus Blöcken oder externen Referenzen in die Zeichnung

4.2 VERSETZ

Eine wichtige Funktion beim Konstruieren ist die Erzeugung von Abstandskurven zu Linien, zu Kreisen und anderen Kurven. Im Fall von Linien nennt man diese

Kapitel 4
Grundlegende Editierbefehle und Objektwahl

Kurven kurzerhand Parallelen, bei Kreisen sind es konzentrische Kreise und bei anderen Kurven ist es eben die Abstandskurve.

Der Abstand kann als Zahl angegeben sein. Andererseits kann auch durch einen Zielpunkt versetzt werden, durch den die neue Kurve gehen soll. Sie geben deshalb entweder einen Abstandswert ein oder wählen mit der Option DURCH PUNKT den Zielpunkt.

Zeichnen und Beschriftung	Icon	Befehl	Kürzel
START|ÄNDERN	⌓	VERSETZ	VS

Das erste Beispiel versetzt um einen festen Abstand. Zuerst wird die Kontur gezeichnet (Abbildung 4.3). Danach werden die einzelnen Kurven dieser Kontur um 20 Einheiten versetzt.

Abb. 4.3: Parallelen zur Kontur durch VERSETZ erstellen

```
Befehl: LINIE Ersten Punkt angeben: 50,50 [Enter]
Nächsten Punkt angeben oder [Zurück]: @0,50 [Enter]
Nächsten Punkt angeben oder [Zurück]: @100,0 [Enter]
Nächsten Punkt angeben oder [Schließen Zurück]: [Enter]
Befehl: KREIS Zentrum für Kreis ...: @50,0 [Enter]
Radius für Kreis angeben oder [Durchmesser]: 50 [Enter]
Befehl: LINIE Ersten Punkt angeben: @50,0 [Enter]
Nächsten Punkt angeben oder [Zurück]: @100,0 [Enter]
Nächsten Punkt angeben oder [Zurück]: @0,-50 [Enter]
Nächsten Punkt angeben oder [Schließen Zurück]: [Enter]
Befehl: VERSETZ
```

4.2 VERSETZ

```
Aktuelle Einstellungen: Quelle löschen=Nein Layer=Quelle OFFSETGAPTYPE=0
Abstand angeben oder [Durch punkt löschen Layer] <Durch punkt>: 20 Enter
Zu versetzendes Objekt wählen oder [Beenden Rückgängig] <Beenden>: Klick-1
Punkt auf Seite angeben, auf die versetzt werden soll, oder [...] <..>: Klick-2
Zu versetzendes Objekt wählen oder [B... R...] <..>: Klick-3
Punkt auf Seite angeben, ... [...] <..>: Klick-4
Zu versetzendes Objekt wählen oder [...] <..>: Klick-5
Punkt auf Seite angeben, ... [...] <..>: Klick-6
Zu versetzendes Objekt wählen oder [...] <..>: Klick-7
Punkt auf Seite angeben, ... [...] <..>: Klick-8
Zu versetzendes Objekt wählen oder [...] <..>: Klick-9
Punkt auf Seite angeben, ...[ R...] <..>: Klick-10
Zu versetzendes Objekt wählen oder [B... R...] <..>: Enter
```

Nun haben wir zwar alle Linien und den Kreis versetzt, aber eine sinnvolle Kontur ist dadurch noch nicht entstanden, weil die versetzten Objekte noch nicht in der Länge korrigiert sind. Die Anschlüsse der Linien passen nicht. Das können wir erst mit den nächsten Befehlen STUTZEN und DEHNEN durchführen.

Abb. 4.4: Versetzen einer Polylinie

Zunächst soll aber noch ein anderes Beispiel mit einer Polylinie vorgeführt werden. Hier werden Sie sehen, dass die Ecken gleich korrekt ausgeführt werden.

```
Befehl: PLINIE
Startpunkt angeben: 50,50 Enter
Aktuelle Linienbreite beträgt 0.0000
Nächsten Punkt angeben oder [Kreisbogen Halbbreite sehnenLänge Zurück Breite]:
@0,50 Enter
Nächsten Punkt ... [K... S... H... ...L... Z... B...]: @100,0 Enter
Nächsten Punkt ... [...]: @20,40 Enter
Nächsten Punkt ... [...]: @60,0 Enter
Nächsten Punkt ... [...]: @20,-40 Enter
Nächsten Punkt ... [...]: @100,0 Enter
Nächsten Punkt ... [...]: @0,-50 Enter
```

Kapitel 4
Grundlegende Editierbefehle und Objektwahl

```
        Nächsten Punkt ... [...]: Enter
 ⌑      Befehl: ⌑VERSETZ
        Aktuelle Einstellungen: Quelle löschen=Nein Layer=Quelle OFFSETGAPTYPE=0
        Abstand angeben oder [Durch punkt löschen Layer]<Durch punkt>: 20 Enter
        Zu versetzendes Objekt wählen oder [...] <..>: Klick-1
        Punkt auf Seite angeben, auf die versetzt werden soll, oder [...] <..>: Klick-2
        Zu versetzendes Objekt wählen oder [...] <Beenden>: Enter
```

Ein drittes Beispiel soll zeigen, wie durch einen gegebenen Punkt versetzt wird, ohne dass ein Abstandswert eingegeben wird. In diesem Beispiel rufen wir die Befehle LINIE und KREIS durch die Tastaturkürzel L und K auf.

```
        Befehl: L Enter
        LINIE Ersten Punkt angeben: 100,100 Enter
        Nächsten Punkt angeben oder [Zurück]: @100,0 Enter
        Nächsten Punkt angeben oder [Zurück]: Enter
        Befehl: K Enter
        KREIS Zentrum für Kreis angeben oder [3P 2P Ttr]: @70,0 Enter
        Radius für Kreis angeben oder [Durchmesser] <50.0000>: 50 Enter
        Befehl: L[Enter)
        LINIE Ersten Punkt angeben: @0,70 Enter
        Nächsten Punkt angeben oder [Zurück]: @0,100 Enter
        Nächsten Punkt angeben oder [Zurück]: Enter
 ⌑      Befehl: ⌑VERSETZ
        Aktuelle Einstellungen: Quelle löschen=Nein Layer=Quelle OFFSETGAPTYPE=0
        Abstand angeben oder [Durch punkt löschen Layer] <20.0000>: D Enter
        Zu versetzendes Objekt wählen oder [...] <..>: Klick-1
        Durch Punkt angeben oder [...]: ╱ von Klick-2
        Zu versetzendes Objekt wählen oder [...] <..>: Klick-3
        Durch Punkt angeben oder [...] <..>: ◊ von Klick-4
        Zu versetzendes Objekt wählen oder [...] <..>: Klick-5
        Durch Punkt angeben oder [...] <..>: ◊ von Klick-6
        Zu versetzendes Objekt wählen oder [...] <..>: Enter
```

> **Vorsicht**
>
> **Optionswahl für Abstand bei VERSETZ**
>
> Der Befehl VERSETZ bietet bei erneutem Aufruf immer die zuletzt benutzte Option an. Wir haben gesehen, dass durch Eingabe von D Enter von der Option ABSTAND in die Option DURCH PUNKT umgeschaltet werden kann. Umgekehrt wird aber *nicht etwa* mit dem Buchstaben A wieder auf die Option ABSTAND zurückgeschaltet, sondern nur durch *Eingabe einer Zahl* für den Abstandswert.

Abb. 4.5: Versetzen durch vorgegebene Punkte

Wenn Sie vor dem Befehl VERSETZ die Systemvariable OFFSETGAPTYPE als Befehl eintippen und entsprechende Werte eingeben, können Sie steuern, ob Ecken in einer Polylinie – einer zusammenhängenden Kurve (siehe Kapitel 6) – evtl. verrundet oder gefast werden sollen:

Abb. 4.6: Wirkung von OFFSETGAPTYPE

Kapitel 4
Grundlegende Editierbefehle und Objektwahl

- 0 – (Vorgabe) Die meisten Ecken bleiben erhalten, verrundet wird nur dann, wenn sich sonst die versetzten Teilsegmente nicht schneiden würden. Das ist immer dann der Fall, wenn der Radius eines anschließenden Bogensegments kleiner oder gleich dem Versatz-Abstand ist.
- 1 – Äußere Ecken werden gerundet. Rundungsradius ist der Abstandswert.
- 2 – Äußere Ecken werden gefast. Dabei wird die Fase so berechnet, dass der Abstand vom Mittelpunkt auf der symmetrischen Fase zur Originalecke dem Abstandswert entspricht.

Es gibt noch eine elegante Möglichkeit, ein Objekt mit *verschiedenen* Abständen ohne neue Auswahl mehrfach zu versetzen. Aktivieren Sie dazu die Option DURCH PUNKT und schalten Sie die Option MEHRFACH ein. Dann geben Sie die Punkte auf einer *Spurlinie* als Abstandswerte ein. Vorher sollten Sie die Zeichenhilfen OFANG und OTRACK einschalten und den Objektfang MITTELPUNKT aktivieren.

> **Wichtig**
>
> Beim Bestimmen einer Spurlinie wird hier die Objektfangposition MITTELPUNKT nicht angeklickt, sondern nur angefahren. Man nennt dies auch »zeigen«. Auch die Position entlang der Spurlinie bzw. die Richtung der Spurlinie wird nur durch Anfahren – also »zeigen« mit dem Cursor angedeutet.

Abb. 4.7: Mehrfaches Versetzen mit unterschiedlichen Abständen

```
Befehl: VERSETZ
Aktuelle Einstellungen: Quelle löschen=Nein   Layer=Quelle   OFFSETGAPTYPE=0
```

```
Abstand angeben oder [Durch punkt löschen Layer] <10>:D Enter
Zu versetzendes Objekt wählen oder [Beenden Rückgängig] <Beenden>: Objekt anklicken
(1)
Durch Punkt angeben oder [Beenden Mehrfach Rückgängig] <Beenden>: M Enter weil
mehrere Parallelen gezeichnet werden sollen. Nun auf Position 2 zeigen, ca. ½ Sekunde
warten, bis sich das grüne Symbol + für den Ausrichtepunkt andeutet, und dann auf
Position 3 fahren, damit die gestrichelte Spurlinie erscheint.
Durch Punkt angeben oder [...] <...>: 36.5 Enter Die erste Parallelkurve entsteht.
Man muss darauf achten, dass bei Enter der Cursor noch auf der Spurlinie liegt. Nun
auf Position 4 zeigen, bis das + erscheint, dann auf Position 5 für die Spurlinie.
Durch Punkt angeben oder [...] <...>: 251 Enter Die zweite Parallelkurve entsteht.
Nun auf Position 6 zeigen, bis das + erscheint, dann auf Position 7 für die Spurlinie.
Durch Punkt angeben oder [...] <...>: 24 Enter
```

Sie müssen dabei also immer wieder den Mittelpunkt der letzten versetzten Linie anfahren, um eine neue Spurlinie zu erhalten.

Option	Eingabe	Funktion
LÖSCHEN	Ö	Die Originalkurve wird gelöscht, nur die versetzte bleibt übrig.
LAYER	L	Die versetzte Kurve kann entweder auf dem Layer der QUELLE oder auf dem gerade AKTUELLEN Layer erzeugt werden: Q oder A eingeben.
MEHR-FACH	M	Die jeweils zuletzt versetzte Kurve kann erneut ohne extra Auswahl noch mal versetzt werden usw.

Tabelle 4.1: Weitere Optionen des VERSETZ-Befehls

Mit *festem Abstand* und der Option MEHRFACH brauchen Sie das zu versetzende Objekt nur einmal zu wählen und müssen dann nur auf der Seite, auf die versetzt werden soll, mit genügend großem Abstand mehrfach klicken.

4.3 STUTZEN und DEHNEN

Die nächsten beiden Befehle können Objekte an vorhandenen Schnittkanten abschneiden – STUTZEN – oder umgekehrt auf vorhandene Grenzkanten hin verlängern – DEHNEN.

Zeichnen und Beschriftung	Icon	Befehl	Kürzel
START|ÄNDERN	-/--	STUTZEN	SU
START|ÄNDERN	--/	DEHNEN	DE

Kapitel 4
Grundlegende Editierbefehle und Objektwahl

Der Befehlsablauf für STUTZEN sieht folgendermaßen aus:

```
Befehl: _trim
STUTZEN Aktuelle Einstellungen: Projektion=BKS Kante=Keine
Schnittkanten wählen ...
   ▼ STUTZEN Objekte wählen oder <Alle wählen>: Hier klicken Sie die Objekte an, die
als Schnittkanten dienen sollen. Sie beenden die Wahl der Schnittkanten immer mit
Enter .
Zu stutzendes Objekt wählen bzw. zum Dehnen ...
   ▼ STUTZEN [ZAun KReuzen Projektion Kante ZUrück]: Nun klicken Sie die Konturen
an, die abgeschnitten werden sollen. Angeklickt wird immer das Stück, das verschwin-
den soll.
Zu stutzendes Objekt wählen bzw. zum Dehnen ...
   ▼ STUTZEN [ZA... KR... P... K... ZU...]: Klick
Zu stutzendes Objekt wählen bzw. zum Dehnen ...
   ▼ STUTZEN [ZA... KR... P... K... ZU...]: Enter
```

Die Schnittkanten können Sie als die Messer ansehen, die zum Abschneiden benutzt werden. Es können mehrere Schnittkanten je nach Komplexität der Aufgabe gewählt werden. Die Schnittkantenwahl ist erst beendet, wenn Sie Enter betätigen. Danach werden Sie nach den Teilen gefragt, die abgeschnitten werden sollen. Hier klicken Sie nun alle Stücke von Kurven an, die verschwinden sollen. Als Beispiel wird die Zeichnung aus Abbildung 4.3 weiterbearbeitet.

Abb. 4.8: Stutzen von Linien und Kreis

4.3 STUTZEN und DEHNEN

```
Befehl: _trim
Aktuelle Einstellungen: Projektion=BKS, Kante=Keine
Schnittkanten wählen ...
STUTZEN Objekte wählen oder <Alle wählen>:: Klick-1 Klick-2 Klick-3 [Enter]
STUTZEN Zu stutzendes Objekt wählen bzw. zum Dehnen ...
[ZAun KReuzen Projektion Kante ZUrück]: Klick-4 Klick-5 Klick-6 [Enter]
```

Wenn beim Stutzen für die Schnittkanten die Vorgabe <ALLE WÄHLEN> verwendet wird, dann sucht sich AutoCAD selbst immer die nächste Schnittkante von dem Punkt aus gesehen, wo Sie ein zu stutzendes Objekt wählen. Ein so einfacher Fall liegt vor, wenn Sie in Abbildung 4.9 den unteren Halbkreis stutzen wollen. Betätigen Sie auf die erste Objektwahl-Anfrage gleich die [Enter]-Taste. Danach klicken Sie den unteren Halbkreis an – und fertig.

```
Befehl: _trim
Aktuelle Einstellungen: Projektion=BKS, Kante=Keine
Schnittkanten wählen ...
STUTZEN Objekte wählen oder <Alle wählen>: [Enter]
STUTZEN Zu stutzendes Objekt wählen bzw. zum Dehnen mit der Umschalttaste wählen oder
[ZAun KReuzen Projektion Kante ZUrück]: Klick-7
STUTZEN Zu stutzendes Objekt ... [...]: [Enter]
```

Abb. 4.9: Stutzen ohne explizite Schnittkantenwahl

> **Wichtig**
>
> **Stutzen ohne explizite Auswahl von Schnittkanten**
>
> Wenn Sie beim Befehl STUTZEN die Schnittkanten nicht explizit angeben, sondern die Option <ALLE WÄHLEN> mit [Enter] aktivieren, sucht sich AutoCAD die

Kapitel 4
Grundlegende Editierbefehle und Objektwahl

> nächste mögliche Schnittkante selber. Sie klicken dann nur noch an, was weg soll. Bei größeren komplexen Zeichnungen allerdings kann das den Prozess verlangsamen, weil AutoCAD nämlich die ganze Zeichnung nach möglichen Schnittkanten durchsuchen muss!

Das Gegenteil vom Befehl STUTZEN ist DEHNEN. Mit diesem Befehl kann man Objekte bis hin zu bestimmten Grenzkanten verlängern. Abbildung 4.10 zeigt als Beispiel die Weiterbearbeitung von Abbildung 4.5.

Tipp

ZAUN- und KREUZEN-Wahl

Mit den Optionen ZAUN bzw. KREUZEN können Sie sehr effektiv gleich *mehrere Objekte wählen*. Nach Eingabe von ZA geben Sie mehrere Punktpositionen für ein Polygon ein, beenden mit [Enter] und haben damit alle Objekte gewählt, die von dem Polygon berührt werden. Die Option KR erlaubt, eine Box über zwei diagonale Positionen aufzuziehen. Alle Objekte, die auch nur teilweise in der Box enthalten sind, gelten als gewählt. Auch ohne die Option KR explizit zu wählen, können Sie einfach eine Box mit Klicks auf zwei diagonale Positionen aufziehen, solange an der ersten Position kein Objekt liegt, das angeklickt werden könnte.

Abb. 4.10: Dehnen mit gezielter Wahl der Grenzkanten

Der Befehlsablauf ist ganz analog zum STUTZEN. Zuerst werden die *Grenzkanten* gewählt, bis zu denen etwas verlängert werden soll. Die Grenzkantenwahl muss auch wieder mit [Enter] beendet werden. Dann klickt man die Kurven an, die verlängert werden sollen. Hierbei muss aber darauf geachtet werden, dass die Kurven in der Nähe von dem betreffenden Ende angeklickt werden, wo verlängert werden soll.

```
Befehl: --/_extend
Aktuelle Einstellungen: Projektion=BKS, Kante=Keine
Grenzkanten wählen ...
Objekte wählen oder <Alle wählen>: Klick-1 1 gefunden
Objekte wählen: [Enter]
Zu dehnendes Objekt wählen bzw. zum Stutzen mit der Umschalttaste wählen oder [ZAun
KReuzen Projektion Kante ZUrück]: Klick-2
Zu dehnendes Objekt ... [...]: Klick-3
Zu dehnendes Objekt ... [...]: [Enter]
```

Wie bei STUTZEN können Sie bei der Anfrage nach Grenzkanten mit [Enter] die Vorgabe <ALLE WÄHLEN> aktivieren, wonach sich AutoCAD die nächstliegende Grenzkante selbst sucht. Bei größeren Zeichnungen kostet das eventuell viel Zeit, weil AutoCAD immer die komplette Zeichnung prüfen muss, um die nächstliegende Grenzkante zu finden. Bei jedem Dehnen muss die zu dehnende Kurve immer nahe dem Ende angeklickt werden, das gedehnt werden soll. Ist eine Linie an beiden Enden zu dehnen, muss sie an beiden Stellen angeklickt werden.

Wenn Sie die Dialogtexte bei STUTZEN und DEHNEN komplett durchlesen, werden Sie feststellen, dass jeder Befehl auch das Gegenteil bewirken kann. Wenn Sie nämlich die Objekte bei gleichzeitig gedrückter [Shift]-Taste anklicken, können Sie das Gegenteil des Originalbefehls erreichen. Das entspricht der AutoCAD-Philosophie, wo [Shift] oft dazu benutzt wird, die aktuelle Aktion ins Gegenteil zu verkehren. Im letzten Beispiel können wir also noch den Kreis stutzen, indem wir im Befehl DEHNEN bleiben und den Kreis dann bei gehaltener Umschalttaste [Shift] anklicken.

```
Befehl: --/_extend
Aktuelle Einstellungen: Projektion=BKS, Kante=Keine
Grenzkanten wählen ...
DEHNEN Objekte wählen oder <Alle wählen>: [Enter]
DEHNEN Zu dehnendes Objekt wählen bzw. zum Stutzen mit der Umschalttaste wählen oder
[ZAun KReuzen Projektion Kante ZUrück]: Klick-1
DEHNEN Zu dehnendes Objekt ... [...]: Klick-2
DEHNEN Zu dehnendes Objekt ... [...]: [Shift]+Klick-3
DEHNEN Zu dehnendes Objekt ... [...]: [Shift]+Klick-4
DEHNEN Zu dehnendes Objekt ... [...]: [Enter]
```

Tipp

Stutzen und Dehnen mit demselben Befehl

Sie können in den Befehlen STUTZEN und DEHNEN immer beide Aktionen durchführen. Bei normalem Anklicken der Objekte wird das ausgeführt, was der Befehl bedeutet. Bei Anklicken der Objekte mit gedrückter [Shift]-Taste wird die gegenteilige Aktion ausgeführt.

Kapitel 4
Grundlegende Editierbefehle und Objektwahl

Abb. 4.11: Dehnen (Klick-1, -2) und Stutzen (mit einem einzigen Befehlsaufruf)

Nun gibt es noch einen schwierigen Fall, bei dem unser bisheriges Dehnen nichts bringt, und zwar sind die Ecken in Abbildung 4.9 noch offen. Das Problem liegt hier darin, dass zum Dehnen die Kanten, auf die hin gedehnt werden soll, einfach zu kurz sind und damit als Grenzkanten nicht in Frage kommen. Dafür gibt es eine Option, die für die interne Berechnung die Grenzkanten unendlich lang macht. Und dann klappt's.

Abb. 4.12: Dehnen mit unendlich langen Grenzkanten

Im Befehl DEHNEN geben Sie für die Grenzkanten-Wahl ⎡Enter⎤ ein, um die Vorgabe <ALLE WÄHLEN> zu verwenden. Danach wählen Sie die Option KANTE mit **K**. Es werden zwei Alternativen angeboten: Kante DEHNEN oder NICHT DEHNEN. Mit **D** wählen Sie die Option, die die Grenzkanten dehnt. Nun wird jede in Frage kommende Grenzkante intern als unendlich lang behandelt. Weil Sie anfangs dafür <ALLE WÄHLEN> akzeptiert haben, bedeutet dies, dass *alle* Linien der Zeichnung als unendlich lang und *alle* Bögen wie geschlossene Kreise beim nun folgenden Dehnen als mögliche Grenzkanten behandelt werden. Die Frage nach den zu dehnenden Objekten beantworten Sie mit den oben gezeigten vier Klicks, und die Ecken sind fertig. Dieser Modus, in dem alle Kanten als unendlich lang behandelt werden, ist einerseits nicht der Standardmodus bei AutoCAD und kann anderererseits in größeren komplexeren Zeichnungen auch ungeahnte Nebeneffekte haben. Deshalb sollten Sie ihn nach Gebrauch sofort wieder abschalten. Das ist hier im Dialog auch geschehen, indem mit **K** nochmals die Option KANTE aktiviert wurde und dort mit **N** die Option NICHT DEHNEN ausgewählt wurde.

```
Befehl: --/_extend
Aktuelle Einstellungen: Projektion=BKS, Kante=Keine
Grenzkanten wählen ...
DEHNEN Objekte wählen oder <Alle wählen>: [Enter]
DEHNEN Zu dehnendes Objekt ... oder [ZAun KReuzen Projektion Kante ZUrück]: K [Enter]
DEHNEN Implizierten Kantendehnungsmodus eingeben [Dehnen Nicht dehnen] <Nicht dehnen>: D [Enter]  Modus für unendliche Kanten einschalten
DEHNEN Zu dehnendes Objekt ... [...]: Klick-1 Klick-2 Klick-3 Klick-4
DEHNEN Zu dehnendes Objekt ... oder [ZA... KR... P... K... ZU...]: K [Enter]
DEHNEN Implizierten Kantendehnungsmodus eingeben [Dehnen Nicht dehnen] <Dehnen>:
N [Enter]  Modus für unendliche Kanten abschalten
DEHNEN Zu dehnendes Objekt ... [...]: [Enter]
```

Option	Eingabe	Funktion
ZAUN	ZA	ZAUN ist ein Objektwahlmodus (siehe weiter unten), mit dem alle Objekte gewählt werden, die eine Zaunlinie berühren. Die Zaunlinie wird durch Stützpunktpositionen aufgezogen und mit [Enter] beendet.
KREUZEN	KR	KREUZEN ist ein Objektwahlmodus (siehe weiter unten), mit dem alle Objekte gewählt werden, die vollständig oder teilweise in einer Box liegen. Die Box wird über zwei Eckpunkte aufgezogen.
LÖSCHEN	L	Wenn beim STUTZEN Teile übrig bleiben, die nicht mehr gestutzt (abgeschnitten) werden können, dann können Sie diese mit der Option LÖSCHEN komplett entfernen.
PROJEKTION	P	In dreidimensionalen Konstruktionen können auch Objekte behandelt werden, die nicht in der gleichen Ebene liegen und sich nicht direkt schneiden. Dann kann in Projektionsrichtung auf die aktuelle *Ansicht* oder auf ein *Benutzerkoordinatensystem* gestutzt oder gedehnt werden.

Tabelle 4.2: Weitere Optionen bei STUTZEN und DEHNEN

Tipp

Wie beim Befehl DEHNEN die Grenzkanten, so können Sie auch bei STUTZEN die Schnittkanten mit der Option KANTE und Auswahl DEHNEN unendlich lang machen (nur intern zu Schnittpunktberechnung natürlich), um eben auch mit zu kurzen Schnittkanten stutzen zu können. Auch hier sollten Sie unbedingt diesen selten benutzten Modus sofort wieder abschalten.

4.4 ABRUNDEN, FASE und MISCHEN

Zum wichtigen Rüstzeug für unsere ersten Konstruktionen gehören noch die Editierbefehle ABRUNDEN, FASE und MISCHEN (VERSCHMELZEN). Damit kann ein Abrundungsradius, eine Abschrägung oder eine glatte Spline-Übergangskurve automatisch generiert werden. Bei den Befehlen ist eine Automatik vorhanden, die erstens natürlich die Lage von Abrundung, Fase oder Splinekurve berechnet, und bei FASE und ABRUNDEN die ursprüngliche Geometrie so verändert, dass keine überstehenden Kanten verbleiben. Es wird also automatisch gestutzt und gedehnt, wenn die Kanten vorher zu lang oder zu kurz waren.

Diese Eigenschaft ist sehr angenehm, insbesondere weil die Abrundung oder die Fase auch mit Radius=0 bzw. Fasenlänge=0 erzeugt werden kann. Damit kann man nämlich spitze Ecken konstruieren, ohne viel stutzen oder dehnen zu müssen.

Zeichnen und Beschriftung	Icon	Befehl	Kürzel
START|ÄNDERN| ▾ ABRUNDEN		ABRUNDEN	AR
START|ÄNDERN| ▾ FASE		FASE	FA
START|ÄNDERN| ▾ KURVEN VERSCHMELZEN		MISCHEN	MIS

4.4.1 Abrunden mit verschiedenen Radien

Wir vervollständigen die Zeichnung aus Abbildung 4.10 links, zuerst mit dem voreingestellten Radius 10. Danach stellen wir über die Option **R** den Radius auf den Wert **60** um. Beachten Sie immer, wie AutoCAD automatisch stutzt und dehnt! Die abzurundenden Objekte wählen Sie immer ungefähr an der Stelle, an der sich die Abrundung anschmiegen soll. Wenn Sie im Befehl ABRUNDEN zu Anfang die Option MEHRERE wählen, brauchen Sie den Befehl nicht ständig zu wiederholen, sondern können mehrere Abrundungen hintereinander ausführen.

Mit der aktuellen Version ist der Befehl ABRUNDEN soweit optimiert worden, dass auch offene Polylinien (siehe Abschnitt 6.3 *Die Polylinie*) durch eine Abrundung geschlossen werden können. Auch können nun einzelne Linien gegen Polylinien abgerundet werden

```
Befehl: ⌐_fillet
Aktuelle Einstellungen: Modus = STUTZEN, Radius = 0.0000
ABRUNDEN Erstes Objekt wählen oder [rückgängig Polylinie Radius Stutzen Mehrere]:
R Enter
ABRUNDEN Rundungsradius angeben <0.0000>: 10
```

4.4 ABRUNDEN, FASE und MISCHEN

```
ABRUNDEN Erstes Objekt wählen oder [rÜ... P... R... S... Mehrere]: M Enter
ABRUNDEN Erstes Objekt wählen oder [...]: Klick-1
ABRUNDEN Zweites Objekt wählen oder ...: Klick-2
ABRUNDEN Erstes Objekt wählen oder [...]: Klick-3
ABRUNDEN Zweites Objekt wählen oder ...: Klick-4
ABRUNDEN Erstes Objekt wählen oder [...]: Klick-5
ABRUNDEN Zweites Objekt wählen oder ...: Klick-6
ABRUNDEN Erstes Objekt wählen oder [...]: Enter
```

Abb. 4.13: Abrunden mit R=10 und R=60

```
Befehl: Enter für Befehlswiederholung
ABRUNDEN
Aktuelle Einstellungen: Modus = STUTZEN, Radius = 10.0000
ABRUNDEN Erstes Objekt wählen oder [rückgängig Polylinie Radius Stutzen Mehrere]:
M Enter
ABRUNDEN Erstes Objekt wählen oder [rÜ... P... R... S... Mehrere]: R Enter
ABRUNDEN Rundungsradius angeben <10.0000>: 60 Enter
ABRUNDEN Erstes Objekt wählen oder [...]: Klick-1
ABRUNDEN Zweites Objekt wählen oder ...: Klick-2
ABRUNDEN Erstes Objekt wählen oder [...]: Klick-3
ABRUNDEN Zweites Objekt wählen oder ...: Klick-4
ABRUNDEN Erstes Objekt wählen oder [...]: Klick-5
ABRUNDEN Zweites Objekt wählen oder ...: Klick-6
ABRUNDEN Erstes Objekt wählen oder [...]: Enter
```

Vorsicht

Radius bei ABRUNDEN

Beim Befehl ABRUNDEN wird der Radius dadurch verstellt, dass man zuerst R Enter eingibt und erst auf die Aufforderung hin den Wert, zum Beispiel 60 Enter. *Falsch* wäre es, gleich **R60** einzutippen!

> **Tipp**
>
> **Zeitabhängiges Rechtsklicken**
>
> Es gibt noch einen ganz raffinierten Mechanismus, um die Wirkung des Rechtsklicks zu beeinflussen. Unter ANWENDUNGSMENÜ|OPTIONEN im Register BENUTZEREINSTELLUNGEN können Sie unter RECHTSKLICKANPASSUNG bei ZEITABHÄNGIGES RECHTSKLICKEN AKTIVIEREN ein Häkchen setzen. Dann hat ein *kurzer Rechtsklick* dieselbe Bedeutung wie `Enter`, und ein *längerer Rechtsklick* würde das *Kontextmenü* aktivieren. Diese Einstellung ist sehr profimäßig und ermöglicht auch die schnellste Befehlswiederholung mit dem kurzen Rechtsklick.

4.4.2 Abrunden mit Radius 0

Die Möglichkeit, mit einem Abrundungsradius von 0 zu arbeiten, ist besonders nützlich, wenn Sie Ecken konstruieren wollen. Betrachten Sie dazu noch einmal das Teil aus Abbildung 4.12 oben. Zuvor hatten wir hier die Ecken mit DEHNEN und der etwas mühsam einzustellenden Kantendehnung auskonstruiert. Eleganter geht es nun durch ABRUNDEN mit Radius 0. Dazu braucht man keine extra Radiuseinstellung vorzunehmen, sondern muss nur die `Shift`-Taste bei der zweiten Objektwahl gedrückt halten. Der aktuell eingestellte Abrundungsradius bleibt dabei unverändert für spätere Aktionen erhalten. Es ist übrigens auch kein Fehler, schon bei der ersten Objektwahl die `Shift`-Taste zu halten.

```
Befehl: _fillet
Aktuelle Einstellungen: Modus=STUTZEN, Radius=60.0000
ABRUNDEN Erstes Objekt wählen oder [rü... P... R... S... Mehrere]: M Enter
ABRUNDEN Erstes Objekt wählen oder [...]: Klick-1
ABRUNDEN Zweites Objekt wählen oder mit der Umschalt-Taste wählen, um Ecke anzuwenden: Shift + Klick-2
ABRUNDEN Erstes Objekt wählen oder [...]: Klick-3
ABRUNDEN Zweites Objekt wählen oder mit der Umschalt-Taste wählen, um Ecke anzuwenden: Shift + Klick-4
ABRUNDEN Erstes Objekt wählen oder [...]: Enter
```

> **Tipp**
>
> *Parallele Linien* können durch ABRUNDEN mit einem *Halbkreis* verbunden werden. Dabei ist der aktuelle Radius nicht wirksam, weil AutoCAD automatisch erkennt, dass hier nur ein Halbkreis mit passendem Radius möglich ist. Der Radius wird automatisch bestimmt. Die Länge der ersten Linie bleibt erhalten, die zweite wird notfalls gedehnt oder gestutzt.

4.4.3 Fasen

Der Befehl FASE ist dem Abrunden sehr ähnlich. Man muss hier nur zwei Fasenabstände für die beteiligten Kanten angeben. Der erste eingegebene Fasenabstand wird später auf der ersten gewählten Linie angebracht, der nächste auf der zweiten Linie. Der Fasenabstand ist auf 0 Einheiten voreingestellt. Fasen kann man nur zwischen Linien oder in einer Polylinie zwischen Liniensegmenten erstellen, nicht zwischen Bögen oder Kreisen. Den Fasenabstand können Sie auf zwei Arten definieren:

- Mit Option ABSTAND über
    - ERSTEN FASENABSTAND und ZWEITEN FASENABSTAND
- Mit Option WINKEL über
    - FASENLÄNGE auf der ersten Linie und FASENWINKEL

Abb. 4.14: Fase mit Fasenabständen (gleich, ungleich) oder Fasenlänge und -winkel

Abbildung 4.14 zeigt unterschiedliche Fasendefinitionen. Die erste Fase besitzt zwei gleiche Fasenabstände und stellt den häufigsten Fall dar. Im zweiten Fall sind die Fasenabstände unterschiedlich. Beachten Sie immer, dass der erste Fasenabstand auch am zuerst gewählten Objekt abgetragen wird, der zweite dann am zweiten Objekt. Die Reihenfolge der Objektwahl muss also zu den Fasenabständen passen. Ein kleines Beispiel soll die Anwendung des Befehls demonstrieren.

Abb. 4.15: Arbeiten mit FASE

Kapitel 4
Grundlegende Editierbefehle und Objektwahl

```
Befehl: LINIE Ersten Punkt angeben: 100,100 [Enter]
LINIE Nächsten Punkt angeben oder [Zurück]: @200,0 [Enter]
LINIE Nächsten Punkt angeben oder [Zurück]: @0,100 [Enter]
LINIE Nächsten Punkt angeben oder [Schließen Zurück]: @-200,0 [Enter]
LINIE Nächsten Punkt angeben oder [Schließen Zurück]: S [Enter]
Befehl: _chamfer (STUTZEN-Modus) Gegenwärtiger Fasenabst1 = 0.0000, Abst2 = 0.0000
FASE Erste Linie wählen oder [rÜckgängig Polylinie Abstand Winkel Stutzen METhode MEHrere]: MEH [Enter]
FASE Erste Linie ...[rÜ... P... Abstand W... S... MET... MEH...]: A [Enter]
FASE Ersten Fasenabstand angeben <0.0000>: 20 [Enter]
FASE Zweiten Fasenabstand angeben <20.0000>: 40 [Enter]
FASE Erste Linie wählen ... [...]: Klick-1
FASE Zweite Linie wählen oder ...: Klick-2
FASE Erste Linie wählen ... [...]: Klick-1
FASE Zweite Linie wählen oder ...: Klick-2 etc.
```

Die Option MEHRERE kann bei FASE benutzt werden, um gleich mehrere Fasen in *einem* Befehlsaufruf zu erzeugen. Nur muss sie hier bei Tastatureingabe mit **MEH** aufgerufen werden, im Gegensatz zum ABRUNDEN, wo **M** einzugeben ist.

Mit der aktuellen Version ist der Befehl FASE wie oben ABRUNDEN auch so erweitert worden, dass auch offene Polylinien (siehe Abschnitt 6.3 *Die Polylinie*) durch eine Fase geschlossen werden können. Auch können nun einzelne Linien gegen Polylinien abgefast werden

4.4.4 Die Option POLYLINIE

Die beiden Befehle ABRUNDEN und FASE haben vieles gemeinsam. Sie enthalten nicht nur das automatische Stutzen und Dehnen, sondern sie können auch eine Polylinie, die entweder mit dem Befehl PLINIE oder auch mit RECHTECK erzeugt sein kann, auf einen Schlag abrunden. Nach Festlegung der Fasenabstände wählt man dann die Option POLYLINIE und klickt die betreffende Polylinie nur einmal an. An allen Ecken, an denen es geometrisch möglich ist, wird dann die Fase erzeugt. Analog kann auch mit dem Befehl ABRUNDEN bei Polylinien gearbeitet werden.

```
Befehl: _pline
PLINIE Startpunkt angeben: 100,100 [Enter]
PLINIE Aktuelle Linienbreite beträgt 0.0000
PLINIE Nächsten Punkt angeben oder [... ... ...]: @100,0 [Enter]
PLINIE Nächsten Punkt angeben oder [... ... ...]: @0,50 [Enter]
PLINIE Nächsten Punkt angeben oder [... ... ...]: @200,0 [Enter]
PLINIE Nächsten Punkt angeben oder [... ... ...]: @0,-50 [Enter]
PLINIE Nächsten Punkt angeben oder [... ... ...]: @100,0 [Enter]
```

4.4 ABRUNDEN, FASE und MISCHEN

```
PLINIE Nächsten Punkt angeben oder [... ... ...]: @0,-100 [Enter]
PLINIE Nächsten Punkt angeben oder [... ... ...]: @-400,0 [Enter]
PLINIE Nächsten Punkt angeben oder [... Schließen ...]: S [Enter]
Befehl: _chamfer
(STUTZEN-Modus) Gegenwärtiger Fasenabst1 = 20.0000, Abst2 = 40.0000
FASE Erste Linie ... [rÜ... P... Abstand W... S... MET... MEH...]: A [Enter]
FASE Ersten Fasenabstand angeben <20.0000>: 20 [Enter]
FASE Zweiten Fasenabstand angeben <20.0000>: [Enter]
FASE Erste Linie ... [rÜ... Polylinie A... W... S... MET... MEH...]: P [Enter]
FASE Polylinie wählen: Polylinie anklicken
8 Linien wurden gefast
```

Abb. 4.16: Polylinie mehrfach abfasen

4.4.5 Stutzen-Modus

Bei den Befehlen ABRUNDEN und FASE kann das automatische Stutzen, das meist ein erwünschter Effekt ist, aber auch abgeschaltet werden. Dazu aktivieren Sie die Option STUTZEN durch Eingabe von **S** und wählen dann die Option NICHT STUTZEN mit **N**. Sie sollten sich aber hierbei unbedingt angewöhnen, danach sofort wieder den normalen Modus, nämlich das automatische Stutzen, wieder einzuschalten mit **S** für den STUTZEN-MODUS und noch mal **S**, um das STUTZEN einzuschalten.

```
Befehl: _chamfer
(STUTZEN-Modus) Gegenwärtiger Fasenabst1 = 20.0000, Abst2 = 20.0000
FASE Erste Linie wählen oder [rÜ... P... A... W... S... MET... MEH...]: MEH [Enter]
FASE Erste Linie oder [rÜ... P... A... W... S... MET... MEH...]: S [Enter]
FASE Option für Modus STUTZEN eingeben [Stutzen Nicht stutzen] <Stutzen>: N [Enter]
FASE Erste Linie oder [...]: Klick-1
```

Kapitel 4
Grundlegende Editierbefehle und Objektwahl

```
FASE Zweite Linie wählen: Klick-2
FASE Erste Linie oder [...]: Klick-3
FASE Zweite Linie wählen: Klick-4
FASE Erste Linie oder [rÜ... P... A... W... Stutzen MET... MEH...]: S[Enter]
FASE Option für Modus STUTZEN eingeben [Stutzen Nicht stutzen] <Nicht stutzen>:
S[Enter]
FASE Erste Linie oder [...]: [Enter]
```

Abb. 4.17: Fase bei abgeschaltetem Stutzen

4.4.6 Mischen (Kurven Verschmelzen)

Der Befehl MISCHEN oder wie es im Werkzeug heißt KURVEN VERSCHMELZEN erzeugt eine spezielle Kurve, nämlich einen Bézier-Spline, der sich tangential an die gewählten Kurvenenden anschmiegt. Diese Kurve ist intern durch vier Polygonpunkte definiert. Die beiden Punkte an jedem Ende liegen genau in Richtung der Endtangente der Kurven, an die sie anschließen. Die Erzeugung geschieht durch Anklicken der beiden Kurvenenden.

Die Stützpunkte können durch Anklicken der fertigen Kurve sichtbar gemacht werden. Sie können die Stützpunkte auch nachträglich verschieben, um diese Kurve zu modellieren. Wenn Sie dabei aber nicht tangential zu den ursprünglichen Kurvenenden bleiben, entsteht sich ein Knick. Tangential können Sie bleiben, wenn Sie beim Verschieben der inneren Punkte den Objektfang HILFSLINIE --- bezogen auf die Endpunkte anwenden.

Abb. 4.18: Verschmelzen zweier Linien und Stützpunktpolygon

Es gibt noch eine Option KONTINUITÄT mit den Alternativen TANGENTE (Vorgabe) und GLATT. Bei der Option GLATT wird ein krümmungsstetiger Übergang erzeugt, der sich allerdings erst beim Verschmelzen gebogener Kurven auswirkt. Die Splinekurve läuft dann zunächst nicht nur tangential weiter, sondern auch mit der gleichen Krümmung. Dafür besitzt dann die Kurve noch zwei Stützpunkte mehr.

Abb. 4.19: Verschmelzungskurve mit verschiedener Kontinuität

4.5 Objektwahl

4.5.1 Objektwahlmodi

Bevor ich auf die nächsten Editierbefehle eingehe, beschäftigen wir uns mit den Gemeinsamkeiten dieser Befehle. Alle Befehle, mit denen Sie Objekte ändern wollen, müssen zunächst einmal wissen, *welche* Objekte verändert werden sollen. Am Anfang dieser Editierbefehle steht deshalb die *Objektwahl*. Danach erst fragt jeder Befehl ggf. noch nach weiteren Parametern.

Bisher hatten Sie die Objekte beispielsweise beim Befehl LÖSCHEN durch Anklicken gewählt. Das wird aber mühsam, wenn viele Objekte zu wählen sind.

Als Übungsbeispiel öffnen Sie die Datei mit der Lokomotive aus dem dritten Kapitel.

Probieren Sie mit dem Befehl LÖSCHEN bzw. ✎ die nachfolgenden Objektwahlmodi aus. Sie können auch jede Aktion schnell wieder rückgängig machen mit ↶. Alle Objekte, die gewählt sind, werden leicht gestrichelt markiert. Damit sind Sie immer über den Stand der aktuellen Objektwahl informiert.

Kapitel 4
Grundlegende Editierbefehle und Objektwahl

Abb. 4.20: Lokomotive aus Kapitel 3

> **Vorsicht**
>
> **Objektwahl – Objektfang**
>
> Ein *Objektwahlmodus* ist *kein* eigenständiger Befehl. Ein *Objektwahlmodus* kann deshalb immer nur dann eingegeben werden, wenn ein entsprechender Editierbefehl mit der Anfrage Objekte wählen: erscheint.
>
> Auch darf *Objektwahl* nicht mit *Objektfang* verwechselt werden. *Objektwahl* dient wortwörtlich dazu, mit verschiedenen Methoden *Objekte auszuwählen*, während der *Objektfang* dazu dient, *Positionseingaben* durch das Einfangen vorhandener charakteristischer Punkte zu erleichtern. Ein *Objektfang* ist dann anzuwenden, wenn AutoCAD nach einer Punktposition fragt wie Erster Punkt: oder Nächster Punkt: oder Zentrum für Kreis angeben:.

Fenstermodus

```
Befehl: _erase
LÖSCHEN Objekte wählen: F [Enter]
Erste Ecke angeben: Position 1 anklicken
Entgegengesetzte Ecke angeben: Position 2 anklicken
3 gefunden
LÖSCHEN Objekte wählen: [Enter]
```

Bei diesem Modus geben Sie explizit **F** Enter ein und klicken dann auf dem Bildschirm zwei diagonale Positionen zum Öffnen eines Fensters an. Gewählt ist dann alles, was *vollständig* in dem Fenster liegt. Objekte, die nur teilweise im Fenster liegen, sind nicht gewählt.

Abb. 4.21: Objektwahl FENSTER

Das Fenster kann auch ohne **F** Enter einfach durch Anklicken einer freien Bildschirmposition und Anklicken einer zweiten Position nach rechts diagonal geöffnet werden. Man nennt das die *implizite* Vorgehensweise, d.h. ohne besondere Tastatureingabe.

```
Befehl: _erase
LÖSCHEN Objekte wählen: Position 1 anklicken
Entgegengesetzte Ecke angeben: Position 2 anklicken
3 gefunden
LÖSCHEN Objekte wählen: [Enter]
```

Wichtig

Fenster

Die Box für den Fenstermodus wird implizit *von links nach rechts* aufgezogen. Sie ist blau und hat einen durchgezogenen Rahmen.

Vorsicht

Impliziter Fenstermodus

Das implizite Fenster kann nur dann funktionieren, wenn dort, wo Sie das erste Mal klicken, kein Objekt liegt, das ja sonst durch einen Klick *gewählt* werden würde. Das implizite Fenster kann also nur dort begonnen werden, wo kein Objekt durch die Auswahlbox des Cursors erreicht wird.

Kapitel 4
Grundlegende Editierbefehle und Objektwahl

Kreuzen-Modus

```
LÖSCHEN Objekte wählen: K Enter
Erste Ecke angeben: Position 1 anklicken
Entgegengesetzte Ecke angeben: Position 2 anklicken
3 gefunden
```

Bei diesem Modus geben Sie explizit **K** Enter ein und klicken dann auf dem Bildschirm zwei diagonale Positionen zum Öffnen des Fensters an. Gewählt ist dann alles, was *vollständig oder teilweise* in dem Fenster liegt. Nur Objekte, die vollständig außerhalb liegen, sind *nicht* gewählt. Der Kreuzen-Modus wählt also auch alle Objekte, die er nur zum Teil erwischt.

Die Kreuzen-Box kann auch ohne **K** Enter einfach durch Anklicken einer freien Bildschirmposition und Anklicken einer zweiten Position diesmal nach links diagonal geöffnet werden. Dies ist der implizite Kreuzen-Modus.

> **Wichtig**
>
> **Kreuzen**
>
> Für den Kreuzen-Modus wird implizit von *rechts nach links* aufgezogen. Die Box ist grün und hat einen gestrichelten Rahmen.

> **Vorsicht**
>
> **Impliziter Kreuzen-Modus**
>
> Auch das implizite Kreuzen kann nur dann funktionieren, wenn dort, wo Sie das erste Mal klicken, kein Objekt liegt.

Abb. 4.22: Objektwahl KREUZEN

Fensterpolygon

Weil bei der Objektwahl ein rechteckiges Fenster nicht immer genügend Flexibilität bietet, gibt es auch ein polygonartiges Fenster, das beliebig viele Eckpunkte in beliebiger Lage aufweisen kann. Alles, was *vollständig* in dem Fenster-Polygonbereich liegt, ist gewählt. Das Polygon kann beliebig viele Eckpunkte besitzen. Im Beispiel sollen nur die Räder gelöscht werden. Dazu muss das Polygon so gelegt werden, dass zwar die Räder vollständig enthalten sind, die Schubstangen aber nicht. Aus diesem Grund sehen Sie unten die Spitze, durch die die Schubstange aus der Auswahl ausgeschlossen wird.

```
LÖSCHEN Objekte wählen: FP[Enter]
Erster Punkt des Polygons: Klick
Endpunkt der Linie angeben oder [Zurück]: Klick
Endpunkt der Linie angeben oder [Zurück]: Klick
...
Endpunkt ... [Zurück]: [Enter] 12 gefunden
```

Abb. 4.23: Objektwahl mit Fenster-Polygon

Kreuzen-Polygon

Als flexiblere Lösung für Kreuzen gibt es auch das Kreuzen-Polygon. Alles, was vollständig in dem Polygonbereich liegt oder seine Grenzen kreuzt, ist gewählt. Nur Objekte, die vollständig draußen liegen, sind nicht gewählt.

```
LÖSCHEN Objekte wählen: KP[Enter]
Erster Punkt des Polygons:
Endpunkt der Linie angeben oder [Zurück]: Klick
Endpunkt der Linie angeben oder [Zurück]: Klick
...
Endpunkt ... [Zurück]: [Enter] 12 gefunden
```

Abb. 4.24: Objektwahl mit Kreuzen-Polygon

Letztes Objekt

```
LÖSCHEN Objekte wählen: L[Enter]
```

Diese Objektwahl wählt das zuletzt erstellte Objekt, auch wenn es nicht auf dem Bildschirm liegt. Im Beispiel wurde die letzte Linie vom Schornstein markiert.

Abb. 4.25: Letztes Objekt

Sie werden später erfahren, dass Objekte, die auf gesperrten Layern liegen, hiermit nicht gewählt werden können, und gefrorene Layer bei dieser Objektwahl komplett ignoriert werden, weil sie unsichtbar sind. Das gilt auch für die nächste Objektwahl.

Alle Objekte

```
LÖSCHEN Objekte wählen: ALLE[Enter]
```

Wählt alle Objekte der Zeichnung, auch außerhalb des Bildschirmfensters. Ausgenommen sind nur Objekte auf gesperrten oder gefrorenen Layern. Als Werkzeug unter START|DIENSTPROGRAMME|ALLE WÄHLEN.

Abb. 4.26: Objektwahl ALLE

ZAun

```
LÖSCHEN Objekte wählen: ZA Enter
Erster Zaunpunkt:
Endpunkt der Linie angeben oder [Zurück]:
Endpunkt der Linie angeben oder [Zurück]:
...
Endpunkt ... [Zurück]: Enter 12 gefunden
```

Man gibt hierbei Punkte für ein offenes Polygon an. Alles, was die Linien des Polygons wie Latten eines Zauns kreuzt, ist gewählt. Nach dem letzten Zaunpunkt wird der ZAun mit Enter beendet. Solange Sie sich im Zaun-Modus befinden, können Sie auch einzelne Polygonpunkte mit der Option **Z** wieder zurücknehmen. Im Beispiel wurden die Räder mit einer Zaunlinie zum Löschen ausgewählt.

Abb. 4.27: Objektwahl ZAUN

Vorherige Objektwahl

Wenn Sie mehrere Editierbefehle hintereinander mit den gleichen Objekten durchführen wollen, dann können Sie nach der ersten Objektwahl im ersten Editierbefehl später in den nachfolgenden Editierbefehlen diesen ersten Auswahlsatz mit der Objektwahl *Vorher* ansprechen.

```
LÖSCHEN Objekte wählen: V Enter
```

Hier wird die letzte Objektwahl verwendet, d.h. dieselben Objekte, die zuletzt im vorhergehenden Befehl gewählt wurden. Im Beispiel soll mit einem ersten Befehl das Spülbecken in der Küchenzeichnung verschoben werden, im zweiten Befehl dann gedreht werden. Im zweiten Befehl können die Objekte dann mit V erneut gewählt werden. Im Beispiel sind keine konkreten Koordinaten angegeben. Verwenden Sie in dieser Übung einfach mal Positionen nach Augenmaß für das Verschieben und Drehen. Die Befehle werden in Kürze detailliert erklärt.

Kapitel 4
Grundlegende Editierbefehle und Objektwahl

Abb. 4.28: Objektwahl V beim nachfolgenden Drehen

```
Befehl: _move
SCHIEBEN Objekte wählen: Klick 1 für implizites Kreuzen
Entgegengesetzte Ecke angeben: Klick 2 für implizites Kreuzen
3 gefunden
SCHIEBEN Objekte wählen: Enter
SCHIEBEN Basispunkt oder [Verschiebung] <Verschiebung>: Ausgangspunkt der Verschie-
bung anklicken
SCHIEBEN Zweiten Punkt angeben oder <ersten Punkt der Verschiebung verwenden>: End-
punkt der Verschiebung anklicken
Befehl: _rotate
Aktueller positiver Winkel in BKS: ANGDIR=gegen den Uhrzeigersinn ANGBASE=0
DREHEN Objekte wählen: V Enter 3 gefunden
DREHEN Objekte wählen: Enter
DREHEN Basispunkt angeben: Drehpunkt anklicken
DREHEN Drehwinkel angeben oder [Kopie Bezug]: -90 Enter
```

Unterobjekt

Mit der Objektwahl U können Sie Teile von komplexen Objekten wählen. Zum Ausprobieren ist hier der Befehl LÖSCHEN nicht geeignet, besser wäre der Befehl SCHIEBEN. Wenn Sie beispielsweise von einer Polylinie nur einzelne Segmente verschieben wollen oder später von einem Volumenkörper nur eine Fläche oder Kante, dann können Sie diese Einzelteile mit U auswählen und so verschieben, dass der Zusammenhang des Gesamtobjekts erhalten bleibt. Die angrenzenden

Unterobjekte werden dann entsprechend verzerrt (Abbildung 4.29). Der Modus UNTEROBJEKT ist nur für eine einzige Objektwahl aktiv.

Abb. 4.29: Objektwahl UNTEROBJEKT

Objekt

Mit diesem Auswahlmodus können Sie den Modus UNTEROBJEKT noch vor dem Wählen notfalls wieder deaktivieren und wählen doch das komplette Objekt.

EINzeln

Mit der Objektwahl EIN wird die Objektwahl auf eine einzelne Aktion reduziert, sei es mit Klicken, FENSTER, KREUZEN o.Ä., danach aber sofort die Objektwahl abgeschlossen.

Gruppe

Man kann mehrere Objekte, die oft gemeinsam für bestimmte Aktionen gewählt werden sollen, als Gruppe zusammenfassen (siehe unten). Diese Objekte kann man dann entweder per Klick gemeinsam wählen oder – falls Sie der Gruppe einen Namen gegeben haben – mit der Option G und dem Gruppennamen ansprechen.

```
LÖSCHEN Objekte wählen: G Enter
Gruppenname eingeben: Konturkurven
3 gefunden
```

Entfernen

Was tun, wenn man zu viele Objekte gewählt hat?

```
LÖSCHEN Objekte wählen: E Enter
LÖSCHEN Objekte entfernen:
```

Kapitel 4
Grundlegende Editierbefehle und Objektwahl

Dies ist eine Modus-Einstellung. Sie ändert die Objektwahl von OBJEKTE WÄHLEN in OBJEKTE ENTFERNEN. Man kann aus einem Auswahlsatz nach dieser Option wieder Objekte entfernen. Typisches Beispiel: Sie haben mit FENSTER oder KREUZEN beim Löschen einfach zu viel erwischt. Dann müssen Sie nicht den ganzen Befehl abbrechen, sondern geben **E**⌊Enter⌋ ein und wählen danach wieder die Objekte, die Sie nicht löschen wollten.

> **Tipp**
>
> **Entfernen einzelner Objekte**
>
> Auch ohne die Option ENTFERNEN können Sie einzelne Objekte aus einer Auswahl ganz einfach herausnehmen, indem Sie diese bei gedrückter ⌊Shift⌋-Taste anklicken. Auch implizite Kreuzen- und Fensterwahl können so mit ⌊Shift⌋ kombiniert werden.

Hinzufügen

Gegenfrage: Was tun, wenn man nun schon wieder zu viel entfernt hat?

```
LÖSCHEN Objekte entfernen: H⌊Enter⌋
LÖSCHEN Objekte wählen:
```

H macht die Wirkung von E wieder rückgängig, sodass die nachfolgenden Objekte wieder zum Auswahlsatz hinzugefügt werden.

Zurück

```
LÖSCHEN Objekte wählen: ZU⌊Enter⌋
```

Mit ZU können noch während der laufenden Objektwahl die letzten Auswahlschritte rückgängig gemacht werden. Die Option **ZU** kann auch mehrfach eingegeben werden.

> **Tipp**
>
> **Markierung gewählter Objekte**
>
> Normalerweise werden Objekte, die ausgewählt wurden, mit gestrichelter Markierung versehen. Sollte die Markierung gewählter Objekte nicht eingeschaltet sein, so liegt das an der Systemvariablen HIGHLIGHT, die evtl. fälschlicherweise auf **0** gesetzt wurde. Sie muss **1** sein. Der Wert **0** ist nur für den absoluten Profi interessant, der auf diese Markierung verzichten möchte, um noch etwas mehr Geschwindigkeit aus AutoCAD herauszukitzeln. Die Systemvariable HIGHLIGHT schalten Sie wie folgt ein:

```
Befehl: HIGHLIGHT
Neuen Wert für HIGHLIGHT eingeben <0>: 1 Enter
```

4.5.2 Übereinander liegende Objekte: Wechselnde Auswahl

Die Auswahlmethode für übereinander liegende Objekte kann über die Statusleiste aktiviert werden: die wechselnde Auswahl 🗐 bzw. SC (für engl. Selection Cycling). Ansonsten können Sie diese Methode jederzeit auch mit Kürzel Strg+W aktivieren und deaktivieren. Bei aktivierter Wechselwahl erscheint am Cursor ein entsprechendes Symbol (Abbildung 4.31).

Status-leiste	Icon	Tastenkürzel	Systemvariable
SC	🗐	Strg+W	SELECTIONCYCLING 2 – ein mit Objektliste (1 – ohne Objektliste, 0 – aus)

Nach Anklicken zur Auswahl erscheint dann eine Auswahlliste mit den Bezeichnungen der an dieser Stelle wählbaren Objekttypen mit deren Farben. Hier können Sie das gewünschte Objekt nun gezielt per Mausklick auswählen oder mit erneutem Klicken die Auswahlliste durchblättern.

Mit dem Wert **1** für die Systemvariable SELECTIONCYCLING wird die Auswahlliste unterdrückt, sodass Sie nur durch mehrfaches Klicken die Auswahl steuern können.

Der Modus SC ist insbesondere für den 3D-Bereich interessant, wo ständig mehrere Objekte übereinander liegen und sonst die hinten liegenden Objekte gar nicht gewählt werden könnten.

Über die EINSTELLUNGEN des Werkzeugs in der Statusleiste kann noch die Titelzeile der Liste abgeschaltet werden.

Abb. 4.30: Wechselnde Auswahl

Kapitel 4
Grundlegende Editierbefehle und Objektwahl

4.5.3 Objektwahlen im Kontextmenü

Wenn Sie ein Objekt, ohne dass ein spezieller Befehl aktiv ist, einfach anklicken, erhalten Sie einige interessante Kontextmenüfunktionen, die mit der Objektwahl zu tun haben.

Abb. 4.31: Objektwahlfunktionen im Kontextmenü

Ähnliche auswählen

Mit dieser Funktion wählen Sie alle Objekte, die den gleichen Typ und gleichen Layer (*Layer* siehe Kapitel 5: Zeichnungsorganisation: Layer) haben wie das markierte. Im obigen Beispiel würden damit nach Anklicken des Kreises alle anderen Kreise auf demselben Layer ausgewählt.

Ausgewähltes hinzufügen

Das ist von der Wirkung her eigentlich ein Zeichenbefehl. Hiermit wird ein neues Objekt des gewählten Typs auf dem gleichen Layer erstellt. Sie können also beispielsweise einen neuen Kreis auch zeichnen, indem Sie einen existierenden anklicken und dann nach Rechtsklick AUSGEWÄHLTES HINZUFÜGEN anklicken.

Auswahl aufheben

AUSWAHL AUFHEBEN beendet die aktuelle Auswahl.

Unterobjekt-Auswahlfilter

Unterobjekte sind meist erst interessant im 3D-Bereich, um Flächen, Kanten, Eckpunkte von Volumenkörpern gezielt wählen und bearbeiten zu können. Die Optionen sind hier: KEIN FILTER, SCHEITELPUNKTE, KANTE, FLÄCHE, VOLUMENKÖRPER-ENTWICKLUNG (Historie).

4.5.4 Objektwahl mit Schnellauswahl

Will man eine große Anzahl von Objekten aus der Zeichnung bearbeiten, so ist die Funktion der *Schnellauswahl* sehr von Nutzen. Oft wünscht man zum Beispiel alle Punkte zu löschen oder alle Kreise mit einem bestimmten Radius zu ändern. Wir nehmen als Beispiel die Zeichnungsübung Lokomotive.dwg aus dem dritten Kapitel (Abschnitt 3.3.4 *Beispiel mit verschiedenen Koordinatenarten*) und wählen alle Linien der Länge 40.

Zeichnen und Beschriftung	Befehl	Kontextmenü
START|DIENSTPROGRAMME	SAUSWAHL	SCHNELLAUSWAHL...

Der Ablauf sieht so aus, dass Sie zuerst den Befehl SAUSWAHL wählen. Der Befehl SAUSWAHL markiert dann die erfolgreich gewählten Objekte mit blauen Kästchen, den *Griffen*, und zeigt die Objekte auch gestrichelt an. Damit sind die Objekte für den nachfolgenden Editierbefehl vorgewählt. Es ist ein *aktiver Auswahlsatz* entstanden. Wenn Sie dann beispielsweise auf LÖSCHEN klicken, übernimmt dieser Befehl den *aktiven Auswahlsatz*, fragt also gar nicht mehr nach einer eigenen Objektwahl und löscht diese Objekte sofort.

Rufen Sie nun also SAUSWAHL auf. Im Dialogfenster *Schnellauswahl* werden Sie meist als Grundlage Ihrer Auswahl die Einstellung **Ganze Zeichnung** stehen lassen. Als OBJEKTTYP stellen Sie nun aber **Linie** ein und darunter wählen Sie als Eigenschaft **Länge**. Der OPERATOR **Gleichheit** kann bleiben, und bei WERT tragen Sie **40** ein. Das ist also die Einstellung für »Aus der kompletten Zeichnung alle Linien mit Länge = 40 auswählen«. Sie bestätigen mit OK. Alle gewählten Linien tragen die blauen Griffe und können in nachfolgenden Editierbefehlen bearbeitet werden.

Wenn Sie jetzt auf LÖSCHEN klicken, sind die Linien weg.

Die Dialogeingaben im Detail:

- ANWENDEN AUF – Hier können Sie wählen, ob Sie bei Ihrer Auswahl von der ganzen Zeichnung oder von einer Vorauswahl ausgehen wollen. Eine Vorauswahl kann eine vorangegangene Schnellauswahl sein oder eine Auswahl mit dem Werkzeug rechts daneben.

- OBJEKTTYP – Hier wählen Sie aus, welchen Objekttyp Sie wünschen. Die Eintragung MEHRFACH bedeutet, dass kein spezieller Objekttyp angegeben wird.

- EIGENSCHAFTEN, OPERATOR, WERT – Unter EIGENSCHAFTEN, OPERATOR und WERT können Sie ein zusätzliches Kriterium für den gewählten Objekttyp zusammenstellen. Ein Beispiel wäre LAYER = KONTUR. Wenn Sie aber hier kein Kriterium benötigen, geben Sie einfach etwas an, was immer zutrifft, wie etwa FARBE = VONLAYER.

Kapitel 4
Grundlegende Editierbefehle und Objektwahl

Im Optionsfeld ANWENDUNG können Sie entscheiden, ob

- die Objekte, die nach OBJEKTTYP und KRITERIUM in Frage kommen, aus der Menge, die unter ANWENDEN AUF angegeben wurde, gewählt werden sollen.
- die Objekte, die dem OBJEKTTYP und KRITERIUM *nicht* entsprechen, aus der Menge, die unter ANWENDEN AUF angegeben wurde, gewählt werden sollen.

Mit dem Kontrollkästchen AN AKTUELLEN AUSWAHLSATZ ANHÄNGEN können Sie bestimmen, ob der aktuelle Auswahlsatz einer vorhergehenden Schnellauswahl ergänzt (Häkchen) oder ein neuer Auswahlsatz erstellt werden soll (kein Häkchen).

Abb. 4.32: Auswahl mit Schnellauswahl – hier Linien mit Länge = 40

Tipp

Die SCHNELLAUSWAHL ist auch im EIGENSCHAFTEN-MANAGER enthalten.

4.5.5 Gruppe

Sie können Objekte zum Zweck der gemeinsamen Wählbarkeit mit einem einzigen Klick zu einer Gruppe zusammenfassen. Die Erstellung von Gruppen geschieht mit dem Befehl GRUPPE. Weitere Werkzeuge finden Sie unter START| GRUPPEN. Eine Gruppe kann benannt oder unbenannt sein. Wenn nur eine oder wenige Gruppen verwendet werden, können Sie ohne Namen arbeiten, AutoCAD vergibt dann intern eigene Bezeichnungen *A1, *A2, *A3 für diese unbenannten Gruppen.

4.5
Objektwahl

```
Gruppe          Gruppe aufheben
erstellen
                Hinzufügen/entfernen
        Gruppe
                Gruppenwählbarkeit

        Gruppenmanager        Gruppen verwalten
        Gruppenbegrenzungsrahmen   Rahmenanzeige ein/aus
                Gruppen
```

Abb. 4.33: Gruppenwerkzeuge START|GRUPPEN

- **Gruppe** – Nach Aufruf des Befehls GRUPPE (*Gruppe erstellen*) können Sie sofort die Objekte wählen und auch vorher oder nachher mit der Option NAME einen Namen eingeben.
- **Gruppierung aufheben** – Wählen Sie das Werkzeug GRUPPIERUNG AUFHEBEN und klicken Sie die Gruppe an. Die Gruppe ist damit aufgelöst.
- Eine Übersicht über alle Gruppen bietet der Gruppenmanager, über den auch Gruppen erzeugt und gelöscht werden können (Abbildung 4.34). Die unbenannten Gruppen werden im GRUPPENMANAGER erst angezeigt, wenn UNBENANNTE EINSCHLIEßEN aktiviert ist.

Abb. 4.34: Dialogfenster GRUPPE

Ob Sie die komplette Gruppe oder die Einzelobjekte wählen und bearbeiten können, wird mit dem Werkzeug GRUPPENWÄHLBARKEIT oder mit [Strg]+[H] gesteuert.

Auch wird mit der Standardoption GRUPPENBEGRENZUNGSRAHMEN ein Rahmen um die gewählte Gruppe angezeigt.

Die Bearbeitung einer Gruppe wie Schieben, Drehen oder Kopieren ist durch Anklicken eines Gruppenelements möglich.

Gruppen sind auch dann nützlich, wenn Sie Objekte nicht durch Anklicken, sondern über ihren *Gruppennamen* aufrufen wollen. Dies ist beispielsweise in Skriptdateien erforderlich. Die Objektwahl einer Gruppe erfolgt dann so:

```
Objekte wählen: G[Enter]
Gruppenname: TEST[Enter]
Objekte wählen: [Enter]
```

Vorsicht

Gruppen kopieren

Die Kopie einer Gruppe ergibt auch wieder eine Gruppe. Aber die Gruppe bekommt dann einen automatisch generierten Namen der Form *Ann, wobei nn eine Zahl ist. Um einen sinnvollen Namen zu erhalten, müssen Sie diese Gruppe dann ggf. mit dem GRUPPENMANAGER umbenennen.

4.6 Weitere Editierbefehle

An einem Beispielteil wollen wir nun die wichtigsten Editierbefehle ausprobieren. Das Teil ist ein Flansch mit Gewindebohrungen. Wir beginnen mit den rechteckigen Konturen. Danach werden die Bohrungen gezeichnet und mit KOPIEREN und SPIEGELN vervielfältigt. Später werden Sie weitere Befehle kennenlernen, um solche Anordnungen noch eleganter zu erzeugen.

Abb. 4.35: Flansch-1.dwg

4.6 Weitere Editierbefehle

```
Befehl: ▭ _rectang    Rechteck für die Außenkontur
RECHTECK Ersten Eckpunkt angeben oder [Fasen Erhebung Abrunden Objekthöhe Breite]: A
RECHTECK Rundungsradius für Rechtecke angeben <0.0000>: 8
RECHTECK Ersten Eckpunkt angeben oder [...]: 100,50 [Enter]
RECHTECK Anderen Eckpunkt angeben oder [...]: @200,125 [Enter]
Befehl: ⌴VERSETZ    inneres Rechteck durch Versetzen
Aktuelle Einstellungen: Quelle löschen=Nein Layer=Quelle OFFSETGAPTYPE=0
VERSETZ Abstand angeben oder [...] <1.0000>: 25 [Enter]
VERSETZ Zu versetzendes Objekt wählen oder [...] <Beenden>: äußeres Rechteck anklicken
VERSETZ Punkt auf Seite angeben, auf die versetzt werden soll, .. [.]: nach innen klicken
VERSETZ Zu versetzendes Objekt wählen oder [...] <Beenden>: [Enter]
Befehl: ⊙KREIS Zentrum für Kreis angeben oder [...]: ∕    von linke obere Ecke der Innenkontur anklicken
KREIS Radius für Kreis angeben oder [Durchmesser]: D [Enter]
KREIS Durchmesser für Kreis angeben: 8.5 [Enter]
```

Nach diesen Befehlen haben wir die Zeichnung wie in Abbildung 4.36.

Abb. 4.36: Flansch nach RECHTECK, VERSETZ und KREIS

4.6.1 SCHIEBEN

Die erste Gewindebohrung wurde zunächst auf die Ecke der Innenkontur gesetzt. Nun muss sie aber um die halbe Breite des Flansches, also um 12.5 mm nach links und nach oben verschoben werden, damit sie sauber in der Ecke sitzt. Dazu benutzen wir den Befehl SCHIEBEN.

Zeichnen und Beschriftung	Icon	Befehl	Kürzel
START|ÄNDERN	✥	SCHIEBEN	S

Kapitel 4
Grundlegende Editierbefehle und Objektwahl

Der Befehl SCHIEBEN verlangt nach der Objektwahl entweder die Angabe eines Start- und eines Zielpunkts, hier *Basispunkt* und *Zweiter Punkt* genannt, oder die Eingabe des Verschiebungsvektors, hier kurz *Verschiebung* genannt. Letztere ist zwar eine relative Distanz, kann aber ohne @ eingegeben werden. Wir wollen die Aktion zum Verschieben des Kreises nun mit den verschiedenen Methoden probieren.

- Angabe der *Verschiebung*

```
Befehl: ✥_move
SCHIEBEN Objekte wählen: L[Enter] 1 gefunden
SCHIEBEN Objekte wählen: [Enter]
SCHIEBEN Basispunkt oder [Verschiebung]<Verschiebung>: [Enter]
SCHIEBEN Verschiebung angeben <0.00,0.00,0.00>: -12.5,12.5[Enter]
```

- Wahl von Basispunkt und zweitem Punkt mit relativer Angabe des zweiten Punkts

```
Befehl: ✥_move
SCHIEBEN Objekte wählen: L[Enter] 1 gefunden
SCHIEBEN Objekte wählen: [Enter]
SCHIEBEN Basispunkt oder [Verschiebung]<Verschiebung>: ✎ Ecke anklicken
SCHIEBEN Zweiten Punkt angeben oder <ersten Punkt der SCHIEBEN Verschiebung verwenden>: @-12.5,12.5[Enter]
```

- Wahl von Basispunkt und zweitem Punkt in absoluten Koordinaten

```
Befehl: ✥_move
SCHIEBEN Objekte wählen: L[Enter] 1 gefunden
SCHIEBEN Objekte wählen: [Enter]
SCHIEBEN Basispunkt oder [Verschiebung]<Verschiebung>: 125,150[Enter]
SCHIEBEN Zweiten Punkt angeben oder <ersten Punkt der Verschiebung verwenden>: 112.5,162.5[Enter]
```

Wir bearbeiten nun unser Teil weiter und vervollständigen die Zeichnung durch Kopieren der Bohrung.

4.6.2 KOPIEREN

Der Befehl KOPIEREN ähnelt sehr dem Befehl SCHIEBEN, nur bleiben diesmal die Originalobjekte am alten Platz stehen. Es entsteht eben eine Kopie der Objekte an einer neuen Position. Die Festlegung der Bewegung über *Basispunkt* und *Zweiter Punkt* oder über *Verschiebung* (= Verschiebungsvektor) ist dieselbe wie bei SCHIEBEN.

4.6 Weitere Editierbefehle

Zeichnen und Beschriftung	Icon	Befehl	Kürzel
START|ÄNDERN	⟲	KOPIEREN	KO

Wir wollen den Befehl KOPIEREN mit der Gewindebohrung ausprobieren. Sie soll auch gleich mehrfach kopiert werden. Der Befehl KOPIEREN erstellt automatisch mehrere Kopien, wenn Sie *Basispunkt* und *zweiten Punkt* angeben. *Basispunkt* wäre dann das Zentrum der Bohrung und die Angaben für *Zweiter Punkt der Verschiebung* wären am leichtesten in Relativkoordinaten zu erledigen.

Bei einem solchen Problem, wo die Kopien waagerecht nebeneinander liegen sollen, können Sie natürlich auch den ORTHO-Modus in der Statuszeile aktivieren. Dann brauchen Sie nur noch die Richtung für den zweiten Punkt mit dem Fadenkreuz vorzugeben und die Entfernung als reine Zahl einzutippen.

```
Befehl: ⟲ _copy
KOPIEREN Objekte wählen: L[Enter]  wählt das letzte Objekt 1 gefunden
KOPIEREN Objekte wählen: [Enter]
KOPIEREN Basispunkt oder [Verschiebung mOdus]<Verschiebung>: ⊙ _cen von Zentrum der
Bohrung anklicken
KOPIEREN Zweiten Punkt angeben oder [Anordnung]<ersten KOPIEREN Punkt a Verschiebung
verwenden>⌴: <Ortho ein> 25[Enter]
KOPIEREN Zweiten Punkt ... [Beenden Rückgängig] <Beenden>: 50
KOPIEREN Zweiten Punkt ... [Beenden Rückgängig] <Beenden>: 75
KOPIEREN Zweiten Punkt ... [Beenden Rückgängig] <Beenden>: [Enter]
```

Über die Option MODUS (Eingabe O) können Sie wählen, ob der Befehl in Zukunft nach einer Kopie enden soll oder mit mehreren Kopien fortfahren soll. Voreinstellung ist MEHRFACH.

Abb. 4.37: Kopieren der Bohrung

Es gibt auch die Möglichkeit, mit der Option ANORDNUNG gleich eine *lineare Anordnung* von Objekten über eine bestimmte Länge zu kopieren. Damit könnten Sie ausgehend von der linken Bohrung gleich alle acht Bohrungen mit einer einzigen Aktion erstellen.

Bevor Sie im nachfolgenden Befehlsablauf die Position für die achte Bohrung rechts anklicken können, sind einige ZEICHENHILFEN geeignet zu aktivieren:

- POLAR liefert dann die waagerechte polare Spurlinie.
- Aktivieren Sie über Rechtsklick auf POLAR den 45°-Winkel. Er ermöglicht auch die 45°-Spurlinie.
- NACH RECHTSKLICK AUF OFANG muss ENDPUNKT aktiviert sein, damit nach Anfahren des *Eckpunkts* die 45°-Spurlinie entstehen kann.
- Eine weitere wichtige Einstellung unter POLAR bewirkt, dass der 45°-Polarwinkel auch für OTRACK aktiv wird. Dazu muss nach Rechtsklick auf POLAR in den EINSTELLUNGEN die Option SPUR MIT POLAREN WINKELEINSTELLUNGEN aktiviert werden.

Nun kann das Kopieren der acht Bohrungen in einer einzigen Aktion geschehen.

```
Befehl: _
KOPIEREN Objekte wählen: 1 gefunden    Wählen Sie die Bohrung
KOPIEREN Objekte wählen: [Enter]
KOPIEREN Aktuelle Einstellungen:  Kopiermodus = Mehrfach
KOPIEREN Basispunkt oder [Verschiebung mOdus] <Verschiebung>: Klicken Sie das ZENTRUM
der Bohrung als Basispunkt an
KOPIEREN Zweiten Punkt angeben oder [Anordnung] <...>: A    für die Option ANORDNUNG
KOPIEREN Anzahl der Elemente in Anordnung eingeben: 8   Anzahl der Bohrungen insgesamt
KOPIEREN Zweiten Punkt angeben oder [Zbereich]: Z   ermöglicht die Angabe des Gesamt-
abstands aller Bohrungen
KOPIEREN Zweiten Punkt angeben oder [Anordnung]: Klicken Sie nun die Position an, die
sich als Schnittpunkt der aktiven Polar-Spurlinie mit der 45°-OTRACK-Spurlinie aus-
gehend von der rechten inneren Ecke ergibt.
```

Abb. 4.38: Mehrere Kopien mit Option ANORDNUNG und ZBEREICH

Bei der Option ANORDNUNG kann der Abstand zwischen den Kopien entweder durch den *Abstand zur nächsten* Kopie (Vorgabe-Option) angegeben werden oder eben wie hier mit der Option ZBEREICH durch den *Abstand zur letzten* Kopie.

4.6.3 SPIEGELN

Der Befehl SPIEGELN ist ein wichtiger Editierbefehl, weil er immer dann angewendet werden kann, wenn das Teil Spiegelsymmetrie besitzt. Symmetrien eines Teils sollten Sie immer ausnutzen, um schon gezeichnete Objekte zu vervielfältigen. Dadurch spart man unter CAD erhebliche Arbeitszeit ein.

Zeichnen und Beschriftung	Icon	Befehl	Kürzel
START|ÄNDERN	⌁⏐⏁	SPIEGELN	SP

Der Befehl SPIEGELN verlangt nach der Objektwahl die Angabe einer Spiegelachse über zwei Punkte. Oft hat man nur einen Punkt zur Verfügung, kann aber den zweiten im ORTHO-Modus angeben, sofern die Spiegelachse senkrecht oder waagerecht verläuft. Es ist auch möglich, die polaren Spurlinien zu verwenden. Dadurch kann man bei entsprechender Voreinstellung bei POLAR auch Spiegelachsen unter anderen Winkeln verwenden.

Nach Angabe der Spiegelachse wird noch gefragt, ob die ursprünglichen Objekte – hier Quellobjekte – gelöscht werden sollen. Die Vorgabe steht auf NEIN.

```
Befehl: ⌁⏐⏁_mirror
SPIEGELN Objekte wählen: Die letzten drei kopierten Kreise anklicken
3 gefunden
SPIEGELN Objekte wählen: [Enter]
SPIEGELN Ersten Punkt der Spiegelachse angeben: _endp von linke obere Ecke des
inneren Rechtecks anklicken
SPIEGELN Zweiten Punkt der Spiegelachse angeben: _mid von Mitte der linken oberen
Abrundung anklicken
SPIEGELN Quellobjekte löschen? [Ja Nein] <N>: [Enter]
```

Abb. 4.39: Spiegeln der Bohrungen

Weitere Spiegelachsen zum Komplettieren zeigt Abbildung 4.40.

Abb. 4.40: Fertiger Flansch nach weiteren zwei Spiegelaktionen

> **Tipp**
>
> **Text und Schraffur spiegeln**
>
> Beim Spiegeln von Textobjekten kann man über eine Systemvariable MIRRTEXT steuern, ob gespiegelte Schrift entstehen soll. Der Vorgabewert **0** erzeugt keine Spiegelschrift, **1** spiegelt Schriften. Für Schraffuren gibt es die Variable MIRRHATCH ebenfalls mit Voreinstellung **0**. Dadurch bleibt beim Spiegeln von Halbschnitten durch Drehteile die Schraffurausrichtung beibehalten. Mit **1** wird die Schraffurrichtung gedreht.

4.6.4 BRUCH

Der Befehl BRUCH dient dazu, Kurven wie bei STUTZEN zu beschneiden, aber ohne Schnittkanten zu verwenden, sondern nur an Positionen, die Sie anklicken. Damit ist BRUCH meist da anzuwenden, wo es um das Aufbrechen von Kurven an nicht exakt bemaßten Stellen geht. Beispielsweise soll eine Mittellinie wegen eines Texts unterbrochen werden. Der Befehl BRUCH beginnt mit dem Aufbrechen der Kurve standardmäßig am Punkt der Objektwahl und geht von da bis zu einem zweiten wählbaren Punkt. Bei Kreisen muss man beachten, dass die Aktion immer in positiver Winkelrichtung läuft. Deshalb müssen die Pickpunkte im Gegenuhrzeigersinn liegen (GUZ).

Zeichnen und Beschriftung	Icon	Befehl	Kürzel
START|ÄNDERN		BRUCH	BR
START|ÄNDERN		BRUCH, OPTION E, @	BR

Abb. 4.41: Bruch beim Kreis

Es soll nun in der Flansch-Zeichnung noch das Gewinde gezeichnet werden. Dazu konstruieren wir einen Kreis mit Durchmesser 10. Dann wird der Befehl BRUCH benutzt, um ein Viertel aus dem Kreis herauszuschneiden. Wichtig ist hierbei, dass die Objektfänge ZENTRUM und QUADRANT ausgeschaltet sind, damit die Positionen frei gewählt werden können.

```
Befehl: ⊙_circle
KREIS Zentrum für Kreis angeben oder [...]: _cen von Erste Bohrung anklicken
KREIS Radius für Kreis angeben oder [Durchmesser]: D Enter
KREIS Durchmesser für Kreis angeben: 10 Enter
Befehl: _break
BRUCH Objekt wählen: etwa bei 5° anklicken
BRUCH Zweiten Brechpunkt oder [Erster punkt] angeben: etwa bei 85° anklicken
```

Abbildung 4.42 zeigt noch die verschiedenen Bedienmöglichkeiten des Befehls BRUCH. Die Fälle sollen hier kurz erläutert werden:

- Objektwahlposition ist erster Brechpunkt, der zweite Brechpunkt davon getrennt auf der Kurve: Es entsteht eine Lücke, beginnend bei der Objektwahlposition. Dies entspricht direkt dem Werkzeug.
- Objektwahlposition und erster Brechpunkt sind getrennt durch Wahl der Option **E**, der zweite Brechpunkt davon getrennt auf der Kurve: Es entsteht eine Lücke unabhängig von der Objektwahlposition.
- Objektwahlposition ist erster Brechpunkt und durch Eingabe von **@** ist dies auch der zweite Brechpunkt: Die Kurve wird an der Objektwahlposition durchgeschnitten. Es entsteht keine Lücke, aber die Kurve ist zweigeteilt.
- Objektwahlposition und erster Brechpunkt sind getrennt durch Wahl der Option **E**, aber erster und zweiter Brechpunkt fallen durch Eingabe von **@** zusammen: Die Kurve wird am ersten Brechpunkt durchgeschnitten. Es entsteht keine Lücke, aber die Kurve ist zweigeteilt. Dies entspricht direkt dem Werkzeug.

Kapitel 4
Grundlegende Editierbefehle und Objektwahl

- Erster Brechpunkt liegt auf der Kurve, zweiter Brechpunkt liegt außerhalb: Es wird vom ersten Brechpunkt an das Ende der Kurve abgeschnitten.

```
Befehl: BRUCH
Objekt wählen:
Zweiten Brechpunkt angeben oder [Erster punkt]:

Befehl: BRUCH
Objekt wählen:
Zweiten Brechpunkt angeben oder [Erster punkt]: E
Ersten Brechpunkt angeben:
Zweiten Brechpunkt angeben:

Befehl: BRUCH
Objekt wählen:
Zweiten Brechpunkt angeben oder [Erster punkt]: @

Befehl: BRUCH
Objekt wählen:
Zweiten Brechpunkt angeben oder [Erster punkt]: E
Ersten Brechpunkt angeben:
Zweiten Brechpunkt angeben: @

Befehl: BRUCH
Objekt wählen:
Zweiten Brechpunkt angeben oder [Erster punkt]:
```

Abb. 4.42: Möglichkeiten des Befehls BRUCH

4.6.5 VERBINDEN

Zeichnen und Beschriftung	Icon	Befehl	Kürzel
START|ÄNDERN	⊶⊷	VERBINDEN	VB

Der Befehl VERBINDEN fragt zuerst nach einem Quellobjekt und dann nach weiteren Objekten, die mit dem Quellobjekt verbunden werden sollen. Sie können als Quellobjekte *Linien, Bögen, Polylinien* oder *Splines* (siehe Kapitel 6) wählen.

- Verschiedene LINIEN, BÖGEN und POLYLINIEN, die mit ihren Endpunkten zusammenpassen, können zu einer gesamten POLYLINIE zusammengefasst werden.
- LINIE – Wenn Sie eine Linie als Quellobjekt wählen, können Sie diese mit exakt fluchtenden weiteren Linien zu einer *Gesamtlinie* von einem äußersten Endpunkt zum anderen verbinden.
- BOGEN – Ein Bogen kann mit weiteren exakt konzentrischen Bögen mit identischem Radius zu einem Gesamtbogen verbunden werden. Ein Bogen kann auch mit der Option SCHLIEẞEN zum KREIS geschlossen werden.
- POLYLINIE – Eine Polylinie kann mit anderen Polylinien, Linien oder Bögen verbunden werden. Bedingung ist jedoch, dass die Endpunkte exakt zusammenpassen.
- SPLINE – Auch Splinekurven können mit anderen verbunden werden, sofern sie mit den Endpunkten exakt zusammenfallen. Es können auch dreidimensionale Splines sein, die auch mit Knick anschließen.

Die Eigenschaften wie Farbe, Linientyp etc. bestimmt das Quellobjekt, das erste gewählte Objekt.

4.6.6 DREHEN

Zeichnen und Beschriftung	Icon	Befehl	Kürzel
START|ÄNDERN		DREHEN	DH

Der Befehl DREHEN fragt zuerst nach den Objekten, die verdreht werden sollen. Die Objektwahl beendet man mit `Enter`. Danach wird der Drehpunkt, hier als *Basispunkt* bezeichnet, erfragt. Dann müssen Sie den Winkel angeben, *um* den gedreht werden soll. Es ist hierbei zu beachten, dass der positive Drehwinkel im *Gegenuhrzeigersinn* zählt.

Es gibt auch noch eine Option BEZUG, die durch Eingabe von B `Enter` aktiviert wird. Dann gibt man nicht den Drehwinkel ein, sondern den Ausgangswinkel – hier als BEZUGSWINKEL bezeichnet – und den Endwinkel der Drehung – als NEUER WINKEL bezeichnet – und überlässt AutoCAD die Berechnung des resultierenden Drehwinkels.

Die Winkel können Sie auch aus der Zeichnung abgreifen. Für den Bezugswinkel müssten Sie dafür zwei Punkte anklicken, für den neuen Winkel reicht dann ein weiterer Punkt aus, weil der Basispunkt der Drehung automatisch als erster Punkt des neuen Winkels verwendet wird. Mit der Option PUNKTE können Sie aber auch den neuen Winkel unabhängig vom Basispunkt irgendwo in der Zeichnung über

Kapitel 4
Grundlegende Editierbefehle und Objektwahl

zwei Punkte abgreifen. Mit der Option KOPIEREN können Sie das Originalobjekt erhalten und eine Kopie davon drehen.

Das oben gezeichnete Gewinde soll noch um 45° gedreht werden. Der Dialog läuft wie folgt:

```
Befehl: ○_rotate
Aktueller positiver Winkel in BKS: ANGDIR=gegen den Uhrzeigersinn ANGBASE=0
DREHEN Objekte wählen: L Enter  1 gefunden
DREHEN Objekte wählen: Enter
DREHEN Basispunkt angeben: ○_cen von die Bohrung anklicken
DREHEN Drehwinkel angeben oder [Kopie Bezug]<0>: 45 Enter
```

Generell gilt: Immer wenn Sie einen Winkel eingeben sollen, können Sie bei AutoCAD zwei Punkte anklicken. Der erste Punkt ist dann der Scheitelpunkt des Winkels, und der Wert des Winkels wird dann von der Horizontalen im Scheitelpunkt gegen den Uhrzeigersinn zum zweiten Punkt des Winkels gemessen. Genauso können Sie auch anstelle von Längeneingaben zwei Punkte anklicken, es wird dann der Abstand als Wert übernommen.

Abb. 4.43: Winkel und Abstand über zwei Punkte eingeben

4.7 Griffe

Die Griffe haben Sie vielleicht schon längst gesehen. Sie erscheinen nämlich immer dann, wenn Sie ein Objekt anklicken, aber vergessen haben, vorher einen Editierbefehl aufzurufen. Dann werden die angeklickten Objekte nicht nur gestrichelt markiert, sondern erhalten auch an den charakteristischen Punkten – das sind die Positionen, an denen Objektfänge greifen könnten – blau ausgefüllte Kästchen. Das sind die *Griffe*.

Hinter den Griffen versteckt sich eigentlich ein kleines eigenes Editiersystem, das alle gängigen Editierbefehle mit teilweise umfangreicheren Optionen bietet als die bisher beschriebenen Editierbefehle.

> **Tipp**
>
> **Griffe wegschalten**
>
> Wenn Sie aus Versehen die Griffe aktiviert haben, können Sie sie mit der ⌈Esc⌉-Taste wieder deaktivieren.

Bei aktivierten Griffen gibt es mehrere Aktionsmöglichkeiten:

- Sie können einen normalen Editierbefehl über Befehlsaufruf oder Werkzeug aufrufen. Dann gelten die *markierten Objekte als vorgewählt* und der betreffende Editierbefehl verwendet automatisch ohne zusätzliche Objektwahl die markierten Objekte.
- Sie können über das Kontextmenü einen normalen Editierbefehl aufrufen. Die markierten Objekte gelten wieder als aktuelle Objektwahl.
- Sie können auf einen Griff fahren (nicht noch mal klicken), dann erscheint je nach Art des Griffs eventuell ein kleines Menü beispielsweise mit den Funktionen STRECKEN und LÄNGE. Das sind dann multifunktionale Griffe: Sie bieten mehrere Funktionen an. Die Funktionen können Sie nun anklicken und mit Parametern versorgen.
- Sie können einen Griff durch Anklicken »heiß« machen und spezielle Editierfunktionen über das Kontextmenü für »heiße« Griffe aufrufen.
- Sie können beim heißen Griff nach einer ersten Aktion (z. B. Schieben, Drehen, Kopieren) bei gedrückter ⌈Strg⌉-Taste dieselbe Aktion in regelmäßigen Abständen wiederholen.
- Wenn in der Statusleiste bei den ZEICHENHILFEN die SCHNELLEIGENSCHAFTEN aktiviert sind (SE ▣), werden die wichtigsten Eigenschaften des Objekts angezeigt und können auch bearbeitet werden. Wenn die SCHNELLEIGENSCHAFTEN nicht aktiviert sind, erscheinen sie erst nach einem *Doppelklick* auf das Objekt.

> **Wichtig**
>
> **Einrasten bei Griffen**
>
> Die Griffe wirken wie Objektfangsymbole beim Verschieben von Punkten auch als Magnete zum Einrasten. Wenn Sie also Griffe aktiviert haben, können Sie teilweise auf den Objektfang verzichten.

4.7.1 Griffe als Vorauswahl für nachfolgenden Editierbefehl

Immer wenn man ein oder mehrere Objekte *ohne Befehlsaufruf* anklickt, erscheinen die Griffe. Damit sind die Objekte markiert und vorgewählt für einen nachfolgenden Befehl. Geben Sie dann LÖSCHEN ein, so sind ohne weitere Rückfrage schlagartig die Objekte mit den Griffen weg. Wenn also Objekte mit Griffen markiert sind, fällt beim nachfolgenden Editierbefehl die Objektwahlanfrage weg. Er verwendet ohne Zögern die markierten Objekte. In dieser Weise, als *Vorwahl vor dem Befehlsaufruf*, sollten Sie vielleicht die Griffe erst verwenden, wenn Sie etwas Übung haben.

Unter ANWENDUNGSMENÜ|OPTIONEN|AUSWAHL können Sie auf der rechten Seite des Dialogfensters zahlreiche Einstellungen für die Griffe vornehmen. Unter anderem lassen sich hier über das Kontrollkästchen GRIFFE AKTIVIEREN die Griffe auch wegschalten. Die Größe der Griffe sollten Sie so einstellen, dass Sie sie bequem anklicken können.

Abb. 4.44: Einstellungen für Griffe (rechte Seite)

> **Wichtig**
>
> Standardmäßig werden keine Griffe mehr angezeigt, wenn mehr als 100 Objekte gewählt wurden. Diese Zahl können Sie ändern.

4.7.2 Kontextmenü bei aktivierten Griffen

Wenn die Griffe am Objekt erscheinen, bietet das Kontextmenü auf dem Zeichenbereich eine Auswahl der normalen Editierfunktionen an.

Abb. 4.45: Kontextmenü bei aktivierten Griffen

Neben den schon bekannten Funktionen des Kontextmenüs ohne aktiven Befehl finden Sie hier nun neue Funktionen. Sie entsprechen größtenteils den bereits in den vorangegangenen Kapiteln vorgestellten Editierbefehlen.

- LÖSCHEN – entspricht dem Editierbefehl LÖSCHEN.
- VERSCHIEBEN – entspricht dem Editierbefehl SCHIEBEN.
- AUSWAHL KOPIEREN – entspricht dem Editierbefehl KOPIEREN.
- SKALIEREN – entspricht dem Editierbefehl VARIA (siehe Kapitel 7).
- DREHEN – entspricht dem Editierbefehl DREHEN.
- GRUPPE – erstellt aus den markierten Objekten eine Gruppe, d.h. eine Gruppe, die von AutoCAD einen internen Namen der Art *A1 oder *A2 etc. erhält. Falls das markierte Objekt bereits eine Gruppe ist, werden hier noch weitere Optionen zur Manipulation der Gruppe angeboten.
- AUSWAHL AUFHEBEN – hebt die Markierung durch Griffe wieder auf. Dies entspricht der [Esc]-Taste.

4.7.3 Griff-Menü beim heißen Griff

Wenn Sie einen vorhandenen Griff (blau) durch nochmaliges Hineinklicken zu einem »heißen Griff« (rot) machen, können Sie über das Kontextmenü nach

Rechtsklick wieder viele Standard-Editierbefehle aufrufen. Dabei gilt der »heiße Griff« als Basispunkt.

```
Eingabe
Letzte Eingabe          ▶
Strecken
Verschieben
Drehen
Skalieren
Spiegeln

Basispunkt
Kopieren
Referenz
Rückgängig        Strg+Z

Beenden
```

Abb. 4.46: Kontextmenü beim heißen Griff

Die Funktionen im Kontextmenü sind im Einzelnen:

- EINGABE – entspricht der Eingabetaste ⟨Enter⟩. Damit können Sie die möglichen Aktionen durchblättern.
- VERSCHIEBEN – verschiebt ein Objekt wie der Befehl SCHIEBEN.
- SPIEGELN – spiegelt ein Objekt wie der Befehl SPIEGELN.
- DREHEN – dreht ein Objekt wie der Befehl DREHEN.
- SKALIEREN – skaliert ein Objekt wie der Befehl VARIA (siehe Kapitel 7).
- STRECKEN – legt den aktuellen Punkt neu fest. Diese Funktion hat etwas unterschiedliche Wirkung in Abhängigkeit vom gewählten Punkt.
  - *Endpunkt* einer *Linie* – Es wird lediglich dieser eine Punkt verschoben und somit die Linie echt gestreckt.
  - *Mittelpunkt* einer *Linie* oder *Zentrum* eines *Kreises* – Es wird mit diesem Punkt das gesamte Objekt verschoben, und der Befehl wirkt sich hier wie SCHIEBEN aus.
  - *Quadrant* eines *Kreises* – Es wird dieser Quadrant neu festgelegt, und es wirkt sich als Skalierung des Kreises aus.
  - *Gruppen* – Es werden hier die Einzelobjekte der Gruppe einzeln modifiziert.

Nach den Editierfunktionen folgen im Kontextmenü *Optionswahlen*.

- BASISPUNKT – kann als Option zu den obigen Editierfunktionen aufgerufen werden, um einen *anderen Basispunkt* als den heißen Griff zu verwenden.

- KOPIEREN – ist hier kein eigener Befehl, sondern bedeutet als Option, dass der aktuell gewählte Editierbefehl nicht mit dem gewählten Original, sondern mit der Kopie des Objekts ausgeführt wird. Dadurch ist es möglich, beim Drehen das Original zu belassen und eine Kopie zu drehen. Insbesondere bedeutet Kopie hier, dass der Editierbefehl beliebig viele Kopien anbietet. Das können die normalen Editierbefehle meist nicht.
- REFERENZ – entspricht der Option BEZUG bei den Befehlen DREHEN und VARIA. Beim DREHEN wird dann nicht der Drehwinkel eingegeben, um den gedreht wird, sondern der Referenzwinkel (alte Winkellage) und der neue Winkel. Beim *Skalieren* wird dann kein Skalierfaktor eingegeben, sondern eine Referenzlänge (alte Länge) und eine neue Länge.
- RÜCKGÄNGIG – Diese Option macht Aktionen einzeln rückgängig, zum Beispiel die letzte Kopie von mehreren.
- EIGENSCHAFTEN – startet den EIGENSCHAFTEN-MANAGER (siehe unten).
- BEENDEN – beendet die aktuelle Editierfunktion. Der Griff ist nun nicht mehr heiß, aber die Markierung bleibt.

Wenn Sie beispielsweise eine Linie als Kopie verschieben möchten, dann klicken Sie im Kontextmenü auf SCHIEBEN, rufen es noch einmal auf und klicken dann auf KOPIEREN. Damit erreichen Sie eine Verschiebung nicht des Originals, sondern einer Kopie. Und der Befehl bleibt im Wiederholmodus. Sie können also dieselbe Linie an eine weitere Stelle kopieren usw., bis Sie mit ⎡Enter⎤ beenden.

Abbildung 4.47 zeigt ein typisches Beispiel. Die Linie soll nachträglich an den Kreis gelegt werden. Sie aktivieren an der Linie die Griffe durch einfaches Anklicken. Dann klicken Sie noch einmal in einen Griff am Endpunkt hinein, und er wird rot gefärbt. Dies ist das Zeichen dafür, dass der Griff jetzt heiß ist. Das bedeutet, Sie können mit diesem Griff jetzt verschiedene Manipulationen ausführen. Bei eingeschaltetem OFANG auf QUADRANT lässt sich durch einfaches Verschieben dieses heißen Griffes in die Nähe des gewünschten Quadranten das Linienende unproblematisch an den Kreis anfügen.

Abb. 4.47: Manipulation mit heißem Griff: Linie strecken

Kapitel 4
Grundlegende Editierbefehle und Objektwahl

4.7.4 Griffaktionen mit regelmäßigen Abständen

Man kann mehrfache Aktionen wie etwa mehrfaches Kopieren von Objekten mit regelmäßigen Punktpositionen besonders bequem mit den Griffen erledigen. Im Beispiel unten wurde eine Linie mit den Griffen im ORTHO-Modus um 5 Einheiten nach rechts kopiert. Wenn man dann im Griff-Modus KOPIEREN bei weiteren Kopien die [Strg]-Taste gedrückt hält, rastet das Fadenkreuz weiterhin in gleichmäßigen Abständen ein. Damit wurde das Linienmuster erzeugt. Auch beim DREHEN im KOPIEREN-Modus kann man mit der [Strg]-Taste bewirken, dass in gleichen Winkelschritten weitergedreht wird. Hiermit lassen sich also Vervielfältigungen erreichen, die sonst oft nur mit dem Befehl REIHE (Kapitel 7) erzeugt werden können.

Abb. 4.48: Mehrfache Griff-Aktion

```
Befehl: _line
LINIE Ersten Punkt angeben: 10,10
LINIE Nächsten Punkt angeben oder [Zurück]: @0,50
LINIE Nächsten Punkt angeben oder [Zurück]: [Enter]
Befehl: Linie anklicken, oberen Griff durch erneutes Anklicken heiß machen
VERSCHIEBEN im Kontextmenü wählen
KOPIEREN im Kontextmenü wählen
    <Ortho ein> mit Fadenkreuz nach rechts zeigen: 5[Enter]
[Strg] + mit Fadenkreuz nach rechts: Es rastet im Abstand 5 ein
[Strg] + mit Fadenkreuz nach rechts: es rastet im Abstand 5 ein
[Strg] + mit Fadenkreuz nach rechts: es rastet im Abstand 5 ein
[Strg] + mit Fadenkreuz nach rechts: es rastet im Abstand 5 ein
[Esc] zum Beenden
```

> **Tipp**
>
> Es ist eventuell hilfreich, während solch einer Bearbeitung die Zeichenhilfen POLAR und OTRACK auszuschalten.

4.7.5 Griffe-Übung

Wir werden nun einen Kreis und eine Linie von Quadrant zu Quadrant zeichnen und diese Linie dann mit den Griffen um jeweils 90° drehen und kopieren.

Abb. 4.49: Kopieren und Drehen mit Griffen

```
Befehl: _circle
KREIS Zentrum für Kreis angeben oder [3P 2P Ttr (Tangente Tangente
Radius)]: 100,100
KREIS Radius für Kreis angeben oder [Durchmesser]: 50
Befehl: _line
LINIE Ersten Punkt angeben: _quad von 90° am Kreis anklicken
LINIE Nächsten Punkt angeben oder [Zurück]: _quad von 0° am Kreis anklicken
LINIE Nächsten Punkt angeben oder [Zurück]: Enter
Befehl: Linie anklicken: Griffe erscheinen (blau)
Befehl: Einen Griff anklicken: Griff wird heiß (rot)
DREHEN im Kontextmenü wählen
BASISPUNKT im Kontextmenü wählen
 _cen von  Objektfang ZENTRUM aktivieren und Kreiszentrum anklicken
KOPIEREN im Kontextmenü wählen
** DREHEN (mehrere) **
Drehwinkel angeben oder [BAsispunkt Kopieren Zurück BEzug Exit]: 90
Nun die Strg-Taste drücken, damit weitere Drehpositionen bei 180° und 270° einrasten
und mit Klick übernommen werden können
```

4.8 Kalte Griffe – Multifunktionale Griffe

Auch die kalten Griffe, die nach einmaligem Anklicken eines Objekts sichtbar sind, bieten die Möglichkeit, damit das Objekt zu verschieben, oder sie bieten bei vielen Objekten sogar ein kleines Menü mit mehreren Funktionen, wenn Sie auch nur auf einen kalten Griff zeigen. Zeigen bedeutet, dass Sie nicht klicken, sondern nur darauffahren. In diesem Zusammenhang kann insbesondere die dynamische Eingabe DYN bzw. ⬚ mit der Einstellung WO MÖGLICH, BEMASSUNGSEING. AKTIVIEREN gute Dienste leisten. Insbesondere am Bogen mit den multifunktionalen Griffen für STRECKEN und LÄNGE zeigt sich der Wert der Bemaßungseingabe. Sie können dann hier direkt die neuen Werte für Winkel oder Bogenlänge eingeben und auch zwischen den Eingabefeldern mit ⬚ wechseln.

Abb. 4.50: Multifunktionale Griffe, hier Längenänderung

Zwischen den verschiedenen Funktionen dieser Greiffe können Sie auch mit der (Strg)-Taste. Bei komplexeren Objekten wie Polylinie und Bemaßung gibt es weitere spezielle Griffe mit speziellen Kontextmenüs, die spezifisch für diese Objekttypen sind.

Objekt	Art des Griffs	Angebotene Aktion	Wirkung
Linie	Endpunkt	Strecken	Verschiebung dieses Endpunkts, der andere Endpunkt bleibt stehen.
		Länge	Nur Längenänderung, der andere Endpunkt und die Richtung der Linie bleiben erhalten.

Tabelle 4.3: Aktionen bei kalten Griffen

Objekt	Art des Griffs	Angebotene Aktion	Wirkung
	Mittelpunkt	-	Verschiebung der kompletten Linie
Kreis	Zentrum	-	Verschiebung des kompletten Kreises
	Quadrant	-	Ändern des Radius
Bogen	Zentrum	-	Verschiebung des kompletten Bogens
	Endpunkt	Strecken	Verschiebung des Endpunkts, anderer Endpunkt und Mittelpunkt bleiben stehen.
		Länge	Ändern des Winkels dieses Punkts
	Mittelpunkt	Strecken	Verschiebung des Mittelpunkts, beide Endpunkte bleiben stehen.
		Radius	Ändern des Radius, Start- und Endwinkel bleiben
Polylinie	Scheitelpunkt	Scheitelpunkt strecken	Verschiebung des Scheitelpunkts, übrige Punkte bleiben stehen.
		Scheitelpunkt hinzufügen	Fügt einen weiteren Scheitelpunkt hinzu
		Scheitelpunkt entfernen	Löscht den Punkt und das zugehörige Segment
	Segmentmitte (schmaler Griff)	Strecken	Liniensegment: Verschiebt das Segment mit Start- und Endpunkt, Winkel bleibt erhalten. Bogensegment: Start-und Endpunkte bleiben stehen, Segmentmitte wird verschoben.
		Scheitelpunkt hinzufügen	Fügt einen weiteren Scheitelpunkt hinzu
		In Bogen/Linie konvertieren	Wandelt Segment entsprechend um, Endpunkte bleiben stehen.
Schraffur	Schwerpunkt	Strecken	Verschiebt die Schraffur. Die Form bleibt erhalten, Schraffur wird von Umgrenzung gelöst und die Assoziativität geht verloren.
		Ausgangspunkt	Der Startpunkt für das Schraffurmuster wird neu festgelegt.
		Schraffurwinkel	Ändert den Winkel des Schraffurmusters
		Schraffurskalierung	Ändert den Skalierfaktor für die Schraffur

Tabelle 4.3: Aktionen bei kalten Griffen (Forts.)

4.9 Eigenschaften von Objekten bearbeiten

Die Objekte einer Zeichnung haben hauptsächlich drei Arten von Eigenschaften:

- ALLGEMEIN – Farbe, Linienstärke, Linientyp, Layerzugehörigkeit (siehe Kapitel 5) etc.
- 3D-VISUALISIERUNG – zeigt die für die realistische 3D-Darstellung wichtigen Materialeigenschaften an.
- GEOMETRIE – Start- und Endpunkte bei Linien, Mittelpunkt beim Kreis, Radius beim Kreis etc.
- SONSTIGES – z.B. *Geschlossen (Ja/Nein)* bei *Polylinien* etc.

Man kann auch die Eigenschaften mehrerer Objekte gleichzeitig ändern. Damit ist es beispielsweise möglich, mehreren gewählten Objekten den gleichen Layer, mehreren Kreisen den gleichen Mittelpunkt oder den gleichen Radius zu geben.

In der aktuellen Version erscheint bereits beim *Berühren* eines Objekts eine maussensitive QUICKINFO. Damit werden Objekttyp, Farbe, Layer und Linientyp angezeigt. Wenn die Schnelleigenschaften SEIG bzw. ▣ in der Statusleiste aktiviert ist, sehen Sie nach *Anklicken* eines Objekts eine Auswahl der wichtigsten Eigenschaften in einer kleinen SCHNELLEIGENSCHAFTEN-PALETTE. Viele können dort auch geändert werden. Ohne SEIG bzw. ▣ in der Statusleiste werden die Schnelleigenschaften über DOPPELKLICK aktiviert.

4.9.1 Eigenschaften-Manager

Der EIGENSCHAFTEN-MANAGER zeigt schließlich *alle* Eigenschaften eines Objekts an. Er kann auf verschiedene Arten gestartet werden, einerseits normal als Befehl, andererseits aber auch übers Kontextmenü nach Anklicken eines Objekts. Die Funktion EIGENSCHAFTEN lässt sich im SCHNELLZUGRIFF-WERKZEUGKASTEN ganz leicht aktivieren (Abbildung 4.2).

Zeichnen und Beschriftung	Icon	Schnellaufruf	Befehl	Kürzel
START|EIGENSCHAFTEN ↘	Eigenschaften	Rechtsklick aufs Objekt und Klick auf EIGENSCHAFTEN im Kontextmenü	EIGEN-SCHAFTEN	E, EI, EIG

Wird der EIGENSCHAFTEN-MANAGER gestartet, dann müssen vor oder nach dem Aufruf noch die Objekte angeklickt werden. Sie erscheinen dann markiert und mit Griffen. Nun kann man in allen Feldern des EIGENSCHAFTEN-MANAGERS, die nicht grau sind, Änderungen vornehmen. Die Objekte können mit `Esc` wieder aus der Auswahl herausgenommen werden. Der EIGENSCHAFTEN-MANAGER bleibt aber auf der Zeichenfläche liegen. Will man ihn wieder schließen, so tut man das über das Kreuzchen im Balken oben. Der EIGENSCHAFTEN-MANAGER kann auch über den

4.9 Eigenschaften von Objekten bearbeiten

Balken durch Bewegen mit gedrückter Maustaste beliebig positioniert werden wie unter Windows üblich.

Abb. 4.51: SCHNELLEIGENSCHAFTEN und EIGENSCHAFTEN-MANAGER für LINIE

Abb. 4.52: Eigenschaften von mehreren Linien

Kapitel 4
Grundlegende Editierbefehle und Objektwahl

Bei mehreren Objekten verschiedenen Typs zeigt der EIGENSCHAFTEN-MANAGER nur die ALLGEMEINEN EIGENSCHAFTEN (und die 3D-VISUALISIERUNGSEINSTELLUNG) an. Der Grund dafür ist klar: Diese Objekte haben keine gemeinsamen geometrischen Elemente.

Abb. 4.53: EIGENSCHAFTEN-MANAGER mit Kreis und Linie

Der EIGENSCHAFTEN-MANAGER zeigt im obersten Listenfeld immer an, welcher Objekttyp gewählt wurde und in Klammern die Anzahl der Objekte. Wenn Objekte verschiedenen Typs gewählt wurden, erscheint dort ALLE. Rechts neben diesem Listenfeld gibt es einige Schaltflächen für die Objektwahl. Das rechte Werkzeug mit dem Blitz aktiviert die oben bereits geschilderte SCHNELLAUSWAHL.

Mit dem Werkzeug links neben der SCHNELLAUSWAHL können Sie eine neue Auswahl starten. Das Werkzeug ganz links schaltet zwischen MEHRFACHAUSWAHL (Standard) und EINZELAUSWAHL um. Bei EINZELAUSWAHL kann immer nur eine einzige Objektwahl getätigt werden. Bei einer weiteren Wahl wird dann die vorherige Auswahl wieder verworfen, sodass immer nur eine einzige Auswahl aktiv ist.

Einzelwahl
(nicht Standard !!!)
PICKADD = 0

Mehrfach-Wahl
PICKADD = 1

Neue Auswahl

Schnell-Auswahl

Abb. 4.54: Objektwahl-Optionen

4.9 Eigenschaften von Objekten bearbeiten

> **Vorsicht**
>
> **Einzelwahl**
>
> Die Umschaltung auf EINZELWAHL im EIGENSCHAFTEN-MANAGER ist eine permanente Einstellung, die auch für alle anderen Befehle danach weiter gilt! Diese Einstellung entspricht dem Wert 0 in der Systemvariablen PICKADD. In diesem Modus kann die Objektwahl nur durch Drücken der Taste [Shift] erweitert werden. Eine weitere Objektwahl führt zur Abwahl der zuvor gewählten Objekte.

> **Vorsicht**
>
> **EIGENSCHAFTEN-MANAGER ohne Objekte**
>
> Wenn Sie den EIGENSCHAFTEN-MANAGER gestartet, aber vergessen haben, Objekte zu wählen, dann gelten alle Einstellungen, die Sie vornehmen, *für die danach neu gezeichneten Objekte*. Das heißt, mit dem EIGENSCHAFTEN-MANAGER ohne Objektwahl definieren Sie die *Vorgaben für neue Objekte*. Der EIGENSCHAFTEN-MANAGER zeigt in diesem Fall im oberen Listenfeld keinen Objekttyp an, sondern KEINE AUSWAHL.

Der EIGENSCHAFTEN-MANAGER kann auch so geschaltet werden, dass zwar der senkrechte Balken immer sichtbar bleibt, aber das komplette Dialogfenster nur beim Anfahren des Balkens aktiviert wird. Diese Einstellung erreichen Sie über das vorletzte Werkzeug auf dem Balken AUTOM. AUSBLENDEN. Mit FIXIEREN ZULASSEN wird erreicht, dass die Palette seitlich andockt, sobald Sie sie in den Rand ziehen. Um sie auch dort automatisch auszublenden, können Sie im oberen Balken neben dem X auf _ klicken. Nun gibt es im Balken rechts noch die Option NUR SYMBOLE.

Abb. 4.55: Einstellungen des EIGENSCHAFTEN-MANAGERS

Kapitel 4
Grundlegende Editierbefehle und Objektwahl

4.9.2 Übungen zu den Eigenschaften

Zeichnen Sie wie in Abbildung 4.56 gezeigt mehrere Kreise. Benutzen Sie dann den EIGENSCHAFTEN-MANAGER, um alle Kreise auf den gleichen Radius zu setzen. Dazu überschreiben Sie einfach bei *Radius* die Eintragung *VARIIERT* und klicken dann in eine andere Zeile oder betätigen Enter. Schon nehmen alle Kreise diesen Radius an.

Abb. 4.56: Verschiedene Kreise mit EIGENSCHAFTEN-MANAGER

Abb. 4.57: Radius wurde gleichgesetzt.

4.9 Eigenschaften von Objekten bearbeiten

Die Beispielabbildungen zeigen, wie Sie Kreise über einen gemeinsamen x-Wert für das Zentrum aneinander ausrichten können oder den Kreisen einen einheitlichen Radius geben können oder auch alle Kreise konzentrisch gestalten können. Sie können sogar die Fläche der Kreise vorgeben.

Abb. 4.58: X-Koordinate vom Zentrum wurde gleichgesetzt.

Abb. 4.59: Zentrum der Kreise wurde gleichgesetzt.

4.9.3 Eigenschaften anpassen

Während der EIGENSCHAFTEN-MANAGER die Eigenschaften eines oder mehrerer Objekte anzeigt und einzustellen erlaubt, kann der Befehl EIGANPASS die Eigenschaften von einem Objekt auf ein oder mehrere weitere übertragen. Damit ist dieser Befehl auch sehr nützlich. Immer, wenn Sie wissen, dass ein bestimmtes Objekt in seinen Eigenschaften richtig eingestellt ist, können Sie den Befehl EIGANPASS verwenden, um diese Eigenschaften auf andere Objekte zu übertragen, von denen Sie wissen, dass etwas nicht korrekt eingestellt ist, oder von denen Sie nichts Genaues wissen.

Zeichnen und Beschriftung	Icon	Befehl	Kürzel
START|ZWISCHENABLAGE		EIGANPASS, EIGÜBERTRAG	EG

Im Dialog fragt der Befehl zuerst nach einem *Quellobjekt*. Das wäre ein Objekt, das mit seinen Eigenschaften-Einstellungen als Vorbild dienen soll. Danach wählen Sie im Normalfall ein oder mehrere Zielobjekte, die diese Eigenschaften übernehmen sollen. An dieser Stelle können Sie mit der Option EINSTELLUNGEN anzeigen lassen und beeinflussen, welche Eigenschaften übergeben werden sollen. Sie sehen hier immer Eigenschaften aus dem Bereich ALLGEMEINE EIGENSCHAFTEN, keine geometrischen Eigenschaften. Bei besonderen Objekten wie *Bemaßungen*, *Texten*, *Schraffuren*, *Polylinien* und *Ansichtsfenstern* werden noch weitere Einstellungen übertragen, meist sind es die *Stileinstellungen*. Damit können Sie spezielle Einstellungen für eine einzelne Bemaßung auf weitere übertragen. Das ist vor allem für die Bemaßungspraxis im Maschinenbau wichtig. Welche Eigenschaften der Befehl EIGANPASS überträgt, können Sie mit der Option EINSTELLUNGEN auswählen.

Abb. 4.60: Einstellungen für EIGANPASS

```
Befehl:  '_matchprop
EIGANPASS Quellobjekt wählen: Vorbild-Objekt anklicken
EIGANPASS Zielobjekt(e) oder [Einstellungen] wählen: Anzupassendes Objekt anklicken
EIGANPASS Zielobjekt(e) oder [Einstellungen] wählen: Enter
```

4.10 Kontextmenüs

Die Arbeit mit AutoCAD wird durch die Kontextmenüs stark erleichtert. Die Bedienung eines Kontextmenüs ist angenehmer, weil das Kontextmenü immer dort erscheint, wo Sie gerade arbeiten. Sie haben es also sofort im Blickfeld. Die *Kontextmenüs* erscheinen auf den *rechten Mausklick* hin (übliche Abkürzung: RMK) und bieten immer diejenigen Optionen an, die in der jeweiligen Situation sinnvoll sind oder am meisten benutzt werden.

4.10.1 Kontextmenü ohne aktiven Befehl

Wenn kein Befehl aktiv ist und Sie mit dem Fadenkreuz auf dem Zeichenbereich einen Rechtsklick ausführen, erscheint das allgemeine Kontextmenü.

Abb. 4.61: Kontextmenü, wenn kein Befehl aktiv ist

- WIEDERHOLEN ... – In der ersten Zeile wird die Wiederholung des letzten Befehls angeboten. Das entspricht der Befehlswiederholung mit Enter.
- LETZTE EINGABE – Hier können Sie die letzten Befehle in der Reihenfolge des Aufrufs finden und wiederholen.

- ZWISCHENABLAGE – Hier befinden sich Aktionen, die über die Zwischenablage arbeiten. Sie können benutzt werden, um Objekte aus einer Zeichnung in die Zwischenablage zu kopieren oder daraus wieder in eine andere aktuelle Zeichnung einzufügen.
  - AUSSCHNEIDEN – entfernt die zuvor markierten Objekte aus der Zeichnung und speichert sie in der Zwischenablage. Als Basisposition für späteres Einfügen in diese oder eine andere Zeichnung werden automatisch die kleinsten x- und y-Koordinaten bestimmt.
  - KOPIEREN – kopiert die zuvor markierten Objekte aus der Zeichnung und speichert sie in der Zwischenablage. Als Basisposition für späteres Einfügen in diese oder eine andere Zeichnung werden automatisch die kleinsten x- und y-Koordinaten bestimmt. Dieses Kopieren hier hat nichts mit dem AutoCAD-Befehl Kopieren zu tun.
  - KOPIEREN MIT BASISPUNKT – kopiert die zuvor markierten Objekte aus der Zeichnung und speichert sie in der Zwischenablage. Sie können eine Basisposition für späteres Einfügen in diese oder eine andere Zeichnung angeben.
  - EINFÜGEN – fügt die Objekte aus der Zwischenablage als einzelne Objekte in die aktuelle Zeichnung ein. Positioniert wird mit dem beim AUSSCHNEIDEN oder KOPIEREN bestimmten Basispunkt.
  - ALS BLOCK EINFÜGEN – fügt die Objekte als zusammengesetztes Block-Objekt aus der Zwischenablage in die aktuelle Zeichnung ein. Positioniert wird mit dem beim AUSSCHNEIDEN oder KOPIEREN bestimmten Basispunkt. Da jeder Block einen Namen haben muss, vergibt AutoCAD einen eigenen, sehr kryptischen Namen. Deshalb sollten Sie dem Block unbedingt sofort im Menü FORMAT|UMBENENNEN (Befehl UMBENENN) einen eigenen sinnvollen Namen geben.
  - MIT ORIGINALKOORDINATEN EINFÜGEN – fügt die Objekte aus der Zwischenablage als einzelne Objekte in die aktuelle Zeichnung an derselben Stelle wie in der ursprünglichen Zeichnung ein.
- ISOLIEREN – Diese Funktion bietet zwei interessante schnelle Möglichkeiten, in einer komplexen Zeichnung die Übersicht zu behalten. In der Statusleiste rechts findet sich auch ein entsprechendes Glühlämpchen-Logo.
  - OBJEKTE ISOLIEREN – Die damit gewählten Objekte bleiben sichtbar, alle anderen aber werden unsichtbar gemacht.
  - OBJEKTE AUSBLENDEN – Die damit gewählten Objekte werden unsichtbar gemacht.
  - OBJEKTISOLIERUNG BEENDEN – Die mit den obigen Funktionen unsichtbar gemachten Objekte werden wieder sichtbar gemacht.

Abb. 4.62: Umbenennen eines Blocks, der über die Zwischenablage importiert wurde

Abb. 4.63: Isolieren und Verbergen von Objekten

Der nächste Kontextmenü-Abschnitt enthält einige schon bekannte allgemeine Funktionen:

- RÜCKGÄNGIG – entspricht dem Befehl Z oder ↶ und macht Befehle rückgängig.
- WIEDERHERSTELLEN – entspricht dem Befehl MZLÖSCH oder ↷ und hebt Z wieder auf.
- ZOOM – ist der Echtzeit-Zoom 🔍, der mit gedrückter Maustaste durch Bewegung nach oben/unten vergrößert/verkleinert.
- PAN – ist der Echtzeit-Pan ✋.
- STEERINGWHEELS – ist der Aufruf des neuen Werkzeugs zur Ansichtssteuerung für 3D-Darstellungen ⊚.
- Ein extra Abschnitt ist dem AKTIONSREKORDER (nicht LT) gewidmet, mit dem Befehlsabläufe als Makros aufgenommen und wiedergegeben werden können.

Im letzten Abschnitt des Kontextmenüs finden sich häufig benutzte Hilfsfunktionen:

Kapitel 4
Grundlegende Editierbefehle und Objektwahl

- UNTEROBJEKT-AUSWAHLFILTER – filtert für Volumenobjekte die Auswahl für Punkte, Kanten, Flächen oder zusammenhängende Flächen zur Bearbeitung (nicht LT).
- SCHNELLAUSWAHL – aktiviert die oben erläuterte Schnellauswahl.
- TASCHENRECHNER – startet den Taschenrechner für interaktive Berechnungen (auch im laufenden Befehl).
- SUCHEN – erlaubt eine schnelle Suche nach Texten oder Textteilen. Damit lassen sich Texte in besonders großen Zeichnungen lokalisieren und durch die Schaltfläche ZOOM AUF kann man darauf zoomen – sprich: die Stelle auf den Bildschirm ziehen. Natürlich lassen sich dadurch auch Ersetzungen vornehmen. Über die Optionen des Suchbefehls können Sie wählen, welche Objektkategorien durchsucht werden sollen.

Abb. 4.64: Suchfunktion

Abb. 4.65: Optionen der Suchfunktion

- OPTIONEN – öffnet das Dialogfenster OPTIONEN, mit dem zahlreiche Voreinstellungen für die Arbeit mit AutoCAD vorgenommen werden können. Diese werden im letzten Kapitel vorgestellt.

4.10.2 Kontextmenü bei aktivem Befehl

Bei aktivem Befehl werden im obersten Abschnitt die beiden wichtigsten Eingaben, nämlich die Eingabetaste [Enter] und die Abbruchtaste [Esc] angeboten, darunter die letzten Eingaben und ggf. Koordinatenwerte.

Abb. 4.66: LINIE, KREIS, BOGEN aktiv

Darunter liegen die Optionen für den aktiven Befehl. Diese sind natürlich ganz unterschiedlich. Ganz unten sind immer dieselben Befehle zu finden, nämlich PAN, ZOOM und der TASCHENRECHNER. Sofern sinnvoll, werden unter FANG-ÜBERSCHREIBUNGEN auch die Objektfänge angeboten.

4.10.3 Kontextmenü bei Dialogfenstern

Wenn Sie Dialogfenster bedienen, so können Sie oft dort auch auf Kontextmenüs zurückgreifen. Diese bieten einerseits Funktionen an, die sehr wichtig sind, andererseits Funktionen, die die normale Fensterbedienung vereinfachen.

Bei der Layerverwaltung ist zum Beispiel eine häufige Fragestellung das Ausblenden aller Layer bis auf den aktuellen. Dazu wählen Sie am besten die Kontext-Funktion ALLE AUSSER AKTUELLEN AUSWÄHLEN und klicken dann auf irgendeine Glühbirne. Das sollten Sie unbedingt später bei der Layerverwaltung benutzen.

Kapitel 4
Grundlegende Editierbefehle und Objektwahl

Abb. 4.67: Layer-Fenster aktiv

4.10.4 Kontextmenüs für die Statusleiste

In der Statusleiste kommen Sie über das Kontextmenü insbesondere an die EINSTELLUNGEN der jeweiligen Funktionen heran.

Abb. 4.68: Kontextmenü in der Statuszeile

Bei FANG lassen sich neben den EINSTELLUNGEN noch das radiale Einrasten beim Polarfang – hier POLARSNAP genannt – und der RASTERFANG getrennt aktivieren. Auch bei den benachbarten Funktionen ist das Kontextmenü immer der schnellste Weg zu den EINSTELLUNGEN.

Zu beachten ist auch, dass das Kontextmenü für die Koordinatenanzeige neben AUS noch zwei Optionen bietet, nämlich ABSOLUT oder RELATIV. Diese letzte Option ist aber nur wählbar, wenn Sie beispielsweise gerade im Befehl LINIE sind und mindestens schon einen Punkt eingegeben haben. Dann können Sie auf *relative Koordinaten* umschalten, was sehr angenehm ist, weil meistens die Vorgaben für eine Konstruktion in *relativen Koordinaten* vorliegen. Zu beachten ist, dass die *relativen Koordinaten* hier immer in der Form von *Polarkoordinaten ohne* @ erscheinen, *absolute Koordinaten* werden als rechtwinklige Koordinaten angezeigt. Wenn nicht gerade Befehle wie LINIE oder später POLYLINIE aktiv sind, schaltet sich die Koordinatenanzeige automatisch wieder auf *Absolutwerte* um, kehrt aber in einem weiteren LINIE-Befehl wieder zu *Relativkoordinaten* zurück.

4.10.5 Kontextmenü für die Befehlszeile

In der Befehlszeile ist es besonders interessant, dass Sie die zuletzt benutzten Befehle reaktivieren können.

Abb. 4.69: Befehlszeile mit Kontextmenü

Außerdem gibt es wieder Möglichkeiten, den kompletten Benutzerdialog oder Teile davon über die Zwischenablage irgendwohin zu kopieren. Sie können aber auch Werte, die Sie im Befehlsdialog weiter oben schon eingegeben hatten, durch Überfahren mit gedrückter Maustaste markieren und mit IN BEFEHLSZEILE EINFÜGEN unten wieder einfügen.

Das Textfenster mit den vorangegangenen Dialogen können Sie übrigens mit [F2] vergrößern und genauso mit [F2] auch wieder verkleinern.

4.10.6 Kontextmenü im Bereich der Registerkarten

Wenn Sie im Bereich der Registerkarten die rechte Maustaste drücken, erhalten Sie ein Kontextmenü, mit dem Sie Register und Gruppen ein- und ausschalten können.

Kapitel 4
Grundlegende Editierbefehle und Objektwahl

Abb. 4.70: Kontextmenü im Registerbereich

4.11 Übungen

Die Befehlsabläufe für das erste Übungsteil befinden sich als PDF-Datei auf der beiliegenden DVD.

4.11.1 Übungsteil: Küche

Als erstes Übungsteil soll die in Abbildung 4.71 gezeigte Küche konstruiert werden.

Abb. 4.71: Küche mit Bemaßung

4.11.2 Übungsteil: Wiege

Abb. 4.72: Übungszeichnung

4.12 Was gibt's noch?

OBJECTISOLATIONMODE – Diese Systemvariable steuert, ob die Isolierung von Objekten nur in der aktuellen Sitzung gilt (ist Vorgabe mit Wert 0) oder dauerhaft gespeichert wird (Wert 1).

SELECTSIMILAR, Option EINS – In diesem Befehl zur Wahl ähnlicher Objekte gibt es die Option EINSTELLUNGEN, um die Kriterien für Ähnlichkeit zu ändern. Vorgabe ist LAYER und NAME. Nach Anklicken *eines* Objekts werden dann auch *alle anderen* Objekte mit übereinstimmenden Kriterien automatisch gewählt. Der Befehl ist auch im Kontextmenü nach Markieren eines Objekts verfügbar: ÄHNLICHE AUSWÄHLEN.

PICKADD – Diese Systemvariable aktiviert mit Wert 1 oder 2 die Ergänzungsmöglichkeit für die Objektwahl, bis Sie mit Enter beenden. Der Wert 2 hat Auswirkungen auf den Befehl WAHL und markiert die Objekte auch nach dessen Befehlsende als gewählt.

WAHL – Der Befehl WAHL dient zur Wahl mehrerer Objekte, die in nachfolgenden Befehlen direkt als vorgewählte Objekte weiterverwendet werden sollen.

Befehlsabkürzungen – Sehr nützlich für die schnelle Bedienung von AutoCAD sind die möglichen Befehlsabkürzungen. Sie sind in der Datei ACAD.PGP gespeichert und können auch vom Benutzer mit VERWALTEN|BENUTZERANPASSUNG|ALIASSE BEARBEITEN erweitert oder geändert werden. Typische Befehlsabkürzungen sind in der folgenden Tabelle wiedergegeben:

Kapitel 4
Grundlegende Editierbefehle und Objektwahl

Kurz	Befehl	Bedeutung
AR	ABRUNDEN	Abrunden von Kurven
B	BOGEN	Bogen zeichnen
DH	DREHEN	Drehen von Objekten
E	EIGENSCHAFTEN	Eigenschaften eines Objekts editieren
EG	EIGANPASS	Eigenschaften anpassen
FA	FASE	Abfasen von Linien
K	KREIS	Kreis zeichnen
KO	KOPIEREN	Objekte kopieren
L	LINIE	Linie zeichnen
LA	LAYER	Layerverwaltung
LK	LTFAKTOR	Globalen Linientypfaktor festlegen
LÖ	LÖSCHEN	Löschen von Objekten
P	PAN	Bildschirmausschnitt verschieben
RG	REGEN	Regenerieren der Bildschirmanzeige nach Zoom
S	SCHIEBEN	Objekte verschieben
SP	SPIEGELN	Spiegeln von Objekten
SU	STUTZEN	Stutzen, Beschneiden von Objekten
ZO	ZOOM	Zoomen

Da die Griffe zum Bearbeiten vieler Objekte schnell und einfach bestimmte Operationen anbieten, sollen in den nachfolgenden Bildern die Möglichkeiten gezeigt werden.

Abb. 4.73: Ein Endpunkt einer Linie kann mit STRECKEN frei verschoben oder mit LÄNGE in Linienrichtung verlängert werden

Abb. 4.74: Mit STRECKEN können die Positionen frei verschoben werden, mit LÄNGE wird nur die Bogenlänge variiert, mit RADIUS nur der Radius

Abb. 4.75: Mit Griffen an Polyliniensegmenten können über STRECKEN die Punkte bzw. Segmente verschoben werden, Punkte hinzugefügt oder entfernt werden und Segmente vom Linientyp in den Bogentyp umgewandelt werden und umgekehrt

Abb. 4.76: Bemaßungen können mit FORTGESETZTE BEMAßUNG als Kettenbemaßung oder mit BASISLINIENBEMAßUNG als Bezugsbemaßung fortgesetzt werden. Die übrigen Optionen erklären sich selbst.

Abb. 4.77: Bei Schraffuren können der Schraffurwinkel und die Skalierung für den Abstand schnell über die Griffe variiert werden.

4.13 Übungsfragen

1. Wie kürzen Sie die Befehle SCHIEBEN ✥, KOPIEREN ⌘, DREHEN ↻ und SPIEGELN ⚏ ab?
2. Sie wollen ein Objekt, zum Beispiel eine Linie, auf 45° drehen und kennen den Winkel nicht, unter dem es momentan liegt. Wie gehen Sie vor?
3. Bei BRUCH ⌐ wird normalerweise der Punkt, mit dem Sie die Kurve wählen, gleichzeitig als erster Brechpunkt verwendet. Sie sollen eine waagerechte Linie von der Mitte an 10 Einheiten nach rechts aufbrechen. Was werden Sie tun?
4. Welcher Objektfang erlaubt eine relative Punktposition?
5. Können Sie beim Befehl DREHEN ↻ das Original unverändert erhalten?
6. Wo müssen Sie einen Kreis anklicken, um von 90° bis 180° ein Stück mit BRUCH ⌐ herauszunehmen?
7. Welche bisherigen Editierbefehle erhalten die gewählte Originalgeometrie, zumindest auf Wunsch?
8. Wann kann man die Koordinatenanzeige auf relative Koordinaten umschalten?
9. Wie kann man länger zurückliegende Befehle aufrufen?
10. Wie oft müssen Sie ein Objekt anklicken, damit die Griffe erscheinen?
11. Welche Farbe hat ein heißer Griff?
12. Welche Befehle gibt es im GRIFF-Menü beim heißen Griff?
13. Welche Optionen gibt es im GRIFF-Menü beim heißen Griff?
14. Wie kürzt man den Befehl EIGENSCHAFTEN ▤ ab?
15. Mit welcher Einstellung bleibt vom EIGENSCHAFTEN-MANAGER ▤ nur die Randleiste sichtbar?
16. Kann man den EIGENSCHAFTEN-MANAGER ▤ durchsichtig gestalten?
17. Wann sieht man im EIGENSCHAFTEN-MANAGER ▤ nur die ALLGEMEINEN EIGENSCHAFTEN?
18. Weshalb ist KEINE AUSWAHL im EIGENSCHAFTEN-MANAGER ▤ so gefährlich?
19. In welchen Registergruppen liegen EIGENSCHAFTEN ▤ und EIGANPASS ▦?

Kapitel 5

Zeichnungsorganisation: Layer

Geometrisch gesehen besteht eine Konstruktion aus Linien, Kreisen und Abrundungen sowie natürlich aus Bemaßungen und Texten. Aber es gibt auch verschiedene Linienarten: Konturlinien, Mittellinien, verdeckte Kanten, Hilfslinien. Um eine Zeichnung mit den verschiedenen Linientypen, Linienstärken und auch Objektkategorien *logisch zu ordnen*, organisiert man sie in Form von transparenten Schichten, den *Layern*. Für jede Objektkategorie erstellen Sie einen eigenen Layer mit einem passenden Namen und speziellen Einstellungen für Linientyp, Linienstärke und auch Farbe.

Sie können sich diese Layer (auf Deutsch: Schichten) wie Transparentfolien z. B. auf einem Overhead-Projektor vorstellen, die übereinander liegen und von denen jede einer Objektkategorie entspricht. Wenn alle Folien übereinander liegen, sind alle Objekte der Zeichnung sichtbar. Um eine bestimmte Folie unsichtbar zu machen, braucht man nur die entsprechende Folie wegzunehmen, und die Zeichnung zeigt nur noch die restlichen Objekte an. Diese Einteilung der Zeichnung in sinnvolle Layer stellt eine wichtige organisatorische Aufgabe dar. Grundsätzlich sollte man nie mit Layern sparen. Lieber zu viele Layer erstellen als zu wenige.

Abb. 5.1: Einteilung der Zeichnung in Layer

Es ist zum Beispiel sehr geschickt, wenn die Bemaßungsobjekte auf einen eigenen Layer kommen, damit man ihn später bei Zeichnungsänderungen einmal unsichtbar machen kann, wenn sie beim Ändern der Zeichnung stören. Gewindelinien und -bögen sollten ebenfalls gesondert behandelt werden können, weil Schraffuren in Schnittdarstellungen über die Gewindelinien hinaus bis zum Kernloch laufen müssen. Deshalb müssen die Gewinde wie auch die Mittellinien während der Schraffuroperation unsichtbar zu machen sein.

5.1 Layer, Linientypen und Linienstärken

5.1.1 Layer einrichten

Bevor Sie die Arbeit an einer Zeichnung aufnehmen, sollten Sie also zunächst die Layer definieren und deren Farben und Linienarten einstellen. Jeder Layer stellt ein eigenes transparentes Zeichenblatt dar, dessen zugehörige Objekte Sie insbesondere bezüglich ihrer Sichtbarkeit manipulieren können. Mehrere übereinander liegende Layer verdecken sich nicht, sondern sind transparent, sodass sie zugleich auf dem Bildschirm sichtbar sind. Eine sinnvolle Einteilung der Layer sollte sich an der Art der darin enthaltenen Objekte orientieren, was sich zum Beispiel in geeigneten Layernamen widerspiegelt:

```
KONTUR
MITTELLINIEN
FUNDAMENT
VERDECKTE_KANTEN
SCHRAFFUR
BEMASSUNG
TEXTE
RAHMEN
BESCHRIFTUNG
```

Üblicherweise ordnet man jedem Layer einen passenden Linientyp zu. Der Linientyp legt die Art der Strichelung fest, wie »durchgezogen«, »gestrichelt« oder »strichpunktiert«. Es ist nicht üblich, jedem Objekt einzeln den Linientyp zuzuordnen. Gleichfalls können Sie auch jedem Layer eine Farbe geben. Dadurch wird beim Betrachten einer Zeichnung auf den ersten Blick klar, welche Layer eingeschaltet sind, und Sie sind über die Layer-Zugehörigkeit der Objekte informiert. Bei der Papierausgabe einer technischen Zeichnung ist zwar die Farbe nicht üblich, aber während der Bildschirmarbeit hilft sie doch sehr.

Für die Zeichnungsausgabe auf Papier, das Plotten, werden Sie Linienstärken benötigen. Diese können Sie auch hier schon über die Layer den Objekten zuordnen.

Sie werden auch Hilfslinien haben, für die Sie einen Layer einrichten, der aber nie geplottet werden soll. Auch das können Sie über die Layer steuern.

Es gibt ohne besondere Voreinstellungen in AutoCAD zunächst nur einen einzigen Layer, der den Namen 0 trägt und einen einzigen Linientyp, nämlich den durchgezogenen, der englisch CONTINUOUS heißt. Dieser Layer ist fest einprogrammiert und immer vorhanden. Sie können ihn nicht löschen. Der LAYER-Befehl öffnet ein großes Dialogfenster (Abbildung 5.3). Man bezeichnet diesen LAYER-MANAGER auch als die *große Layersteuerung*.

Zeichnen und Beschriftung	Icon	Befehl	Kürzel
START|LAYER		LAYER	LA
	Große Layersteuerung		
START|LAYER	Layer3		
	Kleine Layersteuerung		

Abb. 5.2: Gruppe START|LAYER

Als Pendant dazu gibt es die *kleine Layersteuerung*. Mit ihr können keine Layer erstellt, gelöscht oder umbenannt werden, sondern nur die *Statuszustände* wie das Ein- oder Ausgeschaltet etc. *verändert* werden. Besonders interessant ist die Möglichkeit, die für die tägliche Arbeit so wichtige *kleine Layersteuerung* in den SCHNELLZUGRIFF-WERKZEUGKASTEN zu übernehmen. Dazu müssen Sie im Arbeitsbereich ZEICHNEN UND BESCHRIFTUNG auf die *kleine Layersteuerung* rechtsklicken und die Option ZUM SCHNELLZUGRIFF-WERKZEUGKASTEN HINZUFÜGEN anklicken. Zur Entlastung des SCHNELLZUGRIFF-WERKZEUGKASTENS können Sie das ARBEITSBEREICH-Steuerelement mit der Dropdown-Liste ▼ deaktivieren.

In der Gruppe LAYER gibt es nach Aufklappen mit ▼ noch eine Vielzahl von speziellen Layerfunktionen (Abbildung 5.2).

Kapitel 5
Zeichnungsorganisation: Layer

Abb. 5.3: LAYER-Manager

Sie sollten in der *großen Layersteuerung* gleich einige neue Layer, die Sie standardmäßig brauchen werden, einrichten. Im LAYER-Fenster klicken Sie zuerst NEU an. AutoCAD richtet sofort einen neuen Layer mit Namen LAYER1 ein. Es verwendet die Vorgaben vom gerade markierten Layer. Geben Sie jeweils an der Cursorposition die obigen Layernamen ein (Abbildung 5.3).

Sie geben jetzt Ihren ersten Layernamen, zum Beispiel KONTUR, ein. Dann wiederholen Sie NEU für weitere Layernamen, zum Beispiel:

Bauwesen	Schreiner	Maschinenbau
Wände	Kontur	Kontur
Fenster&Türen	Verbindungselemente	Mittellinien
Verdeckt	Verdeckt	Verdeckt
Elektro	Beschläge	Gewinde
Schraffur	Schraffur	Schraffur
Text 2.5	Text 2.5	Text 2.5
Text 3.5	Text 3.5	Text 3.5
Text 7	Text 7	Text 7
Bemaßung	Bemaßung	Bemaßung
Hilfslinien	Hilfslinien	Hilfslinien
Rahmen	Rahmen	Rahmen
Textfeld	Textfeld	Textfeld

Tabelle 5.1: Vorschlag für Layernamen

Sie können im Layernamen Sonderzeichen wie Leerzeichen oder Dezimalpunkte verwenden, nur das Komma ist nicht erlaubt. Das Komma ist nämlich das Trennzeichen, um mehrere Layernamen hintereinander eingeben zu können. Sie dürfen also mit einem einzigen Klick auf NEU 🖉 mehrere durch Komma getrennte Layernamen eingeben, wie:

```
Kontur,Mittellinien,Verdeckt,Gewinde
```

Bei jedem Komma legt AutoCAD den betreffenden Layer an und eröffnet automatisch einen neuen Layer.

Die Layernamen können auch mit Ziffern beginnen, seit der aktuellen Version werden sie nach den Zahlen auch korrekt sortiert.

Das Layerdialogfenster kann im Prinzip offen bleiben, wenn Sie weiter arbeiten. Mit geschlossenem Layerfenster arbeitet das Programm aber schneller.

5.1.2 Farben

Als Nächstes sollten Sie die Farben für jeden Layer einstellen. Für die Farben gibt es keine Normung. Die Zuordnung kann individuell bzw. firmenspezifisch vorgenommen werden. Die Farbgebung ist nicht wichtig für das Plotten, weil eine technische Zeichnung im Normalfall als Schwarz-Weiß-Plot erstellt wird, aber sie ist wichtig für Ihre Bildschirmarbeit, damit Sie über die Farbe schon eine Information haben, auf welchem Layer bestimmte Objekte liegen. Insofern wäre natürlich insbesondere für die Zusammenarbeit auch zwischen unterschiedlichen Firmen eine Standardisierung gut. Unser Beispiel:

Bauwesen	Schreiner	Maschinenbau	Farbe	Farbnummer
Wände	Kontur	Kontur	Grün	3
Fenster&Türen	Verbindungselemente	Mittellinien	Rot	1
Verdeckt	Verdeckt	Verdeckt	Cyan (Hellblau)	4
Elektro	Beschläge	Gewinde	Braun	12
Schraffur	Schraffur	Schraffur	Grau	8
Text 2.5	Text 2.5	Text 2.5	Magenta (Lila)	6
Text 3.5	Text 3.5	Text 3.5	Magenta (Lila)	6
Text 7	Text 7	Text 7	Magenta (Lila)	6
Bemaßung	Bemaßung	Bemaßung	Blau	5
Hilfslinien	Hilfslinien	Hilfslinien	Hellgrau	9
Rahmen	Rahmen	Rahmen	Weiß	7
Textfeld	Textfeld	Textfeld	Weiß	7

Tabelle 5.2: Vorschlag für Farben

Kapitel 5
Zeichnungsorganisation: Layer

Zur Farbeinstellung im Layer-Fenster wählen Sie einen Layer aus und klicken dort in der Spalte FARBE die aktuelle Farbe an, um ein Farbauswahlfenster zu erhalten. Sie können die Farben aus dem AutoCAD-Farbindex (ACI) von 256 Farben wählen und auch als Echtfarben nach dem RGB- oder HLS-Schema zusammenstellen oder aus den Farbbüchern wie RAL oder PANTONE auswählen. Allerdings werden später nur die Farben aus dem Farbindex (ACI) gemäß der Plotstiltabelle ggf. in Schwarz-Weiß-Ausgabe umgesetzt. Die anderen Farben werden je nach Fähigkeiten des Plotters in Echtfarbe oder Grautöne umgesetzt.

Abb. 5.4: Farbauswahl in AutoCAD

5.1.3 Linientypen

Die verschiedenen Strichelungen, sprich Linientypen, werden aus einer *externen Linientypdatei* geladen. Sie wählen einen neuen Linientyp durch Anklicken des Typs in der Spalte *Linientyp* (Abbildung 5.5). Es erscheint nun ein Auswahlfenster, das anfangs nur den Linientyp CONTINUOUS enthält. Weitere Linientypen erhalten Sie über die Schaltfläche LADEN. Nötig wären zum Beispiel die Linientypen ACAD_ISO10W100 für den Layer MITTELLINIEN und ACAD_ISO02W100 für den Layer VERDECKT.

5.1
Layer, Linientypen und Linienstärken

Abb. 5.5: Linientyp laden

Abb. 5.6: Linientyp einem Layer zuordnen

Kapitel 5
Zeichnungsorganisation: Layer

Im Fenster LINIENTYP LADEN sollten Sie darauf achten, dass die Datei `ACADISO.LIN` verwendet wird. Sie ist auf metrische Einheiten angepasst. Beide Dateien enthalten mehrere Arten von Linientypen:

- *ISO-Linientypen* nennen sich ACAD_ISO02W100ISO ISO-STRICHLINIE oder ACAD_ISO10W100ISO ISO-STRICHPUNKTIERT usw. Ihre Längen und Zwischenräume sind so angelegt, dass sie für eine Stiftbreite von 1 mm recht gut der Norm entsprechen.

- *Normale Linientypen* heißen GESTRICHELT, PUNKTIERT usw. Ihre Längen und Zwischenräume sind auch ungefähr an die Norm angepasst. Von jedem dieser Typen gibt es zwei weitere mit der Endung -2 oder -2X. Sie sind gegenüber dem Original doppelt so eng bzw. doppelt so weit.

- *Erweiterte Linientypen* enthalten Texte oder Symbole. Dazu gehören die in der Architektur, Haustechnik und Planung zusätzlich nötigen Linientypen wie ISOLATION oder GAS oder ZICKZACK. Die korrekte Skalierung dieser Linientypen sollte durch Abmessen und über den *individuellen Linientypfaktor* geschehen, der mit dem EIGENSCHAFTEN-MANAGER unter der Rubrik LINIENTYPFAKTOR angeboten wird. Linientypen mit Texten besitzen eine Texthöhe von 2.54 (1/10 Zoll).

Einige Beispiele für Linientypen finden Sie in der folgenden Tabelle:

Name	Beschreibung	Geometrie
ACAD_ISO02W100	ISO Strichlinie	— — — — — — — — —
ACAD_ISO03W100	ISO Gestrichelt mit Abstand	— — — — —
ACAD_ISO04W100	ISO Lang gestrichelt-punktiert	—— . —— . —— . —— .
ACAD_ISO07W100	ISO Punktiert	. . . .
ACAD_ISO08W100	ISO Lang kurz gestrichelt	—— — —— — —— —
ACAD_ISO09W100	ISO Lang kurz-kurz gestrichelt	—— — — ——
ACAD_ISO10W100	ISO Strichpunktlinie	— . — . — . — . —
MITTE	Mitte	—— — —— — ——
MITTE2	Mitte (.5x)	— — — — — — —
MITTEX2	Mitte (2x)	—————— —— ——————
VERDECKT	Verdeckt	— — — — — — — —
VERDECKT2	Verdeckt (.5x)	- - - - - - - - - - - -
VERDECKTX2	Verdeckt (2x)	—— —— —— ——
EISENBAHN	Eisenbahn	-|-|-|-|-|-|-|-|-|-|-|-
ISOLATION	Isolation	SSSSSSSSSSSSSSSSSSS

Tabelle 5.3: Auswahl vorhandener Linientypen (`ACADISO.LIN`)

Name	Beschreibung	Geometrie
HEIßWASSERLEITUNG	Heißwasserleitung	---- HW ---- HW ---- HW ---
GASLEITUNG	Gasleitung	----GAS----GAS----GAS----
ZICKZACK	Zickzack	/\/\/\/\/\/\/\/\/\/\/\/\

Tabelle 5.3: Auswahl vorhandener Linientypen (ACADISO.LIN) (Forts.)

Es lohnt sich, nun im Fenster LINIENTYPEN LADEN alle Linientypen zu markieren, die man für die verschiedenen Layer braucht. Klicken Sie den ersten gewünschten Linientyp einfach an, alle weiteren klicken Sie dann bei gedrückter Strg-Taste an. Im Fenster LINIENTYPEN LADEN wählen Sie nun OK.

Sie befinden sich jetzt im Fenster LINIENTYPEN WÄHLEN. Hier wäre der Linientyp für den im darunter liegenden Layer-Fenster markierten Layer anzuklicken und dann OK zu wählen. Ordnen Sie nun bitte dem Layer MITTELLINIE den Linientyp ACAD_ISO10W100 und dem Layer VERDECKT den Typ ACAD_ISO02W100 zu.

Die Linientypdatei gehört zu den Dateien, die beim ersten Start von AutoCAD in ein benutzerspezifisches Verzeichnis kopiert werden und damit auch von Ihnen bearbeitet werden dürfen:

- unter Windows 7 C:\Benutzer*Benutzername*\AppData\Roaming\Autodesk\ AutoCAD 2014\R19.1\deu\Support\acadiso.lin,
- unter Windows XP C:\Dokumente und Einstellungen*Benutzername*\Anwendungsdaten\Autodesk\AutoCAD 2014\R19.1\deu\Support\acadiso.lin.

> **Vorsicht**
>
> **Falsche Linientypdatei**
>
> Sollte bei Ihnen beim Laden neuer Linientypen die Datei ACAD.LIN angeboten werden, dann ist das ein Zeichen dafür, dass die falschen Einheiten eingestellt sind, nämlich Zoll. Das kann einerseits daran liegen, dass Sie beim Start anstelle der metrischen Vorlage ACADISO.DWT die Vorlage ACAD.DWT mit Zoll-Einheiten gewählt haben, oder auch daran, dass Sie eine alte Zeichnung bearbeiten (vor Version 2000), bei der noch keine Einheiten-Systemvariable vorhanden war. Das können Sie ändern, indem Sie die Systemvariable MEASUREMENT auf den Wert **1** für metrische Einheiten setzen:
>
> Befehl: MEASUREMENT
> MEASUREMENT Neuen Wert für MEASUREMENT eingeben <0>: **1**
> Diese Systemvariable steuert auch die Verwendung der korrekten Schraffurmusterdatei acadiso.pat und die Vorgabe-Maßstabsliste.

5.1.4 Linienstärken

Im LAYER-Fenster können auch die Linienstärken eingestellt werden. Anfangs ist überall VORGABE eingetragen. Das bedeutet unter Standardeinstellungen 0.25. Die richtige Linienstärke stellen Sie durch einen Klick auf VORGABE mit einem Dialogfenster ein. Für den Layer BEMAßUNG wurde beispielsweise die Linienstärke 0.35 gewählt, die sich später auf den Maßtext auswirkt. Die Maß- und Hilfslinien erhalten später ihre individuelle Linienstärke von 0.25 über Einstellungen im *Bemaßungsstil*.

Bauwesen	Schreiner	Farbe	Nr.	Linienstärke
Wände	Kontur	Grün	3	0.5
Fenster&Türen	Verbindungselemente	Rot	1	0.25
Verdeckt	Verdeckt	Cyan	4	0.5
Elektro	Beschläge	Braun	12	0.25
Schraffur	Schraffur	Grau	8	0.25
Text 3.5	Text 3.5	Magenta	6	0.35
Bemaßung	Bemaßung	Blau	5	0.35
Hilfslinien	Hilfslinien	Hellgrau	9	0.5
Rahmen	Rahmen	Weiß	7	0.7
Textfeld	Textfeld	Weiß	7	0.7

Tabelle 5.4: Vorschlag für Linienstärken

Damit die Linienstärken auch auf dem Bildschirm sichtbar werden, müssen Sie in der Statuszeile LST BZW. ⊞ aktivieren. Dort können Sie durch einen Klick mit der rechten Maustaste auch die EINSTELLUNGEN erreichen, um die Darstellung der Linienbreiten ggf. noch bildschirmgerecht anzupassen. Hier finden Sie auch den Wert der VORGABE-Linienstärke, die üblicherweise auf 0.25 eingestellt ist. Die Bildschirmdarstellung erfolgt immer mit übertriebenen Linienstärken, beim Plotten werden später die echten Linienstärken verwendet.

5.1.5 Hinweis zu normgerechten Linien: Linientypfaktor

Die korrekten Abmessungen für Linienstärken und Strichlängen gestrichelter Linientypen werden durch die Normen DIN EN ISO 128-20 und DIN ISO 128-24 festgelegt. Man verwendet in einer technischen Zeichnung hauptsächlich drei Linienstärken: schmal, mittel und breit. Die breite Linie legt auch die verwendete *Liniengruppe* fest. Meist wird bei den kleineren Zeichnungsformaten A4 und A3 mit den Liniengruppen 0,5 oder 0,7 gearbeitet. Die entsprechenden Linienbreiten wären dann gemäß Tabelle 5.5 bei den Layern einzugeben.

5.1 Layer, Linientypen und Linienstärken

	Liniengruppe 0,5	Liniengruppe 0,7	Liniengruppe 1,0
breit	0,5 mm	0,7 mm	1,0 mm
mittel	0,35 mm	0,5 mm	0,7 mm
schmal	0,25 mm	0,35 mm	0,5 mm

Tabelle 5.5: Linienbreiten der Liniengruppen 0,5 bis 1,0

Die Verwendung der Linientypen zeigt grob Tabelle 5.6. Für die Feinheiten wären die Normen oder entsprechende Bücher zum Thema Technisches Zeichnen heranzuziehen. Bei Texten und Maßtexten sind Höhen von 2.5, 3.5 oder auch 5 üblich, abhängig von der Detailfülle der Zeichnung. Entsprechend sind dann schmale, mittlere oder breite Linienstärken zu verwenden.

Linientyp	Breite	Verwendung	AutoCAD-Bezeichnung
Volllinie	breit	Sichtbare Kanten	CONTINUOUS
Volllinie	schmal	Maßzahlen, Texte, Maß-, Hilfslinien	CONTINUOUS
Volllinie	mittel	Maßzahlen, Texte, grafische Symbole	CONTINUOUS
Gestrichelte Linie	schmal	Verdeckte Kanten	ACAD_ISO02W100
Strichpunktlinie	schmal	Mittellinien	ACAD_ISO10W100
Strichpunktlinie	schmal/breit	Schnittebenen/an Ecken	ACAD_ISO10W100
Strich-Zweipunktlinie	schmal	Umrisse benachbarter Teile, Positionen beweglicher Teile	ACAD_ISO05W100

Tabelle 5.6: Gebräuchliche Linientypen in technischen Zeichnungen

Da die Strichlängen der gebräuchlichen Linientypen in AutoCAD so eingestellt sind, dass sie der Liniengruppe 1,0 entsprechen, müssen Sie für die bei den kleineren Formaten A4 oder A3 häufig benutzte Liniengruppe 0,5 einen Skalierfaktor von **0.5** für alle Linien eingeben. Das geschieht mit dem Befehl LTFAKTOR (Kürzel LK). Man bezeichnet diesen Faktor auch als GLOBALEN LINIENTYPFAKTOR, weil er alle Linientypen für alle Objekte in der aktuellen Zeichnung global beeinflusst:

Befehl	Kürzel
LTFAKTOR	LK

```
Befehl: LTFAKTOR
LTFAKTOR Neuen Linientyp für Skalierfaktor eingeben <1.0000>: 0.5
```

> **Wichtig**
>
> **Linientypfaktor und Layouts**
>
> Wenn Sie später Plotausgaben über Layouts erstellen, dann wird AutoCAD die Linientypen automatisch relativ zum Papierbereich skalieren. Dadurch wird die Linienbreite *unabhängig vom Maßstab* des einzelnen Ansichtsfensters im Layout immer bezogen auf die Papierausgabe *korrekt* skaliert.

Was können Sie tun, wenn mal eine sehr lange Linie gestrichelt zu zeichnen ist, mal sehr kurze und unterschiedlich lange Strichelungen desselben Typs in derselben Zeichnung gebraucht werden? Hier können Sie noch zusätzlich einen *individuellen Faktor* im EIGENSCHAFTEN-MANAGER für einzelne Objekte festlegen, der zur Feinabstimmung dient. Dieser individuelle Linientypfaktor nennt sich dort zwar auch wieder *Linientypfaktor*, ist aber ein zusätzlicher Faktor, der mit dem oben genannten globalen Linientypfaktor multipliziert auf das einzelne Objekt wirkt. Er wird *nur in Sonderfällen ungleich 1* gesetzt.

Eine andere Möglichkeit besteht darin, einen anderen Linientyp zu verwenden, der von Haus aus eine andere Länge hat. Bei den Linientypen wie MITTE oder GESTRICHELT gibt es jeweils einen zusätzlichen Typ mit gleichem Muster, der 2-fach enger ist und deshalb xxxx2 heißt, sowie einen, der um einen Faktor 2 eXpandiert ist und xxxxX2 heißt. Auch bei den ISO...-Linientypen gibt es längere Versionen.

5.1.6 Linientypen mit Texten

Abb. 5.7: Linientypen mit Texten und Zeichen

Es gibt Linientypen, die Texte oder Zeichen enthalten. Seit Version 2011 sind sie so gestaltet, dass sich die Texte immer zur x-Achse ausrichten. Abbildung 5.7 zeigt die Linientypen HEISSWASSERLEITUNG, GASLEITUNG, GRENZE2, ISOLATION und ZICKZACK. Die Höhe der Texte und Zeichen wird durch den Linientypfaktor gesteuert. Wenn hier andere Höhen nötig sind und der globale Linientypfaktor, der ja durch die Zeichnungsgröße (0.5 für A3, A4) schon festgelegt ist, nicht verändert werden kann, muss der individuelle Linientypfaktor im EIGENSCHAFTEN-MANAGER zur zusätzlichen Skalierung verwendet werden. Die Texte werden dabei immer so ausgerichtet, dass sie von der x-Achse des WKS (Welt-Koordinaten-System) aus lesbar sind.

5.1.7 Transparenz

Seit Version 2012 gibt es die Spalte TRANSPARENZ im LAYER-MANAGER. Damit können Sie komplette Layer mit allen Objekten durchsichtig machen. Hier geben Sie eine Zahl zwischen **0** (nicht transparent) und **90** (sehr durchsichtig, fast unsichtbar) ein oder wählen sie aus dem Listenfeld aus. Damit die Transparenz auf dem Bildschirm wirksam wird, muss unter den Zeichenhilfen TPY aktiviert werden.

5.1.8 Modi der Layer

Ich hatte anfangs die Layer mit Overhead-Folien verglichen. Solche Folien können sich in verschiedenen Zuständen befinden:

- Eine Folie kann oben liegen; dann können Sie darauf zeichnen.
- Eine Folie kann weggenommen worden sein; dann ist sie unsichtbar.

Abb. 5.8: Layer-Modi

Bei der Layerverwaltung gibt es ähnliche Möglichkeiten und noch mehr. Sie können diese Modi eines Layers entweder im bisherigen LAYER-Fenster einstellen

Kapitel 5
Zeichnungsorganisation: Layer

(Abbildung 5.7), oder Sie beenden es jetzt mit OK und wählen die KLEINE LAYER-STEUERUNG rechts neben dem Werkzeug für den Befehl LAYER (Abbildung 5.8). Dort müssen Sie rechts die Dropdown-Liste aufblättern, um alle Layer zu sehen.

Aus/Ein

Sie können Layer unsichtbar machen, indem Sie sie ausschalten. Dazu klicken Sie auf die Glühbirne. Ausgeschaltete Layer werden aber dennoch bei einigen Operationen wie ZOOM, Option GRENZEN und REGENERIEREN berücksichtigt. Objekte eines ausgeschalteten Layers zählen also bei der Ermittlung der minimalen und maximalen Zeichnungskoordinaten beim Zoomen auf diese Grenzen (ZOOM, Option GRENZEN) noch mit. Das wird bei dem nächsten Modus FRIEREN dann vermieden.

> **Vorsicht**
>
> **Arbeiten auf ausgeschalteten Layern**
>
> Sie können auch den Layer ausschalten, auf dem Sie zeichnen. Der Effekt ist überraschend: Alle Zeichenbefehle laufen noch, die dynamischen Darstellungen sind da, aber das Endergebnis ist unsichtbar. Wenn Sie also plötzlich feststellen, dass die Zeichenbefehle angeblich »nicht mehr laufen«, prüfen Sie bitte zuerst nach, ob nicht der aktuelle Layer ausgeschaltet ist.

Abb. 5.9: Layer-Modi in der kleinen Layersteuerung

Frieren/Tauen

Der Modus FRIEREN bietet fast das Gleiche wie AUS, nur werden die Objekte auf den betreffenden Layern jetzt bei allen ZOOM-Manipulationen völlig ignoriert, was viel Zeit bei komplexen Zeichnungen spart. Sie klicken auf die Sonne, und schon erscheint ein Eiskristall als Zeichen des Frierens. Mit einem weiteren Klick haben Sie den Layer wieder getaut. Auf einem gefrorenen Layer kann man übrigens nicht mehr zeichnen. Der Modus FRIEREN und der Modus AKTUELL schließen sich nämlich gegenseitig aus. Bei FRIEREN kann es nicht passieren, dass Sie unabsichtlich auf einem unsichtbaren Layer zeichnen wie oben bei AUS. Deshalb ist das FRIEREN vorzuziehen.

Frieren/Tauen im aktuellen Ansichtsfenster

Wenn Sie später mit LAYOUTS arbeiten, wo Sie eine Plotgestaltung vornehmen, bei der verschiedene Zeichnungsausschnitte in mehreren Ansichtsfenstern gezeigt werden, lassen sich auch einzelne Layer nur in bestimmten Ansichtsfenstern frieren. Dieses Thema wird später bei der Vorstellung der LAYOUTS behandelt. Diese Spalte wird auch erst angezeigt, wenn Sie den Layout-Bereich aktiviert haben.

Sperren/Entsperren

Um die Objekte auf einem Layer gegen Änderungen, also gegen alle Editierbefehle, zu schützen, können Sie ihn sperren. Die Objekte bleiben dabei weiterhin sichtbar, aber sie können nicht editiert werden. Man kann auch mit Objektfang auf diese Objekte zugreifen, nur verändern kann man sie nicht. Neu ist die Möglichkeit, dass gesperrte Layer nicht mit voller Farbe, sondern mit 50% Transparenz angezeigt werden. Diese Einstellung lässt sich in der Erweiterung der Gruppe LAYER ändern.

> **Vorsicht**
>
> **Zeichnen auf gesperrten Layern**
>
> Sie können den Layer, auf dem Sie zeichnen, auch sperren. Der Effekt ist wieder überraschend: Sie können zwar zeichnen, aber warum können Sie nichts löschen? Tja, LÖSCHEN ist halt ein Editierbefehl, und die haben Sie ja mit dem Sperren abgeschaltet. Also schnell wieder entsperren und dann die ungewollte Geometrie löschen!

Plotten/Nicht plotten

In der Spalte PLOTTEN können Sie angeben, ob der betreffende Layer geplottet werden soll oder nicht. Bei dem Layer HILFSLINIEN schalten Sie beispielsweise durch einen Klick auf das Plotter-/Drucker-Symbol die Plotmöglichkeit aus. Der Layer wird damit für das Plotten gesperrt und das Plottersymbol wird verändert.

Aktueller Layer

Die wichtigste Layereinstellung habe ich mir bis zum Schluss aufgehoben. Sie müssen nämlich noch den *einen* Layer charakterisieren, auf dem Sie zeichnen möchten. Diesen Layer nennt man den *aktuellen Layer*. In der Layerverwaltung – auch große Layersteuerung genannt – markieren Sie den betreffenden Layer und klicken dann auf die Schaltfläche AKTUELL mit dem grünen Häkchen (Abbildung 5.7). Schneller geht es noch mit einem Doppelklick auf den Layernamen. In der kleinen Layersteuerung (Abbildung 5.8) brauchen Sie beim aufgeblätterten Layer-Menü nur auf den Namen zu klicken.

Mit dem Werkzeug 🗇 können Sie ein Objekt anklicken und damit dessen Layer aktuell setzen. Dies ist sehr nützlich, wenn Sie fremde Zeichnungen bearbeiten und die Layernamen noch nicht kennen.

Zeichnen und Beschriftung	Icon	Befehl
START|LAYER	🗇	LAYAKTM

Layerzustand zurücksetzen

Mit dem Werkzeug 🗇 können Sie – auch mehrfach – Änderungen des gesamten Layerzustandes rückgängig machen. Das betrifft Änderungen in der kleinen Layersteuerung (Abbildung 5.8) und großen Layersteuerung (Abbildung 5.7).

Zeichnen und Beschriftung	Icon	Befehl
START|LAYER	🗇	LAYERV, LAYERP

5.1.9 Weitere Layerfunktionen

Im LAYERMANAGER gibt es nun die Möglichkeit, mehrere Layer mitsamt ihrem Inhalt in einem einzigen Layer zusammenzuführen und dann die Ursprungslayer zu löschen. Dazu markieren Sie die Layer, die Sie zusammenfassen möchten und wählen im Kontextmenü (nach Rechtsklick) AUSGEWÄHLTE(N) LAYER ZUSAMMENFÜHREN IN und suchen im folgenden Dialogfenster den Ziellayer aus.

In der Gruppe LAYER finden Sie viele zusätzliche Layerverwaltungsfunktionen. Die meisten davon erlauben eine Layerverwaltung über die Wahl eines zugehörigen Objekts. Besonders interessant ist die Funktion LAYANZEIG, die nur die in einer Dialogbox markierten Layer anzeigt. Damit können Sie sich auch in einer fremden Zeichnung schnell über die Layer und ihre Inhalte informieren.

5.1 Layer, Linientypen und Linienstärken

Zeichnen und Beschriftung	Icon	Befehl	Funktion
START|LAYER		LAYMWECHS	Überführt zuerst gewählte Objekte in einen Ziellayer, der nach [Enter] zuletzt per Objekt gewählt wird
START|LAYER		LAYAKT	Überführt gewählte Objekte in den aktuellen Layer
START|LAYER		LAYISO	Nach Objektwahl werden alle Layer der nicht gewählten Objekte ausgeschaltet.
START|LAYER		LAYISOAUFH	Schaltet die mit LAYISO ausgeschalteten Layer wieder ein
START|LAYER		COPYTOLAYER, AUFLAYERKOP	Nach Objektwahl wird der Ziellayer auch per Objekt gewählt, und dann Basispunkt und zweiter Punkt für die Kopieraktion.
START|LAYER		LAYANZEIG	In einem Dialogfenster können Sie aus der Layerliste diejenigen wählen, die temporär eingeblendet werden sollen. Eine optimale Funktion zur Überprüfung der Layerbelegung!
START|LAYER		LAYFRIER	Nach Objektwahl werden die Layer dieser Objekte gefroren.
START|LAYER		LAYAUS	Nach Objektwahl werden die Layer dieser Objekte ausgeschaltet.
START|LAYER		LAYSPERR	Nach Objektwahl werden die Layer dieser Objekte gesperrt.
START|LAYER		LAYSPERRAUFH	Die Sperrung der mit LAYSPERR gesperrten Layer wird aufgehoben.
START|LAYER		LAYAFI	Nach Objektwahl werden die Layer dieser Objekte in den anderen Ansichtsfenstern gefroren. Eine ideale Funktion, um Objekte, die nur in einem einzigen Ansichtsfenster zu sehen sein sollen, in anderen zu frieren.
START|LAYER		LAYEIN	Schaltet alle ausgeschalteten Layer ein
START|LAYER		LAYTAU	Taut alle gefrorenen Layer
START|LAYER		LAYZUSF	Nach Objektwahl und Wahl eines Objekts auf dem Ziellayer werden alle Objekte aus den Ursprungslayern in den Ziellayer überführt und die Ursprungslayer gelöscht. Eine ideale Funktion zum Zusammenlegen von Layern.
START|LAYER		LAYLÖSCH	Nach Objektwahl werden die Objekte und die zugehörigen Layer mit allen Objekten gelöscht.

Tabelle 5.7: Layerwerkzeuge in LAYER II

Kapitel 5
Zeichnungsorganisation: Layer

> **Tipp**
>
> **Layeranzeige**
>
> Der Befehl LAYANZEIG eignet sich hervorragend, um sich in eine fremde Zeichnung mit unbekannter Layerstruktur einzuarbeiten. Hiermit ist sozusagen ein Spaziergang durch die einzelnen Layer möglich, um sich erst mal zu orientieren. Klicken Sie im Dialogfenster des Befehls einfach den obersten Layer an und gehen Sie dann mit der Pfeiltaste sukzessive nach unten, um zu sehen, was in jedem Layer drinsteckt.

5.1.10 Layerfilter

Wenn eine Zeichnung sehr viele Layer benutzt, ist es sinnvoll, diese ggf. in Gruppen einzuteilen, um so mehrere gemeinsam verwalten zu können. Insbesondere bei Architekturzeichnungen finden viele Layer schon wegen der vielen beteiligten Gewerke Anwendung. Hierfür gibt es nun zwei Möglichkeiten, die Layer zu filtern und damit die Anzahl der zu verwaltenden Layer zu reduzieren: EIGENSCHAFTENFILTER und GRUPPENFILTER.

Abb. 5.10: Layerfilter

Zum Einrichten eines LAYER-EIGENSCHAFTENFILTERS wählen Sie das Werkzeug im LAYER-MANAGER, vergeben einen Namen im Dialogfenster und wählen dann die gewünschten Eigenschaften aus. Dort können die Layer z. B. nach Farben ausgewählt werden, nach Anfangsbuchstaben, auch nach mehreren Kriterien. In der Filtervorschau sehen Sie dann schon die Wirkung des Filters. Es wirkt sowohl auf die große Layersteuerung als auch die kleine Layersteuerung. Zum Filtern auf einen Anfangsbuchstaben geben Sie in der Namensspalte den Buchstaben gefolgt von * an: M* filtert alle Layer mit Anfangsbuchstaben M heraus.

Ein GRUPPENFILTER wird mit dem zweiten Filterwerkzeug erstellt. Er ist zunächst leer und wird gefüllt, indem unter der Filtereinstellung ALLE die gewünschten Layer rechts markiert und per *Drag&Drop* in den Filter herübergezogen werden.

Filter können in der Layersteuerung links unten auch *invertiert* werden. Dann wird das angezeigt, was *nicht* vom Filter erfasst wird.

5.2 Layerstatus-Verwaltung

Sie können den *aktuellen Zustand aller Layer* unter einem Namen speichern, und zwar in Ihrer Zeichnung oder auch außerhalb. Diese Informationen können Sie dann entweder innerhalb der Zeichnung benutzen, um einen bestimmten Layerstatus wiederherzustellen, oder Sie können die externe Layerstatus-Information in eine andere Zeichnung hineinholen und damit nicht nur Layer einrichten, sondern auch ihren konkreten Zustand übernehmen.

Zeichnen und Beschriftung	Befehl	Kürzel
START|LAYER|LAYERSTATUS VERWALTEN	LAYERSTATUS	LAS

Folgende Schaltflächen können Sie wählen:

- NEU – speichert den aktuellen Zustand Ihrer Layertabelle unter einem Namen. Diese Funktion wird auch in der Multifunktionsleistengruppe LAYER im obersten Listenfeld angeboten.
- SPEICHERN – überschreibt den markierten Status mit dem aktuellen Zustand Ihrer Layertabelle.
- BEARBEITEN – Sie können die im markierten Status gespeicherten Layereigenschaften ändern.
- UMBENENNEN – Sie können einen Layerstatus umbenennen.
- LÖSCHEN – Ein Layerstatus kann auch wieder gelöscht werden.
- IMPORTIEREN – Hiermit lässt sich eine externe Statusdatei mit den Layern und deren Einstellungen einlesen. Eine Statusdatei hat die Endung *.LAS und wird mit dieser Funktion zunächst nur eingelesen und damit zu einem internen

Kapitel 5
Zeichnungsorganisation: Layer

Status. Wenn dieser Status auch aktuell werden soll, müssen Sie ihn markieren und auf WIEDERHERST. gehen. Wenn Sie beim Import als Dateityp *.DWG wählen, können Sie auch die Zustände (und deren Layer) aus anderen Zeichnungen einlesen.

- EXPORTIEREN – Diese Funktion schreibt die internen Zustände in eine externe Layerstatusdatei mit der Endung *.LAS.
- WIEDERHERST. – Hiermit können Sie den ausgewählten Layerstatus zum aktuellen Zustand Ihrer Layertabelle machen. Sie können aber auch in der Multifunktionsleistegruppe LAYER den Layerstatus auswählen.

Abb. 5.11: Layerstatus verwalten

5.2.1 AutoCAD DesignCenter (ADC)

Noch eleganter lassen sich solche Einstellungen wie Layer über das DESIGNCENTER übertragen.

Zeichnen und Beschriftung	Icon	Befehl	Kürzel
ANSICHT|PALETTEN		ADCENTER	DC

Wenn die Zeichnung, von der Sie die Informationen holen möchten, noch geöffnet ist, klicken Sie in der Werkzeugleiste des DESIGNCENTERS auf das Register GEÖFFNETE ZEICHNUNGEN. Ihre aktuell geöffneten Zeichnungen werden angezeigt. Dort klicken Sie bei der Zeichnung, die als Quelle für Ihre Layer dienen soll, auf das +-Zeichen, blättern damit auf und klicken auf Layer und wählen in der Spalte rechts davon alle Layer aus, die Sie übertragen möchten. Durch einfaches Ziehen mit der Maus *in Ihre Zeichenfläche* (Maustaste nicht loslassen, bevor Sie in Ihrer Zeichnung sind) transportieren Sie die Layerinformationen hinüber. Sie können mit dieser Methode aber nur neue Layer übertragen, schon vorhandene Layer werden nicht beeinflusst oder verändert.

Abb. 5.12: Layer übers DESIGNCENTER importieren

5.3   Standards-Verwaltung (nicht LT)

Da es für die Layer einer Zeichnung keine Normung gibt, sind je nach Firma viele verschiedene Einstellungen üblich. Das bringt beim Austausch von Zeichnungen zwischen Firmen Probleme und Unbequemlichkeiten mit sich. Das Einhalten bestimmter Standards ist aber auch innerhalb einer Firma wichtig. Deshalb gibt es ein Werkzeug zur Verwaltung der *Standards*. Dazu gehören nicht nur *Layer*, sondern auch *Textstile*, *Bemaßungsstile* und *Linientypen*. Es gibt einen extra Werkzeugkasten CAD-STANDARDS zur Verwaltung dieser Standards mit drei interessanten Werkzeugen:

- STANDARDS KONFIGURIEREN – Hiermit können Sie eine externe Standards-Datei mit der Endung *.DWS mit der aktuellen Zeichnung zum Zwecke der Überprüfung verknüpfen. Eine *Standards-Datei*, also eine vorbildhafte Zeichnung, die alle firmenbezogenen Einstellungen enthält, muss zuvor mit DATEI|SPEICHERN UNTER mit Typ *.DWS erstellt worden sein.

Kapitel 5
Zeichnungsorganisation: Layer

- STANDARDS ÜBERPRÜFEN – Hiermit wird die Überprüfung der Standards unter Verwendung der oben verknüpften Standards-Datei durchgeführt. Man kann diesen Schritt auch relativ automatisiert ablaufen lassen.
- LAYER-KONVERTIERUNG – Dies ist eine Möglichkeit, um Layer-Konvertierungen durchzuführen und auch entsprechende Korrespondenztabellen extern zu speichern und später wieder zu verwenden. Damit wird erreicht, dass Sie dieselben Layerumbenennungen mit mehreren Zeichnungen verwenden können.

Zeichen und Beschriftung	Icon	Befehl	Kürzel
VERWALTEN|CAD-STANDARDS		STANDARDS	STA, STD
VERWALTEN|CAD-STANDARDS		PRÜFSTANDARDS	PRS, PR
VERWALTEN|CAD-STANDARDS		LAYKONV	

5.3.1 Standards konfigurieren

Mit diesem Werkzeug ordnen Sie der aktuellen Zeichnung eine oder auch mehrere externe Standards-Dateien nach Klick auf das Pluszeichen zu. Wenn mehrere Standards-Dateien existieren, gilt die Reihenfolge der Dateien auch als Prioritäten-Reihenfolge bei Mehrdeutigkeiten. Aus diesem Dialogfenster heraus können Sie auch gleich mit der Schaltfläche STANDARDS ÜBERPRÜFEN die Prüfung starten.

Abb. 5.13: Standards konfigurieren

5.3.2 Standards überprüfen

Mit diesem Werkzeug wird die Überprüfung der Standards anhand der verknüpften Standards-Dateien gestartet. Wenn Unterschiede gefunden werden, erscheint eine Meldung. Sie können dann die Reparatur ausführen lassen gemäß den verknüpften Standards, indem Sie auf KORRIGIEREN klicken. Wenn Sie auf WEITER klicken, heißt das weiter ohne Änderung. Wenn Layernamen nicht dem Standard entsprechen, können Sie hier für jeden Layer einen neuen aus den Standards auswählen. Sie können auch bestimmte Diskrepanzen als ignoriert markieren und dann sinnvollerweise unter der Schaltfläche EINSTELLUNGEN wählen, dass diese ignorierten Diskrepanzen bei späteren Überprüfungen nicht mehr angezeigt werden. Auch lassen sich unter EINSTELLUNGEN die Korrekturen automatisieren. Was nicht zu automatisieren ist, sind Namensabweichungen.

Unter den Einstellungen ist von Anfang an festgelegt, dass Sie bei Standardsverletzungen über das Kommunikationszentrum rechts unten in der Statusleiste benachrichtigt werden. Das bedeutet, dass Sie bei einer Zeichnungsdatei, die mit Standards-Dateien verknüpft ist, sofort eine Meldung bekommen, wenn Sie versuchen, einen Layer o. Ä. zu definieren, dessen Name oder Einstellungen nicht den Standards entspricht.

Abb. 5.14: Benachrichtigung über Standardsverletzung

Abb. 5.15: Standards überprüfen

Kapitel 5
Zeichnungsorganisation: Layer

Bei übereinstimmenden Namen für Layer, Bemaßungsstile, Linientypen und Textstile lassen sich deren Eigenschaften automatisch korrigieren.

5.3.3 Layer konvertieren

Für die Praxis ist wahrscheinlich dies die interessanteste der drei Funktionen. Oft ist ja eine fremde Zeichnung nur deshalb so schwierig zu bearbeiten, weil andere Layernamen verwendet werden. Hiermit können Sie die Layernamen umwandeln. Links werden die internen Layer angezeigt, und in die rechte Spalte können Sie sich die Layertabelle aus einer *Standards-Datei (*.DWS)*, einer *anderen Zeichnungsdatei (*.DWG)* oder einer *anderen Zeichnungsvorlage (*.DWT)* laden. Sie können auch die Layer aus mehreren Dateien zusammen laden. Auch lassen sich hier noch neue Layer mit NEU erzeugen.

Mit der Schaltfläche DASSELBE MAPPING ordnen Sie Layer mit gleichem Namen einander zu. Für andere Layer klicken Sie rechts auf den gewünschten neuen Layernamen und wählen MAPPING oder machen gleich einen Doppelklick. Nun ordnen Sie Layer für Layer zu, bis links nichts mehr übrig bleibt. Dann können Sie auf Konvertieren klicken, damit die Zuordnung ausgeführt wird. AutoCAD fragt, ob dieses Mapping gespeichert werden soll. Mit Ja können Sie es in der aktuellen oder einer anderen Datei (*.DWG) ablegen lassen, die später für ähnliche Fälle dann über die Schaltfläche Laden für ein automatisches Mapping geladen werden kann.

Abb. 5.16: Layer konvertieren

5.3.4 Stapelweise Standards überprüfen (nicht LT)

Es gibt unter den AutoCAD-Programmaufrufen, also im Startmenü START|ALLE PROGRAMME|AUTODESK|AUTOCAD 2013|…, auch STAPELWEISE STANDARDSPRÜFUNG, mit der Sie außerhalb von AutoCAD gleich mehrere Dateien auf die Standards hin prüfen können. Wählen Sie hier im Register ZEICHNUNGEN die zu prüfenden Dateien durch Klick auf das Pluszeichen, dann wählen Sie auf der Registerkarte STANDARDS entweder die Option ALLE DATEIEN ANHAND DER FOLGENDEN STANDARDS-DATEIEN ÜBERPRÜFEN und besorgen mit dem Pluszeichen die Standards oder Sie wählen die Option JEDE ZEICHNUNG ANHAND DER ZUGEHÖRIGEN STANDARDS-DATEIEN ÜBERPRÜFEN. Dann klicken Sie auf das blaue Symbol zum Starten der Überprüfung. Das Ergebnis können Sie auf Anfrage in einer Datei speichern lassen.

5.4 Eine einfache Zeichnungsvorlage erstellen

Nun haben Sie mit viel Mühe die Zeichnung etwas organisiert und eine schöne Layer-Struktur erstellt, nur wie können Sie die Früchte Ihrer Arbeit sichern? Antwort: Sie sollten das bisher Eingestellte als *Zeichnungsvorlage (*.DWT)* speichern. Dann können Sie die Einstellungen wie Linientypen und Layer für viele neue Zeichnungen als Grundlage verwenden. Damit es sich lohnt, sollen erst noch weitere nützliche Einstellungen vorgenommen werden. Die Zeichnungsvorlage sollte nicht nur die Layer, sondern auch alle übrigen häufig vorkommenden Einstellungen enthalten.

Wenn Sie IM SCHNELLZUGRIFF-WERKZEUGKASTEN 🖫 SPEICHERN UNTER wählen und dann als Typ AUTOCAD-ZEICHNUNGSVORLAGE (*.DWT) wählen, müssen Sie nur noch einen Namen eingeben. Die Vorlage wird in einem benutzerspezifischen Vorlagenverzeichnis abgelegt:

- unter Windows 7 `C:\Benutzer\`*`Benutzername`*`\AppData\Local\Autodesk\AutoCAD 2013\R19.0\deu\Template` bzw.
- unter Windows XP `C:\Dokumente und Einstellungen\`*`Benutzername`*`\Lokale Einstellungen\Anwendungsdaten\Autodesk\AutoCAD 2013\R19.0\deu\Template`.

Auf dieses Verzeichnis greift auch der Befehl NEU zu, wenn er Ihnen eine Vorlage anbietet. Im Folgenden sollen noch einige weitere nützliche Grundeinstellungen gezeigt werden, bevor Sie die Vorlage speichern.

5.4.1 Fang, Raster, Ortho

Zu den wichtigsten Grundeinstellungen gehört unter anderem auch das Festlegen der *Zeichenhilfen* FANG, RASTER und ORTHO. Die Einstellungen für FANG und RASTER finden Sie bereits in Abschnitt 2.1.3, *Zeichenhilfen Fang und Raster*.

Kapitel 5
Zeichnungsorganisation: Layer

5.4.2 Zahlen-Genauigkeit und Einheiten

Die Dezimalstellen für die Anzeige in der Befehlszeile können mit dem Befehl EINHEIT festgelegt werden.

Zeichnen und Beschriftung	Icon	Befehl	Kürzel
ANWENDUNGSMENÜ|ZEICHNUNGSPROGRAMME|EINHEITEN	0.0	EINHEIT	ET

Als Standardvorgabe in der Vorlage ACADISO.DWT sind vier Nachkommastellen bei *linearen Einheiten*, aber keine Nachkommastellen bei *Winkeleinheiten* vorgesehen. Stellen Sie also hier fachspezifisch ein:

Bereich	Einheit	Länge	Winkel
Architektur	m	0.000	0
Architektur	cm	0.0	0
Metall	mm	0.000	0.0

Tabelle 5.8: Genauigkeitseinstellungen im Befehl EINHEIT

Auch kann man hier die Art der Einheiten für die Zeichnung wählen, etwa *cm* oder *m* für Architektur oder mm für den Metallbereich. Diese Einheiten dienen später dazu, Objekte korrekt zu skalieren, die mit anderen Einheiten gezeichnet wurden und die Sie in Ihre Zeichnung einfügen wollen.

Abb. 5.17: Einheiten für Anzeige

> **Tipp**
>
> **Winkel in Grad, Minuten und Sekunden**
>
> Wenn Sie Winkel in Grad, Minuten und Sekunden ablesen müssen, sollten Sie bei Einheiten das Format entsprechend einstellen. Die Winkel*eingabe* kann man übrigens in jedem Fall derart schreiben: *@50<30d15'10"*.

5.4.3 Zeichnungsvorlage speichern

Nun haben Sie fürs Erste genug eingestellt. Jetzt können Sie das als Zeichnungsvorlage sichern. Dazu noch zwei wichtige Punkte:

- Löschen Sie alle Geometrien, die nicht in eine Vorlage gehören.

  ```
  Befehl: _erase
  LÖSCHEN Objekte wählen: Alle Objekte anklicken, die gelöscht werden sollen.
  LÖSCHEN Objekte wählen: Enter
  ```

- Schalten Sie den Layer aktuell, auf dem Sie normalerweise anfangen zu zeichnen. Das ist meist der Layer **Kontur**.

Das Archivieren einer Zeichnungsvorlage geschieht durch Abspeichern als Datei mit der Endung .DWT, hier zum Beispiel unter dem Namen **Bau-VORLAGE.DWT** mit dem Befehl SICHALS.

Abb. 5.18: Sichern einer Vorlage

Zeichnen und Beschriftung	Icon	Befehl	Kürzel
SCHNELLZUGRIFF-WERKZEUGKASTEN	💾	SICHALS	`Strg`+`Shift`+`S`

Zu beachten ist, dass AutoCAD bei der Endung *.DWT automatisch Ihr benutzerspezifisches Verzeichnis für die Vorlagen verwendet. Dieses Verzeichnis ist unter ANWENDUNGSMENÜ|OPTIONEN im Register DATEIEN als POSITION DER ZEICHNUNGSVORLAGENDATEI eingestellt. Nach dem Klick auf SPEICHERN werden Sie zu einer Beschreibung aufgefordert, die später aber nirgends mehr erscheint. Vergessen Sie an dieser Stelle nicht, unten in dem kleinen Fenster auf die Einstellung METRISCH zu achten.

5.4.4 Zeichnungsvorlage verwenden

Beim Erstellen einer neuen Zeichnung mit dem Befehl NEU oder ANWENDUNGSMENÜ|DATEI|NEU werden Sie immer nach einer Vorlage gefragt und erhalten ein Dialogfenster, das direkten Zugriff auf die Vorlagen in Ihrem benutzerspezifischen Verzeichnis bietet (siehe Abbildung 2.10 in Kapitel 2).

Wenn Sie öfter oder immer mit der gleichen Vorlage starten möchten, dann können Sie für den Befehl SNEU (im SCHNELLZUGRIFF-WERKZEUGKASTEN aufzurufen) 📄 eine Vorlage vereinbaren, die immer automatisch verwendet wird. Das tragen Sie unter ANWENDUNGSMENÜ|OPTIONEN|DATEIEN unter VORGEGEBENER VORLAGENDATEINAME FÜR SNEU ein (siehe Abbildung 2.11 in Kapitel 2).

5.5 Eigenschaften

Sie haben in diesem Kapitel Einstellungen wie *Layer, Farbe, Linientyp, Linienstärke und Transparenz* kennengelernt. Man nennt dies die *allgemeinen Eigenschaften* eines Objekts. Sie bekommen diese Eigenschaften auch in der Gruppe START|EIGENSCHAFTEN angezeigt:

Abb. 5.19: Eigenschaften für neue Objekte

Dies sind die Vorgaben für die Erstellung *neuer* Objekte. Alle Objekte, die mit Befehlen aus dem Menü bzw. der Gruppe ZEICHNEN erstellt werden, erhalten diese Eigenschaften. Sie sehen, dass eigentlich die wichtigste Einstellung die des Layers ist. Alle anderen Eigenschaften richten sich nach dem Layer. Das ist so auch sinnvoll und sollte nur in Ausnahmefällen anders gesetzt werden.

5.5.1 Eigenschaften-Manager

Eine wichtige Sache ist aber das Ändern von Eigenschaften. Möglicherweise haben Sie aus Versehen ein Objekt auf dem falschen Layer gezeichnet und möchten das ändern. Was tun?

Zeichnen und Beschriftung	Icon	Befehl	Kürzel
ANSICHT|PALETTEN oder START|EIGENSCHAFTEN ⌐		EIGENSCHAFTEN oder im Kontextmenü des markierten Objekts	E oder EIG oder EIG (nur LT)

Zum Ändern von Eigenschaften gibt es den EIGENSCHAFTEN-MANAGER in der Gruppe START\|EIGENSCHAFTEN als Pfeil ⌐ oder ANSICHT\|PALETTEN\|EIGENSCHAFTEN als ⊞. Unter der Rubrik GEOMETRIE werden die geometrischen Objekteigenschaften angezeigt, unter ALLGEMEIN die nicht geometrischen Eigenschaften.

Die Eintragungen VONLAYER bei FARBE, LINIENTYP und LINIENSTÄRKE sollten Sie nie ändern. Unter LINIENTYPFAKTOR ist hier ein *individueller Faktor* zu verstehen, der nur in Sonderfällen und auch nur für einzelne Objekte zum speziellen Skalieren des Linientyps verwendet werden sollte. Dieser *individuelle Faktor* kommt dann bei dem betreffenden Objekt als Multiplikator zum *globalen Linientypfaktor* (LTFAKTOR) noch hinzu.

> **Vorsicht**
>
> **Eigenschaften-Verstellung**
>
> Wenn *keine Objekte ausgewählt* sind, Anzeige lautet KEINE AUSWAHL, zeigt der EIGENSCHAFTEN-MANAGER die allgemeinen Voreinstellungen an, mit denen *neue Objekte* erzeugt werden.

5.5.2 VonLayer-Einstellungen

Da üblicherweise die allgemeinen Eigenschaften direkt über den Layer gesteuert werden, gibt es eine Funktion, die alle Einstellungen auf VONLAYER ändert: VONLAYEREINST. Über die Option EINSTELLUNGEN können Sie wählen, was alles umgestellt werden soll. Vorgabe ist FARBE, LINIENTYP, LINIENBREITE, MATERIAL und TRANSPARENZ. Sie werden dann noch gefragt, ob aus VONBLOCK dann VONLAYER werden soll, was bei normaler Layerverwendung belanglos ist, aber dann erscheint die Frage, ob Blöcke auch berücksichtigt werden sollen. Auch das können Sie mit J beantworten.

Zeichnen und Beschriftung	Icon	Befehl
START|ÄNDERN ▼ |ALS VONLAYER EINSTELLEN		VONLAYEREINST

5.6 Layerzugehörigkeit ändern

Die schnellste Methode zum Ändern des Layers eines Objekts besteht darin, zuerst das Objekt anzuklicken und dann in der *kleinen Layersteuerung* auf den Ziellayer zu klicken.

Es gibt einen schönen Befehl, um die Eigenschaften eines Objekts auf andere zu übertragen: den *Eigenschaften-Pinsel* oder nach offizieller Sprechweise die Funktion *Eigenschaften anpassen* EIGANPASS bzw. . Sie können diesen Befehl aufrufen, dann ein Objekt, das sogenannte Quellobjekt, wählen und danach die Zielobjekte anklicken, die die Eigenschaften des ersten Objekts übernehmen sollen.

- Zuerst rufen Sie den Pinsel auf.
- Dann wählen Sie als Quellobjekt ein Objekt, das die gewünschten Eigenschaften besitzt.
- Danach klicken Sie all die Objekte an, die diese Eigenschaften bekommen sollen.

Zeichnen und Beschriftung	Icon	Befehl	Kürzel
START|ZWISCHENABLAGE		EIGANPASS	EG

5.7 Übungen

5.7.1 Grundriss

Zeichnen Sie diesen Hausgrundriss mit den bekannten Befehlen. Benutzen Sie den ORTHO-Modus zur Vereinfachung der Koordinateneingabe. Mit VERSETZ lassen sich viele der Wandstücke konstruieren. Verwenden Sie auch den Objektfang ENDPUNKT.

Abb. 5.20: Hausgrundriss

```
Befehl:  _line Ersten Punkt angeben: 50,50
LINIE Nächsten Punkt angeben oder [...]: 450    bei Fadenkreuz rechts
LINIE Nächsten Punkt angeben oder [...]: 36.5   bei Fadenkreuz oben
LINIE Nächsten Punkt angeben oder [...]: 413.5  bei Fadenkreuz links
LINIE Nächsten Punkt angeben oder [...]: 213.5   Fadenkreuz oben
LINIE Nächsten Punkt angeben oder [...]: 36.5   bei Fadenkreuz links
LINIE Nächsten Punkt angeben oder [Schließen Z...]: s
Befehl:  _line Ersten Punkt angeben: 610,50
LINIE Nächsten Punkt angeben oder [...]: 150    bei Fadenkreuz rechts
LINIE Nächsten Punkt angeben oder [...]: 300    bei Fadenkreuz oben
LINIE Nächsten Punkt angeben oder [...]: 36.5    Fadenkreuz links
LINIE Nächsten Punkt angeben oder [...]: [Enter]
Befehl:  _offset   Wände versetzen
Aktuelle Einstellungen: ...
VERSETZ Abstand angeben oder [Durch punkt löschen Layer] <Durch punkt>: 36.5
VERSETZ Zu versetzendes Objekt ... [B... R...] <Beenden>: Wand wählen
VERSETZ Punkt auf Seite ...[B... M... R...] <Beenden>: Punkt für Richtung
```

Kapitel 5
Zeichnungsorganisation: Layer

```
...
VERSETZ Zu versetzendes Objekt ... [B... R...] <Beenden>: [Enter]
Befehl: /_line Ersten Punkt angeben: Wandstück 36.5 schließen, Endpunkte anklicken
LINIE Nächsten Punkt angeben oder [Zurück]:
LINIE Nächsten Punkt angeben oder [Zurück]: [Enter]
Befehl: _fillet   Abrunden mit Radius 0 stutzt überstehende versetzte Linien
Aktuelle Einstellungen: Modus = STUTZEN, Radius = 0.0000
ABRUNDEN Erstes Objekt wählen [...]: 1. Kante anklicken
ABRUNDEN Zweites Objekt wählen oder mit der Umschalt-Taste wählen, um Ecke anzuwen-
den: [Shift] + Klick auf 2. Kante
Befehl: /_line Ersten Punkt angeben: 50,420
LINIE Nächsten Punkt angeben oder [...]: 100   bei Fadenkreuz oben
LINIE Nächsten Punkt angeben oder [...]: 300   bei Fadenkreuz rechts
LINIE Nächsten Punkt angeben oder [...]: @50,50
LINIE Nächsten Punkt angeben oder [...]: 160   bei Fadenkreuz rechts
LINIE Nächsten Punkt angeben oder [...]: @50,-50
LINIE Nächsten Punkt angeben oder [...]: 150   bei Fadenkreuz rechts
LINIE Nächsten Punkt angeben oder [...]: 50    bei Fadenkreuz unten
LINIE Nächsten Punkt angeben oder [...]: [Enter]
Befehl: _offset   Wände versetzen
Aktuelle Einstellungen: ...
VERSETZ Abstand angeben oder [...]<36.5000>: [Enter]
VERSETZ Zu versetzendes Objekt ... [...] <...>: Linie wählen
VERSETZ Punkt auf Seite ...[...] <...>: Richtung klicken
VERSETZ Zu versetzendes Objekt ... [...] <...>: ...
Befehl: _fillet   Abrunden mit Radius 0 stutzt überstehende, dehnt zu kurze ver-
setzte Linien
Aktuelle Einstellungen: Modus = STUTZEN, Radius = 0.0000
ABRUNDEN Erstes Objekt wählen [rÜ... P... R... S... Mehrere]: M
ABRUNDEN Erstes Objekt wählen [...]: Anklicken
ABRUNDEN Zweites Objekt wählen oder mit der Umschalt-Taste wählen, um Ecke anzuwen-
den: [Shift] + Klick
...
```

5.7.2 Übung: Badezimmer

Versuchen Sie, die folgende Übungszeichnung selbst mit den bekannten Befehlen zu konstruieren. Die Zeichnung wird als BAD.DWG später für weitere Übungen benutzt.

Abb. 5.21: Badezimmer-Grundriss

5.8 Was gibt's noch?

- *Layerverwendung* – Im LAYER-MANAGER gibt es rechts oben die EINSTELLUNGEN . Dort unter DIALOGFELD-EINSTELLUNGEN können Sie unter VERWENDETE LAYER ANZEIGEN die Markierung der *verwendeten* Layer in *Hellblau* und der *nicht verwendeten* in *Grau* aktivieren.

- *Layer evaluieren* – Unter den EINSTELLUNGEN können Sie auch aktivieren, dass neue Layer, die in Ihre Zeichnung durch Einfügen anderer Zeichnungen aufgenommen werden, in einen extra Filter gesetzt werden. Diese Einstellung finden Sie unter BENACHRICHTIGUNG ÜBER NEUE LAYER. NUR NEUE XREF-LAYER EVALUIEREN legt einen Filter für Layer an, die durch Einfügen einer externen Referenz (s. Kapitel 11) in Ihre Zeichnung gelangen. ALLE NEUEN LAYER EVALUIEREN filtert *alle* neuen Layer.

- *Gesperrte Layer* grau anzeigen – Unter den EINSTELLUNGEN ist unter LAYEREINSTELLUNGEN ISOLIEREN die 50% graute Anzeige für gesperrte Layer standardmäßig aktiviert (die Texte sind wohl etwas missverständlich übersetzt worden).

- *Neue Sortierreihenfolge* – Layer, die mit Zahlen beginnen, werden nun nach den Zahlenwerten und nicht mehr nach den einzelnen Ziffern sortiert. Statt der Reihenfolge 1, 10, 12, 2, 25, 3, 4, 5, 6 wird nun in der Folge 1, 2, 3, 4, 5, 6, 19, 12, 25 sortiert.
- *Layer zusammenfassen* – Im Layer-Kontextmenü erscheint als neue Funktion AUSGEWÄHLTE(N) LAYER ZUSAMMENFÜHREN IN ..., um Objekte aus einem oder mehreren gewählten Layern in einen auszuwählenden Ziellayer zu überführen. Die Originallayer werden dann entfernt.
- *Layer von eingefügten externen Referenzen* – Wenn Sie später externe Zeichnungen als sogenannte *externe Referenzen* in Ihre aktuelle Zeichnung einfügen, erscheinen zwar die zugehörigen Layer und Linientypen in der Layerverwaltung und können auch in ihren Darstellungseigenschaften verändert werden, aber sie werden nicht im EIGENSCHAFTENMANAGER angeboten, weil sie nicht für Ihre Konstruktionen verwendet werden dürfen.

> **Tipp**
>
> *Layer in Befehlseingabe* – Wenn Sie in der Befehlseingabe einen Layernamen eingeben, oder auch nur einen Teil davon, dann können Sie damit diesen Layer aktuell setzen. Das ist eine sehr nützliche Option, den Layer zu wechseln!

5.9 Übungsfragen

1. Wie viele Layer kann man in AutoCAD definieren?
2. Wozu verwendet man verschiedene Farben?
3. Mit welcher Schaltfläche in der Statusleiste schaltet man die Linienstärken-Anzeige ein/aus?
4. Nennen Sie die fünf Modi eines Layers.
5. Welche Linientypfaktoren gibt es?
6. Welcher Linientypfaktor wird über den EIGENSCHAFTEN-MANAGER eingestellt?
7. Mit welcher Funktionstaste schaltet man den FANG ein oder aus?
8. Welche Dateiendung hat die Zeichnungsvorlage, und in welchem Verzeichnis sucht sie AutoCAD standardmäßig?
9. Welchen globalen Linientypfaktor brauchen Sie für die Liniengruppe 0,5?
10. Welche Dateiendung hat die Standards-Datei?
11. Welche Layereinstellungen können Sie in der Dropdown-Liste der kleinen Layersteuerung ändern?

Kapitel 6

Weitere Zeichenbefehle

Neben den grundlegenden einfachen Zeichenbefehlen LINIE, KREIS und BOGEN gibt es noch viele, die komplexere Objekte erstellen. Hier ist als Erstes der Befehl PLINIE zu erwähnen, der eine zusammengesetzte Kurve erstellt, die Polylinie. Sie besteht aus Linien- und Bogensegmenten. Den Befehl RECHTECK haben Sie schon benutzt; er generiert eine spezielle, eben rechteckige Polylinie. Der Befehl POLYGON erzeugt regelmäßige Vielecke, die vom Objekttyp her wiederum Polylinien sind. Auch der Befehl RING erzeugt eine Polylinie, bestehend aus zwei Halbkreisen und versehen mit einer Breite. Die Breite ist auch eine wesentliche neue Eigenschaft der Polylinie: Die Breite kann sogar an jedem Segmentende unterschiedlich sein.

Neben der Polylinie gibt es als Objekte, die eine flächige Füllung aufweisen, noch das Band und das Solid. BAND ist ein eher seltener Befehl, SOLID ist für flächige Füllungen gut geeignet.

Aber auch mit dem Befehl LINIE ist noch nicht alles ausgeschöpft, was wie eine Linie aussieht. Sie erzeugen eine Linie, die an einem Ende unendlich lang ist, mit dem Befehl STRAHL, und sollen beide Enden für eine Hilfs- oder Konstruktionslinie unendlich lang sein, benutzen Sie den Befehl KLINIE. Mehrfache parallele Linien lassen sich als Multilinie mit dem Befehl MLINIE zeichnen. Anstelle des Befehl MLINIE gibt es in der LT-Version die Doppellinie mit dem Befehl DLINIE.

6.1 BOGEN

Bisher haben Sie noch keinen Bogen zu zeichnen brauchen, weil Sie sich immer mit gestutzten Kreisen aushelfen konnten. Das ist in der Regel auch korrekt. Nur manchmal braucht man eben doch den Bogenbefehl, und deshalb hier kurz der Befehl mit seinen Optionen.

Seit der aktuellen Version 2014 gibt es die Möglichkeit, die *Laufrichtung* des Bogens durch Drücken der [Strg]-Taste umzukehren. Bei den nachfolgenden Funktionen müssen Sie dann vor Eingabe des letzten Bestimmungsstücks die [Strg]-Taste drücken (und halten).

Kapitel 6
Weitere Zeichenbefehle

Zeichnen und Beschriftung	Icon	Befehl	Kürzel
START|ZEICHNEN		BOGEN	B

Die verschiedenen Bogenoptionen zeigt Abbildung 6.1. Darin bedeuten M = Mittelpunkt oder Zentrum des Bogens, S = Startpunkt und E = Endpunkt des Bogens. Die Bogenoptionen rufen Sie am bequemsten über das Flyout im Register START\|ZEICHNEN auf. Dort sind die Optionen dann schon entsprechend voreingestellt. Die Standard-Bogen-Option erzeugt den Bogen aus drei aufeinanderfolgenden Punkten, dem Startpunkt, einem weiteren Punkt auf dem Bogen und dem Endpunkt.

Abb. 6.1: Standard-Bogenkonstruktion

Die nächsten drei Bogen-Optionen beginnen alle mit dem Mittelpunkt des Bogens und dann mit dem Startpunkt. Der Bogen läuft im Fall der Sehnenlänge immer im Gegenuhrzeigersinn. Die negative Sehnenlänge wird *im* Uhrzeigersinn gerechnet.

Abb. 6.2: Bogenkonstruktionen mit Start- und Mittelpunkt

Die nächsten drei Optionen beginnen alle mit Startpunkt und Endpunkt. Darauf folgen dann als weitere Optionen WINKEL oder RICHTUNG oder RADIUS.

6.1 BOGEN

Abb. 6.3: Bogenkonstruktionen mit Start- und Endpunkt

Die nächsten drei Optionen entsprechen geometrisch den obersten Optionen, nur ist hier die Reihenfolge von Mittelpunkt und Startpunkt vertauscht. Sie benutzen die Optionen je nach den konstruktiven Gegebenheiten.

Abb. 6.4: Bögen mit Mittelpunkt beginnen

Als letzte Option folgt der Bogen, der sich tangential an eine vorhergehende Linie oder einen Bogen anschließt.

Kapitel 6
Weitere Zeichenbefehle

Abb. 6.5: Konstruktion mit tangentialem Bogen fortsetzen

6.1.1 Linie-Bogen-Übergänge

Wenn Sie mit Linien und Bögen konstruieren, können Sie diese Kurven auf zwei verschiedene Arten aneinander anschließen:

- als tangentialer, glatter Übergang (Eingabe Enter am Startpunkt) oder
- als stetiger Übergang, zwar im selben Punkt, aber mit Knick (Eingabe @Enter).

Abb. 6.6: Übergänge zwischen LINIEN und BÖGEN

Achten Sie darauf, dass bei diesem Beispiel absolute Koordinaten einzugeben sind. Schalten Sie ggf. DYN in der Statusleiste ab.

```
Befehl: _line
LINIE Ersten Punkt angeben: 0,0 Enter
LINIE Nächsten Punkt angeben oder [Zurück]: 50,50 Enter
LINIE Nächsten Punkt angeben oder [Zurück]: Enter
Befehl: _arc
BOGEN Startpunkt für Bogen angeben oder [Zentrum]: Enter   Die Eingabe von Enter als
Startpunkt bewirkt, dass der Bogen hier am letzten Punkt, dem Linienendpunkt, ange-
setzt wird und auch in der Richtung tangential an das Linienende anschließt.
BOGEN Endpunkt für Bogen angeben: 100,50 Enter
Befehl: _line
```

LINIE Ersten Punkt angeben: [Enter]   Die Eingabe von [Enter] als Startpunkt bewirkt, dass die Linie hier am letzten Punkt, dem Bogenendpunkt, angesetzt wird und auch in der Richtung tangential an das Bogenende anschließt. Da die Richtung der Linie damit feststeht, läuft der Dialog anders als sonst weiter, und Sie werden nicht nach dem Endpunkt, sondern nur noch nach der Länge gefragt. Da Sie eine Diagonale mit x-Abstand = 50 und y-Abstand = 50 zeichnen wollen, müssen Sie als Länge 50 x √2 = 70.71 eingeben. Aber auch die Punktposition 150,0 führt indirekt zur korrekten Länge, weil AutoCAD die Länge durch Projektion des Punkts auf die vorgegebene Richtung ermittelt.
LINIE Linienlänge: **70.71** [Enter]
LINIE Nächsten Punkt angeben oder [Zurück]: [Enter]
Befehl: _arc
BOGEN Startpunkt für Bogen angeben oder [Zentrum]: **@** [Enter]   Die Eingabe von **@** [Enter] als Startpunkt bewirkt, dass der Bogen hier am letzten Punkt, dem Linienendpunkt, angesetzt wird, aber nicht mehr zwingend tangential an das Linienende anschließt.
BOGEN Zweiten Punkt für Bogen angeben oder [Zentrum Endpunkt]: **175,20** [Enter]
BOGEN Endpunkt für Bogen angeben: **200,0** [Enter]
Befehl: _line
LINIE Ersten Punkt angeben: **@** [Enter]   Die Eingabe von **@** [Enter] als Startpunkt bewirkt, dass die Linie hier am letzten Punkt, dem Bogenendpunkt, angesetzt wird, aber nicht mehr zwingend tangential an das Bogenende anschließt.
LINIE Nächsten Punkt angeben oder [Zurück]: **250,50** [Enter]
LINIE Nächsten Punkt angeben oder [Zurück]: [Enter]

Tipp

Übergänge LINIE-BOGEN, BOGEN-LINIE, BOGEN-BOGEN, LINIE-LINIE

Wenn man bei den Objekten LINIE und BOGEN anstelle des Startpunkts nur [Enter] eingibt, wird mit der LETZTEN RICHTUNG weitergearbeitet. Es entstehen dann *tangentiale* Übergänge. Wenn beim Startpunkt @ eingegeben wird, wird an das letzte Objekt angeschlossen, aber nicht in gleicher Richtung. Es entsteht also ein *Knick* (Abbildung 6.6). Beim Anschluss einer Linie an eine andere wird kein tangentialer Übergang angeboten.

Wichtig

LASTPOINT, LASTANGLE

Der letzte Punkt, der mit @ angesprochen werden kann, ist in der Systemvariablen LASTPOINT gespeichert. Sie können ihn anzeigen lassen, indem Sie LASTPOINT als Befehl eintippen. Mit dem Befehl ID können Sie einen beliebigen Punkt mit geeigneten Fangmodi anklicken, und seine Koordinaten werden unter LASTPOINT automatisch gespeichert. Damit wird der Bezugspunkt für Relativkoordinaten neu gesetzt.

> Die zuletzt benutzte Richtung, die verwendet wird, wenn Sie beim Linien- oder Bogenstartpunkt [Enter] eingeben, ist in der Systemvariablen LASTANGLE abgelegt. Sie können sie durch Eintippen von LASTANGLE einsehen, aber nicht verändern.

6.1.2 Bogen editieren

Ein Bogen kann mit den multifunktionalen Griffen sehr elegant editiert werden. Aktivieren Sie die Griffe mit einem Klick und zeigen (nicht klicken) Sie auf einen der Griffe. Am mittleren Griff kann der RADIUS des Bogens verändert werden und mit STRECKEN der Mittelpunkt verschoben werden. An den beiden äußeren Griffen kann die LÄNGE des Bogens variiert werden (Abbildung 6.7) und über STRECKEN der Endpunkt verschoben werden. Nützlich für die Eingabe von neuen Werten für Radius oder Winkel ist hier auch die dynamische Eingabefunktion DYN aus der Statusleiste mit der Einstellung WO MÖGLICH, BEMAßUNGSENG. AKTIVIEREN.

Abb. 6.7: Bögen mit multifunktionalen Griffen editieren

6.2 Die Ellipse

Eine Ellipse und einen Ellipsenbogen können Sie mit dem Befehl ELLIPSE und verschiedenen Optionen zeichnen. Sie müssen die Haupt- und Nebenachsen definieren, entweder über die Achsenendpunkte oder über das ZENTRUM der Ellipse und die beiden Achsenenden. Die Ellipse können Sie auch als einen zur Blickrichtung verdrehten Kreis betrachten. Dann können Sie auch anstelle der Nebenachse diesen scheinbaren Drehwinkel angeben.

Zeichnen und Beschriftung	Icon	Befehl	Kürzel
START|ZEICHNEN		ELLIPSE	EL

Ein Ellipsenbogen wird als Ellipse mit zusätzlichem Start- und Endwinkel definiert. Der Winkel 0° entspricht dabei immer der Hauptachsenrichtung. Der Winkel zählt gegen den Uhrzeiger wieder positiv wie beim Kreis.

Die Ellipse hat die gleichen Objektfänge wie der Kreis. Allerdings orientieren sich diesmal die QUADRANTEN an den Lagen von Haupt- und Nebenachse und laufen deshalb beim Drehen einer Ellipse mit.

Abb. 6.8: Befehle für Ellipse und Ellipsenbogen

Achsenendpunkt und zweiten Endpunkt für Hauptachse, Abstand für andere Achse

Zentrum und zweiten Endpunkt für Hauptachse, Abstand für andere Achse

Zentrum und zweiten Endpunkt für Hauptachse, Drehwinkel

Abb. 6.9: Verschiedene Konstruktionen für Ellipsen

6.3 Die Polylinie

6.3.1 Die allgemeine Polylinie

Die Polylinie wird mit dem Befehl PLINIE erzeugt. Sie hat mehrere angenehme Eigenschaften:

- Sie ist eine zusammengesetzte Kurve. Deshalb können Sie sie zum Beispiel als Ganzes versetzen.

- Sie kann eine Linienbreite für die ganze Kurve haben. Damit lassen sich in der Elektronik Leiterbahnen mit vorgeschriebener Breite zeichnen.
- Sie kann aber auch segmentweise unterschiedliche Breiten haben. Dadurch sind die interessantesten Figuren zu zeichnen wie etwa Pfeile und Ziermuster.
- Sie kann geschlossen sein. Damit ist sie später die Grundlage von Volumenkörpern oder dient auch der Flächenberechnung.
- Sie kann zu einer Art Splinekurve geglättet werden. Damit wird sie Grundlage von Designerformen.
- Man kann sie in ihre Einzelsegmente zerlegen, sodass wieder Bögen und Linien daraus entstehen. Andererseits kann man einzelne Linien und Bögen auch zu Polylinien mit dem Befehl PEDIT ⌐ oder dem Befehl VERBINDEN ⊹ zusammenfügen.

Sehen Sie sich zuerst den Befehlsaufruf an:

Zeichnen und Beschriftung	Icon	Befehl	Kürzel
START|ZEICHNEN	⌒	PLINIE	PL

Beim Menüaufruf achten Sie bitte darauf, die richtige Funktion zu wählen. Gleich darunter gibt es nämlich noch eine 3D-POLYLINIE, die aber zur 3D-Umgebung gehört und anders funktioniert. Die 2D-POLYLINIE kann zwei Arten von Segmenten enthalten: *Liniensegmente* und *Bogensegmente*. Deshalb sehen die Optionen, die der Befehl bietet, je nach Modus auch etwas anders aus. Bevor Sie mit einigen Übungen den Befehl ausprobieren, sollte noch eine grundsätzliche Eigenschaft erklärt werden. Der Befehl PLINIE verfährt unterschiedlich beim Anschließen der Segmente untereinander:

- Ein *Bogensegment* wird *standardmäßig tangential* an das vorherige Segment angeschlossen. Einen Knick müssten Sie mit geeigneten Optionen wie RICHTUNG erzwingen.
- Ein *Liniensegment* dagegen wird *immer ohne tangentialen* Übergang angeschlossen, also mit Knick. Wenn Sie einen tangentialen Anschluss wollen, müssen Sie dies durch die Option SEHNENLÄNGE erzwingen.

Polylinie mit tangentialen Übergängen

Zeichnen Sie als erste Übung die Figur aus Abbildung 6.10. Dabei machen Sie sich mit dem Umschalten zwischen Linien- und Bogenmodus vertraut.

Abb. 6.10: Polylinie mit tangentialen Übergängen

```
Befehl: _pline
PLINIE Startpunkt angeben: 200,200
Aktuelle Linienbreite beträgt 0.0000
PLINIE Nächsten Punkt angeben oder [Kreisbogen  Halbbreite sehnenLänge Zurück
Breite]: @100,0   Linie 100 nach rechts
PLINIE Nächsten Punkt angeben oder [Kreisbogen ...]: K   umschalten auf Kreisbogen
PLINIE Endpunkt des Bogens angeben oder [Winkel ZEntrum Schließen RIchtung Halb-
breite LInie RAdius zweiter Pkt ZUrück Breite]: @0,-50  Da der Bogen automatisch tan-
gential weitergeht, ist nur noch die Eingabe des Endpunkts nötig, und der liegt 50 mm
unter dem Startpunkt.
PLINIE Endpunkt des Bogens angeben oder [...]: @-10,-10   Dieser Viertelkreis ent-
steht wieder nur durch Angabe des Endpunkts.
PLINIE Endpunkt des Bogens angeben oder [... LInie ...]: LI   Nun wird wieder in den
Linien-Modus umgeschaltet.
PLINIE Nächsten Punkt angeben oder [...]: @0,-60   Linie um 60 mm nach unten
PLINIE Nächsten Punkt angeben oder [Kreisbogen ...]: K   Wieder wird in den Kreisbo-
gen-Modus geschaltet.
PLINIE Endpunkt des Bogens angeben oder [...]: @10,-10   Das generiert wieder einen
Viertelkreis.
PLINIE Endpunkt des Bogens angeben oder [...]: @0,-50   Das ist wieder ein Halbkreis
mit Durchmesser 50.
PLINIE Endpunkt des Bogens angeben oder [... LInie ...]: LI   Zurück in den Linien-
Modus
PLINIE Nächsten Punkt angeben oder [...]: @0,-100   Eine Linie 100 mm nach unten
```

Kapitel 6
Weitere Zeichenbefehle

```
PLINIE Nächsten Punkt angeben oder [... Zurück ...]: Z  Das war falsch, aber Sie kön-
nen im PLINIE-Befehl mit Z segmentweise rückwärts gehen. Aber Achtung: Es geht nicht
nur um die falsche Linie rückwärts, sondern es wird auch wieder der Kreisbogen-Modus
reaktiviert.
PLINIE Endpunkt des Bogens angeben oder [... LInie ...]: LI   Erneutes Umschalten in
den Linien-Modus.
PLINIE Nächsten Punkt angeben oder [...]: @-100,0   Linie 100 mm nach links
PLINIE Nächsten Punkt angeben oder [Kreisbogen ...]: K   Kreisbogen-Modus
PLINIE Endpunkt des Bogens angeben oder[...]: @0,50   Halbkreis nach oben
PLINIE Endpunkt des Bogens angeben oder [...]: @10,10   Viertelkreis
PLINIE Endpunkt des Bogens angeben oder [... LInie ...]: LI   Linien-Modus
PLINIE Nächsten Punkt angeben oder [...]: @0,60
PLINIE Nächsten Punkt angeben oder [Kreisbogen ...]: K   Kreisbogen-Modus
PLINIE Endpunkt des Bogens angeben oder [...]: @-10,10   Viertelkreis
PLINIE Endpunkt des Bogens angeben oder [... Schließen RIchtung ...]: S
Mit SCHLIEßEN beenden Sie die Figur am elegantesten.
```

Sie können nun mal ausprobieren, wie der Befehl VERSETZ auf diese Polylinie wirkt. Versetzen Sie die Polylinie zum Beispiel um 10 nach außen. Auch nach innen können Sie sie versetzen, sogar mehrfach, bis kein Versetzen mehr möglich ist. So können Sie durch Versetzen von Polylinien auch für Gebäude schnell die Wandstärken erstellen.

Polylinie mit Knickstellen

Im letzten Beispiel konnten Sie ausnutzen, dass der Linie-Bogen-Übergang tangential vorgegeben ist. Im nächsten Beispiel sollten Sie aber umgekehrt erzwingen, dass einmal ein Linie-Bogen-Übergang nicht-tangential verläuft und ein Bogen-Linie-Übergang mit tangentialer Bedingung versehen wird (Abbildung 6.11).

Abb. 6.11: Polylinie mit Knick zwischen Linie und Bogen

6.3 Die Polylinie

Befehl: ↵_pline
PLINIE Startpunkt angeben: **40,200**
Aktuelle Linienbreite beträgt 0.0000
PLINIE Nächsten Punkt angeben oder [...]: **@100,0**
PLINIE Nächsten Punkt angeben oder [Kreisbogen ...]: **K**
PLINIE Endpunkt des Bogens angeben oder [...]: **@0,-50**
PLINIE Endpunkt des Bogens angeben oder[.. Linie..]: **LI**
PLINIE Nächsten Punkt angeben oder [...]: **@0,-80**
PLINIE Nächsten Punkt angeben oder [Kreisbogen ...]: **K** Hier sollte nun ein Kreisbogen mit Knick anschließen, aber er wird tangential angeboten.
PLINIE Endpunkt des Bogens angeben oder [Winkel ZEntrum Schließen RIchtung Halbbreite LInie RAdius zweiter Pkt ZUrück Breite]: **RI** Mit der Option RICHTUNG können Sie erzwingen, dass der Kreisbogen mit Knick in vorgeschriebener Richtung, hier 0° beginnt.
PLINIE Tangentenrichtung für Startpunkt des Bogens angeben: **0** 0 steht für die Richtung in 0°. Man könnte auch einen Punkt zur Richtungsdefinition vorgeben, etwa @5,0.
PLINIE Endpunkt des Bogens angeben: **@0,-50** Der Endpunkt des Bogens wird wieder wie oben vorgegeben.
PLINIE Endpunkt des Bogens angeben oder[... LInie ...]: **LI** Sie wollen nun eine Linie in tangentialer Richtung anschließen.
PLINIE Nächsten Punkt angeben oder [... sehnenLänge ...]: **L** Die Option SEHNENLÄNGE, die Sie mit dem L aufrufen, stellt sicher, dass die Linie tangential anschließt. Infolgedessen braucht später nur noch die Länge eingegeben zu werden, denn die Richtung wird durch die Anschlussbedingung vorgegeben.
PLINIE Länge der Linie angeben: **100** Länge der Linie
PLINIE Nächsten Punkt angeben oder [Kreisbogen ...]: **K**
PLINIE Endpunkt des Bogens angeben oder [...]: **@0,50**
PLINIE Endpunkt des Bogens angeben oder[... LInie...]: **LI**
PLINIE Nächsten Punkt angeben oder [...]: **@0,80**
PLINIE Nächsten Punkt angeben oder [Kreisbogen ...]: **K**
PLINIE Endpunkt des Bogens angeben oder[W... ZE... S... RIchtung H... LI... RA... zw...Publisher... ZU... B...]: **RI** Auch hier müssen Sie wieder den Knick erzwingen, indem Sie die Startrichtung des Bogens vorschreiben. Nun ist sie 180°.
PLINIE Tangentenrichtung für Startpunkt des Bogens angeben: **180** für den Winkel 180°, aber auch eine Position wäre hier möglich: @-5,0.
PLINIE Endpunkt des Bogens angeben: **END**
Von Startpunkt anklicken Mit Objektfang ENDPUNKT können Sie nun den Startpunkt Ihrer Kontur anfahren. Die Option SCHLIESSEN steht hier leider nicht zur Verfügung. Nun haben Sie an dieser Stelle eine Kontur, die vom geometrischen Gesichtspunkt her geschlossen aussieht. Nur vom logischen Standpunkt her ist sie noch nicht geschlossen. Deshalb muss die Option S am Schluss noch zusätzlich aufgerufen werden.
PLINIE Endpunkt des Bogens angeben oder[... Schließen ...]: **S**

Kapitel 6
Weitere Zeichenbefehle

Polylinie mit konstanter Breite

Das nächste Beispiel zeigt eine Polylinie mit fester Breite. Außerdem wurde mit FANG und RASTER gearbeitet. Es ist auch hilfreich, wenn Sie zuerst das in Abbildung 6.12 eingezeichnete Hilfsrechteck konstruieren.

Abb. 6.12: Wellblech – Polylinie mit Breite

Setzen Sie FANG und RASTER beide auf x-Abstand und y-Abstand 10. Die in Abbildung 6.12 gezeigte wellblechförmige Polylinie beginnt mit einem Bogen, der 10 mm hoch ist und 40 mm breit. Außerdem besitzt die Polylinie eine konstante Breite von 5 mm. Sie geben zunächst den Startpunkt ein, wählen dann die Option BREITE aus und geben gleiche Start- und Endbreite ein. Den ersten Bogen müssen Sie über drei Punkte angeben: Startpunkt, Bogenmitte und Endpunkt. Dazu schalten Sie um auf KREISBOGEN-Modus und wählen zur Eingabe des Bogenmittelpunkts die Option ZWEITER PUNKT und klicken den mit 2 markierten Rasterpunkt an. Geben Sie dann den mit 3 markierten Endpunkt rechts an. Für die nachfolgenden Segmente nutzen Sie wieder aus, dass AutoCAD tangential weiterfährt, und klicken jeweils im Abstand von vier Rasterpunkten die Positionen für die Endpunkte an.

```
Befehl: ↵_pline
PLINIE Startpunkt angeben: Rasterpunkt anklicken
Aktuelle Linienbreite beträgt 0.0000
PLINIE Nächsten Punkt angeben oder [... Breite]: B   Breite einstellen
PLINIE Startbreite angeben <0.0000>: 5   5 mm Startbreite
PLINIE Endbreite angeben <5.0000>: [Enter]   [Enter] übernimmt die vorgeschlagene Endbreite.
PLINIE Nächsten Punkt angeben oder [Kreisbogen ...]: K   Kreisbogen-Modus einschalten
PLINIE Endpunkt des Bogens angeben oder [...zweiter Pkt ...]: P   Option ZWEITER PUNKT erlaubt die Eingabe eines Punkts auf dem Bogen, hier Bogenmitte.
PLINIE Zweiten Punkt des Bogens angeben: hier Bogenmitte anklicken, 1 über und 2 rechts vom Startpunkt
PLINIE Endpunkt für Bogen angeben: Endpunkt des Bogens 4 Rasterpunkte rechts neben Startpunkt
PLINIE Endpunkt des Bogens angeben ... [...]: Endpunkt des nächsten Bogens 4 Rasterpunkte rechts neben dem letzten Endpunkt
```

```
PLINIE Endpunkt des Bogens angeben ... [...]: Endpunkt des nächsten Bogens 4 Raster-
punkte rechts neben dem letzten Endpunkt
PLINIE Endpunkt des Bogens angeben ... [...]: Endpunkt des nächsten Bogens 4 Raster-
punkte rechts neben dem letzten Endpunkt
PLINIE Endpunkt des Bogens angeben ... [...]: [Enter]   Beendet den Befehl.
```

Sie können die Breite auch so angeben, dass der Bogen bis zur Mitte ausgefüllt wird. Als Beispiel konstruieren Sie das Nullpunktsymbol aus Abbildung 6.13.

Abb. 6.13: Nullpunktsymbol aus PLINIE mit Breite, KREIS und LINIEN

Dieses Symbol besteht aus einer kreisbogenförmigen Polylinie mit Radius 10 und Breite 20.

```
Befehl: _pline
PLINIE Startpunkt angeben: beliebigen Punkt wählen
Aktuelle Linienbreite beträgt 5.0000
PLINIE Nächsten Punkt angeben oder [... Breite]: B   Breite einstellen
PLINIE Startbreite angeben <5.0000>: 20   Startbreite = 20
PLINIE Endbreite angeben <20.0000>: [Enter]   Endbreite auch = 20
PLINIE Nächsten Punkt angeben oder [Kreisbogen ...]: K   Kreisbogen-Modus einschalten
PLINIE Endpunkt des Bogens ...[... RIchtung ...]: RI   Startrichtung für den Bogen
festlegen
PLINIE Tangentenrichtung für Startpunkt des Bogens angeben: 180   Startrichtung =
180°
PLINIE Endpunkt des Bogens angeben: @10,-10   Endpunkt so gelegt, dass ein Dreivier-
tel-Kreis entsteht.
PLINIE Endpunkt des Bogens angeben oder [...]: [Enter]   Befehlsende
```

Zeichnen Sie nun noch die Linien und den Kreis dazu. Das Referenzpunktsymbol rechts erhalten Sie aus dem eben konstruierten Poliniensegment, indem Sie den Dreiviertel-Kreis an den vorhandenen Linien stutzen. Bei der Auswahl des zu stutzenden Objekts klicken Sie dort an, wo die Führungskurve der verbreiterten Polylinie liegt, also an einer Position zwischen 180° und 270° bei einem Radius von 10, und nicht außen bei einem Radius von 20.

Poliniensegmente mit unterschiedlicher Breite

Mit verschiedenen Breiten für Segmentstart und -ende können Sie zum Beispiel Pfeile (Abbildung 6.14) zeichnen. Für den Pfeil werden eine Polylinie mit konstanter Breite und ein zweites Segment mit großer Startbreite und Endbreite null gezeichnet.

Abb. 6.14: Pfeilsymbol

```
Befehl: _pline
PLINIE Startpunkt angeben: 150,100    Startpunkt
Aktuelle Linienbreite beträgt 0.0000
PLINIE Nächsten Punkt angeben oder [... Breite]: B   Option Breite wählen
PLINIE Startbreite angeben <0.0000>: 5    Startbreite 5
PLINIE Endbreite angeben <5.0000>: [Enter]    Endbreite 5 wird mit [Enter] akzeptiert.
PLINIE Nächsten Punkt angeben oder [...]: @20,0   1. Segment der Polylinie mit Länge 20
PLINIE Nächsten Punkt angeben oder [... Breite]: B   Option Breite wählen
PLINIE Startbreite angeben <5.0000>: 15   Startbreite für Pfeilspitze
PLINIE Endbreite angeben <15.0000>: 0   Die Spitze hat natürlich Breite null.
PLINIE Nächsten Punkt angeben oder [...]: @20,0   2. Segment der Polylinie mit Länge 20
PLINIE Nächsten Punkt angeben oder [...]: [Enter]    Beendet Polylinie.
```

Auch Höhenkoten für Architekturzeichnungen können Sie nach dieser Methode zeichnen. Beispiel:

```
Befehl: _pline
PLINIE Startpunkt angeben: 200,100    Beliebiger Startpunkt
Aktuelle Linienbreite beträgt 0.0000
PLINIE Nächsten Punkt angeben oder [... Breite]: B   Option Breite wählen
PLINIE Startbreite angeben <0.0000>: 10   Startbreite 10
```

```
PLINIE Endbreite angeben <10.0000>: 0 Enter    Endbreite 0
PLINIE Nächsten Punkt angeben oder [...]: @0,-3   1. Segment der Polylinie mit Länge
3 nach unten
PLINIE Nächsten Punkt angeben oder [...]:  Enter    Beendet Polylinie.
```

Polylinie aus normaler Geometrie erzeugen: UMGRENZUNG

Oft liegt eine Konstruktion vor, die aus Linien, Bögen und Kreisen besteht. Für die Berechnung der Fläche oder zum Erzeugen von Volumenkörpern benötigen Sie aber eine geschlossene Polylinie. Nehmen Sie das Beispiel aus Abbildung 6.15. Sie können natürlich mit dem Befehl PLINIE die gewünschte Kontur unter Verwendung vorhandener Schnittpunkte, Endpunkte und Mittelpunkte auf den Kreisbögen nachkonstruieren. Das wäre keine schlechte Übung zur besseren Beherrschung des Befehls und ich kann Ihnen diese Trimm-dich-Übung nur empfehlen. Aber es gibt Schöneres: den Befehl UMGRENZUNG.

Zeichnen und Beschriftung	Icon	Befehl	Kürzel
START|ZEICHNEN		UMGRENZUNG	UM

Abb. 6.15: Umgrenzungen für verschiedene Geometrien

Der Befehl startet mit einem Dialogfeld, in dem Folgendes zu wählen ist:

- PUNKTE AUSWÄHLEN – Durch einen Klick ins betreffende Gebiet wird die Polylinie erzeugt. Das Gebiet darf im Unterschied zum Schraffurgebiet *keine Konturlücken* aufweisen.
- INSELERKENNUNG – bewirkt, dass Polylinien auch für innen liegende geschlossene Gebiete erzeugt werden.

- OBJEKTTYP – erlaubt die Wahl zwischen *Polylinie* und *Region*. Eine Region ist praktisch eine ebene Fläche, die auch Löcher von Inseln enthalten kann. Sie bildet mit den Löchern dann ein einziges Objekt. Sie wird auch bei schattierter Darstellung flächig schattiert. Wenn Splinekurven in der Begrenzung auftreten, sind nur Regionen möglich.
- UMGRENZUNGSSATZ – Normalerweise werden nur Kurven berücksichtigt, die auf dem Bildschirm sichtbar sind. Mit der Schaltfläche NEU kann hier auch ein Satz von Umgrenzungskurven gewählt werden, die außerhalb des aktiven Bildschirms liegen.

UMGRENZUNG erzeugt standardmäßig eine Polylinie, wenn Sie in das von normalen Kurven wie Linien, Bögen und Kreisen eingeschlossene Gebiet einmal hineinklicken. Wenn Sie den Befehl aufrufen, wählen Sie die Schaltfläche PUNKTE AUSWÄHLEN, klicken einmal in das Gebiet hinein und drücken dann ⌈Enter⌉. Nach dem Klicken erkennen Sie schon an der Markierung, dass AutoCAD die geschlossene Umgrenzung gefunden hat und sogar wie im linken Teil von Abbildung 6.15 sogenannte Inseln findet. Für jede dieser geschlossenen Konturen wird nun eine Polylinie erzeugt. Sie sollten vor der Benutzung des Befehls vielleicht einen neuen Layer anlegen, zum Beispiel den Layer POLYLINIE und ihn aktuell schalten. Wohlgemerkt, der Befehl wandelt keine Kurven zu Polylinien um, sondern er legt da, wo er geschlossene Konturen erkennt, eine Polylinie darüber. Offene Kurvenenden, die in das Gebiet hineinragen oder außen darüber hinausragen, werden ignoriert. Ganz ideal lässt sich eine solche Polylinie zur Ermittlung der Fläche verwenden (siehe Abschnitt 7.7.2). Wenn die Kontur nicht komplett geschlossen ist, erscheint die Meldung: *Keine gültige Schraffurumgrenzung gefunden*, und nach einem kurzen ZOOM mit dem Mausrad werden die kritischen Stellen mit roten Kreissymbolen markiert.

6.3.2 Polylinien bearbeiten

Da die Polylinie ein relativ komplexes Objekt ist, gibt es auch einen speziellen Editierbefehl dafür, um sie nachträglich zu bearbeiten. Die Bearbeitung wird am einfachsten durch Doppelklick auf eine Polylinie aufgerufen.

Zeichnen und Beschriftung	Icon	Befehl	Kürzel
START|ÄNDERN|▼		PEDIT	PE

Der Befehlsablauf bietet folgende Optionen:

```
Befehl: PEDIT
PEDIT Polylinie wählen oder [Mehrere]:
```

```
PEDIT Option eingeben [Schließen Verbinden BReite BEarbeiten kurve Angleichen Kur-
venlinie kurve LÖschen LInientyp Richtung wechseln Zurück]: BE
PEDIT Bearbeitungsoption für Kontrollpunkt eingeben
[Nächster Vorher BRUch Einfügen Schieben Regen Linie Tangente BREite eXit] <N>:
```

In einer Kurzübersicht bieten die Optionen folgende Möglichkeiten:

- Polylinie wählen oder [MEHRERE] – Im Befehl PEDIT können Sie eine oder mehrere Polylinien gleichzeitig bearbeiten. Wenn Sie also mehrere Polylinien zugleich wählen möchten, müssen Sie *vor* dem Auswählen erst die Option MEHRERE mit M wählen. Die meisten Optionen laufen auch, wenn mehrere Polylinien zugleich gewählt sind. Nur die Option BEARBEITEN macht dann keinen Sinn. Ferner können mit MEHRERE einzelne Bögen, Linien und Polylinien gewählt werden, die dann nach Anfrage erst mal alle in Einzelpolylinien umgewandelt werden. In diesem Fall ist die Option VERBINDEN besonders interessant. Sie erlaubt dann auch das Verbinden, wenn die Endpunkte *nicht* exakt zusammenpassen, Lücken oder Überschneidungen vorhanden sind.

- SCHLIEßEN – schließt eine offene Polylinie zu einer geschlossenen Kontur. Diese Option wird nur angeboten, wenn Sie eine noch nicht geschlossene Polylinie gewählt haben oder bei mehreren Polylinien. Wenn das letzte Segment ein Bogen war, wird auch mit einem Bogen geschlossen, sonst mit einem Liniensegment.

- ÖFFNEN – öffnet eine geschlossene Polylinie, indem das letzte Segment entfernt wird. Diese Option wird nur angeboten, wenn Sie eine geschlossene Polylinie gewählt haben oder bei mehreren Polylinien.

- VERBINDEN – kann mehrere Polylinien, Linien und/oder Bögen zu einer Polylinie zusammenfügen. Wenn ein Objekt mit PEDIT gewählt wurde, können hiermit weitere dazu gewählt werden, die aber mit ihren Endpunkten genau passen müssen. Wenn mehrere einzelne Linien, Bögen und/oder Polylinien mit der Option MEHRERE gewählt wurden, kann hiermit auch eine Verbindung geschaffen werden, sofern ein genügend großer Toleranzwert unter FUZZY-ABSTAND eingegeben wurde.

- BREITE – erlaubt die Eingabe einer Breite für die gesamte Polylinie.

- BEARBEITEN – Diese Option erlaubt die Bearbeitung einzelner Stützpunkte bzw. Segmente der Polylinie. Für solche Bearbeitungen sind aber die *Griffmenüs* besser geeignet, die nach Markieren einer Polylinie bei Berühren der blauen Griffe erscheinen.

- KURVE ANGLEICHEN – Die gesamte Polylinie wird durch Bogensegmente derart angenähert, dass in jedem Endpunkt eines Segments ein glatter Übergang zwischen zwei Bögen liegt (Abbildung 6.16). Die resultierende Kurve zeigt ein relativ barockes Aussehen.

- KURVENLINIE – Die gesamte Polylinie wird durch eine B-Spline-Kurve ersetzt, die sich an das ursprüngliche Polygongerüst anschmiegt (Abbildung 6.17).

Die Systemvariable SPLINETYPE bestimmt, ob ein kubischer B-Spline entsteht (Splinetype = 6), der sich näher ans Gerüst annähert, oder ein quadratischer B-Spline (Splinetype = 5), der insgesamt glatter verläuft. Ursprüngliche Kreisbogensegmente werden auch hier wie Liniensegmente behandelt. Diese B-Spline-Kurven lassen sich über die *Griffe* hervorragend modellieren und können gut für Designzwecke eingesetzt werden. Die manchmal etwas eckige Darstellung der an sich glatten B-Splines kann noch verbessert werden, wenn Sie vorher die Systemvariable SPLINESEGS auf einen hohen Wert setzen. Standardwert ist 8, besser wäre ein Wert von 30 oder größer.

- KURVE BEGRADIGEN – entfernt die Glättung der Polylinie nach den Optionen KURVE ANGLEICHEN oder KURVENLINIE wieder. Es werden jedoch ursprüngliche Bogensegmente nicht wieder restauriert, sondern sie bleiben ab jetzt Liniensegmente.
- LINIENTYP – Wenn eine Polylinie einen gestrichelten Linientyp besitzt, dann beginnt die Strichlierung an jedem Stützpunkt erneut. Ist ein Segment zu kurz, sodass die Strichlierung nicht wenigstens zweimal darauf passt, dann erscheint dieses Segment durchgezogen. Mit dieser Option kann man bewirken, dass die Strichlierung sich über die Stützpunkte hinweg fortsetzt und somit auch sehr kurze Segmente noch gestrichelt erscheinen. Diese Option ist wichtig, wenn Sie gestrichelte Polylinien mit kleinen Segmentlängen, etwa für Höhenlinien in Landkarten oder Grenzlinien, erzeugen müssen.
- RICHTUNG WECHSELN – Die Laufrichtung der Polylinie kann hiermit umgekehrt werden. Das ist eventuell für nachfolgende Weiterverwendung einer Polylinie zur Erzeugung von Flächen interessant.
- ZURÜCK – macht einzelne Editieroperationen innerhalb des Befehls rückgängig.

Abb. 6.16: Glätten mit Option KURVE ANGLEICHEN

Abb. 6.17: Glätten mit Option KURVENLINIE

Polylinie aus einzelnen Kurven zusammensetzen

Es gibt beim Erstellen von Polylinien aus Einzelkurven mit PEDIT zwei unterschiedliche Fälle: Entweder die Kurven passen zusammen oder die Endpunkte weichen voneinander ab.

1. Wenn die Endpunkte der Einzelkurven zusammenpassen, gehen Sie folgendermaßen vor:
   - Mit PEDIT wird eine der Einzelkurven angewählt.
   - PEDIT erkennt, dass es keine Polylinie ist, bietet aber an, sie auf Anforderung in eine Polylinie umzuwandeln.
   - Nachdem Sie das Umwandeln bestätigt haben, ist die einzelne Kurve in eine Polylinie umgewandelt.
   - Im Befehl PEDIT wählen Sie die Option VERBINDEN und können nun relativ großzügig mit der Objektwahl KREUZEN beispielsweise alle Kurven dazuwählen, die mit der ersten verbunden werden sollen. Kurven, die keinen exakten Anschluss haben, werden bei der Zusammenfassung ignoriert.
   - Je nach vorliegender Geometrie entsteht dann eine offene oder geschlossene Polylinie aus den passenden Einzelkurven. Sie dürfen natürlich keine Problemfälle wählen, bei denen sich Kurven verzweigen.

2. Mit Option <u>Verbinden</u> die restlichen Linien/Bögen mit Kreuzen-Wahl o.Ä. dazuwählen

1. Erstes Objekt mit PEDIT einzeln wählen

Abb. 6.18: Zusammenfassung von Kurven mit PEDIT

```
Befehl: _pedit
PEDIT Polylinie wählen oder [Mehrere]: Untere Linie anklicken
Das gewählte Objekt ist keine Polylinie
PEDIT Soll es in eine Polylinie verwandelt werden? <J> [Enter]    Mit [Enter] wird die
Umwandlung bestätigt.
PEDIT Option eingeben [Schließen Verbinden BReite BEarbeiten kurve
Angleichen Kurvenlinie kurve Löschen LInientyp Richtung wechseln Zurück]: V    Option
VERBINDEN erlaubt, weitere Segmente hinzuzufügen.
PEDIT Objekte wählen: Sie wählen mit einem Kreuzen-Fenster alle Objekte, die dazu-
kommen sollen; was nicht passt, wird ignoriert.
```

Kapitel 6
Weitere Zeichenbefehle

```
Entgegengesetzte Ecke angeben: gegenüberliegende Ecke für Kreuzen  4 gefunden
PEDIT Objekte wählen: [Enter]    Beendet die Objektwahl.
5 Segmente der Polylinie hinzugefügt
PEDIT Option eingeben [...]: [Enter]    Befehlsende
```

2. Wenn die Endpunkte der Einzelkurven nicht exakt zusammenpassen, wählen Sie mit **M** die Option MEHRERE. Dieser Modus kann aber auch für den obigen Fall gewählt werden:

```
Befehl: ⌨_pedit
PEDIT Polylinie wählen oder [Mehrere]: M
PEDIT Objekte wählen: Kreuzen-Objektwahl um alle Objekte
Entgegengesetzte Ecke angeben: gegenüberliegende Ecke für Kreuzen 6 gefunden
PEDIT Objekte wählen: [Enter]
Linien und Bogen in Polylinien umwandeln? [Ja Nein]? <J> [Enter]    Umwandlung mit
[Enter] akzeptieren
PEDIT Option eingeben [... Verbinden...]: V
Verbinden der Einzelsegment gemäß Verbindungstyp (Vorgabe: Stutzen/Dehnen)
PEDIT Fuzzy-Abstand eingeben oder [Verbindungstyp] <0.0000>: 20    Toleranzwert für
die zu überbrückenden Lücken
5 Segment(e) der Polylinie hinzugefügt
PEDIT Option eingeben [...]: [Enter]
```

Abb. 6.19: Objekte mit Lücken zu Polylinie verbinden

Es gibt für das Schließen einer Kontur mit Lücken noch verschiedene Möglichkeiten. Hier wurde die Standardoption, nämlich Verbindungstyp DEHNEN, angewendet, um an den Ecken automatisch zu dehnen und zu stutzen. Der Verbindungstyp HINZUFÜGEN würde an den Ecken einfach schräge Verbindungslinien einfügen. Der Verbindungstyp BEIDES hat ein etwas komplexes Verhalten. Er wendet bei kleineren Abständen DEHNEN und STUTZEN an, bei größeren HINZUFÜGEN, und die Ecke bleibt offen, wenn die Toleranzboxen in den Endpunkten nicht mehr überlappen.

> **Tipp**
>
> **PEDIT-Beschleunigung**
>
> Beim Bearbeiten von Linien und Bögen mit dem Befehl PEDIT erscheint stets die Frage, ob diese umgewandelt werden sollen. Da dies eigentlich selbstverständlich ist, können Sie mit der Systemvariablen PEDITACCEPT und Wert 1 ein für alle Mal die lästige Frage abschalten.

6.3.3 Laufrichtung umkehren, Polylinien erweitern

Neben dem Befehl PEDIT gibt es noch extra Befehle für das Umkehren der Kurvenrichtung und das Hinzufügen von weiteren Segmenten, nämlich UMDREH und VERBINDEN. UMDREH dreht die Laufrichtung von Linien, Polylinien und Splines um, aber nicht von Bögen. Letztere laufen immer im Gegenuhrzeigersinn. VERBINDEN kann bei Polylinien mehrere Polylinien miteinander verbinden, aber auch Polylinien mit weiteren einzelnen Bögen und Linien und auch einzelne Linien und/oder Bögen zur Polylinie. Bedingung ist nur, dass die Endpunkte der beteiligten Kurven exakt zusammenfallen.

Zeichnen und Beschriftung	Icon	Befehl
START|ÄNDERN| ▾ UMKEHREN	⇄	UMDREH
START|ÄNDERN| ▾ VERBINDEN	→+←	VERBINDEN

6.3.4 Polylinien mit multifunktionalen Griffen bearbeiten

Wenn Sie eine Polylinie zur Bearbeitung nur einmal anklicken, erscheinen die blau gefärbten Griffe. Diese können Sie direkt bearbeiten. Es gibt zwei Arten von Griffen:

- *Viereckige Griffe* stehen für die *Scheitelpunkte*. Sie bieten im Kontextmenü drei Optionen:
    - SCHEITELPUNKT STRECKEN verschiebt diese Positionen.
    - SCHEITELPUNKT HINZUFÜGEN erzeugt einen neuen Scheitelpunkt.
    - SCHEITELPUNKT ENTFERNEN löscht einen Scheitelpunkt.
- Längliche Griffe erlauben Modifikationen an den Segmenten:
    - STRECKEN verschiebt dieses Segment bei gleichbleibender Richtung und Länge, wenn es linear ist, oder verschiebt den Mittelpunkt, wenn es ein Bogen ist.
    - SCHEITELPUNKT HINZUFÜGEN erzeugt hier einen neuen Scheitelpunkt.

Kapitel 6
Weitere Zeichenbefehle

- IN BOGEN/LINIE KONVERTIEREN wandelt das Segment um. Bei Umwandlung in einen Bogen geben Sie nun den Radius über einen Punkt auf dem Bogen an.

Abb. 6.20: Strecken eines Poliniensegments mit dem länglichen Griff

Abb. 6.21: Liniensegment in Bogen umwandeln

> **Tipp**
>
> **Schraffurbearbeitung**
>
> In der gleichen Weise können Sie auch die Grenzen einer nicht-assoziativen Schraffur bearbeiten.

6.3.5 Geglättete Polylinien mit multifunktionalen Griffen bearbeiten

Geglättete Polylinien können ebenfalls nach Anklicken über ihre Scheitelpunkte verändert werden. Bei der Glättung mit PEDIT mit der Option KURVE ANGLEICHEN bzw. KURVENLINIE können Sie nicht nur Scheitelpunkte strecken – sprich verschieben – und entfernen, sondern auch die Tangentenrichtungen ändern. Das ist besonders am Anfang und Ende der Kurve interessant, um sie dort an anschließende Geometrie anzupassen.

Abb. 6.22: Geglättete Polylinien mit Griffen bearbeiten

6.3.6 RECHTECK

Mit dem Befehl RECHTECK können Sie spezielle Polylinien zeichnen, nämlich rechteckige.

Zeichnen und Beschriftung	Icon	Befehl	Kürzel
START|ZEICHNEN|RECHTECK ▼		RECHTECK	RE

Eigentlich ist ein Rechteck schnell erzeugt, man gibt die eine Ecke an und dann die diagonal gegenüberliegende. Die Funktion hat noch zwei schöne Optionen. Sie können gleich vor der Erzeugung angeben, ob Sie eine Fase oder Abrundung haben möchten, und die Werte dafür angeben.

Abb. 6.23: Rechtecke, auch gedrehte

Das ist ja alles ganz schön, aber was machen Sie, wenn Sie ein verdrehtes Rechteck brauchen? Wählen Sie die Option DREHUNG. Sie müssen die Option aber wieder zurücksetzen, wenn Sie ein weiteres nicht gedrehtes Rechteck konstruieren wollen.

```
Befehl: ▭_rectang   1. Rechteck mit Abmessungen 100x50
Ersten Eckpunkt angeben oder [Fasen Erhebung Abrunden Objekthöhe Breite]: 100,100
Anderen Eckpunkt angeben oder [Fläche Abmessungen Drehung]: @100,50
Befehl: ▭_rectang   2. Rechteck mit Abmessungen 100x50 unter 30°
RECHTECK Ersten Eckpunkt angeben oder [...]: 200,100
RECHTECK Anderen Eckpunkt angeben oder [...]:
RECHTECK Anderen Eckpunkt angeben oder [... ... Drehung]: D
RECHTECK Drehwinkel angeben oder [Punkte auswählen] <0>: 30
RECHTECK Anderen Eckpunkt angeben oder [... Abmessungen ...]: A
RECHTECK Länge der Rechtecke angeben <10.0000>: 100
RECHTECK Breite der Rechtecke angeben <10.0000>: 50
RECHTECK Anderen Eckpunkt angeben oder [...]: Position zur Ausrichtung des Rechtecks anklicken
Befehl: ▭_rectang   3. Rechteck mit Abmessungen 100x50 unter 0°
RECHTECK Aktuelle Rechteckmodi:  Drehung=30
RECHTECK Ersten Eckpunkt angeben oder [...]: Position für linke obere Ecke
RECHTECK Anderen Eckpunkt angeben oder [... ... Drehung]: D
RECHTECK Drehwinkel angeben oder [Punkte auswählen] <30>: 0
RECHTECK Anderen Eckpunkt angeben oder [Fläche Abmessungen Drehung]: @100,-50
```

Beim gedrehten Rechteck haben Sie in der Regel nicht die x-y-Koordinaten des gegenüberliegenden Eckpunkts und geben deshalb unter ABMESSUNGEN die Länge und Breite ein. AutoCAD verlangt dann aber immer noch eine weitere Punkteingabe, weil mit diesen Abmessungen vier verschiedene Rechtecke möglich sind. Probieren Sie mit dem Fadenkreuz die verschiedenen Lage-Möglichkeiten aus.

6.3.7 POLYGON

Der Befehl POLYGON zeichnet regelmäßige Vielecke, zum Beispiel ein gleichseitiges Dreieck, ein Quadrat, ein gleichseitiges Fünfeck, ein regelmäßiges Sechseck etc. Die Voreinstellung steht auf vier Seiten, aber alles andere ist einstellbar. Sie zeichnen im Beispiel übereinander ein Quadrat und ein Sechseck.

Zeichnen und Beschriftung	Icon	Befehl	Kürzel
START|ZEICHNEN|POLYGON ▾	⬠	POLYGON	PG

```
Befehl: ⬠_polygon   Befehl POLYGON
POLYGON Anzahl Seiten eingeben <4>: [Enter]   Quadrat
POLYGON Polygonmittelpunkt angeben oder [Seite]: S   Üblicherweise wird ein Quadrat über seine Seitenlänge angegeben.
POLYGON Ersten Endpunkt der Seite angeben: Klick auf die Position für den ersten Eckpunkt
```

POLYGON Zweiten Endpunkt der Seite angeben: [F8] <Ortho ein> 4 Den zweiten Endpunkt der Quadratseite können Sie am einfachsten im ORTHO-Modus spezifizieren, weil Sie dann die Richtung mit dem Fadenkreuz andeuten können und nur noch die Entfernung eintippen müssen.

Abb. 6.24: Sechseck und Quadrat

Das Sechseck soll den gleichen Mittelpunkt wie das Quadrat haben. Dazu nutzen Sie die Hilfslinien, die der Schalter OTRACK in der Statusleiste bietet, und den Objektfang MITTELPUNKT. Damit können Sie dann den Schnittpunkt der beiden Spurlinien ermitteln, die Sie von den Seitenmitten des Quadrats aus ziehen.

Befehl: ◯ _polygon
POLYGON Anzahl Seiten eingeben <4>: **6**
POLYGON Polygonmittelpunkt angeben oder [Seite]: [Enter] Wir wollen diesmal mit dem Polygon-Mittelpunkt beginnen. Das Sechseck soll beispielsweise ein Schraubenkopf für Schlüsselweite 6 sein. Die Schlüsselweite entspricht dem Durchmesser des Inkreises.
POLYGON Option eingeben [Umkreis Inkreis] <U>: **I** Das Sechseck wird über den Inkreis spezifiziert.
POLYGON Kreisradius angeben: **6/2** Sie haben über die Schlüsselweite den Durchmesser vorgegeben, AutoCAD braucht aber den Radius. Deshalb lassen Sie es hier etwas rechnen.

Tipp

Sie können ein Sechseck o.Ä. auf die Spitze stellen, indem Sie bei In- oder Umkreis den Radius über eine Punktposition bei 0° bzw. 90° angeben.

6.4 RING

Der Befehl RING erzeugt eine Polylinie bestehend aus zwei Halbkreisen und wird hier als separate Funktion angeboten. Im Architekturbereich wird der Befehl RING

Kapitel 6
Weitere Zeichenbefehle

für Schnitte durch Stahlbewehrungen gebraucht, die man als Ringe mit Innendurchmesser null zeichnet.

Zeichnen und Beschriftung	Icon	Befehl	Kürzel
START|ZEICHNEN ▾ |RING	◎	RING	RI

Abb. 6.25: Stahlbewehrung als RING

Die Vorgehensweise ist folgende: Rufen Sie den Befehl RING mit Innendurchmesser 0.0 und Außendurchmesser 1 auf und positionieren Sie die Ringe. Sie werden merken, dass der Befehl RING im Wiederholmodus läuft, das heißt, mit einmal eingegebenen Durchmesser-Werten können Sie beliebig viele Ringe zeichnen, bis Sie mit ⏎Enter beenden. Beim nächsten Aufruf sind dieselben Werte wieder aktiv, sodass Sie damit weiterarbeiten können.

Für die Elektrobranche sind die Befehle PLINIE und RING auch sehr nützlich, weil sich damit alle verdickten Linien und Punkte zeichnen lassen. Abbildung 6.26 zeigt einige Beispiele. Zur Vereinfachung wurden FANG und RASTER auf Abstand **10** in x und **10** in y eingestellt. Die Kontaktpunkte und Drehpunkte des Schalters sind Ringe mit Innendurchmesser 0 und Außendurchmesser 8. Der Schaltkontakt ist eine Polylinie mit Breite 4. Der Pfeil wurde als Polylinie gezeichnet, deren erstes Segment 8 Einheiten lang ist. Das zweite Segment hat eine Länge von 15 und eine Startbreite von 10, aber eine Endbreite von 0. Der erste Punkt des Pfeils wurde mit Objektfang NÄCHSTER auf der Polylinie spezifiziert. Die anderen Punkte des Pfeils wurden nicht mit x- und y-Koordinaten eingegeben, sondern es wurde das Fadenkreuz weiter entfernt zur Richtungsangabe platziert, sodass die

Polylinienpunkte jeweils nur noch mit einer Zahl festgelegt wurden, die als relative Länge in Fadenkreuzrichtung verwertet wird. Dadurch liegen beide Punkte dann auf einer Linie, deren Richtung aber mit Augenmaß bestimmt ist.

RING
Innendurchmesser = 0
Außendurchmesser = 8

PLINIE
Startbreite = 4
Endbreite = 4

PLINIE
1. Segment: Breite = 0
　　　　　　Länge = 8
2. Segment: Startbreite = 10
　　　　　　Endbreite = 0
　　　　　　Länge = 15

Abb. 6.26: RING und PLINIE in Schaltplänen

```
Befehl: RING Enter       Darstellung von Drehpunkt und Kontaktpunkt.
RING Innendurchmesser des Rings angeben <0.0000>: 8 Enter
RING Außendurchmesser des Rings angeben <8.0000>:
RING Ringmittelpunkt angeben oder <beenden>: Rasterposition anklicken.
RING Ringmittelpunkt angeben oder <beenden>: Rasterposition anklicken.
RING Ringmittelpunkt angeben oder <beenden>: Enter
Befehl: _pline    Schaltkontakt.
PLINIE Startpunkt angeben: Rasterposition anklicken.
Aktuelle Linienbreite beträgt 0.0000
PLINIE Nächsten Punkt angeben oder [... Breite]: B Enter
PLINIE Startbreite angeben <0.0000>: 4 Enter
PLINIE Endbreite angeben <4.0000>: Enter
PLINIE Nächsten Punkt angeben oder [...]: Rasterposition anklicken.
PLINIE Nächsten Punkt angeben oder [...]: Rasterposition anklicken.
PLINIE Nächsten Punkt angeben oder [...]: Enter
Befehl: _pline
PLINIE Startpunkt angeben: _nea nach Schaltkontakt anklicken
Aktuelle Linienbreite beträgt 4.0000
PLINIE Nächsten Punkt angeben oder [... Breite]: B Enter    Breite auf null setzen.
```

Kapitel 6
Weitere Zeichenbefehle

> PLINIE Startbreite angeben <4.0000>: **0** ⎡Enter⎤
> PLINIE Endbreite angeben <0.0000>: ⎡Enter⎤
> PLINIE Nächsten Punkt angeben oder [...]: **10** ⎡Enter⎤   **Das Fadenkreuz gibt die Richtung an, und der Zahlenwert hier wird als Entfernung in diese Richtung verwertet.**
> PLINIE Nächsten Punkt angeben oder [... Breite]: **B** ⎡Enter⎤   **Breite für Pfeilspitze einstellen.**
> PLINIE Startbreite angeben <0.0000>: **10** ⎡Enter⎤
> PLINIE Endbreite angeben <10.0000>: **0** ⎡Enter⎤
> PLINIE Nächsten Punkt angeben oder [...]: **15** ⎡Enter⎤   **Das Fadenkreuz bleibt in derselben Position wie vorher und gibt die Richtung an, der Zahlenwert hier wird als Entfernung in diese Richtung verwertet.**
> PLINIE Nächsten Punkt angeben oder [...]: ⎡Enter⎤

6.5 SKIZZE

Mit dem Befehl SKIZZE werden Freihandlinien gezeichnet, die Ihrer Handbewegung folgen. Der Befehl SKIZZE verlangt als Erstes die Angabe des Typs:

- LINIE – erzeugt eine Folge von Linien,
- POLYLINIE – erzeugt eine Polylinie bestehend aus entsprechenden Liniensegmenten,
- SPLINE – erzeugt eine geglättete Polylinie basierend auf entsprechenden Liniensegmenten.

Üblich sind die Optionen POLYLINIE für einen eckigen Verlauf und SPLINE für einen glatten Verlauf. Bei LINIE entstehen viele einzelne Liniensegmente. Mit der Option INKREMENT können Sie angeben, wie lang die Liniensegmente werden sollen. Ein Wert von **1** wäre für typische Konstruktionen in Maschinenbau oder Architektur wohl nicht zu grob. Die TOLERANZ definiert die maximale Abweichung der Kurve. Übrigens, der ORTHO-Modus sollte bei Erzeugung der Kurve stets ausgeschaltet sein, weil Sie sonst eine Treppenstruktur bekommt.

3D-Modellierung (nicht LT)	Icon	Befehl
FLÄCHE|KURVEN|SPLINE-KS ▾ |FREIHAND-SPLINE	⟲	SKIZZE

Nach Einstellung von TYP und INKREMENT gehen Sie wie folgt vor:

- Bewegen Sie das Fadenkreuz auf den beabsichtigten Startpunkt,
- klicken Sie einmal am Startpunkt,
- bewegen Sie die Maus gemäß dem gewünschten Kurvenverlauf,
- klicken Sie einmal, wenn der Endpunkt erreicht ist.

- Weitere Kurven können Sie wie in den letzten drei Punkten beschrieben erzeugen.
- Zum Beenden des Befehls und Speichern der Kurven drücken Sie [Enter].

Abb. 6.27: Schraffurgrenze mit Skizze erzeugen

6.6 SPLINE

Der Befehl SPLINE erzeugt eine glatte Kurve. Es gibt hier zwei VERFAHREN zu wählen:

- ANPASSEN – erzeugt eine glatte Kurve, die *durch* die angegebenen Punkte läuft. Die Option KNOTEN steuert die interne Parametrisierung der Kurve und bestimmt, wie sich das Gewicht der einzelnen Punkte und der Segmentlängen auf die Kurve auswirkt (siehe Abbildung 6.28). Sie haben die Wahl zwischen SEHNE, QUADRATWURZEL und EINHEITLICH.
- KS – erzeugt eine glatte Kurve, wobei die angegebenen Punkte als Kontrollscheitelpunkte (KS) dienen. Die resultierende Kurve *schmiegt sich an* das Kontrollpunkt-Polygon an. Wie stark sich die Kurve anschmiegt, gibt die Option GRAD an. Ein niedriger Grad bedeutet näheres Anschmiegen an das Polygon, ein hoher Grad bedeutet sehr glatten Verlauf, wobei die Entfernung zum Polygon größer wird.

Zeichnen und Beschriftung	Icon	Befehl	Kürzel
START|ZEICHNEN ▼ |SPLINE-ANGLEICHUNG	~	SPLINE [Enter] V [Enter] A [Enter]	SPL
START|ZEICHNEN ▼ |SPLINE-KS	~	SPLINE [Enter] V [Enter] K [Enter]	SPL

Abb. 6.28: Verschiedene Splinetypen

In Abbildung 6.29 wurde eine Splinekurve konstruiert, die tangential an die vorhandenen Geometrien anschließen soll. Zwar gibt es beim Verfahren ANPASSEN eine Option für Tangentialität, aber die Ergebnisse sind sehr überraschend.

Besser geht es mit dem KS-Verfahren. Man muss nur den zweiten und den vorletzten Kontrollscheitelpunkt exakt in Tangentenrichtung zum ersten bzw. letzten Punkt beispielsweise mit Objektfang HILFSLINIE wählen. Die Kontrollscheitelpunkte können zum Modellieren der Kurve auch nachträglich noch als Griffe angewählt und verschoben werden.

Die Splinekurve können Sie am einfachsten über einen Doppelklick bearbeiten. Dann können Sie wählen, ob Sie die SCHEITELPUNKTE oder die ANPASSUNGSDATEN bearbeiten wollen.

Zeichnen und Beschriftung	Icon	Befehl	Kürzel
START|ÄNDERN ▾	⌒	SPLINEEDIT	SIE

Abb. 6.29: Spline als Wellenende

Die SCHEITELPUNKTE beeinflussen die Kurve global und etwas indirekt, abgesehen vom ersten und letzten Punkt. Interessant sind auch die ersten und letzten Segmente des Scheitelpunktpolygons, denn sie definieren exakt die Start- und Endtangenten und sind deshalb zur Anpassung an andere Kurven nützlich.

Über die ANPASSUNGSDATEN bearbeiten Sie direkt die Punkte, durch die die Kurve läuft. Hier gibt es auch eine Option, die Kurve mit gewisser numerischer Näherung in eine Polylinie umzuwandeln. Das ist beispielsweise gut zu gebrauchen, um Daten später für eine Bearbeitung mit Fräs- oder Drehmaschinen zu steuern, weil die meist nur Bögen und Linie fahren können, und das entspricht eben einer Polylinie.

6.7 Multilinien

6.7.1 MLINIE (nicht LT)

Für Konstruktionen im Architekturbereich, wo verschieden starke Wände zu zeichnen sind, oder bei Leitungsinstallationen, die mehrere parallel laufende Linien benötigen, wird gern die Multilinie verwendet. AutoCAD stellt eine Standard-Multilinie zur Verfügung, aber Sie können auch eigene Multilinienstile definieren. Zuerst sollten Sie mit der Standard-Multilinie einen normalen Hausgrundriss zeichnen.

Befehl	Kürzel
MLINIE	ML

Kapitel 6
Weitere Zeichenbefehle

Abb. 6.30: Hausgrundriss mit Multilinie

Der Befehl MLINIE zeigt einige wichtige Voreinstellungen an. Da die Multilinie aus mindestens zwei Linien besteht, müssen Sie sich mit der Option AUSRICHTUNG entscheiden, wo sie mit dem Fadenkreuz geführt wird, an der oberen, der unteren Linie oder an der Nulllinie, der gedachten Mitte dazwischen. Die Voreinstellung ist OBEN. Das bezieht sich genau genommen auf eine Linie, die von links nach rechts geht. Ansonsten wird der Bezug entsprechend verdreht. Als Nächstes müssen Sie mit MAẞSTAB einen Skalierfaktor angeben. Die Standard-Multilinie hat per Definition einen Linienabstand von 1. Wenn Sie damit eine Wand mit der Breite 36,5 cm zeichnen wollen, müssen Sie Maßstabsfaktor **36.5** verwenden. Da die folgende Zeichnung recht groß wird, denken Sie vielleicht daran, so zu zoomen, dass alles darauf passt. Beispielsweise mit ZOOM, und den Ecken: **0,0** und **1200,1000**.

```
Befehl: MLINIE
Aktuelle Einstellungen: Ausrichtung = Oben, Maßstab = 1.00, Stil = STANDARD
MLINIE Startpunkt angeben oder [Ausrichtung Maßstab Stil <Von Punkt>]: M  Option zum
Einstellen des Maßstabs
MLINIE Mlinienmaßstab eingeben <1.00>: 36.5    Linienabstand für Außenwände
Aktuelle Einstellungen: Ausrichtung = Oben, Maßstab = 36.50, Stil = STANDARD
MLINIE Startpunkt angeben oder [...] <...>: 50,600    Ecke oben links
Nächsten Punkt angeben: @999,0    Ecke oben rechts
MLINIE Nächsten Punkt angeben ... [...]: @0,-549    Ecke unten rechts
MLINIE Nächsten Punkt angeben oder [...]: @-999,0    Ecke unten links
MLINIE Nächsten Punkt angeben oder [Schließen ...]: S    Und auch hier gibt es die
angenehme Option S zum Schließen des Linienzugs.
```

Nun sollten Sie die Innenwände zeichnen. Sie müssen dazu den Maßstabsfaktor ändern, denn die Innenwände haben Stärken von 24 cm und 11,5 cm. Die Wände sind relativ zu den Ecken bemaßt, also werden die Startpunkte der Multilinien mit dem Objektfang VON angegeben, wobei ein bestehender Eckpunkt der Basispunkt ist. Er wird mit dem Objektfang ENDPUNKT gewählt, und dann wird die Entfernung in relativen Koordinaten eingegeben.

Abb. 6.31: Innenwände mit Multilinien

```
Befehl: MLINIE
Aktuelle Einstellungen: Ausrichtung=Oben, Maßstab=36.5, Stil=STANDARD
MLINIE Startpunkt angeben oder [Ausrichtung Maßstab Stil]: M
MLINIE Mlinienmaßstab eingeben <36.50>: 24
Aktuelle Einstellungen: Ausrichtung=Oben, Maßstab=24.00, Stil= STANDARD
MLINIE Startpunkt angeben ... [... Maßstab ...]:  _from
Basispunkt:  _end von  Ecke innen links unten anklicken
<Abstand>: @375,0
N MLINIE ächsten Punkt angeben:  _per nach Wand gegenüber anklicken
MLINIE Nächsten Punkt angeben oder [...]: [Enter]  Befehlsende
Befehl: [Enter]  Befehlswiederholung
Aktuelle Einstellungen: ...
MLINIE Startpunkt angeben ... [...]:  _from
Basispunkt:  _end von Ecke innen rechts oben anklicken
<Abstand>: @-375,0
MLINIE Nächsten Punkt angeben:  _per nach Wand gegenüber anklicken
MLINIE Nächsten Punkt angeben oder [...]: [Enter]  Befehlsende
Befehl: [Enter]  Befehlswiederholung etc.
```

Anstelle des Objektfangs VON lässt sich natürlich noch effektiver der Spurlinienmodus OTRACK verwenden, der weiter unten in diesem Kapitel erklärt wird.

6.7.2 MLEDIT (nicht LT)

Nun fehlen noch die Ausbrüche an den Wandverbindungen. Bei normalen Linien würden Sie hier mit STUTZEN arbeiten. Bei Multilinien gibt es aber eine spezielle Editierfunktion, die eine einfachere Bedienung erlaubt. Sie wählen im Fenster des Befehls MLEDIT die Option OFFENES T und klicken dann die T-förmigen Wandverbindungen in der Weise an, wie in Abbildung 6.32 dargestellt. Zur weiteren Bearbeitung kann man Multilinien wieder in normale Linien mit dem Befehl URSPRUNG umwandeln.

Befehl
MLEDIT

Abb. 6.32: Fertigstellen der T-Verbindungen

6.7.3 Multilinienstil (nicht in LT)

Eigene Multilinienstile können Sie mit dem Befehl MLSTIL erstellen. In der Dialogbox NEU sollten Sie zunächst einen *Namen* für den neuen Stil eingeben und dann auf WEITER klicken. Dann können Sie unter ELEMENTE die einzelnen Linien mit ihrem Abstand von der Nulllinie eingeben. Zum Eingeben neuer Linien klicken Sie erst auf HINZUFÜGEN. Dann wird eine neue Linie mit den Standardeinstellungen Abstand 0, Farbe VONLAYER und Linientyp VONLAYER automatisch eingetragen. Sie geben anschließend in den Dialogfeldern die gewünschten Werte für Abstand, Linientyp und Farbe ein und klicken zur Übernahme der Werte auf die markierte neue Linie. Zum Ändern einer Linie müssen Sie die zu ändernde Linie anklicken, die Änderungen eintragen und dann noch einmal im Auswahlfenster die Linie anklicken. Jede einzelne Linie kann einen eigenen Linientyp und eine eigene Farbe haben. Unter ENDSTÜCKE tragen Sie die Bedingungen für die *Linienenden* ein und auch eine gewünschte Füllung.

Befehl
MLSTIL

Abb. 6.33: MULTILINIENSTIL-Dialogfeld

Beispiele für Multilinien:

Abstand	Farbe	Linientyp
90	VONLAYER	VONLAYER
75	VONLAYER	VONLAYER
-75	VONLAYER	VONLAYER
-90	VONLAYER	VONLAYER

Mit diesem Linientyp wurde die Stahlkonstruktion in Abbildung 6.34 erstellt. Die Multilinie entspricht einem Doppel-T-Träger mit der Höhe 180 mm und der Dicke 15 mm. Hierbei wurden allerdings zum Stutzen die Multilinien wieder mit Ursprung aufgelöst. Die Konstruktion konnte mit einem Polarfangwinkel von 30° recht schnell erstellt werden. Damit hat man Hilfslinien unter 30°, 60°, 90°, 120° usw. zur Verfügung. Die Linien rasten bei diesen Winkeln ein und man muss nur noch die Längen der schrägen Stützen eingeben. Interessant ist hier auch die Detail-Vergrößerung. Sie erhalten sie durch Kopieren und mit dem Befehl VARIA zum Vergrößern, hier mit dem Faktor 5. Danach wurde der Kreis zur Eingrenzung des Details gezeichnet und nach Auflösen der Multilinie mit Ursprung alles Überstehende mit Stutzen weggeschnitten.

Abb. 6.34: Doppel-T-Träger-Konstruktion mit Multilinie

6.7.4 DLINIE (nur LT)

In der LT-Version findet sich anstelle des Befehls MLINIE der Befehl DLINIE. Er erstellt eine Doppellinie, die Linien- und Bogensegmente enthalten kann. Die Bedienung ähnelt der Polylinie. Die Doppellinie erzeugt kein neues Zeichnungsobjekt, sondern normale Linien und Bögen.

Befehl
DLINIE

Der Befehl DLINIE hat zahlreiche Optionen:

- BOGEN – wechselt in den Bogenmodus ähnlich wie beim Befehl PLINIE.
- BRUCH – ist ein Ein-/Aus-Schalter, der normalerweise eingeschaltet ist, damit bei Anschluss der Doppellinie an eine andere Linie Letztere automatisch aufgeschnitten wird. Bei Wandanschlüssen wird also automatisch gestutzt!

- ABSCHLUSS – legt fest, ob die Enden von Doppellinien abgeschlossen werden sollen. Die Vorgabe Auto bewirkt Schließen bei einem freistehenden Ende von Doppellinien, aber Freigeben einer Öffnung, wenn die Doppellinie irgendwo anschließt.
- ACHSLINIE – Diese Option legt fest, über welche Kante die Doppellinie geführt werden soll. Normalerweise wählt man hier LINKS oder RECHTS – das bezieht sich immer auf die »Fahrtrichtung« der Doppellinie. Wenn aber ausnahmsweise die Mitte der Doppellinie bemaßt ist, kann auch Mitte gewählt werden. Auch beliebige Abstände von der Mitte sind möglich.
- SCHLIEßEN – schließt den Doppellinienzug wie beim Befehl LINIE.
- LINIE – schaltet vom Bogenmodus in den Linienmodus zurück.
- FANG – bewirkt das Einrasten an angeklickten Linien. Das ist nützlich, wenn im ORTHO-Modus gearbeitet wird. Es erspart dann oft die Wahl des Objektfangs LOT.
- ZURÜCK – macht einzelne Segmente rückgängig.
- BREITE – definiert die Breite der Doppellinie. Da die Vorgabe 0,05 beträgt, ist das eine wichtige Eingabe beim Start.

> **Vorsicht**
>
> **Objektfang**
>
> Der Befehl DLINIE schaltet den permanenten OBJEKTFANG ab. Nur Fangüberschreibungen zum Beispiel über das Kontextmenü sind möglich.

6.8 Regionen

Eine Region ist so etwas wie eine ebene Fläche. Man kann eine Region mit dem Befehl REGION aus einer beliebigen geschlossenen Kontur erzeugen, einem Kreis, einer Polylinie oder auch aus mehreren Linien und Bögen, die in ihren Endpunkten zusammenpassen. Der Befehl REGION wandelt also andere Objekte in eine Region um.

Zeichnen und Beschriftung	Icon	Befehl	Kürzel
START|ZEICHNEN ▾ |REGION	⃝	REGION	REG

Mit Regionen kann man aber spezielle Operationen ausführen. Man kann mit Regionen Differenzen bilden, Regionen vereinigen oder die sogenannte Schnittmenge bilden. Was diese Operationen bewirken, wird in der Übersicht Abbildung

6.35 klar. Dadurch entstehen komplexe flächenartige Objekte. Diese Objekte können auch Löcher enthalten.

Icon	Befehl	Kürzel
⊕	Vereinig	VER
⊕	Differenz	DIF
⊕	Schnittmenge	SCH

Abb. 6.35: Operationen mit Regionen

In einer kleinen Übungskonstruktion soll nun mit Regionen gearbeitet werden und am Schluss mit dem Befehl MASSEIG der Flächeninhalt berechnet werden. Zeichnen Sie zunächst die in Abbildung 6.36 dargestellten Kreise und das Trapez. Das Trapez wird aus Linien gezeichnet. Die Grundlinie läuft beim kleinen Kreis von Quadrant zu Quadrant. Davon ausgehend können Sie die schrägen Linien unter den Winkeln von 110° und 70° zeichnen.

Abb. 6.36: Vorbereitung für Regionen

Im nächsten Schritt verwenden Sie den Befehl REGION, um aus allen Kreisen Regionen zu erstellen. Aus den vier Linien des Trapezes erstellen Sie auch eine Region. Dann verwenden Sie den Befehl VEREINIG, um den kleinen Kreis und das Trapez zu einer einzigen Region zu vereinigen. Das Ergebnis ist in Abbildung 6.37 links zu sehen.

Abb. 6.37: Differenzbildung von Regionen

Als Nächstes wenden Sie den Befehl REIHE mit der Option POLARE ANORDNUNG an, um die Kreise sechsmal zu vervielfältigen und die neu erstellte Region zwölfmal. Am Schluss bilden Sie mit dem Befehl DIFFERENZ die Differenz zwischen

Kapitel 6
Weitere Zeichenbefehle

dem großen Kreis und den übrigen Regionen. Beim Befehl DIFFERENZ müssen Sie zuerst den großen Kreis wählen, dann die Objektwahl mit ⌈Enter⌉ beenden und danach alle anderen Objekte. So entstand das Kettenrad in Abbildung 6.37 rechts. Das gesamte Objekt ist eine Region mit Löchern.

6.9 Revisionswolke

Für die besondere Hervorhebung von Zeichnungspartien gibt es den Befehl REV-WOLKE.

Zeichnen und Beschriftung	Icon	Befehl	Kürzel
START|ZEICHNEN ▾ |REVISIONSWOLKE		REVWOLKE	RW

Er erzeugt eine wolkenartige Umrandung für ein Gebiet, das Sie mit dem Fadenkreuz umfahren. Die Kontur schließt sich automatisch, wenn Sie in die Nähe des Startpunkts kommen. Über die Option BOGENLÄNGE können Sie die Länge der kleinen Bögen Ihren Bedürfnissen anpassen. Mit der Option OBJEKT lassen sich geschlossene Kurven wie Kreise, Ellipsen oder Polylinien in Revisionswolken umwandeln. Eine Option UMKEHREN erzeugt die Bögen statt nach außen dann nach innen. Mit der Option STIL|KALLIGRPHIE können Sie auch eine auffallende Variante erzeugen, die wie mit der Tuschefeder gezeichnet erscheint.

Abb. 6.38: Revisionswolke

6.10 ABDECKEN

Der Befehl ABDECKEN erzeugt eine Fläche mit Hintergrundfarbe. Der Befehl erwartet die Eingabe von mehreren Punktpositionen für die Berandung. Er kann verwendet werden, um Teile der Zeichnung wie mit Tipp-Ex abzudecken. Diese Wirkung ist aktiv, solange Sie sich im Drahtmodell befinden. In den 3D-Darstellungen geht diese Eigenschaft verloren.

Zeichnen und Beschriftung	Icon	Befehl
START|ZEICHNEN ▾ |ABDECKEN		ABDECKEN

Es gibt noch eine Option RAHMEN, mit der die Umrandungen aller Abdeckungen in der Zeichnung unsichtbar gemacht werden können. Abdeckungen ohne Rahmen sind allerdings etwas tückisch, weil man sie nicht sieht. Sie werden aber bei ZOOM-Aktionen berücksichtigt. Benutzt werden Abdeckungen, um beispielsweise Schraffuren hinter Texten abzudecken oder bei Bemaßungen sich schneidende Hilfslinien teilweise abzudecken. Um die Reihenfolge zwischen Abdeckungen und anderen Objekten zu steuern, können Sie die Funktionen aus dem Werkzeugkasten zur Zeichnungsreihenfolge oder aus der Gruppe START\|ÄNDERN ▾ \|ZEICHNUNGSREIHENFOLGE benutzen.

Abb. 6.39: Zeichnungsreihenfolge von Objekten ändern

Wichtig

Abdeckungen ohne Rahmen sind unsichtbar, beeinflussen aber ZOOM, Option GRENZEN.

6.11 Ausgewähltes hinzufügen: der universelle Zeichenbefehl

Sie können es sich leicht machen beim Konstruieren, wenn es schon Objekte des Typs auf dem Bildschirm gibt, die Sie nun zeichnen wollen. Wenn Sie beispielsweise eine Ellipse zeichnen wollen, dann suchen Sie nicht erst lange nach dem Ellipse-Befehl, sondern klicken auf dem Bildschirm eine vorhandene Ellipse an und wählen nach Rechtsklick im Kontextmenü AUSGEWÄHLTES HINZUFÜGEN.

Kontextmenü	Icon	Befehl
AUSGEWÄHLTES HINZUFÜGEN		ADDSELECTED

Damit wird der gleiche Objekttyp auch mit dessen Layereinstellungen erstellt. Interessant ist das auch für Blöcke, wenn Sie einen vorhandenen Block einfach noch einmal einfügen möchten.

6.12 Übungen

6.12.1 Rundbogen aus Rechteck

Zeichnen Sie ein Rechteck: 100 breit, 200 hoch. Verformen Sie die Oberkante zum Halbkreis. Klicken Sie das Liniensegment an und wählen Sie die Option IN BOGEN KONVERTIEREN.

Tipp: Stellen Sie vorher ein

- OFANG aktivieren, EINSTELLUNGEN:
    - ENDPUNKT aktivieren,
    - MITTELPUNKT aktivieren,
- POLAR: aktivieren, EINSTELLUNGEN:
    - INKREMENTWINKEL **45°**
    - SPUR MIT POLAREN WINKELEINST. aktivieren
- OTRACK aktivieren

Abb. 6.40: Rundbogen im Rechteck durch Verformung

6.12.2 Fußball

Am Beispiel des in Abbildung 6.41 dargestellten Fußballs sollen Sie nun mit den Befehlen POLYGON, KOPIEREN und SPIEGELN arbeiten. Stellen Sie vorher den permanenten Objektfang (OFANG 🔲) auf ENDPUNKT ein. Wenn Sie die Fünfecke mit dem Schraffurmuster SOLID ausfüllen, ist der Fußball perfekt.

Abb. 6.41: Abwicklung eines Fußballs

Kapitel 6
Weitere Zeichenbefehle

⬠ Befehl: ⬠_polygon   Erste Netzfläche als Sechseck mit Seitenlänge 10 zeichnen (Maß frei erfunden, da ich weder einen Fußball besitze noch mich in dieser Branche der millionenteuren Profis auskenne).
POLYGON Anzahl Seiten eingeben <4>: **6**⎵Enter⎵
POLYGON Polygonmittelpunkt angeben oder [Seite]: **S**⎵Enter⎵
POLYGON Ersten Endpunkt der Seite angeben: **50,50**⎵Enter⎵
POLYGON Zweiten Endpunkt der Seite angeben: ⎵F8⎵ **<Ortho ein> Mit Fadenkreuz nach rechts fahren und eingeben: 10**⎵Enter⎵

⌘ Befehl: ⌘_copy
KOPIEREN Objekte wählen: **L**⎵Enter⎵   1 gefunden
KOPIEREN Objekte wählen: ⎵Enter⎵
KOPIEREN Basispunkt oder [Verschiebung]<Verschiebung>: **Ecke rechts unten anklicken.**
KOPIEREN Zweiten Punkt angeben oder <ersten Punkt der Verschiebung verwenden>: **Endpunkt oben rechts anklicken.**
KOPIEREN Zweiten Punkt ... <...>: ⎵Enter⎵

⌘ Befehl: ⌘_copy
KOPIEREN Objekte wählen: **Fenster um beide Sechsecke ziehen.   2 gefunden**
KOPIEREN Objekte wählen: ⎵Enter⎵
KOPIEREN Basispunkt oder [Verschiebung] <Verschiebung>: **Endpunkt oben links anklicken.**
KOPIEREN Zweiten Punkt ... <...>: **Endpunkt vom unteren Sechseck ganz rechts anklicken.**
KOPIEREN Zweiten Punkt ... <...>: ⎵Enter⎵

⌘ Befehl: ⌘_copy   **Nun werden diese vier Sechsecke viermal kopiert.**
KOPIEREN Objekte wählen: **Fenster um die vier Sechsecke ziehen. 4 gefunden**
KOPIEREN Objekte wählen: ⎵Enter⎵
KOPIEREN Basispunkt oder [Verschiebung] <...>: **Endpunkt links anklicken.**
KOPIEREN Zweiten Punkt ... <...>: **Endpunkt rechts anklicken.**
KOPIEREN Zweiten Punkt ... <...>: **Endpunkt rechts anklicken.**
KOPIEREN Zweiten Punkt ... <...>: **Endpunkt rechts anklicken.**
KOPIEREN Zweiten Punkt ... <...>: **Endpunkt rechts anklicken.**
KOPIEREN Zweiten Punkt ... <...>: ⎵Enter⎵

⬠ Befehl:⬠_polygon   **Nun werden die Fünfecke anhand von zwei Eckpunkten konstruiert.**
POLYGON Anzahl Seiten eingeben <6>: **5**⎵Enter⎵
POLYGON Polygonmittelpunkt angeben oder [Seite]: **S**⎵Enter⎵
POLYGON Ersten Endpunkt der Seite angeben: **Endpunkt anklicken.**
POLYGON Zweiten Endpunkt der Seite angeben: **Endpunkt anklicken.**

⌘ **POLYGON** Befehl: ⌘_copy   **Dieses Fünfeck wird nun nach der Zeichnung fünfmal kopiert.**
POLYGON Objekte wählen: **Fünfeck   anklicken.**   1 gefunden
POLYGON Objekte wählen: ⎵Enter⎵
POLYGON Basispunkt oder [Verschiebung] <Verschiebung...>: **Endpunkt anklicken.**
POLYGON Zweiten Punkt ... <...>: **Endpunkt anklicken.**
...
POLYGON Zweiten Punkt ... <...>: ⎵Enter⎵

◭ Befehl: ◭_mirror   **Das Fünfeck wird nach unten gespiegelt.**

```
SPIEGELN Objekte wählen: Fünfeck anklicken.  1 gefunden
SPIEGELN Objekte wählen: [Enter]
SPIEGELN Ersten Punkt der Spiegelachse angeben: Endpunkt anklicken. Zweiten Punkt
der Spiegelachse angeben: Endpunkt anklicken.
SPIEGELN Quellobjekte löschen? [Ja Nein] <N>: [Enter]
Befehl: _copy   Das gespiegelte Fünfeck wird fünfmal kopiert.
KOPIEREN Objekte wählen: 1 gefunden
KOPIEREN Objekte wählen: Das gespiegelte Fünfeck anklicken.
KOPIEREN Basispunkt oder [Verschiebung] <Verschiebung>: Endpunkt anklicken.
KOPIEREN Zweiten Punkt ... <...>: Endpunkt anklicken.
...
KOPIEREN Zweiten Punkt... <...>: [Enter]
```

6.12.3 Konstruktion einer Mutter

Die in Abbildung 6.42 dargestellte M10-Mutter soll nun konstruiert werden.

Abb. 6.42: M10-Mutter

```
Befehl: _qnew
Verwenden Sie eine Vorlage, die die nötigen Layer Kontur, Mittellinien und Gewinde
enthält. Ein Zeichnungsrahmen ist hier noch nicht nötig.
Regeneriert Modell.
AutoCAD Menü-Dienstprogramme geladen.
```

Die Mutter wird im Folgenden als Sechseck gezeichnet, dessen Inkreis den Durchmesser 17 hat, denn sie soll die Schlüsselweite 17 haben. Die Schlüsselweite entspricht dem Abstand der flachen Seiten des Sechsecks, deshalb muss es über den Inkreis konstruiert werden.

```
Befehl: _polygon   Befehlsaufruf
POLYGON Anzahl Seiten eingeben <4>: 6
POLYGON Polygonmittelpunkt angeben oder [Seite]:50,50
POLYGON Option eingeben [Umkreis Inkreis] <U>: I
POLYGON Kreisradius angeben: 17/2  Sie dürfen hier rechnen lassen! Sie wissen ja nur
den Durchmesser, und ehe Sie sich beim Dividieren vertun, lassen Sie AutoCAD rechnen.
```

Kapitel 6
Weitere Zeichenbefehle

Wenn Sie nun die Kreise für Gewinde und Fasenkante zeichnen wollen, stehen Sie vor dem Dilemma, dass Sie den Mittelpunkt des Sechsecks angeben müssen. Zwar sind seine Koordinaten in unserem speziellen Fall bekannt, aber im Allgemeinen ist das nicht immer gegeben. Und für ein Sechseck können Sie mit keinem Objektfang den Mittelpunkt direkt bekommen. Sie kennen aber schon die Möglichkeit, mit Objektfangspuren – OTRACK – zu arbeiten. So könnten Sie sich vom Mittelpunkt der Seite unten eine Objektfangspur legen und vom Eckpunkt rechts außen eine zweite. Den Schnittpunkt beider Objektfangspuren könnten Sie dann anklicken. Es soll aber hier noch eine andere Methode gezeigt werden, wie man sich in AutoCAD diesen Mittelpunkt berechnen lassen kann.

```
Befehl: ⌖_circle   Kreis-Befehl für Bohrung
KREIS Mittelpunkt für Kreis angeben oder [...]: M2P Enter    Mittelpunkt wird aus 2
Punkten berechnet.
KREIS Erster Punkt der Mitte: Ecke links außen anklicken
KREIS Zweiter Punkt der Mitte: Ecke rechts außen anklicken
Danach geht der Kreisbefehl weiter mit der Frage nach dem Radius.
KREIS Radius für Kreis angeben oder [...]: MIT   Der Radius wird hier über das Faden-
kreuz bestimmt, und zwar durch den Abstand vom Kreismittelpunkt zum Mittelpunkt einer
Polygonseite.
Befehl: ⌖_circle   Kreis für die Gewindebohrung
KREIS Mittelpunkt für Kreis angeben ... [...]: @   gleicher Mittelpunkt
KREIS Radius für Kreis angeben oder [Durchmesser]: D   D = 8.5 mm  für  M10
KREIS Durchmesser für Kreis angeben <17.0000>: 8.5 Enter
```

Der Bogen für die Gewindeandeutung kann leicht mit dem BOGEN-Befehl unter der Option MITTELPUNKT, STARTPUNKT, ENDPUNKT (MSE) konstruiert werden. Dabei ist zu beachten, dass der Bogen im Gegenuhrzeigersinn, dem mathematisch positiven Sinn, aufgezogen wird. Der Startpunkt legt auch den Radius fest, der für M10 5 mm beträgt. Der Winkel ist der eingeschlossene Winkel.

```
Befehl: ⌒_arc   BOGEN-Befehl für Gewinde
BOGEN Startpunkt für Bogen angeben oder [Zentrum]: Z
BOGEN Mittelpunkt für Bogen angeben: @ Enter      gleicher Mittelpunkt wie Bohrung
BOGEN Startpunkt für Bogen angeben: @5<80 Enter    Startpunkt mit Radius 5 mm unter 80
Grad
BOGEN Endpunkt für Bogen angeben oder  [Winkel ...]: W Enter
BOGEN Eingeschlossenen Winkel angeben: 290   Der Bogen wird gegen den Uhrzeigersinn
aufgezogen und resultiert deshalb in einem Gesamtwinkel von ca. 290°.
```

Aktivieren Sie in der Layersteuerung den Layer für Mittellinien, bevor Sie weiterzeichnen.

> Befehl: ╱_line **Konstruktion der senkrechten Mittellinie**
> LINIE Ersten Punkt angeben: ╱_mid von **obere Seite des Sechsecks anklicken**
> LINIE Nächsten Punkt angeben oder [Zurück]: ╱_mid von **untere Seite des Sechsecks anklicken**
> LINIE Nächsten Punkt angeben oder [Zurück]: ⌐Enter¬ **Beendet den Befehl.**

Die Griffe werden nun aktiviert, um aus der senkrechten Mittellinie durch Drehen und gleichzeitigem Kopieren die waagerechte Mittellinie zu generieren. Der normale Befehl DREHEN besitzt keine Option zum Kopieren, weshalb die Griffe hier günstiger sind. Sie können die Griffe auch über das Kontextmenü der rechten Maustaste bedienen wie weiter oben schon erläutert. Hier wird zur einfacheren Dokumentation das Menü in der Befehlszeile bedient.

> Befehl: **Mittellinie anklicken, um die Griffe zu aktivieren. Mittleren Griff anklicken: Griff wird heiß. Mit Rechtsklick aktivieren Sie das Griffe-Kontextmenü und wählen den Befehl DREHEN und nach einem weiteren Rechtsklick die Option KOPIEREN. In der Befehlszeile – oder bei aktiver dynamischer Eingabe am Fadenkreuz – geben Sie den Winkel ein:**
> ** DREHEN (mehrere) **
> Drehwinkel angeben oder [BAsispunkt Kopieren Zurück BEzug Exit]: **90** ⌐Enter¬   Drehung um 90 Grad
> ** DREHEN (mehrere) **
> Drehwinkel angeben oder [...]: ⌐Enter¬ **zum Beenden**
> Befehl: ⌐Esc¬**-Taste zum Beenden der Griffe drücken** *Abbruch*

Nun sollten Sie beide Mittellinien noch etwas verlängern. Auch das geht schnell und einfach mit den Griffen.

> Befehl: **Beide Mittellinien anklicken, um die Griffe zu aktivieren. Mittleren Griff anklicken: Griff wird heiß und bringt das Griff-Menü in der Befehlszeile. Zu bemerken ist hier, dass der mittlere Griff jetzt beide Linien anspricht. Das ist gewollt, weil Sie beide verlängern wollen. Mit Rechtsklick aktivieren Sie das Griffe-Kontextmenü und wählen den Befehl SKALIEREN.** 1
> ** SKALIEREN **
> Skalierfaktor angeben oder [BAsispunkt Kopieren Zurück BEzug Exit]: **1.5**
> Befehl: ⌐Esc¬**-Taste zum Beenden der Griffe drücken**

6.13 Was gibt's noch?

- PLINECONVERTMODE – Die Systemvariable steuert die Art der Umwandlung der Splinekurve in eine Polylinie. Wert **0** bedeutet Umwandlung in Linien, Wert **1** Umwandlung in Bogensegmente.

- SPLINETYPE – Die Systemvariable steuert die Glättung der Polylinie. Wert **5** bedeutet quadratische B-Spline-Glättung – sie folgt enger dem Stützpunktpolygon – und Wert **6** (Vorgabe) steht für kubische B-Spline-Glättung und ergibt eine glattere Kurve, die dem Polygon nicht so eng folgt.
- SPLINESEGS – Die Systemvariable gibt an, wie glatt die Darstellung auf dem Bildschirm bei geglätteten Polylinien erscheint. Sie gibt an, mit wie viel Linienstücken pro Polyliniensegment gezeichnet wird. Die Vorgabe ist **8**.

6.14 Übungsfragen

1. Hat es Sinn, auf eine Punktanfrage auch nur eine Zahl einzugeben? Begründen Sie Ihre Antwort.
2. Erzeugt der Befehl UMGRENZUNG ein neues Objekt oder fasst er nur existierende Kurven zusammen? Sind die Ursprungsobjekte danach noch einzeln vorhanden?
3. Wie viele Dimensionen hat die Polylinie, ist sie ein ebenes Objekt oder ein dreidimensionales Objekt?
4. Welche Befehle erzeugen Polylinien?
5. Dürfen Multilinien mehr als zwei Linien beinhalten?
6. Welches ist die einfachste Option, um in einer Polylinie ein Kreisbogensegment nicht mit tangentialem Anschluss starten zu lassen?
7. Nennen Sie die drei Methoden, die Größe eines Polygons zu spezifizieren.

Kapitel 7

Weitere Editier- und Abfragebefehle

Unter den komplexeren Editierbefehlen sind hier solche zusammengefasst, die aus einem Objekt mehrere neue erzeugen oder die Form eines Objekts ändern. Mit den Anordnungsbefehlen REIHERECHTECK, REIHEKREIS und REIHEPFAD kann man aus einem *einzigen* Objekt eine Vervielfachung in Form regelmäßiger Muster erreichen. Anordnungen können in rechteckiger, kreisförmiger Form oder entlang eines Pfads erfolgen. Mit TEILEN und MESSEN können Punkte oder auch Blöcke in bestimmter Zahl oder mit bestimmtem Abstand auf Kurven gesetzt werden. Der Befehl STRECKEN erlaubt, Teile einer Kontur so zu verschieben, dass trotzdem Zusammenhänge erhalten bleiben. Mit VARIA lassen sich Objekte einheitlich in ihrer Größe skalieren. Der Befehl LÄNGE erlaubt auf verschiedene Arten eine Längenänderung von Kurven. Mit AUSRICHTEN können Objekte zugleich verschoben, gedreht und skaliert werden.

Mit den Abfragebefehlen ID, BEMGEOM (und Optionen), ABSTAND, FLÄCHE, MASSEIG, LISTE und ZEIT können Sie geometrische Daten auswerten, ohne eine Bemaßung zu erzeugen, sowie den Zeitverlauf Ihrer Konstruktion beobachten.

7.1   REIHE-Anordnungen

Computer sind ja immer dann besonders gut, wenn es um Wiederholungsaufgaben geht. Besonders effektive Befehle sind deshalb die Anordnungsbefehle REIHERECHTECK, REIHEKREIS und REIHEPFAD, die regelmäßige Anordnungen von Geometrieobjekten in rechteckiger, kreisförmiger Form oder entlang eines Pfads erzeugen.

Zeichnen und Beschriftung	Icon	Befehl	Kürzel
		REIHE	RH
START|ÄNDERN|RECHTECKIGE ANORDNUNG ▼		REIHERECHTECK	
START|ÄNDERN|PFADANORDNUNG ▼		REIHEPFAD	
START|ÄNDERN|POLARANORDNUNG ▼		REIHEKREIS	

Kapitel 7
Weitere Editier- und Abfragebefehle

Wenn Sie den Befehl REIHE eintippen, wird nach Wahl der Objekte über die Optionen RECHTECKIG, PFAD und POLAR in die einzelnen o.g. Befehlsvarianten verzweigt. Die Anordnungen können während der Erzeugung über die Optionen in der Befehlszeile oder die gleichzeitig sichtbare spezifische Multifunktionsleiste spezifiziert werden. Nach Erstellung und erneutem Markieren stehen die Multifunktionsleiste und zusätzlich interessante multifunktionale Griffe zur Verfügung (siehe Abschnitt 7.1.5).

Abb. 7.1: REIHE-Befehle unter START|ÄNDERN

7.1.1 Rechteckige Anordnung

Zuerst wählen Sie die Objekte, die in rechteckiger Anordnung vervielfältigt werden sollen, und dann erscheint sowohl eine Eingabezeile mit zahlreichen Optionen als auch eine spezifische Multifunktionsleiste, um die Werte für die verschiedenen Parameter der Anordnung zu definieren. Das Anordnungsmuster wird zunächst als Vorschau mit 4 Spalten und 3 Zeilen und vorgegebenen Abstandswerten proportional zu den Objektgrößen gezeigt.

Abb. 7.2: Multifunktionsleiste und Optionen für REIHERECHTECK

- Gruppe SPALTEN – dient zur Eingabe für die Anzahl der Spalten nebeneinander in x-Richtung sowie für die Abstände.
  - SPALTEN – legt die Anzahl der Objekte nebeneinander, also in x-Richtung, fest.
  - ZWISCHEN – legt den Wiederholabstand in x-Richtung fest. Das ist nicht etwa der Zwischenraum zwischen den Objekten, sondern der Wiederholab-

stand, d.h. der Abstand, in dem sich ein bestimmtes Merkmal wiederholt. Er entspricht der Summe aus Objektbreite und Zwischenraum.

- INSGESAMT – legt den Wiederholabstand zwischen dem ersten und dem letzten Objekt fest, entspricht also dem Produkt aus SPALTEN und ZWISCHEN.

- Gruppe REIHEN – dient zur Eingabe für die Anzahl der Zeilen übereinander in y-Richtung sowie für die Abstände, analog zur Gruppe SPALTEN.

- Gruppe REIHEN▾INKREMENT – dient zur Eingabe für einen Höhenschritt von Zeile zu Zeile. Damit werden dreidimensionale Anordnungen möglich wie bei Stuhlreihen im Kino.

- Gruppe EBENEN – dient zur Eingabe für die Anzahl der Anordnungen übereinander in z-Richtung sowie für die Abstände, analog zur Gruppe SPALTEN.

- Gruppe EIGENSCHAFTEN
  - ASSOZIATIV – Bei *Ja* wird die Anordnung ein zusammengesetztes Objekt bleiben und kann dann auch noch nachträglich als Ganzes bearbeitet werden.
  - BASISPUNKT – dient zum Neudefinieren des Basispunkts, interessant z. B. für späteres Drehen.

Es ist keine Eingabe für einen Drehwinkel der Anordnung vorgesehen. Nach Fertigstellung einer Anordnung und erneutem Anklicken finden Sie jedoch auf dem rechten Pfeilgriff eine Option ACHSENWINKEL, mit der die Anordnung dann gedreht werden kann.

Abb. 7.3: REIHERECHTECK, rechteckige Anordnung

7.1.2 Polare Anordnung

Für die polare oder kreisförmige Anordnung sind nach der Objektwahl folgende Parameter einzugeben:

MITTELPUNKT – Hier geben Sie den Mittelpunkt für eine kreisförmige Anordnung um die z-Richtung an.

Option ROTATIONSACHSE – erlaubt eine dreidimensionale Rotation um eine beliebige Achse.

Abb. 7.4: Multifunktionsleiste und Optionen für REIHEKREIS

In der Multifunktionsleiste können Sie analog zum vorhergehenden Befehl zahlreiche Optionen bedienen.

- Gruppe ELEMENTE – dient zur Eingabe von Anzahl und Winkel.
  - ELEMENTE – Gesamtzahl von polaren Kopien
  - ZWISCHEN – Winkelschritt von Element zu Element
  - FÜLLEN – Der Gesamtwinkel, der mit Kopien ausgefüllt werden soll, vorgabemäßig 360°
- Gruppe REIHEN – dient zur Eingabe von Anzahl und Abstand von polaren Reihen in radialer Richtung.
- Gruppe EBENEN – Ebenenspezifikation in z-Richtung wie bei REIHERECHTECK
- Gruppe EIGENSCHAFTEN
  - ASSOZIATIV – Die Anordnung wird ein zusammengesetztes Objekt bleiben für spätere Änderungen.
  - BASIS – Sie können den Basispunkt des Objekts definieren, der auf dem Kreisbogen um den Mittelpunkt liegen soll, auch wenn die Objekte nicht mitgedreht werden sollen.
- ELEMENTE DREHEN – Hiermit legen Sie fest, ob die Objekte beim Kopieren mitgedreht werden sollen wie die Speichen eines Rades.
- RICHTUNG – kehrt ggf. die Richtung der Anordnungswinkel um.

Abb. 7.5: REIHEKREIS, polare Anordnung

7.1.3 Pfadanordnung

Bei der Pfadanordnung werden die Objekte entlang einer Pfadkurve angeordnet. Das kann auch in mehreren Zeilen geschehen und zur Laufrichtung der Kurve orientiert sein oder nicht. Nach der Objektwahl und Wahl der Pfadkurve (Linie, Bogen, Kreis oder komplexe Kurve wie Polylinie oder Splinekurve) sind folgende Parameter über Multifunktionsleiste oder Optionen einzugeben:

Abb. 7.6: Multifunktionsleiste und Optionen für REIHEPFAD

Grundsätzlich gibt es zwei Anordnungsprinzipien: MESSEN und TEILEN. Vorgabe ist MESSEN. Dabei wird der Abstand zwischen den Objekten angegeben, der auf der Pfadkurve gemessen werden soll. Bei TEILEN wird die Anzahl der Objekte angegeben, die dann die Pfadkurve vollständig ausfüllen.

- Gruppe ELEMENTE – dient zur Eingabe von Anzahl und Abstand.
    - ELEMENTE – Gesamtanzahl von Kopien entlang Pfad (nur bei TEILEN aktiv)
    - ZWISCHEN (nur bei MESSEN aktiv) – Abstand zwischen den Kopien
    - INSGESAMT (nur bei MESSEN aktiv) – Abstand zwischen erster und letzter Kopie, entlang der Kurve gemessen.

Kapitel 7
Weitere Editier- und Abfragebefehle

- Gruppe REIHEN – dient zur Eingabe von Anzahl und Abstand von Reihen parallel zum Pfad.
- Gruppe EBENEN – Ebenenspezifikation für z-Richtung wie bei REIHERECHTECK.
- REGISTER EIGENSCHAFTEN
    - ASSOZIATIV – Anordnung wird ein zusammengesetztes Objekt für spätere Änderungen bleiben.
    - BASIS – Sie können den Basispunkt des ersten Objekts definieren, der auf der Pfadkurve liegen soll.
    - TANGENTENRICHTUNG – Die Richtung definiert beispielsweise über zwei Punkte, wie sich die Objekte an die Richtung der Pfadkurve anpassen sollen.
    - TEILEN/MESSEN: TEILEN – Die Pfadkurve wird in *gleichmäßigen* Abständen mit den Elementen belegt, der Abstand berechnet sich automatisch. MESSEN – Sie geben den Abstand zwischen 2 Elementen an oder den Gesamtabstand zwischen erstem und letztem Element.
    - ELEMENT AUSRICHTEN – Die Objekte werden mit dieser Methode in Laufrichtung der Pfadkurve ausgerichtet. Vorgabemäßig werden der Startpunkt der Pfadkurve als Basispunkt und die Lage des Elements zur Tangente der Kurve als Richtung verwendet. Sie können aber auch über die obigen Optionen einen BASISPUNKT, der auf der Kurve liegen soll, explizit angeben und eine TANGENTENRICHTUNG, die sich dann an die Laufrichtung der Kurve anpasst.
    - Z-RICHTUNG – Wenn deaktiviert, werden die Elemente bei einer dreidimensionalen Pfadkurve auch in z-Richtung angepasst.

Abb. 7.7: Parameter für Anordnung entlang Pfadkurve

7.1.4 Beispiele

Als erstes Demonstrationsbeispiel sollten Sie das in Abbildung 7.8 gezeigte Lüftungsgitter konstruieren. Das Gitter besteht eigentlich nur aus zwei verschiedenen Durchbrüchen, die sich regelmäßig wiederholen. Das Muster ist eine rechteckige Anordnung. Zeichnen Sie zuerst den großen Umriss als Rechteck und dann in der linken unteren Ecke den Kreis und das Langloch. Diese beiden Geometrien werden dann mit dem Befehl REIHE vervielfältigt.

Abb. 7.8: Lüftungsgitter, mit REIHE konstruiert

```
Befehl: ▭_rectang   Der Umriss hat die Maße 100 x 200 mm.
RECHTECK Ersten Eckpunkt angeben oder [...]: 0,0
RECHTECK Anderen Eckpunkt angeben oder [...]: 100,200
Befehl: ⊙_circle   kreisförmige Öffnung im Abstand 20 in x- und y-Richtung von der
Ecke links unten mit Radius 10 zeichnen
KREIS Zentrum für Kreis angeben oder [...]: 20,20
KREIS Radius für Kreis angeben oder [...]: 10
```

Kapitel 7
Weitere Editier- und Abfragebefehle

⌷ Befehl: ⌷_rectang   **Das Langloch zeichnen Sie am elegantesten als abgerundetes Rechteck mit Rundungsradius 2.**
RECHTECK Ersten Eckpunkt angeben oder [... Abrunden ...]: A ⎡Enter⎤
RECHTECK Rundungsradius für Rechtecke angeben <0.00>: 2 ⎡Enter⎤   **Der Rundungsradius beträgt 2.**
RECHTECK Ersten Eckpunkt angeben ... [...]: @13,-10 ⎡Enter⎤   **Die linke Ecke des Rechtecks hat dann die x-Entfernung 15-2=13 vom Zentrum des letzten Kreises, und die y-Entfernung -8-2=-10.**
RECHTECK Anderen Eckpunkt angeben oder [...]: @4,20 ⎡Enter⎤   **Breite und Höhe des Spalts sind 4 in x-Richtung und 20 in y-Richtung.**

⊞ Befehl: REIHERECHTECK oder ⊞
REIHERECHTECK Objekte wählen: **Kreis / Langloch wählen**
REIHERECHTECK Objekte wählen: ⎡Enter⎤

Wählen Sie die in Abbildung 7.9 und Abbildung 7.10 gezeigten Werte für die Anordnungen der Kreise und Schlitze.

	Spalten:	3		Zeilen:	7
	Zwischen:	30		Zwischen:	25
	Insgesamt:	60		Insgesamt:	150
	Spalten			Reihen ▼	

Abb. 7.9: Anordnungsparameter für Kreise

	Spalten:	2		Zeilen:	7
	Zwischen:	30		Zwischen:	25
	Insgesamt:	30		Insgesamt:	150
	Spalten			Reihen ▼	

Abb. 7.10: Anordnungsparameter für Schlitze

Der Befehl REIHEKREIS bietet die Möglichkeit, die Objekte in kreisförmiger Anordnung zu positionieren. Dabei gibt es eine Option OBJEKTE DREHEN, die Objekte mit der Anordnung mitzudrehen oder nicht zu drehen. Die beiden Optionen können Sie sich leicht anhand von Abbildung 7.11 klarmachen. Die Objekte sind hier die Gondeln des Riesenrades. Auf der rechten Seite werden sie nicht gedreht, jede Gondel bleibt daher in ihrer ursprünglichen Ausrichtung nach unten hängend. Auf der linken Seite werden sie mitgedreht, da muss das Rad aber sehr schnell rotieren, damit niemand hinausfällt!

7.1 REIHE-Anordnungen

objekte Drehen > D   objekte Drehen > N

Abb. 7.11: Objekte drehen? DREHEN und NICHT DREHEN.

Mit REIHEPFAD lassen sich schöne Anordnungen erstellen, die sich entlang und parallel zu einer Kurve orientieren. Als Beispiel soll hier eine Bestuhlung für ein Auditorium dienen. Zuerst wird ein Halbkreis als Pfadkurve für die erste Stuhlreihe gezeichnet, dann ein Kreis als einfacher Stuhl und dann eine Anordnung entlang dieses Halbkreises mit mehreren Zeilen und auch mit einem Höhenversatz.

```
Befehl:  Startpunkt ...: 0,0
BOGEN Zweiten Punkt ...: 20,20
BOGEN Endpunkt für Bogen angeben: 0,40
Befehl:  Zentrum für Kreis ...: 0,0
KREIS Radius für Kreis angeben oder [...]: 0.4
Befehl: 
REIHEPFAD Objekte wählen: 1 gefunden Den Kreis wählen
REIHEPFAD Objekte wählen: (Enter)
REIHEPFAD Pfadkurve wählen: 1 gefunden Den Bogen wählen
REIHEPFAD Objekte wählen: [Enter]
```

Typ	Elemente			Ebenen			Eigenschaften		
Pfad	Elemente: 53	Zeilen: 10	Ebenen: 1	Basispunkt	Teilen	Elemente ausrichten	Z-Richtung
	Zwischen: 1.2083	Zwischen: -1.5	Zwischen: 1				
	Insgesamt: 62.8319	Insgesamt: -13.5	1				
		Inkrement: 0.5					
		Reihen					

Abb. 7.12: Parameterwerte für Auditorium

Kapitel 7
Weitere Editier- und Abfragebefehle

Abb. 7.13: Reihe entlang eines Bogens als Pfad mit Höhenzuwachs in z-Richtung

Ein zweites Beispiel zeigt die Konstruktion einer Wendeltreppe mittels einer Spiralkurve als Pfad.

```
Befehl: SPIRALE oder
SPIRALE Anzahl der Drehungen = 3.0000   Drehen=GUZ
SPIRALE Mittelpunkt der Basis angeben: 0,0
SPIRALE Basisradius angeben oder [Durchmesser] <1.0000>: 200
SPIRALE Oberen Radius angeben oder [Durchmesser] <200.0000>: [Enter]
SPIRALE Spiralenhöhe angeben oder [Achsenendpunkt Drehungen drehHöhe dRehen]
<1.0000>: 750
Befehl: LINIE oder
LINIE Ersten Punkt angeben: 0,0
LINIE Nächsten Punkt angeben oder [Zurück]: 200,0
LINIE Nächsten Punkt angeben oder [Zurück]: [Enter]
Befehl: REIHEPFAD oder
REIHEPFAD Objekte wählen: 1 gefunden Die Linie als Treppenstufe anklicken
REIHEPFAD Objekte wählen: [Enter]
REIHEPFAD Pfadkurve auswählen: Die Spirale anklicken
```

Typ	Elemente			Reihen			Ebenen			Eigenschaften		
Pfad	Elemente:	45		Zeilen:	1		Ebenen:	1		Basispunkt	Teilen	Elemente ausrichten	Z-Richtung
	Zwischen:	87.1562		Zwischen:	1		Zwischen:	1					
	Insgesamt:	3834.8739		Insgesamt:	1								

Abb. 7.14: Werte für Parameter der Wendeltreppe

7.1 REIHE-Anordnungen

Abb. 7.15: REIHEPFAD mit Spirale und horizontaler Treppenstufe

7.1.5 Anordnungen mit multifunktionalen Griffen bearbeiten

Wenn Sie eine Anordnung markieren und dann auf einen kalten Griff zeigen, erscheint ein Menü mit verschiedenen Funktionen, die Sie durch Anklicken aktivieren können. Mit diesen Griffen können Sie die Anordnung auch anders gestalten als mit den ursprünglichen Parametereingaben möglich. Abbildung 7.17 zeigt die Drehung einer einzelnen Achsrichtung. Damit wird aus der rechteckigen Anordnung eine rhombische. Zur Eingabe der neuen Parameterwerte ist natürlich wieder die dynamische Eingabe DYN in der Statusleiste ideal. Gleicherweise finden Sie auch die multifunktionalen Griffe bei polaren und pfadgebundenen Anordnungen. Alternativ können Sie auch den Befehl REIHEBEARB aus START| ÄNDERN wählen.

Abb. 7.16: Rechteckige Anordnung mit multifunktionalen Griffen

Abb. 7.17: Drehen einer Achsrichtung

Zum *Auflösen* einer Anordnung verwenden Sie START|ÄNDERN|URSPRUNG. Damit sind alle Objekte der Anordnung voneinander unabhängig. Eine Änderung der Anordnung über die Anordnungsparameter ist damit nicht mehr möglich.

7.1.6 Alter Befehl: REIHEKLASS

Den alten Befehl, der früher einmal REIHE hieß, gibt es auch noch unter der Bezeichnung REIHEKLASS, manchmal muss man ihn beim Erstaufruf englisch eingeben: ARRAYCLASSIC. Er erstellt kein Anordnungsobjekt, das nachträglich bearbeitet werden kann, aber seine Bedienung ist sehr einfach, weil gerade die Eingaben für Zeile-, Spaltenabstand und Winkel über die Eingabebuttons mit jeweils zwei Positionen leicht aus der Geometrie abgegriffen werden können. Sie sollten nicht vergessen, die Objekte zu wählen (Button rechts oben). Vor jedem OK sollen Sie die VORANSICHT wählen, um noch korrigieren zu können.

Abb. 7.18: REIHEKLASS mit einfachen Eingabeoptionen

7.2 TEILEN und MESSEN

Mit den Befehlen TEILEN und MESSEN können Sie etwas ganz Ähnliches machen wie mit der Anordnung entlang Pfad. Standardmäßig werden keine Objekte positioniert, sondern Punktobjekte auf Kurven erzeugt. Bei TEILEN werden die Punkte so auf der Kurve platziert, dass eine gleichmäßige *Anzahl von Segmenten* entsteht. Bei einer offenen Kurve ist die Anzahl der erzeugten Punkte immer um eins kleiner als die Anzahl der Segmente: Um eine Kurve in drei Segmente zu teilen, sind zwei Punkte nötig. Die Punkte können für weitere Konstruktionen dann benutzt werden, aber nur mit dem Objektfang PUNKT ∘ exakt gewählt werden.

Zeichnen und Beschriftung	Icon	Befehl	Kürzel
START|ZEICHNEN ▾ |TEILEN		TEILEN	TL
START|ZEICHNEN ▾ |MESSEN		MESSEN	ME
START|DIENSTPROGRAMME ▾ |PUNKTSTIL		DDPTYPE	-

Hinweis

Punktstil einstellen

Damit Sie die erzeugten Punkte sehen, müssen Sie vorher einen sinnvollen Punktstil mit DDPTYPE einstellen. Der vorgegebene Punktstil zeigt nur ein einziges Pixel an und ist auf einer Kurve nicht zu erkennen. Sinnvoll wäre irgendeines der Kreuz-Symbole aus dem Punktstil-Dialogfeld.

Kapitel 7
Weitere Editier- und Abfragebefehle

Beim Befehl MESSEN geben Sie einen Abstand an, in dem Punkte auf der Kurve erzeugt werden sollen. Der Befehl beginnt *an dem Ende*, das Ihrer Objektwahl am nächsten liegt. Am anderen Ende der Kurve hat das letzte Segment dann im Allgemeinen eine Restlänge.

> **Tipp**
>
> **TEILEN und MESSEN mit Blöcken**
>
> Beide Befehle können mit der Option BLOCK anstelle der Punkte auch Blöcke (Kapitel 11, *Blöcke und externe Referenzen*) auf einer Kurve platzieren und diese sogar mit der Kurve ausrichten. Am jeweiligen Einfügepunkt wird der Block dann so ausgerichtet, als wäre die Kurvenrichtung dort die x-Richtung des Blocks.

Abb. 7.19: TEILEN und MESSEN (MIT PUNKTEN)

7.3 STRECKEN

Zeichnen und Beschriftung	Icon	Befehl	Kürzel
START|ÄNDERN		STRECKEN	STR

Der Befehl STRECKEN erlaubt die Verschiebung von Teilen der Geometrie unter Beibehaltung der Verbindungskurven zum Rest des Teils. Am häufigsten wird er als orthogonale (rechtwinklige) Streckung angewendet (Abbildung 7.20).

Abb. 7.20: Variationen durch orthogonales STRECKEN

Der Befehl erwartet, dass der Benutzer mit einem Fenster vom Typ KREUZEN die Objekte umschließt, die verschoben werden sollen. Das Fenster vom Typ KREUZEN wird entweder implizit von rechts nach links aufgezogen oder mit der Option K Enter und zwei Positionen in beliebiger Reihenfolge eröffnet. Objekte, die vollständig in der Kreuzen-Box liegen, werden verschoben, alle anderen gewählten Objekte werden dann so verzerrt, dass der Zusammenhang erhalten bleibt. Bei schwierigen Fällen können Sie auch die Objektwahl **KP** Enter für KREUZEN-POLYGON wählen und die zu verschiebenden Objekte mit einem Polygon umschließen. Achten Sie auch darauf, dass nicht zu viele Objekte mitgewählt wurden. Notfalls müssen Sie die Objektwahl reduzieren, indem Sie mit Strg +Klick die Objekte anklicken, die aus dem Auswahlsatz entfernt werden sollen.

Der Befehlsablauf für das Beispiel wäre folgender:

```
Befehl: _stretch
STRECKEN Objekte, die gestreckt werden sollen, mit Kreuzen-Fenster oder Kreuzen-
Polygon wählen...
STRECKEN Objekte wählen: Rechte obere Position für implizites Kreuzen anklicken Ent-
gegengesetzte Ecke angeben: Linke untere Position anklicken  7 gefunden
STRECKEN Objekte wählen: Enter   Beendet die Objektwahl.
STRECKEN Basispunkt oder [Verschiebung] <Verschiebung>: Position 1 anklicken
STRECKEN Zweiten Punkt der Verschiebung angeben: Position 2 anklicken
```

7.4 VARIA

Zeichnen und Beschriftung	Icon	Befehl	Kürzel
Start|Ändern		Varia	V

Der Befehl Varia erlaubt eine gleichmäßige Skalierung eines Teils in allen drei Koordinatenrichtungen. Man gibt nach Wahl der Objekte einen Basispunkt an, auf den sich die Skalierung bezieht. Dieser Punkt bleibt bei der Skalierung fest (Abbildung 7.21). Von diesem Punkt aus werden nach dem Prinzip der Strahlenprojektion alle geometrischen Positionen mit dem angegebenen Faktor skaliert. Der Befehl Varia kann auch Festkörper in allen drei Raumrichtungen skalieren. Ein Faktor größer als 1 bedeutet eine Vergrößerung, ein Faktor zwischen 0 und 1 eine Verkleinerung. Wenn der Basispunkt neben dem Objekt liegt, wird auch diese Entfernung mit dem Faktor variiert.

Abb. 7.21: Anwendung von Varia

7.4.1 Skalieren komplexer Objekte

Wenn komplexe Objekte skaliert werden sollen, reicht oft nicht nur ein Faktor aus, sondern einzelne Komponenten müssen nach unterschiedlichen Regeln skaliert werden. In einer Beispielkonstruktion soll eine M10-Mutter mit Schlüsselweite 17 zur M8-Mutter mit Schlüsselweite 13 skaliert werden. Die Tabelle zeigt die Skalierfaktoren für die Parameter.

	M10	M8	Faktor
SW (Schlüsselweite)	17	13	13/17
Gewinde	Ø10	Ø8	8/10 = 0.8
Kernloch	Ø8,5	Ø6,5	65/85

Sie müssen also zweimal skalieren, weil der Faktor für das Sechseck ein anderer ist als der für Bohrung und Gewinde. Das Sechseck muss von Schlüsselweite 17 auf 13 skaliert werden. Sie dürfen in solchen Fällen einen Bruch als Faktor eingeben: 13/17. Den Faktor für das Gewinde können Sie noch im Kopf ausrechnen und direkt eingeben: 0.8 (= 8/10). Die Bohrung müsste korrekt von Durchmesser 8,5 mm auf 6,5 skaliert werden. Dafür müssen Sie als Faktor aber einen ganzzahligen Bruch eingeben: 65/85. Beachten Sie immer, dass bei den meisten Normteilen nicht alle Bestandteile gleichmäßig skaliert werden dürfen.

Eine andere Möglichkeit, von einer alten Länge auf eine neue zu skalieren, ist die Option BEZUG. AutoCAD fragt dann nach der Bezugslänge, das wäre die alte Länge, hier 17. Danach wird die neue Länge verlangt, hier 13. Statt der alten Länge können auch zwei Punkte mit entsprechendem Objektfang gewählt werden. AutoCAD berechnet sich daraus die alte Länge selbst. Wollen Sie die neue Länge auch über irgendwelche existierenden Punkte angeben, dann zählt der erste Punkt oder Basispunkt von vorher schon mit, sodass nur noch ein zweiter Punkt nötig ist.

Abb. 7.22: Skalieren mit VARIA, Option BEZUG

```
Befehl: _stretch
STRECKEN Objekte wählen: Sechseck anklicken  1 gefunden
STRECKEN Objekte wählen: [Enter]    Beendet Objektwahl.
STRECKEN Basispunkt angeben: Zentrum der Bohrung wählen
```

```
STRECKEN Skalierfaktor angeben oder [Kopie Bezug]: B Enter
STRECKEN Bezugslänge angeben <1.000>: Endpunkt vom Sechseck anklicken Zweiten Punkt
angeben: gegenüberliegenden Endpunkt anklicken
STRECKEN Neue Länge angeben oder [Punkte] <1.0000>: 13 Enter
```

Mit der Option KOPIE können Sie bei Bedarf das Original unverändert erhalten und nur Kopien der gewählten Objekte skalieren. Für die Gewindebohrung ändern Sie den Kreis mit dem EIGENSCHAFTEN-MANAGER auf Radius **3.2** und dann den Bogen auf Radius **4**.

7.5 LÄNGE

Zeichnen und Beschriftung	Icon	Befehl	Kürzel
START|ÄNDERN| ▼		LÄNGE	LÄ

Die Funktion des Befehls LÄNGE erklärt sich fast wörtlich. Er ersetzt viele Aktionen, die man sonst mit DEHNEN, STRECKEN oder mit den GRIFFEN vornehmen müsste. Ein typisches Beispiel ist das Verlängern von Mittellinien über die eigentliche Geometrie hinaus. Auf Bögen angewendet kann wahlweise die Bogenlänge oder der Winkel verwendet werden. Ohne Wahl einer Option zeigt der Befehl die aktuelle Länge des gewählten Objekts an. Im Beispiel wird der Gewindebogen der M10-Mutter angeklickt. LÄNGE zeigt die Bogenlänge in *mm* an und den Winkel in Grad-Einheiten.

```
Befehl: LÄNGE Enter
LÄNGE Objekt wählen oder [DElta Prozent Gesamt DYnamisch]: Gewindebogen anklicken
LÄNGE Aktuelle Länge: 25.3163, eingeschlossener Winkel: 290
LÄNGE Objekt wählen oder [DElta Prozent Gesamt DYnamisch]: P  Option Prozent, d.h.
Verlängerung auf die anzugebenden Prozente
LÄNGE Prozentsatz Länge eingeben <100.0000>: 120   Der neue Bogen wird um 20% länger.
LÄNGE Zu änderndes Objekt wählen oder [ZUrück]:
```

Option	Bedeutung
Ohne Option anklicken	Anzeige der aktuellen Länge
DELTA	Verlängern/Verkürzen um einen absoluten Betrag
PROZENT	Verlängern/Verkürzen auf den angegebenen Prozentwert
GESAMT	Verlängern/Verkürzen auf die angegebene Gesamtlänge
DYNAMISCH	Verlängern/Verkürzen gemäß Fadenkreuzposition

7.6 AUSRICHTEN

Mit dem Befehl AUSRICHTEN können Sie Objekte verschieben und drehen und auch skalieren. Nach der Objektwahl definiert ein erstes Punktepaar von Ausgangs- und Zielpunkt die Verschiebung der Objekte. Ein zweites Punktepaar von Ausgangs- und Zielpunkten legt die Winkeldrehung fest. Bei der Frage nach dem dritten Ausgangspunkt wird mit [Enter] beantwortet, weil drei Punkte nur zum Ausrichten von 3D-Objekten sinnvoll sind.

Würden Sie die nachfolgende Frage nach der Skalierung mit **J** beantworten, dann würde auch nach diesen zweiten Punkten eine Skalierung bewirkt werden. Skaliert wird dann in Länge und Breite gleichmäßig. Im Beispiel unten würde dann aber die Seifenschale ungefähr so groß wie die Badewanne werden. Das ist natürlich nicht sinnvoll. In der LT-Version ist der Befehl einzutippen.

Zeichnen und Beschriftung	Icon	Befehl	Kürzel
START|ÄNDERN ▼ (keine Registergruppe in LT)		AUSRICHTEN	AUS (kein Kürzel in LT)

Abb. 7.23: Seifenschachtel wird ausgerichtet.

```
Befehl: AUSRICHTEN
AUSRICHTEN Objekte wählen: Beide Rechtecke mit Kreuzen gewählt Entgegengesetzte Ecke
angeben: 2 gefunden
AUSRICHTEN Objekte wählen: [Enter]
AUSRICHTEN Ersten Ausgangspunkt definieren: 1. Ausgangspunkt mit MIT
AUSRICHTEN Ersten Zielpunkt definieren: 1. Zielpunkt mit MIT
AUSRICHTEN Zweiten Ausgangspunkt definieren: 2. Ausgangspunkt mit END
AUSRICHTEN Zweiten Zielpunkt definieren: 2. Zielpunkt mit END
AUSRICHTEN Dritten Ausgangspunkt definieren oder <Fortfahren>: [Enter]
AUSRICHTEN Objekte anhand von Ausrichtepunkten skalieren? [Ja Nein] <N>: [Enter]
```

7.7 Abfragebefehle

In der Gruppe START|DIENSTPROGRAMME finden Sie das Flyout MESSEN mit den Optionen ABSTAND, RADIUS, WINKEL, FLÄCHE und VOLUMEN. Bitte nicht mit dem Befehl MESSEN oben verwechseln.

Zeichnen und Beschriftung	Icon	Befehl	Kürzel
START|DIENSTPROGRAMME|MESSEN ▼ |ABSTAND		BEMGEOM|A	BGEO
START|DIENSTPROGRAMME|MESSEN ▼ |RADIUS		BEMGEOM|R	BGEO
START|DIENSTPROGRAMME|MESSEN ▼ |WINKEL		BEMGEOM|W	BGEO
START|DIENSTPROGRAMME|MESSEN ▼ |FLÄCHE		BEMGEOM|F	BGEO
START|DIENSTPROGRAMME|MESSEN ▼ |VOLUMEN		BEMGEOM|V	BGEO
-		MASSEIG	
START|EIGENSCHAFTEN| ▼ LISTE		LISTE	LIS, LS
START|DIENSTPROGRAMME| ▼		ID	
-		ZEIT	
-	-	ABSTAND	AB

7.7.1 ID

Der Befehl ID liefert Informationen über einen Punkt. Der Befehl hat eine einzige Anfrage, nämlich:

```
Befehl: ID
ID Punkt angeben: gewünschte Position wählen
X = 267.32  Y = 152.24  Z = 0.00
```

Die Koordinaten werden ausgegeben, aber auch intern gespeichert. Die Anzeige kann zur Information des Benutzers dienen. Sie können damit bequem Positionen nachprüfen.

Es gibt aber intern noch eine wichtige Nebenwirkung. AutoCAD speichert die Koordinaten nämlich in der Systemvariablen LASTPOINT. Diese Systemvariable enthält im Normalfall immer den von Ihnen zuletzt konstruierten Punkt. Er dient als Bezugspunkt für die Koordinateneingabe mit @, also für die Relativkoordinaten. Sie können diese Koordinaten mit dem Befehl LASTPOINT abfragen und auch verändern:

```
Befehl: LASTPOINT
LASTPOINT Neuen Wert für LASTPOINT eingeben <267.32,152.24,0.00>:
```

> **Tipp**
>
> ID zeigt nicht nur die gewählte Position an, sondern verwendet sie intern als neuen Bezugspunkt für Relativkoordinaten mit @. Dazu wird die Position unter der Systemvariablen LASTPOINT gespeichert.

7.7.2 BEMGEOM

Der Befehl BEMGEOM oder die Gruppe START|DIENSTPROGRAMME|MESSEN enthält mehrere Befehlsoptionen zum Messen von Abständen, Radien, Winkeln, Flächen und Volumen. Der Befehl hat eine Nebenwirkung: Er schaltet in der Statusleiste die dynamische Eingabe DYN bzw. ein, die zur Anzeige der Maße sehr nützlich ist.

Option Abstand

Mit dem Befehl BEMGEOM, Option ABSTAND können Sie den Abstand zweier Punkte messen. Zusätzlich wird noch die Projektion dieses Abstandsvektors auf die Koordinatenachsen als *Delta X, Delta Y* und *Delta Z* angezeigt. Weiter wird auch als *Winkel in XY-Ebene* der Winkel ausgegeben, der die Verbindungslinie beider Punkte zur x-Achse bildet. Bei dreidimensionalen Zeichnungen ist auch noch der Winkel senkrecht zur xy-Ebene verfügbar. Wenn Sie mit ABSTAND die Seitenlängen eines Rechtecks messen wollen, brauchen Sie nur den Abstand der diagonalen Eckpunkte zu bestimmen und erhalten die Länge der horizontalen Rechteckseite unter *Delta X* sowie die Länge der vertikalen Rechteckseite unter *Delta Y*.

```
Befehl: _MEASUREGEOM
Option eingeben [Abstand Radius Winkel Fläche Volumen] <Abstand>: _distance
BEMGEOM Ersten Punkt angeben: Erste Position wählen
BEMGEOM Zweiten Punkt angeben oder [Mehrere Punkte]:Zweite Position wählen
Abstand = 1379.5738,  Winkel in XY-Ebene = 320,  Winkel von XY-Ebene = 0
Delta X = 1052.0588,  Delta Y = -892.4103,   Delta Z = 0.0000
```

> **Tipp**
>
> Neben diesem Befehl gibt es aber noch den alten Befehl ABSTAND, Kürzel AB, der auch transparent aufrufbar ist als 'ABSTAND und den aktuellen Befehl nicht unterbricht.

Option Radius

Mit der Option RADIUS können Sie Bögen, Kreise oder Bogensegmente von Polylinien anklicken und bekommen den Radius und auch den Durchmesser angezeigt.

Abb. 7.24: Radius messen mit BEMGEOM

Option Winkel

Mit der Option WINKEL können Sie Winkel an Bögen oder zwischen Linien messen. Es gibt auch eine Option KONTROLLPUNKT ANGEBEN, nach deren Wahl Sie einen Winkel über drei Punkte, den Scheitelpunkt und die zwei Endpunkte der Schenkel des Winkels anklicken können.

Abb. 7.25: Winkel zwischen zwei Linien messen

7.7 Abfragebefehle

Option Fläche

Sie können mit der Option FLÄCHE entweder *mehrere Punkte einer polygonalen Fläche*, also einer Fläche mit Eckpunkten, direkt auswerten oder aber mit der Option OBJEKT eine *geschlossene Kontur* wie Kreis oder Polylinie wählen. Es gibt außerdem noch die Möglichkeit, mehrere Flächen zu addieren und auch zu subtrahieren.

Als Beispiel soll eine unserer Konstruktionen aus Abschnitt 2.5 *Architekturbeispiel* ausgemessen werden. Zunächst nur der linke Raum mit den Eckpunkten 1 bis 4.

Abb. 7.26: Fläche von polygonalen Umrissen

```
Befehl:     _MEASUREGEOM
BEMGEOM Option eingeben [...] <Abstand>: _area
BEMGEOM Ersten Eckpunkt angeben oder [...]: <...>: Punkt 1 anklicken
BEMGEOM Nächsten Punkt angeben oder [...]: Punkt 2 anklicken
BEMGEOM Nächsten Punkt angeben oder [...] <...>: Punkt 3 anklicken
BEMGEOM Nächsten Punkt angeben oder [...] <...>: Punkt 4  anklicken
Fläche = 63750.0000, Umfang = 1025.0000
Option eingeben [... eXit] <...>: X
```

Da die Konstruktion in cm erstellt ist, wird die Fläche jetzt natürlich in cm^2 angezeigt. Um die Quadratmeter zu erhalten, müssen Sie durch 10000 dividieren. Damit erhalten Sie 6,375 m^2 für den linken Raum.

Wenn Sie zwei Räume aufaddieren wollen, geht es etwas komplizierter zu. Sie müssen nämlich als Erstes die Option FLÄCHE HINZUFÜGEN einschalten, dann die Ecken vom ersten Raum anklicken und mit [Enter] beenden, und dann weiter die Ecken vom zweiten Raum.

Kapitel 7
Weitere Editier- und Abfragebefehle

```
Befehl:  _MEASUREGEOM
BEMGEOM Option eingeben [Abstand Radius Winkel Fläche Volumen] <Abstand>: _area
BEMGEOM Ersten Eckpunkt angeben oder [...Hinzufügen...]:
<Objekt>: H
BEMGEOM Ersten Eckpunkt angeben oder [...]: Punkt 1 anklicken
  (Modus ADDIEREN)Nächsten Punkt angeben oder [...]: Punkt 2 anklicken
  (Modus ADDIEREN)Nächsten Punkt angeben oder [...]: Punkt 3 anklicken
  (Modus ADDIEREN)Nächsten Punkt angeben oder [...] <Gesamt>: Punkt 4 anklicken
  (Modus ADDIEREN)Nächsten Punkt angeben oder [...] <Gesamt>: Enter
Fläche = 63750.0000, Umfang = 1025.0000
Gesamtfläche = 63750.0000
BEMGEOM Ersten Eckpunkt angeben oder [...]: Punkt 5 anklicken
  (Modus ADDIEREN)Nächsten Punkt angeben oder [Kreisbogen Länge ZUrück]: Punkt 6
anklicken
  (Modus ADDIEREN)Nächsten Punkt angeben oder [...]: Punkt 7 anklicken
  (Modus ADDIEREN)Nächsten Punkt angeben oder [...] <Gesamt>: Punkt 8 anklicken
  (Modus ADDIEREN)Nächsten Punkt angeben oder [...] <Gesamt>: Enter
Fläche = 26562.5000, Umfang = 675.0000
Gesamtfläche = 90312.5000
BEMGEOM Ersten Eckpunkt angeben oder [... eXit]: x
Gesamtfläche = 90312.5000
BEMGEOM Option eingeben [... eXit] <Fläche>: X
```

Nach jeder über Eckpunkte eingegebenen Fläche werden also immer der Inhalt der Einzelfläche und der bis dahin aufsummierte Gesamtflächeninhalt angezeigt. Beide Räume zusammen haben also einen Flächeninhalt von 9,03125 m².

Zum weiteren Berechnen von Volumina aus den Flächen können Sie die berechnete Fläche **26562.5000** im Befehlsbereich markieren, übers Kontextmenü in der Windows-Zwischenablage kopieren, den Taschenrechner aufrufen und die Zahl wieder übers Kontextmenü aus der Zwischenablage einfügen. Der Faktor 0.00025 berücksichtigt einerseits die Raumhöhe von 250 cm und die Umrechnung von cm³ in m³, was einen Faktor von 0.000001 beträgt.

Zeichnen und Beschriftung	Icon	Befehl	Kürzel
START|DIENSTPROGRAMME		SCHNELLKAL	SK

```
Befehl: '-quickcalc    Der Taschenrechner wird aufgerufen.
```
Nun wählen Sie oben in der Rechenzeile mit Rechtsklick das Kontextmenü und klicken auf EINFÜGEN. **Die Zahl steht in der Rechnereingabe: 26562.00. Ergänzen Sie dies mit dem Faktor (* ist das Zeichen für die Multiplikation): *0.00025** Enter
Als Ergebnis erhalten Sie also 6,64 m3.

Zur Auswertung komplizierterer Flächen, die auch Bögen enthalten dürfen, muss die Fläche als geschlossene Kurve vorliegen: Kreis, Ellipse oder geschlossene Polylinie. Meist erstellt man sich bequem mit dem Befehl UMGRENZUNG eine geschlossene Polylinie. Wir wollen hier anhand von Abbildung 7.27 einmal den Flächeninhalt der Polylinie aus Abschnitt 6.3.1 *Die allgemeine Polylinie* ermitteln. Dazu rufen Sie den Befehl BEMGEOM, Option FLÄCHE auf. Sie wählen beim Befehl FLÄCHE die Option OBJEKT und klicken die Begrenzungskurve irgendwo an.

```
Befehl:  _MEASUREGEOM
BEMGEOM Option eingeben [...] <Abstand>: _area
BEMGEOM Ersten Eckpunkt angeben oder [Objekt...]: <Objekt>: O     Option Objekt, um
geschlossene Konturen wie Polylinie, Kreise, Ellipsen etc. anzuklicken.
BEMGEOM Objekte auswählen: Polylinie anklicken
Fläche = 21926.99, Umfang = 674.16
BEMGEOM Option eingeben [... eXit] <Fläche>: X
```

Wenn Sie aber mehrere Flächen zusammenaddieren und auch noch eine abziehen wollen, dann müssen Sie

- erst die Option ADDIEREN wählen,
- dann die Option OBJEKT und
- nun die Begrenzungen wählen, die mit positivem Flächeninhalt zu Buche schlagen.
- Nach der letzten positiv zu rechnenden Fläche müssen Sie [Enter] drücken und
- können dann auf die Option SUBTRAHIEREN umschalten.
- Jetzt ist wieder die Option OBJEKT fällig.
- Sie können die Inseln anklicken, die subtrahiert werden sollen.

Verfolgen Sie bitte am Bildschirm die Protokollierung mit, wie die erste Fläche positiv gezählt wird und danach subtrahiert wird. AutoCAD zeigt bei jedem Schritt die Einzelfläche und die resultierende Gesamtfläche an.

Zur Übung wollen wir die letzte Konstruktion etwas ergänzen, damit auch Konturen zum Subtrahieren entstehen. Zeichnen Sie zuerst einen Kreis mit Radius 10 um das Zentrum eines der Halbkreise. Kopieren Sie dann diesen Kreis mehrfach. Danach versetzen Sie die vier Kreise und die Außenkontur mit Abstand 20. Schließlich brauchen Sie nur noch zu stutzen, um die endgültige Form zu erhalten. Mit PEDIT, Option VERBINDEN, können Sie aus den Kurven der Innenkontur eine geschlossene Polylinie erzeugen. Nun ist alles für die Flächenberechnung bereit.

Kapitel 7
Weitere Editier- und Abfragebefehle

Abb. 7.27: Die Vervollkommnung des Flanschteils

Befehl: _MEASUREGEOM
BEMGEOM Option eingeben [...] <...>: _area
BEMGEOM Ersten Eckpunkt angeben oder [... Hinzufügen...]: <Objekt>: **H Hinzufügen-Modus aufrufen, damit mehrere Flächen behandelt werden können, und zwar mit Aufsummierung.**
BEMGEOM Ersten Eckpunkt angeben oder [Objekt...]:: **O Option Objekt, damit geschlossene Konturen, wie Polylinien, Kreise, Ellipsen etc. gewählt werden können.**
(Modus ADDIEREN) Objekte auswählen: **Außenkontur anklicken**
Fläche = 21926.99, Umfang = 674.16
Gesamtfläche = 21926.
(Modus ADDIEREN) Objekte auswählen: [Enter] **Beendet Wahl der positiv aufzusummierenden Flächen.**
Fläche = 21926.99, Umfang = 674.16
Gesamtfläche = 21926.9999   **Das ist die bisher aufsummierte Fläche.**
BEMGEOM Ersten Eckpunkt angeben oder [... Abziehen ...]: **A Schaltet auf den Modus Abziehen um, das heißt, ab jetzt werden alle neuen Einzelflächen abgezogen.**
BEMGEOM Ersten Eckpunkt angeben oder [Objekt ...]: **O wieder Option Objekt**
(Modus SUBTRAHIEREN) Objekte auswählen: **Bohrung 1 anklicken**
Fläche = 314.16, Kreisumfang = 62.83   **Hier steht links die Einzelfläche der 1. Bohrung.**
Gesamtfläche = 21612.83   **Und das ist die letzte Gesamtfläche abzüglich der neuen Einzelfläche.**
(Modus SUBTRAHIEREN) Objekte auswählen: **Bohrung 2 anklicken**
Fläche = 314.16, Kreisumfang = 62.83   **Hier steht links die Einzelfläche der 2. Bohrung.**
Gesamtfläche = 21298.67   **Und das ist die neue Gesamtfläche.**
(Modus SUBTRAHIEREN) Objekte auswählen: **Bohrung 3**
Fläche = 314.16, Kreisumfang = 62.83   **3. Bohrung.**
Gesamtfläche = 20984.51   **neue Gesamtfläche**
(Modus SUBTRAHIEREN) Objekte auswählen: **Bohrung 4**
Fläche = 314.16, Kreisumfang = 62.83   **Fläche 4. Bohrung.**

```
Gesamtfläche = 20670.35   neue Gesamtfläche
(Modus SUBTRAHIEREN) Objekte auswählen: Innenkontur
Fläche = 7583.86, Umfang = 373.57   Einzelfläche Innenkontur
Gesamtfläche = 13086.50   endgültige Gesamtfläche
(Modus SUBTRAHIEREN) Objekte auswählen: [Enter]   Beendet Wahl der abzuziehenden
Flächen.
Fläche = 7583.86, Umfang = 373.57
Gesamtfläche = 13086.50   endgültige Gesamtfläche
Ersten Eckpunkt angeben oder [... eXit]: X   Beendet Option FLÄCHE.
Gesamtfläche = 13086.50   endgültige Gesamtfläche
BEMGEOM Option eingeben [... eXit] <Fläche>: X   Beendet Befehl BEMGEOM.
```

Option Volumen

Mit der Option VOLUMEN können Sie ein Volumen ausmessen, indem Sie zuerst eine Fläche bestimmen, wie oben unter der Option FLÄCHE beschrieben, und dann die Höhe eingeben.

```
Befehl: _MEASUREGEOM
BEMGEOM Option eingeben [...] <Abstand>: _volume
BEMGEOM Ersten Eckpunkt angeben oder [Objekt...]: <Objekt>: O
BEMGEOM Objekte auswählen: Geschlossene Kontur wählen
Höhe angeben: 20
Volumen = 438539.82
BEMGEOM Option eingeben [... eXit] <...>: X
```

Die Standard-Option VOLUMEN kann beliebige 3D-Volumenkörper durch Anklicken auswerten.

7.7.3 MASSEIG

Der Befehl MASSEIG – abgeleitet vom Begriff Masseneigenschaften – dient zum Bestimmen von Volumeninhalten, wenn Sie Zeichnungen der AutoCAD-Vollversion mit Volumenkörpern auswerten, oder zur Bestimmung von Flächeninhalten von Regionen.

Volumenkörper

Die Erstellung von Volumenkörpern werden Sie in Kapitel 13 *Einführung in Standard-3D-Konstruktionen* kennenlernen. Als Beispiel soll eine Hauskonstruktion dienen, die aus drei Volumenkörpern besteht. Es soll die Masse der Wände bestimmt werden, die Betondecke soll nicht ausgewertet werden. Im Befehl werden die beiden Volumenkörper für Erdgeschoss und Dachgeschoss angeklickt. Das angezeigte Volumen ist natürlich wieder in den Einheiten der Konstruktion zu sehen. Bei dieser Baukonstruktion habe ich mit cm gearbeitet, sodass das Volu-

Kapitel 7
Weitere Editier- und Abfragebefehle

men durch 1.000.000 zu dividieren ist, um Kubikmeter zu erhalten. Sie sehen also unten, dass das Volumen fast exakt 52 m^3 beträgt.

Abb. 7.28: Konstruktion aus drei Volumenkörpern

```
Befehl: _massprop
MASSEIG Objekte wählen: Erdgeschoss anklicken 1 gefunden
MASSEIG Objekte wählen: Dachgeschoss anklicken 1 gefunden, 2 gesamt
MASSEIG Objekte wählen:
           ---------- FESTKÖRPER ----------
Masse:                 52005210.6875
Volumen:               52005210.6875
Begrenzungsrahmen:  X:  598.5853  --  1360.0853
                    Y: 1291.6940  --  2278.1940
                    Z:    0.0000  --   650.7500
Schwerpunkt:        X:  965.9474
                    Y: 1822.2556
                    Z:  225.7348
Trägheitsmomente:   X: 1.8324E+14
                    Y: 5.5428E+13
                    Z: 2.3073E+14
Deviationsmomente: XY: 9.1463E+13
                   YZ: 2.1477E+13
                   ZX: 1.1299E+13
```

```
Trägheitsradien:    X: 1877.1044
                    Y: 1032.3868
                    Z: 2106.3230
Hauptträgheitsmomente und X-Y-Z-Richtung um Schwerpunkt:
    I: 7.9028E+12 entlang [0.9995 0.0215 -0.0240]
    J: 4.2516E+12 entlang [-0.0211 0.9996 0.0163]
    K: 9.5155E+12 entlang [0.0244 -0.0158 0.9996]
Analyse in Datei schreiben? [Ja Nein] <N>: J
```

Neben dem *Volumen* werden noch weitere Daten ausgegeben:

- BEGRENZUNGSRAHMEN – gibt die minimalen und maximalen Koordinaten des Objekts an.
- SCHWERPUNKT – ergibt den Schwerpunkt des gesamten Objekts.

Die übrigen Daten sind für Berechnungen rotierender Objekte im Maschinenbau interessant. Schließlich können Sie die berechneten Daten auch in eine Datei schreiben lassen. Sie bekommt den Namen der Zeichnung – als Vorgabe – mit der Endung *.MPR.

Regionen

In Abschnitt 6.8 *Regionen* wurde ein Teil als Region erstellt. Dieses kann nun auch mit dem Befehl MASSEIG ausgewertet werden, um den Flächeninhalt und weitere Daten zu erhalten.

Abb. 7.29: Konstruktion als Region

Kapitel 7
Weitere Editier- und Abfragebefehle

```
Befehl: _massprop
Objekte wählen: 1 gefunden
Objekte wählen:
---------------- REGIONEN ----------------
Fläche:                  37990.0115
Umfang:           2775.1689
Begrenzungsrahmen:   X: -148.4214 -- 148.4214
                     Y: -148.4214 -- 148.4214
Schwerpunkt:       X: 0.0000
                   Y: 0.0000
Trägheitsmomente:   X: 226912742.1568
                    Y: 226912742.1568
Deviationsmoment:  XY: 0.0000
Trägheitsradien:    X: 77.2849
                    Y: 77.2849
Hauptträgheitsmomente und  X-Y-Richtung um Schwerpunkt:
        I: 226912742.1568 entlang [0.8740 -0.4859]
        J: 226912742.1568 entlang [0.4859 0.8740]
Analyse in Datei schreiben? [Ja Nein] <N>:
```

7.7.4 LISTE

Der Befehl LISTE zeigt alle Informationen über ein Objekt an, die in der Zeichnungsdatenbank gespeichert sind. Zusätzlich werden hier auch Längen von Kurven berechnet und bei geschlossenen Objekten deren Flächeninhalte angezeigt. Der Befehl LISTE zeigt fast dieselben Daten an wie der Befehl EIGENSCHAFTEN. Bei Letzterem können Sie aber auch Objektdaten *ändern,* was viel wichtiger ist. Deshalb spielt der Befehl LISTE keine große Rolle mehr.

Beispiel Linie

```
Befehl: _list
Objekte wählen: 1 gefunden
Objekte wählen:
            LINIE    Layer: "0"
                    Bereich: Modellbereich
            Referenz = 40
  von Punkt, X= 160.20  Y= 278.59  Z=   0.00
  nach Punkt, X= 214.54 Y=  53.34  Z=   0.00
       Länge = 231.70,  Winkel in XY-Ebene =    284
Delta X =  54.34, Delta Y = -225.24, Delta Z =    0.00
```

Es werden folgende Informationen angezeigt:

- *Objekttyp:* LINIE
- *Layer:* 0
- *Bereich:* Modell – kann Modell oder Layout (siehe Kapitel 10) sein
- *Referenz:* 40 – Interner Datenbankzeiger
- *Startpunkt:* 160.20, 278.59, 0.00
- *Endpunkt:* 214.54, 53.34, 0.00
- *Länge der Linie:* 231.70
- *Winkel zur x-Richtung in der Ebene:* 284°
- *Delta-Werte:* 54.34, -225.24, 0.00 – Differenzen der x-, y- und z-Koordinaten

Beispiel Kreis

```
Befehl: _list
Objekte wählen: 1 gefunden
Objekte wählen:
            KREIS      Layer: "0"
                       Bereich: Modellbereich
                    Referenz = 3E
 Zentrum Punkt, X=  94.0020  Y=  94.5284  Z=   0.0000
         Radius   68.2773
         Umfang   428.9990
         Fläche  14645.4514
```

Es werden nun folgende objektspezifische Informationen angezeigt:

- *Zentrum:* 94.00, 94.52, 0.00
- *Radius:* 428.99
- *Kreisumfang:* 428.99
- *Kreisfläche:* 14645.45

7.7.5 ZEIT

Ab und zu möchten Sie vielleicht auch einmal ganz objektiv wissen, wie lange Sie an einer Zeichnung schon gearbeitet haben. Das können Sie mit dem Befehl ZEIT feststellen. Sie erhalten folgende Informationen:

```
Befehl: _time
Aktuelle Zeit:      Freitag, 3. Mai 2014 17:16:44:963
Benötigte Zeit für diese Zeichnung:
 Erstellt:         Freitag, 3. Mai 2014 17:10:57:914
```

Kapitel 7
Weitere Editier- und Abfragebefehle

```
Zuletzt nachgeführt: Donnerstag, 3. Mai 2014 17:10:57:914
Gesamte Bearbeitungszeit: 0 Tage 00:05:47.049
Benutzer-Stoppuhr (ein):  0 Tage 00:05:47.049
Nächste automatische Speicherung in: 0 Tage 0:04:15.825
Option eingeben [Darstellung Ein Aus Zurückstellen]:
```

Sie erfahren hier bis auf die tausendstel Sekunde genau, wann Sie begonnen haben und wie lange Sie gebraucht haben. Die Eintragungen haben folgende Bedeutung:

- AKTUELLE ZEIT – zeigt die aktuelle Zeit auf dem Rechner an. Diese Zeit kann nur so genau sein, wie Sie sie für den Rechner eingestellt haben.
- ERSTELLT – zeigt das genaue Startdatum Ihrer Zeichnung an.
- ZULETZT NACHGEFÜHRT – zeigt an, wann diese Zeichnung zum letzten Mal gespeichert wurde. Wenn Sie unter EXTRAS|OPTIONEN|ÖFFNEN UND SPEICHERN das Kontrollkästchen SICHERUNGSKOPIE BEI JEDEM SPEICHERN ERSTELLEN markiert haben, dann werden Sie immer von der letzten Speicherung der *.DWG-Datei her eine *.BAK-Datei mit dem vorherigen Zeichnungsstand haben.
- GESAMTE BEARBEITUNGSZEIT – zeigt die Gesamtzeit vom Zeichnungsbeginn an, die diese Zeichnung unter AutoCAD in allen bisherigen Sitzungen geöffnet war. Ob Sie in der Zeit wirklich etwas getan haben, wird glücklicherweise nicht überprüft.
- BENUTZER-STOPPUHR (ein) – zeigt die Gesamtzeit an, in der die Benutzerstoppuhr eingeschaltet war. Da standardmäßig die Benutzerstoppuhr immer eingeschaltet ist, kommt hier meist die gleiche Zeit heraus wie bei der gesamten Bearbeitungszeit. Nur wenn Sie mit dem Befehl ZEIT, Option AUS, die Stoppuhr anhalten, läuft diese Zeit nicht mit. So könnten Sie mit der Benutzerstoppuhr die Frühstückspausen aussparen, damit sie in der Zeitberechnung nicht mitzählen. Mit ZEIT, Option EIN, können Sie die Benutzerstoppuhr weiterlaufen lassen und mit der Option ZURÜCKSTELLEN können Sie sie sogar auf null stellen.
- NÄCHSTE AUTOMATISCHE SPEICHERUNG IN – Hier wird angezeigt, wann die nächste automatische Sicherung mit der Dateiendung *.SV$ fällig ist. Das Intervall hängt davon ab, was Sie unter EXTRAS|OPTIONEN|ÖFFNEN und SPEICHERN bei MINUTEN ZWISCHEN DEN SPEICHERVORGÄNGEN eingetragen haben. Für dieses automatische Speichern muss auch das Kontrollkästchen AUTOMATISCHES SPEICHERN markiert sein.

Die Information über die Gesamtzeit bleibt auch erhalten, wenn Sie die Datei unter einem neuen Namen speichern oder mit dem Befehl WBLOCK als externen Block (siehe Abschnitt 11.3 *Externe Blöcke*) speichern. Nur wenn Sie eine neue Zeichnung beginnen und in diese dann die alte Zewichnung als Block (siehe Abschnitt 11.2 *Interne Blöcke*)einfügen, beginnt die Zeit-Zählung neu.

7.8 Übungen

Die kompletten Befehlsabläufe dieser Übungen sind in der Datei Kap07_Übungs-PDF.PDF dokumentiert. Hier finden Sie nur die Aufgabenstellungen.

7.8.1 Mutter

Im letzten Kapitel wurde eine M10-Mutter konstruiert. Hier sollen nun die Seitenansichten entstehen.

Abb. 7.30: M10-Mutter Seitenansichten

7.8.2 Bienenwabe

Die in Abbildung 7.31 gezeigte Bienenwabe soll anhand von zwei Sechsecken generiert werden.

Abb. 7.31: Bienenwabe

7.8.3 Schachbrett

In der nächsten Zeichnung können Sie auch wieder den Befehl REIHERECHTECK verwenden, aber auch SPIEGELN sehr effektiv einsetzen. Außerdem haben Sie hier ein neues Problem: die Erzeugung der Stirnholzmaserung. Eine geeignete Schraffur gibt es dafür nicht. Deshalb zeichnen Sie eine Polylinie, die Sie glätten und unregelmäßig mehrfach versetzen. Die entstehenden Kurven werden dann an den trapezförmigen Randsegmenten gestutzt. Als Maße benötigen Sie nur die Größe eines Feldes des Schachbretts, hier 5 cm, und die Breite der Randsegmente, die Sie mit 1 cm und 1,5 cm ansetzen.

Abb. 7.32: Polylinie vor und nach Glättung

Abb. 7.33: Unregelmäßig versetzte geglättete Polylinien

Abb. 7.34: Fertiges Schachbrett

7.8.4 Treppe mit Reiherechteck

Mit dem Befehl REIHERECHTECK lässt sich auch leicht eine Treppe durch Vervielfachen einer Stufe erzeugen. Konstruieren Sie die in Abbildung 7.35 gezeigte Stufe. Wählen Sie REIHERECHTECK und geben in der Befehlszeile Sie mit Option ANZAHL **14** Spalten und **1** Zeile ein. Mit Option ABSTAND klicken Sie die Endpunkte am Objekt an. Den *Drehwinkel* können Sie erst eingeben, nachdem die Anordnung erzeugt ist, indem Sie sie nochmals anklicken und über den *Pfeilgriff* rechts in der Anordnung die Option ACHSENWINKEL anklicken und dann über die Position 2 den Winkel neu eingeben. Wenn die Stufengeometrie komplexer ist, müssten Sie zuerst den *Basispunkt* mittels der Multifunktionsleiste auf die Position 1 legen.

Abb. 7.35: Stufe mit REIHE vervielfachen

Mit dem alten Befehl REIHEKLASS lässt sich eine Treppe vielleicht durch Vervielfachen einer Stufe noch einfacher erzeugen. Konstruieren Sie die in Abbildung 7.36 gezeigte Stufe, aktivieren Sie RECHTECKIGE ANORDNUNG, wählen Sie die Elemente der Treppenstufe und stellen Sie **1** ZEILE und **16** SPALTEN ein. Den SPALTENABSTAND und den WINKEL greifen Sie mit den grünen Wählbuttons über die Endpunkte links unten und rechts oben am Objekt ab. Mit VORANSICHT können Sie die konstruktion überprüfen, mit ESC könnten Sie zur Korrektur ins Dialogfeld zurück und mit OK wird die Treppe endgültig erzeugt. Nachträgliche Änderungen sind hier nicht möglich, weil kein Anordnungsobjekt wie bei den modernen REIHE-Befehlen erzeugt wird.

Abb. 7.36: Stufe mit REIHEKLASS vervielfachen

7.9 Was gibt's noch?

- *Transparente Befehle* – Viele Befehle können aufgerufen werden, auch wenn ein anderer Befehl gerade noch läuft. Damit der laufende Befehl weiß, dass es sich um *keine Option* handelt, sondern um einen *transparenten Befehl*, muss dieser dann mit einem Hochkomma (') davor geschrieben werden. Das Hochkomma entspricht der Tastenkombination [Shift]+[#]. Transparent sind beispielsweise:
  - 'PAN – Ausschnitt des Zeichenfensters verschieben
  - 'ZOOM – Ausschnitt des Zeichenfensters vergrößern/verkleinern
  - 'LISTE – interne Daten von Objekten auflisten
  - 'ABSTAND – Abstand und Winkel zweier Punktpositionen anzeigen
  - 'ID – Punktposition anzeigen und als LASTPOINT speichern (Bezug für @)
  - 'LAYER – LAYER-MANAGER starten
  - 'FARBE – Farbe unabhängig vom Layer einstellen
  - 'LINIENTYP – Linientyp laden und ggf. unabhängig vom Layer einstellen
  - LSTÄRKE – Linienstärken-Vorgabe einstellen
  - 'MSTABSLISTEBEARB – Maßstabsliste bearbeiten
  - 'STIL – Textstile erstellen/ändern
  - 'BEMSTIL – Bemaßungsstile erstellen/ändern
  - 'DDPTYPE – Punktstil ändern
  - 'EINHEIT – Einheiten und Anzeigegenauigkeit der Zeichnung einstellen
- *Nicht als transparente möglich* sind alle Befehle aus den Bereichen ZEICHNEN und ÄNDERN, also alle Befehle, die Objekte erstellen oder verändern.
- AUFRÄUM oder START|ÄNDERN▾|AUFRÄUM entfernt unnötige übereinander liegende Linien und Bögen (früher Expresstool OVERKILL).
- Es gibt auch den alten REIHE-Befehl noch, er ist mit REIHEKLASS aufzurufen. Für einfache Konstruktionen ist er oft leichter zu bedienen, erzeugt aber kein eigenes Anordnungsobjekt.
- Wenn Sie Änderungen an einer Zeichnung vorgenommen haben, wollen Sie vielleicht auch mal einen Vergleich zwischen altem und neuem Zustand haben. Wenn Sie beide Zeichnungen einzeln gespeichert haben, könnten Sie einen Zeichnungsvergleich mit der App *DWG Compare* machen, die Sie sich von *Autodesk Exchange* herunterladen können.

Abb. 7.37: Einzelne Objekte in Anordnungen können durch andere erstzt werden.

7.10 Übungsfragen

1. Sie sollen mit REIHERECHTECK ein Objekt dreimal nebeneinander, also in x-Richtung, vervielfachen. Geben Sie drei ZEILEN oder drei SPALTEN (REIHEN) an?
2. Welche Objektwahlmodi sind bei STRECKEN erlaubt?
3. Können Sie eine Kontur mit VARIA nur in x-Richtung skalieren?
4. Ein Bogen soll mit dem Befehl LÄNGE an einem Ende so verlängert werden, dass er doppelt so lang ist. Was müssen Sie bei der Option PROZENT eingeben?
5. Sie haben beim Befehl STRECKEN durch den vorgeschriebenen Objektwahlmodus auch Objekte erfasst, die gar nicht verändert werden sollen. Wie können Sie das während der Objektwahl noch korrigieren?
6. Können Sie bei REIHEKREIS einen Startwinkel eingeben?
7. Können Sie mit LÄNGE auch die Länge einer Kurve *messen*?
8. Wie heißen die speziellen Bearbeitungsbefehle für Regionen?
9. Welche Daten liefert der Befehl BEMGEOM (MEASUREGEOM), Option ABSTAND?
10. Wie heißt die Systemvariable, in der automatisch Ihre zuletzt konstruierte Position gespeichert wird? Hinweis: Sie kann mit ID überschrieben werden.

Kapitel 8

Modellbereich, Layout, Maßstab und Plot

Das Ziel jeder CAD-Konstruktion besteht in der Erstellung grafischer Unterlagen zur Herstellung von Geräten, Gebäuden oder Anlagen. Während die Konstruktion im MODELLBEREICH im Normalfall im Maßstab 1:1 in den gewohnten Einheiten stattfindet, soll die Plot-Ausgabe auf Papier meist in einem anderen Maßstab, oft auch mit Detailausschnitten in unterschiedlichen Vergrößerungen erfolgen.

Für die Aufbereitung von Plotausgaben stehen die LAYOUT-Bereiche zur Verfügung. Ein LAYOUT ist praktisch eine Vorschau auf den späteren Plot. Hier wird das

- Papierformat festgelegt,
- der Rahmen erstellt oder von extern eingefügt,
- werden die Zeichnungsausschnitte im Form von Ansichtsfenstern festgelegt und
- jeweils die Maßstäbe und
- bei 3D-Konstruktionen die Ansichtsrichtungen gewählt. Näheres zum Plotten von 3D-Modellen siehe Abschnitt 14.7 »Aufbereitung zum Plotten«.

In diesem Kapitel werden die nötigen Schritte für die Erstellung maßstabsgerechter Plot-Ausgaben unter Verwendung eines Layouts vorgestellt. Dazu gehört natürlich auch die Auswahl und Einstellung des Plotters.

Die heute nicht mehr so übliche Ausgabe ohne Layout, direkt aus dem Modellbereich, ist auf der Buch-DVD in einer PDF-Datei zu finden. Aus dem Modellbereich heraus kann aber mit *einem* Plotbefehl nur ein *einziges* Ansichtsfenster geplottet werden.

Als Übungen für dieses Kapitel steht die Zeichnung 08-02.dwg auf der DVD zur Verfügung. Die Erstellung von Layouts und Ansichten für *3D-Konstruktionen* wird später in Kapitel 14 erläutert, weil es dafür spezielle Befehle gibt.

8.1 Prinzipielles: Charakteristika von Modellbereich und Layout

Vielleicht haben Sie die beiden Bereiche MODELL und LAYOUT noch gar nicht so bemerkt. Abbildung 8.1 zeigt diese Bereiche in unterschiedlichen Darstellungen.

Kapitel 8
Modellbereich, Layout, Maßstab und Plot

Sie können in Form von zwei bis drei Registerfähnchen MODELL, LAYOUT1 und LAYOUT2 erscheinen oder als Buttons in der Statusleiste. Über Rechtsklick auf die Fähnchen/Icons können Sie die jeweils andere Darstellung mit REGISTERKARTEN LAYOUT UND MODELL AUSBLENDEN bzw. ...ANZEIGEN wählen.

Der MODELLBEREICH ist immer der Bereich für Ihre eigentliche Konstruktion in Originalgröße in Ihren gewohnten Einheiten mm, cm oder m oder auch andere. Die verschiedenen Layouts sind zur Erstellung unterschiedlicher Plot-Ausgaben gedacht, für verschiedene Blattformate oder verschiedene Plotter. Beispielsweise können Sie in jedem Layout die Ausgabe auf ein anderes Format mit unterschiedlich großem Rahmen gestalten. Es wäre aber auch möglich, in jedem Layout zwar im gleichen Format, aber andere Ausschnitte Ihrer Konstruktion zu plotten. Es sind nicht nur zwei Layouts möglich, sondern fast beliebig viele. Im Kontextmenü der Registerfähnchen finden Sie die Funktion zum Erzeugen neuer Layouts.

Abb. 8.1: Modell- und Layout-Bereiche als Register oder Icons

In der Statusleiste sind nur zwei Buttons vorhanden. Der linke Button aktiviert den MODELLBEREICH, der rechte das gerade aktuelle LAYOUT. Deshalb gibt es als dritten Button rechts daneben noch SCHNELLANSICHT-LAYOUTS. Damit können Sie eine Vorschau von MODELLBEREICH und allen LAYOUTS sehen, aus der Sie dann das gewünschte LAYOUT aktuell schalten können.

Abb. 8.2: Schnellansicht-Layouts

Zunächst sollen Sie die grundsätzlichen Merkmale beider Bereiche kennenlernen. Das entscheidende Merkmal kommt schon in den Worten zum Ausdruck:

- MODELLBEREICH – ist ein Bereich, in dem zwei- oder dreidimensionale Konstruktionen oder Modelle in Originalgröße in den Einheiten erstellt werden, die Sie üblicherweise verwenden.
- LAYOUT – ist ein Bereich, der einerseits das Papierblatt des Plotters anzeigt, dann aber auch darauf *Ansichtsfenster*, in denen unter wählbarem Maßstab das Modell aus dem MODELLBEREICH zu sehen ist. Im LAYOUT werden die Plot-Ausgaben mit Rahmen und ein oder mehreren *Ansichtsfenstern* gestaltet. Im LAYOUT finden Sie also zum einen den sogenannten PAPIERBEREICH, der zur zweidimensionalen Gestaltung der Plot-Ausgabe dient, zum anderen die *Ansichtsfenster*, die den Durchblick in den MODELLBEREICH mit Ihrer Konstruktion gewähren.

Wenn Sie erstmalig in ein LAYOUT wechseln, legt AutoCAD automatisch ein Ansichtsfenster an, um Ihre Konstruktion zu zeigen. Sie befinden sich zunächst im PAPIERBEREICH des LAYOUTS. Nun könnten Sie den Zeichnungsrahmen erstellen oder als Block einfügen. Der Papierbereich ist leicht daran zu erkennen, dass das Achsenkreuz die Form eines abgeknickten »Eselsohrs« besitzt. Wenn Sie nun *in ein Ansichtsfenster hinein* doppelklicken, wechseln Sie in den MODELLBEREICH des *Ansichtsfensters* und können beispielsweise per ZOOM und PAN den Maßstab und die Position Ihrer Konstruktion variieren. Im Ansichtsfenster sehen Sie dann also wieder den normalen Zeichenbereich, in dem Sie Ihre Zeichnung begonnen haben. Mit Doppelklick *neben das Ansichtsfenster* gelangen Sie wieder zurück in den PAPIERBEREICH des LAYOUTS.

> **Kapitel 8**
> Modellbereich, Layout, Maßstab und Plot

Wenn Sie im LAYOUT mit einem *Doppelklick in ein Ansichtsfenster hineingehen*, dann wird es als aktives Ansichtsfenster mit stärkerem Umriss hervorgehoben. Sie befinden sich zwar im MODELLBEREICH, aber innerhalb der LAYOUT-Umgebung. Man nennt diesen Zustand auch den »Verschiebbaren Modellbereich«, weil das *Ansichtsfenster* samt Inhalt verschoben werden kann. Es tut sich auch etwas bei den Achsenmarkierungen. Das »Eselsohr« des PAPIERBEREICHS verschwindet und in allen Ansichtsfenstern erscheinen die Achsenkreuze des MODELLBEREICHS. Es kann immer nur *ein* Ansichtsfenster aktiv sein. Im aktiven Ansichtsfenster wird der Cursor als Fadenkreuz angezeigt, in den anderen als Pfeil. Sie können das aktive Ansichtsfenster wechseln, indem Sie einfach in ein anderes Ansichtsfenster hineinklicken oder mit [Strg]+[R] die Ansichtsfenster wechseln.

Sie kommen aus dem Ansichtsfenster wieder zurück in den PAPIERBEREICH, indem Sie *neben* das Ansichtsfenster doppelklicken. Im LAYOUT ist der Wechsel zwischen PAPIER- und MODELLBEREICH auch über die Schaltfläche MODELL/PAPIER in der Statusleiste möglich. Wenn diese Schalter nicht verfügbar sind, können sie mit dem ANWENDUNGSSTATUSLEISTEN-MENÜ (Abbildung 8.1) aktiviert werden.

Eine weitere Möglichkeit zum Wechsel zwischen Modell- und Papierbereich besteht darin, einfach auf den Ansichtsfensterrahmen zu doppelklicken. Daraufhin wird das Ansichtsfenster so weit aufgezogen, dass der Rand auf den Rand der Zeichenfläche als *roter Rahmen* fällt. Der Maßstab und die Lage Ihrer Zeichnung bleibt dabei erhalten. Hier können Sie nun beliebig wie im normalen Modellbereich arbeiten und auch ZOOM und PAN verwenden. Wenn Sie auf den roten Rand dann wiederum doppelklicken, wird das vorherige Ansichtsfenster inklusive Position und Maßstab wieder hergestellt.

Dieselbe Aktion ist auch mit dem Werkzeug ANSICHTSFENSTER MAXIMIEREN/MINIMIEREN möglich, das in der Statusleiste erscheint, sobald es mehrere Ansichtsfenster gibt (Abbildung 8.3).

Abb. 8.3: Ansichtsfenster maximieren/minimieren

8.1 Prinzipielles: Charakteristika von Modellbereich und Layout

Was auf jeden Fall in den Papierbereich gehört, sind *Rahmen und Schriftfeld* mit den entsprechenden Texten. Die Ansichtsfenster, die auch im Papierbereich eingerichtet werden, sind dort normale Objekte, die gelöscht, verschoben, gedreht oder mit den Griffen manipuliert werden können.

Sie können sich die LAYOUTS so vorstellen, wie sie in Abbildung 8.4 gezeigt werden: als extra Zeichenflächen, die über dem MODELLBEREICH liegen und den Rahmen und ein oder mehrere *Ansichtsfenster* enthalten. Die *Ansichtsfenster* sind praktisch Öffnungen im PAPIERBEREICH des LAYOUTS, durch die Sie in den MODELLBEREICH blicken. Nur durch diese *Ansichtsfenster* erhalten Sie wieder eine Sicht auf Ihre Konstruktion. Damit wird auch klar, dass Ihre Konstruktion *nicht Teil des* LAYOUTS ist, sondern in einer anderen »Welt« liegt, auf die Sie *durch* die Ansichtsfenster ggf. mit unterschiedlichen Maßstäben schauen.

Sie können aber auch durch ein Ansichtsfenster hindurch Ihre Objekte im Modellbereich bearbeiten, indem Sie *in* einem Ansichtsfenster doppelklicken.

Abb. 8.4: Modellbereich und Layout mit Ansichtsfenstern

Sie können sich unter den LAYOUTS genau Ihre Zeichenblätter vorstellen, die Sie nun in AutoCAD vorbereiten. Dabei werden so wichtige Dinge erledigt wie die Festlegung des Zeichenmaßstabs, das Ausrichten der Ansichten an Fluchtkanten bis hin zum Ausblenden verdeckter Kanten bei 3D-Objekten. Ein fertiges LAYOUT kann dann so, wie es ist, geplottet werden, und zwar im Maßstab 1:1.

8.1.1 Charakteristika Modellbereich

Im Modellbereich können Sie zwei- oder dreidimensional arbeiten. Sie können beispielsweise für eine Linie unterschiedliche Koordinaten nicht nur für x und y, sondern auch für z eingeben.

Kapitel 8
Modellbereich, Layout, Maßstab und Plot

Im *Modellbereich* hat das Achsenkreuz die Form von zwei Linien mit den Achsenbezeichnungen (Abbildung 8.5).

Sie können auch im Modellbereich mehrere Ansichtsfenster anlegen. Diese werden zusammen immer den kompletten Bildschirm ausfüllen. Sie können in jedem Ansichtsfenster beispielsweise unterschiedliche Ausschnitte oder 3D-Ansichten anzeigen lassen.

	Modellbereich	Papierbereich (Layout)
Dimensionen	3D	2D
Positionierung der Ansichtsfenster		
Achsenkreuz		
Registerfähnchen		
Statusleiste		

Abb. 8.5: Charakteristika des Modell- und Papierbereichs

8.1.2 Charakteristika Papierbereich

Wenn Sie eines der beiden standardmäßig angebotenen LAYOUTS über die Registerfähnchen unten am Zeichenbereich oder über das Statusleistensymbol wählen, wechseln Sie in den zweidimensionalen PAPIERBEREICH und können dort nur zweidimensional arbeiten. Im PAPIERBEREICH können Sie einen Zeichnungsrahmen einfügen und Ansichtsfenster einrichten, um verschiedene Ausschnitte Ihrer Konstruktion aus dem Modellbereich zu zeigen.

Hier können die Ansichtsfenster beliebig positioniert werden. Sie dürfen überlappen, beliebige Zwischenräume besitzen oder gar ineinander verschachtelt liegen.

Das Achsenkreuz zeigt sich nun in der Form eines »Eselsohrs« als Andeutung, dass Sie sich auf einem Blatt Papier befinden.

8.2 Maßstabsliste bearbeiten

Als erste Vorbereitungsmaßnahme zur Plot-Ausgabe sollte die Maßstabsliste bearbeitet werden. Sie finden sie unter BESCHRIFTEN|BESCHRIFTUNGS-SKALIERUNG| MASSSTABSLISTE. Mit dieser Funktion können Sie auch die bei uns unüblichen Maßstäbe 1:4, 1:8 u.Ä. löschen. Andererseits können Sie hier leicht die fehlenden Maßstäbe für andere Einheiten einfügen. Ein schneller Zugriff auf die Maßstabsliste ergibt sich durch einen Rechtsklick auf das MASSSTABSSYMBOL in der STATUSLEISTE. Das finden Sie aber nur, wenn Sie entweder im MODELLBEREICH sind oder in einem AKTIVEN ANSICHTSFENSTER . Dann wählen Sie nach Rechtsklick einfach BENUTZERDEFINIERT zum Bearbeiten Ihrer Maßstabsliste.

Zeichnen und Beschriftung	Icon	Befehl
BESCHRIFTEN|BESCHRIFTUNGS-SKALIERUNG		MSTABLISTEBEARB

Solange Sie in Einheiten von Millimetern arbeiten, werden Sie dort die üblichen Maßstäbe bereits vorfinden. Nur selten ist eine eigene Maßstabsdefinition nötig. Brauchen Sie beispielsweise den Maßstab 5:1 für eine Detailvergrößerung, dann

- wählen Sie in der Maßstabsverwaltung HINZUFÜGEN,
- bei NAME IN MASSSTABSLISTE geben Sie **5:1** ein,
- bei PAPIEREINHEITEN **5**,
- bei ZEICHNUNGSEINHEITEN **1** und dann
- klicken Sie auf OK.

Wenn Sie nicht in Millimetern konstruiert haben, dann müssen Sie an dieser Stelle die Maßstäbe erst einrichten, die Ihre Einheiten berücksichtigen. Nehmen wir an, Sie haben in Zentimetern gezeichnet. Die Ermittlung der richtigen Maßstabseinstellung geht folgendermaßen:

- Schreiben Sie zuerst den Maßstab hin, wie Sie ihn normalerweise nennen, zum Beispiel:
    - 1 : 100

    Dieser Maßstab bedeutet doch, dass 1 mm auf dem Papier (Ihr späterer Plot) 100 mm in der Natur entspricht.
- Nun müssen Sie aber die 100 mm in die Zentimeter umrechnen, in denen Sie gezeichnet haben. Ergibt also 10. Grund: AutoCAD rechnet den internen Maßstab auf der rechten Seite mit Ihren Zeichnungseinheiten und nicht in Millimetern!

    Damit lautet der interne Maßstab für AutoCAD: 1 : 10.

Kapitel 8
Modellbereich, Layout, Maßstab und Plot

- In der Maßstabsliste geben Sie als NAMEN für den neuen Maßstab **1:100(cm)** an. Schreiben Sie den Namen des Maßstabs *ohne Leerzeichen* zwischen **100** und **(**, sonst wird er mit dem Maßstab 1:100 verwechselt.
- Bei PAPIEREINHEITEN schreiben Sie **1**.
- Bei ZEICHNUNGSEINHEITEN geben Sie wie oben berechnet **10** ein.

Abb. 8.6: Editieren der Maßstabsliste

Diese Maßstäbe können Sie dann für die Ansichtsfenster verwenden.

Für ein zweites Beispiel nehmen wir an, Sie haben in Metern gezeichnet. Die richtige Maßstabseinstellung erhalten Sie folgendermaßen:

- Schreiben Sie zuerst den Maßstab hin, zum Beispiel:
    - 1 : 200

    Dieser Maßstab bedeutet doch, dass 1 mm auf dem Papier (Ihr späterer Plot) 200 mm in der Natur entspricht.
- Nun müssen Sie aber die 200 mm in Meter umrechnen. Ergibt also 0.2.
    Damit lautet der interne Maßstab für AutoCAD: 1 : 0.2.
- In der Maßstabsliste geben Sie als NAMEN für den neuen Maßstab **1:200(m)** an. Schreiben Sie den Namen des Maßstabs ohne Leerzeichen, sonst wird er mit dem Maßstab 1:200 verwechselt.
- Bei PAPIEREINHEITEN schreiben Sie **1**.
- Bei ZEICHNUNGSEINHEITEN geben Sie **0.2** ein.

Die unten stehende Tabelle gibt einige Beispiele für Maßstäbe für den Fall, dass Sie nicht in Millimetern zeichnen. Sie können mit den Schaltflächen NACH OBEN/ NACH UNTEN die Maßstäbe sinnvoll ordnen und unnütze Maßstäbe mit LÖSCHEN entfernen. Egal, in welchen Einheiten Sie arbeiten, Sie sollten *auf keinen Fall* den Maßstab 1:1 löschen. Maßstäbe, die in Verwendung sind, lassen sich übrigens nicht löschen.

Einheiten	Name des Maßstabs	Papiereinheiten	Zeichnungseinheiten
cm	1:100(cm)	1	10
cm	1:50(cm)	1	5
cm	1:20(cm)	1	2
cm	1:10(cm)	1	1
m	1:1000(m)	1	1
m	1:200(m)	1	0.2
m	1:100(m)	1	0.1
m	1:50(m)	1	0.05
m	1:10 (m)	1	0.01

Tabelle 8.1: Maßstabsangaben, wenn Sie nicht in Millimetern arbeiten

8.2.1 Maßstabsliste in Vorlage oder in Registry

Diese oben bearbeitete Maßstabsliste gilt zunächst nur in der aktuellen Zeichnung. Sie können natürlich auch Ihre Zeichnungsvorlage öffnen und dort diese Maßstabsliste definieren, damit sie automatisch in jede neue Zeichnung übernommen wird. Dazu öffnen Sie die Vorlage, das heißt, im Befehl ÖFFNEN wählen Sie als Dateityp *.DWT und klicken dann die von Ihnen benutzte Vorlage aus dem Template-Verzeichnis an. Ändern Sie die Maßstabsliste und speichern Sie die Vorlage unter gleichem Namen.

Zentrale Maßstabsliste in Registry

Es gibt aber auch zeichnungsübergreifend eine zentrale Maßstabsliste im Auto-CAD-Profil (in der Registry gespeichert). Die Registrierungsdatenbank von Windows – kurz Registry genannt – speichert nämlich bestimmte Grundparameter von AutoCAD unabhängig von der aktuellen Zeichnung. Diese zentrale Maßstabsliste können Sie über den OPTIONEN-Befehl bearbeiten. OPTIONEN erhalten Sie nach Rechtsklick im Kontextmenü ganz unten. Im Register BENUTZEREINSTELLUNGEN bearbeiten Sie unter VORGABE-MAßSTABSLISTE diese zentrale Maßstabsliste.

Kapitel 8
Modellbereich, Layout, Maßstab und Plot

Abb. 8.7: Mit NEU die Vorgabe-Maßstabsliste aus der Registry verwenden.

Verwenden können Sie diese zentrale Maßstabsliste, wenn Sie bei Zeichnungsbeginn mit dem Befehl NEU bei Wahl der Zeichnungsvorlage neben ÖFFNEN auf ▼ gehen und OHNE VORLAGE – METRISCH ÖFFNEN wählen.

Andererseits können Sie in einer aktuellen Zeichnung diese Maßstabsliste jederzeit über den Befehl MAßSTABSLISTE BEARBEITEN aktivieren, wenn Sie dort ZURÜCKSETZEN anklicken.

8.3 Vorbereitung: Plotter einrichten

Bevor Sie in AutoCAD plotten können, müssen Sie Ihre Plotter in AutoCAD extra eingerichtet haben. Dazu brauchen Sie den Befehl PLOTTERMANAGER.

Zeichnen und Beschriftung	Icon	Befehl
AUSGABE|PLOTTEN|PLOT-MANAGER		PLOTTERMANAGER

Mit AUSGABE|PLOTTEN|PLOT-MANAGER können Sie einen neuen Plotter einrichten oder einen bestehenden neu konfigurieren. Der PLOT-MANAGER ist in allen Fällen aufzurufen, wenn ein Ausgabegerät oder -format vereinbart werden muss:

- Wenn Sie in AutoCAD einen vorhandenen Systemdrucker mit besonderen Einstellungen benutzen wollen.

- Wenn Sie im PLOT-Befehl die Plot-Daten in eine Datei schreiben wollen, um in einem Plot-Büro plotten zu lassen, können Sie den dortigen Plotter hier konfigurieren.
- Wenn Sie Plot-ähnliche Dateiausgaben in PostScript oder Rasterformaten erzeugen wollen, müssen Sie einen nicht real vorhandenen Plotter, praktisch einen virtuellen Plotter, konfigurieren.

Im PLOT-MANAGER wählen Sie dann den angebotenen ASSISTENTEN ZUM EINRICHTEN NEUER PLOTTER mit Doppelklick und beantworten die Fragen zu *Plottername* und *Typ* etc.

Abb. 8.8: Plotter für verschiedene Ausgaben im PLOT-MANAGER

8.3.1 Systemplotter konfigurieren

Hier sei kurz skizziert, wie Sie einen Systemplotter konfigurieren. Die Arbeit wird von zahlreichen Dialogfenstern gesteuert, die sich meist selbst erklären. Nach Bedienung eines jeden Fensters klicken Sie auf WEITER.

- Wählen Sie AUSGABE|PLOTTEN|PLOT-MANAGER.
- Wählen Sie ASSISTENT ZUM HINZUFÜGEN EINES PLOTTERS mit Doppelklick.
- PLOTTER HINZUFÜGEN – EINFÜHRUNGSSEITE: Klicken Sie auf WEITER.
- PLOTTER HINZUFÜGEN – START: Wählen Sie SYSTEMDRUCKER.

- Plotter hinzufügen – Systemdrucker: Wählen Sie den gewünschten Systemdrucker aus, falls mehrere angezeigt werden.
- Plotter hinzufügen – PCP oder PC2 importieren: Diese Seite ist nur interessant, wenn Sie Plottereinstellungen von früheren AutoCAD-Versionen in solchen Dateien gespeichert haben.
- Bei Plotter hinzufügen – Plottername: Diese Seite dient zur Eingabe eines beliebigen Namens für diesen Plotter.
- Bei Plotter hinzufügen – Fertig stellen wird es erneut interessant, weil Sie hier unter Plotterkonfiguration bearbeiten die Hardware-Vorgaben des Plotters noch verändern können. Unter anderem lassen sich über die Dialogfenster benutzerspezifische Formate eingeben. Die zweite wichtige Schaltfläche dieser Seite – Plotter kalibrieren – erlaubt eine exakte Kalibrierung des Gerätes. Mit der Schaltfläche Fertig stellen können Sie dann die Konfiguration des Plotters beenden.

8.3.2 Rasterplotter konfigurieren

Die Systemplotter verwenden bedeutet, dass AutoCAD die im Windows-System für alle Programme installierten Standardplotter und auch die systemseitig installierten Plottertreiber verwendet. Die Installation weiterer Plotter ist dann interessant, wenn Plotter verwendet werden sollen, die von anderen Windows-Komponenten nicht benutzt werden, oder wenn Treiber für die Plotter verwendet werden sollen, die auf AutoCAD spezialisiert sind. Auch für die virtuellen Plotter, also die Ausgabe in PostScript- oder Rasterdateien, finden Sie hier die Einstellmöglichkeiten.

- Rufen Sie Ausgabe|Plotten|Plot-Manager auf.
- Doppelklicken Sie auf Assistent zum Hinzufügen eines Plotters.
- Plotter hinzufügen – Einführungsseite: Klicken Sie auf Weiter.
- Plotter hinzufügen – Start: Wählen Sie Mein Computer, dann Weiter.
- Plotter hinzufügen – Plottermodell: Wählen Sie den gewünschten Plotter aus. Sie finden Plotter der Hersteller Calcomp, HP und Xerox sowie die Ausgabeformate Adobe, AutoCAD-ePlot (PDF, DWF oder DWFx), AutoCAD DXB-Datei und Rasterdateiformate. Bei dem Format AutoCAD-ePlot (DWF) handelt es sich um ein Plot-Format für die Weitergabe über das Internet. Diese Dateien können über das Programm Autodesk DesignReview betrachtet, kommentiert, aber nicht modifiziert werden. Unter den Rasterformaten findet man viele gängige Formate wie BMP, TIFF oder JPEG. Über diese Formate können Zeichnungen in Grafikprogrammen weiterverwendet werden. Wählen Sie Rasterdateiformate und beispielsweise Independent JPEG Group..., dann Weiter.
- Plotter hinzufügen – PCP oder PC2 importieren: Wählen Sie Weiter.

- Plotter hinzufügen – Anschlüsse: Hier ist In Datei plotten markiert. Wählen Sie Weiter.
- Plotter hinzufügen – Plottername: Geben Sie einen Namen ein.
- Plotter hinzufügen – Fertig stellen: Auf dieser Seite wird es erneut interessant, weil Sie hier unter Plotterkonfiguration bearbeiten im Register Gerät- und Dokumenteinstellungen noch die Rasterauflösung wählen können. Beenden Sie mit Fertig stellen.

8.4 Plotten mit Layout

Sie können für die nun folgende Praxisübung die Zeichnung Halterung.dwg von der DVD benutzen. Die Zeichnung enthält bereits eine Konstruktion. Sie erstellen nun ein Layout.

8.4.1 Layout

Um ggf. ein neues Layout einzurichten, klicken Sie mit der rechten Maustaste auf die Registerfahne eines existierenden Layouts und wählen in dem Kontextmenü Neues Layout oder wählen Sie in der Statusleiste den Button Schnellansicht-Layouts und klicken auf die Schaltfläche Neues Layout (siehe Abbildung 8.2).

Durch Anklicken der Registerfahne wechseln Sie zum gewünschten Layout.

8.4.2 Seiteneinrichtung

Sie können fast alle Eingaben, die Sie für den späteren Plot-Befehl brauchen, im Voraus als Seiteneinrichtung speichern. Damit sparen Sie sich wiederholte Eingaben, wenn Sie später noch mal plotten. Rufen Sie Ausgabe|Plotten|Seiteneinrichtungs-Manager auf. Mit Neu oder Ändern kommen Sie in ein Dialogfenster ähnlich dem Plot-Befehl. Diese Seiteneinrichtung wird mit der Zeichnung gespeichert. Drei wichtige Einstellungen sind nötig:

- Plotter – Unter Drucker/Plotter wählen Sie Ihren Plotter aus (Abbildung 8.9). Über die Schaltfläche Eigenschaften lassen sich noch spezielle Änderungen an den Plottereinstellungen, wie etwa bei den Papierformaten, vornehmen. In den Eigenschaften finden Sie im Register Anschlüsse den Schalter In Datei plotten. Er ist für die Fälle interessant, in denen der gewünschte Plotter momentan nicht zur Verfügung steht. Wenn Sie beispielsweise über einen Dienstleister plotten lassen, wählen Sie diese Option und geben dann die erstellte Plot-Datei *.PLT weiter. Sie werden dann später im Plot-Befehl nach einem Dateinamen gefragt.

Kapitel 8
Modellbereich, Layout, Maßstab und Plot

- PAPIERFORMAT – Sie stellen hier das gewünschte Papierformat ein. Wählen Sie auch ganz rechts unten die für Ihre Zeichnung passende ZEICHNUNGSAUS-RICHTUNG.
- PLOTSTILTABELLE – für die normgerechte Schwarzweiß-Ausgabe wählen Sie die Plotstiltabelle **monochrome.ctb**, für Farbausgabe **acad.ctb** und für reduzierte tintensparende Farbausgabe die Stile der Form **Screening_50%.ctb** etc. In der PLOTSTILTABELLE wird die Zuordnung zwischen den Eigenschaften der Objekte wie *Farbe, Linientyp* und *Linienstärke* zu *Farbe, Linientyp* und *Linienstärke* auf dem Papier eingestellt.

Zeichnen und Beschriftung	Icon	Befehl
AUSGABE|PLOTTEN|SEITENEINRICHTUNGS-MANAGER		SEITENEINR

Bei älteren Zeichnungen (vor Version 2000), deren Layer noch keine Linienstärkenangaben enthalten, müssen Sie einen eigenen Plotstil erstellen, der jeder Farbe eine Linienstärke zuweist. Dazu bearbeiten Sie beispielsweise über AUSGABE|PLOTTEN|PLOTSTIL-MANAGER den Plotstil MONOCHROME.CTB und speichern ihn dann unter einem neuen Namen ab.

Abb. 8.9: SEITENEINRICHTUNG

> **Tipp**
>
> **Plotbereich**
>
> Wenn Sie den plotbaren Bereich verschiedener Plotter betrachten, werden Sie sehen, dass man nie das Papierformat vollständig ausnutzen kann, weil die Plotter immer Transportränder frei lassen müssen. Wollen Sie einen echten A3-Rahmen mit den Abmessungen 420 mm x 297 mm plotten, so können Sie das nur auf einem A3-Überformat-Plotter. Oft geht man hier einen Kompromiss ein, indem man dann einfach den A3-Rahmen etwas schrumpft, sodass er inklusive Transportrand auf A3-Papier passt: zum Beispiel 405 mm x 280 mm.

- PLOTABSTAND – Hier lassen Sie beim Plot aus dem LAYOUT die Vorgabe 0,0 stehen, damit im plotbaren Bereich ausgegeben wird. Der plotbare Bereich wird auf dem Papierblatt des LAYOUTS als gestricheltes Rechteck angezeigt.
- PLOTSTILTABELLE – Für eine normale Ingenieurzeichnung wäre die Plotstiltabelle MONOCHROME.CTB zu wählen. Sie setzt alle Layerfarben in Schwarz um. Wenn Sie farbig plotten möchten, wählen Sie die Plotstiltabelle ACAD.CTB.
- ZEICHNUNGSAUSRICHTUNG – Wählen Sie hier zwischen HOCHFORMAT und QUERFORMAT.
- VORSCHAU – Die Vorschau ist eigentlich erst später im PLOT-Befehl interessant. Mit ihr lassen sich die Linienstärken beurteilen. In der Voransicht klicken Sie mit der rechten Maustaste und wählen im Kontextmenü BEENDEN, um ins Plot-Dialogfenster zurückzukehren, oder Sie wählen später PLOT, um den Plot abzuschicken.

> **Tipp**
>
> **Gefüllte Objekte**
>
> Wenn gefüllte Objekte zu plotten sind, müssen Sie bei Stiftplottern darauf achten, dass die Flächen nicht mit Tinte geflutet werden, sondern gegebenenfalls geeignet schraffiert werden. Sie können das in der PLOTSTILTABELLE bei der betreffenden Farbe unter FÜLLUNGSSTIL einstellen.

Nach Beenden und Schließen des SEITENEINRICHTUNGSMANAGERS erscheint auf dem Bildschirm eine Darstellung des Papierblatts in der gewählten Größe mit einem automatisch generierten Ansichtsfenster. Gestrichelt wird der plotbare Bereich angedeutet.

8.4.3 Zeichnungsrahmen, Schriftfeld

Falls für die Ausgabe nötig, muss der Zeichnungsrahmen mit dem Schriftfeld im Papierbereich des Layouts konstruiert werden. Sie brauchen hier auch mehrere Layer, weil Sie Linienstärken von 0,7 mm für den Rahmen brauchen, 0,35 für die Feldeinteilung und 0,18 für dünne Linien im Schriftfeld. Mit der DIN-gemäßen Konstruktion des Zeichnungsrahmens wollen wir uns hier nicht beschäftigen. Für die folgenden Übungen soll ein einfacher Rahmen erstellt werden. Da wegen des Papiertransports im Plotter nicht das gesamte Blatt für den Plot zur Verfügung steht, wählen Sie im Beispiel unten für ein A3-Format einen etwas kleineren Rahmen. Sie zeichnen einfach einen angedeuteten Rahmen nach Abbildung 8.10.

Abb. 8.10: Zeichnungsrahmen

Zuerst schalten Sie den Layer RAHMEN aktuell (siehe Abbildung 8.11).

Abb. 8.11: Layer für Rahmen aktuell schalten

8.4 Plotten mit Layout

```
Befehl: ▭_rectang
RECHTECK Ersten Eckpunkt angeben oder [...]: 0,0
RECHTECK Anderen Eckpunkt angeben oder [Abmessungen]: 400,277
Befehl: ⬚_explode
URSPRUNG Objekte wählen: Rechteck anklicken 1 gefunden
URSPRUNG Objekte wählen: [Enter]
```

Der Rahmen, eine zusammenhängende Polylinie, wird mit ihrem Ursprung in seine Bestandteile zerlegt, damit dann die einzelnen Linien für VERSETZ verwendet werden können.

```
Befehl: ⌐
VERSETZ Abstand angeben oder [...] <20.0>: 17
VERSETZ Zu versetzendes Objekt ...[...] <...>: Linie unten anklicken
VERSETZ Punkt auf Seite ...[...] <...>: Oberhalb anklicken
VERSETZ Zu versetzendes Objekt ...[...] <Beenden>: [Enter]
Befehl: [Enter]    Befehlswiederholung
VERSETZ
VERSETZ Abstand angeben oder [...] <17.0>: 21
VERSETZ Zu versetzendes Objekt ...[...] <...>: letzte Linie anklicken
VERSETZ Punkt auf Seite ...[...] <...>: Oberhalb anklicken
VERSETZ Zu versetzendes Objekt ...[...] <Beenden>: [Enter]
Befehl: [Enter]    Befehlswiederholung
VERSETZ
VERSETZ Abstand angeben oder [...] <21.0000>: 17
VERSETZ Zu versetzendes Objekt ...[...] <...>: letzte Linie anklicken
VERSETZ Punkt auf Seite ...[...] <...>: Oberhalb anklicken
VERSETZ Zu versetzendes Objekt ...[...] <Beenden>: [Enter]
Befehl: [Enter]    Befehlswiederholung
VERSETZ
VERSETZ Abstand angeben oder [...] <17.0000>: 88.4
VERSETZ Zu versetzendes Objekt ...[...] <...>: rechte Linie anklicken
VERSETZ Punkt auf Seite ...[...] <...>: links anklicken
VERSETZ Zu versetzendes Objekt ...[...] <Beenden>: [Enter]
Befehl: [Enter]    Befehlswiederholung
VERSETZ
VERSETZ Abstand angeben oder [...] <88.4000>: 98.8
VERSETZ Zu versetzendes Objekt ...[...] <...>: letzte Linie anklicken
VERSETZ Punkt auf Seite ...[...] <...>: links anklicken
Zu versetzendes Objekt ...[...] <Beenden>: [Enter]
Befehl: ⊢ _trim
Aktuelle Einstellungen: Projektion=BKS Kante=Keine
STUTZEN Schnittkanten wählen ...
STUTZEN Objekte wählen oder <Alle wählen>: [Enter]    bedeutet, alle Objekte werden Schnittkanten.
```

> STUTZEN Zu stutzendes Objekt wählen ...[...]: **anklicken, was weggeschnitten werden soll, sodass die Linien aus dem Bild übrig bleiben**
> STUTZEN Zu stutzendes Objekt wählen ...[...]: Enter

8.4.4 Rahmen einfügen

Ein passender Rahmen ist auf der Buch-DVD auch als Block gespeichert (A4-Rahmen.DWG oder A3-Rahmen.DWG). Zum Einfügen dieses Blocks sollte Layer 0 aktiviert sein. Dieser Rahmen ist ein Block mit sogenannten Attributen, also editierbaren Textfeldern für Zeichnungsname etc. Holen Sie sich nun den Block mit EINFÜGEN|BLOCK|EINFÜGEN. Klicken Sie auf DURCHSUCHEN und wählen Sie ihn in der Dateiwahl-Liste von der DVD als A4-RAHMEN.DWG oder A3-RAHMEN.DWG passend aus. Mit ÖFFNEN geht es aus der Auswahl zurück in das EINFÜGEN-Dialogfeld. Dort wählen Sie als EINFÜGEPUNKT **3,3**, d.h. einige Millimeter innerhalb des druckbaren Bereichs.

Abb. 8.12: Rahmen als Block ins Layout einfügen

Nachdem Sie das Dialogfenster mit OK verlassen haben, ist der Rahmen eingefügt.

Attribut-Eingabe fürs Schriftfeld

Beim Rahmen von der DVD erscheint nun eine Anfrage nach den Attribut-Daten für das Schriftfeld. Die Eingabe der Attribut-Daten geschieht über ein Dialogfenster. Wenn Sie den Attribut-Dialog einfach beenden, können Sie auch später noch nach einem *Doppelklick* auf den Rahmen den ERWEITERTEN ATTRIBUT-EDITOR aufrufen und die Werte neu eingeben oder korrigieren.

> **Vorsicht**
>
> **Falsche Skalierung**
>
> Beim Einfügen von Rahmen ins Layout werden von AutoCAD leider auch die eingestellten Zeicheneinheiten (siehe ANWENDUNGSMENÜ|ZEICHNUNGSPROGRAMME|EINHEITEN oder Befehl EINHEIT) berücksichtigt. Wenn Sie in Zentimetern arbeiten, kann das dazu führen, dass der Zeichnungsrahmen zehnmal kleiner wird. Abhilfe schaffen Sie entweder durch den Befehl VARIA, indem Sie den Rahmen nachträglich skalieren, oder Sie müssen den Rahmen-Block zu einem Beschriftungsobjekt erklären und ihn neu einfügen. Öffnen Sie dazu die Zeichnung des Rahmens (A3-RAHMEN.DWG), tippen Sie die Systemvariable ANNOTATIVEDWG ein und geben Sie den neuen Wert **1** ein. Speichern Sie die Rahmen-Zeichnung wieder ganz normal und fügen Sie diesen Rahmen wie oben beschrieben erneut ein.

8.4.5 Ansichtsfenster

Als Nächstes sollen Ansichtsfenster erstellt werden. Zuvor aber noch eine kleine Vorarbeit. Richten Sie mit START|LAYER|LAYEREIGENSCHAFTEN einen eigenen Layer AFENSTER für die Ansichtsfenster ein. Diesen Layer markieren Sie in der Spalte PLOT sofort als *nicht plotbar*, weil Sie die Ansichtsfensterrahmen im Plot üblicherweise nicht sehen wollen, sondern nur den Inhalt. Schalten Sie diesen Layer nun **Aktuell**.

Abb. 8.13: Nicht-plotbarer Layer für die Ansichtsfenster

Mit LAYOUT|ANSICHTSFENSTER|RECHTECKIG können Sie ein Ansichtsfenster über zwei diagonale Bildschirmpositionen erzeugen. In diesem Ansichtsfenster wird der Inhalt des Modellbereichs wie bei ZOOM, Option GRENZEN vollständig angezeigt.

Abb. 8.14: Ansichtsfenster über zwei diagonale Positionen

Alternativ können Sie auch mit POLYGONAL ein vieleckiges Ansichtsfenster erstellen. Wenn Sie ein Ansichtsfenster mit beliebigem Umriss brauchen, können Sie einen geschlossenen Umriss mit KREIS, ELLIPSE oder PLINIE erstellen und dann mit OBJEKT dieses Objekt in ein Ansichtsfenster umwandeln.

8.4.6 Ausschnitt und Ausschnittsprojektion erzeugen

Um ein Ausschnittsfenster wie in Abbildung 8.15 zu erstellen, gehen Sie folgendermaßen vor:

- Zeichnen Sie im PAPIERBEREICH einen KREIS als Umriss für das Ansichtsfenster rechts. Er sollte auf einem plotbaren Layer liegen.
- Verwandeln Sie diesen Kreis mit LAYOUT|ANSICHTSFENSTER|OBJEKT in ein Ansichtsfenster.

8.4 Plotten mit Layout

- Gehen Sie mit Doppelklick in dieses Ansichtsfenster hinein, zoomen Sie auf das interessierende Detail und wählen Sie in der Statusleiste einen passenden Maßstab.
- Gehen Sie mit Doppelklick neben das Ansichtsfenster wieder zurück in den PAPIERBEREICH des Layouts.
- Zeichnen Sie nun einen neuen Kreis über das Ansichtsfenster mit gleichem Radius.
- Rufen Sie den Befehl START|ÄNDERN▾|BERWECHS 🔲 auf.
- Geben Sie als Objektwahl L für LETZTES ein. Und beenden Sie die Objektwahl mit [Enter].
- Auf die Frage des Befehls nach dem *Ziel-Ansichtsfenster* prüfen Sie, ob das *runde Ansichtsfenster* markiert ist. Wenn nicht, dann klicken Sie hinein, um es zu aktivieren.
- Nun beenden Sie den Befehl mit [Enter].
- Im linken Ansichtsfenster erscheint sofort die Projektion des runden Ausschnitts.
- Mit dem Befehl LINIE und Objektfang LOT (zweimal) können Sie noch die Verbindungslinie zeichnen.

Abb. 8.15: Ausschnitts-Ansichtsfenster mit Projektion

8.4.7 Maßstab einstellen

Den Maßstab für ein Ansichtsfenster stellen Sie nun ganz einfach ein. Klicken Sie im Layout die Ansichtsfenster an und wählen Sie unten in der Statusleiste den Maßstab aus. Wenn Sie jetzt noch einen Maßstab definieren müssen, klicken Sie in der Maßstabsliste auf BENUTZERDEFINIERT und definieren einen neuen Maßstab. Dies entspricht dem Befehl MSTABLISTEBEARB. Übrigens ist es im Laufe der Zeit in der Statusleiste durch diese Maßstabsverwaltung und weitere Funktionen recht eng geworden. Deshalb ist es zu empfehlen, eine zusätzliche Zeichnungsstatusleiste über das ANWENDUNGSSTATUSLEISTEN-MENÜ zu aktivieren (siehe Abbildung 8.1).

Die Aktion setzt natürlich voraus, dass Sie den gewünschten Maßstab in der Maßstabsliste definiert haben, wie zu Anfang des Kapitels beschrieben. Wer in Millimetern konstruiert, braucht normalerweise keine eigenen Maßstäbe zu definieren, weil sie bereits in der Maßstabsliste enthalten sind.

> **Tipp**
>
> **Maßstäbe sperren**
>
> Wenn Sie sich nun mühsam einen Maßstab für ein Ansichtsfenster eingestellt haben, dann kann es natürlich ganz leicht passieren, dass Sie dort kurz mal mit dem Mausrad etwas zoomen und diese Einstellung dadurch wieder zunichtemachen. Deshalb sollten Sie die Sperrfunktion neben dem Maßstab verwenden, um solche unbeabsichtigten Maßstabsänderungen zu verhindern. Beachten Sie aber, dass damit auch eine PAN-Aktion im Ansichtsfenster nicht mehr geht.

8.4.8 Weitere Ansichtsfenster-Befehle

Die Möglichkeiten, die in der Gruppe ANSICHTSFENSTER geboten werden, sollen hier kurz zusammengefasst werden.

Zeichnen und Beschriftung	Icon	Befehl	Funktion
LAYOUT|LAYOUT-ANSICHTS-FENSTER|RECHTECKIG ▾		-Afenster	Einzelnes neues Ansichtsfenster
LAYOUT|LAYOUT-ANSICHTS-FENSTER|POLYGONAL ▾		-AFENSTER, POLYGONAL	Polygonales Ansichtsfenster erstellen
LAYOUT|LAYOUT-ANSICHTS-FENSTER| OBJEKT ▾		-AFENSTER, OBJEKT	Ansichtsfenster aus geschlossenem Objekt erstellen
LAYOUT|LAYOUT-ANSICHTS-FENSTER|BENANNT		AFENSTER	Benannte Ansichtsfenster-Anordnungen verwalten und neue Ansichtsfenster

Zeichnen und Beschriftung	Icon	Befehl	Funktion
LAYOUT|LAYOUT-ANSICHTS-FENSTER|ZUSCHNEIDEN		AFZUSCHNEIDEN	Ansichtsfenster zuschneiden

- Mit LAYOUT|LAYOUT-ANSICHTSFENSTER|RECHTECKIG können Sie ein neues Ansichtsfenster erzeugen. Sie geben mit dem Fadenkreuz den Bereich an, den es ausfüllen soll. Die Option ZBEREICH verwendet hier automatisch den plotbaren Bereich oder *Zeichenbereich*, der gestrichelt hervorgehoben wird.

- Mit LAYOUT|LAYOUT-ANSICHTSFENSTER|POLYGONALES ANSICHTSFENSTER können Sie ein neues Ansichtsfenster mit polygonaler Form erzeugen. Sie geben mit dem Fadenkreuz mehrere Punkte an und beenden dann mit `Enter` oder der Option SCHLIEßEN.

- Mit LAYOUT|LAYOUT-ANSICHTSFENSTER|OBJEKT können Sie ein geschlossenes Objekt, wie einen Kreis oder eine Polylinie, in ein neues Ansichtsfenster umwandeln. Sie zeichnen beispielsweise eine Polylinie im Layout-Bereich und wandeln sie dann mit dieser Funktion in ein Ansichtsfenster um.

- Mit LAYOUT|LAYOUT-ANSICHTSFENSTER|NEUE ANSICHTSFENSTER können Sie eine Konfiguration mit *mehreren* Ansichtsfenstern erstellen und dann mit dem Fadenkreuz den Bereich angeben, den diese Anordnung ausfüllen soll. Im Vorschaufenster erhalten Sie eine Voransicht der Aufteilung des rechteckigen Bereichs. Wenn Sie im 3D-Modus arbeiten, können Sie hier auch schon die Ansichtsrichtungen wählen.

- Mit LAYOUT|LAYOUT-ANSICHTSFENSTER|ZUSCHNEIDEN können Sie ein existierendes Ansichtsfenster mit einem geschlossenen Objekt wie einem Kreis oder einer Polylinie beschneiden. Sie können auch, wenn noch kein Objekt zum Beschneiden existiert, im Befehl selbst ein Polygon dazu erzeugen.

- Mit LAYOUT|LAYOUT-ANSICHTSFENSTER|SPERREN können Sie ein Ansichtsfenster gegen Maßstabsänderungen sperren. Wenn Sie versuchen, in diesem aktivierten Ansichtsfenster zu zoomen, wird der Papierbereich proportional mitgezoomt, sodass die relative Größe und damit der Maßstab bleibt.

Weitere nützliche Funktionen zum Bearbeiten von Ansichtsfenstern erhalten Sie durch Anklicken des Ansichtsfenster-Rahmens und Aufruf des Kontextmenüs mit der rechten Maustaste.

8.4.9 Ansichtsfenster ausrichten

Zum Ausrichten fluchtender Ansichtsfenster können Sie wie folgt vorgehen:

- Wählen Sie die Ansicht oben links als Basis für die Ausrichtung aus, bleiben Sie aber im Papierbereich.

Kapitel 8
Modellbereich, Layout, Maßstab und Plot

- Zeichnen Sie durch einen charakteristischen Punkt dort mit dem Befehl KLINIE ✎ je eine waagerechte und eine senkrechte Konstruktionslinie. Sie können mit allen Objektfängen aus dem Papierbereich in den Modellbereich hindurchgreifen, also Punkte im Modellbereich fangen. Diese Konstruktionslinie sollte auf dem Layer **Hilfslinien** liegen, der als nicht plotbar geschaltet sein sollte.
- Nun verschieben Sie das nächste Ansichtsfenster derart, dass der charakteristische Punkt dort auf die Konstruktionslinie fällt.
- Rufen Sie SCHIEBEN ✥ auf.
- Wählen Sie das zu verschiebende Ansichtsfenster und beenden Sie die Objektwahl.
- Wählen Sie mit entsprechendem Objektfang z. B. Endpunkt ✎ den charakteristischen Punkt in diesem Fenster als Basispunkt.
- Wählen Sie nun den Objektfang LOT ⊥ und klicken Sie die Konstruktionslinie an.
- Es wird jetzt das gesamte Ansichtsfenster verschoben. Und der charakteristische Punkt liegt dann auf der Konstruktionslinie.
- Wenn am Schluss der Rahmen des Ansichtsfensters wie im Beispiel über den Papierrand herausragt, ist das im Prinzip kein Problem, aber Sie können den Rahmen dann einfach anklicken, damit die blauen Griffe erscheinen, dann in einen Griff hineinklicken und damit diese Fensterecke verschieben.

Abb. 8.16: Ansichtsfenster mit Hilfslinie fluchtend ausrichten

Abb. 8.17: Fertig ausgerichtete Ansichtsfenster

> **Tipp**
>
> Es geht übrigens auch ganz ohne die Hilfslinie. Rufen Sie SCHIEBEN ✣ auf, markieren Sie das zu verschiebende Ansichtsfenster, wählen Sie als Basispunkt dort einen Punkt, der im ersten Ansichtsfenster auf eine Linie fallen müsste. Mit dem Objektfang LOT ⊥ geben Sie dann für den ZWEITEN PUNKT DER VERSCHIEBUNG im ersten Ansichtsfenster die Kante an. Fertig! Die Objektfänge greifen glücklicherweise aus dem Papierbereich in den Modellbereich durch.

8.4.10 Ansichtsfenster-spezifische Layersteuerung

Bei der Verwendung mehrerer Ansichtsfenster kann es vorkommen, dass bestimmte Objekte nicht in allen Ansichtsfenstern sichtbar sein sollen. Abbildung 8.18 zeigt, dass die Konstruktion eine Bemaßung enthält, die nur in der Draufsicht sinnvoll ist, in den anderen Ansichten aber nur störende Linien zeigt. In solchen Fällen aktivieren Sie den Modellbereich und gehen in das Ansichtsfenster, in dem die Objekte unsichtbar werden sollen. Dann rufen Sie die kleine Layersteuerung in der Gruppe oder im Werkzeugkasten LAYER auf und klicken bei dem betreffenden Layer in der Spalte IN AKTIVEM ANSICHTSFENSTER FRIEREN an. Damit wird dieser Layer in dem aktiven Ansichtsfenster gefroren und somit unsichtbar.

Kapitel 8
Modellbereich, Layout, Maßstab und Plot

Abb. 8.18: Der Layer BEMAßUNG wird im aktuellen Ansichtsfenster gefroren.

Sie können auch die Layereigenschaften wie *Farbe*, *Linientyp* und *Linienstärke* für jedes Ansichtsfenster *individuell* einstellen. Zudem können Sie einen Layer so erstellen, dass er zunächst in *allen Ansichtsfenstern gefroren* ist und später gezielt in einzelnen Fenstern getaut werden kann.

8.4.11 PLOT-Befehl

Nachdem Sie nun im Layout die Zeichnungsausgabe vorbereitet haben, können Sie den PLOT-Befehl starten. Über die Seiteneinrichtung sind bereits alle Vorgaben für das Dialogfenster des PLOT-Befehls eingestellt.

Zeichnen und Beschriftung	Icon	Befehl	Kürzel
AUSGABE|PLOTTEN oder SCHNELLZUGRIFF-WERKZEUGKASTEN		PLOT	Strg+P, PP

Die wichtigsten Voreinstellungen sind hier:

- Wahl des Plotters – Neben normalen Plottern stehen hier auch noch Möglichkeiten zur Ausgabe in verschiedenen Dateiformaten zur Verfügung. Sie können es beispielsweise als Autodesk-DWF-Format ausgeben. Gern wird auch als PDF-Format ausgegeben, das mit dem Adobe Reader betrachtet werden kann. Weitere Formate stehen zur Verfügung, wenn Sie mit PLOT-MANAGER einen Rasterdateiexport erstellt haben.

8.4 Plotten mit Layout

- Wahl des Papierformats – Erst nach Auswahl des Plotters kann AutoCAD eine Liste der Formate anbieten, die dieser Plotter bedienen kann.
- Plotstiltabelle – Für normale technische Zeichnungen ist **monochrome.ctb** die richtige Wahl, um schwarz-weiß zu plotten. Für Ausgabe in Farbe wäre **acad.ctb** zu wählen. Es gibt noch weitere Plotstile, die beispielsweise mit reduzierter Intensität plotten. Das kann man zum Sparen von Plottertinte verwenden. Man erhält damit dann Pastelltöne.

Abb. 8.19: PLOT-Befehl

Das DWF-Format

Anstelle der Ausgabe auf einen Plotter können Sie auch eine Dateiausgabe als DWF-Format wählen. Um das DWF-(Design-Web-)Format zu betrachten, gibt es das kostenlose Programm AUTODESK DESIGN REVIEW 2013. Sie können damit DWF-Dateien nicht bearbeiten, aber ansehen, plotten und Anmerkungen hinzufügen. Die DWF-Datei mit den gespeicherten Anmerkungen kann an den Besitzer der Original-DWG zurückgegeben werden, der seinerseits dann die Anmerkungen in der DWG mit dem Befehl MARKUP anzeigen lassen kann, wieder weiter kommentieren und erneut als DWF ausgeben kann.

AUTODESK DESIGN REVIEW 2013 kann von www.autodesk.de heruntergeladen werden. Die DWF-Dateien können aus mehreren Zeichnungsblättern bestehen, sodass mehrere Zeichnungen evtl. auch mit mehreren Layouts und Modellbereichsansichten ausgegeben werden können. Die DWF-Datei kann auch mit einem Kennwort geschützt werden.

Das PDF-Format

Das PDF-Format wird mit dem kostenlosen Adobe Acrobat Reader angezeigt. Die PDF-Ausgabe aus AutoCAD enthält auch die Layerstruktur, die dann auch unter Adobe zur Steuerung der Sichtbarkeit verwendet wird.

8.4.12 Farbabhängige Plotstile

Bei der Wahl des Plotstils gibt es verschiedene Philosophien.

Der Normalfall ist der farbabhängige Plotstil. Da moderne Drucker-Plotter oft die Farben in Grauschattierungen umwandeln und nicht in schwarze Linien unterschiedlicher Linienstärke, verwendet man meist den Plotstil MONOCHROME.CTB. Dieser Plotstil wandelt alle Farben in Schwarz um und verwendet die vorgegebenen Linienstärken aus der Layertabelle. Dies ist oft der wichtigste Anwendungsfall für Plotstile. Der Plotstil acad.ctb gibt mit den in den Layern vereinbarten Farben aus. Wenn Sie Tinte sparen wollen, können Sie die Plotstile verwenden, die *Screeningxx%* heißen. Sie arbeiten mit entsprechend prozentual reduzierter Tintenausgabe.

Vorhandene Plotstile können Sie im PLOT-Befehl selbst aufrufen, dort auch ändern und sogar unter neuem Namen speichern. Sie können aber auch den PLOTSTIL-MANAGER 🖨 mit dem Befehl PLOTSTILMANAGER aufrufen. Sie erhalten eine Dateiübersicht über die vorhandenen Plotstile und können den zu ändernden mit einem Doppelklick aufrufen. Die farbabhängigen Plotstile haben die Endung .ctb, die benannten Plotstile enden auf .stb.

Benannte Plotstile werden nicht über den Layer den Objekten zugeordnet, sondern den Objekten direkt. Damit ist es möglich, objektspezifische Plot-Ausgaben zu erzielen, was aber unüblich ist. Die Verwendung von benannten Plotstilen muss aber vorher im OPTIONEN-Befehl aktiviert werden.

> **Tipp**
>
> Da in den älteren AutoCAD-Versionen (vor 2000) in der Layerverwaltung keine Linienstärken einzustellen waren, wurde im PLOT-Befehl die Linienstärke derart eingestellt, dass für eine bestimmte Farbe jeweils eine bestimmte Linienstärke bzw. ein bestimmter Stift gewählt wurde. Das bedingte beispielsweise, dass zwei Layer, die die gleiche Farbe hatten, auch mit der gleichen Strichstärke geplottet wurden. Andererseits musste man beim Bemaßungsobjekt, das ja ein zusammengesetztes Objekt, also ein Block, ist, dafür sorgen, dass Maß- und Hilfslinien einerseits und Maßtext andererseits unterschiedliche Farben hatten. Nach DIN bestimmt die Texthöhe des Maßtexts die Linienstärke, die Maß- und Hilfslinien sind aber immer mit dünner Strichstärke zu plotten.

Abb. 8.20: Einstellungen im Plotstil MONOCHROME.CTB

Abb. 8.21: Übersicht über die Plotstile

8.5 Übungsteil

Als Übungsteil erstellen Sie die in Abbildung 8.22 gezeigte Kugelschreibermine.

Abb. 8.22: Kugelschreibermine in zwei Ansichten (20:1 und 100:1)

Richten Sie dazu folgende Layer ein: KONTUR, MITTELLINIEN, SCHRAFFUR, BEMAẞUNG, KUGEL-KONTUR, KUGEL-SCHRAFFUR und KUGEL-BEMAẞUNG.

In einem Ansichtsfenster soll die Gesamtansicht gezeigt werden, in einem zweiten Ansichtsfenster nur ein Ausschnitt mit der Kugel. Die Gesamtansicht soll im Maßstab 20:1 zu sehen sein, die Kugel im Maßstab 100:1. Schraffur und Bemaßung der Kugel sollen nur in der Detailansicht zu sehen sein, und umgekehrt soll die Gesamtbemaßung nur in der Gesamtansicht angezeigt werden.

8.6 Publizieren

Für die Ausgabe mehrerer Zeichnungen, sei es aus einer einzigen Zeichnung mit mehreren Layouts oder aus mehreren einzelnen Zeichnungen, gibt es die Funktion PUBLIZIEREN. Sie erstellt über ein Dialogfenster Plots oder Ausgaben in

Dateien in verschiedenen Formaten. Im Dialogfeld wählen Sie einfach unter PUBLIZIEREN IN den Plotter oder das gewünschte Dateiformat aus. Über die Buttons mit den Plus- und Minuszeichen können Sie weitere Dateien hinzufügen oder aus der aktuellen Liste herausnehmen. Vorgabe sind hier alle Modell- und Layoutbereiche der geöffneten Zeichnungen. Mit diesem Werkzeug können Sie dann auch DWF- oder PDF-Dateien mit mehreren Seiten und mit Layer-Information ausgeben.

Zeichnen und Beschriftung	Icon	Befehl
AUSGABE|PLOTTEN|STAPELPLOTTEN		PUBLIZIEREN
ANWENDUNGSMENÜ|EXPORTIEREN|3D-DWF		3DDWF

Abb. 8.23: Auswahl der Dateien und Layouts für PUBLIZIEREN

Kapitel 8
Modellbereich, Layout, Maßstab und Plot

Abb. 8.24: Mehrseitige DWF-Datei AUTODESK in DESIGN REVIEW 2013

Mit der Funktion 3DDWF können Sie dreidimensional darstellbare DWF-Dateien erzeugen, die in AUTODESK DESIGN REVIEW 2013 geschwenkt und auch in verschiedenen Schnitten angezeigt werden können. Sie können Schnitte dynamisch durch die Konstruktion bewegen.

Abb. 8.25: Mit 3DDWF erzeugte Datei in AUTODESK DESIGN REVIEW 2013 mit dynamischem Schnitt

Das Format DWFx kann auch ohne AutoCAD-Programme mit dem Microsoft XPS-Viewer betrachtet werden, allerdings nicht, wenn es mit dem Befehl 3DDWF erzeugt wurde und 3D-Informationen enthält.

8.7 Im Web publizieren

Mit der Funktion IMWEBPUBLIZIEREN bietet Ihnen AutoCAD auch die Möglichkeit, eine Internetseite mit Ihren Konstruktionen zu erstellen.

Zeichnen und Beschriftung	Icon	Befehl	Kürzel
		IMWEBPUBLIZIEREN	PTW

Es läuft eine längere Dialogführung ab, die gut erklärt ist. Sie vergeben zuerst einen *Namen* und einen *Speicherort* und fügen vielleicht noch einen *Erläuterungstext* hinzu. Dann wählen Sie zwischen den Dateiformaten DWF, DWFx, JPEG und PNG. DWF ist nur zu empfehlen, wenn der Adressat auch über den AUTODESK DESIGN REVIEW 2013 verfügt. JPEG ist sehr verbreitet. Danach können Sie zwischen verschiedenen *grafischen Gestaltungen* der Webseite wählen. Im weiteren Verlauf wird Ihnen die I-DROP-AKTIVIERUNG angeboten. Sie ist für Teile zu empfehlen, die als Blöcke vom Adressaten aus dem Internet heraus in seine Zeichnung eingefügt werden sollen. Anwender können diese Teile direkt aus dem Internet in ihre Zeichnung herunterziehen. Als Nächstes wählen Sie die *Modell-* oder *Layoutbereiche* Ihrer aktuellen Zeichnung oder auch von anderen Zeichnungen, die auf der Internetseite erscheinen sollen. Dazu können Sie *Bildunterschriften* und *Kommentare* eingeben. Im vorletzten Schritt werden die Bilder generiert. Zuletzt wird noch eine VORSCHAU angeboten, ansonsten entstehen alle nötigen HTML-Dateien für Ihre Internet-Präsentation, zunächst im Verzeichnis \Benutzer*benutzername*\AppData\Roaming\Autodesk.

8.8 Verwaltung mehrerer Zeichnungen (nicht LT)

Wenn Sie für ein Projekt eine größere Anzahl Zeichnungen verwalten müssen, wird es sich lohnen, diese in hierarchischen Strukturen zu ordnen. Dafür gibt es den MANAGER FÜR PLANUNGSUNTERLAGEN. Nur Zeichnungen mit Layouts können in den Plansatz aufgenommen werden. Zeichnungen im Plansatz werden mit Doppelklick geöffnet oder angewählt. Geöffnete Zeichnungen werden mit einem Vorhängeschloss markiert, um zu zeigen, dass sie nicht ein zweites Mal zur Bearbeitung geöffnet werden können. Die wichtigsten Verwaltungsfunktionen finden sich im Register PLANLISTE.

Kapitel 8
Modellbereich, Layout, Maßstab und Plot

Zeichnen und Beschriftung	Icon	Befehl	Kürzel
ANSICHT|PALETTEN|MANAGER F. PLANUNGSUNTERL.		PLANSATZ	MPU

Im obersten Listenfeld des Plansatzmanagers wählen Sie NEUER PLANSATZ, um einen neuen Plansatz zu erstellen. Ein Plansatz besteht aus einer logischen Struktur und aus den dazugehörigen Plänen bzw. DWGs. Es gibt nun zwei Möglichkeiten, einen Plansatz zu erstellen:

- BEISPIEL-PLANSATZ – Diese Option liefert aus fachspezifischen Beispielen die logische Struktur für verschiedene Plansätze. Beispiele für metrische Einheiten sind für die Bereiche Architektur (Architectural ...), Hoch-/Tiefbau (Civil ...) und Maschinenbau (Manufacturing ...) vorhanden. Diese Beispiele liefern eine logische Struktur von fachspezifischen Themen in Form einer Hierarchie von *untergeordneten Sätzen*.
- VORHANDENE ZEICHNUNGEN – Bei dieser Option fügen Sie vorhandene Zeichnungen in einen zunächst unstrukturierten Plansatz ein. Sie geben zuerst einen Namen und eine Beschreibung für den Plansatz ein, dann wählen Sie die Zeichnungen und Layouts aus, die auf der nächsten Dialogseite unter DURCHSUCHEN angeboten werden. Zeichnungen ohne Layout können nicht gewählt werden.

Abb. 8.26: Plansatzmanager

Ist der Plansatz eingerichtet, dann sind noch die Plansatzeigenschaften einzustellen, weitere Pläne hinzuzufügen, weitere untergeordnete Sätze (logische Gliederungen) hinzuzufügen oder Zeichnungen zu verschieben und zu nummerieren.

Voransichten der Zeichnungen bzw. Layouts aus dem Plansatz erscheinen in AutoCAD 2013, wenn Sie mit dem Cursor über dem Namen etwas verweilen.

8.8.1 Plansatzeigenschaften

Mit Rechtsklick auf den Plansatznamen finden Sie im Kontextmenü die EIGENSCHAFTEN. Hier können Sie noch Namen oder Beschreibung ändern. Interessant ist hier die DATEI FÜR SEITENEINRICHTUNGS-ÜBERSCHREIBUNGEN. Sie können hier eine Datei angeben, die eine Seiteneinrichtung enthält, mit der Sie mehrere Zeichnungen unabhängig von deren individueller Seiteneinrichtung plotten wollen. Man verwendet das, um beispielsweise Übersichts- oder Probeplots auf ein kleineres Format für mehrere Zeichnungen des Plansatzes zu erzeugen. Die Datei muss die gewünschte Seiteneinrichtung im Layout mit einem eigenen Namen besitzen. Diese Seiteneinrichtung kann dann beim Plot-Aufruf gewählt werden. Für die Formate A4 und A3 werden im Plot-Icon oben im Plansatzmanager unabhängig von den Eigenschaften-Einstellungen schon fertige Seiteneinrichtungen zum Plotten angeboten. Dafür werden standardmäßig Vorlagen verwendet, die im Unterverzeichnis ...\template\sheetsets liegen und beim automatisierten Plotten DWFx-Dateien ausgeben.

8.8.2 Neuer untergeordneter Satz

Nach Rechtsklick auf den Plansatz oder einen untergeordneten Satz kann ein weiterer untergeordneter Satz angelegt werden. Damit erzeugen Sie sich eine Hierarchie von Begriffen, in die Sie dann die Zeichnungen logisch sinnvoll einordnen können.

8.8.3 Neuer Plan

Nach Rechtsklick auf den Plansatz oder einen untergeordneten Satz können Sie mit NEUER PLAN eine neue leere Zeichnung erstellen. Als Vorlage wird die in den PLANSATZEIGENSCHAFTEN (nach Rechtsklick auf den Plansatz) vereinbarte PLANERSTELLUNGSVORLAGE benutzt. Dort wurde auch festgelegt, ob eine AUFFORDERUNG FÜR VORLAGE erscheinen soll oder nicht. Gespeichert wird in dem dort ebenfalls festgelegten PLANSPEICHERORT. Der Dateiname setzt sich aus der angegebenen Plannummer und dem Plantitel zusammen.

Eine existierende Zeichnung holen Sie mit LAYOUT ALS PLAN IMPORTIEREN in den Plansatz herein. AutoCAD prüft, ob der Plan ein Layout besitzt und ob er nicht etwa in einen anderen Plansatz schon integriert ist. Dann steht er nämlich nicht zum Import zur Verfügung.

8.8.4 Pläne verschieben und nummerieren

Innerhalb des Plansatzes können Sie Pläne oder komplette untergeordnete Sätze mitsamt Plänen beliebig mit gedrückter Maustaste verschieben. Nach Rechtsklick auf einen Plan können Sie UMBENENNEN & NEU NUMMERIEREN wählen. Die Plannummer können Sie beliebig vorgeben. Mit WEITER wird der nächste Plan im aktuellen untergeordneten Satz angeboten.

8.8.5 Titelliste erstellen

Bevor Sie eine Liste der Plantitel erstellen, sollten Sie einen neuen Plan erstellen, der dann die Titelliste enthalten soll. Diesen Plan öffnen Sie mit einem Doppelklick im Plansatzmanager. Dann wählen Sie im Kontextmenü des Plansatzes die Funktion PLAN-INHALTSVERZEICHNIS EINFÜGEN. Die Titelliste wird als Tabelle mit entsprechenden Schriftfeldern erzeugt. Außerdem werden Hyperlinks zu den einzelnen Layouts hinzugefügt, sodass Sie über die Titelliste zu den Zeichnungen springen können. Grundeintragungen sind Plannummer und Plantitel. Sie können weitere Schriftfelder über HINZUFÜGEN noch dazunehmen. Mit Strg+Klick können Sie einem Hyperlink folgen, d.h. die Zeichnung öffnen.

Abb. 8.27: Titelliste mit Plansatzmanager erstellen

8.9 Was noch zu bemerken wäre

Das PDF-Format ist ein sehr beliebtes Austausch-Format, aber eben kein Ersatz für eine vollgültige DWG mit den Möglichkeiten für Objektfang und exakte Konstruktion. Die Umwandlung einer PDF-Datei in eine DWG kann nie ganz exakt sein, etwas Nachbearbeitung wird immer nötig sein. Es gibt eine kostenpflichtige App namens *pdf2AutoCAD*. Unter http://www.convertpdftoautocad.com wird ein kostenloser Service zur Konvertierung zur Verfügung gestellt. Er wird von der Firma http://www.cometdocs.com unterhalten, die einen Online-Dokumentenmanagement-Service anbietet.

8.9
Was noch zu bemerken wäre

Das DWF-Format kann zwar nicht bearbeitet werden, aber es können im gratis verfügbaren Programm Autodesk Design Review 2013 diverse Anmerkungen hinzugefügt werden, die später in AutoCAD wieder importiert werden können.

Abb. 8.28: Markierungen erstellen und nach AutoCAD importieren

8.10 Übungsfragen

1. Sind Plots ohne Papierbereich möglich?
2. Was ist eine Seiteneinrichtung?
3. Wozu legt man Layouts an?
4. Wie viele Layouts gibt es?
5. Kann man Layouts löschen?
6. Kann man in einem Layout mehr als vier Ansichtsfenster erzeugen?
7. Kann man in einem Layout Änderungen an den Zeichnungsobjekten des Modellbereichs vornehmen?
8. Wann benötigt man den Plotstil MONOCHROME.CTB?
9. Sie haben einen Farbplotter als Systemplotter eingestellt. Sie wollen Ihre Zeichnung mit Linienstärken aus der Layertabelle und mit den dortigen Farben ausgeben. Welchen Plotstil müssen Sie aufrufen?
10. Was bedeuten Ansichtsfenster-spezifische Layer?
11. Wohin gehört der Zeichnungsrahmen in einem Layout?
12. Wie wird der plotbare Bereich im Layout gekennzeichnet?
13. Kann man aus dem Papierbereich heraus Punkte des Modellbereichs mit dem Objektfang erreichen?

Kapitel 9

Texte, Schriftfelder, Tabellen und Schraffuren

Texte, Schriftfelder und Schraffuren haben alle eines gemeinsam: Sie sollen später im Plot unabhängig vom jeweiligen Maßstab des Ansichtsfensters mit gleicher Größe erscheinen. Tabellen sollten sinnvollerweise sowieso im Papierbereich des Layouts erstellt werden und unterliegen deshalb keiner weiteren Maßstabsskalierung.

9.1 Skalierung von Beschriftungen

Texte, Schriftfelder und Schraffuren werden aber normalerweise im Modellbereich erstellt. Deshalb muss für die Anzeige unter verschiedenen Maßstäben später im Plot schon beim Erstellen dieser Objekte die Maßstabsskalierung berücksichtigt werden. Für einen normalen Text, den Sie im Modellbereich schreiben, möchten Sie natürlich als Texthöhe diejenige angeben, die später im Plot auf dem Papier erscheinen soll. Aber im Modellbereich muss der Text mit dem Faktor vergrößert geschrieben werden, um den er durch den Maßstab später im Ansichtsfenster verkleinert wird. Und das automatisiert AutoCAD mit der sogenannten BESCHRIFTUNGSSKALIERUNG.

Ein Text für ein Ansichtsfenster mit Maßstab 1:5 müsste im Modellbereich mit der fünffachen Texthöhe geschrieben werden. Damit Sie beim Schreiben im Modellbereich nicht ständig rechnen müssen, gibt es die automatische BESCHRIFTUNGSSKALIERUNG. Wenn Ihr Textstil diese *automatische* BESCHRIFTUNGSSKALIERUNG nutzt, wählen Sie vor dem Schreiben in der Statuszeile zum Beispiel den Maßstab 1:5 aus und geben dann im Textbefehl nur noch die *Texthöhe für den Papierbereich* wie etwa 3.5 an. Das Programm wird dann für Sie die nötige Texthöhe für den Modellbereich automatisch ausrechnen, nämlich 3.5 x 5 = 17.5. Wenn ein Text in verschiedenen Ansichtsfenstern später unter mehreren Maßstäben zu sehen sein soll, kann man dem Text *mehrere Beschriftungsmaßstäbe* zuordnen. In jedem Ansichtsfenster wird dann die jeweils passende Maßstabsskalierung verwendet. Das Zuordnen von mehreren Maßstäben zu einem Text-, Schriftfeld- oder Schraffur-Objekt kann über den EIGENSCHAFTEN-MANAGER geschehen oder mit speziellen Werkzeugen.

Die BESCHRIFTUNGS-EIGENSCHAFT ⌂ gibt es seit Version 2008. Sie sorgt dafür, dass Texte, Schriftfelder, Schraffuren und auch Bemaßungen je nach dem gewünschten Maßstab automatisch so skaliert werden, dass immer die korrekten *gleichen* Papiertexthöhen bzw. Schraffurabstände in *allen* Ansichtsfenstern erscheinen. Die BESCHRIFTUNGS-EIGENSCHAFT ⌂ wird beim betreffenden *Textstil*, *Schraffurmuster* oder später auch beim *Bemaßungsstil* und *Multi-Führungslinienstil* aktiviert. Mit korrekt gewähltem Beschriftungs-Maßstab erhalten Sie die korrekte Darstellung der Beschriftungs-Objekte auf dem Papier. Wenn Sie nicht Millimeter als Zeicheneinheiten verwenden, ist zu beachten, dass Sie die Maßstabsliste um die benötigten Maßstäbe ergänzen, wie im vorangegangenen Kapitel erläutert.

9.2 Beispiel für Beschriftungsskalierung

Die Beschriftungsskalierung sorgt dafür, dass Ihre Texte später im Layout mit gleicher Texthöhe erscheinen, auch wenn verschiedene Maßstäbe gewählt werden. Um diese Funktionalität durchzuspielen, zeige ich ein kleines Beispiel, das dann etwas beschriftet wird und unter verschiedenen Maßstäben gezeigt werden soll. Eine einfache Skizze zeigt Abbildung 9.1.

Abb. 9.1: Übungszeichnung für Beschriftungsmaßstäbe

> **Tipp**
>
> **Symbol für die Beschriftungseigenschaft**
>
> Oft wird das Symbol für die Beschriftungseigenschaft ⚠ mit einer Schneeflocke verwechselt. Es ist dagegen vom Querschnitt eines Zeichenlineals abgeleitet, wie Abbildung 9.2 andeuten soll.

Abb. 9.2: Dieses Zeichenlineal ist die Vorlage des Beschriftungs-Logos.

Diese Zeichnung wollen wir später im Layout im Maßstab 1:10 darstellen. Stellen Sie deshalb den Maßstab 1:10 ein.

Die Bemaßung lassen wir zunächst weg, weil sie erst später vorgestellt wird. Wir wollen aber einen kleinen Text dazu schreiben: **Mein neues Auto**. Bevor Sie nun schreiben, sollten Sie den vorhandenen Textstil BESCHRIFTUNG wählen.

Kapitel 9
Texte, Schriftfelder, Tabellen und Schraffuren

Dass er die Beschriftungseigenschaft hat, erkennen Sie an dem Symbol ▲. An diesem Symbol erkennen Sie immer die Beschriftungsobjekte, die also ihre Größe im Modellbereich stets so anpassen können, dass sie im Layout später durchs Ansichtsfenster gesehen immer die gleiche Größe haben, auch bei verschiedenen Maßstäben.

Abb. 9.3: Beschriftungsmaßstab vor dem Schreiben wählen

Nun schreiben Sie den Text mit dem DTEXT-Befehl, PAPIERHÖHE **10** und DREHWINKEL **0**. Beenden Sie den Befehl mit zweimal [Enter] nach der Texteingabe.

Weil der Textstil die Beschriftungseigenschaft besitzt, wurden Sie nach der PAPIERHÖHE gefragt, also nach der Höhe, die der Text nachher im Layout relativ zum Papier besitzt.

9.2 Beispiel für Beschriftungsskalierung

Abb. 9.4: Texthöhen

Wenn Sie in der Statusleiste SEIG ☐ aktivieren und den fertigen Text kurz anklicken, erscheinen die SCHNELLEIGENSCHAFTEN. Sie werden sehen, dass hier die beiden Texthöhen zu finden sind: einerseits die PAPIERTEXTHÖHE **10**, die Sie vorgegeben haben, andererseits die MODELLTEXTHÖHE **100**, die zehnmal größer ist, weil ja im Maßstab 1:10 der Text im Layout später zehnfach verkleinert wird.

Nun gehen Sie in das Layout über das Registerfähnchen LAYOUT1 oder mit dem Statusleisten-Werkzeug, doppelklicken Sie in das Ansichtsfenster hinein, zoomen Sie auf die Grenzen mit Doppelklick aufs Mausrad und stellen Sie dann den Ansichtsfenster-Maßstab in der Statusleiste ebenfalls auf 1:10 ein.

Abb. 9.5: Ansichtsfenster mit Maßstab 1:10

Was passiert nun, wenn Sie den Maßstab auf 1:20 wechseln? Das Auto wird halb so groß dargestellt, aber der Text verschwindet! Weil der Text mit dem Maßstab 1:10 erzeugt wurde, besitzt er nur diese eine Maßstabseinstellung und wird normalerweise im Layout nicht unter anderen Maßstäben angezeigt. Was tun?

Damit Sie erst mal den Text überhaupt sehen können, gibt es in der Statusleiste das Werkzeug ANNOALLVISIBLE ⚙. Dieses Werkzeug steuert die Anzeige von Beschriftungsobjekten. Ist die Glühbirne eingeschaltet, werden auch *solche* Beschriftungsobjekte angezeigt, die *nicht* zum aktuellen Ansichtsfenster-Maßstab passen. Wenn die Glühbirne ausgeschaltet ist, sind nur die Beschriftungsobjekte zu sehen, deren Maßstab mit dem Ansichtsfenster-Maßstab übereinstimmt. Schalten Sie nun also mit einem Klick die Glühbirne ⚙ ein. Sie werden Ihren Text zwar sehen, aber nicht mit der gewünschten Texthöhe von 10 mm im Papierbereich. Er ist nur noch halb so hoch.

Nun gibt es verschiedene Möglichkeiten, dem Text wieder die richtige Papierbereichshöhe zu geben. Die Werkzeuge dafür finden Sie unter BESCHRIFTEN| BESCHRIFTUNGS-SKALIERUNG. Mit AKTUELLEN MASSTAB HINZUFÜGEN ⚙ klicken Sie den Text an und sehen ihn nach ⎡Enter⎤ wieder mit der richtigen Höhe. Das Objekt hat den Maßstab 1:20 dazubekommen und ist nun korrekt skaliert. Wenn Sie nun zwischen 1:10 und 1:20 wechseln, bleibt der Text immer mit seiner festen Höhe stehen.

Abb. 9.6: Beschriftungsobjekt mit zwei Maßstäben

Mit dem Werkzeug ⚙ können Sie sich alle Maßstäbe eines Beschriftungsobjekts anzeigen lassen. Hier können Sie auch weitere Maßstäbe hinzufügen oder überflüssige Maßstäbe löschen. Sie sehen bei dem markierten Text auch eigentlich zwei Schriften mit unterschiedlicher Höhe. Der Text ist nämlich mit der Modellhöhe 100 für den Maßstab 1:10 vorhanden (ergibt unter 1:10 die Papierhöhe 10) und mit der Modellhöhe 200 für den Maßstab 1:20 (ergibt unter 1:20 ebenfalls die Papierhöhe 10).

9.2 Beispiel für Beschriftungsskalierung

Das Werkzeug ![icon] kann benutzt werden, um den aktuellen Maßstab von einem Beschriftungsobjekt zu entfernen. Tun Sie das einmal beim Auto. Nun erscheint wieder der kleinere Text, der eigentlich nicht zu dieser Ansicht passt. Gehen Sie mit dem Maßstab wieder auf 1:10 zurück.

Nun werden Sie die eleganteste Methode kennenlernen, Beschriftungsobjekte dem Ansichtsfenster-Maßstab anzupassen. Schalten Sie jetzt das Werkzeug ![icon] zum automatischen Skalieren ein. Dann wechseln Sie den Ansichtsfenster-Maßstab wieder auf 1:20, und Sie werden sehen, dass die Schrift automatisch wieder den neuen Maßstab zugeordnet bekommt. Das ist die eleganteste Methode zur Skalierung von Beschriftungsobjekten.

Machen Sie sich die Beschreibung dieses Werkzeugs noch einmal klar. Bei einem Maßstabswechsel erhalten die aktuell sichtbaren Beschriftungsobjekte automatisch den aktuellen Maßstab dazu. Sie brauchen also nur den Maßstab zu wählen, unter dem Sie den Text geschrieben haben. Dann schalten Sie das Werkzeug ![icon] zum automatischen Skalieren ein und nun wechseln Sie zum gewünschten Maßstab. Schon haben die Objekte den neuen Maßstab bekommen und zeigen sich in der korrekten Größe. Bedenken Sie auch, dass bei jedem weiteren Maßstabswechsel die Objekte wieder einen neuen Maßstab dazubekommen und umskaliert werden. Sie sollten also das Werkzeug mit dem Blitz nicht unnötig aktivieren, um nicht unnütz viele Objekt-Kopien zu erstellen.

Abb. 9.7: Automatische Beschriftungsskalierung bei Maßstabswechsel

Sie können die Beschriftungsobjekte auch unter verschiedenen Maßstäben auf verschiedene Positionen schieben. Wenn Sie ein Beschriftungsobjekt zum Bearbeiten markieren, wird das Objekt mit allen seinen unterschiedlichen Größen für alle Maßstäbe, die es hat, angezeigt. Die Exemplare, die nicht zum aktuellen Maßstab gehören, werden in abgeschwächter Farbe (Fading) dargestellt. Bearbeitet und beispielsweise verschoben werden kann aber nur die Variante für den aktuellen Maßstab. Das Verschieben von Beschriftungsobjekten ist oft auch nötig, damit die Schriften und ähnliche Objekte sich optimal in die Zeichnung einfügen (siehe Abbildung 9.8). Mit dem Werkzeug 🗝 oder dem Befehl MMSTABRÜCK können Sie diese Positionen wieder synchronisieren, d.h. auf einen gemeinsamen Ursprung zurücksetzen.

Abb. 9.8: Text mit unterschiedlichen Positionen unter verschiedenen Maßstäben

Alle Objekte, die der Beschriftung einer Zeichnung dienen, können in dieser Weise skaliert werden: Texte, Bemaßungen und auch Sonderzeichen, die in Form von Blöcken (mit aktiviertem Typ BESCHRIFTUNG) erstellt werden (dazu mehr im nächsten Kapitel). Bei Schraffuren ist es auch manchmal wichtig, dass sie bei Anzeige in verschiedenen Ansichtsfenstern unter ungleichen Maßstäben stets den gleichen Schraffurabstand besitzen. Sie sollten diese deshalb in komplexen Zeichnungen immer im betreffenden Ansichtsfenster erstellen und in weiteren Ansichtsfenstern dann die nötigen Maßstäbe zuordnen.

Zeichnen und Beschriftung	Icon	Befehl/Systemvariable	Funktion
Statusleiste		ANNOALLVISIBLE 1	Alle Beschriftungsobjekte unabhängig vom Maßstab sichtbar
Statusleiste		ANNOALLVISIBLE 0	Nur Beschriftungsobjekte mit dem zum Ansichtsfenster passenden Maßstab sichtbar
Statusleiste		ANNOAUTOSCALE 4	Bei Maßstabswechsel erhalten die Beschriftungsobjekte den neuen Maßstab hinzu.
Statusleiste		ANNOAUTOSCALE -4	Bei Maßstabswechsel erfolgt keine Änderung an Beschriftungsobjekten.

Tabelle 9.1: Funktionen zur Bearbeitung von Beschriftungs-Objekten

Zeichnen und Beschriftung	Icon	Befehl/Systemvariable	Funktion
BESCHRIFTEN|BESCHRIFTUNGS-SKALIERUNG|AKT. MASSTAB HINZUFÜGEN		AKTMSTABHINZU	fügt den Objekten den aktuellen Maßstab hinzu.
BESCHRIFTEN|BESCHRIFTUNGS-SKALIERUNG|AKT. MASSTAB HINZUFÜGEN ▼ |AKT. MASSTAB LÖSCHEN		AKTMSTABLÖ	entfernt von den Objekten den aktuellen Maßstab.
BESCHRIFTEN|BESCHRIFTUNGS-SKALIERUNG|MASSSTÄBE HINZUFÜGEN/LÖSCHEN		OBJEKTMASS	zeigt Liste der Maßstäbe eines Objekts an und erlaubt Hinzufügen und Löschen.
BESCHRIFTEN|BESCHRIFTUNGS-SKALIERUNG|MASSSTAB-POSITIONEN SYNCHRONISIEREN		MMSTABRÜ	setzt Objektpositionen für verschiedene Maßstäbe wieder auf einheitliche Position zurück.
BESCHRIFTEN|BESCHRIFTUNGS-SKALIERUNG|MASSSTABSLISTE		MSTABSLISTEBEARB	Bearbeiten der Maßstabsliste

Tabelle 9.1: Funktionen zur Bearbeitung von Beschriftungs-Objekten (Forts.)

9.3 Die Textbefehle

Zum Schreiben von Texten gibt es zwei Befehle, DTEXT und MTEXT. Der Befehl DTEXT oder auch TEXT schreibt einen Text in dynamischer Darstellung direkt auf den Bildschirm, während MTEXT den Text erst in einem Editorfenster gestaltet und dann erst in die Zeichnung setzt. Bei beiden Befehlen kann man vordefinierte *Textstile* mit speziellen Einstellungen für Zeichensatz, Schriftart und -form verwenden. Wir wollen uns deshalb zuerst mit dem Erstellen von Textstilen mit dem Befehl STIL befassen. Eine Übersicht über Befehle zum Thema Text gibt die unten stehende Tabelle.

Zeichnen und Beschriftung	Icon	Befehl	Kürzel
START|BESCHRIFTUNG|MEHRZEILIGER TEXT oder BESCHRIFTEN|TEXT|MEHRZEILIGER TEXT	A	MTEXT	T, MT

Zeichnen und Beschriftung	Icon	Befehl	Kürzel
START|BESCHRIFTUNG|MEHRZEILIGER TEXT ▾ |EINZELNE LINIE oder BESCHRIFTEN|TEXT|MEHRZEILIGERTEXT ▾ |EINZELNE LINIE		TEXT, DTEXT	DT
DOPPELKLICK AUF EINEN TEXT		DDEDIT	ED
BESCHRIFTEN|TEXT|TEXT SUCHEN		SUCHEN	
BESCHRIFTEN|TEXT|RECHTSCHREIBPRÜFUNG		RECHT-SCHREIBUNG	RS
BESCHRIFTEN|TEXT↘		STIL	STI
BESCHRIFTEN|TEXT ▾ |SKALIEREN		SKALTEXT	
BESCHRIFTEN|TEXT ▾ |AUSRICHTEN		ZENTRTEXT-AUSR	
START|ÄNDERN ▾ |BEREICH WECHSELN		BERWECHS	
		QTEXT	

Bei der Beschriftung von Zeichnungen ist zu beachten, dass aufgrund der Struktur der Buchstaben, die aus vielen kleinen Linien und Bögen bestehen, bald mehr Geometrie in den Texten steckt als in der eigentlichen Konstruktion. Um die Zeichnung schneller und überschaubarer zu machen, kann die Anzeige von Texten abgeschaltet werden, sodass als Ersatz nur noch Textumrandungen zu sehen sind. Diesen Schnelltextmodus aktivieren Sie mit QTEXT oder unter ANWENDUNGSMENÜ\|OPTIONEN\|ANZEIGE\|NUR TEXTBEGRENZUNGSRAHMEN ANZEIGEN. Anstelle aller Texte werden dann nur noch Rahmen angezeigt. QTEXT ausschalten bedeutet, den Text wieder sichtbar machen. Sichtbar wird die Umstellung immer erst nach dem Befehl REGEN bzw. RG.

> **Wichtig**
>
> **Objektfang BASISPUNKT**
>
> Bei Texten greift der Objektfang BASISPUNKT (auch als EINFÜGUNG bezeichnet) an der von Ihnen festgelegten Text-Basisposition. Standardmäßig liegt diese Position bei DTEXT bzw. TEXT an der linken unteren Ecke der Textzeile, bei MTEXT an der linken oberen Ecke der Textbox.

> **Tipp**
>
> **Objektfang PUNKT**
>
> Bei MTEXT können Sie *alle übrigen* Ecken der Textbox über den Objektfang PUNKT erreichen. Auch wenn Sie mit dem Werkzeug den Basispunkt auf eine andere Position verlegt haben, können Sie den ursprünglichen Basispunkt mit PUNKT fangen.

9.4 Textstile

Mit dem Befehl STIL können Sie benötigte Textstile definieren. In der Multifunktionsleiste finden Sie den Befehl bei START|BESCHRIFTUNG▼|TEXTSTIL oder bei BESCHRIFTEN|TEXT↘. Im Dialogfenster kann ein neuer Textstil definiert werden oder ein existierender zum aktiven Textstil erklärt werden. Der jeweils aktuelle Textstil wird in BESCHRIFTEN|TEXT oder in START|BESCHRIFTUNG▼ rechts oben angezeigt. Sie finden auch dort beim Aufblättern das Stilwerkzeug unter TEXTSTILE VERWALTEN.

Abb. 9.9: Gruppe BESCHRIFTEN|TEXT mit aktuellem Textstil

Ein Textstil setzt sich aus zwei Komponenten zusammen, und zwar

- aus der *Zeichensatzdatei*, die unter SCHRIFTNAME definiert, wie die einzelnen Buchstaben aussehen
- aus benutzerspezifischen Angaben für die Darstellung der Schriftzeichen, wie
  - Texthöhe, Textbreite, Neigungswinkel der Buchstaben
  - Angaben, ob man die Schrift rückwärts oder senkrecht laufen lassen will oder kopfstehend benötigt

Sie können also mit *einer* Zeichensatzdatei durch die benutzerspezifischen Angaben mehrere Textstile generieren.

Kapitel 9
Texte, Schriftfelder, Tabellen und Schraffuren

Einen neuen Textstil definieren Sie wie folgt:

1. Rufen Sie das Werkzeug ✎ oder den Befehl STIL auf. Als vorgegebener Textstil ist STANDARD voreingestellt. Besser wäre es, mit dem Stil BESCHRIFTUNG zu beginnen, weil der die BESCHRIFTUNGS-EIGENSCHAFT zur korrekten Skalierung im Layout besitzt. Markieren Sie also zuerst links oben den Stil BESCHRIFTUNG und klicken Sie dann auf die Schaltfläche NEU. Wenn Sie nicht alle vorhandenen Stile in der Liste sehen, prüfen Sie, ob im Listenfeld darunter auch ALLE STILE aktiviert ist und nicht VERWENDETE STILE. Überschreiben Sie den vorgeschlagenen Namen *Stil1* mit einem sinnvollen Namen.

Abb. 9.10: Dialogfenster STIL

2. Als Nächstes wählen Sie einen Zeichensatz aus der Auswahlliste SCHRIFTNAME. Hier ist die Auswahl groß. Die künstlerischen Schriften enthalten meist weniger Sonderzeichen, auf die Sie bei der Erstellung technischer Zeichnungen jedoch immer wieder angewiesen sind. Die Schrift `ISOCP.SHX` hat sich bewährt, weil sie einen guten Stil ergibt und auch Sonderzeichen wie Durchmesser und die hochgestellten Ziffern Zwei und Drei für m^2 und m^3 enthält. Die Schrift `ISOCPEUR.TTF` enthält viele Sonderzeichen für technische Zeichnungen. Beliebt ist auch die Schrift `Arial`. Andere klare Schriften sind: `Garamond, gbenor.shx, isocp.shx, isoct.shx, italic.shx, Monospac821 BT, SansSerif, simplex.shx, Swiss721 BT, Technic, TechnicBold, TechnicLite, Times New Roman, Verdana`.

3. Bei einigen Schriften können Sie unter SCHRIFTSTIL noch verschiedene Unterarten wählen wie STANDARD, FETT und KURSIV.
4. Probieren Sie immer aus, ob alle Zeichen, die Sie brauchen, auch von der Schrift realisiert werden, bevor Sie sich auf eine besonders raffinierte Schrift festlegen. Die Schriften mit der Dateiendung `.shx` sind AutoCAD-Schriften. Sie besitzen keine eigene Linienstärke und erhalten somit die Linienstärke des Textlayers. Dies wäre für exakte DIN-gerechte Beschriftung zu empfehlen. Die übrigen Schriften sind sogenannte True-Type-Fonts (Dateiendung `.ttf`) mit eigenen Linienstärken in den Zeichen, die nicht unbedingt DIN-gerecht sind. Allerdings haben diese Schriften das schönere Schriftbild. Die AutoCAD-Schriften sind aus einzelnen Linien und Bögen aufgebaut wie eine Konstruktion. True-Type-Schriften erscheinen dagegen wie gedruckt mit entsprechend gestalteten Schriftzeichen. Eine Zeichnung mit verschiedenen eingerichteten Textstilen finden Sie unter `c:\Programme\Autodesk\AutoCAD 2014\Sample\de-de\DesignCenter\AutoCAD Textstyles and Linetypes.dwg`.
5. Unter der Rubrik GRÖSSE sollten Sie unbedingt BESCHRIFTUNG aktivieren, damit sich die Texthöhen später an den jeweils gewählten Beschriftungs-Maßstab automatisch anpassen. Die Zusatzoption TEXTAUSRICHTUNG AN LAYOUT ANPASSEN bewirkt, dass die Texte im Layout waagerecht verlaufen.
6. Als Nächstes können Sie die HÖHE festlegen. Sie müssen hier keine feste Höhe einsetzen. Solange im Textstil als HÖHE der Wert **0** steht, legen Sie sich nicht auf eine einheitliche Höhe fest und können jedes Mal beim Schreiben mit den Befehlen DTEXT oder MTEXT die Höhe einzeln regeln.
7. Der BREITENFAKTOR regelt das Verhältnis von Zeichenbreite zu Höhe. Der vorgegebene Faktor 1 bedeutet normale Zeichenbreite. Ein Wert von 0.8 wäre eine schmale Schrift, 1.2 eine breite Schrift.
8. Der NEIGUNGSWINKEL beschreibt die Neigung der Zeichen. Ausnahmsweise rechnet hier der positive Winkel *im* Uhrzeigersinn. Ein Wert von 15 wäre eine um 15° nach vorn geneigte Schrift. Insbesondere wenn Sie in isometrischen Darstellungen beschriften (RASTER auf isometrisch umgestellt), benötigen Sie stark geneigte Schriften, wenn die Schrift in 30°-Richtung oder -30°-Richtung läuft. Mit entsprechendem Winkel müssten Sie dann auch die Schrift einstellen.
9. Darunter gibt es noch EFFEKTE, wenn Sie Schriften für Schablonen oder Sonderfälle benötigen. Sie können wählen: AUF DEM KOPF, RÜCKWÄRTS und SENKRECHT (Zeichen untereinander), aber nicht bei jedem Zeichensatz.
10. Sie beenden die Stildefinition, indem Sie auf ANWENDEN klicken und dann auf SCHLIESSEN. Wenn Sie mehrere Textstile definieren, lassen Sie das SCHLIESSEN weg und geben stattdessen wieder NEU ein.

Mit dem STIL-Befehl können Sie mehrere Textstile hintereinander definieren. Mit der Schaltfläche AKTUELL stellen Sie den aktuellen Textstil ein. Ändert man einen bereits verwendeten Textstil, so ändern sich auch alle bisher damit erstellten Texte.

9.5 Der dynamische TEXT oder DTEXT

9.5.1 Befehlsablauf

Der älteste Befehl zum Beschriften ist der Befehl TEXT oder DTEXT. Sie finden ihn in der Gruppe BESCHRIFTEN|TEXT|MEHRZEILIGER TEXT▾|EINZELNE LINIE oder START|BESCHRIFTUNG|TEXT▾|EINZELNE LINIE. Diese Bezeichnung ist missverständlich, weil sich sehr wohl mehrere Zeilen mit diesem Befehl schreiben lassen. Aber jede einzelne Zeile ist hinterher ein einzelnes Objekt. Das ist dann später beim Verschieben solcher Texte zu beachten.

Bevor Sie mit dem Schreiben von Texten beginnen, denken Sie an zweierlei:

1. Wählen Sie einen Textstil, der die *Beschriftungseigenschaft* besitzt, erkennbar an dem Symbol ▲.
2. Stellen Sie dann in der Statusleiste denjenigen Maßstab ein, unter dem Sie später den Text in einem Ansichtsfenster im Layout sehen wollen.

```
Befehl: DT
TEXT
Aktueller Textstil: "Beschriftung" Texthöhe: 2.5000 Beschriftung: Ja
TEXT Startpunkt des Texts angeben oder [Position Stil]: Startposition für Text anklicken (linke untere Ecke des Texts)
TEXT Papierhöhe angeben <2.5000>: 5
TEXT Drehwinkel des Texts angeben <0>: 45
Hier endet der Dialog, und Sie schreiben direkt auf dem Zeichenbereich:
Das ist ein Test unter [Enter]
45° (Enter) [Enter]   Das zweite [Enter] beendet den Befehl
```

- Falls Ihr Maßstab beim ersten Texten noch 1:1 ist, erscheint ein Warnhinweis, der Sie fragt, ob das wirklich der gewünschte Maßstab ist.
- Der dynamische Text fragt dann nach einem Startpunkt, der normalerweise die linke untere Ecke der ersten Textzeile darstellt.
- Dann folgt die Eingabe der Höhe, sofern der gerade aktuelle Textstil als Höhenvorgabe 0 hat. Die Höhe kann auch über einen zweiten Punkt relativ zum Startpunkt angegeben werden.
- Dann fragt der Befehl nach dem Textwinkel, auch diesen kann man als Wert oder über eine Bildschirmposition eingeben.
- Zuletzt schaltet der Befehl in den Texteingabemodus um. Es können mehrere Zeilen Text eingegeben werden, die Sie jeweils dynamisch angezeigt sehen und auch beim Schreiben noch mit [Entf] rückwärts laufend löschen können. Sie können auch mehrere Zeilen mit [Backspace] bis zum Anfang löschen.
- Wenn der Text beendet werden soll, müssen Sie nach dem letzten Zeilenende ein zweites Mal [Enter] drücken.

- Sie können sogar *im* Befehl einfach eine neue Bildschirmposition anklicken. Der Befehl schreibt dann an dieser Position weiter. Damit können Sie alle Ihre Texte, die die gleiche Höhe etc. haben, mit einem einzigen Aufruf des Befehls DTEXT schreiben. Damit das klappt, muss die Systemvariable DTEXTED auf **2** eingestellt sein (ist Vorgabe). Sie können zum Editieren *im Eingabemodus* mit ⎵Shift⎵+⎵↵⎵ oder ⎵↵⎵ zwischen den Textzeilen zurück- und wieder vorwärtsgehen.

9.5.2 Positionierungsvarianten

Die Option POSITION erlaubt noch zahlreiche Varianten zur Positionierung und Einpassung des Texts. Die Positionierung findet aber immer erst nach der vollständigen Texteingabe und Beendigung des Befehls statt. Unter der Option POSITION finden Sie folgende weiteren Unteroptionen (siehe auch Abbildung 9.11):

- LINKS – (Vorgabe) Sie geben einen Punkt für das linke Ende des Texts an sowie Texthöhe und Textwinkel.
- ZENTRIEREN – Sie geben einen Punkt für die Mitte der Basislinie des Texts an sowie Texthöhe und Textwinkel.
- RECHTS – Sie geben einen Punkt für das rechte Ende des Texts an sowie Texthöhe und Textwinkel.
- AUSRICHTEN – Sie geben zwei Textpositionen an, nach denen sich die Textbreite und der Textwinkel richten. Aus der Breite wird auch automatisch die Höhe bestimmt.
- MITTEL – Sie geben einen Punkt für den Mittelpunkt der Textumrandung an sowie Texthöhe und Textwinkel.
- ANPASSEN – Sie geben zwei Textpositionen an, nach denen sich die Textbreite und der Textwinkel richten. Die Texthöhe geben Sie selber ein. Das kann dazu führen, dass der Text gegenüber normaler Darstellung verzerrt wirkt.

Abb. 9.11: Textpositionierung

Sie können einen Text noch an weiteren Positionen aufhängen, wie Abbildung 9.12 zeigt. Die Abkürzungen bedeuten: OL = Oben Links, ML = Mitte Links, OZ = Oben Zentrum etc.

Kapitel 9
Texte, Schriftfelder, Tabellen und Schraffuren

Abb. 9.12: Positionsangaben an einem Text

9.5.3 Sonderzeichen

Oft benötigt man in technischen Zeichnungen einige Sonderzeichen. Sie können sie mit besonderen Steuerzeichen eingeben:

Zeichen	Code	Darstellung	Im numerischen Tastenfeld	Notation in Unicode
Durchmesser	%%c	⌀		\U+2205
Plus-Minus	%%p	±		\U+00B1
Grad	%%d	°		\U+00B0
Überstrich ein/aus	%%o			
Unterstrich ein/aus	%%u			
ANSI-Zeichen Nr. nnn	%%nnn			
Euro-Symbol	%%128		Alt + 0128	\U+20AC
Griechisches my	%%181	μ	Alt + 0181	\U+00B5

Die Zeichen lassen sich auch über die numerische Tastatur eingeben, wenn Sie die Alt-Taste gedrückt halten und den Code mit einer Null voran eingeben. Für das Euro-Symbol würden Sie also eingeben: Alt-Taste + 0128 auf dem Ziffernblock der Tastatur.

> **Tipp**
>
> **Spiegeln von Text**
>
> Mit der Systemvariablen MIRRTEXT steuern Sie, ob beim Befehl SPIEGELN Spiegelschrift entsteht – Wert **1** – oder nicht – Wert **0** (Vorgabe).

9.6 Der Befehl MTEXT

Der Befehl MTEXT bzw. das Register START|BESCHRIFTUNG|ABSATZTEXT oder BESCHRIFTEN|TEXT|MEHRZEILIGER TEXT startet eine eigene Multifunktionsleiste und bietet damit größere Flexibilität und mehr Möglichkeiten in der Textformatierung. Er ist für die Eingabe von längeren Texten gedacht, die eventuell auch schon als eigene Dateien auf dem Rechner existieren und in die Zeichnung eingefügt werden sollen wie zum Beispiel Standardangaben wie gesetzlich erforderliche Hinweistexte auf Gefahren.

Nach dem Aufruf verlangt der MTEXT-Befehl zuerst zwei diagonale Eckpunkte für den Textbereich. Danach wird die spezifische Multifunktionsleiste TEXTEDITOR aktiv.

Abb. 9.13: Multifunktionsleiste des MTEXT-Befehls

9.6.1 Register TEXTEDITOR

Im Register TEXTEDITOR im Arbeitsbereich ZEICHNEN UND BESCHRIFTUNG wählen Sie die gewünschten Einstellungen, *bevor* Sie mit dem Schreiben beginnen. Nachträgliche Änderungen wirken nur auf vorher markierte Textteile.

Abb. 9.14: Gruppe STIL im TEXTEDITOR

- In der ersten Gruppe STIL links können Sie einen *Textstil* wählen. Vorgabe ist der zuletzt eingestellte Textstil. Zu empfehlen ist der vorgegebene Stil BESCHRIFTUNG oder ein eigener Stil mit der BESCHRIFTUNGS-EIGENSCHAFT ◬ wegen der automatischen Maßstabs-Skalierung. Rechts daneben liegt eine Zeile zum Ein- und Ausschalten der BESCHRIFTUNGS-EIGENSCHAFT unabhängig vom Textstil. Das ist hier *nicht* der Textstil namens *Beschriftung*! Das Feld darunter kann zur Eingabe einer eigenen Texthöhe verwendet werden. Hier steht als Vorgabewert entweder die Texthöhe des aktuellen Textstils, sofern er nicht Höhe null hat, oder eine Vorgabe-Texthöhe, die Sie mit der Systemvariablen TEXTSIZE (Vorgabe **2.5**) bestimmen können.

Abb. 9.15: Gruppe FORMATIERUNG im TEXTEDITOR

- In der nächsten Gruppe FORMATIERUNG können Sie unabhängig vom aktuellen Textstil einen anderen Zeichensatz und weitere Formateinstellungen wählen. Abhängig von der gewählten Schrift können über die Schaltknöpfe auf der linken Seite die Schrifteigenschaften fett (B = Bold), kursiv (I = Italic), unterstrichen (U = Underlined), überstrichen (O = Overlined) und durchgestrichen aktiviert werden. Unter GROSS-/KLEINSCHREIBUNG können Sie markierte großgeschriebene Zeichen in kleine umwandeln und umgekehrt.
- Auch können hier unabhängig vom Textstil der Zeichensatz, die Textfarbe und ein Texthintergrund zum Absetzen gegenüber der Zeichnung gewählt werden. Nicht für alle Zeichensätze sind sämtliche Schrifteigenschaften verfügbar. Im Flyout der Gruppe finden Sie noch Neigungswinkel, Zeichenabstand und -breite.

Abb. 9.16: Gruppe ABSATZ im TEXTEDITOR

9.6 Der Befehl MTEXT

- Die Gruppe ABSATZ enthält Werkzeuge, wie man sie von anderen Textbearbeitungen her kennt wie Ausrichtung, Positionierung und Gestaltung von Aufzählungen. Über ↘ gelangen Sie zu den Einstellungen für die Tabulatorsteuerung der Absatzeinstellungen.
  - ABSATZ|AUSRICHTUNG ▼ – Hiermit können Sie die Ausrichtung der Textbox angeben und damit auch bestimmen, wo der Basispunkt Ihrer Textbox liegt, zum Beispiel ZENTRUM, RECHTS.
  - ABSATZ|AUFZÄHLUNGSZEICHEN UND NUMMERIERUNG – Für Aufzählungen können Sie Nummerierung mit Zahlen, alphabetische Aufzählung oder Symbole wählen.
  - ABSATZ... – Sie können die Positionierung der Zeilen in der Textbox festlegen.

Abb. 9.17: Gruppe EINFÜGEN im TEXTEDITOR

- Unter EINFÜGEN finden Sie als erstes Werkzeug links die Spaltenformatierung. Damit können Sie sehr flexibel einen längeren Text in mehrere Spalten aufteilen. Bei statischen Spalten wird die Anzahl vorgegeben, die Breite ist dann noch dynamisch. Bei dynamischen Spalten ist die Spaltenhöhe dynamisch per Cursor abstimmbar.

Kapitel 9
Texte, Schriftfelder, Tabellen und Schraffuren

Abb. 9.18: Anpassung bei dynamischen Spalten

- Daneben liegen im Flyout von EINFÜGEN|SYMBOL zahlreiche Sonderzeichen, die weiter hinten erläutert werden. Rechts in der Gruppe liegt auch das Werkzeug zum Einfügen von Schriftfeldern. Das sind Texte, die Daten aus der aktuellen Zeichnung repräsentieren. Sie werden ebenfalls weiter hinten erläutert.

Abb. 9.19: Gruppe RECHTSCHREIBUNG im TEXTEDITOR

- Die Gruppe RECHTSCHREIBUNG enthält die Rechtschreibprüfung und den Zugriff auf das Benutzerwörterbuch. Die Rechtschreibprüfung ist seit Version 2009 dynamisch aktiv, das heißt, falsch geschriebene Wörter werden *schon beim Schreiben* automatisch rot unterstrichen. Detaillierte Einstellungen finden Sie unter ↘. Die Bearbeitung des Benutzer-Wörterbuchs ist wichtig, um versehentlich bei der Prüfung akzeptierte Fehler wieder zu entfernen.

Abb. 9.20: Gruppen EXTRAS, OPTIONEN UND SCHLIEßEN im TEXTEDITOR

9.6 Der Befehl MTEXT

- Die Gruppe EXTRAS zeigt als wichtigsten Punkt die Textsuche SUCHEN & ERSETZEN. Hiermit können Sie im aktuellen Text nach Zeichen oder Zeichenketten suchen und eine Ersetzung anbieten.
- AUTOGROSS – Diese Option verwandelt alle eingegebenen Buchstaben in Großbuchstaben. Das ist eine permanente Einstellung, die auch bei nachfolgenden Aufrufen wirksam bleibt. Bei Eingabe von Zahlen und Sonderzeichen erscheinen diese normal. Die Funktion entspricht also nicht der Shift-Taste.
- Im Flyout EXTRAS▼|TEXT IMPORTIEREN liegt noch die wichtige Funktion zum Importieren von Texten. Mit dieser Funktion können Sie Texte, die in einer Datei gespeichert sind, komplett in den MTEXT hereinholen. Als Dateiformate sind *.TXT und *.RTF erlaubt. TXT-Dateien werden mit dem normalen Texteditor über den Befehl NOTEPAD erstellt. RTF-Dateien sind Dateien im Rich-Text-Format, die auch Formatierung enthalten können. Word-Dateien mit der Endung *.DOC können nicht importiert werden, aber mit Word können solche RTF- oder TXT-Dateien mit SPEICHERN UNTER... bei Angabe des betreffenden Formats erzeugt werden.
- OPTIONEN enthält unter MEHR einige Feineinstellungen des Texteditors. Darunter können Sie das LINEAL für die Textbox ein- und ausschalten. Mit ZEICHENSATZ können andere Codeseiten zur Textanzeige gewählt werden, sofern vorhanden. FORMATIERUNG ENTFERNEN entfernt Zeichen- und Absatzformatierung.
- Die unteren beiden Schaltknöpfe in OPTIONEN erlauben es, Aktionen innerhalb des MTEXT-Editors zurückzunehmen oder wiederherzustellen.
- Die letzte Gruppe dient nur dazu, den MTEXT-Editor zu schließen. Das können Sie aber auch einfach mit einem *Klick außerhalb* der Textbox tun.

9.6.2 Stapeln von Text

Wenn Sie Ausdrücke der Form **a/b**, **a#b** oder **a^b** schreiben, können Sie diese markieren und im Kontextmenü nach Rechtsklick STAPEL aktivieren. Dadurch entstehen übereinander gestapelte Texte (Abbildung 9.21). Meist wird dieses Werkzeug zur Darstellung von Brüchen verwendet. Dazu müssen Sie den Bruch erst in der Art **a/b** schreiben, diese drei Zeichen mit dem Cursor markieren und dann im *Kontextmenü* auf STAPEL klicken.

$\frac{15}{20}$ entsteht aus 15/20

$^{15}/_{20}$ entsteht aus 15#20

$\substack{15 \\ 20}$ entsteht aus 15^20

Abb. 9.21: Gestapelte Ausdrücke

Kapitel 9
Texte, Schriftfelder, Tabellen und Schraffuren

Wenn Sie Zahlen verwenden wie in **15/20**, meldet sich der Autostack-Assistent und bietet die automatische Umwandlung an (siehe Abbildung 9.22). Dieser Autostack-Assistent bietet bei drei Zeichen eine Umwandlung an:

- / oder # werden umgewandelt in einen waagerechten Bruchstrich. Ein schräger Bruchstrich kann alternativ gewählt werden. Wenn Sie für $1\frac{1}{2}$ zunächst mit einem Leerzeichen 1 1/2 eingeben, dann kann nicht nur der Bruch umgewandelt, sondern auch das Leerzeichen entfernt werden. Das lässt sich im AUTOSTACK-ASSISTENTEN einstellen (Abbildung 9.22).
  - ^ führt dazu, dass die Zeichen davor und dahinter nachher übereinander stehen, aber ohne einen Bruchstrich.

Abb. 9.22: Dialogfeld des AUTOSTACK-ASSISTENTEN

Über das Kontextmenü gestapelter Ausdrücke können Sie auch wieder entstapeln mit NICHT UNTEREINANDER ANORDNEN und den AutoStack-Assistenten über STACK-EIGENSCHAFTEN erreichen, um ihn ggf. zu deaktivieren.

9.6.3 Das Textfenster

Das Textfenster selbst ist transparent und lässt den Text in der korrekten Höhe relativ zur Zeichnung erscheinen, sodass Sie schon beim Schreiben sehen können, ob der Text passt. Sie haben hier auch noch die Möglichkeit, die Breite der Textbox zu ändern.

Die Breite des Textfensters ist ausschlaggebend für einen Umbruch an Wortgrenzen. Ein Umbruch wird also immer nur bei einem Leerzeichen zwischen Wörtern vorgenommen. Silbentrennung gibt es hier nicht. Abbildung 9.23 zeigt, wo Sie Höhe, Breite, Absatzeinrückung, Einrückung für die erste Zeile und verschiedene Tabulatoren einstellen können.

Abb. 9.23: Einstellungen in der Textbox

> **Tipp**
>
> **MTEXT beenden**
>
> Zum schnellen Beenden des MTEXT-Befehls gibt es außer der Schaltfläche OK noch die Möglichkeit, einfach neben die Textbox zu klicken oder [Strg]+[Enter] zu drücken.

9.6.4 Sonderzeichen

Im Texteditor finden sich die Sonderzeichen in der Gruppe EINFÜGEN:

- EINFÜGEN|SYMBOL – erlaubt, Sonderzeichen zu schreiben. Sie finden hier u.a.:
    - GRAD: °
    - PLUS/MINUS: ±
    - DURCHMESSER: ∅

Kapitel 9
Texte, Schriftfelder, Tabellen und Schraffuren

- GESCHÜTZTES LEERZEICHEN – erzeugt ein Leerzeichen, das nicht zum Umbruch führt.
- ANDERE... – ermöglicht, beliebige Sonderzeichen aus anderen Zeichensätzen über die Zwischenablage hereinzuladen (siehe Abbildung 9.24). Nach Wahl dieser Option öffnet sich das Fenster ZEICHENTABELLE.
- In der Zeichentabelle:
- Klicken Sie das gewünschte Zeichen an.
- Klicken Sie auf AUSWÄHLEN.
- Klicken Sie auf KOPIEREN.
- Klicken Sie auf SCHLIESSEN. Damit haben Sie das gewünschte Zeichen in die Zwischenablage kopiert.
- Im MTEXT-Fenster:
- Setzen Sie den Cursor auf die gewünschte Position und drücken Sie [Strg]+[V]. Damit fügen Sie das Zeichen aus der Zwischenablage ein. Sie können das auch über das Kontextmenü (Rechtsklick) erledigen und dort EINFÜGEN wählen.

Abb. 9.24: Einfügen von Sonderzeichen mit MTEXT

> **Tipp**
>
> **Sonderzeichen ^{2}, ^{3}, µ**
>
> Die hochgestellten Ziffern 2 und 3 generiert man mit den Tastenkombinationen ⌈AltGr⌉+⌈2⌉ bzw. ⌈AltGr⌉+⌈3⌉. Auch das griechische µ bekommen Sie mit ⌈AltGr⌉+⌈M⌉. Dabei ist aber zu beachten, dass nicht alle Schriftdateien diese Zeichen enthalten und ggf. dafür ersatzweise ein Fragezeichen anzeigen. Die Schriftdatei *ISOCP.SHX* enthält diese Zeichen auf jeden Fall.

9.6.5 Rechtschreibprüfung

Seit AutoCAD 2009 gibt es eine sofortige Rechtschreibprüfung im Texteditor. Sie ist standardmäßig aktiv. Falsch geschriebene oder unbekannte Wörter werden sofort rot unterstrichen. Für diese markierten Wörter werden Ihnen nach Rechtsklick auch sofort Ersatzwörter angeboten. Notfalls müssen Sie aber über WEITERE VORSCHLÄGE nach weiteren Ersetzungen suchen. Mit der Option ZU WÖRTERBUCH HINZUFÜGEN können Sie neue Wörter in das benutzerspezifische Wörterbuch aufnehmen.

Abb. 9.25: Dialogfeld der Rechtschreibkontrolle

Die globale Rechtschreibprüfung, die es schon länger gibt, finden Sie unter BESCHRIFTEN|TEXT|RECHTSCHREIB-PRÜFUNG . Hiermit werden alle Texte der Zeichnung überprüft. Sie erhalten hier auch Vorschläge für unbekannte oder fehlerhafte Wörter. Mit HINZUFÜGEN nehmen Sie ein Wort in das benutzerspezifische Wörterbuch auf. Dieses benutzerspezifische Wörterbuch **sample.cus** nimmt alle neuen Wörter von Ihnen auf. Leider vertippt man sich auch dabei einmal. Dann müssen Sie das Wörterbuch korrigieren. Wie das Wörterbuch heißt, können Sie durch einen Klick auf WÖRTERBÜCHER herausbekommen. In dem neuen Dialogfenster haben Sie auch gleich Zugriff auf dieses Wörterbuch und können nun Wörter hinzufügen und löschen.

Abb. 9.26: Dialogfeld der globalen Rechtschreibprüfung

9.7 Texte ändern

Zum Ändern von Texten doppelklicken Sie einfach auf ein Textobjekt. Alternativ gibt es den Befehl DDEDIT. Im Texteditor können Sie genauso, wie Sie den Text erstellt haben, Änderungen vornehmen. Wenn Sie auf einen MTEXT doppelklicken, startet der hier erläuterte MTEXT-Editor, bei einem DTEXT wird ein einfacheres Editorfenster geöffnet, mit dem sich nur der Textinhalt ändern lässt, nicht der Textstil o. Ä. Um Letzteres beim DTEXT zu ändern, starten Sie am besten den EIGENSCHAFTEN-MANAGER.

9.7.1 Texte skalieren

Die Funktion SKALTEXT oder BESCHRIFTEN|TEXT▼|SKALIEREN bietet die Möglichkeit, mehrere Texte zugleich zu skalieren, wobei jeder einzelne Text relativ zu seinem Basispunkt skaliert wird. Das unterscheidet diesen Befehl vom Befehl VARIA oder START|ÄNDERN|SKALIEREN. Mit dem Befehl VARIA können Sie natürlich jeden Text einzeln skalieren. Wenn Sie mit VARIA mehrere Texte wählen, gibt es ja nur einen Basispunkt, und so würden auch die Abstände zwischen den Texten mit skaliert werden, was eben unerwünscht ist.

```
Befehl: _scaletext
SKALTEXT Objekte wählen: Texte wählen
SKALTEXT Objekte wählen: [Enter]
SKALTEXT Basispunktoption für Skalierung eingeben
[Vorhanden Links Zentrum MItte Rechts OL OZ OR ML MZ MR UL UZ UR]
<Vorhanden>: [Enter]
SKALTEXT Neue Modellhöhe festlegen oder [Papierhöhe objekt Anpassen
Skalieren faktor] <50>: P
SKALTEXT Neue Papierhöhe festlegen <7>:2.5
2 Objekte geändert
```

Im Beispiel wurden mehrere Texte gewählt. Die Basispunktoption wurde nicht verändert, das heißt, jeder Text wird dann relativ zu dem Basispunkt, den er bei Erstellung bekommen hat, skaliert. Es wäre hier auch möglich, für das Skalieren eine andere Basispunktoption zu wählen, beispielsweise ZENTRUM. Damit würden dann die Mittelpunkte der Texte beim Skalieren fixiert bleiben. Am Schluss geben Sie die *neue Papierhöhe* ein. Dort ist es auch möglich, mit Option S einen SKALIERUNGSFAKTOR anzugeben. Die Option ANPASSEN erlaubt die Anpassung der Texthöhe an einen auszuwählenden Text. Bei Texten mit der BESCHRIFTUNGS-Eigenschaft ist Papierhöhe sinnvoll, weil die relative Skalierung im Modellbereich dann vom Beschriftungs-Maßstab übernommen wird.

9.7.2 Textausrichtung ändern

Mit dem Befehl ZENTRTEXTAUSR oder BESCHRIFTEN|TEXT▼|AUSRICHTEN können Sie den Basispunkt von Texten ändern. Im Dialogbeispiel werden drei MTEXT-Objekte, die normal mit Text-Basispunkt links erzeugt wurden, auf rechts umgestellt. Das führt übrigens auch dazu, dass innerhalb eines MTEXT-Objekts die einzelnen Zeilen rechts ausgerichtet werden.

```
Befehl: _justifytext
ZENTRTEXTAUSR Objekte wählen: Texte wählen 3 gefunden
ZENTRTEXTAUSR Objekte wählen: [Enter]
ZENTRTEXTAUSR Ausrichtungsoption eingeben
[Links Ausrichten Einpassen Zentrum MIttel Rechts OL OZ OR ML MZ MR UL UZ UR] <Links>: R
```

Die neue Textausrichtung bewirkt nun auch, dass der Objektfang BASISPUNKT an der rechten unteren Ecke der Texte greift statt links unten (DTEXT) bzw. links oben (MTEXT). Der Text-Basispunkt kann übrigens auch sehr effektiv verwendet werden, um im EIGENSCHAFTEN-MANAGER die Textausrichtung mehrerer Texte auf die gleiche x-Position zu setzen.

> **Tipp**
>
> **Text nach vorne bringen**
>
> Um Texte und auch Bemaßungen vor andere Objekte in den Vordergrund zu stellen, gibt es neben den Befehlen zur Zeichnungsreihenfolge noch den Befehl TEXTNACHVORNE.

Zeichnen und Beschriftung	Icon	Befehl
START|ÄNDERN ▾ |GANZ OBEN ▾ |TEXT NACH VORNE	ABC┐	TEXTNACHVORNE
START|ÄNDERN ▾ |GANZ OBEN ▾ |BEMAßUNGEN NACH VORNE		TEXTNACHVORNE, Option BEM
		TEXTNACHVORNE, Option ALLE

9.7.3 Objekte vom Papier- in den Modellbereich transferieren

Sie können in Layouts auch Texte im PAPIERBEREICH sozusagen auf der »Fensterscheibe« eines Ansichtsfensters mit normaler Texthöhe wie 3.5 schreiben, wie Sie es auf dem Papier benötigen. Wenn ein solcher Text dann aber doch im MODELLBEREICH liegen soll, können Sie ihn mit dem Befehl BERWECHS oder START|ÄNDERN ▾ |BEREICH WECHSELN inklusive automatischer Skalierung in den MODELLBEREICH versetzen. Auch die umgekehrte Transaktion vom MODELLBEREICH übers Ansichtsfenster in den PAPIERBEREICH ist möglich und nicht nur für Textobjekte interessant. Wichtig ist, dass dabei eben eine automatische Umrechnung der Abmessungen geschieht, sodass unabhängig vom Maßstab des Ansichtsfensters die sichtbare Größe des Objekts gleich bleibt. Im Dialog taucht der Begriff ZIELANSICHTSFENSTER auf. Damit ist das Ansichtsfenster gemeint, nach dessen Position und Maßstab der Transfer erfolgen soll. Besser wäre hier wohl der Begriff *Ursprungsansichtsfenster* gewesen.

9.8 Allgemeine Suchfunktion

Wenn Sie viele Texte in der Zeichnung haben, ist eine Funktion, die global nach bestimmten Zeichenketten suchen kann, natürlich Gold wert. Unter BESCHRIFTEN|TEXT|SUCHEN finden Sie eine solche Funktion (Abbildung 9.27). Über den Erweiterungsbutton lassen sich die SUCHOPTIONEN einstellen und die verschiedenen TEXTTYPEN wie *Attribute, Texte, Bemaßungstexte, Tabellentexte* und *Hyperlinks* vorwählen. Sie können auch mit Platzhaltern arbeiten, also Zeichenketten an einzelnen Stellen ersetzen oder global ersetzen, wie Sie es von Textverarbeitungen her kennen. Den Suchbereich können Sie auch über den Auswahlknopf rechts oben geometrisch eingrenzen. Es wird stets auf den gefundenen Text gezoomt. Er steht dann automatisch in der Mitte des Zeichenfensters. Gerade bei großen Zeichnungen ist das sehr nützlich. Die Funktion bietet auch gleich eine Option zum Ersetzen an.

Abb. 9.27: Allgemeine Suchfunktion

9.9 Schriftfelder

Über Schriftfelder können Sie automatisch Texte aus Zeichnungseigenschaften bzw. aus Eigenschaften von Zeichnungsobjekten bilden. So lässt sich aus der Länge einer Linie, dem Speicherungsdatum der Zeichnung, dem Zeichnungsnamen, der Fläche eines Kreises oder auch aus dem Berechnungsergebnis einer Formel ein Text generieren. Das Angenehme an diesen automatisch generierten Texten liegt darin, dass sie stets mit den zugehörigen Objekten verknüpft bleiben.

Kapitel 9
Texte, Schriftfelder, Tabellen und Schraffuren

Bei Änderungen an diesen Objekten werden die zugehörigen Texte dann aktualisiert.

Zeichnen und Beschriftung	Icon	Befehl
	📄	im Befehl MTEXT
EINFÜGEN|DATEN|SCHRIFTFELD	📄	SCHRIFTFELD
EINFÜGEN|DATEN|SCHRIFTFELDER AKTUALISIEREN	🗘	SCHRIFTFELDAKT

Die Schriftfelder werden auf dem Bildschirm grau hinterlegt. Damit unterscheiden sie sich von normalen Texten. Im Plot allerdings verschwindet dieser graue Schatten. Den Hintergrund für Schriftfelder können Sie unter ANWENDUNGSMENÜ|EXTRAS|OPTIONEN|BENUTZEREINSTELLUNGEN mit einem Häkchen bei HINTERGRUND VON SCHRIFTFELDERN ANZEIGEN ein- und ausschalten. Dort können Sie hinter der Schaltfläche SCHRIFTFELD-AKTUALISIERUNGSEINSTELLUNGEN auch wählen, wann sie aktualisiert werden sollen, bei: ÖFFNEN, SPEICHERN, PLOTTEN, ETRANSMIT, REGENERIEREN. Schriftfelder lassen sich auch direkt aktualisieren mit dem Befehl SCHRIFTFELDAKT.

Im Befehl SCHRIFTFELD wählen Sie zuerst grob eine SCHRIFTFELDKATEGORIE, dann eine Unterkategorie, genannt SCHRIFTFELDNAMEN, aus vielen Möglichkeiten aus. Unter BEISPIELE bekommen Sie meist noch mehrere Formatierungsvorschläge (Abbildung 9.28).

Abb. 9.28: Schriftfeld mit Datumsangabe erstellen

9.9 Schriftfelder

Eine sehr nützliche Art von Schriftfeldern ist die, die mit Objektdaten direkt verknüpft ist. Dafür wählt man zunächst die SCHRIFTFELDKATEGORIE **Objekte** aus, dann den SCHRIFTFELDNAMEN **Objekt** und klickt dann über den Objektwahlbutton rechts neben OBJEKTTYP das betreffende Objekt an. Unter EIGENSCHAFT werden dann alle verwertbaren Daten des Objekts angezeigt. Im konkreten Fall ist es die *Fläche* eines *Kreises*. In der VORANSICHT wird der Wert angezeigt. Wählt man AKTUELLE EINHEITEN unter FORMAT, so werden so viele Nachkommastellen verwendet, wie im Befehl EINHEITEN eingestellt. Zusätzlich lässt sich das Schriftfeld auch noch über ZUSÄTZLICHES FORMAT weiter formatieren. Wie in Abbildung 9.29 gezeigt, kann ein Dezimalkomma eingesetzt oder Nachkomma-Nullen entfernt werden.

Abb. 9.29: Schriftfeld mit Daten eines Objekts

Auch Rechenergebnisse von reinen mathematischen Formelberechnungen lassen sich als Textfeld anzeigen. In diese Formeln können aber auch geometrische Daten wie Abstände, Winkel oder Punktpositionen in der Zeichnung über den Taschenrechner (siehe übernächster Abschnitt) eingebaut werden. Diese Rechenergebnisse werden dann ebenfalls bei Änderungen Ihrer Zeichnung aktualisiert.

Kapitel 9
Texte, Schriftfelder, Tabellen und Schraffuren

Abb. 9.30: Schriftfeld mit Berechnungsformel

> **Wichtig**
>
> Bei den Schriftfeldern gibt es noch keine Schaltfläche für die BESCHRIFTUNGS-Eigenschaft. Hierzu müsste man nachträglich auf das Schriftfeld doppelklicken. Daraufhin meldet sich der TEXTEDITOR, und Sie können nach nochmaligem Markieren des Schriftfelds im Register STIL das BESCHRIFTUNGSWERKZEUG aktivieren und dann darunter die *Papierbereichshöhe* eingeben.

9.10 Tabellen

Tabellen können in AutoCAD-Zeichnungen ähnlich wie in Excel gestaltet werden und können auch kleine Berechnungen enthalten. Über den Befehl TABELLENSTIL lassen sich Vorgaben bezüglich Linienstärken, Farben und die Abmessungen der Tabellenfelder definieren. Tabellen sind *keine* Beschriftungsobjekte. Sie können nicht automatisch skaliert werden und gehören deshalb in den Papierbereich des Layouts, das ja 1:1 geplottet wird.

Zeichnen und Beschriftung	Icon	Befehl	Kürzel
START|BESCHRIFTUNG|TABELLE oder BESCHRIFTEN|TABELLEN|TABELLE		TABELLE	TB
START|BESCHRIFTUNG ▾ |TABELLENSTIL oder BESCHRIFTEN|TABELLEN|↘		TABELLENSTIL	TS

Beim Einfügen einer Tabelle wählen Sie zuerst einen Tabellenstil aus. Der Tabellenstil legt die Gestaltung der Titelleiste (Titel), der Spaltenköpfe (Header) und der Datenfelder (Daten) fest. Über einzelne Registerblätter können Sie Einstellungen wie Hintergrundfarbe, Textstil und -höhe, sowie Zellenumgrenzungen festlegen. Auch im Befehl TABELLE können Sie über einen entsprechenden Button noch zum Tabellenstil verzweigen.

Dann können Sie zwischen drei Einfügeoptionen wählen:

- LEERE TABELLE – wird nachträglich manuell mit Daten gefüllt.
- DATENVERKNÜPFUNG – verknüpft mit einer externen Excel-Tabelle.
- OBJEKTDATEN – können aus der Zeichnung gewählt werden. Dazu muss die Zeichnung schon auf der Festplatte gespeichert sein. Es erscheint ein ASSISTENT ZUR DATENEXTRAKTION mit folgenden Schritten:
  - Neue Extraktion erstellen,
  - Gegebenenfalls die Objekte wählen,
  - Objekte noch durch Aktivieren/Deaktivieren filtern,
  - Gewünschte Eigenschaften wählen (zum Beispiel Kreisfläche), dabei erst eine Kategorie, dann die Eigenschaft wählen,
  - Daten verfeinern, identische zusammenführen, Namensspalte und Sortierung aussuchen,
  - Ausgabe wählen für eine Tabelle in der Zeichnung und/oder eine externe Datei

Wichtig

Tabelle kein Beschriftungsobjekt

Die Tabelle ist kein Beschriftungsobjekt, das mit der Option BESCHRIFTUNG erzeugt werden könnte. Deshalb sollte man sie nur im PAPIERBEREICH des LAYOUTS verwenden, der stets 1:1 geplottet wird. Wollen Sie sie trotzdem im MODELLBEREICH verwenden, müssten Sie sie mit dem Kehrwert vom Plotmaßstab skalieren. Einfacher ist es dann, sie im LAYOUT zu erstellen und mit dem Befehl START|ÄNDERN|BERWECHS skaliert in den MODELLBEREICH zu bringen.

Für das Positionieren der Tabelle gibt es die zwei Optionen EINFÜGEPUNKT ANGEBEN oder FENSTER DEFINIEREN. Im ersten Fall wird die Tabelle mit *fester Spaltenbreite* und *zwei Zeilen* eingefügt. Im zweiten Fall wird die *Spaltenbreite* und die *Anzahl der Zeilen* so eingerichtet, dass die Tabelle in das aufgezogene Fenster passt. Zur Beschriftung der Tabellenfelder und auch der Titelleiste durch Anklicken steht dann der MTEXT-Editor zur Verfügung. Die Höhe der Tabellenfelder ist durch die Texthöhe festgelegt, die im Tabellenstil eingetragen ist. Der Vorgabewert für die Texthöhe im Stil Standard ist 4.5 für die Tabellenfelder und 6 für die Titelleiste.

Abb. 9.31: Dialogfeld des TABELLE-Befehls

Wenn Spalten oder Zeilen hinzugefügt werden sollen, markieren Sie eine Spalte oder Zeile und rufen mit Rechtsklick das Kontextmenü auf. Dort werden Funktionen zur Spalten- oder Zeilenmanipulation angeboten.

	A	B	C	D	E	F
1			Übungstabelle			
2	Bezeichnung	Anzahl	Gewicht	Länge	Preis	Gesamt
3	Schraube	10	17 g	60	0,40	4.00
4	Mutter	10	5 g		0,25	=B4*E4
5	Scheibe	10	2 g		0,03	0,30

Abb. 9.32: Tabelle mit Berechnungsformel

In die Tabellenfelder können auch Berechnungsformeln nach dem Excel-Schema eingegeben werden. Eine Formel beginnt immer mit einem Gleichheitszeichen.

Andere Tabellenfelder können adressiert werden, indem man wie in der angedeuteten Zeilen- und Spaltenzählung die Spalte mit Buchstaben und die Zeile mit einer Zahl bezeichnet. Im Beispiel werden die Inhalte der Spalte B4 (Anzahl Schrauben) und E4 (Preis einer Schraube) miteinander multipliziert.

Im Kontextmenü einer mit einem Klick markierten Zelle gibt es unter EINFÜGEN| FORMEL auch feste Berechnungsformeln wie SUMME, DURCHSCHNITT und ANZAHL. Zur Summenbildung werden die zu summierenden Felder mit einer Box markiert. Die Box bleibt im Innern der betreffenden Felder.

Wenn Sie ein Tabellenfeld anklicken, wird Ihnen auch das blaue Karo in der Ecke rechts unten auffallen. Dahinter verbirgt sich die Funktion für das automatische Füllen, wie es auch in Excel möglich ist. Wenn Sie das Feld an diesem Karo in benachbarte Felder ziehen, werden diese automatisch mit Werten gefüllt. Dabei werden auch Füllregeln angewendet. Sie können diese Regeln über Rechtsklick wählen. Eine ganze Zahl wird normalerweise hochgezählt. Wenn Sie zwei Felder mit ganzen Zahlen markiert haben, wird mit der gleichen Schrittweite weitergerechnet.

Abb. 9.33: Anwendung der Summenfunktion in Tabelle

9.10.1 AutoCAD-Tabelle – Excel-Tabelle

Sie können AutoCAD-Tabellenobjekte nach Excel exportieren und auch Excel-Tabellen in AutoCAD einfügen, umgewandelt als AutoCAD-Tabellen-Objekt oder Original.

AutoCAD-Tabelle nach Excel

Wenn Sie eine AutoCAD-Tabelle nach Excel exportieren wollen, klicken Sie die Tabelle mit der rechten Maustaste an und wählen im Kontextmenü die Funktion EXPORTIEREN. Damit wird eine Datei mit der Endung *.CSV erstellt. Diese können Sie mit Excel einlesen. Dazu wählen Sie in Excel die Funktion DATEI|ÖFFNEN und wählen als Typ TEXTDATEIEN (*.PRN;*.TXT;*.CSV).

Excel-Tabelle nach AutoCAD

Um eine Excel-Tabelle in AutoCAD einzufügen, markieren Sie in Excel den Tabellenbereich. Dann drücken Sie [Strg]+[C], um die Tabelle in die Zwischenablage zu kopieren. Wechseln Sie zu AutoCAD und wählen Sie dort START|ZWISCHENABLAGE|EINFÜGEN▾|INHALTE EINFÜGEN. Im Dialogfeld wählen Sie EINFÜGEN und als TYP suchen Sie AUTOCAD-OBJEKTE aus. Nachdem Sie die Position für die Tabelle angeklickt haben, erscheint die Tabelle mit dem MTEXT-Editor zum Bearbeiten der Tabellenfelder. Sie können mit OK beenden.

Wenn Sie die Tabelle mit [Strg]+[V] einfügen, bleibt sie als OLE-Objekt eine Excel-Tabelle und kann mit Doppelklick wieder unter Excel bearbeitet werden. Eine Bearbeitung in Excel wird dann mit DATEI|SCHLIEßEN UND ZURÜCK ZU ... beendet. Diese Funktion kehrt zu AutoCAD zurück.

9.10.2 Direkte Datenverknüpfung zwischen Tabelle und Excel-Datei

Seit AutoCAD 2008 kann eine Tabelle mit dem Befehl TABELLE wie oben beschrieben *aus einer vorhandenen Excel-Datei* über eine *Datenverknüpfung* erzeugt werden und ist dann direkt mit ihr verknüpft. Auch wenn Sie mit EINFÜGEN|VERKNÜPFUNG & EXTRAKTION|DATEN EXTRAHIEREN (nicht LT) eine Tabelle *und* eine externe Excel-Datei erstellt haben, sind beide miteinander verknüpft. In diesen Fällen werden die AutoCAD-Tabellenfelder zunächst für Änderungen gesperrt, wie Sie bei einem Klick in ein Tabellenfeld sehen werden. Sie können aber dann über das Kontextmenü diese Sperrung wieder aufheben und das Feld bearbeiten.

Um eine geänderte Tabelle wieder mit der Excel-Datei abzugleichen, müssen Sie die ganze Tabelle anklicken und im dazugehörigen Kontextmenü die Option DATENVERKNÜPFUNGEN IN EXTERNE QUELLE SCHREIBEN wählen. Wenn Sie umgekehrt den Inhalt der eventuell geänderten Excel-Datei wieder in die AutoCAD-Tabelle übernehmen wollen, wählen Sie im gleichen Kontextmenü TABELLENDATENVERKNÜPFUNGEN AKTUALISIEREN.

Mit dieser Funktionalität steht Ihnen eine sehr flexible Tabellenverwaltung zur Verfügung. Voraussetzung dafür ist natürlich, dass Sie eine Excel-Lizenz besitzen.

Abb. 9.34: Übersicht der Tabellendatenverknüpfungen

9.11 Taschenrechner

Neben dem einfachen Rechner, der transparent jederzeit mit dem Befehl 'CAL bzw. 'KAL auch in laufenden Befehlen aktiviert werden kann, gibt es seit Version 2006 den Taschenrechner SCHNELLKAL. Er kann auch im laufenden Befehl transparent aktiviert werden und man kann die Rechenergebnisse in die Befehlszeile übertragen. Neben den Rechenfunktionen technisch wissenschaftlicher Rechner bietet er auch Geometrieverarbeitung an wie Schnittpunktberechnungen oder Winkelmessung. Seine Ergebnisse können auch in Schriftfelder mit Formeln eingearbeitet werden.

Zeichnen und Beschriftung	Icon	Befehl	Kürzel
START|DIENSTPROGRAMME|TASCHENRECHNER oder ANSICHT|PALETTEN|TASCHENRECHNER	🖩	SCHNELLKAL	SK

Die Standard-Geometrie-Funktionen des Taschenrechners sind:

- DEE Distanz zwischen Endpunkt-Endpunkt
- ILLE Schnittpunkt zwischen zwei Linien gegeben durch vier Endpunkte
- MEE Mittelpunkt zwischen zwei Endpunkten

Kapitel 9
Texte, Schriftfelder, Tabellen und Schraffuren

- NEE Lot auf eine Linie aus zwei Endpunkten
- VEE Vektor aus zwei Endpunkten
- VEEI Vektor aus zwei Endpunkten normiert auf Länge eins
- PHI ist das Verhältnis für den Goldenen Schnitt.

Abb. 9.35: Taschenrechner-Funktionen

Diese Funktionen können auch mit weniger Aufwand im einfachen Rechner 'CAL oder 'KAL aufgerufen werden.

Der Taschenrechner bietet die Möglichkeit, Variablen zu definieren. Einfache Variablen können mit einer Zuweisung der Art *Name=Rechenformel* definiert werden:

```
VXL=(36.5+150+24)
```

Solche Variablen können an der Befehlseingabe mit *!Name* verwendet werden:

```
Befehl: LINIE
LINIE Ersten Punkt angeben: 100,100
LINIE Nächsten Punkt angeben oder [Zurück]: <Ortho ein> !VXL
210.5
LINIE Nächsten Punkt angeben oder [Zurück]: ...
```

Diese einfachen Variablen sind aber nur für die aktuelle Sitzung in der aktuellen Zeichnung gültig. Mit der Zuweisung *$Name=Rechenformel* können globale Variablen definiert werden. Diese Variablen werden im Taschenrechner unten im Bereich Variablen verwaltet. Sie sind dann dauerhaft gültig, in anderen Zeichnungen und in zukünftigen Sitzungen.

```
$GX=(11.5+200+24)
```

Die Werte von globalen Variablen werden dann über den Taschenrechner mit der Option WERT IN BEFEHLSZEILE EINFÜGEN bei Befehlen verwendet.

9.12 Schraffur

Die Schraffur ist wie die Texte und Schriftfelder auch ein Objekt, das die BESCHRIFTUNGS-Eigenschaft besitzen kann und damit in jedem Ansichtsfenster des Layouts unabhängig vom Maßstab mit gleichem Schraffurabstand dargestellt werden kann. Sie können beim Befehl SCHRAFF die Schraffurgrenzen automatisch ermitteln lassen, indem Sie in eine geschlossene Kontur hineinklicken. AutoCAD bestimmt ausgehend von der angeklickten Bildschirmposition automatisch die nächste geschlossene Kontur, die diese Position einschließt. Nachdem die äußere Kontur eines Schraffurgebietes durch Hineinklicken berechnet wurde, wird normalerweise nach innen die nächste geschlossene Kontur als Insel erstellt. Auf gleiche Art und Weise werden weitere Inseln oder in diesen Inseln wieder zu schraffierende Gebiete ermittelt (Abbildung 9.36). Der Befehl startet daher auch mit der direkten Anfrage:

```
Befehl: _hatch
SCHRAFF Internen Punkt wählen oder [objekte Wählen Einstellungen]:
```

Die Schraffurdetails können hier entweder über eine *kontextabhängige Multifunktionsleiste* getätigt werden oder über die Einstellungen unter OPTIONEN↵, die das *Dialogfeld der Vorgängerversionen* anzeigt. Wenn Sie mit den vorgegebenen Einstellungen schraffieren wollen, brauchen Sie nun nur noch in das geschlossene Schraffurgebiet hineinzuklicken.

Kapitel 9
Texte, Schriftfelder, Tabellen und Schraffuren

Zeichnen und Beschriftung	Icon	Befehl	Kürzel
START|ZEICHNEN|SCHRAFFUR		SCHRAFF, GSCHRAFF	SCH, GS
START|ZEICHNEN ▾ |ABSTUFUNG		ABSTUF	ABS
START|ÄNDERN ▾ |SCHRAFFUR BEARBEITEN		SCHRAFFEDIT	SE

> **Hinweis**
>
> **Schraffurgrenzen**
>
> Bei Erzeugung einer Schraffur müssen die Grenzen möglichst vollständig auf dem Bildschirm liegen, sonst meldet AutoCAD *Keine gültige Schraffurumgrenzung gefunden.* Um das zu vermeiden, können Sie *vor* der Umgrenzungsbestimmung (5.) unter UMGRENZUNGEN ▾ mit der Schaltfläche NEUEN UMGRENZUNGSSATZ AUSWÄHLEN die Umgrenzungsobjekte vorwählen. Auch dürfen Lücken in der Schraffur auftreten, wenn Sie diese unter OPTIONEN\|ABSTANDSTOLERANZ zugelassen haben. Nachträglich können Sie die Umgrenzung noch durch weitere Objekte wie Texte, die als Inseln wirken sollen, mit UMGRENZUNGEN\|WAHL ergänzen.

Abb. 9.36: SCHRAFF-Befehl

Der Schraffurbefehl ist im Laufe der Jahre sehr komfortabel geworden. Er erkennt nicht nur automatisch die Konturen als Grenzen und Inseln, sondern auch *Textobjekte, Bemaßungstexte* und *Blöcke.* Hinzu kommt noch, dass die Schraffur assoziativ ist (Abbildung 9.38) und sich somit bei Modifikation der Grenzen automatisch mit ändert. Schraffureigenschaften wie MUSTER, WINKEL und SKALIERUNG können editiert werden. Der Winkel, den Sie hier angeben, ist ein zusätzlicher Winkel, der sich zum Originalwinkel des Musters addiert.

Die verfügbaren Muster verwenden außerdem vorgegebene Schraffurgrößeneinstellungen aus der Datei **acadiso.pat**. Die ursprünglichen Linienabstände können Sie eigentlich nur durch Analyse der Musterdatei erfahren. Dort finden Sie für ANSI31 beispielsweise 3.1 Zeicheneinheiten, bei den ACADISO-Schraffuren 5 und beim Fliesenmuster AR-B88 gar 203 Zeicheneinheiten. Um nachher einen bestimmten Schraffurabstand zu erzielen, müssen Sie deshalb für SKALIERUNG den richtigen Faktor eingeben, der je nach Muster stark variieren kann. Für Fliesenmaße von 10 cm Seitenlänge ergibt sich dann als Faktor für die AR-B88-Fliesen: 0.0492126, und für das AR-HBONE-Parkett: 0.0984252.

Abb. 9.37: Schraffur mit automatischer Inselerkennung

Abb. 9.38: Assoziativität der Schraffur bei unterschiedlich gestreckten Formen

Kapitel 9
Texte, Schriftfelder, Tabellen und Schraffuren

Für Bauzeichnungen ist auch das Schraffurmuster SOLID interessant, das eine vollständige Füllung der Objekte bewirkt. ANSI33 ist für Beton verwendbar. Interessant sind auch die übrigen Muster, die alle unter der Gruppe MUSTER zu finden sind.

Abb. 9.39: Verschiedene Muster: SOLID, ANSI33, FLIESEN, PARKETT

Für das Auslegen von Fußböden mit Fliesen ist es interessant, den Nullpunkt gezielt angeben zu können. Das können Sie über URSPRUNG|URSPRUNG DEFINIEREN erreichen. Weitere Optionen für die Festlegung des Schraffurursprungs sind unter URSPRUNG zu finden:

- UNTEN LINKS, UNTEN RECHTS, OBEN LINKS, OBEN RECHTS – definiert den Ursprung über eine der 4 Ecken Ihres Schraffurbereichs. Wenn das Schraffurgebiet nicht rechteckig ist, denken Sie es sich zum Rechteck ergänzt.
- ZENTRUM – definiert den Ursprung über den Mittelpunkt Ihres Schraffurbereichs.
- AKTUELLEN URSPRUNG WÄHLEN – verwendet den zuletzt als Vorgabe-Ursprung definierten Punkt.
- ALS VORGABE-URSPRUNG SPEICHERN – speichert diesen Ursprungspunkt, damit Sie ihn beim nächsten Mal mit der Option AKTUELLEN URSPRUNG WÄHLEN weiterbenutzen können.

Interessant sind noch die verschiedenen Modi zur Inselerkennung. Sie finden diese unter OPTIONEN:

- NORMALE INSELERKENNUNG – schraffiert wird vom Klickpunkt aus gesehen zwischen der Außenkontur und der nächsten Insel innen. Liegt darin eine weitere Insel, wird diese wieder schraffiert usw.

- ÄUSSERE INSELERKENNUNG – schraffiert wird vom Klickpunkt aus gesehen nur zwischen der Außenkontur und der nächsten Insel innen.
- INSELERKENNUNG IGNORIEREN – Inseln werden hierbei ignoriert und die Schraffur geht dann darüber hinweg. Diese Inselerkennung kann später aber noch editiert werden, also in eine der obigen Optionen umgewandelt werden.
- KEINE INSELERKENNUNG – Inseln werden hierbei komplett ignoriert und das lässt sich später auch nicht mehr ändern.

Unter den EIGENSCHAFTEN können Sie auch die Schraffur-FARBE unabhängig vom Layer festlegen, außerdem eine Farbe für den HINTERGRUND und auch die TRANSPARENZ der Schraffur. Es ist beispielsweise nützlich, falls Sie Vollschraffuren mit dem Muster KOMPAKT bzw. SOLID zur Andeutung der Flächennutzung verwenden, dass Sie diese mit TRANSPARENZ durchsichtig gestalten können.

9.12.1 Assoziativität der Schraffur

Die Schraffur in AutoCAD ist standardmäßig *assoziativ*, das heißt, sie kennt ihre Grenzobjekte und passt sich bei deren Veränderung an. So können Sie beispielsweise wie in Abbildung 9.40 nach dem Schraffieren noch das WC verschieben, wobei sich die Schraffur ohne zusätzlichen Aufwand automatisch anpasst. Wenn Sie das nachvollziehen, achten Sie darauf, dass Sie nur die Objekte zum Verschieben wählen, die zum WC gehören. Sollten Sie nämlich aus Versehen die Schraffur selbst wählen, dann verliert sie die Assoziativität. Die Schraffur selbst dürfen Sie also nicht verschieben, nur deren Grenzobjekte. Bei zu großen Veränderungen in der Schraffurumgrenzung wird meist die Assoziativität verloren gehen. Bei einer Schraffur *ohne* Assoziativität können Sie dann die Grenzkurven auch mit den Griffen bearbeiten wie bei der Polylinie.

Abb. 9.40: Beispiel für Assoziativität der Schraffur

> **Hinweis**
>
> **Objektwahlverknüpfung zwischen Schraffur und Grenze**
>
> Es gibt im ANWENDUNGSMENÜ unter OPTIONEN auf der Karteikarte AUSWAHL unter der Überschrift AUSWAHLMODI die harmlos klingende Option ASSOZIATIV-SCHRAFFUR. Ein Häkchen hier bewirkt, dass bei jeder Objektwahl Ihrer Assoziativschraffur auch gleich die dazugehörigen Grenzobjekte mitgewählt werden. Das ist besonders fatal, wenn Sie nur mal so Ihre Schraffur löschen wollen. Dann ist in unseren Beispielen auch gleich das halbe Badezimmer weg! Sie sollten am besten hier das Häkchen herauslassen.

> **Hinweis**
>
> **Sichtbarkeit von Schraffuren**
>
> Der Befehl FÜLLEN schaltet nicht nur für die Objekte RING, BAND, SOLID und POLYLINIE die Flächenfüllung ein und aus, sondern steuert auch die Anzeige von Schraffuren. Die Befehle RING, BAND, SOLID und PLINIE erzeugen an sich gefüllte Objekte. Wenn jedoch über den Befehl FÜLLEN diese Füllung ausgeschaltet ist, erscheinen nur deren Randkurven und einige zusätzliche Linien, die die Füllung andeuten. Das Umschalten mit FÜLLEN wird immer erst sichtbar, nachdem Sie den Befehl REGEN, Kürzel RG gegeben haben.

9.12.2 Benutzerdefinierte Schraffur

Während die normale oben beschriebene Schraffur vorgegebene Muster mit vorgegebenen Schraffurgrößeneinstellungen aus der Datei **acadiso.pat** verwendet, gibt es auch die Möglichkeit, eine einfache benutzerdefinierte Schraffur direkt mit *selbst eingestelltem Abstand und Winkel* zu erstellen. Sie aktivieren solch eine Schraffur, indem Sie in der Gruppe MUSTER die Musterpalette bis ganz unten aufblättern und dort BENUTZERDEFINIERT wählen. Bei dieser Schraffurart wird auf keine Musterdatei mit gegebenen Abständen zurückgegriffen, sondern Sie geben in der Gruppe EIGENSCHAFTEN unter WINKEL und SCHRAFFURABSTAND direkt den absoluten Winkel und den absoluten Abstand ein. Bei EIGENSCHAFTEN▼|DOPPELT wird zusätzlich eine Kreuzschraffur angeboten.

9.12.3 Schraffur mit Farbverlauf

Sie können im Schraffur-Dialog unter EIGENSCHAFTEN statt **Muster** auch **Abstufung** wählen, um eine Schraffur mit Farbverlauf zu erzeugen. Alternativ gibt es den Aufruf START|ZEICHNEN|SCHRAFFUR▼|ABSTUFUNG. Sie können alternativ auch einfach das Musterfeld der normalen Schraffur komplett aufblättern und aufziehen, um alle Muster inklusive der Verlaufsschraffuren zu sehen. Verlaufsschraffuren können einfarbig oder zweifarbig gestaltet werden. Die Farben können über die Farbwahl und weiter über FARBEN AUSWÄHLEN aus den Quellen INDEXFARBE, TRUE-COLOR oder FARBBÜCHER (RAL, PANTONE) ausgewählt werden. Winkel und Zentrierung können variiert werden.

Abb. 9.41: Verlaufsschraffur

> **Tipp**
>
> **Schraffuren in den Hintergrund**
>
> Für Schraffuren ist es wichtig, eine Option zu haben, die sie hinter andere Objekte wie etwa Texte in den Hintergrund legt. Der Befehl dazu heißt HATCHTOBACK.

Zeichnen und Beschriftung	Icon	Befehl	Kürzel
START|ÄNDERN ▼ |ZEICHNUNGSREIHENFOLGE| SCHRAFFUREN NACH HINTEN		HATCHTOBACK	HB

9.12.4 SCHRAFFEDIT

Schraffureigenschaften wie Muster, Winkel und Skalierung können nachträglich editiert werden. Sie können die Schraffur jederzeit mit dem Befehl SCHRAFFEDIT oder mit START|ÄNDERN ▼|SCHRAFFUR editieren. Noch schneller startet der Schraffureditor automatisch bei einem Doppelklick auf die Schraffur. Ihnen steht dann wieder die Dialogfläche des Schraffurbefehls zur Verfügung. Für einfache Änderungen können Sie die Schraffur anklicken und dann den multifunktionalen Griff am Schwerpunkt mit den Funktionen STRECKEN, AUSGANGSPUNKT, SCHRAFFURWINKEL und SCHRAFFURSKALIERUNG nutzen.

Insbesondere können Sie hier auch nachträglich noch Inseln zur Schraffur hinzufügen. Das ist wichtig, wenn Sie nach Erstellen der Schraffur noch Texte oder Bemaßungen erzeugt haben, die über der Schraffur liegen. Diese Objekte können Sie dann noch aus der Schraffur aussparen, indem Sie HINZUFÜGEN: OBJEKTE AUSWÄHLEN verwenden und die Texte oder Bemaßungen anklicken.

Die Schraffurumgrenzungen ohne Assoziativität lassen sich nach *Anklicken* nachträglich noch bearbeiten wie eine Polylinie. Es können also Segmente hinzugefügt

Kapitel 9
Texte, Schriftfelder, Tabellen und Schraffuren

und entfernt werden, Liniensegmente in Bögen und umgekehrt Bögen in Linien umgewandelt werden.

9.12.5 Schraffieren mit Werkzeugpaletten

Auch die Werkzeugpaletten unter ANSICHT|PALETTEN|WERKZEUGPALETTEN können benutzt werden, um Schraffuren nach der Drag&Drop-Methode in ein Schraffurgebiet zu ziehen. Es gibt bereits eine vorbereitete Palette SCHRAFFUREN.

Bereits in der Zeichnung vorhandene Schraffuren können in eine Palette gebracht werden:

- Zuerst klicken Sie die Schraffur an,
- dann wählen Sie nach einem Rechtsklick im Kontextmenü KOPIEREN,
- dann klicken Sie die Palette an und
- wählen nach Rechtsklick im Kontextmenü EINFÜGEN.

Ein solches Werkzeug in der Palette können Sie nach Rechtsklick über die Option EIGENSCHAFTEN auch noch bearbeiten.

Die Schraffurmuster in der Werkzeugpalette lassen sich auch über Winkel und Skalierungsfaktor noch anpassen. Sie können hier auch Muster kopieren und umbenennen und damit ganz individuell an Ihre Wünsche anpassen. Hierbei können Sie auch schon den Layer bestimmen, auf dem die Schraffur dann eingefügt wird.

Abb. 9.42: Schraffurparameter auf Palette einstellen

9.12.6 Schraffuren spiegeln

Es ist möglich, Schraffuren zu spiegeln, ohne dass die Richtung der Schraffurlinien mitgespiegelt wird. Dafür ist die Systemvariable MIRRHATCH auf den Vorgabewert **0** gesetzt. Das erlaubt nun auch, bei Schnitten durch Drehteile zunächst nur eine Hälfte zu zeichnen und dann die Kontur mitsamt Schraffur zu spiegeln, um den Vollschnitt zu erhalten (Abbildung 9.43). MIRRHATCH mit Wert **1** würde auch die Schraffurrichtung spiegeln.

Abb. 9.43: Spiegeln von Konturen mitsamt Schraffur beim Drehteil

9.12.7 Schraffuren stutzen

Im Prinzip können Sie Schraffuren auch stutzen. Sie sollten zum Stutzen die Schnittkanten einzeln wählen. Bei der Schnittkantenoption ALLE WÄHLEN kann das Ergebnis ggf. auch sehr überraschend sein.

Abb. 9.44: Gestutze Schraffur

9.13 Übungen

9.13.1 Textstile

Starten Sie eine neue Zeichnung, richten Sie einen Layer TEXT 3.5 für Texte ein und schalten Sie ihn aktuell. Richten Sie fünf Textstile mit der Option BESCHRIFTUNG wie folgt ein:

Name	Schrift	Höhe	Breitenfaktor	Neigungswinkel
Normal	isocp.shx	3.5	1	0
Klein	isocp.shx	2.5	1	0
Groß	isocp.shx	5	1	0
Sonder	Gothicg.shx	10	1.2	0
Maße	ISOCPEUR.TTF	0	1	0

Testen Sie die Schriften bei verschiedenen Beschriftungsmaßstäben.

9.13.2 Namensschild

Konstruieren Sie sich ein Namensschild. Zeichnen Sie dazu eine Ellipse mit dem Befehl ELLIPSE oder dem Menü ZEICHNEN|ELLIPSE:

```
Befehl: ○_ellipse
ELLIPSE Achsenendpunkt der Ellipse angeben oder [Bogen Zentrum]: Z[Enter]
ELLIPSE Zentrum der Ellipse angeben: 100,50[Enter]
ELLIPSE Achsenendpunkt angeben: @100,0[Enter]
ELLIPSE Abstand zur anderen Achse oder [Drehung] angeben: @0,20[Enter]
Befehl: AI_dtext
Aktueller Textstil: "Standard"  Texthöhe: 2.5000
TEXT Startpunkt des Texts angeben oder [Position Stil]: P[Enter]
TEXT Option eingeben [Ausrichten Einpassen Zentrieren MIttel Rechts OL OZ OR ML MZ MR UL UZ UR]: MI[Enter]
TEXT Mittelpunkt des Texts angeben: ⊙_cen von Ellipse anklicken.
TEXT Drehwinkel des Texts angeben <0>: [Enter]
Text eingeben: Rumpelstilzchen[Enter]
Text eingeben: [Enter]
```

Abb. 9.45: Übungstext

9.13.3 Stapeln mit MTEXT

Versuchen Sie, die in der Abbildung 9.46 dargestellten Texte zu erzeugen. Verwenden Sie die Zeichen **/ # ^** zum Stapeln. Achten Sie bitte darauf, dass das Zeichen ^ erst erscheint, wenn Sie danach das nächste Zeichen eingegeben haben.

```
Stapel-Beispiele:                          A = 1½ +⁷⁄₂

1/20 entsteht aus 1/20                     A = 1½ +⁷⁄₂

½0 entsteht aus 1#20                       100,00⁺⁰,⁰¹₋₀,₀₂

1/20 entsteht aus 1^20                     100,00  H7
                                                   g6
```

Abb. 9.46: Übungstexte mit Stapeln

9.13.4 Texte importieren mit MTEXT

Schreiben Sie einen Standardtext, den Sie in jeder Zeichnung brauchen, mit dem Windows-Texteditor. Starten Sie den Editor mit dem Befehl NOTEPAD und geben Sie einen sinnvollen Dateinamen ein. Schreiben Sie den Text und speichern Sie ihn. Importieren Sie diesen Text mit MTEXT **A** nach AutoCAD, ändern Sie die Farbe in Rot und positionieren Sie ihn unter 30° an beliebiger Stelle. Hier der Text mit absichtlichen Fehlern für die Rechtschreibprüfung:

```
Diese Zeichng derf nihct kapiert werden.
Olle Rächte vorbehalten.
Saus und Braus GmbH
```

9.13.5 Rechtschreibprüfung

Jagen Sie nun die RECHTSCHREIB-PRÜFUNG über alle Ihre Texte. Das Programm wird einiges finden, alles jedoch kann es nicht finden.

- Für `Zeichng` bietet die Rechtschreibprüfung nicht den richtigen Ersatz an, weil die Abweichung in der Länge zu groß ist. Geben Sie also `Zeichnung` ein und klicken Sie auf ÄNDERN.
- Bei `derf` statt `darf` wird das Programm mehrere Wörter anzeigen. Das richtige Wort ist das zweite. Klicken Sie es an und danach ÄNDERN.
- Bei dem Dreher in `nihct` wird das richtige Ersatz-Wort angeboten. Sie klicken nur noch auf ÄNDERN.
- Das Wort `kapiert`, das eigentlich `kopiert` heißen sollte, gibt es im Wörterbuch, sodass es nicht moniert wird.

- Das Wort Olle statt Alle scheint wieder im Wörterbuch vorhanden zu sein.
- Bei Rächte kommt keine Meldung, weil es als Verb rächte vorhanden ist.

9.14 Übungsfragen

1. Mit welchem Befehl können Sie die Textanzeige auf die Textberandung reduzieren?
2. Mit welchem der Befehle DTEXT A oder MTEXT A können Sie *im* Befehl die Bildschirmposition wechseln?
3. Wie geben Sie die Sonderzeichen für Durchmesser, Grad und Plus-Minus ein?
4. Wann erzeugt MTEXT A einen automatischen Umbruch und wann schreibt man notfalls über die Grenzen der Textbox hinaus?
5. In welchen Objekten sucht die allgemeine Suchfunktion BESCHRIFTEN|TEXT|TEXT SUCHEN ?
6. Wo hat man Zugriff auf das Benutzerwörterbuch?
7. Welche Option von DTEXT A verwenden Sie, um einen Text genau mittig in ein Rechteck einzupassen?
8. Sie geben mit DTEXT A einen mehrzeiligen Text ein. Auf welche Zeile beziehen sich die Positionierungsangaben?
9. Mit welchem Textbefehl können Sie einen ganzen Absatz rechtsbündig schreiben?

Kapitel 10

Parametrik (in LT nur passiv)

Seit Version 2010 gibt es die Möglichkeit, Konstruktionen mit Parametern zu versehen, um damit auf einfache und schnelle Art Variantenkonstruktionen zu erhalten. Sie können in der Vollversion Ihre Konstruktion mit Abhängigkeiten versehen, die einerseits die Geometrieelemente miteinander in festgelegte Beziehung setzen, andererseits die Bemaßungen betreffen. In der LT-Version können Sie keine parametrischen Objekte erzeugen, wohl aber die Objekte aus der Vollversion für Parameteränderungen benutzen.

Abb. 10.1: Variantenteil mit Bemaßungsabhängigkeiten

Ein typisches Beispiel sehen Sie in Abbildung 10.1. Es zeigt ein Teil, das in verschiedenen Größen gebraucht wird. Nun kann man das eben nicht mit dem Befehl VARIA bzw. START|ÄNDERN|SKALIEREN allein erreichen. Dabei würde nämlich das gesamte Teil mit einem einzigen Faktor skaliert werden. Es würden zum Beispiel die Bohrungen bei Skalierung von Schenkellänge 60 auf 52,5 einen Radius von 3*52,5/60=2,625 bekommen. Es soll aber beispielsweise so skaliert werden, dass die Breite der Schenkel stets 1/5 der Länge beträgt. Die Breite soll eine Ganzzahl sein, und zwar die nächstkleinere. So ergibt sich bei Schenkellänge 52,5 zunächst eine Breite von 10,5 und daraus als nächstkleinere Ganzzahl die 10. Der Radius soll stets 1/4 der Breite sein, aber auch eine Ganzzahl, hier auch die nächstkleinere. Damit ergibt sich aus Breite 15 zunächst ein Radius von 3,75 und daraus dann 3 als nächstkleinere Ganzzahl. So etwas ist nur über rechnerische Verknüpfung und Benutzung von Formeln innerhalb der Bemaßungen möglich. Dazu brauchen Sie die Parametrisierung.

Kapitel 10
Parametrik (in LT nur passiv)

Abb. 10.2: Positionieren eines Teils mit fixierten geometrischen Abhängigkeiten über *einen einzigen* Griff

Abbildung 10.2 zeigt die Verschiebung des Flachwinkels über einen einzigen Griff. Bei einer normalen Konstruktion würde sich dadurch nur die eine angewählte Linie bearbeiten lassen, und zwar wäre in diesem Fall das Strecken der Linie über den Griff am Ende möglich. Hier aber wandert die gesamte Konstruktion mit, weil geometrische Abhängigkeiten zwischen den Linien und Kreisen der Konstruktion vorhanden sind, die den Zusammenhalt gewährleisten. Sie können diese Konstruktion fast an jedem Griff an jedem Einzelobjekt packen und auf eine neue Position ziehen. Ähnliches ist sonst nur mit vorher zu einem Gesamtteil zusammengefügten Blöcken möglich, die im nächsten Kapitel vorgestellt werden. Aber das hier ist gar kein Block. Hier aber handelt es sich um einzelne Linien, Bögen und Kreise, deren gegenseitige geometrische Abhängigkeiten festgelegt (Abbildung 10.3) sind und damit fast das ganze Teil immer in die gleiche geometrische Form zwingen.

Die LT-Version kann zwar Konstruktionen mit Abhängigkeiten verwalten, aber keine neuen Abhängigkeiten erstellen. Somit ist also gewährleistet, dass die in der Vollversion erstellten parametrischen Variantenteile in der LT-Version benutzt werden können und auch über die Parameterlisten als Varianten verändert werden können. Nur neue Abhängigkeiten lassen sich eben nicht mit der LT-Version hinzufügen, auch bestehende nicht entfernen.

Kapitel 10
Parametrik (in LT nur passiv)

Abb. 10.3: Symbole für die geometrischen Abhängigkeiten

Abb. 10.4: Register PARAMETRISCH mit Grundeinstellungen in der Vollversion

In den Registern von Voll- und LT-Version (Abbildung 10.4, Abbildung 10.5) ist klar zu erkennen, dass in der LT-Version die Werkzeuge zum Erstellen von geometrischen Abhängigkeiten und Bemaßungsabhängigkeiten fehlen.

Kapitel 10
Parametrik (in LT nur passiv)

Abb. 10.5: Register PARAMETRISCH in der LT-Version

10.1 Geometrische Abhängigkeiten

Es gibt insgesamt 12 geometrische Abhängigkeiten, Sie finden eine Liste der möglichen Abhängigkeiten, wenn Sie auf das Pfeilsymbol ↘ bei PARAMETRISCH|GEOMETRISCH klicken. Dort können Sie nämlich einstellen, welche Abhängigkeiten ggf. automatisch an Ihre Objekte angehängt werden sollen, wenn Sie auf den Button AUTO-ABHÄNGIGKEIT klicken.

Abb. 10.6: Verfügbare geometrische Abhängigkeiten

Neu seit Version 2011 ist in der Statusleiste der Vollversion die Zeichenhilfe ABLEITEN. Damit wird die automatische Ableitung von geometrischen Abhängigkeiten aktiviert. Sowie Sie etwas zeichnen, prüft AutoCAD, welche absoluten Abhängigkeiten oder zur bisherigen Zeichnungsgeometrie relativen Abhängigkeiten erkannt werden können.

- LOTRECHT – Mit LOTRECHT können Sie Linien oder Liniensegmente von Polylinien senkrecht zu anderen Linien oder Liniensegmenten stellen. Das erste gewählte Objekt gibt dabei die Richtung an, zu der dann das zweite Objekt lotrecht gestellt wird. Das zweite Objekt wird also gedreht. Der Drehpunkt ist dabei dasjenige Linienende bzw. Segmentende, das der Objektwahlposition am nächsten liegt. In Abbildung 10.7 wurde die untere Linie immer zuerst gewählt, dann die schräge Linie oder das schräge Polyliniensegment darüber jeweils am unteren Ende.

Abb. 10.7: Abhängigkeit LOTRECHT

- HORIZONTAL – HORIZONTAL ist eine absolute Ausrichtung und stellt ein Liniensegment oder lineares Polyliniensegment im absoluten Sinn horizontal, also in Richtung der x-Achse. Bei Drehung des Koordinatensystems mit dem Befehl BKS wird eine derart ausgerichtete Linie nicht mitgedreht. Sie bleibt horizontal in dem ursprünglichen Koordinatensystem. Es wird wieder um das Linienende gedreht, in dessen Nähe Sie das Objekt gewählt haben. In Abbildung 10.8 wurde die schräge Linie am unteren Ende gewählt, das Polyliniensegment am oberen Ende. Mit der Option PUNKTE können auch zwei Punktpositionen horizontal zueinander ausgerichtet werden.

Abb. 10.8: Abhängigkeit HORIZONTAL

- TANGENTIAL – Diese Abhängigkeit ist auf die Kombination zwischen Kreisen, Bögen, Ellipsen und Linien beschränkt. Es werden beide Objekte angeklickt. Das zuerst gewählte bleibt in seiner Lage fixiert (in Fall A die Linie, in Fall B der Kreis, der Bogen und die Ellipse), das zweite Objekt wird derart verschoben, dass es direkt tangential berührt, falls die Länge ausreicht, oder dass seine Verlängerung berührt. Der letzte Zustand ist in Fall A (Abbildung 10.9) beim Bogen zu sehen. Der Bogen berührt die Linie nicht direkt, aber seine Verlängerung würde berühren.

Kapitel 10
Parametrik (in LT nur passiv)

> **Wichtig**
>
> Die Abhängigkeit TANGENTIAL schließt wohlgemerkt nicht die Abhängigkeit ZUSAMMENFALLEND (Koinzident) ein. Wenn Sie die Endpunkte *und* die Tangentenrichtungen zusammenbringen wollen, müssen Sie ZUSAMMENFALLEND *und* TANGENTIAL anwenden.

Abb. 10.9: Abhängigkeit TANGENTIAL

> **Tipp**
>
> **Tangente auf Kreis**
>
> Um eine Linie tangential an einen Kreis anzuschmiegen, brauchen Sie einerseits natürlich TANGENTIAL, aber danach liegt der Linienendpunkt noch nicht auf dem Kreis. Zusätzlich brauchen Sie noch KOINZIDENT zwischen Linienendpunkt und Kreis. Damit Sie nicht das Kreiszentrum, sondern einen Punkt auf der Kreisperipherie erhalten, müssen Sie in der Funktion dann übers Rechtsklick-Menü die Option OBJEKT wählen und dann erst den Kreis anklicken. Über die Reihenfolge bestimmen Sie, was verschoben oder variiert wird: das zuletzt gewählte Objekt.

- KOLLINEAR – Mit KOLLINEAR können Sie Linien fluchtend ausrichten. Die erste Linie bestimmt die Richtung, die zweite wird ausgerichtet. Die zweite Linie wird mit dem nächstliegenden Punkt auf die Verlängerung der ersten Linie verschoben und dann um diesen Punkt in die Richtung gedreht.

Abb. 10.10: Abhängigkeit KOLLINEAR

- SYMMETRISCH – Die Abhängigkeit SYMMETRISCH kann Objekte symmetrisch bezüglich einer wählbaren Achse ausrichten (Fall A). Das erste Objekt gibt bei einem Kreis *Lage und Radius* vor, bei einer Linie den nächsten *Endpunkt und die Richtung*. Mit der Option 2 PUNKTE wird ein Punkt auf dem ersten Objekt vorgegeben, zu dem ein entsprechender Punkt des gegenüberliegenden Objekts symmetrisch ausgerichtet wird (Fall B). Hier werden also nur Mittelpunkt beim Kreis und Endpunkt bei der Linie symmetrisch angelegt. Ansonsten bleiben Radius beim Kreis und zweiter Endpunkt bei der Linie unterschiedlich. Bei Anklicken des Abhängigkeitssymbols werden auch die Punkte markiert, die jeweils ausgerichtet wurden.

Abb. 10.11: Abhängigkeit SYMMETRISCH

- ZUSAMMENFALLEND – Mit dieser Abhängigkeit werden Punkte des zweiten Objekts exakt auf entsprechende Punkte des ersten Objekts verschoben. Bei Linien und Kreisen geht das Objekt mit, bei Polylinien wird das Segment mit dem zuzuordnenden Punkt verschoben. Die zugeordneten Punkte werden mit einem kleinen blauen Kästchen markiert.

Abb. 10.12: Abhängigkeit ZUSAMMENFALLEND

Tipp

Die Abhängigkeit ZUSAMMENFALLEND kann auch mit der Option OBJEKT erzeugt werden. Setzen Sie beispielsweise mit ZUSAMMENFALLEND den Mittelpunkt eines Kreises auf eine Linie. Damit der Mittelpunkt *nicht* auf einen konkreten Punkt wie Endpunkt oder Mittelpunkt fixiert wird, müssen Sie vor Anklicken der Linie die Option OBJEKT wählen und dann erst die Linie anklicken. Damit ist der Kreis auf der Linienrichtung fixiert, kann aber entlang der Linie bewegt werden.

Kapitel 10
Parametrik (in LT nur passiv)

- PARALLEL – Das zuerst angeklickte Objekt gibt die Richtung vor, zu der das zweite parallel ausgerichtet wird. Das zweite Objekt wird dabei um den Punkt gedreht, der dem Objektwahlpunkt am nächsten liegt.

Abb. 10.13: Abhängigkeit PARALLEL

- VERTIKAL – Wie bei HORIZONTAL wird auch bei VERTIKAL eine Linie absolut im aktuellen Koordinatensystem senkrecht gestellt (Fall A). Es wird wieder um den Punkt gedreht, der der Objektwahl am nächsten liegt. Mit der Option 2 PUNKTE können auch die Punkte von zwei Objekten senkrecht zueinander ausgerichtet werden. Dazu wird das zweite Objekt in x-Richtung verschoben, sodass der betreffende Punkt über dem vorgegebenen Punkt des ersten Objekts liegt (Fall B).

Abb. 10.14: Abhängigkeit VERTIKAL

- GLATT (G2) – Dies ist eine spezielle Abhängigkeit für Splinekurven. Damit wird sichergestellt, dass die Splinekurve die gleiche *Krümmung* an dem betreffenden Ende bekommt wie eine wählbare Nachbarkurve. Sie wählen zuerst ein Ende einer Splinekurve. Danach wählen Sie eine anzuschließende Kurve. Im Beispiel wurde links eine Linie als Anschlusskurve gewählt. Eine Linie hat die Krümmung null. Entsprechend wird die Krümmung der Splinekurve an dem Ende dann auch auf null gesetzt.

Abb. 10.15: Abhängigkeit GLATT (G2)

10.1 Geometrische Abhängigkeiten

Am anderen Ende wurde ein Kreisbogen als Anschlussobjekt gewählt. Er hat einen definierten Radius. In diesem Fall werden sowohl der Kreisbogen als auch die Splinekurve mit ihrer Krümmung am betreffenden Ende gleichgesetzt.

- KONZENTRISCH – Hiermit können Sie alles, was ein Zentrum besitzt, mit diesem Zentrum übereinander schieben. Im Beispiel wurden Kreise, ein Bogen und auch eine Ellipse mit ihrem Zentrum übereinander gesetzt.

Abb. 10.16: Abhängigkeit KONZENTRISCH

- GLEICH – Hiermit werden Bögen und Kreise bezüglich ihres *Radius* gleichgesetzt, Linien werden auf gleiche *Länge* gebracht.

Abb. 10.17: Abhängigkeit GLEICH

- FEST – Die letzte Abhängigkeit fixiert Punkte von Objekten auf eine absolute Koordinatenposition. Sie können dann beispielsweise das Objekt mit den Griffen noch modifizieren, den fixierten Punkt aber nicht mehr verschieben. Mit der Option OBJEKT lässt sich auch das ganze Objekt fixieren, damit wäre beim Kreis neben dem Mittelpunkt auch der Radius festgelegt. Bei der Linie wäre dann die Richtung des Objekts fixiert.

Kapitel 10
Parametrik (in LT nur passiv)

Abb. 10.18: Abhängigkeit FEST

Die Abhängigkeiten PARALLEL, LOTRECHT, KOLLINEAR, HORIZONTAL und VERTIKAL können auch auf die Haupt- und Nebenachsen von Ellipsen und auf den Textwinkel angewendet werden. Linien- und Poliniensegmente gleicher Länge sowie gleiche Bogen- und Kreisradien werden auch automatisch erkannt.

10.1.1 Auto-Abhängigkeit

Wenn Sie nicht schon in der Statusleiste die Erkennung der Abhängigkeiten beim Zeichnen über ABHÄNGIGKEITEN ABLEITEN aktiviert haben, können Sie auch später für alle betreffenden Objekte mit der Funktion AUTO-ABHÄNGIGKEIT die Abhängigkeiten automatisch erkennen lassen. Zusätzlich können Sie natürlich jederzeit mit den Werkzeugen zur geometrischen Abhängigkeit einzelne Abhängigkeiten erstellen.

Welche Abhängigkeiten automatisch erkannt werden, kann in den ABHÄNGIGKEITEN-EINSTELLUNGEN angegeben werden. Zusätzlich dazu können Sie noch angeben, ob Abhängigkeit TANGENTIAL einen gemeinsamen Schnitt- oder Endpunkt voraussetzt (Abbildung 10.19). Im nachfolgenden Beispiel des Hebels wurde diese restriktive Bedingung ausgeschaltet. Auch bei der Abhängigkeit LOTRECHT können Sie wählen, ob sie an einen gemeinsamen Schnitt- oder Endpunkt gebunden werden soll. Die geometrischen Toleranzen für ABSTAND und WINKEL legen fest, unterhalb welcher Schwelle Positionen und Winkel als identisch angesehen werden. Die Voreinstellungen sind sinnvolle Werte für normale Konstruktionen.

Zeichnen und Beschriftung	Symbol	Befehl
PARAMETRISCH|GEOMETRISCH|AUTO-ABHÄNGIGKEIT		AUTOABHÄNG
PARAMETRISCH|GEOMETRISCH|AUTO-ABHÄNGIGKEIT↘		ABHÄNGEINST

Wenn Sie die Konstruktion nach Abbildung 10.20 erstellen und dann mit der Funktion AUTO-ABHÄNGIGKEITEN alle Objekte wählen, werden die angezeigten Abhängigkeiten hinzugefügt. Diese stellen sicher, dass die Grundform des Teils bei Deformationen über die Griffe zwar das Teil verzerrt (Abbildung 10.21), aber die grundlegende Form beibehalten wird. Wenn Sie weitere Einschränkungen für die Verformung vorgeben wollen, dann müssen Sie zusätzlich zu den geometrischen noch Bemaßungsabhängigkeiten erstellen.

Abb. 10.19: Einstellungen für automatische geometrische Abhängigkeiten

Abb. 10.20: Konstruktion mit automatisch hinzugefügten geometrischen Abhängigkeiten

Kapitel 10
Parametrik (in LT nur passiv)

Abb. 10.21: Verzerren der Konstruktion über die Griffe

Wenn Sie später Änderungen an der Geometrie vornehmen, die mit den existierenden Abhängigkeiten nicht verträglich sind, werden Sie eventuell gefragt, ob Sie die Abhängigkeiten abschwächen möchten. Wenn Sie das tun, werden die störenden Abhängigkeiten ausgeschaltet. So können Sie dann beispielsweise eine waagerechte Linie drehen.

10.2 Bemaßungsabhängigkeiten

Über die Bemaßungsabhängigkeiten können Sie bestimmte Maße fest vorschreiben und sogar über Formeln die Werte verschiedener Maße miteinander verknüpfen. Sie finden die Befehle dazu unter dem Register PARAMETRISCH, Gruppe BEMAßUNG.

Zeichnen und Beschriftung	Symbol	Befehl
PARAMETRISCH|BEMAßUNG|LINEAR		BEMABHÄNG|LINEAR
PARAMETRISCH|BEMAßUNG|AUSGERICHTET		BEMABHÄNG|AUSGERICHTET
PARAMETRISCH|BEMAßUNG|HORIZONTAL		BEMABHÄNG|HORIZONTAL
PARAMETRISCH|BEMAßUNG|VERTIKAL		BEMABHÄNG|VERTIKAL
PARAMETRISCH|BEMAßUNG|RADIUS		BEMABHÄNG|RADIUS
PARAMETRISCH|BEMAßUNG|DURCHMESSER		BEMABHÄNG|DURCHMESSER

10.2 Bemaßungsabhängigkeiten

Zeichnen und Beschriftung	Symbol	Befehl
PARAMETRISCH|BEMAßUNG|WINKEL		BEMABHÄNG|WINKEL
PARAMETRISCH|BEMAßUNG|KONVERTIEREN		BEMABHÄNG|KONVERTIEREN oder BAKONVERTIER

- Für die *linearen Bemaßungsabhängigkeiten* können Sie
  - bei *Kreisen* die *Mittelpunktpositionen* wählen und
  - bei *Linien* die *Endpunkte* und den *Mittelpunkt*.
- Die Abhängigkeit LINEAR bewirkt entweder eine horizontale *oder* eine vertikale Bemaßung, je nachdem in welche Richtung Sie nach Wahl der zu bemaßenden Positionen dann die Maßlinien ziehen.
- Die Abhängigkeit AUSGERICHTET legt die Maßlinie *parallel* zur Richtung der ausgewählten Punkte an.
- Mit den Bemaßungsabhängigkeiten RADIUS und DURCHMESSER können Sie Kreise und Bögen versehen.

Das Testteil oben wurde nun mit einigen Bemaßungsabhängigkeiten versehen. Nach dem Anklicken der zu bemaßenden Positionen oder Objekte klicken Sie eine Position für die Maßlinienposition an. Danach erscheint der Text für die Bemaßung (Abbildung 10.22). Jede Bemaßung erhält einen Variablennamen und einen durch Gleichheitszeichen zugewiesenen Wert. Sie können hier eigene eindeutige Namen eingeben und statt des vorgeschlagenen Werts können Sie einen anderen eingeben oder auch eine Formel (Abbildung 10.23).

Abb. 10.22: Text der Bemaßungsabhängigkeit

Kapitel 10
Parametrik (in LT nur passiv)

Abb. 10.23: Bemaßungsabhängigkeit mit einer Formel

Wenn das Teil nun vollständig bemaßt ist, können Sie auch mit den Griffen die Geometrie nicht mehr verzerren. Nur die noch nicht bemaßten Kreise links unten lassen sich noch mit Griffen modifizieren. Sie können nun Varianten erstellen, indem Sie die Maßzahl des Abstands d1 verändern. Dann wird sich aufgrund der Formel d2 proportional verändern.

Wenn Sie überflüssige Bemaßungsabhängigkeiten anbringen wollen, dann werden diese nur als sogenannte *Referenzabhängigkeiten* geführt. Das sind Abhängigkeiten, die zur Eindeutigkeit der Geometrie nicht mehr nötig sind, aber die in weiteren Teilen und deren Formeln eventuell als Referenz, das heißt als Bezugsgröße, Verwendung finden können.

Abb. 10.24: Testteil mit Bemaßungsabhängigkeiten

10.2 Bemaßungsabhängigkeiten

Es gibt sechs Werkzeuge zum Ein- und Ausschalten der Sichtbarkeit von parametrischen und dynamischen (Bemaßungs-)Abhängigkeiten. Damit können die jeweiligen Abhängigkeiten *alle* ein- oder ausgeschaltet werden oder individuell beschaltet werden.

Abb. 10.25: Werkzeuge zur Anzeige der Abhängigkeiten

Nach Grundeinstellung werden die Bemaßungsabhängigkeiten immer mit einer solchen Texthöhe dargestellt, wie sie zur aktuellen Zoom-Vergrößerung des Bildschirms passt. Wenn Sie diese Anzeige aber später wie normale Bemaßungen sehen wollen, können Sie sie im EIGENSCHAFTEN-MANAGER von der Form DYNAMISCH in BESCHRIFTEND umschalten. Sie werden dann wie normale Bemaßungen (siehe Kapitel 12 *Bemaßung*) mit dem aktuellen Bemaßungsstil dargestellt. Dieser Bemaßungsstil kann auch so eingestellt werden (Typ BESCHRIFTUNG), dass sich die Texthöhe dem jeweils aktuellen Maßstab anpasst. Damit sind diese Bemaßungen dann in verschiedenen Layout-Ansichtsfenstern mit unterschiedlichen Maßstäben von der Texthöhe her immer gleich hoch, wie Sie es für einen sinnvollen Plot brauchen. Diese Form für die Bemaßungsabhängigkeiten können Sie auch mit PARAMETRISCH|BEMAßUNG|BESCHRIFTUNGSABHÄNGIGKEITSMODUS voreinstellen (Der Name ist vielleicht etwas irreführend). Solche Bemaßungen sehen aus wie normale Bemaßungen bis auf den Unterschied, dass der Parametername beim Maß erscheint. Auch das kann über die EINSTELLUNGEN FÜR DIE ABHÄNGIGKEITEN umgestellt werden. Die Texthöhe entspricht aber genau den normalen nichtparametrischen Bemaßungen, weil hier der aktuelle Bemaßungsstil mit seinen Einstellungen angewendet wird. Das ist bei der Vorgabe DYNAMISCHER ABHÄNGIGKEITSMODUS eben nicht der Fall, weil der sich nach dem aktuellen Zoomfaktor richtet. Parametrische Bemaßungen unter BESCHRIFTUNGSABHÄNGIGKEITSMODUS erstellt lassen sich dann auch nicht mehr ausblenden. Existierende Bemaßungen lassen sich einfach über den Eigenschaften-Manager zwischen BESCHRIFTEND und DYNAMISCH beliebig umschalten. Die Voreinstellung kann auch mit dem Befehl BEMABHÄNG, Option FORM von DYNAMISCH in BESCHRIFTUNG und umgekehrt umgestellt werden.

Abb. 10.26: Parametrische Bemaßung soll nach Maßgabe des aktuellen Bemaßungsstils angezeigt werden.

Sie können auch existierende normale assoziative Bemaßungen mit PARAMETRISCH|BEMASSUNG|KONVERTIEREN in dynamische bzw. parametrische Bemaßungen konvertieren. Damit lassen sich beispielsweise alte Konstruktionen auch in parametrische Teile umwandeln. Dabei ist darauf zu achten, dass die alten Bemaßungen korrekt assoziativ sind, also beispielsweise die Hilfslinienpositionen auch tatsächlich auf den gewünschten Objektendpunkten liegen und sich nicht auf eine andere Hilfslinie beziehen. Auch Doppelbemaßungen machen natürlich Probleme und sollten entfernt werden, aber sauber bemaßte Teile lassen sich gut in parametrische Teile umwandeln. Zur Überwachung korrekt assoziierter Bemaßungen können Sie in der Statusleiste AM bzw. aktivieren. Wenn eine Bemaßung dann nicht richtig zu einer Objektposition assoziiert ist, wird ein Warnsymbol in Form eines *Ausrufezeichens* angezeigt. Das Ausrufezeichen können Sie dann anklicken, um mit der Option ERNEUT VERKNÜPFEN die Bemaßung neu zuzuordnen.

10.3 Der Parameter-Manager

Mit dem PARAMETER-MANAGER aus der Gruppe PARAMETRISCH|VERWALTEN können Sie sich alle Parameter anzeigen lassen und auch die Werte und Formeln bearbeiten. Im Beispiel wurden einige Bemaßungen durch Formeln miteinander verknüpft. Es wurde mit dem Button links oben auch eine Benutzervariable **user1** eingeführt, die dann zur Berechnung von drei Radien verwendet wird, die sich also proportional miteinander ändern sollen. Durch Eintragen neuer Werte in diese Tabelle können Sie nun Ihre Konstruktion variieren. In den Formeln können Sie auch einige spezielle Rechenausdrücke verwenden. Hier wurde der Ausdruck **floor** benutzt, um aus einer berechneten Dezimalzahl die nächstliegende niedrigere ganze Zahl abzuleiten. Das wird oft getan, um zu glatten ganzzahligen Werten zu kommen.

10.3 Der Parameter-Manager

Abb. 10.27: Der PARAMETER-MANAGER

Mögliche Rechenausdrücke werden Ihnen angezeigt, wenn Sie in der Spalte AUSDRUCK nach Rechtsklick AUSDRÜCKE wählen (Abbildung 10.28).

Abb. 10.28: Rechenformeln für Ausdrücke im PARAMETER-MANAGER

Die Darstellung der Bemaßungsabhängigkeiten können Sie auch mit den Einstellungen über PARAMETRISCH|BEMAẞUNG⤵ umstellen (Abbildung 10.29). Sie können zwischen NAME UND AUSDRUCK, nur NAME oder WERT wählen.

Kapitel 10
Parametrik (in LT nur passiv)

Abb. 10.29: Einstellungen für die Anzeige der Bemaßungsabhängigkeiten

FILTER im PARAMETER-MANAGER dienen dazu, die Parameter zu gruppieren. Wenn Sie beispielsweise mehrere dieser Winkel in einer Zeichnung haben, dann gehören zu jedem Winkel eigene Parameter mit eigenen Namen. Langsam wird die Parameterliste unübersichtlich. Nun können Sie aber in der linken Spalte des PARAMETER-MANAGERS eigene FILTER einrichten und aus dem Filter, der sich ALLE oder ALLE IN AUSDRÜCKEN VERWENDETEN nennt, die passenden Parameter in Ihren FILTER ziehen. Wenn Sie die Zusammenhänge für einen einzelnen Winkel sehen wollen, aktivieren Sie nur den zugehörigen Filter. Dem können Sie natürlich auch wieder einen sprechenden Namen wie im Beispiel unten geben.

Abb. 10.30: Parameter FILTER für einen einzelnen Winkel

10.4 Parametrische Konstruktion im Blockeditor

Im Blockeditor können Sie den ABHÄNGIGKEITSSTATUS durch einen Farbindikator anzeigen lassen. Die Farbe violett zeigt einen komplett durch Abhängigkeiten und Bemaßungen bestimmten Block an. Im Parametermanager könne BENUTZERPARAMETER definiert werden, die für die Berechnung und Wertevorgabe der Bemaßungsparameter dienen können.

Abb. 10.31: Parametrische Konstruktion im Blockeditor

Mit einer BLOCKTABELLE können Sie die Werte vorgeben, die später beim eingefügten Block gewählt werden können.

Kapitel 10
Parametrik (in LT nur passiv)

Abb. 10.32: BLOCKTABELLE stellt später die Werte beim eingefügten Block zur Verfügung

Beim eingefügten Block können die Parameterwerte schrittweise ausgewählt werden oder auch direkt wieder die EIGENSCHAFTENTABELLE (entspricht der BLOCKTABELLE) zur Auswahl verwendet werden.

Abb. 10.33: Eingefügter Block mit schrittweiser Parameter-Auswahl

10.5 Übungsfragen

1. Welche Arten von Abhängigkeiten kennen Sie?
2. Wie wirkt die Abhängigkeit GLEICH = ?
3. Auf welches Objekt wirkt die Abhängigkeit GLATT und wie kann man die Wirkung beschreiben?
4. Was ist der Unterschied bei der Abhängigkeit SYMMETRISCH zwischen der Option OBJEKTE WÄHLEN und 2 PUNKTE?
5. Wie wirkt TANGENTIAL auf verschiedene Objekte (Linie, Bogen, Kreis)?
6. Welche Folge hat die Abhängigkeit TANGENTIAL ?
7. Nennen Sie die sieben Bemaßungsabhängigkeiten.
8. Was bedeutet bei der Bemaßungsabhängigkeit die Form BESCHRIFTEND?
9. Wie wird eine überflüssige Bemaßungsabhängigkeit verarbeitet?
10. Kann man aus einer normalen Bemaßung eine Bemaßungsabhängigkeit machen?

Kapitel 11

Blöcke und externe Referenzen

Es gibt in jeder Konstruktion Teile, die sehr oft wieder verwendet werden, wie zum Beispiel Fenster, Türen, Lichtschächte, Schrauben, Muttern, Kugellager, insbesondere alle Wiederhol- und Normteile. Zwecks besserer Rationalisierung werden auch gewisse Teilefamilien geplant, die durch Variation von Abmessungen charakterisiert werden. Solche Teile wird man nur einmal konstruieren und mehrfach verwenden wollen. Dies ist mit dem Konzept des Blocks möglich. Ein Block ist eine Zusammenfassung beliebiger AutoCAD-Objekte. Diese Zusammenfassung bekommt einen Namen und einen Basis- oder Einfügepunkt, anhand dessen sie später in eine beliebige Zeichnung eingesetzt werden kann. Diese Blöcke können auch mit Parametern versehen werden, die dazu dienen, verschiedene Varianten nach dem Einfügen in die Konstruktion auszuwählen. Das sind dann die *dynamischen Blöcke*. Seit der Version AutoCAD 2010 können auch Blöcke mit den neuen parametrischen Hilfsmitteln versehen werden, um noch effektivere Variantenkonstruktionen zu gestalten. In der LT-Version ist nicht die Erstellung, aber die Verwendung solcher parametrischer Blöcke möglich.

11.1 Begriffserklärung BLOCK, WBLOCK, XREF

Zur Verwaltung von Blöcken dienen im Grunde zwei Befehle: Der Befehl BLOCK dient zur Erstellung der Blöcke und der Befehl EINFÜGE zum Einfügen bestehender Blöcke in die Zeichnung. Bei den Blöcken gibt es zwei Arten. Der normale Block, der mit dem Befehl BLOCK erzeugt wird, ist zunächst nur innerhalb der Zeichnung bekannt, in der er definiert wird. Man nennt ihn deshalb auch *internen Block*. Mit dem Befehl WBLOCK kann man einen Block erstellen, der außerhalb der aktuellen Zeichnung als *.DWG-Datei gespeichert ist. Man spricht dann von einem *externen Block*. Bis auf den definierten Basispunkt zum späteren sinnvollen Positionieren unterscheidet sich eine solche Datei nicht von einer normalen Zeichnung! Das bedeutet, dass umgekehrt jede Zeichnung prinzipiell als Block in eine andere Zeichnung eingefügt werden kann.

Um die nachfolgenden Erklärungen besser verstehen zu können, sollten Sie jede Zeichnung prinzipiell in zwei Bereiche einteilen. Da ist zum einen der Bereich, der die sichtbare Geometrie und alle übrigen normalen Zeichnungsobjekte enthält. Dieser Bereich der Zeichnung wird im Folgenden durchgezogen skizziert. Alle Objekte dieses Bereichs können Sie zur Objektwahl anklicken und mit dem Befehl LÖSCHEN entfernen.

Kapitel 11
Blöcke und externe Referenzen

Zum anderen gibt es den Bereich, in dem all die unsichtbaren Objekte, die abstrakten Informationen, gespeichert sind, wie *Layer*, *Linientypen*, *Textstile*, *Bemaßungsstile* etc. Diese Objekte sind selbst nicht direkt sichtbar, sondern werden nur indirekt als Eigenschaften von Geometrieobjekten wirksam, die zum Beispiel einen Linientyp tragen. Alle diese Objekte können Sie nicht anklicken, sondern nur über ihren *Namen* ansprechen. Deshalb heißen sie *benannte Objekte*. Ich werde den Bereich der benannten Objekte auch kurz als »Keller«-Bereich bezeichnen (siehe Abbildung 11.1), weil man ihn sich als unsichtbaren Bereich unter der Zeichnung vorstellen kann. Diese Objekte kann man nicht anklicken, und zum Entfernen brauchen Sie den Befehl BEREINIG.

Beim Erstellen eines Blocks werden normale Geometrieobjekte zu einer Blockdefinition zusammengefasst, die zunächst nur im »Keller« existiert (Abbildung 11.1). Sie trägt den Namen des Blocks und enthält die nötigen Geometrieinformationen über alle seine Einzelteile. Die Erzeugung eines Blocks würde normalerweise dazu führen, dass die gewählten Objekte von der Zeichenoberfläche verschwinden und im unsichtbaren »Keller« »versteckt« werden.

Abb. 11.1: Prinzipielles Vorgehen beim Erstellen und Verwenden interner Blöcke

Das Einfügen eines Blocks in eine Zeichnung geschieht mit dem Befehl EINFÜGE, der nach dem Namen der Blockdefinition fragt, nach der Position, nach Skalierungsfaktoren und nach einem Drehwinkel. Damit wird auf dem Bildschirm das Bild des Blocks als *Blockeinfügung* generiert. Jede solche Blockeinfügung ist nur ein *Phantombild* der Blockdefinition aus dem »Keller«, die immer die Geometriedefinition enthält. Wenn nun ein Block 100-mal eingefügt wurde, dann bedeutet dies nicht, dass die Geometrie 100-mal vorhanden ist. Sie ist nur *einmal* in der Blockdefinition gespeichert, aber das Phantombild ist 100-mal zu sehen. Was AutoCAD sich 100-mal speichert, sind dann lediglich die verschiedenen Positionen, Skalierungsfaktoren und Drehwinkel für jedes Phantombild. Damit spart das Verwenden von Blöcken auch Speicherplatz. Würde man eine normale Geometrie

100-mal kopieren, so würde jede Kopie Speicherplatz brauchen, beim Block wird der Speicherplatz für die Geometrie *nur einmal* beansprucht.

Die Tatsache, dass eine Blockeinfügung nur ein Phantombild der Blockdefinition ist, hat auch Konsequenzen für das Ändern eines Blocks. Es genügt nämlich, wie Sie später sehen werden, dass lediglich einmal die im »Keller« gespeicherte Blockdefinition verändert wird, um auch eine Änderung in Ihren 100 Blockeinfügungen zu erreichen. Das geschieht am besten mit dem Blockeditor BBEARB.

Die zweite Art des Blocks wird extern, außerhalb der Zeichnung, abgelegt. Man kann mit dem Befehl WBLOCK (W = Write für engl. Schreiben oder W = Welt) einen Block aus der aktuellen Zeichnung hinausschreiben, sodass er als eigenständige Zeichnung, getrennt von der aktuellen Zeichnung, zum Einfügen in beliebige Zeichnungen und für andere Benutzer zur Verfügung steht. Solche Blöcke können Sie mit dem Befehl EINFÜGE, Option DURCHSUCHEN in eine Zeichnung wieder als internen Block hereinholen. Der Befehl WBLOCK kann auf zwei Wegen einen externen Block erstellen, einmal aus einem schon vorhandenen internen Block, andererseits auch direkt aus wählbaren Objekten, die noch nicht zusammengefasst sind.

Wenn die Objekte, die zum externen Block werden sollen, in der aktuellen Zeichnung noch nicht zusammengefasst sind, können Sie sie im Befehl WBLOCK einfach wählen, einen Namen und einen Einfügepunkt angeben, und AutoCAD erzeugt daraus eine neue Zeichnung dieses Namens (Abbildung 11.26). Diese Zeichnung sieht so aus, als ob Sie die Objekte in einer getrennten Zeichnung erzeugt hätten, wobei der Nullpunkt der Einfügepunkt ist. Der Befehl WBLOCK erlaubt zusätzlich die Option, die Geometrieobjekte in der Ausgangszeichnung unverändert zu behalten, die parallele Erzeugung des internen Blocks.

Abb. 11.2: WBLOCK erzeugt direkt aus gewählten Objekten einen externen Block, optional auch einen internen Block.

Kapitel 11
Blöcke und externe Referenzen

Besonders einfach ist es, wenn es schon einen internen Block gibt. Dann dient der Befehl WBLOCK dazu, von dem internen Block eine externe Zeichnung zu erzeugen, in der der Block wieder zerlegt als reine Geometrie vorliegt (Abbildung 11.3).

Abb. 11.3: WBLOCK erzeugt aus internem Block (links) einen externen Block (rechts).

Dieser externe Block kann mit dem Befehl EINFÜGE, Option DURCHSUCHEN in die aktuelle Zeichnung eingefügt werden. Das Einfügen eines externen Blocks geschieht in zwei Schritten (Abbildung 11.4). Im ersten Schritt wird die Geometrie der externen Zeichnung in einer Blockdefinition im »Keller« gespeichert. Dann wird in einem zweiten Schritt von dieser Blockdefinition eine Blockeinfügung erzeugt, also wieder ein Phantombild.

Abb. 11.4: Verwendung eines externen Blocks

11.1 Begriffserklärung BLOCK, WBLOCK, XREF

Diese Möglichkeit der externen Blöcke bedeutet nichts anderes, als dass man sich auch jede beliebige andere Zeichnung als Block hereinholen kann. Alle Objekte der anderen Zeichnung werden dann zum internen Block und es werden sogar die notwendigen Layer, Linientypen etc., die in der Zeichnung noch nicht definiert waren, mitgebracht. Zu beachten ist jedoch, dass in einer Zeichnung, die später als Block irgendwo eingefügt werden soll, entweder der Nullpunkt der Einfügepunkt ist oder mit dem Befehl BASIS ein anderer Einfügepunkt definiert werden muss.

Nun gibt es jedoch noch das DESIGNCENTER, mit dem es möglich ist, auch in andere Zeichnungen hineinzugreifen. Damit können Sie sich insbesondere interne Blöcke aus anderen Zeichnungen holen. Man wird also nicht mehr, wie bei älteren AutoCAD-Versionen, Teilebibliotheken als Sammlungen externer WBLÖCKE erstellen, sondern als spezielle Zeichnungen, die ganze Sammlungen von internen Blöcken enthalten (Abbildung 11.5), und auf die über das DESIGNCENTER zugegriffen wird. Bei jedem Einfügen eines Blocks werden auch unterschiedliche Einheiten des Blocks (zum Beispiel mm) und der aktuellen Zeichnung (zum Beispiel cm) berücksichtigt (Abbildung 11.6).

Abb. 11.5: Normteilebibliothek als Zeichnung mit internen Blöcken

Kapitel 11
Blöcke und externe Referenzen

Abb. 11.6: :Verwendung von Blöcken über das DESIGNCENTER

Es gibt neben BLOCK (intern) und WBLOCK (extern) noch ein ähnliches zusammengefasstes Objekt: die externe Referenz, kurz XREF. Externe Referenzen sind komplette Zeichnungen, die Sie in eine andere Zeichnung in der Weise hereinladen können, dass sie zwar dort sichtbar sind, aber die Objekte nicht wie beim Block zum internen Bestandteil der Zeichnung werden. Sie haben es also in diesem Fall wieder mit Phantombildern zu tun, aber diesmal nicht mit Phantombildern von internen Blockdefinitionen, sondern von externen Zeichnungen. Eine Zeichnung mit externen Referenzen hat den Vorteil, dass sie immer den aktuellen Stand der externen Referenzen anzeigt, so wie er beim Öffnen der Zeichnung vorliegt. Eine typische Anwendung für externe Referenzen ist zum Beispiel eine Zusammenstellungszeichnung, in die andere Zeichnungen eingefügt werden (Abbildung 11.7). Sie können eine Zusammenstellungszeichnung für ein Gartenhaus zusammensetzen aus der externen Referenz, die das Haus darstellt, aus der externen Referenz, die den ersten Gartenteil darstellt, und aus der externen Referenz, die den zweiten Gartenteil darstellt. In der Zusammenstellungszeichnung wären dann kaum noch eigene Geometrien nötig, sondern nur noch die Bezüge auf die externen Referenzen. Das spart Speicherplatz.

Abb. 11.7: Externe Referenzen in einer Zusammenstellungszeichnung

11.2 Interne Blöcke

11.2.1 Erzeugen interner Blöcke

Ein Block wird, wie oben schon erwähnt, mit dem Befehl BLOCK erzeugt. Das setzt voraus, dass die Geometrie, die Texte und Bemaßungen und die später noch zu beschreibenden Attribute, die diesen Block ausmachen sollen, bereits konstruiert und/oder definiert sind. Dann können Sie den Befehl BLOCK aufrufen.

Zeichnen und Beschriftung	Icon	Befehl	Kürzel
START|BLOCK|ERSTELLEN oder EINFÜGEN|BLOCKDEFINITION|BLOCK ERSTELLEN ▾		BLOCK	BL

Sie sollten als Beispiel nun aus einem Fenster mit Breite 101 cm einen Block **F-101** erzeugen.

```
Befehl: ▭_rectang
RECHTECK Ersten Eckpunkt angeben oder [...]: 0,0 Enter
RECHTECK Anderen Eckpunkt angeben oder [...]: 101,11.5 Enter
Befehl: ▭_rectang
RECHTECK Ersten Eckpunkt angeben oder [...]: -6.25,11.5 Enter
RECHTECK Anderen Eckpunkt angeben oder [...]: @113.5,25 Enter
```

Kapitel 11
Blöcke und externe Referenzen

```
Befehl: _explode
URSPRUNG Objekte wählen: L[Enter]    1 gefunden  oberes Rechteck gewählt und zerlegt
URSPRUNG Objekte wählen: [Enter]
Befehl: _offset
Aktuelle Einstellungen: Quelle löschen=Nein  Layer=Quelle  OFFSETGAPTYPE=0
VERSETZ Abstand angeben ... [...] <...>: 5[Enter]
VERSETZ Zu versetzendes Objekt wählen ... [...] <...>: Untere Seite des größeren
Rechtecks anklicken.
VERSETZ Punkt auf Seite ...[ ...] <...>: Oberhalb davon anklicken.
VERSETZ Zu versetzendes Objekt wählen oder [...] <...>: [Enter]
```

Abb. 11.8: Dialogfenster BLOCKDEFINITION zum Erstellen eines Blocks

Daraus soll nun ein Block erzeugt werden. Der Befehl BLOCK öffnet das Dialogfenster BLOCKDEFINITION (Abbildung 11.8), das einige Eingaben benötigt:

- NAME – Geben Sie hier den Namen des Blocks ein: **F-101**. Bis zu 255 Zeichen sind erlaubt. Wenn Sie auf das kleine Dropdown-Dreieck klicken, können Sie sich schon existierende Blöcke anzeigen lassen.

- BASISPUNKT/AUSWAHLPUNKT – Wählen Sie hier über den Eingabebutton den Punkt, mit dem der Block später in die Zeichnungen eingefügt werden soll. Im Allgemeinen müssen Sie für Blöcke, die in einer Firma Verwendung finden, eine Liste herausgeben, in der die jeweiligen Basispunkte verzeichnet sind, damit auch andere Anwender damit umgehen können. Hier in unserem Fall verwenden wir die linke obere Ecke des Fensters.

- OBJEKTE
    - OBJEKTE WÄHLEN – Wählen Sie hier über den Eingabebutton alle Objekte, die zum Block gehören sollen.
    - BEIBEHALTEN – Das klicken Sie an, wenn Sie, nachdem die Blockdefinition im »Keller« erstellt wurde, die Einzelobjekte noch für andere Zwecke brauchen. Sie können sie zum Beispiel strecken und ein weiteres Fenster mit anderer Breite daraus erstellen.
    - IN BLOCK KONVERTIEREN – Diese Option werden Sie wählen, wenn die Einzelobjekte gleich durch eine Blockeinfügung ersetzt werden sollen. Dann wird also neben der Blockdefinition im »Keller« sofort eine Blockeinfügung am Platz der Originalobjekte eingesetzt.
    - LÖSCHEN – Mit dieser Option werden nach Erstellen der Blockdefinition im »Keller« die auf dem Bildschirm befindlichen Einzelobjekte gelöscht. Diese Option werden Sie wählen, wenn Sie in dieser Zeichnung eigentlich nur Blockdefinitionen erstellen möchten, aber sonst keinen Wert auf die Einzelobjekte oder eine Blockeinfügung legen.
- VERHALTEN
    - BESCHRIFTUNG – Hiermit können Sie die automatische Skalierung von Blöcken aktivieren, die Beschriftungszwecken dienen, wie etwa Bearbeitungs- oder Oberflächensymbole o. Ä. Im konkreten Fall handelt es sich um ein reines Geometrieobjekt, das *nicht* mit der Beschriftung skaliert wird.
    - EINHEITLICH SKALIEREN – legt fest, dass dieser Block, falls überhaupt sinnvoll, nur in x-, y- und z-Richtung gleichmäßig skaliert werden kann. Wenn Sie nicht EINHEITLICH SKALIEREN wählen, dann ist es später möglich, die Blöcke in allen Richtungen mit unterschiedlichen Faktoren zu skalieren, was auch interessant sein kann.
    - AUFLÖSEN ZULASSEN – steuert, ob der Anwender diesen Block nach dem Einfügen mit dem Befehl URSPRUNG in die Einzelobjekte auflösen darf. Wenn Sie das Auflösen *nicht* zulassen, können Sie damit verhindern, dass ungeübte Benutzer Ihrer Blöcke diese in ihre Bestandteile zerlegen und damit die schönen Vorteile der globalen Bearbeitung von Blöcken torpedieren.
- BLOCKEINHEIT: Geben Sie hier die Einheiten an, in denen der Block erstellt wurde. Im Falle des Fensters wählen Sie **cm**. Hätten Sie ein Maschinenbauteil konstruiert, wie beispielsweise eine M10-Mutter, müssten Sie **mm** als Einheit angeben. Normalerweise wird die Einheit aus der aktuellen Zeichnung verwendet.
- BESCHREIBUNG – Hier können Sie eine Beschreibung eingeben, die sichtbar wird, wenn Sie einen Block über das DESIGNCENTER einfügen werden.

- IN BLOCKEDITOR ÖFFNEN – Wenn Sie die Geometrie des Blocks noch bearbeiten wollen, dann wechseln Sie hiermit in den BLOCKEDITOR, der sich im »Keller« die Blockdefinition bearbeiten lässt.

Erstellen Sie weitere Fenster als Blöcke für Richtmaße 88.5 cm und 113.5 cm in derselben Zeichnung.

11.2.2 Einfügen von Blöcken

> **Wichtig**
>
> Bevor Sie Blöcke einfügen, sollten Sie prüfen, ob für Ihre Zeichnung die richtigen Einheiten eingestellt sind. Im Befehl EINHEIT oder unter ANWENDUNGS-MENÜ|ZEICHNUNGSPROGRAMME|EINHEITEN müssen bei EINFÜGUNGSMASSSTAB stets die *Einheiten* (mm, cm, m etc.) angegeben werden, in denen Sie Ihre Zeichnung erstellen.

Um einen Block an einer bestimmten Stelle in die Zeichnung einzubauen, benutzen Sie den Befehl EINFÜGE. Im Dialogfenster wählen Sie zuerst unter NAME einen in der Zeichnung definierten Block aus.

Zeichnen und Beschriftung	Icon	Befehl	Kürzel
START|BLOCK|EINFÜGEN oder EINFÜGEN|BLOCK|EINFÜGEN		EINFÜGE	EIN

Abb. 11.9: Dialogfenster EINFÜGEN für Blöcke

Für die Blockeinfügung sind nun drei Parameter zu bestimmen. Sie können entweder im Dialogfeld bedient werden oder am Bildschirm.

- Die wichtigste Eingabe ist der *Einfügepunkt*. Normalerweise ist dafür AM BILDSCHIRM BESTIMMEN aktiviert (Abbildung 11.9), weil Sie die Position meist mit Objektfang in der Konstruktion festlegen.
- Die *Skalierungsfaktoren* für alle drei Koordinatenrichtungen und den Winkel für eine Drehung können Sie im Dialogfenster setzen oder später per Cursor am Bildschirm bestimmen.
- Für den *Drehwinkel* (um den Einfügepunkt) ist oft die Eingabe am Bildschirm sinnvoll. Wollen Sie als Drehwinkel nur Winkel von 0° oder 90° etc. zulassen, dann schalten Sie mit der Taste [F8] den ORTHO-Modus ein.
- Links unten im Fenster findet sich noch der Schaltknopf URSPRUNG. Damit können Sie bewirken, dass der Block zwar eingefügt, aber gleich nach der Einfügung in seine Einzelteile zerlegt werden soll. Dies ist für Blöcke eigentlich unüblich und deshalb bleibt hier URSPRUNG nicht angeklickt. Die Zerlegung eines Blocks kann auch jederzeit nachträglich mit URSPRUNG unter START|ÄNDERN|URSPRUNG geschehen.

Nachdem Sie im Dialogfenster EINFÜGEN auf OK geklickt haben, fragt AutoCAD nach dem Einfügepunkt, und Sie positionieren damit das F-101-Fenster. Speichern Sie die Zeichnung mit den Fenster-Blöcken unter **FENSTER.DWG** für spätere Verwendung.

> **Tipp**
>
> Die Option MITHILFE GEOGRAFISCHER DATEN SUCHEN dient zum Einfügen externer Blöcke, die eine geografische Lokalisierung ihres Nullpunkts haben und eine ebenso georeferenzierte Zielzeichnung. In diesem Fall werden die Basispunkte und Einfügepunkte automatisch aus den geografischen Koordinaten bestimmt. Die Georeferenzierung findet sich im Arbeitsbereich 3D-MODELLIERUNG unter RENDER|SONNE & STANDORT|STANDORT EINSTELLEN bzw. bei der LT-Version im Befehl GEOPOSITION, Kürzel GEO.

11.2.3 Blöcke bereinigen

Wenn Sie alle Einfügungen eines Blocks löschen, bleibt dennoch die Blockdefinition bestehen. Sie liegt im unsichtbaren Bereich der Zeichnung, dem »Keller«, auf den der Befehl LÖSCHEN nicht zugreifen kann. Der Block kann somit später wieder erneut eingefügt werden. Erst mit dem Befehl BEREINIG können Sie Blockdefinitionen entfernen, aber immer nur solche, von denen es keine Einfügung mehr gibt.

Zeichnen und Beschriftung	Icon	Befehl	Kürzel
ANWENDUNGSMENÜ|ZEICHNUNGSPROGRAMME|BEREINIGEN		BEREINIG	BE

Der Befehl BEREINIG kann alle benannten Objekte wie *Layer, Linientypen, Textstile, Blockdefinitionen, Bemaßungsstile* und *Multilinienstile* u.a. aus der Zeichnung entfernen, *sofern sie nicht verwendet werden.* Er zeigt mit Standardeinstellung nur die nicht verwendeten Objekte an. Als verwendet gelten solche Objekte, die entweder aktuell geschaltet sind (zum Beispiel aktueller Layer oder Textstil) oder von anderen gebraucht werden (zum Beispiel ein Linientyp, der in einem Layer benutzt wird). Die Objekte können also in diesem Sinne verschachtelt sein.

Sie können beim Bereinigen mit einem Klick auf die +-Zeichen die einzelnen Kategorien aufblättern und dann die Objekte anklicken. Danach lösen Sie mit Klick auf BEREINIGEN die Aktion aus. Es folgt eine Sicherheitsabfrage, die Sie mit ALLE ELEMENTE BEREINIGEN beantworten können.

Es kann sein, dass durch dieses Bereinigen nun Objekte, die von den bereinigten Objekten bisher gebraucht wurden, ihrerseits als unbenutzte Objekte in der Liste plötzlich neu auftauchen. Um solche abhängigen Objekte gleich mit zu entfernen, können Sie VERSCHACHTELTE ELEMENTE BEREINIGEN aktivieren.

Vermeiden sollten Sie unten die Schaltfläche ALLE BEREINIGEN. Damit werden *alle* Kategorien bereinigt. Wenn Sie auch noch VERSCHACHTELTE ELEMENTE BEREINIGEN aktivieren, werden auch die davon abhängigen Objekte bereinigt.

> **Tipp**
>
> Neuerdings wurde der Befehl um zwei wichtige Funktionen erweitert: Wenn vorhanden, können Sie eine Option anklicken, die *Geometrien mit Länge null* und *leere Textobjekte* entfernt. Diese Objekte sind nämlich unangenehme Zeitgenossen, weil sie praktisch unsichtbar sind, aber beispielsweise der Befehl ZOOM, Option GRENZEN darauf reagiert. Beides hat zwar nichts mit Blöcken zu tun, aber sie passen in das Thema *Bereinigen*.

> **Tipp**
>
> **Blöcke in relativer Entfernung**
>
> Oft ist es nötig, Blöcke in bestimmter Entfernung zu vorgegebenen Punkten einzufügen. In solchen Fällen sollten Sie die Möglichkeiten nutzen, die die AUSRICHTEPUNKTE und die OBJEKTFANGSPUR (OTRACK) bieten.

Wollen Sie beispielsweise in einen Grundriss den Block F-101 50 cm von einer Ecke entfernt einfügen, so aktivieren Sie vorher den permanenten Objektfang ENDPUNKT über die Statuszeile, stellen mit Rechtsklick bei SPURVERFOLGUNG (POLAR) die EINSTELLUNGEN und dort die Option SPUR NUR ORTHOGONAL ein und aktivieren OBJEKTFANGSPUR (OTRACK). Dann fahren Sie beim Einfügen des Blocks auf den

Endpunkt, verweilen dort einen Moment, damit ihn AutoCAD als AUSRICHTEPUNKT annimmt (ein kleines Kreuzchen zeigt das an) und fahren in der gewünschten Richtung auf der gepunkteten Spurlinie entlang, um dann die korrekte Entfernung **50** einzugeben. Sie müssen hier *keine Punkte anklicken* und brauchen nur die *Entfernung* einzugeben, also keine Punktkoordinaten mit x und y.

Natürlich können Sie auch in der bisherigen Arbeitsweise den Objektfang VON verwenden, als BASISPUNKT den Endpunkt mit permanentem Objektfang wählen und den ABSTAND mit **@50,0** eingeben.

> **Tipp**
>
> **Blöcke mit Objektfang HILFSLINIE positionieren.**
>
> Günstig ist auch der Objektfang HILFSLINIE , mit dem Positionen in Richtung einer Linie angegeben werden können, sowohl nach außen vom Kurvenende weg als auch nach innen, auch ohne SPURVERFOLGUNG und OBJEKTFANGSPUR.

11.2.4 Layerzugehörigkeit bei Blöcken

Bei den Blöcken bzw. den Elementen, aus denen die Blöcke bestehen, müssen Sie darauf achten, auf welchen Layern die einzelnen Objekte liegen:

- Objekte, die im Layer 0 konstruiert wurden, werden beim Einfügen immer dem *aktuellen* Layer zugeordnet.
- Objekte, die in anderen Layern konstruiert wurden, behalten beim Einfügen ihre Layerzugehörigkeit bei.

Beispiel: Ein Fenster ist mit seinen Konturen im Layer 0 konstruiert worden, aber Mauerkanten darin liegen auf dem Layer WÄNDE. Daraus wird ein Block erstellt.

Nach dem Einfügen in den aktuellen Layer **Fenster&Türen** erscheinen die Linien aus dem Layer 0 *im Block* dann auf dem Layer **Fenster&Türen**, die Mauerkanten aus dem Block bleiben aber auf dem Layer *Wände im eingefügten Zustand*. Es verhalten sich also Objekte von Blöcken, die aus dem Layer 0 stammen, praktisch wie Chamäleons, die sich der jeweiligen Umgebung anpassen, nämlich dem aktuellen Layer.

11.2.5 Skalierung von Blöcken

Sie haben oben gesehen, dass Sie beim Einfügen von Blöcken eine Skalierung vornehmen können. Normalerweise sind die x-, y- und z-Faktoren auf 1 gesetzt, weil andere Einstellungen für Normteile nicht sinnvoll sind. Im Allgemeinen können aber die Blöcke mit einem beliebigen Faktor skaliert werden, und sogar in den drei Achsrichtungen unterschiedlich stark. Sie können auch die Option EINHEITLICH ankreuzen, um den Block in allen Achsrichtungen gleichmäßig zu skalieren.

Kapitel 11
Blöcke und externe Referenzen

Bei der ungleichmäßigen Skalierung von Blöcken entstehen beispielsweise aus Kreisen dann Ellipsen.

Das Skalieren von Blöcken hat seine Grenzen. Ein Fenster, das wie F-101 mit Leibungen auskonstruiert ist, kann man nicht etwa mit einer x-Skalierung von 1.135 in ein Fenster der Breite 113.5 verwandeln. Das Problem besteht nämlich darin, dass die Leibungen entsprechend mitskaliert werden, und das darf nicht sein.

11.2.6 Blöcke der Größe 1

Andererseits gibt es auch Beispiele für Blöcke, die sich beliebig skalieren lassen sollen. In diesen Fällen ist es sogar sehr nützlich, wenn Sie sie nicht mit den endgültigen Abmessungen generieren, sondern in der entscheidenden Abmessung mit *einer* Zeicheneinheit. Das hat später beim Einfügen nämlich zur Folge, dass die Fadenkreuzposition als Skalierungsfaktor verwendet werden kann. Abbildung 11.10 zeigt Beispiele der Blöcke **SCHATTEN** und **DURCHBR**. Sie können für die Schattierung von Schächten und für Mauerdurchbrüche verwendet werden. Mit der ersten Fadenkreuzposition legen Sie den Einfügepunkt fest und mit der zweiten dann über einen diagonal gegenüberliegenden Punkt den Skalierfaktor, wobei Sie natürlich mit permanenten Objektfängen arbeiten.

Abb. 11.10: Blöcke der Größe 1 eingefügt in verschiedene Geometrien

Die Erzeugung der Geometrien für die zwei Blöcke **SCHATTEN** und **DURCHBR** ist hier kurz protokolliert:

```
Befehl: SOLID [Enter]
SOLID Ersten Punkt angeben: 0,0 [Enter]
SOLID Zweiten Punkt angeben: 0,1 [Enter]
SOLID Dritten Punkt angeben: .2,.8 [Enter]
```

```
SOLID Vierten Punkt angeben oder <...>: 1,1 Enter
SOLID Dritten Punkt angeben: Enter
Befehl:  _block      Blockname: SCHATTEN
                     Einfügebasispunkt: 0,0
                     Objekte wählen: L
Befehl: SOLID Enter
SOLID Ersten Punkt angeben: 0,0 Enter
SOLID Zweiten Punkt angeben: 1,0 Enter
SOLID Dritten Punkt angeben: 1,1 Enter
SOLID Vierten Punkt angeben oder <...>: 0,1 Enter
SOLID Dritten Punkt angeben: Enter
Befehl:  _block      Blockname: DURCHBR
                     Einfügebasispunkt: 0,0
                     Objekte wählen: L
```

Der Durchbruch wird nun in eine 24er-Wand im Abstand von 20 cm vom linken Ende eingefügt. Die Breite des Durchbruchs beträgt 20 cm. Daraus ergibt sich, dass der Einfügepunkt mit Objektfang VONPUNKT mit Bezugspunkt ENDPUNKT und Abstand @20,0 angegeben werden muss. Der zweite Punkt legt die Skalierung fest und muss relativ zum ersten dann 20 in x und 24 in y entfernt sein.

```
Befehl:  _insert
  Name: DURCHBR
  Einfügepunkt: Am Bildschirm bestimmen
  Skalierfaktor: Am Bildschirm bestimmen
  Einfügepunkt:  _from Basispunkt:  _end von Ende der Linie anklicken. <Abstand>:
  @20,0 Enter
  X-Skalierfaktor eingeben, entgegengesetzte Ecke angeben oder [Ecke XYZ]
  <1>: @20,24 Enter
```

Der nächste Durchbruch für eine Wand der Stärke 36,5 cm wird 50 cm entfernt vom Linienende angesetzt und soll 30 cm breit sein.

```
Befehl:  _insert
  Name: DURCHBR
  Einfügepunkt: Am Bildschirm bestimmen
  Skalierfaktor: Am Bildschirm bestimmen
  Einfügepunkt:  _from Basispunkt:  _end von Ende der Linie anklicken. <Abstand>:
  @50,0 Enter
  X-Skalierfaktor eingeben, entgegengesetzte Ecke angeben oder [Ecke XYZ]
  <1>: @30,36.5 Enter
```

Ganz unkompliziert werden die Schattierungen für die Schächte einfach über zwei diagonale Punkte eingesetzt.

11.2.7 Block ändern

Die einfachste Art, einen Block geometrisch zu ändern, ist der Aufruf des Blockeditors. Der Blockeditor kann für verschiedene Zwecke verwendet werden:

- um dynamische Blöcke zu erstellen, wobei der Block mit Parametern versehen wird, oder
- um *Attribute* zum Block hinzuzufügen oder
- um normale geometrische Änderungen bequem vorzunehmen.

Sie starten den Blockeditor am schnellsten durch *Doppelklick* auf den Block. Das klappt übrigens nur, solange er *keine Attribute* hat. Dann finden Sie den Blockeditor im Kontextmenü. Während Sie im Blockeditor arbeiten, wird der Hintergrund im Unterschied zum normalen Zeichenbereich *leicht grau gefärbt* angezeigt (im »Keller« ist es immer etwas dunkler!).

Zeichnen und Beschriftung	Icon	Befehl
START|BLOCK|BEARBEITEN oder EINFÜGEN|BLOCKDEFINITION|BLOCK-EDITOR		BBEARB, BEDIT

Es erscheint dann ein Auswahldialog, in dem Sie den zu bearbeitenden Block wählen. Danach öffnet sich der Blockeditor als eigenes großes Grafikfenster, in dem der gewählte Block mit seinem Basispunkt am Nullpunkt liegt. In diesem Modus können Sie alle geometrischen Änderungen am Block vornehmen. Den Blockeditor beenden Sie über die Schaltfläche oben BLOCKEDITOR SCHLIEßEN.

Abb. 11.11: Start des Blockeditors mit Auswahl des Blocks

11.2.8 Block an Ort und Stelle ändern

Sie können einen Block auch direkt an der Einfügeposition ändern. Diese Bearbeitung von Blöcken (und auch von noch vorzustellenden externen Referenzen) hat den Vorteil, dass der Block an seiner Einfügeposition angezeigt wird und damit Anpassungen an die Umgebungsgeometrie zum Beispiel mit geeignetem OBJEKTFANG vorgenommen werden können. Das ist mit dem Blockeditor aus dem vorangegangenen Abschnitt nicht möglich. Während der Bearbeitung wird der Rest der Zeichnung mit reduzierter Intensität (Fading) dargestellt, und nur die Teile des Blocks, die Sie zum Editieren auswählen, erscheinen in Normalfarbe. Also nehmen wir an, Sie wollen in der Übungszeichnung das Fenster oben links nehmen, um den Block zu bearbeiten.

11.2 Interne Blöcke

1. Dazu müssen Sie den bereits eingefügten Block mit EINFÜGEN|REFERENZ▼| REFERENZ-BEARBEITUNG bzw. mit dem Befehl REFBEARB anwählen. Alternativ finden Sie die Funktion ✏ BLOCK AN JEWEILIGEN STELLE BEARBEITEN auch im Kontextmenü nach Anklicken des Blocks. Ein Fenster zeigt Ihnen Namen und Voransicht des Blocks an. In diesem Fenster wählen Sie, ob Sie ALLE OBJEKTE AUTOMATISCH ZUM BEARBEITEN WÄHLEN wollen oder nur einige. Dann akzeptieren Sie mit OK. (Wenn Sie vorher die Aufforderung, eingebettete Objekte zu wählen, angeklickt hatten, erscheint nun die Frage VERSCHACHTELTE OBJEKTE WÄHLEN:. Sie wählen dann alle Einzelobjekte des Blocks, die Sie bearbeiten möchten.)

Abb. 11.12: Dialogfenster REFBEARB

Zeichnen und Beschriftung	Icon	Befehl
EINFÜGEN|REFERENZ ▼ |REFERENZ-BEARBEITUNG	✏	REFBEARB

Es erscheint dann eine neue Gruppe REFERENZ-BEARBEITUNG in der Registerkarte.

Abb. 11.13: Gruppe REFERENZ BEARBEITEN

> **Tipp**
>
> **Gruppe unvollständig sichtbar**
>
> Wegen »Überfüllung« in der Multifunktionsleiste passiert es immer wieder, dass man eine Gruppe nicht vollständig sieht. Hier hilft es, wenn Sie die Gruppe per Drag&Drop, also mit gedrückter Maustaste, aus der Multifunktionsleiste heraus auf den Zeichenbereich ziehen. Zurück geht's über ein kleines Icon rechts oben im Rand der Gruppe.

Ab jetzt befinden Sie sich in der Block-Editiersitzung, die Sie am Ende mit dem Werkzeug ÄNDERUNGEN SPEICHERN ganz links in der Gruppe REFERENZ BEARBEITEN abschließen müssen. Die nicht zum Editieren gewählten Objekte erscheinen nun in gedämpften Farben.

2. Erweitern Sie nun den Bearbeitungssatz mit dem Werkzeug ZU SATZ HINZUFÜGEN um Objekte aus der übrigen Zeichnung oder verringern Sie ihn mit AUS SATZ ENTFERNEN, wodurch Sie Objekte aus dem Block in die restliche Zeichnung überführen.

3. Sie können Objekte des Blocks, die zur Bearbeitung gewählt sind, nun verändern. Nehmen Sie weitere Bearbeitungen an den Objekten des Bearbeitungssatzes vor, wie zum Beispiel Layer-Änderungen oder STUTZEN und DEHNEN.

   Neue Objekte, die in den Block eingehen sollen, konstruieren Sie nun einfach.

4. Zum Abschluss und zur Aktualisierung der Blockdefinition und aller bereits eingefügten Blöcke wählen Sie das Werkzeug ganz links ÄNDERUNGEN SPEICHERN. Sie werden sehen, dass alle Blockeinfügungen sofort die Änderungen übernehmen.

5. Wenn Sie keine Änderungen am Block ausführen wollen, klicken Sie auf das rechte Werkzeug ÄNDERUNGEN VERWERFEN.

Bei dieser Bearbeitung werden Objekte, die nicht zur Bearbeitung anstehen, hinter einem Fading-Schleier verborgen. Wie stark dieser Schleier sein soll, wird mit ANWENDUNGSMENÜ|OPTIONEN|ANZEIGE|FADING-STEUERUNG|DIREKTBEARBEITUNG UND BESCHRIFTUNGSDARSTELLUNGEN eingestellt.

11.2.9 Objekte aus Block in Zeichnung kopieren

Um Teile eines Blocks oder auch einer externen Referenz (Xref) oder gar einer DGN-Unterlage (Microstation-Zeichnung) als Kopie(n) in die eigene Zeichnung zu übernehmen, gibt es den Befehl NCOPIE. Es gibt eine Option EINSTELLUNGEN mit den Alternativen EINFÜGEN und BINDEN. Sie werden erst interessant beim

Kopieren aus einer externen Referenz. Die Option BINDEN würde bedeuten, dass nicht nur das Objekt kopiert wird, sondern auch der Layer zusammen mit dem Xref-Namen hereinkopiert wird (XREF-NAME|LAYERNAME). Bei EINFÜGEN wird nur der Layer allein, sofern noch nicht vorhanden, in die aktuelle Zeichnung kopiert (*Layername*). Ansonsten läuft der Befehl wie KOPIEREN ab, mit der Option MEHRFACH erzeugt er mehrere Kopien.

Zeichnen und Beschriftung	Icon	Befehl
START|ÄNDERN ▼ |VERSCHACHTELTE OBJEKTE KOPIEREN		NKOPIE, NCOPY

11.2.10 Block über die Zwischenablage erstellen

Sie können einen Block auch über die Zwischenablage erstellen. Dazu klicken Sie einfach die Objekte an, die Sie in einen Block verwandeln wollen. Die Objekte werden mit den blauen Griffen markiert. Nun klicken Sie mit der rechten Maustaste, damit das Kontextmenü erscheint. Dort wählen Sie die Funktion ZWISCHENABLAGE|KOPIEREN bzw. im Register START|ZWISCHENABLAGE|KOPIEREN oder ...| KOPIEREN MIT BASISPUNKT. Bei KOPIEREN werden die Objekte in die Windows-Zwischenablage kopiert und die minimalen x- und y-Koordinaten der Objekte als Basispunkt bestimmt. Bei der Option KOPIEREN MIT BASISPUNKT können Sie den Basispunkt selbst angeben.

Nun können Sie in einer anderen Zeichnung die Objekte mit der Kontextmenü-Funktion ZWISCHENABLAGE|ALS BLOCK EINFÜGEN oder übers Register START|ZWISCHENABLAGE|ALS BLOCK EINFÜGEN als neuen Block aus der Zwischenablage einfügen.

> **Tipp**
>
> **Einfügen aus der Zwischenablage**
>
> Natürlich können Sie Objekte aus der Zwischenablage auch nur einfach so als Objekte einfügen mit der Option EINFÜGEN oder an derselben Stelle wie in der Originalzeichnung einfügen über MIT ORIGINAL-KOORDINATEN EINFÜGEN.

Dieser neue Block bekommt dabei allerdings automatisch einen Namen, der aus einer nichtssagenden Buchstaben- und Ziffernfolge besteht. Sie sollten ihn deshalb sofort umbenennen. Dazu nutzen Sie die Funktion, mit der Sie alle benannten Objekte umbenennen können: Befehl UMBENENN. Die richtige Bedienreihenfolge zeigt Abbildung 11.14.

Kapitel 11
Blöcke und externe Referenzen

Abb. 11.14: Bedienreihenfolge im Dialog UMBENENN

11.3 Externe Blöcke

Ein externer Block ist ein zur selbstständigen Zeichnung gewordener interner Block. Mit dieser Methode wurden früher Normteilebibliotheken erstellt; heute werden Normteilbibliotheken eher als Zeichnungen mit vielen internen Blöcken erstellt, auf die mit dem DESIGNCENTER zugegriffen werden kann.

Die Erstellung externer Blöcke wird mehr dazu genutzt, größere Komponenten, die als Zeichnung ein Eigenleben führen sollen, aus der aktuellen Zeichnung auszulagern. Sie können sie jederzeit wieder in andere Zeichnungen einbauen. Das Ziel kann es auch sein, diese Komponenten von nun an immer als eigenständige Zeichnung zu behandeln.

11.3.1 Erzeugung externer Blöcke

Die externen Blöcke werden, wie bereits oben erwähnt, mit dem Befehl WBLOCK erzeugt. Der Befehl WBLOCK bietet ein Dialogfenster.

Zeichnen und Beschriftung	Icon	Befehl	Kürzel
EINFÜGEN|BLOCKDEFINITION|BLOCK SCHREIBEN ▾		WBLOCK	W (NICHT ALS GROSSBUCH-STABE!!)

> **Vorsicht**
>
> Geben Sie das Kürzel w nicht in Großschreibung mit [Shift]+[w] ein! Damit würden Sie ein Zeichen-Hilfsmittel, das STEERING-WHEEL, starten. Also Vorsicht bei allen Befehlen, die ähnlich mit dem Buchstaben w beginnen. Immer kleinschreiben!!

Am einfachsten lässt sich ein externer Block aus einem internen Block erzeugen. Sie wählen als QUELLE die Option BLOCK und wählen rechts daneben den Namen des Blocks über das Auswahlfenster aus (Abbildung 11.15). Damit wird dann automatisch dieser Name auch für die externe Zeichnungsdatei verwendet, und Sie können die Transaktion mit OK abschließen. Interessant ist zu beobachten, dass jetzt links oben auf dem Bildschirm kurzzeitig ein Zeichnungsfenster aufgemacht wird, das dann aber gleich wieder verschwindet. Das zeigt das Erstellen der neuen Zeichnungsdatei an.

Der Befehl WBLOCK erlaubt aber nicht nur die Erstellung aus einem internen Block heraus, sondern ist recht universell. Sie können Verschiedenes als *Quelle* für Ihren externen Block wählen:

- Einen *internen Block* können Sie über den Namen wählen.
- Die *gesamte Zeichnung* kann auch verwendet werden. Damit wird eine Kopie der aktuellen Zeichnung erstellt, in der alle nicht verwendeten benannten Objekte *automatisch bereinigt* werden.
- Es können aber auch noch zu wählende *beliebige Objekte* Ihrer Zeichnung in den externen Block exportiert werden. Für diesen Fall ist im Dialogfenster vorgesehen, dass Sie einen Basispunkt spezifizieren und die Objekte wählen. Wenn Sie dabei noch die Option IN BLOCK KONVERTIEREN aktivieren, wird gleichzeitig ein interner Block erzeugt und dieser auch an Ort und Stelle gleich eingefügt.

Abb. 11.15: Dialogfenster des Befehls WBLOCK

Kapitel 11
Blöcke und externe Referenzen

Zur Übung sollten Sie aus der letzten Zeichnung FENSTER.DWG heraus die Fenster **F-101**, **F-88_5** und **F-113_5** als externe Blöcke, ausgehend von den internen Blöcken, erstellen.

Die Funktion ANWENDUNGSMENÜ|EXPORTIEREN|ANDERE FORMATE ist zwar eher zum Export in diverse andere Dateiformate sinnvoll als zum Erstellen von externen Blöcken. Wenn Sie aber doch damit externe Blöcke erstellen wollen, wählen Sie zuerst im Dateiwahlfenster den Typ Block (*.dwg) und tragen den Namen für den externen Block ein. Erst nach Ende dieses Dialogfensters können Sie den internen Blocknamen eingeben.

- Um einen internen Block zu verwenden, geben Sie einfach den *Namen* in der Befehlszeile ein.
- Ein *Sternchen* geben Sie ein, wenn die gesamte Zeichnung exportiert werden soll.
- Enter drücken Sie, wenn Sie die Objekte und den Einfügepunkt erst jetzt wählen wollen.

Externen Block aus dem Blockeditor erstellen

Alternativ können Sie einen externen Block auch aus dem Blockeditor BBEARB heraus erstellen. Wählen Sie im Blockeditor dazu ÖFFNEN/SPEICHERN▼|BLOCK SPEICHERN UNTER und wählen Sie im folgenden Dialogfenster den Namen aus, aktivieren Sie BLOCKDEFINITION IN ZEICHNUNGSDATEI SPEICHERN und beenden Sie mit OK (Abbildung 11.16).

Abb. 11.16: Externen Block aus dem Blockeditor erstellen

11.3.2 Einfügen externer Blöcke

Das Einfügen eines externen Blocks geschieht mit dem gleichen Befehl EINFÜGE. Sie können den Blocknamen bei NAME eintippen, wenn der Block mit diesem Namen und der Endung *.DWG als Zeichnung im Suchpfad vorhanden ist. Der Suchpfad ist eine Reihe von Verzeichnissen, die unter ANWENDUNGSMENÜ|OPTIONEN im Register DATEIEN vereinbart sind und die von Ihnen erweitert werden kann. AutoCAD wird den Blocknamen dann dort automatisch suchen. Der SUCHPFAD FÜR SUPPORT-DATEI umfasst folgende Pfade:

- Ihr aktuelles Arbeitsverzeichnis EIGENE DATEIEN (steht nicht im Suchpfad drin, wird aber immer als Erstes durchsucht),
- C:\Dokumente und Einstellungen*Benutzername*\Anwendungsdaten\Autodesk\AutoCAD 2014\R19.1\deu\support (bei Windows XP)
- C:\Benutzer*Benutzername*\AppData\Roaming\Autodesk\AutoCAD 2014\R19.1\deu\support (bei Windows Vista, 7)
- C:\Programme\Autodesk\AutoCAD 2014\support (bei Windows XP, Vista, 7) und Ähnliche.

Wenn Sie eigene Verzeichnisse für Ihre Blöcke verwenden, sollten Sie diese hier zum Suchpfad hinzufügen und möglichst in der Reihenfolge nach oben verschieben.

Alternativ können Sie aber auch auf die Schaltfläche DURCHSUCHEN klicken, um ein Dateiwahlfenster zu bekommen und die externe WBLOCK-Datei oder jede beliebige Zeichnungsdatei direkt auszuwählen.

Beim Einfügen eines externen Blocks passiert nun Folgendes: Es wird in einem ersten Schritt eine interne Blockdefinition erzeugt, also im unsichtbaren Bereich, dem »Keller«. Dann wird im zweiten Schritt davon die Blockeinfügung, also ein Phantombild, am gewünschten Punkt erstellt. Bei weiteren Einfügeoperationen wird danach nicht mehr auf den externen Block zurückgegriffen, sondern sinnvollerweise auf die interne Blockdefinition. Damit ist die Zeichnung auch unabhängig von dem externen Block. Wenn die WBLOCK-Datei verloren geht, passiert der Zeichnung nichts.

Beim Einfügen externer Blöcke gelten übrigens dieselben Regeln für die Layerzugehörigkeit der Komponenten wie beim internen Block. Objekte, die im Layer 0 konstruiert wurden, werden beim Einfügen immer in den Layer eingefügt, der jeweils aktuell ist. Elemente, die in anderen Layern konstruiert wurden, werden in den Layer eingefügt, in dem sie auch konstruiert wurden. Nur kann es hier vorkommen, dass der externe Block Layer mitbringt, die es in der Zeichnung nicht gibt. AutoCAD richtet dann diese neuen Layer automatisch ein.

Kapitel 11
Blöcke und externe Referenzen

Abb. 11.17: Externen Block einfügen

11.3.3 Ändern

Ein externer Block wird editiert, indem Sie einfach die Zeichnung, die dem externen Block entspricht, öffnen und ändern. Sie benutzen also den Befehl ÖFFNEN, wählen die Datei aus und führen die nötigen Editieroperationen aus. Dann speichern Sie alles, wie bei jeder anderen Zeichnung auch, wieder ab.

> **Vorsicht**
>
> **Keinen Block im Block erstellen**
>
> Oft passiert an dieser Stelle ein folgenschwerer Denkfehler. Viele Benutzer denken, bevor sie den geänderten externen Block verlassen, müssten sie schnell noch den Befehl BLOCK geben, um einen internen Block zu erstellen. **Das ist falsch.** Ein externer Block ist eine ganz normale Zeichnung, und er darf auf keinen Fall sozusagen sich selbst noch einmal als Block im »Keller« haben. Sonst erhalten Sie beim nächsten Einfügen nämlich die Meldung: `Block referenziert sich selbst.` Das bedeutet, dass die Blockbeziehung im Kreise läuft und sich auf sich selbst bezieht. Der Hund beißt sich damit in den Schwanz.

> **Wichtig**
>
> **Basis – Einfügepunkt eines externen Blocks**
>
> Wenn der externe Block wie in unseren Beispielen durch Exportieren interner Blöcke erstellt wird, ist der zukünftige Einfügepunkt schon vom internen Block her definiert. Wenn Sie diesen ändern wollen oder eine normale Zeichnung als externen Block verwenden wollen, dann müssen Sie mit dem Befehl BASIS oder EINFÜGEN|BLOCKDEFINITION▼|BASISBLOCK EINSTELLEN (soll heißen Basis für Block einstellen) festlegen, welcher Punkt später als Einfügepunkt verwendet werden soll. Tun Sie das nicht, ist die Vorgabe die Position 0,0.

11.3.4 Aktualisieren

Ist ein externer Block geändert worden, dann müssen Sie diesen Block in den Zeichnungen, in die er bereits eingefügt wurde, extra aktualisieren. Sie müssen manuell dafür sorgen, dass dieser veränderte externe Block nun erneut in diese Zeichnungen hereinkommt. Dazu müssen Sie diesen Block noch einmal von außen neu einfügen. Im Befehl EINFÜGE ist wieder die Schaltfläche DURCHSUCHEN anzuklicken, damit Sie die externe Datei des Blocks wählen können. Sie bekommen eine Warnmeldung der Art:

```
F-101 ist bereits definiert.
xx Blockreferenzen sind bereits in der Zeichnung enthalten.
Definition und Blockreferenzen aktualisieren?
```

Hierauf klicken Sie JA an und haben mit dem ersten Einfügeschritt den Block im »Keller« aktualisiert. Dadurch sind aber auch die Blockeinfügungen in der Zeichnung, die ihr Bild ja aus dem »Keller« beziehen, auch schon aktualisiert. Damit ist der Zweck erfüllt und Sie können eigentlich diese *Pro-forma-Einfügung* des Blocks abbrechen. Die aktuelle Einfüge-Operation hatte nicht zum Ziel, eine weitere Blockeinfügung im sichtbaren Bereich der Zeichnung zu erzeugen, sondern sollte nur auf die *Blockdefinition* wirken. Deshalb können Sie an dieser Stelle die Befehlsausführung mit der `Esc`-Taste abbrechen, ohne eine weitere Blockeinfügung zu positionieren.

11.4 Arbeiten mit dem DesignCenter

Das modernste Hilfsmittel für den Umgang mit Blöcken und anderen »benannten Objekten« ist das AutoCAD-DESIGNCENTER. Im DESIGNCENTER haben Sie Zugriff auf die benannten Objekte anderer Zeichnungen. Sie schauen also bei anderen Zeichnungen in den »Keller« und können diese Objekte per »Drag & Drop« zu sich herüberziehen.

Kapitel 11
Blöcke und externe Referenzen

Zeichnen und Beschriftung	Icon	Befehl	Kürzel
ANSICHT|PALETTEN|DESIGNCENTER		ADCENTER	ADC, DC

11.4.1 Erzeugen von Normteilebibliotheken

Moderne Normteilebibliotheken werden als Zeichnungen erstellt, die entsprechende interne Blockdefinitionen enthalten. Ein Beispiel dafür ist unsere obige Zeichnung FENSTER.DWG, die die Blockdefinitionen F-101, F-113_5 und F-88_5 enthält. Realistische Bibliotheken sind natürlich viel umfangreicher, aber um das Prinzip kennenzulernen, reicht dieses Beispiel aus. Sie sollten die Zeichnung unter FENSTER.DWG speichern.

11.4.2 Verwenden von Normteilen

Sie aktivieren das DESIGNCENTER und wählen in der Verzeichnisstruktur auf der linken Seite im Register ORDNER die Zeichnung FENSTER.DWG wie im Windows-Explorer aus.

Abb. 11.18: Eigene Normteilebibliothek zu den Favoriten hinzufügen

Damit Sie später besonders einfach auf Ihre Blöcke zugreifen können, empfiehlt es sich, die Zeichnung unter den FAVORITEN abzulegen. Wenn Sie FENSTER.DWG mit der rechten Maustaste anklicken, erhalten Sie ein Kontextmenü. Mit

11.4 Arbeiten mit dem DesignCenter

der Funktion ZU FAVORITEN HINZUFÜGEN legen Sie eine Verknüpfung in dem Favoriten-Verzeichnis an (Abbildung 11.18). Dieses Verzeichnis können Sie später besonders einfach über das Werkzeug FAVORITEN 🖻 aufrufen, um schnell auf unsere Normteile zuzugreifen.

Nach einem Klick auf das Werkzeug FAVORITEN 🖻 finden Sie nun FENSTER.DWG. Mit einem Klick auf das Pluszeichen davor sehen Sie die Kategorien der benannten Objekte und ein weiterer Klick auf BLÖCKE zeigt die enthaltenen Blockdefinitionen an. Wenn Sie bei der Blockdefinition eine Beschreibung mitgespeichert wurden, können Sie ein Vorschaubild und auch die Beschreibung aktivieren (Abbildung 11.19).

Die Blöcke aus dem DESIGNCENTER können Sie mit der rechten Maustaste anklicken und dann erhalten Sie die Funktion BLOCK EINFÜGEN. Damit wird ein solcher Block in die aktuelle Zeichnung eingefügt.

Abb. 11.19: Blöcke in FENSTER.DWG, Zugriff über Favoriten

Interessanter ist aber die Möglichkeit, den Block nach der Methode *Drag&Drop* in die Zeichnung herüberzuziehen. Bei jeglichem Einfügen wird übrigens immer auf die Einheiten Rücksicht genommen. Der Block erhält beim Erstellen Einheiten wie mm, cm, m etc. im Dialogfenster, und die aktuelle Zeichnung bezieht ihre Einheiten unter ANWENDUNGSMENÜ|ZEICHNUNGSPROGRAMME|EINHEITEN bei EINHEITEN ZUM SKALIEREN DES EINGEFÜGTEN INHALTS. Dann wird gemäß dem Unterschied in diesen Einheiten skaliert eingefügt. Nehmen wir an, die Fenster sind mit cm-Einheiten als Blöcke erzeugt, aber die aktuelle Zeichnung hat unter ANWENDUNGSMENÜ|ZEICHNUNGSPROGRAMME|EINHEITEN mm eingestellt. Ein Fenster wird dann mit einem Skalierfaktor 10.0 eingefügt. Sie können das ganz schnell ausprobieren.

11.5 Blöcke und die Werkzeugpalette

Eine noch bequemere Arbeit mit Blöcken ist durch die Werkzeugpaletten möglich.

Zeichnen und Beschriftung	Icon	Befehl	Kürzel
Ansicht|Paletten|Werkzeugpaletten		Werkzpaletten	Strg+3

Die meisten Werkzeugpaletten sind mit typischen Blöcken für verschiedene Anwendungsfälle bestückt. Sie können die Blöcke nach der Drag&Drop-Methode von hier einfach in Ihre Zeichnung ziehen.

Abb. 11.20: Verwendung von Blöcken aus den Werkzeugpaletten

In den Paletten sind zahlreiche Blöcke enthalten, die mit einem orangefarbenen Blitz gekennzeichnet sind, das sind *dynamische* Blöcke, die Sie über Parameter modifizieren können. Diese dynamischen Blöcke werden weiter unten näher erläutert. Wenn Sie die Architektur-Blöcke nach der Abbildung 11.20 selbst ausprobieren, werden Sie feststellen, dass die Bilder zunächst anders aussehen. Nach Anklicken eines dynamischen Blocks werden Sie spezielle Griffe finden, mit denen Sie die Größe ändern, spiegeln oder auch die Gestalt variieren können. Beim Positionieren der Blöcke existiert auch eine spezielle Ausrichtungsaktion: Sobald Sie beispielsweise das WC oder die Tür in die Nähe einer Wand schieben, richtet es sich mit dieser Wand aus. Mit den Streckungsaktionen sind meist tabellierte Daten verbunden, die nur bestimmte Streckungen erlauben. Die Sichtbarkeitsaktion bietet verschiedene Gestaltvarianten des Blocks an, beispielsweise für die Draufsicht oder Seitenansicht.

Abb. 11.21: Griffe bei dynamischen Blöcken

Mit einem Rechtsklick auf den Werkzeugpalettenbalken können Sie auch die Transparenz aktivieren, also die Paletten durchsichtig gestalten, und das AUTOMATISCH AUSBLENDEN aktivieren. Damit werden die Paletten nur dann sichtbar gemacht, wenn Sie mit dem Fadenkreuz darüber fahren. Wenn Sie in den Palettenrand fahren und der Doppelpfeil erscheint, können Sie die Größe verändern. Das Kontextmenü bietet auch die ANSICHTSOPTIONEN, wo die Optionen NUR SYMBOL oder SYMBOL MIT TEXT auch eine Anordnung der Teile nebeneinander erlauben.

> **Tipp**
>
> Wenn bei Blöcken die Basispunkte zum schnellen Positionieren mit den Griffen nicht geeignet sind, gibt es die Möglichkeit, in Blöcken *alle* internen Griffe zu aktivieren. Das erreichen Sie, indem Sie im ANWENDUNGSMENÜ|OPTIONEN, Registerkarte AUSWAHL, und dort unter der Rubrik GRIFFE das Kontrollkästchen GRIFFE IN BLÖCKEN AKTIVIEREN markieren. Nun können Sie die Blöcke mit sehr vielen Griffen optimal positionieren.

11.5.1 Normteile in Werkzeugpaletten

Wenn Sie mehr Normteile brauchen, müssen Sie sich diese in eigene Werkzeugpaletten einbauen. Und wenn Sie eigene Werkzeugpaletten erstellen oder die vorgegebenen verwerfen wollen, dann rufen Sie mit einem Rechtsklick auf die Werkzeugpaletten das Kontextmenü auf, und schon werden Ihnen die nötigen Funktionen angeboten.

- Einzelne interne Blöcke in eine bestehende Palette einfügen

  Markieren Sie im DESIGNCENTER einen oder mehrere interne Blöcke und ziehen Sie diese in die Palette, die dazu natürlich auf dem Bildschirm aktiviert sein muss. Schon ist Ihre private Normteilebibliothek ergänzt.
- Einen externen Block in eine bestehende Palette einfügen

  Ziehen Sie die komplette Zeichnung des externen Blocks aus dem rechten Fenster des DESIGNCENTERS in die gewünschte Palette.
- Aus einzelnen internen Blöcken eine neue Palette erstellen

  Markieren Sie im DESIGNCENTER einen oder mehrere interne Blöcke und wählen Sie nach Rechtsklick die Option WERKZEUGPALETTE ERSTELLEN. Sie können dann einen Palettennamen eingeben
- Aus allen internen Blöcken einer Zeichnung eine neue Palette erstellen

  Nach Rechtsklick auf die betreffende Zeichnung im DESIGNCENTER wählen Sie die Option WERKZEUGPALETTE ERSTELLEN. Die neue Palette erhält den Namen der Zeichnung.
- Aus allen externen Blöcken eines Verzeichnisses eine neue Palette erstellen

  Nach Rechtsklick auf das betreffende Verzeichnis im DESIGNCENTER wählen Sie die Option WERKZEUGPALETTE VON BLÖCKEN ERSTELLEN. Die neue Palette erhält den Namen des Verzeichnisses.

Abb. 11.22: :Werkzeugpaletten mit Blöcken

11.6 Attribute

Blöcke sind nicht nur deshalb so beliebt, weil man in ihnen die Geometrie von Teilen speichert, die sich oft wiederholen, sondern auch, weil in ihnen zusätzlich nichtgeometrische Informationen gespeichert werden können, die für die Stücklistengenerierung interessant sind. Diese nichtgeometrischen Informationen nennt man *Attribute*. Sie sind dazu gedacht, als Texte oder Zahlen, mit Blöcken abgespeichert und später in Stücklisten ausgegeben zu werden.

11.6.1 Attributdefinition

Beim Einfügen des Blocks erhält dann jedes Attribut über eine Dialogfenster-Eingabe seinen spezifischen Wert. Ein typisches Attribut für einen Block wäre zum Beispiel der Lieferantenname für das betreffende Teil, die Lagernummer, der Preis, das Material oder bestimmte Abmessungen des Teils, das durch den Block dargestellt wird. Für jedes dieser Attribute müssen Sie sich für die Definition zunächst eine allgemeingültige Bezeichnung überlegen. Beispiele wären *Lieferant*, *Lagernummer* etc. Eine Attributdefinition wird am besten im BLOCKEDITOR mit der Funktion ATTRIBUTSDEFINITION erstellt. (Abbildung 11.23).

Zeichnen und Beschriftung	Im Blockeditor	Icon	Befehl
START|BLOCK ▾|ATTRIBUTE DEFINIEREN oder EINFÜGEN|BLOCKDEFINITION|ATTRIBUTE DEFINIEREN	AKTIONSPARAMETER|ATTRIBUTS-DEFINITION		ATTDEF

Abb. 11.23: Dialogfenster für Attributdefinition

Das Dialogfenster fragt zunächst nach dem *Modus* für das Attribut. Es gibt sechs Modus-Einstellungen: UNSICHTBAR, KONSTANT, PRÜFEN, VORWAHL, POSITION SPERREN, MEHRZEILIG.

- UNSICHTBAR – Attribute können als sichtbar oder unsichtbar definiert werden. Unsichtbare Attribute sind eben nicht in der Zeichnung sichtbar, können aber trotzdem später mit dem Befehl EATTEXT bzw. ATTEXT (LT-Version) in die Stückliste überführt werden.
- KONSTANT – Es gibt konstante Attribute und nicht-konstante Attribute. Konstante Attribute sind solche, die sich bei einem bestimmten Block nie ändern. Beispiele für konstante Attribute wären zum Beispiel bestimmte DIN-Nummern. Beispiele für nicht-konstante Attribute wären zum Beispiel das Material oder die Farbe. Ein Fenster mit einer bestimmten Geometrie kann als Material Holz, Plastik oder Aluminium haben, also nicht-konstant.
- PRÜFEN – Es gibt außerdem die Möglichkeit, ein Attribut während der Eingabe zusätzlich prüfen zu lassen. Dieser Modus ist aber nur wirksam, wenn die Attributwerteingabe über die Befehlszeile erfolgt, was wir aber nicht verwenden werden.
- VORWAHL – Attribute können bestimmte Vorgabewerte enthalten. Dies ist immer dann sinnvoll, wenn ein Attribut in der Mehrzahl der Fälle diesen bestimmten Vorgabewert behält. Dann müssen Sie beim *Einfügen nur in Ausnahmen* den Attributwert *neu* eingeben und brauchen meistens die Wertanfrage nur zu bestätigen.
- POSITION SPERREN – Attribut soll nicht unabhängig vom Block verschoben werden können.
- MEHRZEILIG – Diese Option erlaubt mehrzeilige Attributwerte wie etwa Adressen. Zur Eingabe erscheint dann ein Mini-Mtext-Editor.

Bezeichnung

Nach den *Attributmodi* müssen BEZEICHNUNG, EINGABEAUFFORDERUNG und gegebenenfalls unter VORGABE ein *Attributwert* eingegeben werden. Die Angabe BEZEICHNUNG verlangt einen Sammelbegriff, der sagt, wofür die ATTRIBUTWERTE stehen. Wenn als ATTRIBUTWERTE später **Holz**, **Plastik** oder **Aluminium** eingegeben werden, so wäre die BEZEICHNUNG sinnvollerweise **Material**. Werden für die ATTRIBUTWERTE später verschiedene Fensterhöhen eingegeben, so wäre die BEZEICHNUNG **Höhe**. Werden als ATTRIBUTWERTE später die verschiedenen Lieferanten eingegeben, so wäre die BEZEICHNUNG eben **Lieferant**.

Eingabeaufforderung

Dann wird im Dialogfenster die EINGABEAUFFORDERUNG verlangt. Dies ist die Anfrage, die der Benutzer später bekommt, wenn er einen Attributwert eingeben soll. Diese Anfrage sollte der BEZEICHNUNG entsprechen. Man wird aber meistens noch eine kleine Ergänzung hinzufügen, damit der Benutzer später weiß, in welchen Einheiten oder mit wie viel Buchstaben die Eingabe zu erfolgen hat. So wird man für die BEZEICHNUNG **Material** die EINGABEAUFFORDERUNG vielleicht formulieren MAT [10 Zeichen], oder für die BEZEICHNUNG Höhe wird man als EINGABEAUFFORDERUNG formulieren H [cm], oder für die BEZEICHNUNG Lieferant wird man als EINGABEAUFFORDERUNG formulieren Liefer. [10 Zeichen] etc.

Vorgabe

Danach ist im Dialogfenster bei VORGABE ein Attributwert anzugeben, aber nur für solche Attribute, die entweder konstant sind oder mit VORWAHL markiert sind. Bei konstanten Attributen ist dies *der* feste Wert, der ein für alle Mal darin steht. Bei Attributen mit VORWAHL ist dies der vorgegebene Wert, der später vom Benutzer überschrieben werden kann.

Als VORGABE können Sie auch Schriftfelder verwenden, zum Beispiel Längen aus der Blockgeometrie. Deshalb erscheint hier rechts daneben die Schaltfläche SCHRIFTFELD.

Einfügepunkt und Texteinstellungen

Das Dialogfenster verlangt dann den Einfügepunkt der Attributdefinition und die Eingabe der Texteinstellungen für die Attributwerte. Nur für das erste Attribut wählen Sie EINFÜGEPUNKT – AM BILDSCHIRM BESTIMMEN und klicken die Position an. Bei Folgeattributen (Abbildung 11.24) kreuzen Sie in dem Fenster die Möglichkeit UNTER VORHERIGER ATTRIBUTDEFINITION AUSRICHTEN an. Dadurch erreichen Sie eine automatische Ausrichtung der Attribute untereinander, wodurch eine gute Darstellung entsteht. Es werden gleichfalls die Texteinstellungen vom vorhergehenden Attribut übernommen. Jedes einzelne Attribut wird mit einem neuen Aufruf von ATTRIBUTSDEFINITION erstellt.

Abb. 11.24: Attribut, das unter anderen angeordnet wird

Kapitel 11
Blöcke und externe Referenzen

Unter TEXTEINSTELLUNGEN sollen Sie unbedingt BESCHRIFTUNG aktivieren, wenn Sie die Attributwerte jeweils im aktuellen BESCHRIFTUNGS-MAßSTAB angezeigt bekommen wollen. Nach Definition aller Attribute beenden Sie den Blockeditor.

11.6.2 Block mit Attributen erzeugen

Zur Übung sollten Sie in der Zeichnung FENSTER.DWG alle Blöcke mit Attributen versehen. Geben Sie folgende fünf Attributdefinitionen ein:

Bezeichnung	Eingabeaufforderung	Wert	Modus
Material	Mat. [10Z.]	Holz	Vorwahl
Preis	Euro [xx,xx]		Unsichtbar
Höhe	H [cm]		
Raum	Zimmer [10Z.]		Unsichtbar
Lieferant	Lieferer [10Z.]		Unsichtbar

Sie können natürlich Attributdefinitionen über die Zwischenablage kopieren, wenn Sie sie bei anderen Blöcken ebenfalls brauchen. Fügen Sie in die aktuelle Zeichnung einige Fenster ein und speichern Sie diese Zeichnung unter dem Namen **FENSTER-eingebaut.dwg** für spätere Übungen.

11.6.3 Einfügen von Blöcken mit Attributen

Beim Einfügen eines Blocks werden die Attributwerte abgefragt (Abbildung 11.25).

Abb. 11.25: Attributanfrage beim Einfügen eines Blocks

Die Sichtbarkeit der Attributwerte in der Zeichnung können Sie nach drei Stufen einstellen. Unter EINFÜGEN|BLOCK gibt es drei Optionen:

- ANZEIGE BEIBEHALTEN: Die Attribute werden so angezeigt, wie sie einzeln definiert wurden, also individuell sichtbar oder unsichtbar.
- ALLE ANZEIGEN: Alle Attributwerte sind sichtbar, egal wie sie definiert wurden.
- ALLE AUSBLENDEN: Alle Attribute sind unsichtbar.

Probieren Sie für die eingefügten Fenster diese Einstellungen aus. Der Lieferant, der oben als unsichtbar definiert wurde, kann so in der Zeichnung sichtbar gemacht werden.

Attributdefinitionen ändern und ergänzen

Wenn Attribute mit falschen Einstellungen definiert wurden, hilft der Block-Attribut-Manager BATTMAN, siehe EINFÜGEN|BLOCKDEFINITION|ATTRIBUTE VERWALTEN. Sie wählen zuerst im Listenfeld BLOCK den gewünschten Block. Dann können Sie mit den Schaltflächen NACH OBEN oder NACH UNTEN die Reihenfolge von Attributen ändern. Unter BEARBEITEN können Sie die Attributdefinitionen in jeder Weise nachträglich verändern. Man kann auch die Modi UNSICHTBAR (I), KONSTANT (C), PRÜFEN (V), VORWAHL (P), Position gesperrt (L) und MULTILINIEN (=MEHRZEILIG) (M) ändern. Sie erscheinen mit englischen Abkürzungen!

Zeichnen und Beschriftung	Icon	Befehl
START|BLOCK ▾|ATTRIBUTE VERWALTEN oder EINFÜGEN|BLOCKDEFINITION|ATTRIBUTE VERWALTEN		BATTMAN

Abb. 11.26: Block mit BATTMAN bearbeiten

Wenn Sie Attribute nachträglich hinzufügen wollen, können Sie das am einfachsten mit dem Attributwerkzeug im Blockeditor tun. Wenn Sie dort ein neues Attribut hinzufügen und VORWAHL aktivieren, wird der eingetragene Vorgabewert nach ATTSYNC für alle bereits bestehenden Blockeinfügungen gelten. Nach Beenden des Blockeditors müssen Sie also noch ATTSYNC aufrufen, den Blocknamen eingeben oder einen Block anklicken, um die Attributeinstellungen zu synchronisieren.

Kapitel 11
Blöcke und externe Referenzen

Zeichnen und Beschriftung	Icon	Befehl
START|BLOCK▼|ATTRIBUTE SYNCHRONISIEREN oder EINFÜGEN|BLOCKDEFINITION|SYNCHRONISIEREN		ATTSYNC

11.6.4 Attributwerte ändern

Beim Thema »Attribute ändern« muss man klar unterscheiden, ob die Attribut*definitionen* geändert werden sollen oder die *Werte* der Attribute von eingefügten Blöcken. Das Ändern der Definitionen und auch der dabei festgelegten Werte konstanter Attribute geschieht wie weiter oben beschrieben, indem Sie den Block mit dem Blockeditor BBEARB bearbeiten. Im Folgenden kümmern wir uns um das Ändern der *Werte*. Dabei müssen Sie wieder unterscheiden, ob ein einzelner Attributwert geändert werden soll oder pauschal Werte für mehrere eingefügte Blöcke.

Attributwerte einzeln ändern

Sie können Attributwerte von eingefügten Blöcken nachträglich mit dem Befehl ATTEDIT editieren. Der Befehl verlangt die Wahl eines Blocks und es erscheint dann dasselbe Attribut-Dialogfeld, das Sie vom Einfügen des Blocks kennen. Die Werte der variablen Attribute dieses Blocks können nun geändert werden.

Zeichnen und Beschriftung	Icon	Befehl	Kürzel
		ATTEDIT, DDATTE	AE
START|BLOCK|ATTRIBUTE BEARBEITEN▼|EINZELN oder EINFÜGEN|BLOCK|ATTRIBUT BEARBEITEN▼|EINZELN		EATTEDIT	Doppelklick

Ein schnelleres Werkzeug ist der erweiterte Attributseditor EATTEDIT, den Sie über einen Doppelklick auf einen Block mit Attributen aktivieren können. Der erweiterte Attributseditor erlaubt nicht nur den Zugriff auf die Attributswerte, sondern auch auf die Textoptionen und Eigenschaften.

Abb. 11.27: Erweiterter Attributseditor

Attribute global ändern

Zeichnen und Beschriftung	Icon	Befehl	Kürzel
START|BLOCK|MEHRFACH ▼ oder		-ATTEDIT	-ATE
EINFÜGEN|BLOCK|ATTRIBUT BEARBEITEN ▼ |MEHRFACH			

Der Befehl -ATTEDIT dient vorzugsweise zum globalen Ändern der Attribute mehrerer Blöcke. Das Minuszeichen kann manchen Befehlen vorangestellt werden, damit sie ohne Dialogfenster nur in der Befehlszeile ablaufen. Hier bewirkt es außerdem, dass der Befehl auch noch in anderer Weise abläuft, nämlich als Änderungsbefehl für mehrere Attribute.

Nun gibt es auch wieder zwei Fälle: einzeln editieren oder nicht. Einmal können Sie mehrere Attribute so bearbeiten, dass AutoCAD nach bestimmten Kriterien *einzeln* Block für Block durchläuft, zum anderen kann man für eine gewisse Auswahl von Blöcken beispielsweise das Material von *Holz* auf *Plastik global* ändern.

Der Dialog für das Einzel-Editieren mehrerer Blöcke lautet wie folgt:

```
Befehl: -ATTEDIT
Attribute einzeln editieren ? <J> [Enter]    Beim Einzel-Editieren von Attributen, die
auf dem Bildschirm sichtbar sind, können Wert und alle Eigenschaften der Attribute
verändert werden.
Blocknamespezifikation eingeben <*>: [Enter]
Spezifikation Attributbezeichnung <*>: [Enter]
Spezifikation für Attributwert eingeben <*>: [Enter]    Die Attribute können hier noch
nach diesen Kriterien ausgewählt werden. Das Jokerzeichen * bedeutet beliebige Werte
für diese Kriterien. Sie können bestimmte Attribute auswählen, indem Sie Namen angeben. Die Namen können aber auch * und ? als Jokerzeichen enthalten. Dabei steht ? als
Joker für ein einzelnes Zeichen. Die Attributbezeichnung TE?T* wählt alle Attribute
aus, deren erste beiden Buchstaben TE sind, deren dritter Buchstabe beliebig ist,
deren vierter Buchstabe T ist und deren weitere Zeichen nicht spezifiziert sind. Mit
\ für den Attributwert kann man Attribute auswählen, denen noch kein Wert zugewiesen
wurde.
Attribute wählen: Wählen Sie nun die Blöcke mit den zu ändernden Attributen auf dem
Bildschirm aus
8 gefunden
Attribute wählen: [Enter]
8 Attribut(e) gewählt.
Option eingeben
WErt Position Höhe Winkel Stil Layer Farbe Nächstes <N>: Nun wählt man, was geändert
werden soll. Mit WE [Enter] können Sie z.B. den Wert des betreffenden Attributs
ändern, mit P [Enter] die Position usw. AutoCAD markiert das erste Attribut, das den
obigen Spezifikationen entspricht, und bietet die Änderung an. Mit Eingabe von
N [Enter] können Sie dann zum nächsten Attribut weitergehen.
```

Beim globalen Bearbeiten der Attribute ergibt sich folgender Ablauf:

```
Befehl: -ATTEDIT
Attribute einzeln editieren? [Ja Nein] <J>: N    Attribute sollen pauschal bearbeitet
werden. Daraus folgt, dass nur die Werte geändert werden können, nicht Position oder
Farbe etc.
Nur am Bildschirm sichtbare Attribute editieren? [Ja Nein] <J>: Enter
Blocknamensspezifikation eingeben <*>: Enter
Spezifikation für Attributbezeichnung eingeben <*>: Material Enter
Spezifikation für Attributwert eingeben <*>: Holz Enter    Mit dieser Spezifikation
werden alle Blöcke gewählt, die das Attribut Material enthalten und dort einen Wert
Holz.
Attribute wählen: Fenster aufziehen.  Entgegengesetzte Ecke angeben: Fenster voll-
enden.  17 gefunden
Attribute wählen: Enter
17 Attribut(e) gewählt.
Zu ändernde Zeichenfolge eingeben: Holz
Neue Zeichenfolge eingeben: Plastik
Befehl:
```

Mit dieser Aktion werden also überall die Materialbezeichnungen **Holz** durch **Plastik** ersetzt. Sie sollten das einmal selbst ausprobieren. Wichtig ist hier immer die genügend einschränkende Spezifikation. Wäre nicht auf das Attribut MATERIAL eingeschränkt worden, so würde AutoCAD auch einen Lieferanten **Holzmann** in **Plastikmann** ändern.

11.7 Dynamische Blöcke

Die Möglichkeit, dynamische Blöcke zu erstellen, war wohl der größte Fortschritt in Version 2006. Damit hat der Anwender die Möglichkeit, Blöcke mit Parametern zu versehen und diesen mit speziellen Griffen besondere Editiermöglichkeiten zu geben. Besonders interessant ist diese Option auch dadurch, dass die aktuellen Parameter automatisch in Stücklisten übernommen werden können, die wiederum dynamisch auf Parameteränderungen reagieren.

Wenn Sie beim Erstellen eines Blocks das Kontrollkästchen IN BLOCKEDITOR ÖFFNEN aktivieren, werden Ihnen im Blockeditor mit den BLOCKERSTELLUNGSPALETTEN die Werkzeuge für dynamische Blöcke angeboten. Die generelle Vorgehensweise besteht darin, dass Sie zuerst bestimmten Blockelementen *Parameter* zuordnen, wie beispielsweise einen linearen Parameter. Das geschieht fast wie beim Bemaßen. Dann ordnen Sie diesem Parameter eine *Aktion* zu, wie etwa das Strecken damit zusammenhängender Geometrieelemente. Schon ist Ihr dynamischer Block fertig. Fügen Sie solch einen Block in die Zeichnung ein, dann verfügt er beim Anklicken neben dem normalen Griff am Basispunkt noch über einen pfeilförmigen Griff zum Strecken. Damit kann der Block also noch nachträglich verändert werden.

11.7 Dynamische Blöcke

Um die einzelnen Schritte zur Erzeugung dynamischer Blöcke zu demonstrieren, werden im Folgenden drei typische Fälle behandelt:

- *Schraube* – Dynamischer Block mit einem linearen Parameter mit *Werteliste* und einer *Streckungsaktion*,
- *Fenster* – Dynamischer Block mit Streckung und verschiedenen *Sichtbarkeitsoptionen*.
- *Tisch* – Dynamischer Block mit Streckung in zwei Richtungen, den Sie über eine *Abruftabelle* skalieren können.

11.7.1 Schraube

Die Schraube sei schematisch mit Kopf und Gewinde angedeutet. Die Bolzenlänge sei 100 mm. Diese Geometrie wird zunächst ganz normal mit dem Befehl BLOCK zum Block gemacht.

Abb. 11.28: Schraubenblock im Blockeditor

Kapitel 11
Blöcke und externe Referenzen

Der Blockeditor öffnet mit einem neuen Zeichenfenster, in dem der Basispunkt des Blocks die Koordinaten 0,0 hat. Eine Palette bietet drei Register PARAMETER, AKTIONEN und PARAMETERSÄTZE an. Das dritte Register enthält gleich Kombinationen von Parametern mit typischen Aktionen, die in vielen Standardfällen das einzelne Zuordnen erst von Parametern, dann von Aktionen abkürzen. Die ersten Beispiele sollen aber in einzelnen Schritten ausgeführt werden.

Zuerst wird aus dem Register PARAMETER der Parameter LINEAR gewählt und wie eine Bemaßung vom Basispunkt zum Schraubenende hin im Block platziert. Dann sollten Sie diesen linearen Parameter anpassen. Markieren Sie ihn und rufen Sie mit Rechtsklick das Kontextmenü auf und darin Eigenschaften. Folgende Änderungen in verschiedenen Rubriken wären sinnvoll:

- EIGENSCHAFTENBEZEICHNUNGEN
    - ABSTANDSNAME – »Abstand« in »Länge« ändern,
    - ABSTANDSBESCHREIBUNG – ggf. Beschreibungstext eingeben
- WERTESATZ
    - ABSTANDSTYP – Hier die Option LISTE wählen
    - ABSTANDS-WERTELISTE – Hier rechts reinklicken, wo drei Pünktchen erscheinen. Im Dialogfeld der Werteliste müssen Sie die Werte nicht einzeln hinzufügen, sondern geben alle mit Komma getrennt ein und wählen nur einmal Hinzufügen.
- SONSTIGES
    - ANZAHL GRIFFE – Setzen Sie die Griffe von 2 auf 1 herunter, weil die Schraube nur in einer Richtung vom Basispunkt aus verlängert werden soll.

Abb. 11.29: Schraube im Blockeditor und eingefügter Block

Aus dem Register AKTIONEN wählen Sie nun die STRECKUNGSAKTION und verknüpfen sie mit dem linearen Parameter. Dazu wählen Sie auf Anfrage den linearen Parameter LÄNGE. Als PARAMETERPUNKT geben Sie die rechte Pfeilspitze des Parameters an. Dann geben Sie wie beim Befehl STRECKEN einen Streckungsrahmen an, der alle Objekte vollständig enthalten muss, die verschoben werden sollen, und die Objekte teilweise enthalten muss, die entsprechend verlängert oder verkürzt werden sollen. Auf die Frage ZU STRECKENDE OBJEKTE ANGEBEN: Wählen Sie die Objekte nochmals mit Objektwahl KREUZEN.

Damit ist die Schraube definiert, und Sie können nun den Blockeditor schließen.

11.7.2 Fenster

Der dynamische Block *Fenster* besteht zunächst aus zwei Geometrien, die wir der Übersicht halber zunächst getrennt lassen. Die Geometrien sollen später einen unterschiedlichen *Sichtbarkeitsstatus* bekommen. Die einfache Darstellung soll mit dem Status **Entwurf** verknüpft werden, die komplexere Darstellung mit **Ausführung**. Machen Sie zunächst einen normalen Block aus beiden Geometrien und gehen Sie weiter zum Blockeditor.

Abb. 11.30: Geometrien für den Block *Fenster*

Aus dem Register PARAMETER wählen Sie SICHTBARKEIT und platzieren das Symbol in die Nähe des Fensters. Nun müssen Sie die *Sichtbarkeitszustände* einrichten. Klicken Sie dazu in der Gruppe SICHTBARKEIT auf SICHTBARKEITSSTATUS. Dort finden Sie bereits einen allgemeinen SICHTBARKEITSSTATUS0 vor, bei dem alle Objekte sichtbar sind. Das ist der jetzige Zustand, den Sie beibehalten sollten. Mit NEU richten Sie zwei neue Zustände ein: **Entwurf** und **Ausführung**. Mit einem Doppelklick in dieser Tabelle kann ein Status aktuell gesetzt werden.

Kapitel 11
Blöcke und externe Referenzen

Nun geht es darum, den Statuszuständen die Objekte zuzuordnen. Zunächst bleibt alles sichtbar. Aktivieren Sie nun den Status **Ausführung**. Wählen Sie nun alle Objekte, die im Status **Ausführung** unsichtbar werden sollen, und klicken Sie auf das Werkzeug UNSICHTBAR MACHEN. In gleicher Weise machen Sie Objekte für den Status **Entwurf** unsichtbar.

Nun wechseln Sie in der Gruppe Sichtbarkeit zum Status **Sichtbarkeitsstatus0** und schieben beide Fenstergeometrien übereinander auf den gewünschten Nullpunkt.

Abb. 11.31: Übereinander gelegte Blockgeometrien

Wie schon bei der Schraube beschrieben, können Sie natürlich noch einen linearen Parameter mit Streckungsaktion einbauen, um verschiedene Fensterbreiten zu erhalten. Versehen Sie ihn sinnvollerweise noch mit einer Werteliste.

Abb. 11.32: Sichtbarkeitsliste beim eingefügten Block

11.7.3 Tisch

Der Tisch soll als typisches Beispiel für einen dynamischen Block mit Abrufparametern dienen. Der Tisch wird zunächst als Geometrie mit den Abmessungen Breite und Länge 100 cm gezeichnet. Im Blockeditor soll der Tisch sowohl der Länge als auch der Breite nach streckbar sein. Sie könnten nun wieder wie oben lineare Parameter und Streckungsaktionen anbringen. Schneller geht es aber, wenn Sie aus dem Register PARAMETERSÄTZE gleich Parameter und Aktion zusammen installieren.

Wählen Sie nun LINEARSTRECKUNG und geben Sie die Positionen für den linearen Parameter an: Ecke links unten, Ecke links oben und eine Position für den Parametertext. Über das Kontextmenü können Sie den Parameter wieder von **Abstand** in **Breite** umbenennen. Auch eine Werteliste sollten Sie hier wieder einrichten.

Abb. 11.33: Tisch mit Parametersätzen für Streckung in Länge und Breite

- EIGENSCHAFTENBEZEICHNUNGEN
    - ABSTANDSNAME – »Abstand« in »Breite« ändern,
    - ABSTANDSBESCHREIBUNG – ggf. Beschreibungstext eingeben
- WERTESATZ
    - ABSTANDSTYP – Hier die Option LISTE wählen
    - ABSTANDS-WERTELISTE – Hier rechts reinklicken, wo drei Pünktchen erscheinen. Im Dialogfeld der Werteliste müssen Sie die Werte nicht einzeln hinzufügen, sondern geben alle mit Komma getrennt ein und wählen nur einmal HINZUFÜGEN.
- SONSTIGES
    - ANZAHL GRIFFE – Ist schon auf 1 gesetzt.
    - AKTIONEN VERKETTEN – Hier müssen Sie auf JA schalten, damit diese Werte später in der Abruftabelle benutzt werden können.

Ein Ausrufezeichen beim Streckungsblitz macht Sie noch darauf aufmerksam, dass die Geometrie für die Streckung noch nicht gewählt ist. Ein Doppelklick auf den Blitz ist nötig, um die KREUZEN-Objektwahl für die zu streckende Geometrie zu aktivieren.

In gleicher Weise erzeugen Sie den Parametersatz für die Streckung in x-Richtung, die Sie **Länge** nennen.

Dann wählen Sie aus dem Register PARAMETER den Parameter ABRUFEN und positionieren ihn. Aus dem Register AKTIONEN wählen Sie ebenfalls ABRUFEN und klicken den ABRUFPARAMETER an. Daraufhin öffnet sich die EIGENSCHAFTENABRUFTABELLE. Dort klicken Sie auf EIGENSCHAFTEN HINZUFÜGEN, markieren die angebotenen Eigenschaften **Länge** und **Breite** und fügen sie mit OK hinzu.

Abb. 11.34: Eigenschaftenabruftabelle

In der linken Tabellenhälfte EINGABE-EIGENSCHAFTEN können Sie in die Tabellenfelder klicken und aus den Wertelisten dann Werte auswählen. So können Sie die Spalten **Länge** und **Breite** mit den gewünschten Wertepaaren füllen. In die rechte Spalte tragen Sie frei Bezeichnungen ein, unter denen Sie diese festen Werte aufrufen möchten. Diese Bezeichnungen sollten eindeutig sein. Dann kann auch die Abrufliste aktualisiert werden, wenn Sie über STRECKEN den Tisch später verändern. Um das zu ermöglichen, müssen Sie in der Zeile SCHREIBGESCHÜTZT auf UMGEKEHRTER ABRUF wechseln. Nun können Sie den Blockeditor beenden.

Wenn durch eine Streckungsaktion später einmal eine Tischgröße entsteht, die nicht in der Abruftabelle erfasst ist, erscheint der Text *Benutzerdefiniert*. Diesen Text können Sie auch durch einen passenden anderen ersetzen.

Abb. 11.35: Block mit Abrufliste

11.7.4 Block mit Parametern (nicht LT)

Die Parametrik mit geometrischen Abhängigkeiten und Bemaßungsabhängigkeiten kann auch in Blöcken benutzt werden. In Blöcken können die Bemaßungsparameter dann verwendet werden, um sie in eine Parametereigenschaftentabelle zu stellen und damit auch einen dynamischen Block zu erstellen, der über diese Tabelle variiert werden kann.

Abb. 11.36: Blockeditor mit Parameter-Werkzeugen

Sie können im Blockeditor ebenso Parameter verwenden wie für normale Geometrieobjekte in der AutoCAD-Oberfläche. Es gibt im Blockeditor dafür die beiden Registergruppen GEOMETRIE und BEMAẞUNG und für die geometrischen Abhängigkeiten sogar die Palette ABHÄNGIGKEITEN. Im Blockeditor erscheint mit dem Werk-

Kapitel 11
Blöcke und externe Referenzen

zeug ABHÄNGIGKEITSSTATUS eine farbige Darstellung, sobald Objekte parametrisch eindeutig bestimmt sind: Sie erscheinen in violetter Farbe. Diese Information ist sehr wertvoll, um zu erkennen, welche Objekte noch durch parametrische Bemaßungen oder geometrische Abhängigkeiten bestimmt werden müssen.

Jede parametrische lineare Bemaßung, die Sie direkt im Blockeditor erstellen, wird automatisch mit einer dynamischen Streckungsaktion verknüpft, was Sie an den Griffen erkennen. Winkelbemaßungen werden mit Drehungen verknüpft.

Im Blockeditor gibt es auch einen PARAMETER-MANAGER zur Verwaltung der BEMASSUNGSABHÄNGIGKEITEN. Auf die Parameterwerte, die Sie hier sehen, können Sie später nach Einfügen des Blocks über den EIGENSCHAFTEN-MANAGER zugreifen. Die Parameter sind im PARAMETER-MANAGER vorgabemäßig blau markiert und gehören zu Aktionen mit Griffen beim eingefügten Block.

Mit RMK auf die Tabellenzeile können Sie solche Parameter über PARAMETER KONVERTIEREN umwandeln, sodass keine Aktion mehr damit verbunden ist. Als Folge erscheinen sie in gelber Farbe. Beim eingefügten Block gibt es dann dafür keinen Griff mehr und auch keine Anzeige im Eigenschaften-Manager.

Abb. 11.37: Bemaßungsparameter und Blockeigenschaftentabelle

11.7 Dynamische Blöcke

Interessanter ist es noch, den Block mit einer BLOCKTABELLE und zugehöriger ABRUFAKTION zu versehen. Hier die Schritte:

1. Aktivieren Sie den Parameter-Manager.
2. Bemaßungsparameter, die nicht mit Aktionen verknüpft sein sollen, ändern Sie mit RMK und PARAMETER KONVERTIEREN. Die Farbe ändert sich von Blau in Gelb. Benennen Sie Parameter ggf. um.
3. Aktivieren Sie die Blocktabelle.
4. Wählen Sie dafür eine Position und setzen Sie die ANZAHL GRIFFE auf **1**. Es erscheint die PARAMETEREIGENSCHAFTENTABELLE.
5. Klicken Sie auf ^+f_x, um Tabellenköpfe für die Tabelle auszuwählen.
6. Im darauffolgenden Dialogfeld wählen Sie nun die BENUTZERPARAMETER aus, für die Sie Werte vorgeben wollen, und klicken auf OK.
7. So entsteht eine Tabelle mit entsprechenden Eigenschaftenspalten, in die Sie nun mögliche Werte für Ihr Variantenteil eintragen können (Abbildung 11.37). Die Tabelle sollte sortiert sein. Wenn Sie nicht wollen, dass Parameter neben der Tabelle auch noch manuell manipuliert werden, müssen Sie BLOCKEIGENSCHAFTEN MÜSSEN EINER ZEILE DER TABELLE ENTSPRECHEN aktivieren oder die Griffe der Parameter über EIGENSCHAFTEN entfernen.

Sie können einen Block nun auch im Blockeditor testen, wenn Sie auf TEST-BLOCK klicken. Diese Test-Umgebung verlassen Sie mit SCHLIESSEN|TESTBLOCK SCHLIESSEN. Dann sind Sie wieder zurück im Blockeditor. Wenn Sie solch einen Block dann in die Zeichnung eingefügt haben, zeigt er beim Anklicken einen dreieckigen Griff wie für einen Abrufparameter, über den Sie die Werte aus der Blockeigenschaftentabelle auswählen können (Abbildung 11.38). Alternativ haben Sie aber auch direkten Zugriff über die oben festgelegte Tabelle mit EIGENSCHAFTENTABELLE.

Abb. 11.38: Eingefügter Block mit wählbaren Parametern

11.8 Stücklisten und Excel

Ein wichtiger Schritt zur umfassenderen Nutzung der CAD-Daten besteht darin, dass man Stücklisten für Norm- und Wiederholteile ableitet. Die Stücklistengenerierung basiert auf der Möglichkeit, zunächst Blöcke mit Attributen zu definieren, die numerische Werte oder Texte enthalten, wie Teilenummern, Lieferantennummern, Preise oder Materialbezeichnungen. Damit werden Informationen für Stücklisten schon in der Zeichnung miterzeugt. Man braucht dann nur noch ein Hilfsmittel, das diese Informationen aus der Zeichnung zusammenstellt, um eine Stückliste zu erstellen. Dazu gibt es die Befehle EATTEXT oder DATENEXTRAKT (nicht LT) und ATTEXT (auch LT) zum Extrahieren der Attribute.

11.8.1 Attributsextraktion in der Vollversion

Ein wesentlicher Vorteil der Attribute besteht darin, dass man sie aus der Zeichnung in eine Datei schreiben und dann in eine Tabelle oder Datenbank überführen kann. Es gibt seit Version 2002 (nicht in den LT-Versionen) eine moderne Funktion EATTEXT oder DATENEXTRAKT zum Ausgeben von Attributwerten und/oder allgemeinen Objektdaten. Die Funktion war in den Vorgängerversionen nur auf die Erstellung von Tabellen für Attribute und Parameterwerte dynamischer Blöcke spezialisiert. Sie ist mit Version 2008 so erweitert worden, dass auch alle internen Daten beliebiger Objekte erfasst werden können.

Diese Funktion läuft stark automatisiert ab und kann auch die Attribute aus mehreren Zeichnungen, speziell auch aus verknüpften externen Referenzen, ausgeben. Der Befehl läuft in acht Schritten ab. Testen Sie ihn am besten am Beispiel der Zeichnung FENSTER_mit_Attributen.DWG.

Zeichnen und Beschriftung	Icon	Befehl
EINFÜGEN|VERKNÜPFUNG & EXTRAKTION|DATEN EXTRAHIEREN oder BESCHRIFTEN|TABELLEN|DATEN EXTRAHIEREN		DATEN-EXTRAKT, EATTEXT

- Seite 1 von 8 – Zuerst können Sie eine *Vorlage* wählen, falls schon eine von einer anderen Attributsextraktion existiert. Ansonsten wählen Sie NEUE EXTRAKTION ERSTELLEN und OK. Geben Sie dann einen Dateinamen für diese Datenextraktion ein.
- Seite 2 von 8 – Sie wählen nun, von wo Sie die Attribute zusammenstellen wollen. Voreinstellung ist die gesamte AKTUELLE ZEICHNUNG. Sie können hier aber auch weitere Zeichnungen dazuwählen oder die Auswahl auf einzelne Blöcke und Objekte reduzieren. Unter der Schaltfläche EINSTELLUNGEN geben Sie ggf. an, ob auch externe Referenzen oder tiefere Schachtelungsebenen von Blöcken ausgewertet werden sollen.

- Seite 3 von 8 – Dann wählen Sie, welche Objekttypen Sie auswerten wollen:
  - ALLE OBJEKTTYPEN ANZEIGEN, NUR BLÖCKE ANZEIGEN oder NUR NICHT-BLÖCKE ANZEIGEN,
  - NUR BLÖCKE MIT ATTRIBUTEN ANZEIGEN,
  - NUR ZUR ZEIT VERWENDETE OBJEKTE ANZEIGEN.
- Seite 4 von 8 – Nun müssen Sie wählen, was alles an *Blockeigenschaften*, *Attributen* und *allgemeinen Objektdaten* ausgegeben werden soll. Die Eigenschaften sind hier in *Kategorien* eingeteilt, die Sie zunächst auf der rechten Seite filtern sollten: 3D-VISUALISIERUNG, ALLGEMEIN, ATTRIBUT, GEOMETRIE, VERSCHIEDENES, ZEICHNUNG. Wahrscheinlich wird die Kategorie ATTRIBUT für Sie die interessanteste sein. Danach wählen Sie die einzelnen *Eigenschaften* aus, die Sie sehen wollen.
- Seite 5 von 8 – Nun erscheint eine Vorschau der Ausgabe. Darin können Sie noch die Sortierreihenfolge durch Klick in einen Spaltenkopf festlegen und ganze Spalten durch Ziehen der Köpfe verschieben. Auch lassen sich hier Spalten eliminieren. Mit EXTERNE DATEN VERKNÜPFEN können Sie schon vorhandene Excel-Tabellen bzw. Teile davon verknüpfen. Die VOLLSTÄNDIGE VORANSICHT bietet eine Tabellen-Vorschau.
- Seite 6 von 8 – Sie können dann die Art der Ausgabedatei wählen:
  - DATENEXTRAKTIONSTABELLE IN ZEICHNUNG EINFÜGEN
  - DATEN IN EXTERNE DATEI (.XLS, .CSV, .MDB, .TXT) AUSGEBEN

    Die möglichen Dateiformate sind Excel-Datei (*.XLS), Access-Datei (*.MDB), Textdatei (*.TXT) oder ein Übergabeformat für Datenbanken (*CSV) mit komma-getrennter Ausgabe.
- Seite 7 von 8 – Für die AutoCAD-Tabelle können Sie einen Tabellentitel eingeben und den Tabellenstil wählen.
- Seite 8 von 8 – Mit FERTIGSTELLEN beenden Sie die Attributsextraktion.

11.8.2 Stücklisten aktualisieren

Nachdem die *interne Tabelle* erstellt wurde, können Sie probieren, weitere Blöcke zur Zeichnung hinzuzufügen oder welche zu löschen. Unten in der Statusleiste finden Sie ein Symbol für die Datenverknüpfung . Nach Rechtsklick können Sie dort ALLE DATENVERKNÜPFUNGEN AKTUALISIEREN wählen. Die interne Tabelle wird dann automatisch aktualisiert, und die Anzahl der Blöcke wird angepasst.

Um die *externe Tabelle* zu aktualisieren, lassen Sie die DATENEXTRAKTION einfach noch einmal laufen, diesmal wählen Sie aber auf der ersten Seite BESTEHENDE DATENEXTRAKTION BEARBEITEN und wählen die alte Extraktionsvorlagendatei aus. Alle Folgeseiten können Sie mit WEITER durchlaufen.

Kapitel 11
Blöcke und externe Referenzen

Um die *interne und externe Tabelle gleichzeitig* zu aktualisieren, können Sie auch folgendermaßen vorgehen:

- Interne Tabelle markieren,
- Grün gekennzeichneten Bereich markieren: Klick ins oberste Feld links und Shift+Klick ins Feld unten rechts,
- In der Multifunktionsleiste TABELLENZELLE bei ZELLENFORMAT|ZELLSPERRUNG die Option UNGESPERRT aktivieren,
- In der Multifunktionsleiste TABELLENZELLE rechts außen DATENZELLE VERKNÜPFEN wählen,
- Im nun erscheinenden Dialogfeld DATENEXTRAKTION alle Fenster mit WEITER und am Schluss mit FERTIGSTELLEN durchlaufen.

11.8.3 Attribute in der LT-Version extrahieren

Bei AutoCAD LT benutzen Sie den Befehl ATTEXT, um Attribute auszuwerten. Der Ablauf ist wesenlich komplexer als bei der Vollversion oben. Dieser Befehl arbeitet so, dass er nach Maßgabe einer VORLAGENDATEI eine AUSGABEDATEI erstellt. Die VORLAGENDATEI gibt an, *welche Attribute* extrahiert werden sollen, in *welcher Reihenfolge* sie extrahiert werden sollen und mit *welchem Format*. Die AUSGABEDATEI ist dafür gedacht, in eine Datenbank oder Tabellenkalkulation eingelesen zu werden. Die Zusammenhänge sind in Abbildung 11.39 skizziert.

Abb. 11.39: Stücklistendaten aus Attributen aufbereiten

Bevor Sie also den Befehl ATTEXT sinnvoll einsetzen können, müssen Sie die Vorlagendatei als Textdatei erstellt haben. Dazu benutzen Sie am besten den normalen Editor aus Windows unter START|ALLE PROGRAMME|ZUBEHÖR|EDITOR. Die

Vorlagendatei besteht praktisch aus zwei Spalten. In der linken Spalte wird angegeben, *was* extrahiert werden soll. Man kann nicht nur Attribute extrahieren, die hier über ihre Attributbezeichnungen spezifiziert werden, sondern auch *Blockeigenschaften*. Die *Blockeigenschaften* beginnen immer mit den drei Zeichen »BL:«. In der rechten Spalte wird angegeben, *wie* das Attribut extrahiert werden soll, ob es eine Zeichenkette ist oder eine Zahl, außerdem die Anzahl der Stellen und bei reellen Zahlen die der Nachkommastellen. Eingabedaten, die im deutschen Format mit Dezimalkomma geschrieben werden, gelten hier nicht als Dezimalzahlen, sondern als Zeichenketten. In Excel müssen Sie Dezimalzahlen dann wieder mit Komma schreiben.

```
Vorlage-Fenster.t...
Datei Bearbeiten Format Ansicht ?
BL:NAME    C010000
Material   C010000
Preis      C010000
Höhe       N008000
Raum       C010000
Lieferant  C020000
```

Abb. 11.40: Typische Vorlagendatei für Fenster im Editor

Auf der linken Seite können neben Attributen auch *Blockeigenschaften* angesprochen werden:

BL:NAME	der Name des Blocks
BL:LAYER	der Layer, in dem der Block liegt
BL:X oder BL:Y oder BL:Z	die Koordinaten des Einfügepunkts
BL:ORIENT	Winkel, mit dem der Block eingefügt wurde
BL:XSCALE oder BL:YSCALE oder BL:ZSCALE	Skalierungsfaktoren in x-, y-, z-Richtung, die bei Einfügung definiert wurden

Die Attribute werden durch ihre Attributbezeichnung gekennzeichnet. Sie können in der linken Spalte mit **Blank** auch definieren, dass Leerzeichen für Spalten der Tabelle ausgegeben werden, die zunächst leer bleiben sollen.

In der rechten Spalte der Vorlagendatei besteht das Format aus sieben Zeichen. Das erste Zeichen gibt an, ob es sich um eine Zeichenkette oder eine Zahl handeln soll:

- *C* vom englischen Wort *Character* steht für Zeichen.
- *N* vom englischen Wort *Number* steht für Zahl.

Auf diesen ersten Buchstaben folgt eine dreistellige Angabe der gesamten Stellen- oder Zeichenzahl. Es wird mit *führenden Nullen aufgefüllt*. Eine dreistellige Zahl würde zum Beispiel charakterisiert werden durch *N003*, eine zehnstellige Zeichenkette durch *C010*. Danach folgt bei Dezimalzahlen die Anzahl der Nachkommastellen, auch wieder dreistellig mit führenden Nullen. Bei Zeichenketten oder ganzen Zahlen folgen nur drei Nullen.

Beispiel: Eine achtstellige Zahl mit zwei Nachkommastellen wird geschrieben als N008002.

Dieses Format bedeutet:

- N – Es handelt sich um eine Zahl.
- 008 – Die Zahl wird mit insgesamt acht Stellen gespeichert.
- 002 – Es sollen zwei Nachkommastellen gespeichert werden.

Beim Editieren der Vorlagendatei ist darauf zu achten, dass nach der letzten Zeile nur ein einziger Zeilenwechsel folgt.

Abb. 11.41: Dialogfenster ATTEXT

Nun können Sie mit dem Befehl ATTEXT die Ausgabedatei generieren (Abbildung 11.41). Im Dialogfenster werden zur Übergabe an die Tabellenauswertung drei verschiedene Formate angeboten. Sie können wählen, ob die Attributwerte in der Datei durch Kommata (CDF) oder durch Leerzeichen (SDF) getrennt werden sollen. Das dritte Format DXX ist für Programmierer interessant, die eventuell die Daten der Ausgabedatei mit selbst geschriebenen Programmen lesen wollen. Weiter wird der Name der VORLAGENDATEI erfragt und der Name der AUSGABEDATEI. Für die Ausgabedatei wird standardmäßig der Zeichnungsname mit der Endung *.TXT eingesetzt. Nun müssen Sie mit OBJEKTE WÄHLEN noch die Blöcke in der Zeichnung auswählen. Nach dem Extrahieren der Attribute wird bescheinigt, wie viele Sätze geschrieben wurden.

```
FENSTER_mit_Attributen-LT.txt - Editor
Datei  Bearbeiten  Format  Ansicht  ?
'F-100','Holz','120,00', 126,'Wohnraum','BAUMARKT'
'F-100','Holz','120,00', 126,'Wohnraum','BAUMARKT'
'F-100','Holz','120,00', ..., 'Küche','T-MARKT'
'F-100', ... ,'219,00', 151,'Schlafzimm','T-MARKT'
'F-112_5','ALU','219,00', 151,'Schlafzimm','T-MARKT'
'F-112_5','Holz','219,00', 151,'Wohnzimmer','T-MARKT'
```

Abb. 11.42: Ausgabedatei im Editor

11.8.4 Transfer AutoCAD LT – Excel

Nach dem Extrahieren der Attribute stehen diese in der Ausgabedatei zur Verfügung. Sie sind dort aber nicht geordnet. Zum Ordnen und Auswerten verwenden wir ein gängiges Tabellenkalkulationsprogramm, nämlich Excel. Sie starten Excel und wählen dort die normale Funktion ÖFFNEN und geben als Dateityp Textdateien (*.prn,*.txt,*.csv) an, um die Ausgabedatei einzulesen. Excel erkennt, dass es keine normale Excel-Datei ist, und startet einen Assistenten zum korrekten Einlesen der Datei. Der Assistent läuft in drei Schritten ab. Im ersten Schritt erkennt er ganz richtig, dass die Datei gewisse Trennzeichen besitzt, dass der Import der Daten in Zeile 1 beginnt, also ohne Überschrift, und dass das Windows(ANSI)-Zeichenformat verwendet werden soll.

Abb. 11.43: Excel liest Textdatei ein.

Im zweiten Schritt müssen Sie das Komma als Trennzeichen und das Hochkomma als Textqualifizierer angeben (Abbildung 11.44). Im dritten Schritt könnten Sie wenn nötig noch das Dezimaltrennzeichen für die hereinkommenden Daten als Punkt angeben und dann auf ENDE klicken.

Kapitel 11
Blöcke und externe Referenzen

Abb. 11.44: Schritt 2 des Assistenten

Abb. 11.45: Einstellung für Dezimaltrennzeichen

Abb. 11.46: Die Tabelle in Excel

Tabelle als OLE-Objekt einfügen

Eine EXCEL-Tabelle können Sie leicht in eine AutoCAD-Zeichnung einfügen. Sie wird dann in der Zeichnung nach dem OLE-Prinzip eingebettet. Dazu müssen Sie in EXCEL den interessierenden Feldbereich markieren und mit [Strg]+[C] diesen Bereich in die Zwischenablage bringen. Dann wechseln Sie zu AutoCAD, lassen aber weiterhin das Programm EXCEL offen. In AutoCAD fügen Sie den Inhalt der Zwischenablage mit [Strg]+[V] ein. Damit ist der Tabellenbereich eingebettet. Sie können nun EXCEL schließen.

Um diese eingebettete Datei zu bearbeiten, brauchen Sie sie nur mit einem Doppelklick zu aktivieren, und schon wird EXCEL zur Bearbeitung dieser eingebetteten Datei gestartet. Die Bearbeitung beenden Sie dann mit einer speziellen Funktion aus dem DATEI-Menü: SCHLIEẞEN & ZURÜCK ZU ....

11.9 Externe Referenzen

Externe Referenzen sind, ähnlich wie externe Blöcke, auch eigenständige Auto-CAD-Zeichnungen. Im Unterschied zum Block aber werden die Geometriedaten einer externen Referenz nicht in die aktuelle Zeichnung übernommen. In der aktuellen Zeichnung werden lediglich der Pfad und der Dateiname der externen Referenz sowie Einfügepunkt, Skalierungsfaktoren und Winkel gespeichert. Diese externe Zeichnung wird zwar am Bildschirm angezeigt, als wäre sie Teil der aktuellen Zeichnung, jedoch bleiben die Objekte in der externen Datei (Abbildung 11.7). Externe Referenzen werden mit *Fading* angezeigt, also in Pastelltönen. Diese Einstellung kann unter OPTIONEN|ANZEIGE geändert werden.

Der ursprüngliche Befehl zum Einfügen einer externen Referenz ist XZUORDNEN. Im Lauf der Zeit wurde der Befehl um weitere Formate erweitert und heißt nun ANHANG. Sie können damit nicht nur *Zeichnungsdateien* als Referenz einfügen, sondern noch viel mehr:

- *DWF/DWFx-Datei* – Das ist eine Datei im *Design-Web-Format*. Die *DWFx*-Version lehnt sich an ein *XML*-Format an. Beide Formate werden mit den Befehlen PLOT oder PUBLIZIEREN erzeugt. Sie sind für Zeichnungsdateien gedacht, die nicht direkt bearbeitet werden sollen. Sie können in dieser Form also weitergegeben werden, ohne dass Sie befürchten müssen, dass sie jemand modifiziert.
- *DGN-Datei* – Das ist das Zeichnungsformat des CAD-Systems *Micro Station*. Auch dieses Format können Sie nicht bearbeiten, aber als Referenz benutzen.
- *PDF-Datei* – Das ist das Format der Firma *Adobe*. Solche Dateien können auch aus AutoCAD heraus erzeugt werden. PDF ist inzwischen ein sehr verbreitetes Austauschformat nicht nur für Texte, sondern auch für Zeichnungen. In allen Dateien bis hierher können Sie auch den Objektfang benutzen und damit Positionen daraus als Referenz für eigene Konstruktionen nutzen.

- *Bilder* – Die gängigen Bildformate können ebenfalls eingefügt werden. In Bildern greift natürlich kein Objektfang, weil Bilder immer durch die einzelnen Bildpixel repräsentiert werden und nicht durch geometrische Objekte wie Linien oder Bögen.
- *Punktwolken*-Datei – Das sind Dateien, die von modernen Laserscannern erstellt werden und eine Vielzahl gescannter Punkte enthalten.

Eine Übersicht über weitere Befehle zur Bearbeitung von referenzierten Dateien zeigt Abbildung 11.47.

Zeichnen und Beschriftung	Icon	Befehl	Kürzel
EINFÜGEN|REFERENZ|ANHÄNGEN		XZUORDNEN, ANHANG	XZ

Abb. 11.47: Gruppe Referenz

Der Befehl XZUORDNEN oder ANHANG zeigt das Dateiwahlfenster, und Sie wählen die Zeichnung aus, die nun praktisch als Phantombild in Ihrer Zeichnung angezeigt werden soll. Nach Wahl der Datei erscheint ein Dialogfenster wie beim Einfügen eines Blocks. In diesem Fenster müssen Sie sich aber zusätzlich noch zwischen zwei Referenztypen entscheiden: ANHANG oder ÜBERLAGERUNG.

Diese Unterscheidung in der Art der externen Referenz ist für Zeichnungen wichtig, die dann ihrerseits wieder als externe Referenz weiterverwendet werden sollen. Also nur für hierarchisch ineinander geschachtelte externe Referenzen wirkt sich diese Einstellung aus. Bei der Option ÜBERLAGERUNG wird die betreffende externe Referenz nur in *der* Hierarchieebene angezeigt, in der sie eingefügt wurde, in darüber liegenden Ebenen, also bei Referenzierung der Zielzeichnung in einer weiteren Zeichnung aber nicht mehr (Abbildung 11.48). Das soll vermeiden, dass bei mehreren Schachtelungsebenen zu viele Details die Zeichnung unübersichtlich machen.

Abb. 11.48: Externe Referenzen in verschiedenen Ebenen

Öffnen Sie eine Zeichnung, die schon externe Referenzen enthält, so werden in diesem Moment die aktuellen Zustände aus den externen Referenzen auf den Bildschirm geholt. Eine externe Referenz wird damit immer in *dem* Zustand gezeigt, den sie zu Beginn der aktuellen Sitzung hat. Das ist der große Vorzug der externen Referenz: *die absolute Aktualität*. Es besteht sogar die Möglichkeit, während der Sitzung den gerade aktuellen Zustand der externen Referenz nachzuladen: Werkzeug AKTUALISIEREN im Dialogfeld des Befehls XREF. Diese Funktion zur Verwaltung von externen Referenzen finden Sie auch unten rechts in der STATUSLEISTE im Symbol.

Externe Referenzen besitzen immer eigene Layer. Beim Zuordnen einer externen Referenz werden zur aktuellen Layertabelle die Layer der externen Referenz mit dem Vorsatz des betreffenden Zeichnungsnamens und dem Trennzeichen »|« hinzugefügt. Dies wird auch beibehalten, wenn schon ein gleichnamiger Layer in der aktuellen Zeichnung existiert. Sie sollten deshalb darauf achten, dass bei Verwendung externer Referenzen deren Layertabelle vorher mit dem Befehl BEREINIG minimiert wurde. Ansonsten werden bei Verwendung vieler externer Referenzen die Layertabellen unhandlich groß.

Sie erhalten nach dem Einfügen einer externen Referenz auch eine Meldung in der Statusleiste (Abbildung 11.49), dass nicht abgestimmte Layer zu Ihrer Layertabelle hinzugekommen sind. Bei den EINSTELLUNGEN des Layer-Managers (der

Kapitel 11
Blöcke und externe Referenzen

Schraubenschlüssel oben rechts) ist nämlich vorgesehen, dass diese neuen Layer aus externen Referenzen besonders markiert werden sollen. In der Layer-Filterliste links sehen Sie dafür auch einen extra Filter. Sie können diese Layer dann über das Kontextmenü mit LAYER ABSTIMMEN akzeptieren, wenn sie nicht mehr gesondert aufgeführt werden sollen.

Abb. 11.49: Nicht abgestimmte Layer von einer externen Referenz

Externe Referenzen werden auch wegen dieser wachsenden Layertabellen, die die Zeichnungen extrem aufblähen würden, nicht für Normteile verwendet. Externe Referenzen eignen sich eher für Zusammenstellungszeichnungen und ähnliche Projekte, wo eine Zeichnung aus wenigen externen Referenzen zusammengestellt wird. Dabei spielt ja auch das Argument der Aktualität eine große Rolle. Bei Normteilen oder Firmenstandards ist die Aktualität nie so dringend, weil sich diese Teile selten ändern.

11.9.1 Externe Referenzen verwalten

Zur Verwaltung externer Referenzen dient der Befehl XREF bzw. EXTERNREF.

Zeichnen und Beschriftung	Icon	Befehl	Kürzel
STATUSLEISTE		XREF, EXTERNREF	XR
EINFÜGEN|REFERENZ| ↘		XREF, EXTERNREF	XR

11.9 Externe Referenzen

Der Befehl öffnet eine Palette, über die Sie Zugriff zu allen Verwaltungsfunktionen für externe Referenzen haben (Abbildung 11.50).

- DWG-ZUORDNEN – entspricht dem oben beschriebenen Befehl XZUORDNEN. Sie können damit eine neue externe Referenz einfügen oder von einer vorhandenen, die Sie in der Referenzliste sehen, eine weitere Einfügung erstellen.
- BILD-ZUORDNEN – entspricht BILDZUORDNEN. Sie können damit eine Raster-Datei einfügen. Sie kann aber in AutoCAD nicht weiterbearbeitet werden.
- DWF-ZUORDNEN – entspricht DWFANHANG. Sie können damit eine DWF-Datei einfügen. Eine DWF-Datei kann aber im Gegensatz zu einer DWG-Referenz nicht weiter bearbeitet werden. DWF-Dateien werden mit PLOT oder PUBLIZIEREN erstellt.
- DGN-ZUORDNEN – entspricht DGNANHANG. Sie können damit eine DGN-Datei des CAD-Systems Micro-Station einfügen.
- PDF-ANHÄNGEN – entspricht PDFANHANG. Sie können damit eine PDF-Datei der Firma Adobe einfügen.

Auch externe Excel-Tabellen, die über eine Datenverknüpfung in die Zeichnung eingefügt wurden, werden im XREF-MANAGER angezeigt. Sie können hier auch über ein eigenes Kontextmenü aktualisiert werden.

Wenn Sie eine einzelne Datei markieren, erhalten Sie folgende Funktionen:

- AKTUALISIEREN – lädt die Darstellung einer externen Referenz. Generell werden Sie über das Kommunikationszentrum rechts unten in der Statusleiste benachrichtigt, wenn eine externe Referenz verändert wurde und aktualisiert werden muss. Dann können Sie dort auf die Meldung klicken, um die Aktualisierung auszulösen.

Abb. 11.50: Palette für externe Referenzen

- ENTFERNEN – löscht das Phantombild der externen Referenz, behält aber den Dateipfad, Namen und Einfügepunkt bei, sodass sie leicht wieder mit der Option NEULADEN aktiviert werden kann. Das entspricht dem Befehl LÖSCHEN beim Block.
- LÖSEN – entfernt eine externe Referenz endgültig aus der Zeichnung. Das entspricht dem Befehl BEREINIG beim Block.
- NEULADEN – entspricht AKTUALISIEREN und kann benutzt werden, um einerseits während der Zeichnungssitzung eine externe Referenz durch erneutes Einfügen auf den aktuellen Stand zu bringen oder um andererseits eine Referenz nach ENTFERNEN wieder zu aktivieren.
- BINDEN – erzeugt aus einer externen Referenz einen internen Block. Die Referenz wird dann zum Bestandteil Ihrer Zeichnung, die Geometriedefinition wird als Blockdefinition in Ihren »Keller« geladen. Damit sind Sie unabhängig von der referenzierten Zeichnung. Beim BINDEN kann der Block nach zwei Modi eingefügt werden:
    - Modus BINDEN: Der Block behält, wie bei den externen Referenzen üblich, seine eigenen Layer und sonstigen benannten Objekte mit einer Markierung der Art Referenzname0... bei.
    - Modus EINFÜGEN: Er wird auf dem aktuellen Layer eingefügt und seine benannten Objekte, die er benötigt und mitbringt, werden ohne besondere Kennzeichnung in die Zeichnung eingegliedert.
- XREF-TYP – In dieser neuen Zeile des Kontextmenüs können Sie direkt zwischen dem Typ ZUORDNEN und ÜBERLAGERN wechseln.
- PFAD – Eine weitere neue Funktion erlaubt die Wahl zwischen *relativen* und *absoluten* Pfadangaben. Auch kann die Pfadangabe hier *entfernt* werden.

Anzeige der externen Referenz

Mit dem Befehl XZUSCHNEIDEN kann die Sichtbarkeit einer externen Referenz durch einen Rahmen beschnitten werden. Mit dem erweiterten Befehl ZUSCHNEIDEN können auch Blöcke und Ansichtsfenster zugeschnitten werden. Es gibt die Möglichkeit, nicht nur außen etwas von einer externen Referenz wegzuschneiden, sondern mit der Option SCHNITT INVERTIEREN kann auch ein Gebiet im Innern ausgeschnitten werden. Denken Sie dabei an große Bebauungspläne, wo Sie für Ihren Bauplatz einen Platz für Ihr Projekt freischneiden können. Mit der Systemvariablen XCLIPFRAME lässt sich die Sichtbarkeit des Rahmens steuern.

Zeichnen und Beschriftung	Icon	Befehl	Kürzel
EINFÜGEN|REFERENZ|ZUSCHNEIDEN		ZUSCHNEIDEN	

Zeichnen und Beschriftung	Icon	Befehl	Kürzel
		XZUSCHNEIDEN	XZU
EINFÜGEN|REFERENZ|RAHMEN VARIIEREN		XCLIPFRAME	
EINFÜGEN|REFERENZ|UNTERLAGENLAYER		ULAYER	

Mit der Funktion UNTERLAGENLAYER lässt sich die Sichtbarkeit von Layern in Unterlagen wie DWF, PDF und DGN steuern.

Externe Referenz bearbeiten

Da eine externe Referenz eine eigene Zeichnungsdatei ist, können Sie diese einfach direkt bearbeiten. Dazu dient die Funktion XÖFFNEN.

Wenn aber Änderungen nötig sind, die beispielsweise eine Anpassung an Geometrie aus der aufrufenden Zeichnung nötig machen, wäre ein Editieren dort wichtig. Deshalb können externe Referenzen wie Blöcke mit REFBEARB auch in der Zeichnung direkt bearbeitet werden. Das wurde oben unter Abschnitt 11.2.8 für die Blöcke bereits beschrieben.

Zeichnen und Beschriftung	Icon	Befehl
EINFÜGEN|REFERENZ ▼ |REFERENZ-BEARBEITUNG		REFBEARB

Einfügen von DWF-Dateien

DWF-Dateien (Design-Web-Format) sind Zeichnungsdateien, die insofern für die Weitergabe gedacht sind, als sie von jemand anders *betrachtet*, aber *nicht bearbeitet* werden können. Für DWF-Dateien gibt es ein Zusatzprogramm zum Betrachten, Drucken und zum Kommentieren (Autodesk Design Review 2013). Solche DWF-Dateien können mit DWFANHANG ähnlich wie Blöcke eingefügt werden. Sie können aber nicht wie Blöcke bearbeitet werden, weil es DWF-Dateien sind.

Zeichnen und Beschriftung	Icon	Befehl
EINFÜGEN|REFERENZ|ANHÄNGEN		DWFANHANG

Bei mehrblättrigen DWF-Dateien können Sie den gewünschten Plan auswählen.

11.10 Übungen

11.10.1 Elektroinstallation

Für den Bereich der Elektroinstallation wird AutoCAD eigentlich erst mit dem Befehl BLOCK interessant. In Abbildung 11.51 wird eine Hauszeichnung aus der Übungs-PDF-Datei (auf DVD) zu Kapitel 3 (Übung 3.2) vorgegeben, und Sie sollen die Installationssymbole erstellen, mit Attributen versehen und auch eine Auswertung mit AutoCAD-Tabelle oder Excel-Tabelle versuchen. Es sind einige Elektroinstallationsteile gezeigt. Versuchen Sie, diese zu zeichnen und daraus Blöcke zu erstellen. Diese Teile wurden mit aktiviertem FANGMODUS und RASTERANZEIGE, sowie Fang- und Rasterabständen von 5 erstellt. Fügen Sie dann die Teile sinnvoll in die Hauszeichnung ein.

Die gefüllten Kreise erstellen Sie mit dem Befehl RING. Dieser Befehl fragt nach einem Innen- und einem Außendurchmesser. Der Innendurchmesser wurde auf null gesetzt, der Außendurchmesser auf 2.

Weitere gefüllte Objekte oder Linien mit besonderer Breite lassen sich auch gut mit Polylinien zeichnen, bei denen die Breite segmentweise gesteuert werden kann.

Abb. 11.51: Elektroinstallationsteile

In der Vorlage sind, wegen der besseren Darstellung hier im Buch, die Beleuchtungen mit doppelter und die Schalter mit vierfacher Größe dargestellt.

11.10.2 Zeichnungsübung

Ich will das Kapitel mit einer Zeichnungsübung abschließen, in der Sie einen gängigen Grundriss erstellen, auch noch einmal Blöcke erzeugen und verwenden und diese Zeichnung dann aus dem Modellbereich heraus plotten. Es soll eine Papierzeichnung im Maßstab 1:100 auf A4-Format entstehen.

Abb. 11.52: Grundriss

Da Sie die Vorgabe hier in cm gegeben haben, verwenden Sie auch diese Einheit. Beginnen Sie die Zeichnung mit dem Befehl NEU und wählen Sie als Vorlage ACADISO.DWT.

Sie wollen die Zeichnung mit *Maßstab 1:100* plotten. Da Sie die Maße in *cm* eingeben, sollten Sie einen Maßstab mit NAMEN **1:100-cm** in die Maßstabsliste (BESCHRIFTEN|BESCHRIFTUNGS-SKALIERUNG|MASSSTABSLISTE) eintragen mit den Werten PAPIEREINHEITEN **1** und ZEICHNUNGSEINHEITEN **10**. Als PLOTMASSSTAB werden Sie später nur noch **1:100-cm** zu wählen haben.

Kapitel 11
Blöcke und externe Referenzen

Als Nächstes wechseln Sie in den LAYOUT-Bereich und stellen die Seiteneinrichtung unter AUSGABE|PLOTTEN|SEITENEINRICHTUNGSMANAGER für Ihren Plotter und das A4-Format ein. Gegebenenfalls müssen Sie in der Statusleiste über das kleine schwarze Dreieck rechts unten die Icons für LAYOUT und MODELL noch aktivieren! Über Rechtsklick darauf können Sie auch die Registerfähnchen unten an der Zeichenfläche einschalten. Wenn der Seiteneinrichtungsmanager beim Wechsel ins Layout nicht automatisch erscheint, finden Sie ihn unter AUSGABE|PLOTTEN|SEITENEINRICHTUNGSMANAGER. Dann holen Sie sich einen Zeichnungsrahmen für das A4-Format von der Buch-DVD. Mit dem Befehl EINFÜGE, Option DURCHSUCHEN holen Sie sich von dort die Zeichnung iso-a4.dwg. Dieser Rahmen besitzt die Beschriftungs-Eigenschaft und wird deshalb im Layout korrekt skaliert eingefügt.

Dann zeichnen Sie im Modell-Bereich den Hausumriss mit dem Befehl RECHTECK, versetzen ihn um die Wandstärke und zerlegen diese beiden rechteckigen Polylinien mit dem Befehl URSPRUNG. Dann können Sie die übrigen Wände mit VERSETZ erzeugen und unerwünschte Kanten mit Stutzen entfernen.

```
Befehl: _rectang
RECHTECK Ersten Eckpunkt angeben oder [...]: Position für linke untere Ecke anklicken.
RECHTECK Anderen Eckpunkt angeben oder [...]: @761.5,986.5
Befehl: _offset
Aktuelle Einstellungen: Quelle löschen=Nein  Layer=Quelle  OFFSETGAPTYPE=0
VERSETZ Abstand angeben oder [...] <Durch punkt>: 36.5
VERSETZ Zu versetzendes Objekt wählen oder [...] <...>: Rechteck anklicken.
VERSETZ Punkt auf Seite angeben, auf die versetzt werden soll, oder [...] <...>: Nach innen klicken.
VERSETZ Zu versetzendes Objekt wählen oder [Beenden R...] <Beenden>: Enter
Befehl: _explode
URSPRUNG Objekte wählen: Rechteck anklicken.  1 gefunden
URSPRUNG Objekte wählen: Zweites Rechteck anklicken.  1 gefunden, 2 gesamt
URSPRUNG Objekte wählen: Enter
Befehl: _offset    Innenwände durch verschiedenes Versetzen erzeugen.
Aktuelle Einstellungen: ...
VERSETZ Abstand angeben oder [...] <36.5>: 276
VERSETZ Zu versetzendes Objekt wählen oder [...] <...>: Linie anklicken.
VERSETZ Punkt auf Seite angeben... [...] <...>: Richtung anklicken.
VERSETZ Zu versetzendes Objekt wählen oder [Beenden R...] <Beenden>: Enter
Befehl: _offset
VERSETZ Aktuelle Einstellungen: ...
VERSETZ Abstand angeben oder [...] <276>: 501
VERSETZ Zu versetzendes Objekt wählen oder [...] <B...>: Linie anklicken.
VERSETZ Punkt auf Seite angeben... [...] <B...>: Richtung anklicken.
VERSETZ Zu versetzendes Objekt wählen oder [Beenden R...] <Beenden>: Enter
```

```
Befehl: _offset
Aktuelle Einstellungen: ...
VERSETZ Abstand angeben oder [...] <501.0000>: 24
VERSETZ Zu versetzendes Objekt wählen oder [...] <B...>: Linie anklicken.
VERSETZ Punkt auf Seite angeben... [...] <B...>: Richtung anklicken.
VERSETZ Zu versetzendes Objekt wählen oder [...] <...>: Linie anklicken.
VERSETZ Punkt auf Seite angeben... [...] <...>: Richtung anklicken.
VERSETZ Zu versetzendes Objekt wählen ... [Beenden R...] <Beenden>: Enter
Befehl: _trim   Unerwünschte Wandlinienstücke stutzen.
Aktuelle Einstellungen: Projektion=BKS, Kante=Keine
Schnittkanten wählen ...
STUTZEN Objekte wählen oder <Alle wählen>: Enter   Immer nächste Schnittkante automatisch wählen.
STUTZEN Zu stutzendes Objekt wählen bzw. ... [...]: Anklicken, was weggestutzt werden soll.
STUTZEN Zu stutzendes Objekt wählen ... [...]: Enter
```

Nun konstruieren Sie die Fenster außerhalb vom Haus. Sie zeichnen zunächst ein Rechteck mit den Außenabmessungen eines Fensters, zerlegen dann das Rechteck mit URSPRUNG und versetzen eine Seite für die Andeutung der Fensterscheibe. Nun wird es auch Zeit, sich um die Layer zu kümmern. Sie benötigen in der Zeichnung die Layer **Wände** und **Fenster&Türen**. Mit dem EIGENSCHAFTEN-MANAGER legen Sie alle konstruierten Wände auf den richtigen Layer. Von unserem Fenster legen Sie die vier waagerechten Linien auf den Layer **Fenster&Türen**. Die Mauerkanten belassen Sie auf dem Layer **0**, dann passen sie sich beim Einfügen dem aktuellen Layer an. Da Sie mehrere Fenster mit verschiedenen Breiten brauchen, kopieren Sie das erste Fenster noch zweimal und strecken dann diese Fenster um die benötigten Längendifferenzen. Dann erstellen Sie die Blöcke.

```
Befehl: _rectang
RECHTECK Ersten Eckpunkt angeben oder [...]: Linke untere Ecke durch Anklicken einer Position eingeben.
RECHTECK Anderen Eckpunkt angeben oder [...]: @88.5,36.5
Befehl: _explode
URSPRUNG Objekte wählen: L 1 gefunden
URSPRUNG Objekte wählen: Enter
Befehl: _offset
Aktuelle Einstellungen: ...
VERSETZ Abstand angeben oder [...] <24.0000>: 11.5
VERSETZ Zu versetzendes Objekt wählen ... [...] <...>: Untere Linie anklicken.
VERSETZ Punkt auf Seite ... [...] <...>: Darüber klicken.
VERSETZ Zu versetzendes Objekt wählen oder [...] <Beenden>: Enter
Befehl: _offset
Aktuelle Einstellungen: ...
```

Kapitel 11
Blöcke und externe Referenzen

```
VERSETZ Abstand angeben oder [...] <24.0000>: 5
VERSETZ Zu versetzendes Objekt wählen oder [...] <...>: Letzte Linie anklicken.
VERSETZ Punkt auf Seite ... [...] <...>: Darüber klicken.
VERSETZ Zu versetzendes Objekt wählen oder [...] <Beenden>: [Enter]
Befehl: _layer   Sie richten nun die Layer Wände und Fenster&Türen mit den Farben Grün und Rot ein.
Befehl: _properties   Sie ändern die Layer für die Wände und für die waagerechten Linien des Fensters.
Befehl: _copy
KOPIEREN Objekte wählen: Objektwahlfenster um das Fenster starten.
KOPIEREN Entgegengesetzte Ecke angeben: Andere Ecke des Fensters anklicken.
6 gefunden
KOPIEREN Objekte wählen: [Enter]
KOPIEREN Basispunkt oder [...] <...>: Ecke anklicken.
KOPIEREN Zweiten Punkt angeben oder <...>: Zielposition anklicken.
Befehl: _stretch   Zweites Fenster um 50 auf Breite 138.5 strecken.
STRECKEN Objekte, die gestreckt werden sollen, mit Kreuzen-Fenster oder Kreuzen-Polygon wählen...
STRECKEN Objekte wählen: Kreuzen-Fenster um die rechte Mauerkante des zweiten Fensters beginnen. Entgegengesetzte Ecke angeben: Kreuzen-Fenster beenden.
5 gefunden
STRECKEN Objekte wählen: [Enter]
STRECKEN Basispunkt oder [Verschiebung] <Verschiebung>: [Enter]
STRECKEN Verschiebung angeben <0.0000, 0.0000, 0.0000>: 50,0
Befehl: _stretch   Drittes Fenster um 112.5 auf Breite 201 strecken.
STRECKEN Objekte, die gestreckt werden sollen, mit Kreuzen-Fenster oder Kreuzen-Polygon wählen...
STRECKEN Objekte wählen: Kreuzen-Fenster um die rechte Mauerkante des dritten Fensters beginnen. Entgegengesetzte Ecke angeben: Kreuzen-Fenster beenden.
5 gefunden
STRECKEN Objekte wählen: [Enter]
STRECKEN Basispunkt oder [Verschiebung] <Verschiebung>: [Enter]
STRECKEN Verschiebung angeben <0.0000, 0.0000, 0.0000>: 112.5,0
Befehl: _block   Sie erstellen nun aus jedem Fenster einen Block mit den Namen F-88.5, F-138.5 und F-201.
Auswahlpunkt: Linke untere Fensterecke anklicken.
Objekte wählen: Objektwahlfenster um das erste Fenster beginnen. Entgegengesetzte Ecke angeben: Objektwahlfenster beenden.  6 gefunden
Objekte wählen:
```

Beim Einfügen der Fenster müssen Sie teilweise etwas rechnen. Da die Fenster immer relativ zu den Ecken des Hauses vermaßt sind, brauchen Sie immer den Objektfang VON mit BASISPUNKT gleich dem ENDPUNKT. Deshalb sollte ENDPUNKT permanent als OBJEKTFANG eingestellt sein. Manchmal können Sie das Fadenkreuz nach Wahl des Basispunkts auf einem gegenüberliegenden Endpunkt einrasten lassen. Dann ist es möglich, den Abstand als reine Zahl, nämlich die Entfernung in der betreffenden Richtung, einzugeben.

Die Fenster werden nun in der Reihenfolge von oben links beginnend im Gegenuhrzeigersinn eingefügt. Zunächst setzen Sie den Layer **Wände** mit dem Befehl LAYER aktuell, damit die Mauerkanten auf dem richtigen Layer landen. Dann fügen Sie ein:

```
Befehl: _insert
EINFÜGE Einfügepunkt angeben oder [...]:_ _from
Basispunkt: _end von Ecke oben links anklicken.
<Abstand>: Gegenüberliegende Ecke unten links mit Fadenkreuz anfahren und einrasten
lassen (nicht anklicken) und eingeben: 224
EINFÜGE Drehwinkel angeben <0>: Ecke unten anklicken.
Befehl: _insert
EINFÜGE Einfügepunkt angeben oder [...]:_ _from
Basispunkt: _end von Ecke vom letzten Fenster anklicken.
<Abstand>: 'CAL
>> Ausdruck: @+[0,-62.5-24-44.25]
(598.585 1741.69 0.0)
EINFÜGE Drehwinkel angeben <0>: Ecke unten anklicken.
Befehl: _insert
EINFÜGE Einfügepunkt angeben oder [...]:_ _from
Basispunkt: _end von Ecke unten links anklicken.
<Abstand>: 'CAL
>> Ausdruck: @+[86.5+126+161.5,0]
(972.585 1291.69 0.0)
EINFÜGE Drehwinkel angeben <0>: [Enter]
Befehl: _insert
EINFÜGE Einfügepunkt angeben oder [...]: _from
Basispunkt: _end von Ecke unten rechts anklicken.
<Abstand>: Gegenüberliegende Ecke oben rechts mit Fadenkreuz anfahren und einrasten
lassen (nicht anklicken) und eingeben: 249
EINFÜGE Drehwinkel angeben <0>: 90
Befehl: _insert
EINFÜGE Einfügepunkt angeben oder [...]: _from
Basispunkt: _end von Ecke vom letzten Fenster anklicken.
<Abstand>: 261.5
EINFÜGE Drehwinkel angeben <0>: 90
```

Schalten Sie nun den Layer **Fenster&Türen** einmal aus. Sie werden sehen, dass die Wände unter den Fenstern noch durchgehend sind. Das würde beim Plotten zu einem Fehler führen, denn diese Partien müssen dünn mit der Linienstärke für Fenster und Türen geplottet werden, und nicht mit der dicken Linienstärke der Wände. Deshalb stutzen Sie die Wandlinien. Beim Befehl STUTZEN können Sie einfach im KREUZEN-Modus eine Box quer über das Fenster ziehen. Dabei werden die Wandlinien bis zu den nächsten Kanten gestutzt, und das sind die Fenster-Enden. Am Fenster entsteht kein Schaden, weil die Fensterlinien ja an den Wandenden beginnen und sich gar nicht stutzen lassen.

> **Tipp**
>
> **Ausrichtepunkte und Spurlinien nutzen**
>
> Überall, wo Sie den Objektfang VON und eine einfache Entfernung verwendet haben, können Sie auch mit den Ausrichtepunkten und temporären Spurlinien (OTRACK aktiv) bzw. Hilfslinien arbeiten. Wählen Sie keinen Objektfang VON, sondern fahren Sie den betreffenden Basispunkt nur mit permanentem Objektfang ENDPUNKT an, bis ein kleines Kreuz diesen Punkt als Ausrichtepunkt markiert. Dann fahren Sie von dort in der gewünschten Richtung weg, und Sie werden merken, dass Sie sich auf einer temporären gepunkteten Spurlinie befinden. Nun geben Sie einfach die Entfernung ein und drücken [Enter]. Damit das klappt, muss der permanente Objektfang ENDPUNKT eingeschaltet sein und OBJEKTFANGSPUR bzw. OTRACK.

Nachdem Sie nun alle Tricks kennen, können Sie noch die Türen als Blöcke erstellen, sie ähnlich wie die Fenster einfügen und die Wände stutzen. Erstellen Sie die Geometrie im Block immer auf dem Layer **0** und legen Sie nur Objekte wie die Wandabschlüsse, die immer auf einem spezifischen Layer liegen müssen, auf einen spezifischen Layer, hier **Wände**. Die fertige Zeichnung sollten Sie nun einfach aus dem Layout heraus einmal plotten.

Versuchen Sie vielleicht auch, die Blöcke mit Attributen zu versehen und eine Stückliste mit Excel zu erstellen.

11.11 Was gibt's noch?

- *Blöcke suchen* – Wenn Sie viele Blöcke verwenden, insbesondere externe *Wblöcke*, dann wollen Sie vielleicht auch mal wissen, in welchen Zeichnungen die alle verwendet werden. Gerade bei Wblöcken sollten Sie im Falle einer Änderung wissen, welche Zeichnungen dann zu aktualisieren wären.
    - Aktivieren Sie das DESIGNCENTER (Befehl DC),
    - wählen Sie die Funktion SUCHEN (Lupe mit Globus),
    - unter SUCHEN NACH: wählen Sie BLÖCKE,
    - bei IN: wählen Sie mit DURCHSUCHEN den gewünschten Ordner aus,
    - in SUCHE NACH NAMEN: geben Sie * für beliebige Namen oder den konkreten Namen oder den Namensanfang gefolgt von * ein,

- *Referenzen suchen* – Genauso wie oben wollen Sie auch über die Verwendung Ihrer Zeichnungen als *Xrefs* Bescheid wissen:
  - Gehen Sie wie oben vor und wählen Sie bei SUCHEN NACH: einfach XREFS.
- *Referenzen suchen und korrigieren* – Bei der Vollversion von AutoCAD gibt es ein Zusatzprogramm REFERENZMANAGER, das nach verwendeten Referenzen sucht und auch Korrekturen der Pfadangaben ermöglicht.
  - Rufen Sie auf: START|ALLE PROGRAMME|AUTODESK|AUTOCAD 2014|REFERENZMANAGER,
  - wählen Sie DATEI|ZEICHNUNGEN HINZUFÜGEN,
  - wählen Sie mit Mehrfachauswahl die zu untersuchenden Zeichnungen aus.

Der REFERENZMANAGER zeigt dann eine Liste aller festgestellten Referenzen an und markiert die gefundenen und nicht gefundenen und gibt die Dateipfade an, Sie können hier auch nicht gefundene Xrefs durch neue Pfadangaben reparieren!

11.12 Übungsfragen

1. Welche zusammengesetzten Objekte kennen Sie?
2. Welche davon kann man mit URSPRUNG auflösen?
3. Was sind die Vorteile von Blöcken?
4. Wie ändert man einen externen Block (Wblock)?
5. Wie aktualisiert man einen externen Block (Wblock)?
6. Wie ändert man eine externe Referenz?
7. Kann man Attributwerte nachträglich ändern?
8. Mit welchem Befehl werden Attribute in externe Dateien geschrieben?
9. Wie kann man eine externe Referenz zum Bestandteil der eigenen Zeichnung machen?

Kapitel 12

Bemaßung

Die Bemaßung ist ein sehr umfangreiches Gebiet, weil es branchenspezifisch viele verschiedene Anforderungen bei der Gestaltung der Bemaßung gibt. Zur Arbeitserleichterung gibt es eine Schnellbemaßung. Damit können im Handumdrehen mehrere Bemaßungen mit einem einzigen Befehlsaufruf automatisch generiert werden. Damit wollen wir beginnen, doch zuvor brauchen wir noch einen Bemaßungsstil.

12.1 Schnelle Einstellung des Bemaßungsstils

12.1.1 Bemaßungsstile

Die Bemaßungsstile, die Sie brauchen, hängen natürlich stark von Ihrer Branche ab. Ich gehe im Folgenden davon aus, dass Sie die neutrale metrische Vorlage `acadiso.dwt` verwendet haben. Wenn Sie bei Zeichnungsbeginn den Befehl NEU| ZEICHNUNG aus dem ANWENDUNGSMENÜ verwenden, werden Sie immer nach der Vorlage gefragt und sollten nun `acadiso.dwt` wählen.

Ansonsten können Sie diese Vorlage dauerhaft für SNEU (im SCHNELLZUGRIFF-WERKZEUGKASTEN) einstellen mit Rechtsklick im Zeichenbereich und Kontextmenü OPTIONEN|DATEIEN|VORLAGENEINSTELLUNGEN|VORGEGEBENE ZEICHNUNGSVORLAGE FÜR SNEU. Aktivieren Sie nach Doppelklick auf KEINE bzw. eine bereits eingestellte andere Vorlage die **acadiso.dwt**.

Wie immer Sie nun begonnen haben, so verfügen Sie damit automatisch über drei Bemaßungsstile, die Sie unter START|BESCHRIFTUNG▼ wiederfinden, nämlich:

- BESCHRIFTUNG,
- ISO-25 und
- STANDARD.

12.1.2 Maschinenbaubemaßung

Vom Bemaßungsstil BESCHRIFTUNG wollen wir zunächst einen Maschinenbau-Bemaßungsstil für Texthöhe 3.5 ableiten. Es wird im Folgenden vorausgesetzt, dass Sie bereits einen Layer für die Bemaßung erstellt haben, der die Linienstärke **0.35** besitzt. Diese Linienstärke ist nämlich wegen des Maßtexts nötig, wenn Texthöhe **3.5** verwendet wird. Die Maß- und Hilfslinien erhalten ihre Linienstärke diesmal *nicht vom Layer*, sondern werden im Bemaßungsstil abweichend auf **0.25** eingestellt. Damit können der Maßtext die Linienstärke **0.35** (vom Layer) und die Maß- und Hilfslinien die Stärke **0.25** (vom Bemaßungsstil) erhalten.

Gehen Sie auf START|BESCHRIFTUNG▾, blättern Sie auf und klicken Sie auf das Werkzeug BEMAẞUNGSSTIL. Wählen Sie als Vorlage den vorhandenen Stil BESCHRIFTUNG und klicken Sie im Dialogfenster auf NEU. Als neuen Stilnamen geben Sie **DIN-35** ein und aktivieren dann gleich die Option BESCHRIFTUNG, damit später die Bemaßungen bei allen Maßstäben die gleichen Texthöhen und Pfeilgrößen haben. Abschließend klicken Sie auf WEITER. Die Einstellungen, die Sie ändern müssen, sind auf den folgenden Abbildungen umrahmt, die übrigen Einstellungen passen vom Ausgangsstil her schon für den Metallbereich. Was zu tun ist, sehen Sie am besten durch Vergleich der Registerkarten mit Ihren am Bildschirm.

12.1 Schnelle Einstellung des Bemaßungsstils

Kapitel 12
Bemaßung

12.1
Schnelle Einstellung des Bemaßungsstils

Kapitel 12
Bemaßung

Im Register TOLERANZEN können im Prinzip verschiedene Einstellungen für tolerierte Maße vorgenommen werden. Das wird aber in der Praxis nur für einzelne Maße zutreffen und wird deshalb dann individuell über den EIGENSCHAFTEN-MANAGER eingestellt.

Nachdem Sie alle Registerkarten abgearbeitet haben, können Sie mit OK beenden und im Hauptdialogfenster mit ALS AKTUELL EINSTELLEN den Stil zum aktuellen Bemaßungsstil erklären und auf SCHLIEßEN klicken.

12.1.3 Architekturbemaßung

Bei Bauzeichnungen sollten Sie natürlich gleich zu Anfang die Einheiten einstellen. Wir wollen hier zunächst davon ausgehen, dass in Zentimetern gezeichnet wird. Wählen Sie also ANWENDUNGSMENÜ|ZEICHNUNGSPROGRAMME|EINHEITEN und stellen Sie **Zentimeter** ein. Damit die Texthöhenanpassung gleich überprüft werden kann, sollten Sie unter BESCHRIFTEN|BESCHRIFTUNGS-SKALIERUNG|MAß-STABSLISTE auch einen typischen Baumaßstab einstellen, wie weiter oben schon beschrieben wurde, beispielsweise NAME **1:100(cm)**, PAPIEREINHEITEN **1**, ZEICHNUNGSEINHEITEN **10**. Stellen Sie zum Ausprobieren diesen Maßstab in der Statusleiste rechts unten dann aktuell.

Gehen Sie nun zum Erzeugen des Bemaßungsstils auf START|BESCHRIFTUNG▾ und klicken Sie auf das Werkzeug BEMAßUNGSSTIL. Wählen Sie als Vorlage den vorhandenen Stil BESCHRIFTUNG und klicken Sie auf NEU. Geben Sie als neuen Stilnamen **BAU-35** ein und achten Sie darauf, dass die Option BESCHRIFTUNG aktiv ist. Abschließend klicken Sie auf WEITER. Gehen Sie diesmal erst auf das Register SYMBOLE UND PFEILE.

12.1 Schnelle Einstellung des Bemaßungsstils

Kapitel 12
Bemaßung

12.1 Schnelle Einstellung des Bemaßungsstils

Neuer Bemaßungsstil: Bau-35

Linien | Symbole und Pfeile | Text | **Anpassen** | Primäreinheiten | Alternativeinheiten | Toleranzen

Einpassungsoptionen
Wenn nicht genügend Platz für Text und Pfeile innerhalb der Hilfslinien vorhanden ist, soll Folgendes außerhalb der Hilfslinien verschoben werden:
- (•) Text oder Pfeile (beste Einpassung)
- ( ) Pfeile
- ( ) Text
- ( ) Text und Pfeile
- ( ) Text immer zwischen Hilfslinien anzeigen

[ ] Pfeile unterdrücken, wenn sie nicht zwischen Hilfslinien passen

Textpositionierung
Wenn Text nicht auf Vorgabeposition ist, folgendermaßen platzieren:
- ( ) Neben der Bemaßungslinie
- ( ) Über Bemaßungslinie, mit Führungslinie
- (•) **Über Bemaßungslinie, ohne Führungslinie**

Skalierung für Bemaßungen
[✓] Beschriftung
 (•) Bemaßungen mit Layout skalieren
 ( ) Globaler Skalierfaktor: 0

Feinabstimmung
[ ] Text manuell platzieren
[✓] Bemaßungslinie zwischen Hilfslinien

OK | Abbrechen | Hilfe

Neuer Bemaßungsstil: Bau-35

Linien | Symbole und Pfeile | Text | Anpassen | **Primäreinheiten** | Alternativeinheiten | Toleranzen

Lineare Bemaßungen
- Einheitenformat: Dezimal
- Genauigkeit: **0.000**
- Format für Bruch: Horizontal
- Dezimaltrennzeichen: '.' (Komma)
- Abrunden: 0
- Präfix:
- Suffix:

Bemaßungsskalierung
- Skalierfaktor: **0.01**
- [ ] Nur auf Layout-Bemaßungen anwenden

Null unterdrücken
- [✓] **Vorkomma**   [✓] Nachkomma
- Untereinheitenfaktor: 100   [ ] 0 Fuß
- Untereinheitensuffix: [   ]   [ ] 0 Zoll

← 1 Leerzeichen eingeben !

Winkelbemaßungen
- Einheitenformat: Dezimalgrad
- Genauigkeit: 0

Null unterdrücken
- [ ] Vorkomma
- [ ] Nachkomma

OK | Abbrechen | Hilfe

Nachdem Sie alle Registerkarten abgearbeitet haben, können Sie mit OK beenden, im Hauptdialogfenster mit ALS AKTUELL EINSTELLEN den Stil zum aktuellen Bemaßungsstil erklären und auf SCHLIEßEN klicken. Diese Stileinstellungen gehen davon aus, dass in Zentimetern gezeichnet wurde. Der Stil wird die großen Abstände dann in Metern bemaßen und für kleine Abstände unter 1 Meter dann eine Zentimeter-Bemaßung zeigen.

Abb. 12.1: Erster Bemaßungsstil für Bauzeichnungen

12.2 Maßstäbe vorher einstellen

Bei den Bauzeichnungen wird bisher davon ausgegangen, dass Sie in Zentimetern konstruieren. Bei der Konstruktion geometrischer Objekte geben Sie alle Werte mit den Originallängen in cm ein. Bevor Sie jedoch Texte oder Bemaßungen erstellen, sollten Sie stets denjenigen Maßstab einstellen, unter dem der betreffende Text bzw. die Bemaßung später in einem Ansichtsfenster im LAYOUT erscheinen soll. Die vorgegebene Maßstabsliste enthält nur Maßstäbe für den Fall, dass in Millimetern gezeichnet wird. Das passt für den Maschinenbau. Für Branchen aber, die in Zentimetern oder Metern arbeiten, müssen Sie selbst die nötigen Bemaßungsstile erstellen (siehe Abschnitt 8.2 *Maßstabsliste bearbeiten*). Bevor Sie nun ein Architektur-Beispiel bemaßen, stellen Sie etwa den Maßstab **1:100-cm** ein. Dafür gibt es in der Statusleiste die Schaltfläche BESCHRIFTUNGS-MAßSTAB.

12.3 Eine schnelle Bemaßung

Die Schnellbemaßung SBEM ist eine effektive Unterstützung des Anwenders zum schnellen automatischen Erstellen von mehreren Bemaßungen gleichzeitig.

Zeichnen und Beschriftung	Icon	Befehl
BESCHRIFTEN|BEMAßUNGEN|SCHNELLBEMAßUNG		SBEM

Probieren Sie die Schnellbemaßung einfach einmal aus. Öffnen Sie die Zeichnung Schnellbemaßung.dwg. Aktivieren Sie den Layer **Bemaßung** (Farbe **Blau**) oder richten Sie ihn mit dem Befehl LAYER ein. Wählen Sie den Maßstab **1:100-cm**. Rufen Sie SBEM auf und ziehen Sie ein Objektwahl-Fenster so auf, dass nur die untere Wand gewählt wird. Da in Architekturzeichnungen Kettenbemaßungen üblich sind, können Sie mit der Standardeinstellung AUSGEZOGEN arbeiten:

```
Befehl: _qdim
Priorität der assoziativen Bemaßung = Endpunkt
SBEM Geometrie für Bemaßung wählen: Erste Ecke vom impliziten Fenster anklicken Ent-
gegengesetzte Ecke angeben: Andere Ecke vom impliziten Fenster anklicken
7 gefunden
SBEM Geometrie für Bemaßung wählen: [Enter]
SBEM Position der Bemaßungslinie angeben oder [Ausgezogen Versetzt Basislinie Koor-
dinaten Radius Durchmesser bezugsPunkt Bearbeiten Einstellungen]
<Ausgezogen>: [Enter]
SBEM Position der Bemaßungslinie angeben oder [...] <Basislinie>: Position für die
Bemaßung anklicken, am besten auf einer Spurlinie (OFANG und OTRACK eingeschaltet)
herunterziehen mit Abstandsangabe 100.
```

Sie werden sehen, dass die erste Maßzahl links nicht über, sondern unter der Maßlinie erscheint. Immer wenn es eng wird zwischen den Hilfslinien, sollte die Maßzahl eigentlich über die Maßlinie und die Schrägstriche gesetzt werden. Das klappt auch für Bemaßungen links und oberhalb der Objekte, geht aber unten und rechts schief. Wenn mehrere Bemaßungen davon betroffen sind, können Sie mit dem Befehl STRECKEN (START|ÄNDERN|STRECKEN) die Maßzahlen mit Objektwahl KREUZEN wählen und gemeinsam verschieben. Auch die Griffe können Sie benutzen. Der Befehl SCHIEBEN wäre fehl am Platze, weil er auch die Bezugspunkte für die Hilfslinien am Objekt mit verschiebt.

Abb. 12.2: Hausgrundriss mit SCHNELLBEMASSUNG, Standardoption AUSGEZOGEN

Bei Maschinenbaubemaßungen wird üblicherweise die Bezugsbemaßung angewendet, hier BASISLINIE genannt. Wenn Sie nun nachträglich den Maßstab ändern, so werden zwar die Texthöhen angepasst, weil der Bemaßungsstil ja mit Typ BESCHRIFTUNG eingestellt wurde. Die Abstände der Maßlinien gehen aber nicht mit.

Sie müssen dann den Befehl BEMPLATZ (BESCHRIFTEN|BEMASSUNGEN|PLATZ ANPASSEN) bemühen, die innerste Bemaßung zuerst wählen und dann die anzupassenden per KREUZEN dazuwählen. Mit der Abstandsoption AUTO werden die Abstände dann auch korrekt maßstäblich angepasst. Etwas schwierig wird es bei Bemaßungen unterhalb und rechts von Ihrer Konstruktion. Da gelingt das korrekte gleichmäßige Ausrichten der Maßlinien erst nach mehrmaligem manuellen Korrigieren mittels der Griffe.

Über die Optionen des Befehls SBEM können Sie noch die BEMASSUNGSART steuern:

- AUSGEZOGEN – erzeugt eine Kettenbemaßung.
- VERSETZT – erzeugt gegeneinander versetzte Bemaßungen wie für spiegelsymmetrische Teile im Maschinenbau, zum Beispiel für Wellen, üblich.
- BASISLINIE – erzeugt eine Bezugsbemaßung mit ansteigenden Maßlinien.
- KOORDINATEN – erzeugt eine Absolutbemaßung mit Anzeige aller x- oder aller y-Koordinaten.
- RADIUS – erzeugt für Kreise und Bögen Radiusbemaßung.
- DURCHMESSER – erzeugt für Kreise und Bögen Durchmesserbemaßung.
- BEZUGSPUNKT – erlaubt, einen individuellen Bezugspunkt festzulegen, der als Nullpunkt der Bemaßung gilt.
- BEARBEITEN – bietet die Möglichkeit, überflüssige Bemaßungspositionen zu entfernen und noch fehlende hinzuzufügen. Dies ist ganz wichtig, weil Sie sonst bei komplexen Zeichnungen zum Beispiel auch jede Abrundung bemaßt bekommen. Also wählen Sie die Option BEARBEITEN, bevor Sie die Schnellbemaßung beenden. AutoCAD markiert alle Bemaßungspositionen mit einem Kreuz. Durch Anklicken können Sie die unnötigen Positionen entfernen. Im

Dialogfeld werden Sie auch die Option HINZUFÜGEN finden, um ggf. noch weitere Positionen hinzuzufügen.

Der Algorithmus besorgt sich die zu bemaßenden Positionen selbst. Bei Linien werden die Start- und Endpunkte gewählt und von Kreisen oder Bögen die Zentren. Es besteht keine Möglichkeit, das mit dem Objektfang zu beeinflussen, sodass etwa Quadranten gewählt werden. Abbildung 12.3 zeigt Bemaßungspositionen vor und nach dem Entfernen.

Abb. 12.3: Bemaßungspositionen können bei SCHNELLBEMAßUNG entfernt werden.

12.4 Detaillierte Einstellungen für Bemaßungsstile

Obwohl Sie bei AutoCAD oft schon ohne Einstellen eines eigenen Bemaßungsstils mit dem voreingestellten Stil BESCHRIFTUNG bemaßen können, sollten Sie unbedingt eigene, angepasste Bemaßungsstile einstellen. Es wird sich nämlich im Laufe der Arbeit zeigen, dass Sie noch den einen oder anderen Bemaßungsparameter ändern müssen. Bei Änderung eines Bemaßungsstils werden automatisch alle schon bestehenden alten Bemaßungen des betreffenden Stils angepasst. Die für die tägliche Arbeit gebräuchlichen Bemaßungsstile gehören auf jeden Fall in die Zeichnungsvorlage.

Voraussetzung für einen geeigneten Bemaßungsstil sind drei Dinge:

1. ein Bemaßungslayer
2. ein Bemaßungstextstil
3. der korrekte Beschriftungs-Maßstab

Der Bemaßungslayer sollte bei Maßtexthöhe 3.5 die Linienstärke 0.35, bei Texthöhe 2.5 die Stärke 0.25 und bei Texthöhe 1.8 die Stärke 0.18 besitzen. Diese Linienstärke wird dann automatisch vom Maßtext übernommen, während für Maß- und Hilfslinien im Bemaßungsstil individuelle Einstellungen vorgenommen werden können. Verwenden Sie später beim Plotten dann den Plotstil MONO-CHROME.CTB, so ist dort jeweils als Linienstärke eingetragen: OBJEKTLINIENSTÄRKE VERWENDEN. Damit werden dann beispielsweise der Maßtext mit mittlerer Strichstärke (0.35 vom Layer), aber Maß- und Hilfslinien mit dünner Strichstärke (0.25 aus dem Bemaßungsstil) ausgeplottet.

Der Textstil, der für die Bemaßung verwendet wird, sollte im Textstilbefehl vom Typ BESCHRIFTUNG sein. Er kann mit PAPIERTEXTHÖHE **0** definiert sein. Durch die Höhe 0 ist er flexibel, um die Höhe anzunehmen, die im Bemaßungsstil als Texthöhe angegeben wird. Hätte der verwendete Textstil schon von der Stildefinition her eine feste Höhe, könnten Sie im Bemaßungsstil keine andere Höhe mehr einstellen.

Bevor Sie mit dem Bemaßen dann beginnen, sollten auch die von Ihnen zu verwendenden Maßstäbe in der Maßstabsliste (BESCHRIFTEN|BESCHRIFTUNGS-SKALIERUNG|MAßSTABSLISTE) eingetragen sein. Diese Maßstäbe werden nämlich benötigt, damit der Bemaßungsstil vom Typ BESCHRIFTUNG seine Maßtexte richtig skalieren kann.

Die verschiedenen Einstellungsmöglichkeiten des Bemaßungsstils werden nun gezeigt.

Zeichnen und Beschriftung	Icon	Befehl	Kürzel
BESCHRIFTUNG|BEMAßUNGEN↘		BEMSTIL, DBEM	BMS

Wir beginnen mit dem Befehl BEMSTIL, klicken auf NEU und geben im ersten Dialogfenster einen neuen Stilnamen ein, **STIL1**. Unter ANFANGEN MIT wählen Sie aus den angebotenen Stilen einen möglichst passenden aus. Mit WEITER geht es zu den restlichen sieben Registerkarten.

Nach allen Einstellungen müssen Sie auf ALS AKTUELL EINSTELLEN klicken, damit der neue Stil zum aktuellen Bemaßungsstil wird. Zum Einstellen wählen Sie jede der sechs Registerkarten für LINIEN, SYMBOLE UND PFEILE, TEXT, ANPASSEN, PRIMÄREINHEITEN und TOLERANZEN. Die Registerkarte ALTERNATIVEINHEITEN können Sie in Europa weglassen, weil sie nur für eine Zweitbemaßung in Zoll-Einheiten gedacht ist. Sie könnte natürlich auch bei uns in einem seltenen Fall Verwendung finden, wo mit einer zweiten Maßeinheit gearbeitet werden soll, deren relative Größe sogar individuell festgelegt werden kann. Die Wirkung der Einstellungen bekommen Sie sofort grafisch in der Voransicht angezeigt.

12.4.1 Registerkarte LINIEN

Abb. 12.4: Registerkarte LINIEN UND PFEILE

Bereich Bemaßungslinien

- FARBE, LINIENTYP: Hier lassen Sie die Standardeinstellung VONBLOCK stehen, die bewirkt, dass diese Objekte die Werte des Bemaßungsblocks bekommen, und der bekommt sie vom Layer.
- LINIENSTÄRKE: Da in unserem Beispiel der Bemaßungslayer wegen der beabsichtigten Maßtexthöhe 3,5 mit der Linienstärke **0.35** angelegt wurde, muss hier eine dünne Linienstärke **0.25** eingestellt werden, nicht **VonBlock**. Nach erneutem Aufruf des BEMSTIL-Befehls steht hier **Vorgabe**, was aber dasselbe ist wie **0.25**! Bei Maßtexthöhe 2.5 kann hier **VonBlock** stehen bleiben, weil dann auch der Layer die Linienstärke 0.25 hat.
- ÜBER STRICHE HINAUS VERLÄNGERN: Diese Option ist nur bei dem Maßpfeilsymbol SCHRÄG oder ARCHITEKTUR aktiv (siehe nächste Registerkarte) und be-

deutet den Überstand der Maßlinie über die Hilfslinie. Diese Einstellung ist für *Baubemaßungen* wichtig, als Wert muss nach Norm **2** eingegeben werden.

- BASISLINIENABSTAND – Dieser Abstand gilt für das automatische Fortschalten der Maßlinien bei Bezugsbemaßung (Befehl BEMBASISL). Der Abstand gibt an, wie weit aufeinanderfolgende Maßlinien bei Bezugsbemaßung automatisch gegeneinander verschoben werden sollen. In Architekturzeichnungen wird hier gern der Wert **10** verwendet, der bewirkt, dass unterschiedliche Maßketten, sofern sie über BEMBASISL erzeugt werden, einen Abstand von 10x(Maßstabsfaktor) haben. Für den Maßstab 1:100 ergibt sich dann ein Abstand in der Zeichnung von 100 cm, bei 1:50 von 50 cm etc. Im Maschinenbau und in der Schreinerei sollte der Wert doppelt so groß angesetzt werden wie die Texthöhe, um für die Maßtexte Platz frei zu halten.

- UNTERDRÜCKEN – Dies erlaubt, sofern nötig, die erste oder zweite Hälfte der Maßlinien mitsamt Maßpfeil zu unterdrücken. Man wendet das an, wenn die erste oder zweite Maßlinie nicht mehr auf dem Zeichnungsausschnitt zu sehen sein soll. Das wird nur bei einzelnen individuell mit dem EIGENSCHAFTEN-MANAGER eingestellt.

Bereich Hilfslinien

- FARBE, LINIENTYP HILFSLINIE 1/2 – Hier lassen Sie wie oben die Standardeinstellung VONBLOCK stehen (s.o.).

- LINIENSTÄRKE – Selbe Einstellung wie bei Maßlinien oben.

- ÜBER BEMAßUNGSLINIEN HINAUS ERWEITERN – Der Überstand der Hilfslinie über die Maßlinie sollte nach DIN bei 2 mm liegen. Bei Bauzeichnungen sind auch größere Werte wie 2.5 bis 5 üblich.

- ABSTAND VON URSPRUNG – AutoCAD lässt zwischen Hilfslinie und Objekt einen Abstand von 0,625. Hier sollte man normgerecht **0** eingeben.

- UNTERDRÜCKEN – Dies erlaubt, sofern nötig, die erste und/oder zweite der Hilfslinien zu unterdrücken.

- HILFSLINIEN MIT FESTER LÄNGE – Damit werden die Hilfslinien zum Objekt hin begrenzt und nicht mehr bis dorthin durchgezogen. Diese Option ist nur bei *Architekturzeichnungen* gängig.

- LÄNGE – Damit wird die Länge der Hilfslinien zum Objekt hin bestimmt. Normalerweise verwendet man hier die gleiche Länge (also 2) wie bei ÜBER BEMAßUNGSLINIEN HINAUS ERWEITERN. Teilweise sind auch größere Längen üblich, um aufeinanderfolgende Maßketten aneinander anzuschließen (evtl. 8).

12.4.2 Registerkarte SYMBOLE UND PFEILE

Abb. 12.5: Registerkarte SYMBOLE UND PFEILE

Bereich Pfeilspitzen

- ERSTE – Dies legt den ersten Maßpfeil fest. Für Architekturzeichnungen wäre SCHRÄG zu wählen. Für Maschinenbau- und Schreinerzeichnungen ist GESCHLOSSEN/GEFÜLLT der normale Pfeil.
- ZWEITE – Gleiches gilt für den zweiten Maßpfeil: GESCHLOSSEN/GEFÜLLT oder SCHRÄG.
- FÜHRUNGSLINIE – Hier wählen Sie das Pfeilsymbol für den Befehl SFÜHRUNG aus. Damit werden Anmerkungen mit Hinweispfeilen erstellt. Dafür sind im Architekturbereich entweder Punkt- oder Pfeilsymbole üblich.
- PFEILGRÖSSE – Hier ist die Länge der Maßpfeile anzugeben. Normgemäß wäre **2.5** einzutragen.

Bereich Zentrumspunkte

- Keine – Bei dieser Einstellung werden mit der Funktion Bemmittelp keine Mittelpunktsymbole erstellt.
- Markierung – Der Zentrumspunkt von Kreisen oder Bögen wird mit Bemmittelp ⊙ mit einem Kreuz markiert.
- Linie – Bei der Bemaßungsfunktionen Bemmittelp ⊙ werden Zentrumslinien gezeichnet, die über den Kreis oder Bogen hinausgehen. Diese Option wird gern verwendet, um auf dem Layer **Mitte** mit Bemmittelp die Mittellinien für Bohrungen schnell zu erzeugen.
- Größe – Die Größe des Symbols sollte ca. 2 mm betragen. Genau genommen ist dies der halbe Durchmesser des Mittelpunktkreuzes bzw. bei Linien der Betrag des Überstands über den Bogen.

Bereich Bemaßungsbruch

- Unterbrechungsgröße – Die Zahl gibt an, wie groß die Lücke wird, wenn Sie mit dem Befehl Bembruch ⊥ sich kreuzende Bemaßungen unterbrechen.

Bereich Bogenlängensymbol

Hier stellen Sie ein, wo bei der Bogenlängenbemaßung ⌒ das Bogensymbol stehen soll. Die Norm ist Vor Bemaßungstext (Vor Bemaßungstext/Über Bemaßungstext/Kein).

Bereich Verkürzte Radiusbemaßung

- Verkürzungswinkel – Geben Sie nun ein, wie bei großen Radien der Knick bei der verkürzten Darstellung ⌒ gestaltet sein soll. Die Norm ist **90°**.

Bereich Verkürzte Linearbemaßung

- Verkürzungshöhenfaktor – Der Faktor gibt an, wie hoch das Unterbrechungssymbol bei unterbrochenen Maßlinien (Befehl VERKLINIE ⋏) werden soll. Die endgültige Höhe des Symbols ergibt sich durch Multiplikation mit der Texthöhe. Typisch ist hier ein Wert von **1.5**.

12.4.3 Registerkarte TEXT

Abb. 12.6: Registerkarte TEXT

Bereich Textdarstellung

- TEXTSTIL – Hier ist ein geeigneter Textstil zu wählen. Dabei ist darauf zu achten, dass der Textstil auch alle vorkommenden Zeichen enthält, wie etwa das Durchmessersymbol oder die hochgestellte 2 für m^2 (ggf. Textstil mit Schriftdatei **ISOCP.SHX** wählen). Der verwendete Textstil sollte vom Typ BESCHRIFTUNG sein. Wenn Sie erst jetzt einen Textstil erzeugen möchten, dann können Sie rechts neben dem Eingabefeld auf das Schaltfeld mit den drei Pünktchen klicken. Darunter verbirgt sich nämlich ein Zugang zum Textstilbefehl.
- TEXTFARBE – Die Textfarbe kann VONBLOCK bleiben.
- FÜLLFARBE – Wählen Sie hier HINTERGRUND, wenn Sie Ihre Maßtexte mit der HINTERGRUNDFARBE hinterlegen wollen. Das ist nützlich, wenn Sie Maßtexte

- TEXTHÖHE – Die Höhe der Maßtexte in mm. Stellen Sie hier für große Bemaßung **3.5** ein. Diese Höheneinstellung ist hier nur dann möglich, wenn der verwendete Textstil selbst als Höhenwert **0** enthält.
- BRUCH-HÖHENSKALIERUNG – Dies ist nur für Zollmaße wie 1½ gedacht.
- RAHMEN UM TEXT ZEICHNEN – Zur Hervorhebung von Kontrollmaßen kann ein Rahmen um den Maßtext generiert werden. Dies ist identisch mit der Toleranzmethoden-Einstellung GRUNDTOLERANZ auf der Registerkarte TOLERANZEN. Solche Einstellungen sind aber nur für einzelne Maße interessant und werden deshalb dann individuell mit dem EIGENSCHAFTEN-MANAGER für bestehende Maße eingestellt.

Bereich Textplatzierung

- VERTIKAL – Nach DIN müssen die Maßtexte immer oberhalb der Maßlinie stehen. Also ist hier die Voreinstellung OBERHALB auch die einzig sinnvolle Einstellung.
- HORIZONTAL – Die Voreinstellung für die Position des Maßtexts auf der Maßlinie ist im Normalfall ZENTRIERT. Nur in speziellen Fällen wird man die Maßzahl zur einen oder anderen Hilfslinie hin orientieren (BEI HILFSLINIE 1), selten *auf* die Hilfslinien setzen (ÜBER HILFSLINIE 1).
- ANSICHTSRICHTUNG – Hiermit geben Sie an, von welcher Seite die Bemaßung gelesen werden soll. Normalerweise wählen Sie hier **links-nach-rechts**. Nur wenn die Zeichnung auf dem Kopf steht, wäre **rechts-nach-links** zu wählen.
- ABSTAND VON BEM.LINIE – Dies ist der Abstand zwischen Text und Maßlinie und er sollte zwischen 0.5 und 1 liegen. Stellen Sie bei Maßtexthöhe **3.5** großzügig **1** ein.

Bereich Textausrichtung

- HORIZONTAL – Diese Einstellung bedeutet, dass die Maßtexte in jedem Fall horizontal stehen. Da nach DIN der Text jedoch immer mit der Maßlinie ausgerichtet sein soll, ist diese Option auszuschalten.
- MIT BEMASSUNGSLINIE AUSGERICHTET – Dies ist der normale Modus.
- ISO-STANDARD – Mit dieser Option werden Maßtexte, die außerhalb der Hilfslinien stehen, waagerecht positioniert, auch bei Radiusbemaßungen.

12.4.4 Registerkarte ANPASSEN

Abb. 12.7: Registerkarte ANPASSEN

In dieser Registerkarte werden Feinheiten für die Texteinpassung zwischen den Hilfslinien eingestellt. Die Einstellungen hängen teilweise raffiniert miteinander zusammen, sodass für besondere individuelle Anforderungen immer die Kombinationen aller Optionen getestet werden sollten.

Bereich Einpassungsoptionen

Hierunter können Sie wählen, was verschoben werden soll, wenn zwischen den Hilfslinien zu wenig Platz ist.

- TEXT ODER PFEILE, JE NACH MÖGLICHKEIT – Das ist die Standardoption, bei der zuerst der Text verschoben wird, und, wenn es noch enger wird, auch die Pfeile.

- PFEILE – Die Pfeile wandern nach außen, wenn es zu eng wird, der Text bleibt innen.
- TEXT – Der Text wandert nach außen, die Pfeile bleiben innen.
- TEXT UND PFEILE – Beide gehen nach außen, wenn es zwischen den Hilfslinien zu eng wird.
- TEXT IMMER ZWISCHEN HILFSLINIEN ANZEIGEN – Text wird nie nach außen verschoben.
- PFEILE UNTERDRÜCKEN, WENN SIE NICHT ZWISCHEN HILFSLINIEN PASSEN – entfernt die Pfeile von den Maßlinien, wenn es zu eng wird.

Bei Architekturbemaßung kann man gut mit der Standardoption TEXT ODER PFEILE, JE NACH MÖGLICHKEIT arbeiten.

Bereich Textpositionierung

Wenn der Text nicht auf die Vorgabeposition passt, will man ihn oft außerhalb der Hilfslinien positionieren oder manchmal über die Bemaßungslinie legen.

- NEBEN DER BEMAßUNGSLINIE – Mit dieser Option, zusammen mit der Möglichkeit weiter unten, den Text manuell zu platzieren, ergibt sich für Maschinenbaubemaßungen eine sinnvolle Einstellung. Dies ist die typische Einstellung für Maschinenbaubemaßungen.
- ÜBER BEMAßUNGSLINIE, MIT EINER FÜHRUNGSLINIE – Der Maßtext wird, wenn er nicht zwischen die Hilfslinien passt, mit einer Führungslinie mit der Maßlinie verbunden, um die Zuordnung zu verdeutlichen. Wird der Text trotzdem manuell nahe an die Maßlinie mit den Griffen verschoben, so verschwindet die Führungslinie.
- ÜBER BEMAßUNGSLINIE, OHNE FÜHRUNGSLINIE – Der Maßtext bleibt, wenn er nicht zwischen die Hilfslinien passt, automatisch über den Enden der Hilfslinien stehen, kann aber mit den Griffen weiter wegbewegt werden, wenn die Lesbarkeit es erfordert. Der Text kann sogar beliebig weit von der Maßlinie entfernt werden, bleibt ihr aber logisch zugeordnet.

In Architekturzeichnungen kommt es recht häufig vor, dass es für den Maßtext zu eng wird. Oft wechseln große Abstände der Hilfslinien (Raummaße) mit kleinen Abständen (Wandstärken) ab. Dafür sollten Sie die letzte Option einstellen. In diesem Fall werden dann Maßtexte, die nicht zwischen die Hilfslinien passen, einfach angehoben, sodass sie höher stehen, und zwar oberhalb der Enden der Hilfslinien. Sie können mit dieser Einstellung dann auch noch nachträglich die Maßtexte sehr einfach mithilfe der Griffe verschieben, ohne dass sich die Maßlinien etwa mitbewegen. Bei anderen Einstellungen besteht nämlich immer eine Korrelation zwischen Maßtextposition und Maßlinienposition, sodass Sie bei Verschiebung des Maßtexts auch die Maßlinie ggf. aus einer Kette herausreißen. Für

Architekturzeichnungen wählen Sie hier also praktischerweise ÜBER DER BEMA-
SSUNGSLINIE, OHNE FÜHRUNG.

Bei kleinen Abständen werden die Maßtexte auch mit dieser Methode für Bemaßungen auf der rechten Seite oder unterhalb Ihrer Konstruktion leider auf die falsche Seite der Maßlinie positioniert. Sie könnten dann alle falsch positionierten Maßtexte mit dem Befehl STRECKEN gleichmäßig an die richtigen Positionen schieben.

Bereich Skalierung für Bemaßungen

Hier ist seit AutoCAD 2008 eigentlich nur die Option BESCHRIFTUNG zu aktivieren, damit die komplette Bemaßung über den Beschriftungs-Maßstab immer korrekt skaliert wird. Das gilt dann sowohl für den Fall, dass Sie im Modellbereich bemaßen und auch von dort plotten, als auch für den Fall, dass Sie das Layout für den Plot verwenden und *im Ansichtsfenster* bemaßen. Nur wenn Sie mit Layout arbeiten, aber die Bemaßung im Papierbereich lassen, sollte die Einstellung sein: GLOBALER SKALIERFAKTOR aktiviert und mit Wert 1. Jedoch ist die Bemaßung im Papierbereich nicht zu empfehlen, weil es beim Objektfang Verwechslungen zwischen Modell- und Papierbereichs-Objektfang geben kann.

Bereich Feinabstimmung

- TEXT MANUELL PLATZIEREN – Diese Einstellung erlaubt später beim Bemaßen, dass der Benutzer die Position des Maßtexts entlang der Maßlinie durch das Fadenkreuz vorgibt. Dies ist besonders dann nützlich, wenn die Maßzahl nicht zwischen die Hilfslinien passt. Sie haben dann die Möglichkeit, selbst zu bestimmen, ob die Zahl links oder rechts daneben gesetzt wird und wie weit sie verschoben wird. Diese Möglichkeit sollten Sie nur dann mit einem Häkchen versehen, wenn bei der Textpositionierung nicht ÜBER BEMASSUNGSLINIE, OHNE FÜHRUNGSLINIE gewählt wurde.

- BEMASSUNGSLINIE ZWISCHEN HILFSLINIEN – Wenn bei kleinen, engen Abmessungen die Maßzahl und Pfeile automatisch nach außen gesetzt werden sollen, können Sie mit dieser Option erreichen, dass die Maßlinie trotzdem innen, d.h. zwischen den Hilfslinien, durchgezogen wird. Diese Einstellung müssen Sie normgerecht einschalten.

12.4.5 Registerkarte PRIMÄREINHEITEN

Hier erscheint eine Einheitensteuerung für die Bemaßung. Dies ist nicht zu verwechseln mit der Einheitensteuerung unter ANWENDUNGSMENÜ|ZEICHNUNGSPROGRAMME|EINHEITEN. Diese gilt nur für Benutzerdialoge, also beispielsweise für Befehle wie LISTE, ABSTAND oder FLÄCHE. Die hier im Bemaßungsstil eingestellten Nachkommastellen etc. gelten dagegen nur für die Bemaßung mit diesem Stil.

Kapitel 12
Bemaßung

Abb. 12.8: Registerkarte PRIMÄREINHEITEN

Bereich Lineare Bemaßungen

- EINHEITENFORMAT – Sie wählen hier die geeignete Schreibweise für Ihre Maßzahlen. Zu empfehlen wäre DEZIMAL mit Dezimaltrennzeichen KOMMA oder WINDOWS-DESKTOP.

- WISSENSCHAFTLICH – verwendet eine Exponential-Schreibweise, bei der die Maßzahl mit einer Stelle vor dem Komma und Exponenten gezeigt wird, zum Beispiel 1.25875E+02 für 125.875.

  - DEZIMAL – normale Schreibweise für Dezimalzahlen, zum Beispiel 125.875. Für diesen Fall kann man noch drei Auswahlboxen tiefer das Dezimaltrennzeichen auf Komma umstellen.

  - MASCHINENBAU – verwendet Fuß und Zoll, Letztere in Dezimalschreibweise: 10'-2.5".

  - ARCHITECTURAL – verwendet Fuß und Zoll, Letztere als Brüche dargestellt: 10'-2½".

  - BRUCH – Vorkommastellen normal, aber Nachkommastellen als Bruch: 125½.

- WINDOWS-DESKTOP – verwendet die nationalen Zeichen der Windows-Oberfläche, also auch automatisch das Dezimalkomma: 125,875.
- GENAUIGKEIT – Man stellt damit die maximal anzuzeigenden Nachkommastellen für die Maßzahlen ein.
- FORMAT FÜR BRUCH – Sie stellen hier bei englischen Zoll-Bemaßungen ein, ob die Zähler und Nenner des Bruchs übereinander, mit schrägem Bruchstrich oder nebeneinander mit normalem Schrägstrich stehen sollen.
- DEZIMALTRENNZEICHEN – KOMMA, PUNKT oder LEERZEICHEN stehen als Trennzeichen zur Auswahl. Wenn Sie dezimale Einheiten verwenden, können Sie hier Komma wählen. Bei WINDOWS-DESKTOP haben Sie keine Auswahl, weil das nationale Trennzeichen, also Komma, verwendet wird.
- ABRUNDEN – Sie können hier eingeben, auf welche Bruchstellen gerundet werden soll. Bei **0.5** wird jeweils zum nächstliegenden Vielfachen von 0.5 auf- oder abgerundet.
- PRÄFIX – Hier können Sie Zeichen angeben, die vor die eigentliche Maßzahl gesetzt werden sollen. Dies ist beispielsweise nötig, wenn Sie einen Durchmesser im Schnitt bemaßen sollen. Dann verwenden Sie lineare Bemaßung und müssen der Maßzahl das Durchmesserzeichen voranstellen. Sie würden dann hier **%%c** eintragen.
- SUFFIX – Unter Suffixen versteht man hier Zeichen, die der Maßzahl folgen. Bei Architekturzeichnungen werden manchmal Fenster oder Türhöhen unterhalb der Maßlinie verlangt. Das man erreicht beispielsweise mit dem Suffix **\X126**.

> **Wichtig**
>
> **Sonderzeichen**
>
> Es gibt einige nützliche Sonderzeichen bei der Bemaßung. Sie können über folgende Kombinationen in die Maßtexte eingegeben werden:

Code	Bedeutung	Zeichen
%%c	Durchmesserzeichen	⌀
%%d	Gradsymbol	°
%%p	Plusminuszeichen	±

Bereich Bemaßungsskalierung

- SKALIERFAKTOR – Man kann für die linearen Maße einen Skalierfaktor eingeben.
    - Ein solcher Faktor ist nötig, wenn zum Beispiel in Zentimetern gezeichnet wurde und in Metern bemaßt werden soll. Dann berechnet sich der Faktor

als 0.01. Damit wird aus der Maßzahl 350 (cm) dann 3.5 (m). Der Faktor wirkt sich also auf den *Wert* der Maßzahl aus.

- Nur auf Layout-Bemaßungen anwenden:
  - Diese Option zur Skalierung von Papierbereichsbemaßungen ist eigentlich mit der modernen Möglichkeit der BESCHRIFTUNGS-SKALIERUNG überflüssig.

Bereich Null unterdrücken

Diese Einstellmöglichkeiten finden Sie hier für die linearen Einheiten, dann aber in gleicher Weise noch einmal im Bereich WINKELEINHEITEN und später noch einmal auf der Registerkarte TOLERANZ im Bereich TOLERANZFORMAT.

- VORKOMMA – Dies bewirkt die Unterdrückung einer führenden Null vor dem Dezimaltrennzeichen. Wenn diese Option aktiviert ist, dann können Sie auch die unten stehenden Optionen zur getrennten Darstellung von Maßen unter einer Einheit aktivieren.
- UNTEREINHEITENFAKTOR – Hier können Sie einen Faktor angeben, mit dem die Maßzahlen multipliziert werden sollen, die kleiner als 1 sein werden. Das wird für Baubemaßungen verwendet, um die Maße, die unter 1 Meter liegen, in Zentimetern anzuzeigen. Der Umrechnungsfaktor von Metern in Zentimeter beträgt dann natürlich **100**.
- UNTEREINHEITENSUFFIX – Hier könnten Sie das Einheitensymbol für die hochmultiplizierten Einheiten (zum Beispiel »cm«) angeben. Mindestens aber müssen Sie hier ein Leerzeichen eingeben, damit die Einheiten-Umrechnung überhaupt klappt.
- NACHKOMMA – Dies bewirkt die Unterdrückung der letzten Nullen nach dem Dezimaltrennzeichen.

Bereich Winkelbemaßungen

- EINHEITENFORMAT – Sie können zwischen DEZIMALGRAD, GRAD-MINUTEN-SEKUNDEN, NEUGRAD und BOGENMASS wählen. Diese Einstellung gilt natürlich nur für die Bemaßung, nicht für den Befehlszeilendialog.

> **Tipp**
>
> **WINKEL IN GRAD-MINUTEN-SEKUNDEN**
>
> Um einen Winkel in GRAD-MINUTEN-SEKUNDEN einzugeben, müssen Sie bei Polarkoordinaten beispielsweise schreiben:
>
> @100<30d15'10"

Um dies auch so in normalen Dialogfenstern mit AutoCAD angezeigt zu bekommen, müssen Sie in der Einheitensteuerung unter EXTRAS|ZEICHNUNGSPRO-

12.4 Detaillierte Einstellungen für Bemaßungsstile

GRAMME|EINHEITEN die Winkelanzeige entsprechend schalten. Dann können Sie die Daten auch mit der nötigen Genauigkeit und in den gleichen Einheiten zum Beispiel mit dem Befehl LISTE nachprüfen. Die Einstellungen dort haben aber keine Auswirkung auf die Bemaßung.

12.4.6 Registerkarte TOLERANZEN

Die Angabe von Toleranzen ist eigentlich ein reines Maschinenbauthema und betrifft die Architekturbranche nicht. Nur in Fällen, wo beide Bereiche zusammentreffen, werden die Möglichkeiten hier auch für Architekten interessant. Im Bemaßungsstil wird man selten Toleranzen eingeben, sondern diese individuell für einzelne Maße über den EIGENSCHAFTEN-MANAGER einstellen.

Abb. 12.9: Registerkarte TOLERANZEN

Bereich Toleranzformat

- METHODE – Es gibt die Optionen KEINE, SYMMETRISCH, ABWEICHUNG, GRENZEN und GRUNDTOLERANZ.

    - SYMMETRISCH – Toleranzangabe der Form **100,0±0,1**.

- ABWEICHUNG – Darunter versteht man den Fall einer unsymmetrischen Toleranz: **100,0+0,2/-0,1**.
- GRENZEN – Hier werden die Toleranzen mit der Maßzahl gleich zu Grenzwerten verrechnet: **100,2/99,9**.
- GRUNDTOLERANZ – Grundtoleranz bedeutet, dass das betreffende Maß als Kontrollmaß behandelt werden soll und durch einen rechteckigen Rahmen hervorgehoben wird. Das entspricht der Einstellung RAHMEN UM TEXT SCHREIBEN aus dem Register TEXT.

- GENAUIGKEIT – Hier werden die Nachkommastellen für die Toleranzabweichungen SYMMETRISCH, ABWEICHUNG und GRENZEN eingegeben.
- OBERER WERT – Hier werden die Werte der oberen Toleranzabweichungen für SYMMETRISCH, ABWEICHUNG und GRENZEN eingegeben. Im Fall SYMMETRISCH ist dies natürlich auch gleichzeitig die untere Abweichung.
- UNTERER WERT – Hier werden die Werte der unteren Toleranzabweichungen für ABWEICHUNG und GRENZEN eingegeben. Geben Sie hier eine positive Zahl ein, so wird vom Programm her die Zahl mit einem Minuszeichen versehen. Ist die untere Abweichung aber positiv, dann müssen Sie hier eine negative Zahl eingeben.
- SKALIERUNG FÜR HÖHE – bestimmt die relative Höhe der Toleranzzahlen. Es wäre sinnvoll, hier **0.5** für die halbe Höhe relativ zur Maßzahl einzugeben.
- VERTIKALE POSITION – Hier können Sie wählen, wie die Toleranz ausgerichtet sein soll: OBEN, MITTE oder UNTEN.
- TOLERANZAUSRICHTUNG – Hiermit wählen Sie aus, welches Zeichen dazu dienen soll, bei übereinander gestapelten Werten wie beim Toleranztyp ABWEICHUNG die Toleranztexte gegeneinander auszurichten. Da Toleranzen typisch im Bereich von 0,... liegen, hat diese Auswahl meist keine Auswirkung. Erst bei Toleranzwerten mit unterschiedlicher Anzahl von Vorkommastellen ist eine Wirkung sichtbar.
  - DEZIMALTRENNZEICHEN AUSRICHTEN: Die gestapelten Toleranzen fluchten mit den Dezimalpunkten oder -kommas.
  - OPERATIONSSYMBOLE AUSRICHTEN: Die gestapelten Toleranzen fluchten mit den Vorzeichen (+/-).

12.5 Bemaßungsbefehle

Die Bemaßungsbefehle finden Sie unter BESCHRIFTEN|BEMAßUNGEN oder im Menü BEMAßUNG und im Werkzeugkasten BEMAßUNG. Die wichtigsten Bemaßungsbefehle finden Sie auch schon unter START|BESCHRIFTUNG|LINEAR▾ etc. Die Bedeutungen werden im Folgenden beschrieben. Die Bemaßungsbefehle lauten zusammengefasst wie folgt:

12.5 Bemaßungsbefehle

Zeichnen und Beschriftung	Icon	Befehlsname	Bedeutung
Beschriftung|Bemaßungen⤵		Bemstil	Bemaßungsstil einstellen oder wählen
Beschriftung|Bemaßungen		Bemlinear	Linearmaß horizontal oder vertikal je nach Maßlinienposition
Beschriftung|Bemaßungen|Linear▼		Bemausg	Maßlinie parallel zu Bezugspunkten
Beschriftung|Bemaßungen|Linear▼		Bemwinkel	Winkelbemaßung
Beschriftung|Bemaßungen|Linear...		Bembogen	Bogenlängenbemaßung
Beschriftung|Bemaßungen|Linear▼		Bemradius	Radiusbemaßung
Beschriftung|Bemaßungen|Linear▼		Bemdurchm	Durchmesserbemaßung
Beschriftung|Bemaßungen|Linear▼		Bemverkürz	Verkürzte Radienbemaßung
Beschriftung|Bemaßungen|Linear▼		Bemordinate	Absolute x-/y-Koordinate
Beschriftung|Bemaßungen		Bembruch	Bemaßungsobjekt bei Überschneidung unterbrechen
Beschriftung|Bemaßungen		Bemplatz	Stellt Abstand von Maßlinien auf den Vorgabewert
Beschriftung|Bemaßungen		Sbem	Bemaßung mehrerer Objekte gleichzeitig
Beschriftung|Bemaßungen		Bemweiter	Kettenmaß
Beschriftung|Bemaßungen|Weiter▼		Bembasisl	Bezugsmaß
Beschriftung|Bemaßungen		Prüfbem	Markiert Bemaßung als Kontrollmaß
Beschriftung|Bemaßungen		-Bemstil, Option A	Maßobjekte dem aktuellen Stil zuordnen

Tabelle 12.1: Bemaßungsbefehle

Kapitel 12
Bemaßung

Zeichnen und Beschriftung	Icon	Befehlsname	Bedeutung
BESCHRIFTUNG|BEMAßUNGEN		BEMVERKLINIE	Fügt Unterbrechungssymbol in lineare Maßlinie ein
BESCHRIFTUNG|BEMAßUNGEN ▼		BEMREASSOZ	Assoziative Bemaßungen nach Verschieben oder Löschen von Objekten neu zuordnen
BESCHRIFTUNG|BEMAßUNGEN ▼		TOLERANZ	Box für Form- und Lagetoleranz
BESCHRIFTUNG|BEMAßUNGEN ▼		BEMMITTELP	Kreismittelpunktsmarke setzen
BESCHRIFTUNG|BEMAßUNGEN ▼		BEMEDIT, OPTION S	Hilfslinien schräg stellen
BESCHRIFTUNG|BEMAßUNGEN ▼		BEMTEDIT	Text positionieren/drehen
BESCHRIFTUNG|BEMAßUNGEN ▼		BEMÜBERSCHR	Überschreiben von Bemaßungseinstellungen für einzelne Bemaßungen

Tabelle 12.1: Bemaßungsbefehle (Forts.)

Abb. 12.10: Bemaßungsbeispiele

12.5.1 Linear – Befehl: BEMLINEAR

Hiermit wird eine lineare Bemaßung erstellt, entweder horizontal oder vertikal. Sie wählen im Normalfall den Anfangspunkt für die erste und zweite Hilfslinie und geben dann die Position der Maßlinie an. AutoCAD stellt selbst anhand der Maßlinienposition fest, ob es eine horizontale oder vertikale Bemaßung sein soll. Wenn Sie statt des ersten Punkts [Enter] drücken, können Sie Linien, Bögen oder Kreise einfach anklicken, und der Befehl holt sich die zu vermaßenden Endpunkte selber. Es ist dann jedoch nicht eindeutig, welcher der beiden Punkte der Anfangspunkt der Bemaßung ist, und deshalb können Sie diesen Modus nicht benutzen, wenn die Bemaßung später als Ketten- oder Bezugsmaß BEMWEITER oder BEMBASISL fortgesetzt werden soll.

12.5.2 Ausgerichtet – Befehl: BEMAUSG

Dies ist eine lineare Bemaßung, bei der sich die Maßlinie parallel zur Richtung der beiden angeklickten Positionen für die Hilfslinien ausrichtet. Auch diese Bemaßung kann als Kettenmaß oder Bezugsmaß mit den Befehlen BEMWEITER oder BEMBASISL fortgesetzt werden.

12.5.3 Bogenlänge – Befehl: BEMBOGEN

Hiermit können Sie die Länge eines Bogens oder des Bogensegments einer Polylinie bemaßen. Bei entsprechender Positionierung der Maßlinie lässt sich auch der komplementäre Bogen bemaßen.

12.5.4 Koordinaten – Befehl: BEMORDINATE

Dies ist eine lineare Bemaßung, bei der die absoluten Koordinaten angegeben werden. Je nach Maßtextposition wird die x- oder y-Koordinate angezeigt. Liegt die Maßtextposition rechts oder links neben der bemaßten Position, dann wird die y-Koordinate angezeigt. Liegt die Maßtextposition über oder unter der bemaßten Position, so erscheint die x-Koordinate.

12.5.5 Radius – Befehl: BEMRADIUS

Für eine Radiusbemaßung wird der Befehl BEMRADIUS aufgerufen. Zuerst wird der zu bemaßende Kreis oder Bogen angeklickt und dann die Textposition innerhalb oder außerhalb des Bogens gewählt. Ein innen liegender Radiusmaßpfeil geht normalerweise nicht bis zum Zentrum. Wenn aber im Bemaßungsstil unter ANPASSEN|TEXTPOSITIONIERUNG die Option ÜBER BEMAßUNGSLINIE, OHNE FÜHRUNGSLINIE gewählt ist, läuft der Radiuspfeil bis zum Zentrum, und Sie müssen den Text manuell platzieren. Die Radiusbemaßung wird normal mit vorangestelltem **R** erzeugt. Wenn Sie das **R** unterdrücken wollen, müssen Sie unter Primäreinheiten als Präfix ein Leerzeichen eingeben. Sie können das im Bemaßungsstil für die gesamte Bemaßung machen oder im Eigenschaften-Manager für einzelne Bemaßungen.

12.5.6 Verkürzt – Befehl: BEMVERKÜRZ

Der Befehl erstellt für große Radien einen verkürzten Maßpfeil. Nach Objektwahl müssen Sie drei Positionen eingeben. Die erste definiert den Startpunkt des Maßpfeils, die zweite die Maßtextposition und die dritte legt die Position der Bruchlinie des gebrochenen Maßpfeils fest.

Abb. 12.11: Verkürzte Radiusbemaßung

12.5.7 Durchmesser – Befehl: BEMDURCHM

Der Befehl BEMDURCHM erzeugt eine Durchmesserbemaßung mit Durchmessersymbol vor der Maßzahl. Sie erhalten hier nur dann eine durchgezogene Maßlinie, wenn Sie die Textposition außerhalb vom Bogen oder Kreis wählen. Um immer eine durchgezogene Maßlinie zu erhalten, müssen Sie im Bemaßungsstil im Register Anpassen die Option Über Bemaßungslinie, ohne Führungslinie aktivieren. Eine Durchmesserbemaßung ohne Durchmesserzeichen vor der Maßzahl erhalten Sie, wenn Sie im Bemaßungsstil im Register Primäreinheiten als Präfix ein Leerzeichen eingeben.

12.5.8 Winkel – Befehl: BEMWINKEL

Die Winkelbemaßung erlaubt das Anklicken der Schenkel eines Winkels oder die Wahl eines Bogens. Bei Drücken von [Enter] anstelle der Objektwahl erhält man die Möglichkeit, den Winkel über drei Punkte zu spezifizieren: den Scheitelpunkt, den ersten Winkelendpunkt und den zweiten Winkelendpunkt.

```
Befehl: BEMWINKEL
Bogen, Kreis, Linie wählen oder <Scheitelpunkt angeben>:
Zweite Linie wählen:
Position des Maßbogens angeben oder [M.../T.../W.../Q...]:
Maßtext = 42
```

```
Befehl: BEMWINKEL
Bogen, Kreis, Linie wählen oder <Scheitelpunkt angeben>:
Winkel-Scheitelpunkt angeben:
Ersten Winkelendpunkt angeben:
Zweiten Winkelendpunkt angeben:
Position des Maßbogens angeben oder [M.../T.../W.../Q...]:
Maßtext = 47
```

Abb. 12.12: Winkelbemaßung

12.5.9 Basislinie – Befehl: BEMBASISL

Dies ist eine Bezugsbemaßung. Bei linearen, ausgerichteten Bemaßungen oder Winkelbemaßungen kann vom zweiten Maß an BEMBASISL gewählt werden. Sie brauchen dann nur noch jeweils die zweite Hilfslinie anzugeben. AutoCAD schaltet auch von selbst die Maßlinienposition weiter.

Sie beginnen eine Bezugsbemaßung (Abbildung 12.13: links), indem Sie eine erste Bemaßung normal linear mit BEMLINEAR erzeugen. Auch eine ausgerichtete Bemaßung oder eine Winkelbemaßung können Sie mit BEMBASISL fortsetzen. Sie müssen darauf achten, dass die erste Hilfslinienposition in Zukunft als Bezugslinie dient. Nach dieser ersten Bemaßung rufen Sie BEMBASISL auf. Der Befehl fragt nun nur noch nach den Positionen für die zweiten Hilfslinien, weil er die erste Hilfslinie von der letzten Bemaßung übernimmt. Die Maßlinien werden automatisch mit *dem* Abstand weitergeschaltet, der im Bemaßungsstil eingestellt ist. Der Befehl BEMBASISL bezieht sich immer auf die letzte Bemaßung.

Ist keine solche Bemaßung direkt vorangegangen, wird der Befehl zuerst nach der fortzusetzenden Bemaßung fragen. Klicken Sie diese dann an. Der Befehl wird die erste Hilfslinie von der angeklickten Bemaßung verwenden und nach einer neuen zweiten Hilfslinienposition fragen (siehe Abbildung 12.13). Sollte dabei aber von der angeklickten Bemaßung die falsche Hilfslinie als Bezug verwendet werden – Sie erkennen das in der dynamischen Darstellung sofort –, wählen Sie die Option

ZURÜCK, damit die andere Hilfslinie verwendet wird. Mit der Option WÄHLEN können Sie die fortzusetzende Bemaßung auswählen.

Es gibt auch die Möglichkeit, alte Bezugsbemaßungen nachträglich fortzusetzen. Dazu rufen Sie ebenfalls den Befehl BEMBASISL auf, klicken aber nicht gleich eine Hilfslinienposition an, sondern drücken zunächst einmal [Enter] und wählen dann auf Anfrage die alte Bezugsbemaßung an der ersten Hilfslinie.

Seit der aktuellen Version 2014 wird der Befehl BEMBASISL den Bemaßungsstil verwenden, mit dem die Bemaßung erstellt wurde, die er fortsetzt. Der nachfolgende Befehl BEMWEITER verhält sich ebenso. Dies wird durch die Systemvariable DIMCONTINUEMODE (Wert **1**) festgelegt. Bei Wert **0** wird stattdessen immer der *aktuelle Bemaßungsstil* verwendet, unabhängig von der fortgesetzten Bemaßung.

Abb. 12.13: Bezugsmaße und Kettenmaße

12.5.10 Weiter – Befehl: BEMWEITER

Hierunter verbirgt sich die Kettenbemaßung. Bei linearen, ausgerichteten Bemaßungen oder Winkelbemaßungen kann vom zweiten Maß an BEMWEITER gewählt werden. Sie brauchen dann nur noch jeweils die zweite Hilfslinie anzugeben.

Eine Kettenbemaßung (Abbildung 12.13 rechts) wird erzeugt, indem Sie eine erste Bemaßung zum Beispiel normal linear erstellen: mit BEMLINEAR. Für die nachfolgende Bemaßung erst rufen Sie BEMWEITER auf. Auch eine ausgerichtete Bemaßung oder eine Winkelbemaßung können Sie mit BEMWEITER fortsetzen. Hierbei müssen Sie darauf achten, dass die Maßkette an der zweiten Hilfslinie fortgesetzt wird. Der Befehl fragt nun nur noch nach den Positionen für die zweiten Hilfslinien, weil er die erste Hilfslinie von der letzten Bemaßung übernimmt. Die Maßlinien werden in gleicher Höhe an die vorhergehende Bemaßung angefügt. Der Befehl BEMWEITER bezieht sich immer auf die letzte Bemaßung.

Ist keine solche Bemaßung direkt vorangegangen, wird der Befehl zuerst nach der fortzusetzenden Bemaßung fragen. Klicken Sie diese dann an. Der Befehl wird bei der angeklickten Hilfslinie an die gewählte Bemaßung anschließen und nach einer neuen zweiten Hilfslinienposition fragen (siehe Abbildung 12.13). Sollte aber bei der angeklickten Bemaßung an die falsche Hilfslinie angeschlossen werden – Sie erkennen das in der dynamischen Darstellung sofort –, wählen Sie die Option ZURÜCK, damit die andere Hilfslinie verwendet wird.

Es gibt auch die Möglichkeit, alte Kettenbemaßungen nachträglich fortzusetzen. Dazu rufen Sie ebenfalls den Befehl BEMWEITER auf, klicken aber nicht gleich eine Hilfslinienposition an, sondern drücken zunächst einmal [Enter] und wählen dann auf Anfrage die alte Kettenbemaßung an der zweiten Hilfslinie.

12.5.11 Bemaßungsplatz – Befehl: BEMPLATZ

Mit diesem Befehl können Sie den Abstand zwischen mehreren Maßlinien einer Bezugsbemaßung o.Ä. auf den Basislinienabstand korrigieren, der im Bemaßungsstil eingestellt ist. Diese Funktion ist nützlich, wenn nachträglich Bemaßungen einer Bezugsbemaßung hinzugefügt oder gelöscht wurden. Auch wenn der Beschriftungs-Maßstab nachträglich geändert wurde, ist dies nützlich, weil die automatische Skalierung der Beschriftungsobjekte zwar die *Texthöhen* anpasst, nicht aber die *Maßlinien-Abstände* korrigieren kann. Dies reparieren Sie mit BEMPLATZ. Allerdings funktioniert dieser Befehl nicht ganz korrekt, wenn die Maßlinien rechts oder unterhalb der Konstruktion liegen. Man muss dann durch manuelles Positionieren der Maßlinien zwischendurch nachhelfen.

Abb. 12.14: Maßlinien-Abstände korrigiert mit BEMPLATZ

12.5.12 Bemaßungsbruch – Befehl: BEMBRUCH

Mit dieser Funktion können Sie Bemaßungen, die sich mit anderen Bemaßungen oder anderen Objekten überschneiden, automatisch oder nach Auswahl unterbrechen.

Kapitel 12
Bemaßung

Abb. 12.15: Maßlinien automatisch unterbrechen

12.5.13 Toleranz – Befehl: TOLERANZ

Sie können mit dem Befehl TOLERANZ Form- und Lagetoleranzen erzeugen. Allerdings müssen Sie dann noch nachträglich mit dem Befehl MFÜHRUNG (Multi-Führungslinie) oder SFÜHRUNG (Schnellführung) die Führungslinien dazu erstellen.

Abb. 12.16: SPEZIFIKATION DER TOLERANZANGABEN

Im Dialogfenster GEOMETRISCHE TOLERANZ können Sie wählen:

- SYM – Suchen Sie hier das Toleranzsymbol aus oder keines, wenn Sie ein Bezugselement erstellen.
- TOLERANZ 1, TOLERANZ 2 – Hier werden die Zahlenwerte für die Abweichungen eingetragen, es kann davor ein Durchmessersymbol und dahinter eine Materialbedingung ausgewählt werden.
- DATENELEMENT 1, ...2, ...3 – Hier werden die Bezugsbuchstaben angegeben, ggf. wird dahinter eine Materialbedingung ausgewählt.

12.5.14 Zentrumsmarke – Befehl: BEMMITTELP

Generiert ein Mittelpunktssymbol für Kreise, entweder einen Punkt oder Zentrumslinien, je nach den Einstellungen im Bemaßungsstil unter der Registerkarte SYMBOLE UND PFEILE, Bereich ZENTRUMSPUNKTE.

12.5.15 Schräg – Befehl: BEMLINEAR und BEMEDIT, Option Schräg

Hiermit kann ein lineares Maß mit schrägen Hilfslinien erzeugt werden. Bemaßt wird zunächst linear (Befehl BEMLINEAR). Dann rufen Sie START|BEMAßUNGEN|SCHRÄG oder im Menü BEMAßUNG|SCHRÄG auf (Befehl BEMEDIT, Option SCHRÄG), wählen die Bemaßung und geben den absoluten WINKEL DER HILFSLINIEN an. Ziel der Modifikation ist es, Hilfslinien, die evtl. mit Konturen fluchten, davon wegzudrehen.

Abb. 12.17: Schrägstellen der Bemaßung

12.5.16 Prüfung – Befehl: PRÜFBEM

Mit PRÜFBEM wird das Symbol für ein PRÜFMAß erstellt. Nach Norm ist der Rahmen mit Halbkreisen zu wählen. Die Kontrollrate **100%** gibt den Prozentsatz der zu überprüfenden Teile an.

Abb. 12.18: Prüfmaß mit PRÜFBEM und Toleranz über EIGENSCHAFTEN-MANAGER

12.5.17 Verkürzt linear – Befehl: BEMVERKLINIE

BEMVERKLINIE dient dazu, in eine lineare Maßlinie ein Verkürzungssymbol zu setzen. Sie wählen die Maßlinie und dann die Position für das Verkürzungssymbol.

Abb. 12.19: Maßlinie mit eingefügtem Verkürzungssymbol

12.6 Bemaßungen erneut verknüpfen

Die Bemaßung ist standardmäßig assoziativ eingestellt. Das bedeutet, dass bei Änderungen am bemaßten Objekt die Bemaßung mitgeht und immer die dazugehörige Maßzahl aktuell anzeigt. Wenn jetzt wie in Abbildung 12.20 ein Geometrieelement gelöscht wird, zu dem die Bemaßung assoziiert war, dann geht die Assoziativität der Bemaßung verloren. Diese Bemaßungsassoziativität kann mit der Funktion AM bzw. BESCHRIFTUNGSÜBERWACHUNG in der Statusleiste überwacht werden. Bei Verlust der Assoziativität erscheint an der Bemaßung dann ein Ausrufezeichen. Sie finden dann nach Klick auf das Ausrufezeichen die Funktion ERNEUT VERKNÜPFEN. Alternativ können Sie auch mit BESCHRIFTEN|BEMAẞUNG ▾| BEMREASSOZ die Assoziativität reparieren, indem Sie das Objekt und neue Bezugspunkte anklicken.

Abbildung 12.20 zeigt, wie durch Löschen einer bemaßten Linie unter BESCHRIFTUNGSÜBERWACHUNG die Assoziativität verloren geht und mit dem Befehl REASSOZ über neue Endpunkte wieder restauriert wird.

Abb. 12.20: Bemaßung erneut verknüpfen

12.7 Besonderheiten

12.7.1 Bemaßungsfamilien

Beim Anlegen eines neuen Bemaßungsstils können Sie die Gültigkeit der neuen Einstellungen unter VERWENDEN FÜR auf bestimmte Bemaßungsarten beschränken, beispielsweise auf Winkelbemaßungen. Sie erzeugen dadurch zu dem Stil, den Sie unter ANFANGEN MIT gewählt haben, einen sogenannten Unterstil. Dieser Unterstil wird auch im Stilfenster entsprechend als Untervariante angezeigt. Wenn Sie dazugehörige Bemaßungen später mit dem Befehl LISTE ansehen, werden Sie beim vorliegenden Beispiel Bezeichnungen finden wie BAU-35$2 für die Untervariante für Winkelbemaßung zum Stil BAU-35 und BAU-35$7 für die Untervariante für Führung.

Diese Bemaßungshierarchie bezeichnet man auch als *Bemaßungsfamilie*. Der Stil BAU-35 ist der Eltern-Stil und die Untervarianten sind praktisch die Kinder. Eine Bemaßungsfamilie besitzt also einen übergeordneten Bemaßungsstil und dann für die eine oder andere besondere Bemaßungsart wie LINEAR, RADIUS, WINKEL, DURCHMESSER, KOORDINATENBEMAßUNG und/oder FÜHRUNG gegebenenfalls davon abweichende Einstellungen. Zuerst sollten Sie immer die Einstellungen vornehmen, die dem übergeordneten Stil entsprechen, danach legen Sie mit NEU die Unterstile für diejenige Bemaßungsart an, für die abweichende Einstellungen nötig sind.

Bei Baubemaßungen werden oft Bemaßungsfamilien verwendet, weil die Linearbemaßungen mit dem Maßpfeiltyp SCHRÄG oder gar mit einem benutzerspezifischen Bemaßungsblock erstellt werden. Für die Radius-, Durchmesser- und Winkelbemaßungen sowie für Führungslinien verwendet man jedoch den Maßpfeil GESCHLOSSEN-GEFÜLLT. Das können Sie am besten mit Bemaßungsfamilien abdecken.

Abb. 12.21: Bemaßungsfamilie mit Sondereinstellung für FÜHRUNG und WINKEL

12.7.2 Überschreiben

Wenn Sie viele verschiedene Bemaßungsvariationen haben, dann wenden Sie auch die Technik an, dass Sie nicht immer einen neuen Bemaßungsstil erstellen, sondern temporär nur einige Einstellungen überschreiben. Dafür gibt es die Option ÜBERSCHREIBEN im Bemaßungsstil. Sie haben zwar einen aktuellen Bemaßungsstil, der für fast alle nötigen Einstellungen passt, aber ein oder zwei Einstellungen müssen bei einer individuellen Bemaßung anders sein. Dann rufen Sie den Befehl BEMSTIL auf, klicken den Stil an, der als Vorlage dienen soll, und wählen ÜBERSCHREIBEN. Nun können Sie die gewünschten temporären Einstellungen vornehmen. Dadurch entsteht eine temporäre Stilüberschreibung ohne eigenen Namen mit geänderten Bemaßungseinstellungen, die Sie nun als aktuelle verwenden. Solche Überschreibungen bedeuten, dass zwar für die nachfolgenden Bemaßungen der alte Stil mit den neuen Änderungen gilt, dass diese Änderungen aber nicht Bestandteil des Stils werden. Wenn Sie den ursprünglichen Stil wieder benötigen, wählen Sie ihn einfach im Stilfenster an und klicken auf AKTUELLEN EIN-

STELLEN. Sie erhalten noch eine Warnung, dass nun die Einstellungen der Überschreibung verworfen werden.

Wenn Sie die Überschreibung aber als eigenen Stil retten wollen, können Sie sie mit der rechten Maustaste anklicken und erhalten ein Kontextmenü. Darin wählen Sie die Option UMBENENNEN und erhalten damit einen neuen eigenen Stil.

12.7.3 Zusätze zur Maßzahl, Sonderzeichen, Fensterhöhen

Oft ist es nötig, Maßzahlen noch mit Zusätzen zu versehen. Beispielsweise ist ein Durchmesserzeichen davor zu setzen oder eine Einheit danach zu spezifizieren. Normale Textzeichen lassen sich beim Erstellen der Bemaßung mit der Option TEXT hinzufügen:

```
Befehl:
BEMLINEAR Anfangspunkt der ersten Hilfslinie angeben oder <Objekt wählen>:
1. Position anklicken.
BEMLINEAR Anfangspunkt der zweiten Hilfslinie angeben: 2. Position anklicken
BEMLINEAR Position der Bemaßungslinie angeben oder[Mtext Text Winkel Horizontal Vertikal Drehen]: T
BEMLINEAR Maßtext eingeben <61.81>: %%c<>mm
BEMLINEAR Position der Bemaßungslinie angeben oder [Mtext Text Winkel Horizontal Vertikal Drehen]: Maßlinienposition anklicken
```

Bei den Textänderungen schreiben Sie <> als Platzhalter für die Maßzahl, die damit automatisch unverändert übernommen wird. Sie müssen nicht die Maßzahl wiederholen, was ja zu Tippfehlern führen könnte. Das Symbol <> ist der Platzhalter für die korrekte Maßzahl, die sich aufgrund der Bemaßungsassoziativität automatisch aus den Hilfslinienpositionen am Objekt ergibt. Sie wird sich auch bei Modifikationen des bemaßten Objekts korrekt anpassen.

Sie können auch beispielsweise für Fenster die Höhenangaben in die Bemaßung einbeziehen. Dazu schreiben Sie nach Wahl der Option TEXT:

```
BEMLINEAR Maßtext eingeben <61.81>: <>\X121
```

Die Steuerzeichen \X bewirken, dass der nachfolgende Text unter der Maßlinie erscheint. Das X muss auf jeden Fall großgeschrieben werden.

Eleganter ist es jedoch, alle diese Änderungen im EIGENSCHAFTEN-MANAGER vorzunehmen. Dann können Sie nämlich den Befehl EIGANPASS verwenden, um diese Änderungen auch auf andere Bemaßungen zu übertragen. Für die letzte Änderung wäre im EIGENSCHAFTEN-MANAGER unter PRIMÄREINHEITEN|BEM-SUFFIX dann **\X100** einzutragen.

Wenn Sie mehrere Bemaßungen dieser Art gestalten wollen, lohnt es sich, einen eigenen Stil zu erstellen. Dabei tragen Sie ein:

- Register PRIMÄREINHEITEN, Bereich LINEARE BEMAßUNGEN
  - Suffix: **\X121**

Achten Sie darauf, dass in **\X** immer ein großes **X** geschrieben werden muss.

Für das erste Beispiel oben mit Durchmesserzeichen davor und Einheiten dahinter tragen Sie ein:

- Registerkarte PRIMÄREINHEITEN, Bereich LINEARE BEMAßUNGEN
  - PRÄFIX: **%%c**
  - SUFFIX: mm

12.7.4 Hochgestellte Fünf in Architekturbemaßungen

Oft wird bei Architekturbemaßungen gewünscht, dass Maßzahlen mit halben Zentimetern nicht im Format 36,5 cm, sondern mit hochgestellter Fünf dargestellt werden: 36^5. Dazu können Sie einen separaten Bemaßungsstil erstellen, der aber nur auf solche Maßzahlen angewendet werden darf, die halbe Zentimeter enthalten. Folgende Einstellungen sind bei diesem Stil nötig:

- Register PRIMÄREINHEITEN
  - GENAUIGKEIT: **0**
  - ABRUNDEN: **0.4999**
  - SUFFIX: **\H0.5x\S5^**

Hierbei ist zu beachten, dass am Ende noch ein Leerzeichen stehen muss.

12.7.5 Radius- und Durchmesserbemaßung

Für die Radiusbemaßung gibt es verschiedene Möglichkeiten der Gestaltung. Die in Stileinstellungen aus Abbildung 12.7 im Register ANPASSEN sind für lineare Bemaßungen gültig, bei Radiusbemaßungen braucht man aber für bestimmte Gestaltungen abweichende Optionen. In Abbildung 12.22 werden verschiedene Varianten im Register ANPASSEN zusammen mit den resultierenden grafischen Darstellungen gezeigt. In jedem Beispiel wurde eine Bemaßung mit Textposition innen und außen erzeugt.

Es könnte sich auch lohnen, für die Radiusbemaßung nach dem rechten Beispiel einen extra Bemaßungsstil **Große_Radien** einzurichten. In diesem Beispiel liegt der Maßpfeil immer im Innern des Kreises, und der Text wird dann manuell positioniert. Diese Einstellung ist auch für die Durchmesserbemaßung nützlich, damit der Durchmesser mit beiden Maßpfeilen erscheint.

Einpassen|Textpositionierung

| Neben der Bemaßungslinie | Neben der Bemaßungslinie | Über der Bemaßungslinie, ohne Führung |

Einpassen|Feinabstimmung

| Bemaßungslinie zwischen Hilfslinien | nichts markiert | Beliebig |

Abb. 12.22: Radiusbemaßungen und zugehörige Stileinstellungen

Vorsicht

Neben dem EIGENSCHAFTEN-MANAGER bietet bei markierter Bemaßung das *Kontextmenü* noch zahlreiche Optionen zum Modifizieren wie etwa das Verschieben des Maßtexts unabhängig von der Maßlinie.

Bei kleinen Radien benutzen Sie am besten wieder den normalen Bemaßungsstil wie in Abbildung 12.22 ganz links. Dort gibt es das »Schweineschwänzchen«-Problem, wo oft der Maßpfeil nicht am Radius selbst sitzt, sondern an einer Fortsetzung des Radius. Um das zu vermeiden, sollten Sie bei Angabe der Maßlinienposition im Innern des Radiusbogens klicken wie in Abbildung 12.23 rechts.

Abb. 12.23: Bemaßung bei kleinen Radien

Alternativ können Sie auch mit folgenden Stil-Einstellungen im Register ANPASSEN das »Schweineschwänzchen« generell vermeiden:

- Bereich TEXTPOSITIONIERUNG
    - ÜBER BEMAßUNGSLINIE, MIT FÜHRUNGSLINIE aktivieren

Hier wäre es eventuell auch sinnvoll, einen eigenen Bemaßungsstil mit dem Namen **Kleine_Bögen** einzurichten.

12.7.6 Sonderzeichen für Maschinenbau

Besondere Zeichen für Maschinenbauzeichnungen können Sie gut mit den Zeichensätzen GDT.SHX oder ISOCPEUR.TTF darstellen. Zum Ausprobieren dieser Zeichen rufen Sie einfach im MTEXT-Befehl die Option für Sonderzeichen mit dem @-Zeichen auf. Aktivieren Sie Andere und besorgen Sie sich in der ZEICHENTABELLE den UNICODE des Zeichens, der mit U+ beginnt. Für Sonderzeichen VOR der Maßzahl geben Sie im Feld PRÄFIX beispielsweise Folgendes ein:

```
{\fGDT;\H0.75x;\U+E200}
```

Die Bedeutung der Zeichen ist folgende:

- {} beschränkt die Wirkung der nachfolgenden Einstellung auf das Sonderzeichen, damit nicht noch die Maßzahl im Sonderzeichencode dargestellt wird.
- \f schaltet den Zeichensatz **GDT** ein (Datei GDT.SHX).
- \H setzt die Zeichenhöhe auf **0.75**. Das **x** bedeutet relativ zur aktuellen Texthöhe.
- ; schließt die Formatierung ab. Es können nun die Zeichencodes folgen.
- \U aktiviert die Unicodedefinition.
- +E200 ist das Sonderzeichen für gestreckte Länge.
- \H muss großgeschrieben werden, \f sollte kleingeschrieben sein!

Abb. 12.24: Sonderzeichen in Bemaßungen aus GDT.SHX

Steuercode		Aktion	Beispiel
\O	\o	Überstreichung ein, aus	\Oüberstrichen\o
\L	\l	Unterstreichung ein, aus	\Lunterstrichen\l
\~		Geschütztes Leerzeichen	AutoCAD\~2013

Tabelle 12.2: Steuerzeichen für Maßtextformatierung

Steuercode	Aktion	Beispiel
\\	Backslash eingeben	`Zeilenwechsel ist: \\n`
{ }	Geschweifte Klammern	{Formatierung}
\Cn	Farbe Nummer n	\C1
\fNAME	Zeichensatz NAME verwenden	\fGDT
\Hnx	Höhe n-mal Texthöhe	\H0.5x
\Sa^b	Stapeln: a hochstellen, b tiefstellen	\SH7^g6
\Tn	n-facher Zeichenabstand (0.75...4)	\T1.5
\Qn	Neigungswinkel n Grad	\Q15
\Wn	Zeichenbreitenfaktor n	\W1.2
\A0 \A1 \A2	Ausrichtung unten, Mitte, oben	\A2
\P	Neue Zeile	\P
\U+nnnn	Unicode-Zeichen nnnn	\U+E200
\X	Unter Maßlinie wechseln	\X

Tabelle 12.2: Steuerzeichen für Maßtextformatierung (Forts.)

12.7.7 Abstand Maßlinie – Objekt

Im Maschinenbau sollten die ersten Maßlinien einen Abstand von 10 mm vom Objekt haben. Bei Architekturzeichnungen möchte man die Abstände der Maßlinien auf glatte Werte wie 50 oder 100 cm setzen. Das können Sie leicht erreichen, indem Sie in der Statusleiste FANGMODUS, SPURVERFOLGUNG, OBJEKTFANG und OBJEKTFANGSPUR mit folgenden Einstellungen aktivieren:

Register FANG UND RASTER

- FANGMODUS EIN [F9] aktiviert
- FANGTYP UND -STIL
  - POLARER FANG
- POLARER ABSTAND
  - POLARE ENTFERNUNG **10** oder **50** oder **100**

Register SPURVERFOLGUNG

- SPURVERFOLGUNG EIN [F10] aktiviert
- OBJEKTFANGSPUR-Einstellungen
  - SPUR NUR ORTHOGONAL

Register OBJEKTFANG

- OBJEKTFANG EIN [F3] aktiviert
  - ENDPUNKT
  - MITTELPUNKT
- OBJEKTFANGSPUR EIN [F11] aktiviert

Wenn AutoCAD nach der Maßlinienposition fragt, bleiben Sie kurz auf einem geeigneten End- oder Mittelpunkt der Kontur stehen, um ihn als Ausrichtepunkt (rotes Kreuzchen erscheint) zu wählen, fahren dann von dort senkrecht zur Kontur auf einer Spurlinie weg und klicken bei der gewünschten Entfernung auf dieser Spurlinie, zum Beispiel 10 oder 50 oder 100. Damit haben Sie dann die Maßlinie sauber auf eine Entfernung von 10 oder einem Vielfachen senkrecht zur Kontur gebracht.

Alternativ können Sie auch Hilfslinien zur Positionierung der Maßlinien mit dem Befehl KLINIE ∕ erzeugen. Dies ist für Architekturmaßketten sehr nützlich. Mit der Option ABSTAND lassen sich ähnlich wie beim Befehl VERSETZ Parallelen zu Konturlinien erzeugen. Diese Linien sind beim Befehl KLINIE aber unendlich lang, wie es beim Bemaßen oft gebraucht wird. Diese Linien lassen sich beim Bemaßen mit Objektfang MITTELPUNKT, LOT oder NÄCHSTER für die Maßlinienposition nutzen.

Abb. 12.25: Bemaßung mit Konstruktionslinien im Abstand 100 positionieren

```
Befehl: _xline Einen Punkt angeben oder [HOr Ver Win HAlb Abstand]: A
KLINIE Abstand angeben oder [Durch punkt] <Durch punkt>: 100
KLINIE Linienobjekt wählen: Konturlinie anklicken
KLINIE Zu versetzende Seite angeben: nach außen klicken
KLINIE Linienobjekt wählen: die gerade erzeugte Konstruktionslinie anklicken
KLINIE Zu versetzende Seite angeben: nach außen klicken
KLINIE Linienobjekt wählen: Enter
```

Der Befehl KLINIE erwartet standardmäßig zwei Punkte, durch die er dann eine unendlich lange Linie legt. Diese Linie kann wie die normale Linie behandelt werden, also auch gestutzt, gedehnt und abgerundet werden. Es gibt einige interessante Optionen:

Zeichnen und Beschriftung	Icon	Befehl	Kürzel
START|ZEICHNEN ▾ |KONSTRUKTIONSLINIE		KLINIE	KL

Die Optionen:

- HOR zeichnet eine horizontale Konstruktionslinie durch einen Punkt.
- VER zeichnet eine vertikale Konstruktionslinie durch einen Punkt.
- WIN zeichnet eine Konstruktionslinie in einem vorgegebenen Winkel durch einen Punkt.
- HALB zeichnet eine Winkelhalbierende, basierend auf Scheitelpunkt, Winkelstartpunkt und Winkelendpunkt.
- ABSTAND erzeugt ähnlich wie der Befehl VERSETZ eine Parallele zu einer bestehenden Linie. Im Unterschied zum Befehl VERSETZ ist die hiermit konstruierte Konstruktionslinie unendlich lang.

12.7.8 Arbeiten mit Griffen

In vielen Fällen sind bei den Bemaßungskorrekturen die Griffe sehr hilfreich. Mit den Griffen können Sie leicht Maßlinien aufeinander ausrichten:

- Maß anklicken, damit Griffe in Blau erscheinen.
- Griff am Maßpfeil anklicken, damit er rot wird, also zum »heißen Griff«.
- FANGMODUS ENDPUNKT einschalten.
- Heißen Griff auf Pfeilspitze der benachbarten Bemaßung ziehen.

Achtung: Die Griffe rasten ineinander ein! Sobald man mit einem heißen roten Griff das blaue Quadrat eines anderen Griffs auch nur berührt, rastet der Erstere auf der exakten Position des Letzteren ein.

Abb. 12.26: Bemaßung mit Griffen fluchtend ausrichten

> **Tipp**
>
> **Maßlinienposition: An existierender Bemaßung orientieren**
>
> Oft wollen Sie Maßlinien, auch wenn sie nicht direkt nebeneinander liegen, auf gleiche Höhe setzen. Bei horizontalen oder vertikalen Maßlinien können Sie das erreichen, indem Sie bei der Positionsangabe die temporären Spurlinien ausnutzen – OBJEKTFANGSPUR in der Statusleiste aktivieren – und den existierenden Maßpfeil an der Spitze anfahren. Nachdem Sie dort kurz stehen geblieben sind, erscheint ein Kreuzchen, der Ausrichtepunkt, und es wird beim Weiterbewegen der Maus eine dynamische Hilfslinie, die Spurlinie, erzeugt. Auf dieser Spurlinie, die Sie in horizontaler oder vertikaler Richtung erhalten können, klicken Sie dann die neue Maßlinienposition an.

12.7.9 Aktualisieren von Bemaßungen

Wenn Sie in einem Bemaßungsstil Änderungen vorgenommen haben, werden die schon existierenden Maße nach der Änderung automatisch angepasst. Wollen Sie jedoch andere Bemaßungen, die zu anderen Stilen gehören, auf den aktuellen Stil bringen, dann müssen Sie die Funktion AKTUALISIEREN im Menü BEMASSUNG aufrufen und die zu aktualisierenden Bemaßungen wählen.

Zeichnen und Beschriftung	Icon	Befehl
BESCHRIFTUNG|BEMASSUNGEN		-BEMSTIL|A
		BEMREGEN

Es gibt eine weitere Funktion zum Aktualisieren von Bemaßungen: BEMREGEN. Damit können nach Konstruktionsänderungen die Positionen aktualisiert werden. Das kann nötig sein,

- wenn Sie im Papierbereich bemaßt und im Ansichtsfenster gezoomt oder die Konstruktion geändert haben oder
- wenn Sie externe Referenzen verwenden, die in der aktuellen Zeichnung bemaßt werden. Nach Konstruktionsänderungen kann auch hier BEMREGEN nötig sein.

12.7.10 Überlagerungen mit Bemaßungen

Es kommt vor, dass Maßtexte mit anderen Bemaßungen oder Geometrien wie Mittellinien kollidieren. Es gibt jetzt vier Möglichkeiten:

- Andere Bemaßungen können Sie mit dem Befehl BEMBRUCH ⊕ unterbrechen wie in Abschnitt 12.5.12 .
- Im Bemaßungsstil können Sie im Register TEXT die FÜLLFARBE aktivieren und HINTERGRUND wählen. Dann wird der Maßtext mit Hintergrundfarbe unterlegt und überdeckt alle anderen Objekte. Sie müssen dann aber dafür sorgen, dass die Bemaßung oberstes Objekt ist. Dazu gibt es die Möglichkeit, die Zeichenreihenfolge zu ändern unter START|ÄNDERN ▾|GANZ OBEN .
- Sie können die störende Mittellinie mit der Funktion BRUCH ⬜ unterbrechen. Sie wählen das zu unterbrechende Geometrieelement an der ersten Bruchposition und danach an der zweiten (Abbildung 12.27). Dabei sollte der Objektfang NÄCHSTER ⁄ aktiviert sein.

  Wenn mehr zu unterbrechen ist, lohnt es sich vielleicht, eine kleine Box, zum Beispiel mit dem Befehl RECHTECK ▭, zu konstruieren und damit dann die störenden Objekte mit STUTZEN ⊬ zu behandeln.
- Mit dem Befehl ABDECKEN ▢ lassen sich bei der Überlagerung von Maßen und Hilfslinien leicht nach der Methode des Tipp-Ex störende Linien unterdrücken.

Abb. 12.27: Bruch an Bemaßung

Zeichnen und Beschriftung	Icon	Befehl
START|ZEICHNEN ▾|ABDECKUNG	▢	ABDECKEN

Kapitel 12
Bemaßung

Der Befehl kann entweder eine vorhandene Polylinie mit Option POLYLINIE verwenden und in eine weiße deckende Fläche verwandeln oder Polygonpunkte bis zur Eingabe von Schließen einlesen.

```
Befehl: _wipeout
ABDECKEN Ersten Punkt wählen oder [Rahmen Polylinie] <Polylinie>: Ersten
Polygonpunkt anklicken
ABDECKEN Nächsten Punkt angeben: <Ofang aus> Polygonpunkte anklicken
ABDECKEN Nächsten Punkt angeben oder [Zurück]: Polygonpunkte anklicken
ABDECKEN Nächsten Punkt angeben oder [Schließen Zurück]: ...
ABDECKEN Nächsten Punkt angeben oder [Schließen Zurück]: S
```

Die entstandene weiße Fläche hat noch zwei Schönheitsfehler. Sie deckt auch die Bemaßung ab und besitzt noch einen sichtbaren Rahmen. Den Rahmen schalten Sie ab mit ABDECKEN, Option RAHMEN und AUS. Mit dem Befehl zur Zeichenreihenfolge START|ÄNDERN|GANZ OBEN klicken Sie dann die Objekte an, die über der weißen Fläche liegen sollen, im Beispiel also die Radiusbemaßung.

```
Befehl: _wipeout
ABDECKEN Ersten Punkt wählen oder [Rahmen Polylinie] <Polylinie>: R
ABDECKEN Modus eingeben [EIN AUS] <EIN>: AUS
```

Abb. 12.28: Abdecken von Hilfslinien

> **Wichtig**
>
> Abdeckungsflächen ohne Rahmen sind *unsichtbar*, werden aber im ZOOM-Befehl, zum Beispiel mit der Option GRENZEN, berücksichtigt. Sie zoomen dann auf etwas, was Sie nicht sehen.

12.7.11 Text und Bemaßung in Schraffuren

Wenn Texte oder Bemaßungen in Schraffurgebieten liegen, werden sie automatisch als Inseln erkannt und ausgespart. Durch die Assoziativität der SCHRAFFUR ist auch sichergestellt, dass bei Verschiebungen von Bemaßungen oder Texten die Aussparungen mitgehen.

Abb. 12.29: Texte und Bemaßungen in Schraffuren

Wenn die Bemaßung erst nachträglich erstellt wird, können Sie die vorhandene Schraffur per Doppelklick bearbeiten und im Dialogfenster SCHRAFFUR BEARBEITEN im Bereich UMGRENZUNGEN auf HINZUFÜGEN: OBJEKTE AUSWÄHLEN klicken und die Bemaßung als Objekt wählen, das dann als Schraffurinsel ausgespart wird.

> **Tipp**
>
> **Reihenfolge Texte – Bemaßungen – Schraffuren und andere Objekte**
>
> Um Texte und Bemaßungen *vor* andere Objekte in den Vordergrund zu stellen, gibt es den Befehl TEXTNACHVORNE, um Schraffuren *nach hinten* zu bringen, den Befehl HATCHTOBACK.

Zeichnen und Beschriftung	Icon	Befehl
START|ÄNDERN|GANZ OBEN ▾ |TEXT NACH VORNE	ABC	TEXTNACHVORNE
START|ÄNDERN|GANZ OBEN ▾ |BEMAẞUNGEN NACH VORNE		TEXTNACHVORNE, Option BEM
		TEXTNACHVORNE, Option BEI
START|ÄNDERN|GANZ OBEN ▾ |SCHRAFFUREN NACH HINTEN		HATCHTOBACK

12.8 Bemaßung bei 3D-Konstruktionen

Bei 3D-Konstruktionen wird man für normale Fertigungsaufgaben stets die üblichen Ansichts- und Schnittzeichnungen erstellen. Für Übersichtsbilder wie Abbildung 12.30 kann man natürlich wichtige Maße auch in das 3D-Modell hineinzeichnen. Dazu ist es aber nötig, vorher die xy-Ebene in die gewünschte Bemaßungsebene zu legen. Sie können dazu die Ansicht mit dem VIEWCUBE oder mit der Tastenkombination ⇧Shift+Mausrad und kleiner Bewegung einstellen. Das Koordinatensymbol klicken Sie einfach an und benutzen dann die Griffmenüs, um den Ursprung zu verändern und es um die einzelnen Achsen zu drehen. Liegt die xy-Ebene dann in der beabsichtigten Bemaßungsebene, können Sie die Bemaßungsbefehle ganz normal benutzen.

Abb. 12.30: Bemaßung in 3D-Konstruktion

12.9 Führungslinien und Multi-Führungslinien

Es gibt seit Version 2008 für HINWEISTEXTE, POSITIONSNUMMERN und auch FORM- UND LAGETOLERANZEN mehrere Möglichkeiten. Der alte Befehl SFÜHRUNG (Kürzel SF) ist zwar aus Menü und Werkzeugkasten BEMAßUNG verschwunden, kann aber dennoch *manuell* aufgerufen werden. Mit dem neuen Befehl MFÜHRUNG für die Multi-Führungslinie können Sie auch ANMERKUNGSTEXTE mit einem Maßpfeil generieren, POSITIONSNUMMERN mit Hinweispfeilen erstellen oder einfach eine LEERE Führungslinie mit Pfeilspitze erstellen. Beide Befehle können Sie also bei geeigneter Voreinstellung für HINWEISTEXTE verwenden, für FORM- UND LAGETOLERANZEN im Maschinenbau ist nur SFÜHRUNG geeignet, für POSITIONSNUMMERN ist MFÜHRUNG besser.

12.9.1 Führungslinien mit SFÜHRUNG

Wenn Sie SFÜHRUNG aufrufen, wird die Option EINSTELLUNGEN als Vorgabe angeboten. Sie können eine Führungslinie mit mehreren Knickstellen erzeugen. Die Knickstellen können Sie mit der Option SPLINE glätten lassen. Sie haben aber auch die Möglichkeit, bei der Führungslinie die Option BLOCK zu wählen, um anstelle eines Texts einen Block anzuhängen, oder die Option TOLERANZ für Form- und Lagetoleranzen.

Abb. 12.31: Verschiedene Führungslinien

Die typische Anwendung besteht darin, eine Anmerkung mit Hinweispfeil zu generieren. Die Einstellungen für einen sauberen Hinweistext zeigt Abbildung 12.35.

Abb. 12.32: Einstellungen für Hinweistext in SFÜHRUNG

Mit der Option BLOCK können Sie ein einfaches System zur Erstellung von Positionslisten erstellen, wenn Sie als Block einen Kreis mit Attributdefinitionen für Positionsnummer, Bezeichnung, Benennung, Material und Gewicht wählen. Der Block muss einen Quadranten als Basispunkt haben, und das Attribut POSITIONSNUMMER sollte im Kreis mit der Option MITTE zentriert sein. Die übrigen Attribute sollten unsichtbar sein. Bei der Führungslinie müssen Sie dann die Option BLOCKREFERENZ wählen. Nach den Positionen für die Führungslinie wird der Blockname erfragt. Die Positionierung des Blocks erfolgt dann manuell am Ende der Führungslinie.

Abb. 12.33: Erzeugung und Einsatz eines Blocks mit Attributen in der Führungslinie

Interessant ist SFÜHRUNG auch für die oben beschriebenen Form- und Lagetoleranzen. Der Vorteil gegenüber dem oben vorgestellten Befehl TOLERANZ besteht darin, dass hier zur Toleranzbox auch gleich der Pfeil generiert wird. Geben Sie dazu folgende Einstellungen ein:

Register	Thema	Wert
BESCHRIFTUNG	BESCHRIFTUNGS-TYP:	Toleranz
FÜHRUNGSLINIE UND PFEIL	PFEILSPITZE:	Geschlossen/gefüllt
	ANZAHL DER PUNKTE:	3
	WINKELABHÄNGIGKEITEN: ERSTES SEGMENT:	90°
	ZWEITES SEGMENT:	Horizontal

Tabelle 12.3: Einstellungen für Form- und Lagetoleranz

Für den Bezugsbuchstaben wählen Sie als Pfeilspitze BEZUGSDREIECK GEFÜLLT.

12.9.2 Führungslinien mit MFÜHRUNG

Die Details der Multi-Führungslinie können über BESCHRIFTEN|FÜHRUNGSLINIEN| ↘ eingegeben werden oder beim einzelnen Befehlsaufruf mit Optionen. Sinnvoller ist es jedoch, für typische Fälle spezielle Multilinienstile zu erstellen.

12.9
Führungslinien und Multi-Führungslinien

Abb. 12.34: Funktionalität der Multi-Führungslinien

Es gibt auch eine Werkzeugpalette mit fertigen Multi-Führungslinien. Mit ANSICHT|PALETTEN|WERKZEUGPALETTEN können Sie die aktivieren und müssen dann die Palette FÜHRUNGSLINIEN aktivieren. Die Funktion FÜHRUNGSLINIE-KREIS bietet eine schnelle Möglichkeit zur Erzeugung von POSITIONSNUMMERN. Die Funktion FÜHRUNGSLINIE MIT TEXT ist nicht normgerecht.

Abb. 12.35: Einstellungen für Hinweistexte

Multi-Führungslinien haben den Vorteil, dass Sie Führungslinien hinzufügen oder auch entfernen können. Es gibt Werkzeuge, um mehrere auszurichten und zusammenzufassen.

Abb. 12.36: Multi-Führungslinein: ausgerichtet, original, zusammengefasst

12.10 Zeichnungsübung

Die Übungen dieses Kapitels befinden sich auf der beiliegenden DVD unter Kap_12_Übungs-PDF.

12.10.1 Architekturbeispiel

Abb. 12.37: Grundriss

12.10.2 Holztechnik: Schubkasten

Der Schubkasten aus Abbildung 12.38 soll im Folgenden in der dargestellten Seitenansicht gezeichnet werden.

Abb. 12.38: Schubkasten

Abb. 12.39: Vorder- und Rückwandkonstruktion

Kapitel 12
Bemaßung

> **Tipp**
>
> Die multifunktionalen Griffe bieten gerade bei den Bemaßungen gute Möglichkeiten zum Fortsetzen und Modifizieren.

Abb. 12.40: Bemaßungen können mit FORTGESETZTE BEMAßUNG als Kettenbemaßung oder mit BASISLINIENBEMAßUNG als Bezugsbemaßung fortgesetzt werden. Die übrigen Optionen erklären sich selbst.

12.11 Übungsfragen

1. Wie wird Bezugsbemaßung erstellt?
2. Mit welchem Befehl generiert man praktischerweise die Form- und Lagetoleranzen?
3. Wie erhält man bei der Winkelbemaßung △ die Option, um die drei Punkte Scheitelpunkt, erster Winkelendpunkt und zweiter Winkelendpunkt eingeben zu können?
4. Wie nennt man die Bemaßung, die mit BEMWEITER ⊢⊢⊢ erstellt wird?
5. Beschreiben Sie die Bemaßung mit dem Befehl BEMAUSG ↘.
6. Was stellt die Bemaßungsfunktion BESCHRIFTEN|BEMAßUNGEN▼|SCHRÄG ⊬ eigentlich schräg, die Maßlinie oder die Hilfslinien?
7. Wie lautet das Sonderzeichen für Durchmesser, das man ggf. als Präfix in einer Linearbemaßung braucht?
8. Woran erkennt man, dass in einem Bemaßungsstil Einstellungen überschrieben wurden?
9. Was bedeutet die *Assoziativität der Bemaßung*?
10. Wird beim Schraffieren ein Maßtext automatisch ausgespart?

Kapitel 13

Einführung in Standard-3D-Konstruktionen (nicht LT)

In diesem Kapitel werden kurz die wichtigen Modelle und Verfahren der 3D-Konstruktion vorgestellt: *Draht-*, *Flächen-* und *Volumenmodell*. Dann werden die Möglichkeiten zur Ansichtssteuerung und zur Positionierung von Benutzerkoordinatensystemen vorgestellt. Es folgen die Befehle zur Erstellung von Volumenkörpern durch Kombination von *Grundkörpern*. Alternativ können Volumina auch durch Bewegung von zweidimensionalen Profilen entstehen, sogenannte *Bewegungskörper*. Die fertigen Volumenkörper können natürlich auch nachbearbeitet werden: durch spezielle Bearbeitungsfunktionen für die einzelnen Flächen, über die Griffe und natürlich auch über den Eigenschaften-Manager.

13.1 3D-Modelle

Man spricht im Bereich der 3D-Konstruktion immer von drei Modellen:

- Drahtmodell
- Flächenmodell
- Volumenmodell / Netzmodell

Hiermit wird angedeutet, welche CAD-Objekte der Konstruktion zugrunde liegen. Konstruiert man im einfachsten Fall ein dreidimensionales Objekt aus Kurven, also aus Linien, Bögen, Kreisen und Polylinien, dann liegt ein *Drahtmodell* vor. Die 3D-Objekte setzen sich aus Kurven zu einem Drahtgerüst zusammen. Drahtmodelle sind relativ einfach zu konstruieren, sind aber durchsichtig, weil sie nur die Kanten enthalten (Abbildung 13.1). Drahtmodelle sind auch in der LT-Version möglich.

Das Drahtmodell wird auch oft zur Darstellung der Flächen- und Volumenmodelle während der Bearbeitung als Anzeigemodus verwendet, weil es diese Darstellung erlaubt, auch die verdeckten Kanten zu sehen und anzuklicken.

Ein *Flächenmodell* besteht aus Flächen, die entweder über ein *Drahtmodell* gezogen werden, also als Verbindungen von Randkurven generiert werden, oder über Stützpunkte und Parameterwerte konstruiert werden. Oft werden *Netzflächen* verwendet, um in Drahtmodellen Paare gegenüberliegender Kanten mit Flächen zu überziehen: Regelflächen (Abbildung 13.1 rechts). Beispiele für weitere Flächen,

Kapitel 13
Einführung in Standard-3D-Konstruktionen (nicht LT)

die aus Randkurven hervorgehen, sind auch Rotationsflächen und Extrusionsflächen (Abbildung 13.2). Letztere entstehen durch Drehen eines Profils um eine Achse oder Verschieben in einer Richtung. Flächenmodelle gestatten eine Darstellung mit ausgeblendeten verdeckten Kanten und sogar mit schattierten Oberflächen. AutoCAD hat seit Version 2011 viele Funktionen, um solche Flächen zu verbinden, abzurunden oder auch zu modellieren.

Abb. 13.1: 3D-Drahtmodell links und Flächenmodell mit Netzflächen rechts

Abb. 13.2: Rotationsflächen, extrudierte Flächen

Beim *Volumenmodell* werden komplexe Körper meist baukastenartig aus einfachen Grundkörpern zusammengesetzt. Man arbeitet mit Basiskörpern, die sowohl additiv als auch subtraktiv zusammengesetzt werden können (Abbildung 13.3). Weitere Volumenkörper, die Bewegungskörper, entstehen durch Bewegung eines geschlossenen Profils. Beste Beispiele sind EXTRUSION, die geradlinige Verschiebung eines geschlossenen Profils, oder ROTATION, die Drehung eines geschlossenen Profils um eine Achse. Der große Vorteil von Volumenmodellen liegt darin, dass sie, ebenso wie Flächenmodelle, schnell eine schattierte Darstellung erlauben, die Konstruktion aus jeder Sicht realistisch darstellen können und zusätzlich die Auswertung von Volumen und Trägheitseigenschaften ermöglichen. Insbesondere gibt es für die Volumenmodellierung effektive Algorithmen zur Erzeugung zusammengesetzter Körper, wobei auch alle Schnittkanten exakt ermittelt werden. Auch Kollisionskontrollen zwischen verschiedenen Volumen lassen sich schnell durchführen und das Kollisionsvolumen bestimmen. Die Volumenkörper können seit Version 2007 auch mit Griffen und mit dem EIGENSCHAFTEN-MANAGER bearbeitet werden, Teilkomponenten zusammengesetzter Volumenköper lassen sich mit Strg+Anklicken wählen und die Darstellungsmöglichkeiten wurden wesentlich verbessert.

Abb. 13.3: Volumenmodell und Grundkörper

Zusätzlich gibt es seit Version 2010 die Möglichkeit, Volumenkörper als Netzkörper zu erzeugen und je nach Feinheit und Aufteilung der Netze zu modellieren (Abbildung 13.4). Diese Netz-Oberflächen können verschieden stark geglättet, auch partiell über einzelne Facetten oder Kanten deformiert und mit Knickstellen oder ebenen Flächenpartien versehen werden.

Seit Version 2011 können Sie Volumenkörper auch aus modellierten Flächen aufbauen und damit sehr frei gestalten. Die freie Modellierung von Kurven, Flächen und Volumenkörpern wird der Schwerpunkt des nächsten Kapitels sein.

Kapitel 13
Einführung in Standard-3D-Konstruktionen (nicht LT)

Abb. 13.4: Netz-Grundkörper mit Glättung und Deformation

13.2 3D-Benutzeroberflächen

Es gibt zwei Benutzeroberflächen zur 3D-Konstruktion: 3D-GRUNDLAGEN und 3D-MODELLIERUNG.

Abb. 13.5: Benutzeroberflächen für 3D

Die ersten Schritte im 3D-Bereich können wir mit der einfacheren Oberfläche 3D-GRUNDLAGEN bestreiten. Für die Bearbeitung der Körperflächen und später auch für die Netzkörper ist aber die umfangreichere Oberfläche 3D-MODELLIERUNG nötig.

13.3 Ansichtssteuerung

Um effektiv dreidimensional konstruieren zu können, muss man die Konstruktion ständig aus verschiedenen Blickwinkeln betrachten können. Dafür gibt es die Werkzeuge VIEWCUBE und in der NAVIGATIONSLEISTE STEERINGWHEELS und ORBIT und FREIER ORBIT, um eine Ansicht beliebig zu drehen. Für die 3D-Arbeit stellt AutoCAD eine eigene Vorlage `acadiso3D.dwt` zur Verfügung. Stellen Sie also unter ANWENDUNGSMENÜ|OPTIONEN im Register DATEIEN bei VORLAGENEINSTELLUNGEN|VORGEGEBENER VORLAGENDATEINAME FÜR SNEU diese 3D-Vorlage für die weiteren Arbeiten ein. Die Zeichenbereichsfarben können wieder mit OPTIONEN|ANZEIGE|FARBEN eingestellt werden. Da im 3D-Bereich sowohl in PERSPEKTIVISCHER 3D-PROJEKTION als auch in 3D-PARALLELPROJEKTION gearbeitet wird, sollten Sie für beide Fälle die Farben einstellen.

Abb. 13.6: Arbeitsbereich 3D-MODELLIERUNG und Vorlage `acadiso3D.dwt`

So wichtig, wie für das zweidimensionale Konstruieren das Zoomen ist, so fundamental ist für die Arbeit im Dreidimensionalen das Wechseln der Ansichtsrichtung und das Betrachten unter verschiedenen Blickwinkeln. Benutzen Sie dafür intensiv den VIEWCUBE. Wer das nicht dauernd tut, wird sich wundern, wie die Teile dann in anderen Ansichten plötzlich aussehen.

> **Tipp**
>
> **Ansicht drehen**
>
> Die Ansichtsrichtung können Sie am einfachsten bei gedrückter Shift-Taste und gedrücktem Mausrad dynamisch verändern. Diese Funktion nennt sich ORBIT.

Da Sie bisher noch nichts in drei Dimensionen konstruiert haben, sollten Sie zum Ausprobieren der nachfolgenden Themen eine 3D-Konstruktion von der DVD öffnen. Hier in den Beispielen habe ich die Zeichnung `Sporthalle.dwg` verwendet.

13.3.1 Ansichten manipulieren

Aktivieren Sie in AutoCAD den Arbeitsbereich 3D-GRUNDLAGEN (Abbildung 13.6). Beginnen Sie mit SCHNELLZUGRIFF-WERKZEUGKASTEN|SNEU eine neue Zeichnung. Sie werden sehen, dass die xy-Ebene nicht mehr parallel zum Bildschirm liegt, sondern in etwa einer isometrischen Ansicht entspricht.

Abb. 13.7: Orbit-Funktionen zur Ansichtssteuerung für 3D-Konstruktionen

Das modernste und praktischste Werkzeug zum Einstellen einer Ansichtsrichtung ist der VIEWCUBE. Bequem kann man darauf neue Ansichtsrichtungen anklicken. Als weitere Funktionen zur effektiven Ansichtssteuerung gibt es in der Navigationsleiste die ORBIT-Funktionen. Damit können Sie 3D-Ansichten mit Mausinteraktion dynamisch schwenken.

ViewCube

Der VIEWCUBE kann nach Rechtsklick auf der Zeichenfläche über OPTIONEN|3D-MODELLIERUNG aktiviert werden. Durch Anklicken der sechs Würfelflächen können Sie die sechs orthogonalen Ansichten einschalten. Klicken Sie auf einen der acht Eckpunkte, so erhalten Sie die isometrischen Ansichten. Ferner können Sie noch auf eine der zwölf Kanten klicken, um Seitenansichten unter 45° zu bekommen. In isometrischer Ansicht können Sie die Ansicht um die z-Achse drehen, wenn Sie an einem der Symbole für die Himmelsrichtungen ziehen. In einer orthogonalen Ansicht erscheinen Richtungspfeile, über die Sie um die Blickrichtung drehen können.

Abb. 13.8: Optionen des VIEWCUBE

Im Kontextmenü des VIEWCUBE finden Sie auch die Funktionen zum Umschalten zwischen den Projektionsarten PARALLEL und PERSPEKTIVE. Bei Ihren Konstruktionen ist zu beachten, dass manche Aktionen sinnvoll nur in der Parallelprojektion möglich sind, wie das Arbeiten mit OTRACK. Deshalb sollten Sie für die Konstruktionsarbeit unter PARALLEL arbeiten. PERSPEKTIVE ist für die Betrachtung eindrucksvoller. Das VIEWCUBE-Kontextmenü bietet auch die Option, die aktuelle Ansicht als AUSGANGSPOSITION festzulegen. Zu dieser Ausgangsposition können Sie dann über das HAUS-Icon jederzeit schnell wechseln. Die Formulierung PERSPEKTIVE MIT ORTHO-FLÄCHEN bedeutet, dass generell die perspektivische Darstellung aktiv ist, nur bei den orthogonalen Ansichten wird dann auf Parallelprojektion umgeschaltet: PERSPEKTIVE (AUßER ORTHO-ANSICHTEN).

Abb. 13.9: Funktionen im Navigationsrad

ORBIT-Funktionen

Mehrere Orbit-Werkzeuge erlauben die Drehung der Konstruktion: 3DFORBIT, 3DORBIT UND 3DORBITFORTL. Der freie Orbit 3DFORBIT dreht um beliebige Achsen, der abhängige Orbit 3DORBIT dreht auch um beliebige Achsen, hält aber die Projektion der z-Achse immer senkrecht. Er kann dadurch nicht über die Pol-Positionen bei +Z oder -Z hinaus drehen. Mit 3DORBITFORTL können Sie eine selbstständige Drehbewegung Ihres Modells anstoßen.

13.4 3D-Koordinaten

An und für sich sind alle AutoCAD-Zeichnungsobjekte dreidimensional. Solange Sie aber bei der Eingabe die dritte Koordinate weglassen, setzt AutoCAD dafür einen Standardwert ein, der auf null voreingestellt ist. Damit konstruieren Sie in der Ebene mit z-Höhe = 0. Wie oben besprochen, kann dieser Vorgabewert für die z-Höhe mit dem Befehl ERHEBUNG jederzeit verändert werden.

Rechtwinklige Koordinaten werden als Zahlenpaare in 2D-Konstruktionen oder Zahlentripel für 3D angegeben. Beim dreidimensionalen Konstruieren haben Sie die Wahl zwischen drei Koordinateneingaben: rechtwinklige Koordinaten (auch kartesische Koordinaten genannt), Zylinderkoordinaten und Kugelkoordinaten.

Beispiel für rechtwinklige Koordinaten:

```
Befehl: LINIE
Von Punkt:   30,20,50
Nach Punkt:  50,40,70
```

zeichnet eine Linie von x = 30, y = 20, z = 50 nach x = 50, y = 40, z = 70. Dies ist also eine 3D-Linie, die schräg im Raum liegt. Da die z-Achse mit der x- und der y-Achse ein rechtshändiges System bildet, kommt die positive z-Achse praktisch aus dem Bildschirm heraus. Das rechtshändige System können Sie sich am besten an den Fingern der rechten Hand klarmachen. Der ausgestreckte Daumen entspricht der x-Achse, der Zeigefinger der y-Achse und der abgewinkelte Mittelfinger der z-Achse.

Dasselbe Beispiel mit relativen Koordinaten für den Endpunkt lautet:

```
Befehl: LINIE
Von Punkt: 30,20,50
Nach Punkt: @20,20,20
```

Meist arbeitet man in rechtwinkligen Koordinaten, aber es gibt auch Aufgabenstellungen, für die andere Systeme besser geeignet sind. So wird man zum Beispiel für eine Schraubenlinie für Gewinde oder Wendeltreppen stets Zylinderkoordinaten bevorzugen. Man richtet sich immer nach der Symmetrie der Problemstellung. Die verschiedenen Eingabemöglichkeiten sind in den nachfolgenden Grafiken gezeigt.

	Koordinatenart	absolut	relativ
2D			
	Rechtwinklig	X,Y	@DX,DY
	Polar	R<W	@DR<W
3D			
	Rechtwinklig	X,Y,Z	@DX,DY,DZ
	Zylinderkoordinaten	R<W,Z	@DR<W,DZ
	Kugelkoordinaten	R<W<A	@DR<W<A

Bedeutung:

X,Y,Z: absolute x- ,y- ,z-Koordinate

DX,DY,DZ: Abstand in X,Y,Z vom letzten Punkt

R: absoluter Abstand vom Nullpunkt

DR: Abstand vom letzten Punkt

W: Winkel in xy-Ebene, zählt von der x-Achse weg gegen den Uhrzeigersinn

A: Winkel zur xy-Ebene

Kapitel 13
Einführung in Standard-3D-Konstruktionen (nicht LT)

Abb. 13.10: Beispiel für rechtwinklige 3D-Koordinaten

Abb. 13.11: Beispiel für 3D-Zylinderkoordinaten

Abb. 13.12: Beispiel für 3D-Kugelkoordinaten

13.5 Übersicht über die Volumenkörper-Erzeugung

AutoCAD bietet eine Vielzahl von Methoden, mit denen Volumenkörper erzeugt werden können. Man kann die Methoden in zwei Kategorien einteilen:

- Grundkörper – werden direkt aus den eingegebenen Koordinaten und Abmessungen erstellt.
- Bewegungs- und Interpolationskörper – entstehen durch Bewegung und/oder Interpolation von Profilen. Die Interpolationsrichtung kann dabei durch Pfadkurven bestimmt werden.

13.5.1 Grundkörper

Die Grundkörper werden durch die Befehle QUADER, KEIL, ZYLINDER, KEGEL, KUGEL, TORUS, PYRAMIDE und POLYKÖRPER erstellt. Die PYRAMIDE kann ein beliebiges regelmäßiges Polygon als Grundfläche haben. Der POLYKÖRPER ist eine Art Wand, der eine Polylinie zu Grunde liegt, mit wählbarer Breite und Höhe.

Kapitel 13
Einführung in Standard-3D-Konstruktionen (nicht LT)

Abb. 13.13: Grundkörper in AutoCAD

13.5.2 Bewegungs- und Interpolationskörper

Die Bewegungskörper entstehen durch EXTRUSION, KLICKZIEHEN und ROTATION. Interpoliert wird bei den Befehlen SWEEP und ANHEBEN. Die EXTRUSION setzt ein geschlossenes Profil voraus und kann in die Z-Höhe gehen, einer Richtung durch zwei Punkte oder einem Pfad folgen. KLICKZIEHEN erlaubt eine Extrusion in Z-Richtung, ohne vorher ein geschlossenes Profil zu konstruieren. Das Profil wird automatisch nach Klicken in eine abgeschlossene Kontur erzeugt, die aus mehreren einzelnen Kurven bestehen kann. ANHEBEN – im üblichen CAD-Jargon nach dem Englischen meist als LOFTING bezeichnet – bildet ein Volumen aus mehreren unterschiedlichen Querschnitten auf verschiedenen Höhen.

Abb. 13.14: Bewegungs- und Interpolationskörper

> **Wichtig**
>
> **Profile verschwinden**
>
> Bei normaler Einstellung von AutoCAD werden Profile bei Erstellung von Volumenkörpern automatisch gelöscht. Wenn Sie also die Profile noch für weitere Aktionen brauchen, sollten Sie im Befehl OPTIONEN im Register 3D-MODELLIERUNG, Bereich 3D-OBJEKTE bei LÖSCHKONTROLLE WÄHREND ERSTELLUNG VON 3D-OBJEKTEN die Einstellung PROFIL- UND PFADKURVEN NUR FÜR VOLUMENKÖRPER LÖSCHEN umändern in DEFINIERENDE GEOMETRIE BEIBEHALTEN.

13.5.3 Übereinander liegende Objekte wählen

Wenn mehrere Objekte übereinander liegen, dann wird in der Regel das zuletzt erzeugte Objekt gewählt.

Brauchen Sie ein anderes, dann starten Sie die Objektwahl mit der Tastenkombination `Shift`+`Leertaste`, halten Sie die `Shift`-Taste gedrückt und betätigen Sie so lange die `Leertaste`, bis das gewünschte Objekt markiert ist

Eine elegantere Art der Objektwahl ist in der Statusleiste die WECHSELNDE AUSWAHL oder SC (für Select Cycling). Sobald dieses Werkzeug aktiviert ist, erscheint bei mehrfachen Auswahlmöglichkeiten immer eine Liste, in der Sie das beabsichtigte Objekt auswählen können. Parallel zum Listeneintrag wird auch immer das betreffende Objekt hervorgehoben.

Abb. 13.15: Wechselnde Auswahl bei übereinander liegenden Volumenkörpern

13.6 Konstruieren mit Grundkörpern

Im Folgenden will ich Ihnen einen kurzen Überblick über die verfügbaren Befehle zur Volumenmodellierung anhand eines Konstruktionsbeispiels (Abbildung 13.16) verschaffen.

Abb. 13.16: Volumenmodellierung aus Grundkörpern

Für die 3D-Konstruktion haben Sie nun folgende Möglichkeiten, die Befehlswerkzeuge aufzurufen (Abbildung 13.17):

- im Arbeitsbereich 3D-GRUNDLAGEN, Register START in der Gruppe ERSTELLEN
- im Arbeitsbereich 3D-MODELLIERUNG, Register START in der Gruppe MODELLIEREN

Der Arbeitsbereich 3D-GRUNDLAGEN mit dem Register START ist wohl der einfachste Start für 3D, weil er die wichtigsten weiteren 3D-Werkzeuge in den übrigen Registern und Gruppen enthält.

> **Tipp**
>
> **Demand Loading**
>
> Beim ersten Aufruf einer 3D-Funktion in einer Sitzung wird die 3D-Software von AutoCAD erst nachgeladen. Deshalb braucht der Befehl etwas mehr Zeit. Man nennt diese Technik »Demand Loading«, das heißt, die Software wird nach Bedarf nachgeladen, um den RAM-Speicher nicht unnötig zu belasten.

Abb. 13.17: Werkzeuge für 3D-Modellieren

13.6.1 Voreinstellungen für den 3D-Start

Für Ihre ersten Schritte im 3D-Bereich sollten Sie Folgendes zur besseren Unterstützung aktivieren:

- Statusleiste: DYNAMISCHES BKS ZULASSEN oder DBKS. Damit wird das dynamische Benutzerkoordinatensystem aktiviert, das sich an bestehende Geometrie automatisch anpasst. In allen Zeichenfunktionen wird sich dann das mit dem Cursor verknüpfte Achsenkreuz stets in die gerade berührte Fläche eines Volumenkörpers legen. Bei ebenen Flächen legt sich die x-Achse parallel zur zuletzt überfahrenen Kante und die z-Achse steht senkrecht auf der Fläche.

- Statusleiste: DYNAMISCHE EINGABE oder DYN. Es ist dann möglich, Werte an der Fadenkreuzposition einzugeben bei gleichzeitiger Anzeige der aktuellen Position in Form einer Bemaßung. Unter EINSTELLUNGEN dieser Funktion wählen Sie Folgendes:
  - ZEIGEREINGABE: aktivieren
  - WO MÖGLICH BEMAẞUNGSEINGABE: aktivieren
  - BEFEHLSZEILE ... IN DER NÄHE DES FADENKREUZES: aktivieren
  - EINSTELLUNGEN (links): KARTESISCHES FORMAT, ABSOLUTE KOORDINATEN, SICHTBARKEIT: Wenn ein Befehl einen Punkt erwartet.

- ANWENDUNGSMENÜ|OPTIONEN, Register 3D-MODELLIERUNG:
  - Bereich 3D-FADENKREUZE: alle Optionen aktivieren, XYZ VERWENDEN
  - Bereich WERKZEUGE IM ANSICHTSFENSTER ANZEIGEN: alle Optionen aktivieren
  - Bereich DYNAMISCHE EINGABE: Z-FELD FÜR ZEIGEREINGABE ANZEIGEN aktivieren

- Statusleiste FANGMODUS und RASTERANZEIGE. Die Einstellungen sollten wie folgt gewählt werden:
  - Alle Abstände *für dieses Beispiel* auf **1**
  - RASTERVERHALTEN: ADAPTIVES RASTER ausschalten, RASTER ÜBER BEGRENZUNG ANZEIGEN einschalten.
  - FANGTYP: RASTERFANG, RECHTECKIGER FANG
  - Sobald FANG und RASTER aber stören, schalten Sie beide wieder ab.
- Statusleiste OFANG. Zusätzlich zu ENDPUNKT, ZENTRUM und SCHNITTPUNKT noch MITTELPUNKT aktivieren, HILFSLINIE deaktivieren.
- Vielleicht ist es auch hilfreich, die Volumenkörper nicht mehr als einfache Drahtkörper, sondern als schattierte körperhafte Gebilde zu sehen. Gehen Sie dazu links oben auf der Zeichenfläche in die Ansichtssteuerung und wählen Sie in der rechten eckigen Klammer die Option KONZEPTUELL.

13.6.2 Die Konstruktion

In den nachfolgenden Listing-Beispielen werden die absoluten Koordinaten der betreffenden Punkte angegeben, damit die Eingabe eindeutig ist. Sie können aber unter Ausnutzung von OBJEKTFANG oder kombiniert mit OBJEKTFANGSPUR und reiner Eingabe eines Abstandswertes auch etliche Positionen viel schneller eingeben. Auch müssen Sie keine Koordinatensysteme umschalten, wenn Sie das dynamische BKS (DBKS) ausnutzen.

QUADER

Ein Quader kann ausgehend von einem Eckpunkt oder – sehr selten – von seinem räumlichen Mittelpunkt definiert werden. Der Quader wird entlang der Achsen des aktuellen Koordinatensystems ausgerichtet. Nach dem ersten Punkt muss dann noch ein zweiter Punkt mit unterschiedlichen x-, y- und z-Koordinaten eingegeben werden, also der räumlich diagonal gegenüberliegende Punkt. Sie können aber auch einen zweiten Punkt in der gleichen xy-Ebene und dann die Höhe in z extra eingeben. Es gibt auch die Option WÜRFEL, bei der Sie nur einen zweiten Punkt oder die Kantenlänge eingeben.

Sofern noch nicht geschehen, stellen Sie mit dem VIEWCUBE oder dem 3DORBIT eine quasi-isometrische Ansicht ein.

```
Befehl:
QUADER Erste Ecke angeben oder [MIttelpunkt]: 0,0,0 Enter    Erster Punkt mit den
Koordinaten 0,0,0
QUADER Andere Ecke angeben oder [Würfel Länge]: 24,12 Enter    Gegenüberliegenden
Punkt eingeben oder am Raster anklicken
```

13.6 Konstruieren mit Grundkörpern

```
QUADER Höhe angeben oder [2Punkt]: 9 Enter    Höhe eingeben oder im Modus SPURVERFOLGUNG
in die Höhe ziehen, in Z-Richtung greift das Raster nur dann korrekt, wenn Sie in
exakter isometrischer Ansicht sind und in 3D-Parallelprojektion (über Kontextmenü
des ViewCube).
```

Abb. 13.18: Quaderkonstruktion mit Raster und dynamischer Eingabe

KEIL

Der Keil wird ähnlich wie der Quader definiert. Nur ist es eben ein schräg abgeschnittener Quader. Die Dreiecksseite des Keils erstreckt sich stets in der xz-Ebene (Abbildung 13.21). Deshalb brauchen Sie für die Keile, die das Dach darstellen sollen, ein Koordinatensystem, das gegenüber dem aktuellen um 90° um die z-Achse gedreht ist. Man gibt normalerweise zwei diagonale Punkte der Grundfläche ein. Die hohe Kante des Keils liegt beim ersten Punkt und läuft parallel zur y-Richtung. Nach Eingabe der beiden Punkte wird die Höhe erfragt.

Im Prinzip können Sie das Koordinatensystem über Griffmenüs oder mit dem Befehl BKS so hindrehen, dass die Keile fürs Dach einfach zu erstellen sind:

```
Befehl: BKS Enter    Es wird ein um 90° um die z-Achse gedrehtes BKS (Benutzerkoordi-
natensystem) erstellt
Aktueller BKS-Name:  *WELT*
BKS Ursprung des neuen BKS angeben oder [FLäche bENannt Objekt VOrher ANsicht Welt X
Y Z ZAchse] <Welt>: Z Enter
BKS Drehwinkel um Z-Achse angeben <90>: Enter
```

Wenn Sie im um 90° verdrehten BKS arbeiten, wären die Eingaben für die Keile wie folgt:

Kapitel 13
Einführung in Standard-3D-Konstruktionen (nicht LT)

```
Befehl:
Erste Ecke des Keils angeben oder [MIttelpunkt] <0,0,0>: 6,0,9
Ecke angeben oder [Würfel Länge]: 0,-24,9
Höhe angeben: 6
Befehl:
Erste Ecke des Keils angeben oder [MIttelpunkt] <0,0,0>: 6,0,9
Ecke angeben oder [...]: 12,-24,9
Höhe angeben: 6
```

Andererseits gibt es das Werkzeug *Dynamisches BKS* in der Statusleiste. Mit dieser Einstellung können Sie erreichen, dass sich das BKS beim Anfahren von Flächen auf Volumenkörpern automatisch mit seiner xy-Ebene anpasst. Wenn Sie nun mit dem dynamischen BKS über Kanten fahren, wird es sich auch mit der x-Achse nach der zuletzt überfahrenen Kante ausrichten. Damit haben Sie alle Möglichkeiten in der Hand, das BKS durch geeignete Bewegung über Flächen und Kanten so auszurichten, dass es zur Erzeugung der gewünschten Keile richtig steht. Dann können Sie direkt den Befehl KEIL aufrufen und müssen nur vorm Anklicken der ersten Position über die schmale Kante des Quaders fahren.

Abb. 13.19: Ausrichten des dynamischen BKS an Fläche und Kanten

Wenn Sie mit dem dynamischen BKS arbeiten, gehen Sie wie folgt vor:

- Sie rufen den Befehl KEIL auf, um einen Keil auf der oberen Fläche des Quaders zu konstruieren.
- Fahren Sie auf die vordere Seitenfläche und *über die Kante* auf die obere Fläche. Die x-Achse wird wie gewünscht nach der Kante ausgerichtet und die z-Achse richtet sich senkrecht zur oberen Fläche aus.

13.6 Konstruieren mit Grundkörpern

- Mit diesem dynamischen BKS klicken Sie den Mittelpunkt der Kante als ersten Punkt an, dann die hintere Ecke als zweiten Punkt.
- Abschließend geben Sie die Höhe ein.
- Beim zweiten Keil verfahren Sie ähnlich und können sogar die Höhe vom ersten abgreifen.

Abb. 13.20: Keil konstruieren mit erstem Punkt (1), zweitem Punkt (2) und Höhe (3)

ZYLINDER

Der Zylinder kann eine elliptische oder kreisförmige Grundfläche haben. Die Definition für den kreisförmigen Querschnitt läuft mit den vom KREIS-Befehl her bekannten Optionen. Mit der Option ELLIPTISCH wird auf die Eingabe der Bestimmungsstücke für die Ellipse umgeschaltet, üblicherweise die Punkte der Hauptachse und der Abstand für die Nebenachse. Aber auch Zentrum und beide Achsenabstände können eingegeben werden. Die Zylinderachse liegt standardmäßig in z-Richtung. Wenn die Höhe einzugeben ist, können Sie auch die Option ACHSENENDPUNKT wählen und einen zweiten Punkt für die Zylinderachse eingeben, der dann nicht mehr in z-Richtung liegen muss.

```
Befehl: _cylinder
ZYLINDER Mittelpunkt für Basis angeben oder [3P 2P Ttr Elliptisch]:
6,-24,0 Enter    Mittelpunkt für Zylinderbasis eingeben oder über Mitte der
Quaderkante anklicken
ZYLINDER Radius für Basis angeben oder [Durchmesser]: 3 Enter
ZYLINDER Höhe oder [2Punkt Achsenendpunkt] angeben: 17 Enter
```

KUGEL

Der KUGEL-Befehl zeigt wieder die bekannten Optionen wie der Kreisbefehl. Standardmäßig wird sie über den Mittelpunkt und den Radius – oder optional den Durchmesser – definiert.

```
Befehl: _sphere
KUGEL Mittelpunkt angeben oder [3P 2P Ttr]: _from KUGEL Basispunkt: _cen von
Zylinderzentrum oben anklicken <Abstand>: @0,0,4 Enter
KUGEL Radius oder [Durchmesser] angeben <4.0000>:5 Enter
```

Wenn Sie OTRACK und die üblichen Objektfänge eingeschaltet haben, können Sie den Objektfang zunächst am Zentrum der oberen Zylinderfläche einrasten lassen und dann auf der Spurlinie nach oben ziehen. Eine Spurlinie in Z-Richtung erkennen Sie daran, dass in der Koordinatenanzeige hinter der Entfernung die Angabe T steht. Dann brauchen Sie nur noch den Abstand 4 für den Kugelmittelpunkt einzugeben und danach den Radius 5.

KEGEL

Der Kegel kann in seiner Grundfläche ebenfalls kreisförmig oder elliptisch sein. Er wird ähnlich wie der Zylinder definiert.

```
Befehl: _cone
KEGEL Mittelpunkt für Basis angeben oder [3P 2P Ttr Elliptisch]: _from Basis-
punkt: _cen von Kugel anklicken <Abstand>: @0,0,4 Enter
KEGEL Radius für Basis oder [Durchmesser] angeben <5.0000>: 2.5 Enter
KEGEL Höhe oder [2Punkt Achsenendpunkt Oberen radius] <17.0000> angeben: 10 Enter
```

Auch hier können Sie unter Ausnutzung von OTRACK und den üblichen Objektfängen schneller vorwärtskommen. Lassen Sie im Befehl KEGEL den Objektfang zunächst am Zentrum der Kugel einrasten und ziehen Sie dann auf der Spurlinie nach oben. Dann brauchen Sie nur noch den Abstand 4 für den Kegelmittelpunkt einzugeben, dann den Radius 2.5 und am Schluss die Höhe 10.

TORUS

Der Torus wird zunächst wieder mit Optionen wie beim KREIS und dann durch zwei Radien definiert. Der erste, große Radius legt den Ring selbst fest, der kleine Rohrradius ist der Radius für den Ringquerschnitt. Der Torus liegt in der xy-Ebene. Deshalb muss für den Torus, der hier in der Giebelwand liegen soll, das orthogonale Koordinatensystem der linken Ansicht aktiviert werden, am besten mit aktiviertem DBKS in der Statusleiste.

```
Befehl: _torus
TORUS Mittelpunkt angeben oder [3P 2P Ttr]: -6,9,0 Enter
```

```
TORUS Radius oder [Durchmesser] angeben <3.0000>: 3 [Enter]
TORUS Rohrradius angeben oder [2Punkt Durchmesser]: 0.5 [Enter]
```

Abb. 13.21: Die Grundkörper und ihre Ausrichtung

Nutzen Sie hier möglichst auch die Fähigkeit des dynamischen BKS aus und fahren Sie im TORUS-Befehl einfach auf die Giebelwand. Sofort richtet sich das BKS mit seiner xy-Ebene nach der Wand aus. Sie müssen nur noch mit Objektfang MITTELPUNKT die Kante des Quaders anklicken und die Radien eingeben.

PYRAMIDE

Die Pyramide bietet zahlreiche Optionen zur Definition der Grundfläche. Die normale Vorgabe ist die Pyramide mit 4 Seiten definiert über den MITTELPUNKT der Basis und den INKREIS. Normalerweise ist der INKREIS ein Kreis, der durch die Seitenmitten geht (siehe auch Befehl POLYGON), hier jedoch ist die Bedeutung von In- und Umkreis *vertauscht*. Bei der Option INKREIS geben Sie den Abstand zwischen Mittelpunkt und Eckpunkt an, bei UMKREIS dagegen den Abstand zwischen Mittelpunkt und Seitenmitte. Die Option KANTE verwenden Sie, um das Grundflächenpolygon durch die Länge einer Kante zu bestimmen. Mit der Option SEITEN wird die Anzahl der Polygonseiten neu festgelegt. Die Pyramide kann auch als Pyramidenstumpf entstehen, wenn Sie mit der Option OBEREN RADIUS den Radius für das obere Polygon eingeben. Mit ACHSENENDPUNKT kann die Richtung der Pyramide abweichend von der z-Richtung durch einen beliebigen Punkt gezwungen werden.

```
Befehl: _pyramid
4 Seiten Inkreis
```

Kapitel 13
Einführung in Standard-3D-Konstruktionen (nicht LT)

```
PYRAMIDE Mittelpunkt der Basis oder [Kante Seiten] angeben: s Enter
PYRAMIDE Anzahl der Seiten angeben <4>: 6 Enter
PYRAMIDE Mittelpunkt der Basis oder [...] angeben:
PYRAMIDE Basisradius oder [Umkreis] angeben <3.0000>: 10 Enter
PYRAMIDE Höhe oder [2Punkt Achsenendpunkt Oberen radius] <5.000> angeben: 20 Enter
```

Abb. 13.22: Pyramide mit Inkreis-/Umkreis-Methode

13.7 Die Bewegungs- und Interpolationskörper

Im Folgenden werden die Körper vorgestellt, die durch Bewegen von Profilen oder durch Interpolieren zwischen mehreren Profilen entstehen (Abbildung 13.14):

- Bewegungskörper: EXTRUSION, ROTATION, SWEEP, KLICKZIEHEN, POLYKÖRPER
- Interpolationskörper: ANHEBEN

Abb. 13.23: Bewegungskörper in AutoCAD

Die Bewegungs- und Interpolationskörper

EXTRUSION

Mit dem Befehl EXTRUSION können geschlossene 2D-Kurven wie Kreise, Ellipsen, geschlossene Polylinien, Splines oder Regionen zu Körpern durch Ausdehnung (= Extrusion) in z-Richtung, einer anderen Richtung oder entlang einem Pfad ausgeformt werden. Dabei kann ein Verjüngungswinkel festgesetzt werden, um einen konischen Verlauf zu erhalten. Ein positiver Verjüngungswinkel bedeutet eine Verjüngung mit zunehmender Höhe.

Die für die Profile nötigen geschlossenen Objekte POLYLINIE oder REGION erstellen Sie am schnellsten mit dem Befehl UMGRENZUNG oder Kürzel UM, indem Sie wie bei der Schraffur verfahren und in ein durch beliebige Kurven »wasserdicht« umschlossenes Gebiet hineinklicken. Einen geschlossenen Spline, also eine Kurve, die wie ein biegsames Kurvenlineal durch vorgegebene Stützpunkte gelegt werden kann, erstellen Sie mit dem Befehl SPLINE oder über die Gruppe START| ZEICHNEN|LINIE▼|SPLINE-KS oder ...SPLINE-ANGLEICHUNG. Eine REGION kann auch aus geschlossenen Kurven mit dem Befehl REGION erstellt werden. Die Kontur muss geschlossen sein und kann auch Inseln, also Löcher, enthalten.

Ein Profil kann mit der Option PFAD auch entlang einer Kurve extrudiert werden. Die Kurve für den Pfad darf zwei- oder dreidimensional sein. So sind Rohrleitungen mit beliebigen Querschnitten und Richtungen möglich (Abbildung 13.24). Damit das Profil senkrecht zum Pfad steht, müssen Sie es in einem entsprechend gedrehten Koordinatensystem erstellen oder mit dem Befehl 3DDREHEN in die richtige Lage drehen. Klicken Sie zuerst das zu drehende Objekt an, wählen Sie nach der Objektwahl die Option für die Drehachse, beispielsweise Y-ACHSE, dann den Drehpunkt und schließlich den Winkel.

Abb. 13.24: EXTRUSION von Profilen entlang von Pfaden

Einen dreidimensionalen Pfad können Sie beispielsweise als 3D-POLYLINIE erstellen. Bei dem Beispiel in Abbildung 13.24 wurden die einzelnen Segmente entlang den Koordinatenachsen konstruiert, indem die Spurlinien von POLAR und OTRACK ausgenutzt wurden, die nicht nur in x- und y-Richtung, sondern auch in z-Richtung erscheinen. Andere Beispiele für dreidimensionale Pfade wären die Splinekurve und die Spirale.

Mit der Option RICHTUNG können Sie die Extrusionsrichtung über zwei Punkte abweichend von der z-Richtung vorgeben.

Abb. 13.25: 3D-Polylinie als Pfad und Extrusion mit Kreis als Profil

ROTATION

Zweidimensionale geschlossene Kurven können mit dem Befehl ROTATION durch Rotieren um eine Achse zu Körpern werden (Abbildung 13.26 links). Eine geschlossene Kurve ist ein Kreis, eine Ellipse oder eine geschlossene Polylinie. Die beiden Körper, die durch Rotation oder Extrusion von Profilen entstehen, nennt man auch wegen der Art ihrer Entstehung Bewegungskörper.

Abb. 13.26: ROTATION und EXTRUSION

KLICKZIEHEN

Der Befehl KLICKZIEHEN ist eigentlich eine angenehme Kombination mehrerer Befehle. Er erlaubt, in ein geschlossenes beliebig begrenztes Gebiet hineinzuklicken (*Klick*), und erzeugt damit dann automatisch die passende Kontur wie der Einzelbefehl UMGRENZUNG. Anschließend bietet der Befehl alle Optionen einer EXTRUSION an, um diese Kontur in die Höhe zu ziehen (*Ziehen*). Wenn Sie mit KLICKZIEHEN in eine Kontur klicken, die auf einer Körperfläche liegt, und dann in den Körper hineinziehen, wird das neue Volumen automatisch vom Körper abgezogen: Es entsteht ein Loch.

Abb. 13.27: Befehl KLICKZIEHEN

SWEEP

Der Befehl SWEEP erlaubt ähnlich wie EXTRUSION mit Option PFAD, ein Profil an einem Pfad zu führen. Bei SWEEP können auch mehrere Profile angegeben werden. Die Profile werden senkrecht zum Pfad ausgerichtet und können auch mit den Optionen SKALIERUNG und DREHUNG entlang des Pfades im Querschnitt variiert werden.

Abb. 13.28: Objekte mit SKALIEREN und DREHEN gesweept

```
Befehl:  _sweep
Aktuelle Dichte des Drahtmodells:  ISOLINES=4
SWEEP Zu sweepende Objekte wählen: Die zwei Profile anklicken 2 gefunden
SWEEP Sweeping-Pfad auswählen oder [Ausrichten Basispunkt Skalieren Drehen]:
B[Enter]
SWEEP Basispunkt angeben: legt den Basispunkt der Profile fest, der auf dem Pfad laufen soll
SWEEP Sweeping-Pfad auswählen oder [Ausrichten Basispunkt Skalieren Drehen]:
S[Enter]
SWEEP Skalierfaktor angeben oder [Bezug]<1.0000>: 0.5[Enter]    Profile sollen entlang des Pfades auf die Hälfte schrumpfen
SWEEP Sweeping-Pfad auswählen oder [Ausrichten Basispunkt Skalieren Drehen]:
D[Enter]
SWEEP Drehwinkel eingeben oder Neigung für einen nicht-planaren Sweeping-Pfad zulassen [Neigung]<0.0000>: 180[Enter]    Profile sollen sich entlang des Pfades um 180° drehen
SWEEP Sweeping-Pfad auswählen oder [Ausrichten Basispunkt Skalieren Drehen]: Pfad anklicken
```

POLYKÖRPER

Der Befehl POLYKÖRPER läuft eigentlich wie der Befehl PLINIE zur Erzeugung einer Polylinie ab. Er erzeugt aber einen Volumenkörper mit rechteckigem Querschnitt basierend auf einer Polylinie. Der Querschnitt wird durch die Optionen BREITE und HÖHE definiert. Mit der Option AUSRICHTUNG kann gewählt werden, ob die zugrunde liegende Polylinie LINKS, RECHTS oder in der MITTE verläuft. Diese Angabe gilt natürlich immer in Fahrtrichtung gesehen. Eine Option OBJEKT erlaubt auch, einen Polykörper auf schon bestehende ebene Kurven aufzusetzen.

Abb. 13.29: Konstruktion mit POLYKÖRPER

```
Befehl:  _Polysolid
POLYKÖRPER Startpunkt festlegen oder [Objekt Höhe Breite Ausrichten] <Objekt>:
H Enter    Höhe eingeben
POLYKÖRPER Höhe angeben <80.0000>: 220 Enter
POLYKÖRPER Startpunkt festlegen oder [...Breite ...] <Objekt>: B Enter
Breite eingeben
POLYKÖRPER Breite angeben <36.5000>: 24 Enter
POLYKÖRPER Startpunkt festlegen oder [... Ausrichten] <Objekt>: A Enter
Ausrichtung wählen
POLYKÖRPER Ausrichtung eingeben [Links Mitte Rechts] <Rechts>: L Enter   Ausrichtung
Links
POLYKÖRPER Startpunkt festlegen oder [Objekt ...] <Objekt>:   Startpunkt eingeben
oder 0 und Objekt wählen
POLYKÖRPER Nächsten Punkt angeben oder [Bogen Zurück]:
...
POLYKÖRPER Nächsten Punkt angeben oder [Bogen Schließen Zurück]: B Enter   Umschal-
ten in den Bogen-Modus
POLYKÖRPER Endpunkt des Bogens angeben oder [Schließen Richtung Linie zWeiter punkt
Zurück]:
POLYKÖRPER Endpunkt des Bogens angeben oder [...Linie ...]: L Enter   Umschalten in
den Linien-Modus
POLYKÖRPER Nächsten Punkt angeben oder [Bogen Schließen Zurück]:
...
```

ANHEBEN

Diese Funktion wird üblicherweise im Flugzeugbau angewendet, um über die Spanten des Rumpfes eine glatte Außenhautfläche zu ziehen. Sie wird auch oft mit dem englischen Originalnamen *Lofting* bezeichnet. Im Schiffsbau hat man dafür die Bezeichnung *Straken*.

Die Daten für die Querschnitte eines Beispiels zeigt Abbildung 13.31. Es ist vielleicht einfacher, die Querschnitte zunächst in der Ansicht OBEN in einer Ebene zu konstruieren. Auch der Befehl DRSICHT bringt Sie in die Draufsicht, allerdings wird dabei die perspektivische Darstellung abgeschaltet.

Dann können Sie die Querschnitte mit DREHEN3D drehen. Abbildung 13.30 zeigt den Ablauf. Damit Sie den Start- und Endwinkel dynamisch am Bildschirm wählen können, sollten Sie in der Statuszeile den Modus POLAR aktiviert haben. Dann können Sie die Spanten wie gezeigt interaktiv drehen. Anstelle des Winkelstartpunkts können Sie übrigens auch einen Winkelwert für den Drehwinkel eingeben.

Abb. 13.30: Befehl DREHEN3D mit interaktiver Bedienung

Wählen Sie im Befehl ANHEBEN die Querschnitte in korrekter Reihenfolge. Am Schluss erscheint dann ein Auswahlgriff am Objekt, mit dessen Optionen Sie die Winkeleinstellungen und Glättung einstellen können:

- GEREGELT – Zwischen den Spanten wird geradlinig verbunden, es entstehen Knickstellen,
- GLATTE ANPASSUNG – Zwischen den Spanten findet ein tangentialer Übergang statt.
- NORMAL ZU ALLEN SCHNITTEN – An jedem Spant startet und endet die Oberfläche mit 90° dazu.
- NORMAL ZUM ANFANGSSCHNITT – Am ersten Spant startet die Oberfläche mit 90° dazu.
- NORMAL ZUM ENDSCHNITT – Am letzten Spant endet die Oberfläche mit 90° dazu.
- NORMAL ZUM ANFANGS. UND ENDSCHNITT – Am ersten und letzten Spant startet und endet die Oberfläche mit 90° dazu.
- Formschräge – Sie können hier für den ersten und letzten Spant die Winkel dynamisch am Bildschirm eingeben, um Entformungsschrägen zu definieren.

Abb. 13.31: Beispiel für ANHEBEN

13.8 Volumenkörper bearbeiten

Die Bearbeitung der Volumenkörper ist seit der Version 2007 stark verbessert worden. Die Volumenkörper können nun auch mit dem EIGENSCHAFTEN-MANAGER und mit den GRIFFEN bearbeitet werden. Dazu sind Einzelkörper einfach anzuklicken. Volumenkörper, die aus Einzelkörpern zusammengesetzt wurden, zum Beispiel durch die booleschen Operationen, können Sie in ihren einzelnen Komponenten genauso bearbeiten, wenn Sie sie bei gedrückter Strg -Taste anklicken. Damit sind die wichtigsten Editiermöglichkeiten der Einzelkörper erschlossen. Die Griffe deuten durch ihre Form dann verschiedene Deformationsmöglichkeiten an.

- Griffe an den Basispunkten sind quadratisch und erlauben Verschiebungen des Gesamtkörpers in alle Richtungen.
- Griffe für Verschiebungen, das Strecken in einer Richtung oder radial sind dreieckig.

Abb. 13.32: Griffe an Teilkörpern mit Strg +Klick aktiviert

- Griffe an Eckpunkten sind wieder quadratisch und erlauben Verschiebungen in alle Richtungen unter Beibehaltung der Form des Volumenkörpers.
- Griffe an Kanten (erscheinen erst nach einem zweiten `Strg`+Klick) sind länglich und erlauben Kantenverschiebungen, wobei Flächen gekippt werden.

Viele Bearbeitungs-Funktionen sind im einfachen Arbeitsbereich 3D-GRUNDLAGEN nicht mehr vollständig enthalten. Deshalb wäre es jetzt sinnvoll, den Arbeitsbereich 3D-MODELLIERUNG zu aktivieren. Viele Befehle zum Modifizieren der Volumenkörper sind dort im Menü ÄNDERN zu finden. Hier gibt es vier Arten von Editierbefehlen:

- Editierbefehle, die sowohl auf 3D-Volumenkörper angewendet werden können als auch auf 2D-Kurven oder auf Flächen. Beispiele hierfür wären SCHIEBEN, KOPIEREN oder DREHEN. Sie brauchen nicht erneut erklärt zu werden.
- Editierbefehle, die Sie für Kurven kennengelernt haben, die aber für Volumenkörper anders ablaufen. Hier wären ABRUNDEN und FASE zu nennen.
- Editierbefehle, die auch auf andere Objekte angewendet werden könnten, aber für Volumenkörper eher typisch sind, wie 3DDREHEN, 3DSPIEGELN, 3D-AUSRICHTEN und AUSRICHTEN.
- Die booleschen Operationen zum Kombinieren von Volumenkörpern: Zwar könnten Sie VEREINIG, DIFFERENZ und SCHNITTMENGE auch auf zweidimensionale Regionen anwenden, aber in der Praxis spielen sie hauptsächlich für Volumenkörper eine Rolle.
- Editierbefehle, die ganz spezifisch sind für Volumenkörper. Hier wäre ein einziger Befehl zu nennen, nämlich VOLKÖRPERBEARB, dessen Optionen ein eigenes Untermenü einnehmen: ÄNDERN|VOLUMENKÖRPER BEARBEITEN|... Damit werden einzelne Flächen und Kanten bearbeitet oder der Volumenkörper im Ganzen.

13.8.1 ABRUNDEN und FASE: Bekannte Befehle mit anderem 3D-Ablauf

Die 2D-Befehle ABRUNDEN und FASE aus START|ÄNDERN ▾ |ABRUNDEN und START|ÄNDERN ▾ |FASE haben für Volumenkörper einen etwas anderen Ablauf:

ABRUNDEN

Eine oder mehrere Kanten des Volumenkörpers können hiermit abgerundet werden. Es können sehr komplizierte Kanten behandelt werden, wie sie sich bei Kombinationen von Volumenkörpern ergeben. Auch drei Kanten, die an einer Ecke zusammenstoßen, können gemeinsam abgerundet werden. Es entsteht dann in der gemeinsamen Ecke eine kugelförmige Ausrundung, die auch als Kofferecke bezeichnet wird. Sie können ferner umlaufende Kanten mit der Option KETTE abrunden, wenn die einzelnen Segmente tangential ineinander übergehen. Mit der Option SCHLEIFE können Sie Kanten abrunden, die eine Körperfläche begrenzen und *auch Ecken* einschließen. Bei SCHLEIFE wird eine Fläche mittels der Kante gewählt. Wenn die andere an die Kante angrenzende Fläche gemeint war, schalten Sie mit NÄCHSTE weiter.

ABRUNDEN
Erstes Objekt wählen:
Rundungsradius eingeben oder [Ausdruck]<0.0>: 10
Kante wählen oder [Kette Schleife Radius]: KE
Kantenkette wählen oder [Kante Radius];:

Abb. 13.33: Abrunden einer umlaufenden Kante

FASE

Sie wählen zunächst über eine Kante eine *Basisfläche*, von der aus dann die Kante bestimmt wird, die mit einer Fase versehen werden soll. Wenn die angebotene Basisfläche nicht die gewünschte ist, gehen Sie mit der Option NÄCHSTE zur zweiten Alternative weiter. Die Option KONTUR erlaubt, eine komplette umlaufende Kante einer Basisfläche zu fasen. Ansonsten können Sie jede einzelne Kante der Basisfläche wählen, die dann gefast wird.

Befehl: FASE
Erste Linie wählen :
Basisflächenauswahl...
Option zur Auswahl von Flächen eingeben [Nächste/OK (aktuelle)] <OK>: n
Option zur Auswahl von Flächen eingeben [Nächste/OK (aktuelle)] <OK>:
Basisfläche-Fasenabstand eingeben <10.0000>: 5
andere Oberfläche-Fasenabstand eingeben <10.0000>: 5
Kante wählen oder [KOntur]: ko
Kantenkontur wählen oder [KAnte]:

Abb. 13.34: Fase mit Wahl der Basisfläche und Bearbeitung einer Kontur

13.8.2 Für 3D-Konstruktionen nützliche Befehle

Im Arbeitsbereich 3D-MODELLIERUNG gibt es unter START|ÄNDERN folgende nützliche Befehle:

3D-Modellierung	Icon	Bezeichnung	Befehl	Funktion
START|ÄNDERN		3D-SCHIEBEN	3DSCHIEBEN	Verschieben mit 3D-Griff-Werkzeug
START|ÄNDERN		3D-Drehen	Drehen3d	Um orthogonale Achsen drehen
START|ÄNDERN		3D-SKALIEREN	3DSKAL	In 3 Richtungen skalieren
START|ÄNDERN ▾		AUSRICHTEN	AUSRICHTEN	Über drei Punkte ausrichten
START|ÄNDERN		3D-SPIEGELN	3DSPIEGELN	An beliebiger Ebene spiegeln
START|ÄNDERN		Rechteckige Anordnung	Reihereckteck	Rechteckige Anordnung
START|ÄNDERN		Pfadanordnung	Reihepfad	Pfadgeleitete Anordnung
START|ÄNDERN		POLARANORDNUNG	REIHEKREIS	Kreisförmige Anordnung
START|VOLUMENKÖRPER BEARBEITEN		ÜBERLAGERUNGSPRÜFUNG	ÜBERLAG	Kollisionsprüfung
START|VOLUMENKÖRPER BEARBEITEN		KAPPEN	KAPPEN	Volumen mit ebenem Schnitt oder Fläche schneiden
START|VOLUMENKÖRPER BEARBEITEN		VERDICKEN	DICKE	Aus Fläche durch Verdickung Volumenkörper erzeugen

Tabelle 13.1: 3D-OPERATIONEN aus dem Register START

Die drei Befehle 3D-SCHIEBEN, 3D-DREHEN und 3D-SKALIEREN können Sie auch in Form von GIZMOS aktivieren. Die GIZMOS können Sie unter START|AUSWAHL aktivieren. Sie sind dann als lokale Achsenmarkierung bei der Bearbeitung durch Anklicken mit Griffen zusammen sichtbar.

Abb. 13.35: Aktivieren der GIZMOS in der Gruppe AUSWAHL

3D-Schieben

Der Befehl 3DSCHIEBEN zeigt nach der Objektwahl ein Achsenkreuzsymbol als Verschieben-Griffwerkzeug zur Auswahl der Bewegungsrichtung oder auch -ebene (Abbildung 13.36). Wenn Sie anstelle der Wahl des Basispunkts auf eine der Achsen klicken (gelbe Markierung erscheint), wird die Verschiebung auf diese Achse beschränkt. Wenn Sie auf die kleinen Ecken zwischen den Achsen klicken (gelbe Markierung als Bestätigung), wird auf die betreffende Ebene umgeschaltet und die Cursorbewegung auf diese Ebene beschränkt.

Wenn Sie das Griffwerkzeug nicht benutzen bzw. anklicken, können Sie ganz normal einen BASISPUNKT und einen ZWEITEN PUNKT DER VERSCHIEBUNG wählen oder die VERSCHIEBUNG direkt spezifizieren.

Abb. 13.36: 3D-SCHIEBEN

3D-Drehen

Der Befehl verlangt zuerst die Positionierung des gezeigten Drehsymbols am Basispunkt. Dann muss hier noch interaktiv eine Drehachse gewählt werden, wie in Abbildung 13.30 gezeigt wurde. Der Drehwinkel kann entweder über Winkel-Start- und -Endpunkt definiert werden oder einfach über den Drehwinkel. Der getippte Befehl heißt übrigens aber DREHEN3D.

3D-Skalieren

Der Befehl positioniert das Skaliersymbol am Schwerpunkt. Dann kann es noch auf einen anderen Basispunkt gelegt werden, um einen Skalierfaktor für eine gleichmäßige Skalierung in allen Achsrichtungen einzugeben.

AUSRICHTEN

In drei Dimensionen verlangt der Befehl AUSRICHTEN drei Punktepaare. Das erste Paar von Ursprungspunkt und Zielpunkt bewirkt eine Verschiebung des Objekts,

Kapitel 13
Einführung in Standard-3D-Konstruktionen (nicht LT)

das zweite Punktepaar eine Drehung derart, dass zwei Kanten zur Deckung gebracht werden, und das dritte Punktepaar schließlich führt zur Übereinstimmung von zwei Objektebenen. In der Abbildung 13.37 wird ein Dachfenster mit der Dachfläche ausgerichtet.

```
Befehl: AUSRICHTEN
Objekte wählen: 1 gefunden
Objekte wählen:
1 {Erster Ursprungspunkt: MIT von
   Erster Zielpunkt: MIT von
2 {Zweiter Ursprungspunkt: MIT von
   Zweiter Zielpunkt: MITvon
3 {Dritter Ursprungspunkt: END von
   Dritter Zielpunkt: END von
```

Abb. 13.37: AUSRICHTEN

3D-Spiegeln

Findet das normale SPIEGELN an einer Linie statt, so ist für das dreidimensionale 3DSPIEGELN eine Spiegelebene anzugeben. Dazu sind entweder drei Punkte nötig, die eine Ebene festlegen, oder Sie wählen eine der orthogonalen Ebenen und fixieren sie an einem Punkt.

Rechteckige Anordnung, Pfadanordnung, Polaranordnung

In allen drei Befehlen, die bereits oben als 2D-Befehle beschrieben wurden, gibt es die Möglichkeit, auch eine Vervielfachung mit Ebenen in z-Richtung einzugeben.

Abb. 13.38: Rechteckige Anordnungen mit mehreren Ebenen

KAPPEN

Das KAPPEN (Abbildung 13.39) ist eine Modifikation des Körpers, bei der er durch eine Fläche in zwei Teile geschnitten wird. Sie können wahlweise einen der beiden Teile entfernen lassen oder behalten. Die Kapp-Ebene wird entweder durch drei Punkte festgelegt oder durch eine der orthogonalen Ebenen (xy-, yz- oder xz-Ebene) und einen zusätzlichen Punkt zur Ebenenfestlegung. Zum KAPPEN können mit der Option OBERFLÄCHE auch gewölbte Flächen verwendet werden.

Abb. 13.39: KAPPEN

ÜBERLAG

Hiermit wird der Bereich angezeigt, der der Überlagerung zweier Körper entspricht (Abbildung 13.41). Dieser Bereich kann auch als neuer Körper generiert werden. Dann können Sie ihn zum Beispiel abmessen oder auslitern, um neue Informationen über den Kollisionsbereich zwischen zwei Teilen zu erhalten.

Der Befehl ÜBERLAG arbeitet ähnlich wie die Operation SCHNITTMENGE (Abbildung 13.40), nur bleiben bei diesem Befehl die Ausgangsobjekte erhalten. Sie wählen zunächst einen Volumenkörper (oder einen ganzen Satz), drücken dann [Enter], wählen danach den zweiten Volumenkörper (oder einen ganzen Satz) und drücken wieder [Enter]. Nun prüft das Programm auf Überlagerungen und gibt bekannt, ob sich Paare von Körpern überlagern. Wenn das zutrifft, können Sie sich den Überlagerungskörper erstellen lassen. Dies ist im Beispiel in der Abbildung so geschehen. Der Überlagerungskörper wird hier dazu benutzt, das Dach dort auszuschneiden, wo der Turm durchläuft. Es ist auch möglich, bei der ersten Objektwahl alle beteiligten Körper zu wählen und die zweite Anfrage mit ENTER zu beenden.

Kapitel 13
Einführung in Standard-3D-Konstruktionen (nicht LT)

Abb. 13.40: Überlagerung zwischen zwei Volumenkörpern

DICKE

Der Befehl dient dazu, Flächen durch Zugabe einer Dicke zu Volumenkörpern zu machen.

- Zugelassene Flächen sind einerseits (gewölbte) Flächen, die beim Zerlegen eines Volumenkörpers mit URSPRUNG entstehen. Die Richtung für positive Verdickung geht vom ursprünglichen Volumenkörper nach außen. Das ist die Richtung der positiven Flächennormale.
- Ebene flächenartige Objekte wie geschlossene Kurven, (ebene) Regionen oder ebene Flächen nach Zerlegung eines Volumenkörpers müssen Sie zuerst mit dem Befehl PLANFLÄCHE und Option OBJEKT in eine bearbeitbare Fläche umwandeln. Die positive Flächennormale entspricht der z-Richtung.
- Andere nicht ebene Flächen müssen Sie vorher mit dem Befehl INFLÄCHKONV umwandeln. Die positive Normalenrichtung ist dann nicht einfach vorherzusagen, deshalb probieren!

QUERSCHNITT

Diese Funktion generiert einen Schnitt durch das Teil. Es entsteht eine REGION, die später mit dem Befehl URSPRUNG in einzelne Kurven zerlegt werden kann. Damit kann man Schnitte erzeugen, die sich auch bemaßen lassen. Solch ein Schnitt lässt sich beispielsweise mit dem Befehl AUSRICHTEN in die Ebene legen. Beim Bemaßen der Region werden Bögen erkannt und können radial bemaßt werden.

13.8.3 Boolesche Operationen

Die booleschen Operationen dienen zum Kombinieren von Volumenkörpern. Der Name stammt aus der Mengenlehre, wo analoge Operationen vorkommen. Sie liegen unter START|VOLUMENKÖRPER BEARBEITEN. Testen Sie diese Operationen anhand des Konstruktionsbeispiels mit dem Kirchlein aus.

Abb. 13.41: VEREINIG, DIFFERENZ und SCHNITTMENGE

VEREINIG

Diese Operation dient zur Zusammenfügung von Volumenkörpern zu einem einzigen Gesamtkörper. Sie vereinigen aus dem Konstruktionsbeispiel *Kirchlein* die beiden Keile des Dachs miteinander, dann Kugel und Kegel miteinander und schließlich Quader und Zylinder:

```
Befehl: _union
Objekte wählen: Ersten Keil wählen 1 gefunden
Objekte wählen: Zweiten Keil wählen 1 gefunden, 2 gesamt
Objekte wählen: Enter
```

DIFFERENZ ⓘ

Hiermit werden Volumenkörper volumenmäßig voneinander subtrahiert. Das beste Beispiel hierfür ist die Differenz zwischen dem Quader und dem Torus. Da der Torus aber noch ein zweites Mal für die Differenzbildung mit dem Dach gebraucht wird, sollten Sie ihn vorher einmal kopieren, damit Sie zwei Exemplare haben. So entstehen dann die Einkerbungen im Giebel. Schauen Sie sich das Ergebnis ggf. mit dem 3DORBIT und mit Schnittebenen an.

```
Befehl: ⓘ_subtract
Volumenkörper und Regionen, von denen subtrahiert werden soll, wählen...
Objekte wählen: Quader anklicken  1 gefunden
Objekte wählen: [Enter]
Volumenkörper und Regionen für Subtraktion wählen ..
Objekte wählen: Torus anklicken  1 gefunden
Objekte wählen: [Enter]
```

SCHNITTMENGE ⓘ

Dies ist eine typische Operation aus der Mengenlehre zwischen zwei oder mehreren Körpern. Die Schnittmenge ist das Volumen, das allen Körpern gemeinsam ist. Anders ausgedrückt: Es ist die Überlappung der beteiligten Körper. Hiermit können Sie auch Kollisionen zwischen Körpern prüfen. Ist die Schnittmenge leer, so gibt es keine Kollision.

Abb. 13.42: Kombination einzelner Grundkörper mit booleschen Operationen

13.8.4 Volumenspezifische Editierbefehle

Diese Befehle ermöglichen nachträgliche Modifikationen der Flächen und Kanten von Volumenkörpern. Sie sind alle in einem einzigen Befehl mit zahlreichen Optionen enthalten: VOLKÖRPERBEARB. Sie finden die einzelnen Funktionen im Register START in der Gruppe VOLUMENKÖRPER BEARBEITEN (Abbildung 13.43). Bei allen Modifikationen der einzelnen Flächen eines Volumenkörpers ist zu beachten, dass nur solche Änderungen möglich sind, die zu geometrisch sinnvollen Ergebnissen führen. Insbesondere muss sich bei Veränderungen an *einer* Oberfläche des Volumenkörpers durch Verlängern oder Verkürzen der *übrigen* Flächen wieder eine sinnvolle Geometrie ergeben. Sie dürfen auch mehrere Flächen zugleich mit den nachfolgenden Funktionen bearbeiten. Auch dann gilt wieder, dass sich durch Verlängern oder Verkürzen der Restflächen ein geometrisch geschlossenes Volumen ergeben muss.

> **Wichtig**
>
> **Objektwahl bei Flächen von Volumenkörpern**
>
> Gegenüber der normalen Objektwahl in AutoCAD, wo ein Objekt immer durch Anklicken einer sichtbaren Kante gewählt werden muss, können Flächen von Volumenkörpern durch Klicken *in die Fläche hinein* gewählt werden. Damit erreichen Sie *die in Blickrichtung nächstliegende Fläche*, mit einem weiteren Klick noch die dahinter liegende dazu usw. Wenn Sie bei gedrückter [Shift]-Taste anklicken, werden die Objekte auch von vorne her wieder aus der Auswahl entfernt.

Abb. 13.43: Funktionen für die Volumenkörperbearbeitung

Befehle für Flächen eines Volumenkörpers

FLÄCHEN EXTRUDIEREN .Sie können hiermit einzelne Flächen eines Volumenkörpers extrudieren wie beim Befehl EXTRUSION. Es kann standardmäßig senk-

Kapitel 13
Einführung in Standard-3D-Konstruktionen (nicht LT)

recht zur Fläche oder entlang einer Kurve (Pfad) extrudiert werden. Das Beispiel zeigt eine Flächenextrusion um 20 mm mit 45° Verjüngung bei der Oberfläche und zwei Extrusionen bei der Bodenfläche. Die erste Flächenextrusion beträgt 20 mm mit -45° und bewirkt eine Verbreiterung der Grundfläche, die zweite beträgt 50 mm mit 0° und erzeugt den Sockel.

Abb. 13.44: Schränkchen (600 x 450 x 1200 mm) mit drei Flächenextrusionen

FLÄCHEN VERSCHIEBEN .Diese Funktion ist insbesondere für innere Flächen wie Durchbrüche oder Bohrungen interessant. Diese Durchbruchsflächen, und damit der gesamte Durchbruch, können verschoben werden.

Abb. 13.45: Verschieben eines Torbogens

FLÄCHEN VERSETZEN . Auch diese Funktion ist wieder interessant für innere Flächen oder Durchbrüche. Es kann die Oberfläche eines Durchbruchs versetzt werden und damit der Durchbruch verengt oder erweitert werden. Das Vorzeichen für den Versetzabstand richtet sich danach, ob der Volumenkörper größer (+) oder kleiner (-) wird. Im Beispiel wird er durch Vergrößern des Bogens kleiner.

Abb. 13.46: Flächen des Torbogens mit Abstand -1 versetzt

FLÄCHEN LÖSCHEN. Diese Funktion erlaubt, einzelne Flächen aus dem Oberflächenverband zu lösen. Typische Beispiele sind das Entfernen einer Abrundungsfläche oder Fase. Damit wird die Kante praktisch regeneriert.

Abb. 13.47: Löschen von Flächen

FLÄCHEN DREHEN. Hier wird eine gewählte Fläche durch Drehen um eine Achse durch zwei Punkte verändert. Die anderen Flächen werden unter Beibehaltung ihrer Lage entsprechend verkürzt oder verlängert.

Abb. 13.48: Giebelfläche mit 45° drehen

FLÄCHEN VERJÜNGEN. Hiermit können Sie verschiedenen Flächen, beispielsweise auch zylindrischen Bohrungen, nachträglich eine konische Form verleihen. Als Referenz für den Konikwinkel wird eine Bezugslinie verlangt, die sich Verjüngungsachse nennt.

Abb. 13.49: Verjüngung von drei Flächen eines Quaders um 5°

FLÄCHEN FARBIG AUSFÜLLEN. Diese Funktion hat Bedeutung hinsichtlich der Schattierungs- und Render-Funktionen, mit denen die Oberflächen farbig, mit Beleuchtungseffekten und schattiert dargestellt werden können. Dadurch kann erreicht werden, dass nicht alle Oberflächen eines Volumenkörpers die Objektfarbe haben, sondern individuell unterschiedlich eingefärbt werden.

FLÄCHEN KOPIEREN. Mit dieser Funktion lassen sich aus einem Volumenkörper einzelne Oberflächen herauskopieren. Sie können dann beispielsweise zum Bemaßen verwendet werden oder für weitere Aktionen in ihre Randkurven zerlegt werden.

Befehle für Kanten eines Volumenkörpers

KANTEN FARBIG AUSFÜLLEN. Diese Funktion erlaubt es, einzelne Kanten farbig anders zu gestalten als die Objektfarbe des Volumenkörpers.

KANTEN KOPIEREN. Hiermit können einzelne Randkurven des Volumenkörpers für weitere Untersuchungen oder Konstruktionen herauskopiert werden.

Befehle für den gesamten Volumenkörper

AUFPRÄGEN. Mit dieser Option können ebene Kurven auf ebene Flächen des Volumenkörpers gleichsam wie ein Abdruck aufgetragen werden. Alternativ können hiermit auch die Schnittkurven mit einem anderen Volumenkörper gebildet werden. Diese zunächst in der Fläche liegenden Konturen bilden dann Teilflächen, die ihrerseits mit den obigen Funktionen extrudiert, verschoben etc. werden können. Damit ist eine weitere Detaillierung möglich. In diesem Zusammenhang ist natürlich auch die Funktion KLICKZIEHEN zusammen mit dem dynamischen BKS sehr nützlich.

Abb. 13.50: Anwendung aufgeprägter Objekte

BEREINIGEN. Diese Funktion entfernt unnötige geometrische Merkmale, die keine funktionale Bedeutung für die Geometrie haben. In seltenen Fällen kann es dazu kommen, dass auch nach dem Vereinigen von Volumenkörpern noch interne Begrenzungsflächen stehen bleiben. Um solche Dinge zu vereinfachen, können Sie BEREINIGEN aufrufen.

TRENNEN. Hiermit können Volumenkörper, die zwar logisch eine Einheit bilden, aber geometrisch zwei getrennte Volumen bilden, auch im logischen Sinne getrennt werden. So etwas kann entstehen, wenn beispielsweise ein Volumenkörper durch Differenzbildung mit einem anderen durchgeschnitten wird. Die beiden Volumenkörperreste bilden dann immer noch ein einziges Volumen, aber nur logisch, nicht mehr geometrisch. Um beide Teile dann unabhängig voneinander verschieben zu können, müssen Sie sie mit dieser Funktion trennen.

Kapitel 13
Einführung in Standard-3D-Konstruktionen (nicht LT)

Abb. 13.51: Trennen von Volumenkörpern

WANDSTÄRKE. Diese Funktion erlaubt, einen Volumenkörper bzw. ausgewählte Wandflächen davon so umzuwandeln, dass nur noch ein Körper aus Wänden mit vorgegebener Dicke übrig bleibt. Flächen, die offen bleiben sollen, können Sie aus der Auswahl entfernen. Die Funktion versetzt praktisch alle gewählten Wandflächen um den angegebenen Betrag nach innen. Entfernte Flächen bleiben offen.

Abb. 13.52: Wandstärke-Funktion auf das Schränkchen angewendet

ÜBERPRÜFEN. Diese Funktion erlaubt eine Überprüfung der Volumenkonstruktion auf logische Konsistenz mit dem ACIS-Modell. Da AutoCAD über die Systemvariable SOLIDCHECK mit Wert **1** so eingestellt ist, dass sowieso nach jedem Volumenkörper-Bearbeitungsbefehl diese Konsistenz überprüft wird, ist dieser Befehl nur in solchen Fällen nötig, wo Sie absichtlich SOLIDCHECK abgeschaltet haben.

Masseneigenschaften

Den alten Befehl MASSEIG zur Volumenberechnung gibt es nicht in den Multifunktionsleisten, sondern nur noch im alten Menü EXTRAS|ABFRAGE|REGION-/MASSENEIGENSCHAFTEN. Das Menü müssten Sie sich über den SCHNELLZUGRIFF-WERKZEUGKASTEN aktivieren. Hiermit können Sie sich die typischen Eigenschaften des Körpers wie Volumen, Schwerpunkt, Trägheitsmomente und die einhüllende Box anzeigen lassen sowie Trägheitsradien und den Trägheitstensor berechnen.

13.9 Konstruktionsbeispiele

13.9.1 Badewanne

Abbildung 13.53 zeigt eine typische Volumenkonstruktion. Sie erzeugen in der Zeichnung Bad5.dwg eine Badewanne als Volumenkörper (neue Zeichnung: Bau-13-46.dwg). Dafür erzeugen Sie zuerst Profile mit UMGRENZUNG als geschlossene Polylinien (PLINIE) und verschieben sie in die Ausgangslage (Abbildung 13.54). Diese extrudieren Sie dann nach unten mit negativer Höhenangabe. Dabei können Sie für das Innere der Badewanne einen Konikwinkel definieren, sodass sich ein konischer Körper ergibt. Durch Differenzbildung wird die Badewanne innen ausgehöhlt. Danach folgen noch einige Abrundungen oder Fasen, und die Konstruktion ist abgeschlossen.

Abb. 13.53: 3D-Volumen-Konstruktion

Sie sollten zuerst neue Layer für die Objekte erzeugen. Sie brauchen einen Layer mit Namen PROFILE für die Profile und einen Layer namens VOLUMEN für die Volumenkörper. Schalten Sie zuerst den Layer PROFILE aktuell.

Abb. 13.54: Polylinien zur Definition des Grundkörpers

Mit dem Befehl UMGRENZUNG klicken Sie zwischen Innen- und Außenkontur der Badewanne. Schieben Sie die beiden entstandenen Umgrenzungskurven in die Z-Höhe 60. Das Außenprofil extrudieren Sie nun um 60 cm nach unten, das innere Profil um 40 cm mit 10 Grad Verjüngung nach unten. Dann bilden Sie die Differenz zwischen den beiden extrudierten Volumen. Runden Sie nun die obere Innenkante mit der Option KETTE und dem Radius 10 ab. Auch die untere Innenkontur sollten Sie mit Option KETTE und Radius 12 abrunden. Die Außenkanten fasen Sie dann umlaufend mit 5 cm ab. Achten Sie darauf, dass die richtige Fläche als Basisfläche angezeigt wird, und wählen Sie die Option KONTUR.

Sie können sich nun die Konstruktion mit dem 3DORBIT ansehen und auch schattieren lassen. Mit START|ANSICHT|2D-DRAHTKÖRPER oder DRAHTKÖRPER erhalten Sie wieder das ursprüngliche Drahtmodell.

Schnitte erzeugen

Es gibt zwei Befehle, mit denen Sie Schnitte erzeugen können: QUERSCHNITT und SCHNEBENE. Mit QUERSCHNITT werden nach Wahl der Objekte und Spezifikation der Schnittebene Querschnitte durch alle Objekte in Form von *Regionen* erzeugt.

Mit dem Befehl SCHNEBENE wird zunächst ein Schnittobjekt erzeugt, das dann verwendet werden kann, um einen 2D-Schnitt als Block zu erzeugen oder ein 3D-Schnittobjekt (Abbildung 13.55). Das Schnittobjekt kann auch nur dazu verwendet werden, einen sogenannten Live-Schnitt durch die gesamte Zeichnung zu legen, das heißt, alle Teile von Objekten vor dieser Schnittebene werden unsichtbar. Das Schnittobjekt kann durch Griffe wie bei einem dynamischen Block auch invertiert werden, es kann gestreckt werden und sein Charakter kann vom einfachen Schnittverlauf über Schnittbegrenzung mit vorderer und hinterer Schnittebene bis hin zum Schnittvolumen mit Schnittfläche nach oben hin variiert werden. Eine sogenannte Verkürzungs-Funktion kann rechtwinklige Knickstellen in den Schnittverlauf einfügen.

13.9 Konstruktionsbeispiele

3D-Modellierung	Icon	Befehl	Funktion
		QUER-SCHNITT	Erzeugt ebene Querschnitte durch mehrere Objekte in Form von Regionen
START|QUERSCHNITT|SCHNITTEBENE		SCHNEBENE	Schnittebenen-Objekt erstellen, um mit weiteren Funktionen Schnittdarstellungen abzuleiten
START|QUERSCHNITT▼|LIVE-SCHNITT		LIVESCHNITT	Aktiviert die Live-Schnitt-Sichtbarkeit eines Schnittobjekts
START|QUERSCHNITT▼|VERKÜRZUNG HINZUFÜGEN		SCHNEBENE-VERK	Fügt einen rechtwinkligen Knick zum Schnittverlauf hinzu
START|QUERSCHNITT▼|BLOCK ERSTELLEN		SCHNEBENE-ZUBLOCK	Erstellt einen Block aus der Schnittansicht (2D oder 3D)
START|QUERSCHNITT▼|2D-ABBILD		ABFLACH	Erzeugt eine 2D-Ansicht gemäß der aktuellen Bildschirmanzeige
START|QUERSCHNITT⤵		SCHNEBENE-EINST	Voreinstellungen für die Schnittgenerierung

Die mit diesem Verfahren erzeugten Schnitte sind Blöcke, die beim Einfügen Skalierungsfaktoren verlangen. Normalerweise wird hier der Faktor 1 zu akzeptieren sein. Über die Einstellungen in SCHNEBENEZUBLOCK können Sie auch wählen, ob interne oder externe Blöcke, also neue Zeichnungen, aus dem Schnitt erzeugt werden sollen. Die Einstellungen verbergen sich hinter einem Erweiterungsbutton. Die Option zur Erstellung des externen Blocks heißt IN DATEI EXPORTIEREN (ABBILDUNG 13.56). Unter SCHNEBENEEINST können Sie die Layer, Farben, Linientypen und Schraffurmuster für die verschiedenen Schnittobjekte individuell angeben.

Abb. 13.55: Schnittebenen-Objekt mit 2D-Schnitt (rechts unten) und 3D-Schnitt (oben)

Mit der Schnittebene verwandt ist der Befehl ABFLACH zum Erstellen einer 2D-Ansicht. Hierbei können Sie aber keine Ansichtsebene angeben, sondern es wird die aktuelle Bildschirmansicht verwendet, um einen Block aus der Ansicht zu erstellen und dieser wird gleich eingefügt. Daher kommen auch hier gleich die Eingabeaufforderungen für Skalierfaktoren und Winkel.

Abb. 13.56: Einstellungen zur Schnitt-Ausgabe in eine neue Datei

13.10 Übungen

13.10.1 Haus modellieren

Mit dem Befehl UMGRENZUNG lassen sich ebenso aus Grundrissen leicht geschlossene Polylinien erzeugen und mit EXTRUSION in massive Wände umwandeln. Die Fenster und Türen erzeugen Sie dann als Quader und ziehen Sie von den Wänden mit DIFFERENZ ab. Quader eignen sich auch als Geschossdecken. Für den Dachbereich wird hier zunächst das Erdgeschoss kopiert und dann schräg beschnitten.

Sparen Sie bei dieser Konstruktion auch nicht an Layern, damit Sie die vielen neuen Objekte auch organisatorisch auseinanderhalten können.

Verwenden Sie die Zeichnung Bau-9-18.dwg. Richten Sie wieder einen Layer Profil für die Polylinien ein, die Sie mit Umgrenzung aus den Wänden erstellen. Einen weiteren Layer Volumen brauchen Sie für die Volumenkörper der Wände. Wenn Sie die Volumenkörper der Wände mit Extrusion und einer Höhe von 250 cm erzeugt haben, fehlen noch für die Fenster die Brüstungen und für Fenster und Türen die Stürze. Diese erzeugen Sie leicht mit dem Befehl QUADER, indem Sie zwei schräg gegenüberliegende Ecken anklicken und dann eine Höhe eingeben. Im Falle der Brüstungen ist die Höhe hier 80 cm, für die Stürze -20 cm.

```
Befehl: UMGRENZUNG[Enter] oder START|ZEICHNEN|UMGRENZUNG  Im Dialogfenster auf PUNKTE
WÄHLEN klicken
UMGRENZUNG Internen Punkt wählen: in die Wandkontur(en) hineinklicken
UMGRENZUNG Internen Punkt wählen: [Enter]
...
UMGRENZUNG hat 6 Polylinien erstellt.
Befehl: EXTRUSION[Enter] oder START|MODELLIEREN|EXTRUSION
Aktuelle Dichte des Drahtmodells: ISOLINES=4
EXTRUSION Objekte wählen: Erzeugte Polylinie(n) anklicken 1 gefunden
...
EXTRUSION Objekte wählen: [Enter]
EXTRUSION Höhe der Extrusion angeben oder [Richtung Pfad Verjüngungswinkel]:
250[Enter]
EXTRUSION Verjüngungswinkel für Extrusion angeben <0>: [Enter]
Befehl: QUADER[Enter]    Quader für Fenstersims konstruieren
QUADER Erste Ecke oder [MIttelpunkt]: ersten Endpunkt unten anklicken
QUADER Andere Ecke angeben oder [Würfel Länge]: zweiten Endpunkt unten anklicken
QUADER Höhe angeben: 80
Befehl: QUADER[Enter]    Quader für Fenstersturz konstruieren
QUADER Erste Ecke oder [MIttelpunkt]: ersten Endpunkt oben anklicken
QUADER Andere Ecke angeben oder [Würfel Länge]: zweiten Endpunkt oben anklicken
QUADER Höhe angeben: -20
```

Abb. 13.57: Extrudierte Wände und Brüstungen und Stürze als Quader

Sämtliche Volumen können Sie nun vereinigen und erhalten das Erdgeschoss. Sodann ziehen Sie mit QUADER über zwei gegenüberliegende Ecken des Erdge-

Kapitel 13
Einführung in Standard-3D-Konstruktionen (nicht LT)

schosses und einer Höhe von 20 cm eine Decke ein. Das komplette Erdgeschoss kopieren Sie nun nach oben. Mit einer Brüstung machen Sie in der Kopie aus der Eingangstür ein Fenster.

Befehl: **VEREINIG** [Enter]
VEREINIG Objekte wählen: Entgegengesetzte Ecke angeben: 19 gefunden
VEREINIG Objekte wählen: [Enter]
Befehl: **QUADER** [Enter]   **Quader für Betondecke mit Höhe 20 cm**
QUADER Erste Ecke oder [MIttelpunkt]: **Ecke vorn oben**
QUADER Andere Ecke angeben oder [Würfel Länge]: **Ecke hinten oben**
QUADER Höhe angeben: **20** [Enter]
Befehl: **KOPIEREN** [Enter] **oder**
KOPIEREN Objekte wählen: Entgegengesetzte Ecke angeben: 1 gefunden
KOPIEREN Objekte wählen: [Enter]
KOPIEREN Basispunkt oder [Verschiebung]<Verschiebung>:
KOPIEREN Zweiten Punkt der Verschiebung angeben oder <ersten Punkt der Verschiebung verwenden>:
Befehl: **QUADER** [Enter]   **Quader für Fenstersims oben mit Höhe 80 cm**
QUADER Erste Ecke oder [MIttelpunkt] <0,0,0>:
QUADER Andere Ecke angeben oder [Würfel Länge]:
QUADER Höhe angeben: **80** [Enter]

Abb. 13.58: Erdgeschoss mit Decke, Kopie und Brüstung

Um die Wände für das Dach oben abzuschrägen, drehen Sie das Koordinatensystem so, dass es unter 45° schräg steht, konstruieren in diesem System dann zwei große, schräg stehende Quader und subtrahieren sie von dem Haus. So werden die Dachschrägen entstehen.

Zuvor sollten Sie aber bedenken, dass die Wände höher sein sollten. Mit der Volumenkörperbearbeitungsfunktion Flächen Extrudieren können Sie die Oberkante unserer Konstruktion anklicken. AutoCAD bietet nun alle Flächen zum Extrudieren an, die mit dieser Kante in Verbindung stehen. Hier müssen Sie die Option ENTFERNEN wählen und eine der seitlichen Mauerkanten anklicken, damit die Wände nicht seitlich, sondern nur in der Höhe extrudiert werden. Als Extrusionshöhe geben Sie 200 ein.

```
Befehl:     aus Gruppe VOLUMENKÖRPER BEARBEITEN
VOLKÖRPERBEARB Flächen wählen oder [ZUrück Entfernen]: oben in die Oberkante der Wand
hineinklicken 1 Fläche gefunden.
VOLKÖRPERBEARB Höhe der Extrusion angeben oder [Richtung Pfad Verjüngungswinkel]:
200 Enter
VOLKÖRPERBEARB Verjüngungswinkel für Extrusion angeben <0>: Enter
```

Abb. 13.59: Dachgeschoss um 200 extrudiert

Nun erzeugen Sie ein BKS unter 45°, um das Dach mit Kappen zu schneiden. Sie schneiden einmal in der xy-Ebene und einmal in der yz-Ebene durch die eingezeichneten Punkte. Klicken Sie das BKS-Symbol an, damit die Griffe erscheinen, und fahren Sie auf den Griff am Ende der x-Achse. Nun erscheint das Griff-Menü, Sie wählen UM Y-ACHSE DREHEN und geben als Drehwinkel **-45** ein. Über den Griff am Ursprung können Sie das BKS-Symbol auch verschieben.

```
Befehl: _slice[Enter]    Kappen starten
KAPPEN Zu kappende Objekte wählen: Extrudiertes Dachgeschoss wählen 1 gefunden
KAPPEN Zu kappende Objekte wählen: [Enter]
KAPPEN Startpunkt von Kappebene angeben oder [planares Objekt oBerfläche ZAchse
Ansicht XY YZ ZX 3Punkte] <3Punkte>: XY[Enter]
KAPPEN Punkt auf XY-Ebene <0,0,0> angeben: Angedeuteten Eckpunkt wählen
KAPPEN Punkt auf der gewünschten Seite angeben oder [Beide seiten behalten] <Beide>:
Punkt rechts hinten anklicken
```

Abb. 13.60: Nach KAPPEN an der xy-Ebene

Kappen an der yz-Ebene durch den gegenüberliegenden Eckpunkt lässt die zweite Dachschräge entstehen.

Abb. 13.61: Nach Kappen an der yz-Ebene

13.10.2 Kirchlein mit Wandstärken, Fenstern und Beleuchtung

Versuchen Sie, die in der ersten Volumenübung konstruierte Kirche mit der Volumenkörperbearbeitungsfunktion WANDSTÄRKE zu optimieren. Sie sollten außerdem noch einige Fenster einbauen. Die lassen sich leicht aus Quadern und Zylindern erzeugen. Die Fenster sollten Sie erst als Volumen erzeugen, mit REIHE-RECHTECK vervielfältigen und dann von dem mit WANDSTÄRKE ausgehöhlten Kirchenschiff mit DIFFERENZ abziehen. In der Beispielzeichnung Kirche-3D.DWG ist dies ausgeführt. Zusätzlich wurde mit dem Befehl LICHT eine Punktlichtquelle in das Kirchenschiff gesetzt, das dann aus den Fenstern herausleuchten kann. Sie sollten solch ein Bild unbedingt mit dem Befehl RENDER auch mit Schattenwurf und mit den Render-Optionen MITTEL bis HOCH darstellen.

Eine Möglichkeit zur interaktiven schattierten Darstellung wird über die Einstellungen in den Registern ANSICHT und RENDER geboten. Stellen Sie dort Folgendes ein:

- Register ANSICHT, Gruppe VISUELLE STILE:
    - VISUELLE STILE: REALISTISCH
    - Kanteneffekte: KEINE KANTEN
    - Flächenfarbstil: NORMAL
    - REALISTISCHER FLÄCHENSTIL

Kapitel 13
Einführung in Standard-3D-Konstruktionen (nicht LT)

- SCHATTEN AUF GRUNDEBENE: ein
- RÖNTGEN aus

■ Register RENDER, Gruppe LICHTER
- LICHT ERSTELLEN: PUNKT und SPOT nach Bedarf

■ Register RENDER, Gruppe SONNE & STANDORT:
- SONNENSTAND: einschalten
- STANDORT EINSTELLEN|AUS KARTE: Hier müssen Sie sich ggf. bei Autodesk anmelden, um Zugriff auf die Kartensoftware zu bekommen. Auf der Landkarte können Sie sich auf Ihren geografischen Ort zoomen und dann per Rechtsklick die Position mit MARKIERUNG HIER ERSTELLEN übernehmen. Danach müssen Sie die Koordinate Ihrer Zeichnung dafür angeben (meist wird es der Nullpunkt sein) sowie die Nordrichtung, üblicherweise die y-Richtung.
- Falls Sie sich den Kartenmodus abschalten, können Sie die geografischen Längen- und Breitengrade des Orts eingeben, nachdem Sie auf dem deaktivierten Kartendialogfenster den i-Button angeklickt haben.
- DATUM: einstellen
- UHRZEIT: einstellen

Abb. 13.62: Register ANSICHT und RENDER

Mit diesen Einstellungen können Sie dann den Schattenverlauf verfolgen, wenn Sie die Uhrzeit mit dem Schieberegler variieren.

13.10.3 Greifer in 3D

Als Beispiel aus dem Maschinenbau sollten Sie die gezeigten zwei Ansichten eines Greifers konstruieren. Hier soll nun aus diesen beiden Ansichten das Volumenmodell erstellt werden. Extrudieren Sie die Vorderansicht um 75 mm und die Draufsicht um 60 mm. Dann drehen Sie die Draufsicht um -90° um die x-Achse mit 3DDREHEN. Schieben Sie danach beide Volumenkörper mit der Kante übereinander. Nun brauchen Sie nur noch die Schnittmenge zwischen den beiden Volumenkörpern zu erzeugen. Damit wäre das Teil im Groben fertig.

Abb. 13.63: Greifer in zwei Ansichten

Kapitel 13
Einführung in Standard-3D-Konstruktionen (nicht LT)

Abb. 13.64: Vom 2D-Profil zum Volumenkörper

Ergänzt wird die Konstruktion noch durch den Hohlzylinder für die Buchse links und durch die Senkungen für die beiden Schraublöcher. Dazu müssen Sie geeignete Zylinder hinzufügen (VEREINIG) bzw. abziehen (DIFFERENZ). Die nötigen Maße finden Sie in Abbildung 13.65.

Abb. 13.65: Maße für Buchse und Senkungen

13.11 Übungsfragen

1. Welche Volumenkörper, auch Grundkörper genannt, bietet AutoCAD?
2. Was versteht man unter Bewegungskörpern?
3. Was versteht man unter booleschen Operationen?
4. Wie verhält sich bei VEREINIG das Endvolumen zur Summe der einzelnen Volumen?
5. Wie unterscheiden sich KAPPEN und QUERSCHNITT ?
6. Welche 2D-Editierbefehle können auch auf Volumenkörper angewendet werden?
7. Was versteht man unter dem Kofferecken-Problem bei Volumenkörpern?

Kapitel 14

Modellieren mit Volumenkörpern, NURBS und Netzen (nicht LT)

14.1 Gründe für Volumenmodellierung

Bei der Modellierung von Volumenkörpern geht es darum, mit Design-Werkzeugen zu arbeiten. Im letzten Kapitel wurden schon einige Möglichkeiten aufgezeigt, Standard-Volumenkörper zu erstellen und zu modifizieren. Hier aber geht es jetzt darum, die Oberflächen von Volumenkörpern völlig frei zu gestalten. Man spricht in diesem Sinne auch von Freiformflächen, beliebig formbaren Flächen.

Schon in AutoCAD 2010 wurden neuartige Methoden zum Volumenkörper-Design mit den Netzkörpern angeboten. In Version 2011 erschloss AutoCAD neue Design-Möglichkeiten durch Verwendung von NURBS-Flächen. Waren mit den Netzkörpern bisher nur Modifikationen möglich, die stark durch die Netztopologie des Körpers bestimmt waren, so bieten die NURBS-Flächen sehr detaillierte Formgebungswerkzeuge. Wie bisher schon bei Splinekurven möglich, können diese NURBS-Flächen über die Kontrollscheitelpunkte sehr flexibel geformt werden. Diese NURBS-Flächen können zur Gestaltung von Volumenkörpern verwendet werden und erschließen damit das ganze Spektrum der Design-Konstruktionen.

Das Volumenmodell bietet auch Möglichkeiten zur Überprüfung des Designs durch neue Analyse-Werkzeuge. Eine realistische schattierte 3D-Darstellung für Präsentationen gegenüber Kunden wird durch zahlreiche visuelle Stile und einen neuen gut bestückten Material-Browser möglich.

Die umfassenderen Werkzeuge zur kompletten 3D-Modellierung finden Sie im Arbeitsbereich 3D-MODELLIERUNG, den Sie für die folgenden Abschnitte aktivieren sollten.

14.2 Der Arbeitsbereich 3D-Modellierung – Übersicht

AutoCAD bietet neben dem Arbeitsbereich 3D-GRUNDLAGEN den Arbeitsbereich 3D-MODELLIERUNG an. Während 3D-GRUNDLAGEN für die konventionellen 3D-Aufgaben zum Erstellen von Volumenkörpern aus Grundkörpern und Bewegungskörpern geeignet ist, enthält der Bereich 3D-MODELLIERUNG das volle 3D-

Kapitel 14
Modellieren mit Volumenkörpern, NURBS und Netzen (nicht LT)

Funktionsspektrum. Wie schon im vorangegangenen Kapitel sollten Sie auch für die folgenden 3D-Konstruktionen die spezielle Vorlage acadiso3D.dwt verwenden, die bereits auf eine isometrische Ansicht mit perspektivischer Projektion und realistischer Oberflächendarstellung eingestellt ist. Vielleicht ändern Sie noch die Farbe des Layers 0 von RGB-Farbe (194,206,214) auf ein besser sichtbares Blau (Indexfarbe) oder richten sich sowieso neue Layer mit normalen Farben ein. Die wichtigen und vom Bereich ZEICHNEN UND BESCHRIFTUNG abweichenden Gruppen sind:

Abb. 14.1: Arbeitsbereich 3D-MODELLIERUNG, Register START

- Register START
  - MODELLIEREN – mit den wichtigsten Befehlen zum Erstellen von Volumenkörpern aus Grundkörpern oder Bewegungskörpern. Unter MODELLIEREN ▾ finden sich seltene Befehle zur Berechnung von 2D-Ansichten mit projizierten Kanten.
  - NETZ – mit Funktionen zum Umwandeln von Volumenkörpern in Netze und zum Glätten derselben.
  - VOLUMENKÖRPER BEARBEITEN – mit Funktionen zur Kombination mehrerer Volumenkörper mit booleschen Operationen, zur Nachbearbeitung fertiger Volumenkörper an Flächen und Kanten.

14.2 Der Arbeitsbereich 3D-Modellierung – Übersicht

- ZEICHNEN und ÄNDERN – mit den normalen Zeichen- und Änderungsfunktionen.
- QUERSCHNITT – mit Werkzeugen zur Erstellung von Schnitten und 2D-Ansichten.
- KOORDINATEN – mit Funktionen zur Manipulation und Einstellung benutzerspezifischer Koordinatensysteme.
- ANSICHT – mit der Auswahl der Darstellung über VISUELLE STILE (2D-DRAHTKÖRPER, VERDECKT, DRAHTKÖRPER, KONZEPTUELL und REALISTISCH) und Auswahl von Standard-Ansichten oder eigenen. Sie können hier auch schnell zwischen 1 Ansicht und 4 Ansichten umschalten. Unter dem Gruppentitel ANSICHT▾ finden sich die KAMERA-Einstellungen mit Position und Brennweite.
- AUSWAHL – In dieser Gruppe sind die wichtigsten Werkzeuge die GIZMOS im rechten Flyout: VERSCHIEBEN-GIZMO, DREHEN-GIZMO, SKALIEREN-GIZMO und KEIN GIZMO. Die Bezeichnung bedeutet so viel wie hilfreiche wandlungsfähige kleine Monster. Das jeweils aktivierte GIZMO bietet beim Anklicken von Objekten an deren Schwerpunkt angehängt ein Koordinaten-Dreibein, mit dem man eine der orthogonalen Achsen als Richtung fürs Verschieben oder Drehen anklicken und dann Entfernung oder Winkel eingeben kann. Für das Skalieren steht nur bei Netzen und Flächen ein unterschiedliches Skalieren in x-, y- und z-Richtung zur Verfügung. Links daneben kann die AUSWAHL eingeschränkt werden auf FLÄCHEN, KANTEN, SCHEITELPUNKTE (Eckpunkte) oder auf Einzelobjekte aus der Volumenkörper-Entwicklungs-Historie bei zusammengesetzten Volumina (VOLUMENKÖRPER-ENTWICKLUNG). Eine weitere Filterung bezieht sich auf Zeichnungsansichtskomponenten, also Teile der in Version 2013 neuen Ansichtsfenster-Objekte im LAYOUT. Je nach Einstellung der AUSWAHL können Sie damit die Unterobjekte von Volumenkörpern gemäß der GIZMO-Einstellung verschieben, drehen oder skalieren.

> **Tipp**
>
> GIZMOS
>
> Die GIZMOS sind im visuellen Stil 2D-DRAHTKÖRPER *nicht* aktiv!

- Register VOLUMENKÖRPER
  Hier finden Sie die im vorhergehenden Kapitel vorgestellten GRUNDKÖRPER UND BEWEGUNGSKÖRPER und die dazugehörigen Kombinationsfunktionen wie boolesche Operationen und Bearbeitungsfunktionen für Einzelflächen.

Kapitel 14
Modellieren mit Volumenkörpern, NURBS und Netzen (nicht LT)

Abb. 14.2: Arbeitsbereich 3D-MODELLIERUNG, Register VOLUMENKÖRPER

- Register FLÄCHE
    - ERSTELLEN – Hiermit können Flächen aus Kurven erzeugt werden. Mit NETZ wird eine Fläche aus zwei Scharen von Kurven erzeugt, die den Flächenkanten und ggf. zusätzlichen Kurven dazwischen entsprechen. Mit PLANAR wird dagegen eine total ebene Fläche entweder aus einer ebenen Kontur erzeugt oder viereckig aus zwei diagonalen Punkten. Die übrigen vier Konstruktionsmethoden kennen Sie schon von den Volumenkörpern: ANHEBEN, EXTRUSION, SWEEP, ROTATION. Weitere neue Flächentypen können aus bestehenden Flächen abgeleitet werden. MISCHEN ist eine Übergangsfläche zwischen den Rändern bestehender Flächen, FLICKEN ist ein Abschluss für eine Öffnung in einer Fläche. VERSETZEN erzeugt eine Art parallel zu einer bestehenden laufende Fläche. Beim Erzeugen dieser Flächen können Sie wählen, ob es eine NURBS-Fläche (NURBS-ERSTELLUNG ein) werden soll oder eine prozedurale Fläche. Letztere kann über FLÄCHE ASSOZIATIVITÄT mit den erzeugenden Randkurven verbunden bleiben.
    - BEARBEITEN – Mit dieser Version gibt es mehrere neue Funktionen, um Flächen zu bearbeiten. Es gibt hier die Funktionen ABRUNDEN und FASE, sowie STUTZEN und STUTZEN AUFHEBEN. Auch lässt sich eine Fläche in ihrem Verlauf mit VERLÄNGERN fortsetzen. Aus mehreren Flächen, die einen Volumenbereich wasserdicht umschließen, können Sie mit FLÄCHE FORMEN sogar einen Volumenkörper erzeugen.
    - KONTROLLSCHEITELPUNKTE – *Kontrollscheitelpunkte* bilden bei NURBS-Flächen ein Netz, das die Fläche indirekt beeinflusst. Mit der Funktion KS-BEARBEITUNGSLEISTE können Sie einen **Punkt in der Fläche** wählen und verschieben. KONVERTIEREN IN NURBS konvertiert eine normale Fläche. Mit ANZEIGEN KS und AUSBLENDEN KS schalten Sie die Sichtbarkeit der Kontrollscheitelpunkte ein und aus. Diese können Sie zur Flächenmodellie-

14.2 Der Arbeitsbereich 3D-Modellierung – Übersicht

rung einzeln verschieben. Die Anzahl der Kontrollscheitelpunkte können Sie mit den übrigen Funktionen FLÄCHE-NEU ERSTELLEN, FLÄCHE-KS-HINZUFÜGEN und FLÄCHE-KS-ENTFERNEN verändern. Durch Erniedrigen der Kontrollpunktzahl wird die Fläche dann insgesamt glatter.

Abb. 14.3: Arbeitsbereich 3D-MODELLIERUNG, Register FLÄCHE

- KURVEN – enthält die üblichen AutoCAD-Kurven, die auch als Basis für Flächen genutzt werden können.
- GEOMETRIE PROJIZIEREN – Diese Funktionen projizieren Geometrie auf Flächen. Als Richtung kann das aktuelle BKS mit seiner Z-Richtung dienen, die Ansichtsrichtung oder eine Richtung durch zwei Punkte. Mit AUTOMATISCH STUTZEN kann dann auch gleich mit dieser projizierten Kurve gestutzt werden. Mit ISOLINIEN EXTRAHIEREN können in einem wählbaren Punkt Flächenkurven in einer der beiden internen Laufrichtungen der Flächenparameter erzeugt werden.
- ANALYSE – Zur Analyse der gewölbten Flächen gibt es drei Verfahren: Mit der ZEBRA-ANALYSE wird ein schwarz-weißes Streifenmuster auf die Fläche projiziert und macht Knickstellen gut sichtbar. Die KRÜMMUNGS-ANALYSE zeigt über Farben die Krümmungen oder Radien an. Mit der FORMSCHRÄGE-ANALYSE lassen sich für Gussteile die Entformungswinkel farblich sichtbar machen.

■ Register NETZ
- GRUNDKÖRPER – Hiermit können analog zu den Volumenkörpern im Register START *Grundkörper* als *Netze* erzeugt werden, die dann in ihren einzelnen Netzfacetten mit den GIZMO-Werkzeugen aus der Gruppe AUSWAHL modellierbar sind. Auch *Netzflächen* wurden hier integriert, die es schon lange in AutoCAD gibt.

Kapitel 14
Modellieren mit Volumenkörpern, NURBS und Netzen (nicht LT)

- NETZ – Netzobjekte können geglättet werden, Partien aus der Glättung mit FALTE HINZUFÜGEN herausgenommen werden.

Abb. 14.4: Arbeitsbereich 3D-MODELLIERUNG, Register NETZ

- NETZ BEARBEITEN – bietet Werkzeuge, um Netzmaschen zu unterteilen und einzeln zu extrudieren oder mehrere Netzmaschen zusammenzufügen. Damit wird die Netztopologie – die Einteilung in Netzmaschen – verändert und damit die Formbarkeit.

- NETZ KONVERTIEREN – bietet Funktionen zum Umwandeln von Netzkörpern und Netzflächen in Volumenkörper und Flächen. Dabei ist der Glättungsgrad einstellbar.

- QUERSCHNITT – siehe START|QUERSCHNITT.

- AUSWAHL – siehe START|AUSWAHL.

- Register RENDER

  - LICHTER – bietet Optionen zum Erstellen von PUNKT-, SPOT-Lichtern (Scheinwerfer), ENTFERNT-(Parallel-)Lichtquellen und flächenartigem NETZLICHT. Auch der Schattenwurf für die Modellansicht kann hier eingestellt werden. Die Vorgabebeleuchtung wird im LICHTER-Flyout angeboten. Das ist eine uhrzeitunabhängige Beleuchtung von oben. Diese sollten Sie abschalten, wenn Sie eine vom Sonnenstand abhängige Beleuchtung verwenden wollen.

  - SONNE & STANDORT – verwaltet die Sonneneigenschaften, inklusive Datum, Uhrzeit und Ort, und die Möglichkeit, den Sonnenstand *und* die Tönung der Himmelsfarbe zu aktivieren. Wenn Sonnenstand und Vorgabebeleuchtung eingeschaltet sind, dient die Uhrzeit nur dazu, die Helligkeit zu regeln, nicht aber den Schattenwurf. Deshalb ist es sinnvoll, beim Einschalten von Sonnenstand, wie empfohlen, die Vorgabebeleuchtung abzuschal-

14.2 Der Arbeitsbereich 3D-Modellierung – Übersicht

ten. Sie können dann die Einstellung der Sonnenbeleuchtung abhängig vom geografischen Ort, dem Kalendertag und der Uhrzeit wählen.

Abb. 14.5: Arbeitsbereich 3D-MODELLIERUNG, Register RENDER

- MATERIALIEN – enthält oben den MATERIALIEN-BROWSER mit einer sehr großen Materialien-Auswahl. Die nächste Zeile ist ein Schalter zum Aktivieren/Deaktivieren von Materialien und/oder Texturen. Über die unterste Zeile wählen Sie das MAPPING, die Art der Projektion von Materialien auf die Oberflächen. Über ⌐ erhalten Sie den MATERIALIEN-EDITOR für die Erstellung eigener Materialien
- RENDER – enthält die Werkzeuge zum Einstellen und Erzeugen der fotorealistischen Renderdarstellung. Hier werden die fotorealistischen Bilder berechnet.
- AUTODESK 360 – Sie können hiermit Ihre Zeichnungen zum Rendern in die Cloud, den Ihnen angebotenen Speicherplatz unter AUTODESK 360, schicken. Eine E-Mail-Nachricht informiert Sie, wenn die Bilder fertig sind.

- Register LAYOUT (die meisten Funktionen nur im LAYOUT-Bereich nutzbar)
    - LAYOUT – dient zum Erstellen neuer LAYOUTS und zum Verwalten von SEITENEINRICHTUNGEN, die Papierformat, Plotter und Plotstil zum Plotten enthalten.
    - ANSICHTSFENSTER – erlaubt das Einrichten von rechteckigen oder anders geformten Ansichtsfenstern im Layout, um die Modellbereichs-Objekte im Layout anzuzeigen.
    - ANSICHT ERSTELLEN – erzeugt aus 3D-Modellen oder auch Inventor-Modellen Standard-Ansichten und auch Detail- und Schnitt-Ansichten. Die Funktion BASIS ist auch im MODELLBEREICH aktiv und erzeugt aus gewählten Objekten ein LAYOUT *und* ein ANSICHTSFENSTER der Standard-Ansicht VORNE (entspricht der xz-Ebene) mit der Möglichkeit, andere orthogonale Ansichten sofort davon abzuleiten. Die übrigen Funktionen sind nur im Layout zur Erzeugung einzelner Ansichten verfügbar.

Kapitel 14
Modellieren mit Volumenkörpern, NURBS und Netzen (nicht LT)

Abb. 14.6: Arbeitsbereich 3D-MODELLIERUNG, Register LAYOUT

- ANSICHT ÄNDERN – Die Sichtbarkeitskriterien der Objekte in verschiedenen Ansichten lassen sich hiermit nachträglich verändern.
- AKTUALISIEREN – aktualisiert automatisch oder manuell Ansichten nach Änderungen.
- STILE UND NORMEN – Die Stile für die Darstellung von Schnitt- und Detailansichten können verändert werden.
- Register ANSICHT
  - NAVIGIEREN – enthält die aus der Navigationsleiste schon bekannten ORBIT- und ZOOM-Werkzeuge zum Einstellen der Ansichtsrichtung.

Abb. 14.7: Arbeitsbereich 3D-MODELLIERUNG, Register ANSICHT

- ANSICHTEN – verwaltet Standard- und eigene Ansichten und bietet insbesondere eine Dropdown-Liste voreingestellter Standard-Ansichten.
- KOORDINATEN – enthält die Optionen zum Erzeugen und Verwalten benutzerspezifischer Koordinatensysteme.
- VISUELLE STILE – bietet eine Auswahlliste für den aktuellen VISUELLEN STIL und Werkzeuge zum Feintuning der Darstellung. Darunter ein wichtiges Werkzeug zum Ein- und Ausschalten von Isolinien (in gewölbten Flächen) und Facettenkanten (Flächenbegrenzungen). Hier finden Sie auch den interessanten RÖNTGEN-MODUS zur halbdurchsichtigen Modelldarstellung. Über ⇘ erreichen Sie den MANAGER FÜR VISUELLE STILE.
- MODELLANSICHTSFENSTER – enthält Funktionen für das Aufteilen des Modellbereichs in Ansichtsfenster (im Layout nicht aktiv).
- PALETTEN – zeigt u. a. die wichtigen Paletten WERKZEUGPALETTEN, EIGENSCHAFTEN-MANAGER und DESIGNCENTER. Für den 3D-Bereich sind aus den Werkzeugpaletten insbesondere diejenigen mit fotometrisch angepassten Lichtquellen interessant: ALLGEMEINE LICHTER, FLUORESZIEREND (Leuchtstoffröhren), ENTLADUNG MIT HOHER INTENSITÄT (Metalldampf-Lampen), GLÜHLICHT (Glühbirnen), NATRIUM-NIEDERDRUCK (Natriumdampf-Lampen). In der rechten Sechsergruppe gibt es unter den 3D-spezifischen Paletten insbesondere den MATERIALIEN-BROWSER und -EDITOR, den MANAGER FÜR VISUELLE STILE, die RENDEREINSTELLUNGEN, die LICHTLISTE und die SONNENEIGENSCHAFTEN.
- BENUTZEROBERFLÄCHE – enthält die Fensterverwaltung, um ggf. mehrere Zeichnungen zugleich nebeneinander anzuzeigen, und vor allem den Button BENUTZEROBERFLÄCHE, wo Sie VIEWCUBE und NAVIGATIONSLEISTE ein- und ausschalten können.

■ Register AUSGABE
- PLOTTEN – bietet die Standard-Ausgaben mit PLOT-Befehl oder PUBLIZIEREN-Befehl. Letzteres dient zur Ausgabe mehrerer Zeichnungen und/oder Layouts.
- NACH DWF/PDF EXPORTIEREN – Die Gruppe bietet ebenso das Ausgeben als DWF- oder PDF-Datei an. Eine DWF-Datei kann mit dem freien Programm AUTODESK DESIGN REVIEW auch ohne AutoCAD betrachtet, geplottet und kommentiert werden. Die Kommentare und Anmerkungen können mit dem Werkzeug ANSICHT|PALETTEN|MARKIERUNGSSATZ-MANAGER in die AutoCAD-Zeichnung re-importiert werden. Eine 3D-DWF-Datei kann auch geschwenkt und von allen Seiten betrachtet werden.
- 3D-DRUCKEN – enthält die Funktionen zur Ausgabe einer STL-Datei für das 3D-Drucken, einer modernen Technologie, um schichtweise Prototypen mit einem Plastikmaterial aufzubauen. Damit können Sie Ihre 3D-Konstruktionen innerhalb weniger Stunden zu Prototypen machen. Auch Konstruktio-

nen mit beweglichen Komponenten können als Prototypen ausgegeben werden.

Abb. 14.8: Arbeitsbereich 3D-MODELLIERUNG, Register AUSGABE

14.3 2D-Objekte dreidimensional machen (auch in LT)

14.3.1 Objekthöhe

Jeder Kurve kann in AutoCAD eine Höhenausdehnung zugeordnet werden. Sie bewirkt, dass aus der Kurve praktisch eine Wand mit der angegebenen Höhe wird. Die Richtung dieser Wand ist immer senkrecht zur xy-Ebene bei Objekterstellung, also parallel zur z-Richtung. Diese OBJEKTHÖHE können Sie nachträglich mit dem EIGENSCHAFTEN-MANAGER jedem Objekt, auch mehreren gleichzeitig, zuordnen. Den EIGENSCHAFTEN-MANAGER erreichen Sie auch unter ANSICHT|PALETTEN| EIGENSCHAFTEN.

Als Voreinstellung können Sie die OBJEKTHÖHE auch eingeben, wenn im EIGEN-SCHAFTEN-MANAGER *keine* Objekte gewählt sind. Dann gilt eine dort vorgenommene Einstellung als Vorgabe für alle künftigen Objekte.

14.3.2 Erhebung

Ebene Objekte können auch in verschiedenen z-Höhen liegen. Dies nennt man die ERHEBUNG. Beim Start von AutoCAD ist sie auf den Wert 0.0 gesetzt. Geändert wird sie mit dem Befehl ERHEBUNG:

```
Befehl: ERHEBUNG
ERHEBUNG Neue Standard-Erhebung angeben <0.0000>: 10
ERHEBUNG Neue Standard-Objekthöhe angeben <0.0000>:
```

Sie sehen, dass Sie in diesem Befehl hier auch gleichzeitig die OBJEKTHÖHE, also die Ausdehnung der Objekte in z-Richtung, einstellen können. Die ERHEBUNG legt praktisch die Arbeitsebene fest. Alle 2D-Objekte entstehen in dieser Arbeitsebene. Auch bei 3D-Objekten wird der Wert der ERHEBUNG als z-Koordinate verwendet, wenn nur x und y angegeben werden. Viele 3D-Konstruktionen werden zunächst als 2D-Ansicht vorbereitet und dann durch Ändern der ERHEBUNG und gegebenenfalls der OBJEKTHÖHE zu 3D-Teilen aufgebaut (Abbildung 14.9).

Abb. 14.9: Erhebung und Objekthöhe bei 3D-Konstruktionen

Das Ändern von ERHEBUNG und OBJEKTHÖHE zugleich können Sie mit dem EIGENSCHAFTEN-MANAGER durchführen – der sollte eigentlich immer im SCHNELLZUGRIFF-WERKZEUGKASTEN über ▾ aktiviert sein. Sie finden dort den Eintrag OBJEKTHÖHE für die z-Ausdehnung. Die ERHEBUNG spiegelt sich in den z-Koordinaten wider, die Sie dann unter den angezeigten Koordinaten ändern können. Auch mehrere Erhebungen gleichzeitig lassen sich so ändern.

Die mit Objekthöhe erzeugten Objekte erscheinen zwar auch wie Flächen oder – bei Polylinien mit Breite und Objekthöhe – sogar wie Volumenkörper. Sie sind das aber nicht im echten Sinne. Sie können aber mit NETZ|NETZ KONVERTIEREN|IN FLÄCHE KONVERTIEREN bzw. ..|..|IN VOLUMENKÖRPER KONVERTIEREN in echte 3D-Objekte umgewandelt werden.

14.3.3 Drahtmodell – Konstruktionen mit Kurven

Es soll nun zunächst das reine 3D-Drahtmodell behandelt werden, bei dem die Objekte aus Kurven bestehen, die die Kanten des Teils repräsentieren. Falls noch von den vorhergehenden Betrachtungen die ERHEBUNG und OBJEKTHÖHE eingestellt sind, sollten sie nun mit dem Befehl ERHEBUNG wieder vorerst auf null gesetzt werden.

Vollwertige dreidimensionale Kurven, das heißt, Kurven, bei denen jeder Definitionspunkt beliebig im dreidimensionalen Raum angegeben werden kann, sind LINIE, 3DPOLY, SPLINE und SPIRALE.

3D-Modellierung	Icon	Befehl
START|ZEICHNEN		LINIE
START|ZEICHNEN		3DPOLY
START|ZEICHNEN		SPLINE
START|ZEICHNEN ▼		SPIRALE

Im Befehl LINIE lassen sich jederzeit beliebige x-, y- und z-Koordinaten für die Endpunkte eingeben und damit beliebige Linien im dreidimensionalen Raum erzeugen. Der Vorteil einer solchen Konstruktion ist, dass sie, soweit sie mit Linien durchgeführt werden kann, sehr einfach ist. Der Nachteil ist, dass – wie der Name Drahtmodell sagt – das Objekt durchsichtig ist, weil es nur aus den Kanten besteht. Es ist, zum Beispiel bei einem einfachen Würfel, keine Füllung zwischen diesen Kanten vorhanden. Das erreicht man erst mit Flächen- und Volumenmodellen.

Die 3D-Polylinie ist eigentlich nichts anderes als eine zusammengesetzte Kurve, bestehend nur aus Liniensegmenten. Die 3D-Polylinie kann wie die normale zweidimensionale Polylinie auch mit PEDIT geglättet werden und für Designzwecke genutzt werden.

Die Splinekurve ist eine glatte Kurve, die durch Stützpunkte sowie durch die Richtung am Start- und Endpunkt (Starttangente und Endtangente) definiert wird.

Die Spirale eignet sich beispielsweise für die Konstruktion einer Schraubenlinie.

Sie können im Drahtmodell auch Kreise und Bögen zeichnen. Hierbei müssen Sie nur berücksichtigen, dass diese Objekte immer in der xy-Ebene oder parallel dazu erzeugt werden. Um schräg im Raum stehende Kreise, Bögen oder 2D-Polylinien zu konstruieren, müssen Sie deshalb immer erst die Konstruktionsebene, die stets die xy-Ebene des aktuellen Koordinatensystems ist, entsprechend verschieben oder neigen. Ganz korrekt gesagt ist die Konstruktions- oder Arbeitsebene eine zur xy-Ebene parallele Ebene, deren Höhe in z-Richtung durch die Erhebung angegeben wird.

Einfache Drahtmodelle, wie das in Abbildung 14.10 dargestellte Badezimmermodell, können Sie leicht durch Konstruieren in einer Ebene und Kopieren von Geometrien in parallele Ebenen erstellen. Beim Befehl KOPIEREN geben Sie dann nur eine z-Verschiebung an. Dabei geben Sie auf die Anfrage nach BASISPUNKT oder VERSCHIEBUNG den Verschiebungsbetrag in allen drei Koordinatenrichtungen an, aber absolut, also ohne @, und bei ZWEITER PUNKT der Verschiebung antworten Sie einfach mit [Enter]:

```
Befehl: _copy
KOPIEREN Objekte wählen: Objekte anklicken. 21 gefunden
KOPIEREN Objekte wählen: [Enter]
KOPIEREN Aktuelle Einstellungen:  Kopiermodus = Mehrere
KOPIEREN Basispunkt oder [Verschiebung/mOdus] <Verschiebung>: [Enter]
KOPIEREN Verschiebung angeben <0.0000, 0.0000, 0.0000>: 0,0,250
Verschiebung um 250 in z-Richtung
```

Abb. 14.10: 3D-Drahtmodell; rechts kopierte 2D-Konturen, links mit Linien verbunden

Ein weiteres Beispiel zeigt die Konstruktion einer Wendeltreppe mit einer Spirale. Die Spirale wird hier durch den unteren und oberen Radius, die Höhe und die Anzahl der Windungen definiert.

```
Befehl: _helix
Anzahl der Drehungen = 3.000 Drehen=GUZ
SPIRALE Mittelpunkt der Basis angeben: Mittelpunkt anklicken
SPIRALE Basisradius angeben oder [Durchmesser] <1.000>: 200 [Enter]
```

```
SPIRALE Oberen Radius angeben oder [...] <200.000>: [Enter]
SPIRALE Spiralenhöhe angeben oder [Achsenendpunkt Drehungen drehHöhe dRehen]
<1.000>: D[Enter]
SPIRALE Anzahl der Drehungen eingeben <3.000>: 1
SPIRALE Spiralenhöhe angeben oder [... drehHöhe...] <1.000>: H[Enter]
SPIRALE Abstand zwischen Drehungen angeben <0.250>: 350[Enter]
```

Verwenden Sie diese Kurve, um mit dem Befehl REIHEPFAD 20 Stufen darauf zu setzen. Die Stufen könnten Sie als Drahtmodell zeichnen, ggf. mit Regelflächen (Befehl REGELOB) überziehen und dann als Block zusammenfassen.

Abb. 14.11: Wendeltreppe

14.4 Modellieren mit Flächen

Seit Version 2011 ist nun das Modellieren mit Flächen möglich geworden. Die Flächen können als NURBS-Flächen erzeugt oder in NURBS-Flächen umgewandelt werden. Diese NURBS-Flächen werden durch ein internes Polygon von Kontrollscheitelpunkten (KS) gesteuert. Dieses Netz beeinflusst die NURBS-Fläche relativ indirekt, lediglich die vier Eckpunkte liegen exakt auf der Fläche. Die indirekte Wirkung der Kontrollscheitelpunkte bedingt, dass ein Knick im Kontrollscheitelpunkt-Polygon eine sanfte Biegung in der Fläche bewirkt. Die Änderungen wirken damit immer relativ sanft und erzeugen ästhetische Formen.

Die Abkürzung NURBS steht für Non-Uniform-Rational-B-Splines. Es sind sozusagen die ultimativen Freiformkurven, die auch konventionelle Geometrie wie Bögen, Kreise und Ellipsen als exakte Varianten enthalten. Andere Freiformkurven wie Bézier-Kurven oder Splines und B-Splines können keine Bögen beliebig genau approximieren. Deshalb muss jedes CAD-System, das alle Kurvenformen abdecken will, NURBS-Kurven enthalten. In AutoCAD sind die Flächenmodellierfunktionen im Register FLÄCHE enthalten.

Abb. 14.12: Ebene NURBS-Fläche mit Kontrollscheitelpunkten und einem in z-Richtung verschobenen Punkt

14.4.1 Register FLÄCHE Gruppe ERSTELLEN

Die Gruppe ERSTELLEN enthält die Werkzeuge zum Erstellen von Flächen. Die Flächen können aus Kurven erzeugt werden oder durch Anpassen an andere Flächen erstellt werden. Auch aus Netzflächen (siehe nächstes Register) können durch Umwandlung solche Flächen erzeugt werden. Die Flächen können wieder weiterverwendet werden, um Volumenkörper zu erstellen oder zu modifizieren.

Abb. 14.13: Register FLÄCHE, Gruppe ERSTELLEN

Beim Erzeugen der Flächen über die Funktionen in der Gruppe ERSTELLEN können Sie wählen, ob es eine NURBS-Fläche (NURBS-ERSTELLUNG ein) werden soll oder eine *prozedurale Fläche*. Eine NURBS-Fläche besteht aus der eigentlichen Fläche und einem normalerweise unsichtbaren Kontrollscheitelpunkt-Polygon. Mit dem Werkzeug ANZEIGEN KS können Sie es sichtbar machen. Die NURBS-Fläche lässt sich über das dazugehörige Kontrollpunktpolygon gut modellieren. Die Kontrollpunkte wirken abgesehen von den Eckpunkten indirekt auf die Fläche ein. Sie können über die Griffe verschoben werden.

Die vier Befehle ANHEBEN, EXTRUSION, SWEEP und ROTATION sind bereits aus dem VOLUMENKÖRPER-Register bekannt. Sie werden hier genauso angewendet, nur mit dem Unterschied, dass hier meist keine geschlossenen Profile Verwendung finden, sondern *offene Kurven*. Wenn Sie aus einem geschlossenen Profil eine Fläche erstellen wollen, müssen Sie in dem Befehl die Option MODUS wählen und FLÄCHE aktivieren. Das ist im Unterschied zu den gleichnamigen Befehlen im Register VOLUMENKÖRPER in den Befehlen hier schon voreingestellt.

Abb. 14.14: Modifikation einer NURBS-Fläche durch Verschieben der Kontrollscheitelpunkte

Im Beispiel von Abbildung 14.14 wurde eine NURBS-Fläche mit ROTATION durch Rotieren eines Bogens erzeugt, die Anzahl der Kontrollscheitelpunkte erhöht und dann einige verschoben:

- NURBS-ERSTELLUNG aktiviert,
- Halbkreis gezeichnet,
- ROTATION aufrufen,
- ANZEIGEN KS aktivieren,
- FLÄCHE – NEU ERSTELLEN mit je 6 Kontrollpunkten,
- mit den Griffen vorne die 3 Kontrollscheitelpunkte mit den Griffen verschieben.

Weitere neue Flächentypen können aus bestehenden Flächen abgeleitet werden. MISCHEN ist eine Übergangsfläche (Blending surface) zwischen den Rändern bestehender Flächen, FLICKEN ist ein Abschluss für eine Öffnung in einer Fläche.

14.4 Modellieren mit Flächen

VERSETZEN erzeugt eine Art parallel laufende Fläche zu einer bestehenden. Diese Flächen sind prozedurale Flächen.

Eine prozedurale Fläche kann bei vorgewählter Option FLÄCHE ASSOZIATIVITÄT mit den erzeugenden Randkurven verbunden bleiben. Sie bilden dann mit diesen Flächen einen logischen Zusammenhang. Wenn eine der definierenden Flächen verschoben wird, geht die prozedurale Fläche mit. Wenn FLÄCHE ASSOZIATIVITÄT und NURBS-ERSTELLUNG aktiviert ist, entsteht eine nichtassoziative NURBS-Fläche. Die Einstellung NURBS-ERSTELLUNG dominiert FLÄCHE ASSOZIATIVITÄT. Wenn Sie aus einer assoziativen Fläche nachträglich durch Umwandlung eine NURBS-Fläche machen, geht die Assoziativität verloren.

Abb. 14.15: Prozedurale Flächen zwischen 2 halbkreisförmigen Flächen

Für den Flächenübergang können Sie verschiedene *Stetigkeitsbedingungen* angeben (siehe Abbildung 14.15):

- Die niedrigste Stufe ist die Positionsstetigkeit (auch G0 genannt). Dabei schließen die Flächen mit einem Knick an.
- Die nächste Stufe ist die Tangentenstetigkeit (G1), bei der der Übergang glatt verläuft.

- Als höchste Stufe der Stetigkeit gibt es den krümmungsstetigen Übergang (G2). Beide Flächen haben am Übergang gleiche Krümmung. Das bedeutet im obigen Beispiel, dass die Originalflächen in Richtung der Verbindung keine Krümmung haben, dass auch die Verbindungsfläche mit Krümmung 0 beginnt.

Nun die Flächen im Einzelnen:

1. NETZ – Die NETZ-Fläche entsteht aus zwei Scharen von Kurven. Das können zwei Randkurven in einer Richtung sein und zwei weitere in der anderen Richtung, sodass sie die Randkurven einer vierseitigen Fläche bilden können. Es können aber auch zwei Scharen von Kurven sein, also auch Kurven, die die Fläche im Innern zwischen den Rändern noch mitbestimmen sollen. Wenn Sie als Kurven SPLINES verwenden, können Sie sehr frei gestaltete Flächen erzeugen.
2. PLANAR – erzeugt eine ebene Fläche. Sie wählen zwei diagonal gegenüberliegende Punkte, um eine rechteckige Fläche zu erstellen. Alternativ können Sie ein ebenes Objekt in eine ebene Fläche mit gleicher Kontur erzeugen. Sie können dafür Kreise, Ellipsen, geschlossene Polylinien, Regionen und geschlossene ebene Splines verwenden.
3. ANHEBEN – wirkt wie im Register VOLUMENKÖRPER und erzeugt Flächen.
4. EXTRUSION – wirkt wie im Register VOLUMENKÖRPER und erzeugt Flächen.
5. SWEEP – wirkt wie im Register VOLUMENKÖRPER und erzeugt Flächen.
6. ROTATION – wirkt wie im Register VOLUMENKÖRPER und erzeugt Flächen.
7. MISCHEN – erzeugt eine Übergangsfläche (auch als *blending surface* bezeichnet) zwischen vorhandenen Flächenrändern. Diese und die beiden folgenden Flächen sind prozedurale Flächen. Insbesondere können solche Flächen, wenn sie nicht als NURBS-Flächen definiert werden, sondern mit der Einstellung FLÄCHE ASSOZIATIVITÄT, einen logischen Zusammenhang mit den erzeugenden Flächen erhalten. Verschiebungen der Ursprungsflächen würden dann also den Zusammenhang der Flächen beibehalten. Die Übergangsfläche wird dann wie eine Gummihaut entsprechend gedehnt oder gestaucht.
8. FLICKEN – schließt Löcher in Konstruktionen. Auch hier kann wieder der Grad der Stetigkeit am Rand angegeben werden. Um den glattesten Übergang zu erhalten, wurde in Abbildung 14.16 *Krümmungsstetigkeit* gewählt. Bei *Positionsstetigkeit* würden hier ebene Kreisflächen als Deckel und Boden entstehen.
9. VERSETZEN – erzeugt eine Parallelfläche zur Originalfläche. Auch dies ist eine prozedurale Fläche, die Assoziativität zur Ursprungsfläche haben kann. Die Funktion zeigt nach der Flächenwahl zunächst die Flächennormalen an, um anzudeuten, nach welcher Seite bei positivem Abstand versetzt wird. Mit der Option UMKEHREN können Sie ggf. die Flächennormalen umdrehen (Abbildung 14.17).

Abb. 14.16: Rotationsfläche, Deckel und Boden mit FLICKEN hinzugefügt

Abb. 14.17: VERSETZEN für Flächen, vorher Anzeige der Flächennormalen

10. FLÄCHE ASSOZIATIVITÄT – Diese Einstellung sichert für Flächen, die *nicht* mit der Option NURBS-ERSTELLUNG erzeugt wurden, zu, dass sie mit den Randkurven der Ursprungsflächen verknüpft bleiben. Das sind dann prozedurale assoziative Flächen. Sie bleiben logisch verknüpft mit den Originalflächen.
11. NURBS-ERSTELLUNG – Mit dieser Einstellung werden NURBS-Flächen mit einem internen Kontrollscheitelpunktpolygon erstellt. Diese können dann relativ bequem modelliert werden. Sie können aber nicht mehr assoziativ sein.

Kapitel 14
Modellieren mit Volumenkörpern, NURBS und Netzen (nicht LT)

14.4.2 Register FLÄCHE Gruppe BEARBEITEN

Abb. 14.18: Gruppe BEARBEITEN

ABRUNDEN – Kanten zwischen Flächen können abgerundet werden. Mit der Option RADIUS wird der Radius eingestellt, mit der Option FLÄCHE STUTZEN kann das automatische Stutzen ein- und ausgeschaltet werden. Klicken Sie die Flächen ungefähr da an, wo die Ausrundung berühren wird.

Abb. 14.19: Abrunden von Flächen mit/ohne Stutzen

STUTZEN – Beim STUTZEN werden Flächen an anderen Flächen, Regionen, Kurven oder projizierten Konturen gestutzt. Die Projektionsrichtung richtet sich

- in einer orthogonalen Ansicht mit Parallelprojektion nach der *Ansichtsrichtung*,
- in einer beliebigen anderen Ansicht bei einer ebenen Kontur nach der Richtung *lotrecht zur Konturebene* – das ist im Beispiel der Fall – und
- in einer beliebigen Ansicht und bei einer nicht ebenen Kontur nach der *z-Richtung* des aktuellen Koordinatensystems.

14.4 Modellieren mit Flächen

Zuerst wählen Sie die zu stutzenden Flächen, dann die Kontur und dann klicken Sie in die auf die Fläche sichtbare Stutzkontur hinein, um den zu stutzenden Bereich zu definieren, bei mehreren Flächen auch mehrfach.

Abb. 14.20: Stutzen von Flächen

```
Befehl: FLÄCHESTUTZ
Flächen verlängern = Ja, Projektion = Automatisch.
FLÄCHESTUTZ Zu stutzende Flächen oder Regionen wählen oder [ERweitern Pro-
jektionsrichtung]: Klick auf ebene Zielfläche    1 gefunden
FLÄCHESTUTZ Zu stutzende Flächen oder Regionen wählen oder [...]: Klick auf ebene
Zielfläche 1 gefunden, 2 gesamt
FLÄCHESTUTZ Zu stutzende Flächen oder Regionen wählen oder [ERweitern Pro-
jektionsrichtung]: Enter
FLÄCHESTUTZ Schneidende Kurven, Flächen oder Regionen wählen: Kreis anklicken
1 gefunden
FLÄCHESTUTZ Schneidende Kurven, Flächen oder Regionen wählen: Enter
FLÄCHESTUTZ Zu stutzenden Bereich wählen [Zurück]: Klick in markierte Stutzregion
auf ebener Fläche
FLÄCHESTUTZ Zu stutzenden Bereich wählen [...]: Klick in markierte Stutzregion auf
gewölbter Fläche
```

STUTZEN DER FLÄCHE AUFHEBEN – Die Funktion fordert zum Anklicken der Stutzkante auf und nimmt dann für jede Kante die Stutzaktion zurück. Wenn sich die Kante über mehrere Flächen erstreckt, können Sie für jedes Kantenstück das Stutzen einzeln aufheben.

FLÄCHE VERLÄNGERN – Der Befehl verlängert unter Beibehaltung der bisherigen Form eine Fläche weiter. Es gibt zwei ERWEITERUNGSMODI:

- ERWEITERN – erhält die Form der Fläche,
- STRECKEN – erhält die Form der Fläche nicht unbedingt.

Außerdem gibt es zwei ERSTELLUNGSTYPEN:

- ANHÄNGEN – erzeugt die Verlängerung als extra Fläche,
- VERSCHMELZEN – verlängert die aktuelle Fläche.

Abb. 14.21: Verlängern einer Fläche

FLÄCHE FORMEN – Mit dieser fantastischen Funktion können Sie aus einem Netz von Flächen, die ein Raumgebiet wasserdicht umschließen, einen Volumenkörper erstellen. In Abbildung 14.22 wurde der Volumenkörper nach Erstellung aus dem Gebiet herausgezogen. Achten Sie unbedingt darauf, dass das Gebiet absolut lückenlos geschlossen ist.

Abb. 14.22: Volumen aus umhüllenden Flächen erzeugt

14.4.3 Register FLÄCHE Gruppe KONTROLLSCHEITELPUNKTE

Mit den Funktionen der Gruppe KONTROLLSCHEITELPUNKTE können Sie die Kontrollscheitelpunkte der NURBS-Flächen verwalten.

Abb. 14.23: Gruppe KONTROLLSCHEITELPUNKTE

KS-BEARBEITUNGSLEISTE – Hiermit kann ein Punkt *in der Fläche* anhand der flächeninternen u- und v-Koordinaten angeklickt und dann mit dem erscheinenden Verschiebungs-GIZMO verschoben werden, um die Fläche zu deformieren. Die internen u- und v-Richtungen erscheinen zunächst als rote Linien, danach als gestrichelte gelbe Linien. Im GIZMO markieren Sie die Richtung, in der sich die Verschiebung bewegen soll, durch Anklicken einer Achse oder einer Ebene.

Abb. 14.24: Punkt in der Fläche in z-Richtung verschoben

KONVERTIEREN IN NURBS – Damit kann eine Fläche in eine NURBS-Fläche konvertiert werden. Fläche meint hier aber eine Fläche, die mit den Funktionen dieses Registers FLÄCHE erstellt wurden. Wenn Sie Netzflächen mit Funktionen aus dem Register NETZ erstellt haben, müssen Sie diese erst in Flächen umwandeln. Dazu gibt es die Funktion NETZ|NETZ KONVERTIEREN|IN FLÄCHE KONVERTIEREN oder Befehl INFLÄCHKONV. Danach können Sie dann die Fläche in eine NURBS-Fläche umwandeln.

ANZEIGEN KS/AUSBLENDEN KS – Diese beiden Funktionen dienen dazu, das Kontrollscheitelpunktpolygon von NURBS-Flächen sichtbar bzw. unsichtbar zu machen. Da das Kontrollstützpunktpolygon ein wichtiges Hilfsmittel zur Modellierung von NURBS-Flächen ist, spielt die Sichtbarkeit des Polygons eine wichtige Rolle. Diese sichtbaren Punkte können Sie dann mit den Griffen verschieben, um die Fläche zu gestalten.

FLÄCHE NEU ERSTELLEN – Mit dieser Funktion können die Anzahl der Kontrollscheitelpunkte und/oder der Grad einer NURBS-Fläche erhöht werden. Die Erhöhung der Anzahl von Kontrollscheitelpunkten bedeutet eine höhere Flexibilität bei der Modellierung. Verringert man die Anzahl der Kontrollscheitelpunkte, dann wird die Fläche glatter, die Krümmung wird kontinuierlicher. Der Grad gibt an, ob eine Änderung an einem Kontrollscheitelpunkt mehr lokal wirkt – bei einem niedrigen Grad – oder ob sie globaleren Einfluss hat – bei einem hohen Grad. Bei hohem Grad besteht allerdings die Gefahr sogenannter Schwingungen (Abbildung 14.25 rechts).

Abb. 14.25: Einfluss von Anzahl der Kontrollscheitelpunkte und Grad

FLÄCHE KS-HINZUFÜGEN / FLÄCHE KS-ENTFERNEN – fügt einzelne Reihen von Kontrollscheitelpunkten zu einer Fläche hinzu oder entfernt einzelne Reihen. Damit können Sie also gezielt an bestimmten Stellen die Modellierbarkeit der Flächen erhöhen oder erniedrigen.

Abb. 14.26: Wirkung von zusätzlichen bzw. entfernten Kontrollscheitelpunkten

14.4.4 Register FLÄCHE Gruppe GEOMETRIE PROJIZIEREN

In derselben Weise wie bei der Funktion FLÄCHE STUTZEN (Abbildung 14.20) die Kontur einer Kurve außerhalb der Fläche projiziert wird, kann auch mit diesen Funktionen projiziert werden. Sie können wählen, ob Sie nur projizieren wollen oder auch gleich stutzen. Außerdem können Sie über die Funktionswahl direkt vorgeben, mit welcher Projektionsrichtung gearbeitet werden soll.

Abb. 14.27: Gruppe GEOMETRIE PROJIZIEREN

AUTOMATISCH STUTZEN – ist ein Schalter, mit dem Sie wählen können, ob nur eine Kontur auf die Fläche projiziert werden soll oder ob auch zugleich mit dieser Kontur gestutzt werden soll.

BKS / ANSICHT / 2 PUNKTE – Mit diesen Optionen legen Sie fest, in welcher Weise die Projektionsrichtung bestimmt werden soll: Projektion in BKS-Richtung, senkrecht zur Ansicht oder Richtung durch zwei Punkte bestimmen.

14.4.5 Register FLÄCHE Gruppe ANALYSE

Abb. 14.28: Gruppe ANALYSE

ANALYSE-OPTIONEN – Mit diesen Einstellungen für die drei Analyse-Funktionen können Sie festlegen, wie fein das ZEBRA-Muster werden soll, welchen Bereich von Krümmungen oder Radien bei der KRÜMMUNGSANALYSE das Farbspektrum abdecken soll und welchen Winkelbereich der FORMSCHRÄGEN-ANALYSE das Farbspektrum darstellen soll.

ZEBRA-ANALYSE – Die ZEBRA-ANALYSE projiziert ein schwarz-weißes Streifenmuster auf die gewählten Oberflächen oder Volumenkörper. Dadurch wird es leicht möglich, Unregelmäßigkeiten im Flächenverlauf und Knickstellen zu lokalisieren.

KRÜMMUNGSANALYSE – Bei der KRÜMMUNGSANALYSE werden verschiedene Krümmungen durch verschiedene Farben dargestellt. Eine zylinderförmige Fläche wäre also einfarbig, weil sie einen festen Radius oder eine feste Krümmung hat.

Abb. 14.29: Zebra-Analyse

Abb. 14.30: Krümmungsanalyse mit Radien zwischen -30 und 300 (leider hier nicht farbig sichtbar)

FORMSCHRÄGE – Die Formschräge-Analyse verteilt ein Farbspektrum über einen engen Winkelbereich von etwa 3° bis -3°, um Abweichungen von der gewünschten Formschräge farblich genau anzuzeigen.

14.4.6 Beispiel: Flächenmodell mit Lofting-Flächen

Abbildung 14.31 zeigt eine Flächenmodellkonstruktion für eine Sporthalle, die dann mit dem Lofting-Befehl ANHEBEN mit Flächen überzogen wurde.

Eine solche Konstruktion erfordert einige Übung im dreidimensionalen Arbeiten, insbesondere bei der Manipulation der Koordinatensysteme. Sie beginnen am besten mit der halben elliptischen Grundfläche, also einem Ellipsenbogen, in der xy-Ebene des Weltkoordinatensystems. Die ganze Ellipse misst dann in x-Richtung 130 m und in y-Richtung 150 m. Dann kopieren Sie den Ellipsenbogen in die z-Höhe 10 m und versetzen sie um 5 m nach außen. Dann verschieben Sie das BKS mit der Option URSPRUNG auf die Nebenachse der oberen Ellipse. Dort drehen Sie das BKS um -40° um die y-Achse. In der neuen xy-Ebene konstruieren Sie den nächsten Ellipsenbogen für das Dach.

Kapitel 14
Modellieren mit Volumenkörpern, NURBS und Netzen (nicht LT)

Abb. 14.31: Konstruktion einer Sporthalle

Starten Sie also mit der Vorlage **acadiso3D.dwt** eine neue Zeichnung. Schalten Sie mit dem LAYER-MANAGER (Befehl LAYER) die Farbe des Layers **0** auf **Blau**. Klicken Sie den VIEWCUBE so an, dass Sie die Ansicht ISO-SW erhalten (Ecke zwischen LINKS, VORNE und OBEN). Aktivieren Sie den visuellen Stil SCHATTIERUNG MIT KANTEN über ANSICHT|ANSICHT|VISUELLE STILE.

Abb. 14.32: Abmessungen

```
Befehl: ⟳_ellipse Ellipsenbogen mit Hauptachse 150 und Nebenachse 130
ELLIPSE Achsenendpunkt der Ellipse angeben oder [Bogen Zentrum]: B
ELLIPSE Achsenendpunkt des elliptischen Bogens angeben oder [Zentrum]: 65,0
ELLIPSE Anderen Endpunkt der Achse angeben: -65,0
ELLIPSE Abstand zur anderen Achse angeben oder [Drehung]: 75
ELLIPSE Startwinkel angeben oder [Parameter]: -90
ELLIPSE Endwinkel angeben oder [Parameter einGeschlossener winkel]: 90
Befehl: ⟳_copy    Kopieren nach Z=10
KOPIEREN Objekte wählen: L   1 gefunden
KOPIEREN Objekte wählen: [Enter]
KOPIEREN Aktuelle Einstellungen: Kopiermodus = Mehrfach
KOPIEREN Basispunkt oder [Verschiebung mOdus] <Verschiebung>: [Enter]
KOPIEREN Verschiebung angeben <0.0000, 0.0000, 0.0000>: 0,0,10
Befehl: ⟳_offset     oberen Ellipsenbogen um 5 nach außen versetzen
Aktuelle Einstellungen: Quelle löschen=Nein  Layer=Quelle  OFFSETGAPTYPE=0
VERSETZ Abstand angeben oder [...] <Durch punkt>: 5
Zu versetzendes Objekt wählen oder [...] <...>: oberen Ellipsenbogen anklicken
VERSETZ Punkt auf Seite angeben, auf die versetzt werden soll, ... [...] <...>: **nach außen klicken**
VERSETZ Zu versetzendes Objekt wählen oder [Beenden ...] <Beenden>: [Enter]
Befehl: BKS    BKS auf Endpunkt des oberen Ellipsenbogens setzen (ENDPUNKT)
Aktueller BKS-Name: *WELT*
BKS    Ursprung des neuen BKS angeben oder [...] <...>: END von oberer Ellipsenbogen
BKS    Punkt auf X-Achse angeben oder <Akzeptieren>: [Enter]
Befehl: BKS    BKS um 40° um die x-Achse drehen
BKS    Aktueller BKS-Name: *KEIN NAME*
BKS    Ursprung des neuen BKS angeben oder [FLäche bENannt Objekt VOrher ANsicht Welt X Y Z ZAchse] <Welt>: X
BKS    Drehwinkel um Y-Achse angeben <90>: 40
Befehl: ⟳_ellipse     Ellipsenbogen für die Fassadenkante
ELLIPSE   Achsenendpunkt der Ellipse angeben oder [Bogen Zentrum]: B
ELLIPSE   Achsenendpunkt des elliptischen Bogens angeben oder [...]: END von **Vorderen Endpunkt des oberen äußeren Ellipsenbogens anklicken**
ELLIPSE   Achsenendpunkt der Achse angeben: END von **Hinteren Endpunkt des oberen äußeren Ellipsenbogens anklicken**
ELLIPSE   Abstand zur anderen Achse angeben oder [...]: 120
ELLIPSE   Startwinkel angeben oder [...]: -90
ELLIPSE   Endwinkel angeben oder [...]: 90
```

Kapitel 14
Modellieren mit Volumenkörpern, NURBS und Netzen (nicht LT)

Abbildung: Ellipse für Sockel und Fassade mit Beschriftungen: "Fassadenkante", "obere Ellipse kopiert auf Z=10", "obere Ellipse versetzt um 5, dann gestutzt", 40°, 150, 130

Abb. 14.33: Ellipse für Sockel und Fassade

Versetzen Sie dann mit dem gedrehten BKS noch die obere geneigte Fassadenkante um 5 nach außen, um die Dachkante zu erhalten. Als Nächstes brauchen Sie das orthogonale BKS VORNE, um den Bogen mit R100 mit der Option STARTPUNKT, ENDPUNKT, RADIUS zu konstruieren. Zeichnen Sie nun die Linie, die die Mitte der Dachkante mit der Kreisbogenmitte verbindet.

```
Befehl: _offset
Aktuelle Einstellungen: Quelle löschen=Nein  Layer=Quelle  OFFSETGAPTYPE=0
VERSETZ   Abstand angeben oder [...] <5.0000>: Enter
VERSETZ   Zu versetzendes Objekt wählen oder [...] <Beenden>: Fassadenkante wählen
VERSETZ   Punkt auf Seite angeben, auf die versetzt werden soll, ... [...] <...>:
nach außen klicken
VERSETZ   Zu versetzendes Objekt wählen ... [Beenden ...] <Beenden>: Enter
Befehl: BKS    BKS VORNE einstellen, um den Bogen in der Symmetrieebene mit R=100 zu
konstruieren
Aktueller BKS-Name:  *WELT*
BKS    Ursprung des neuen BKS angeben ... [...bENannt ...] <...>: EN
```

```
BKS     Option eingeben [HOlen SPeichern Löschen ?]: VORNE
Befehl:  _arc
BOGEN   Startpunkt für Bogen angeben ... [...]:
Startpunkt am vorderen Ende der Dachkante
BOGEN   Zweiten Punkt für Bogen angeben ... [...Endpunkt]: E
BOGEN   Endpunkt für Bogen angeben: Startpunkt am hinteren Ende der Dachkante
BOGEN   Zentrum für Bogen angeben ... [...Radius]: R
BOGEN   Radius für Bogen angeben: 100
Befehl:  _line    von Mitte Dachkante bis Mitte Bogen LINIE
Ersten Punkt angeben: Mitte Dachkante
LINIE   Nächsten Punkt angeben ... [...]: Mitte Bogen
LINIE   Nächsten Punkt angeben ... [...]: [Enter]
```

Abb. 14.34: Hilfskonstruktionen für Dach

Gehen Sie ins Weltkoordinatensystem zurück und spiegeln Sie alles außer dem R100. Wechseln Sie dann zu dem orthogonalen BKS RECHTS und zeichnen Sie mit ABRUNDEN den Radius R50 ein. Den unter ca. 60° schräg stehenden Kreisbogen können Sie erstellen, nachdem Sie ein BKS nach der Methode 3 PUNKTE erstellt haben.

Kapitel 14
Modellieren mit Volumenkörpern, NURBS und Netzen (nicht LT)

R50 im BKS Links

BKS - 3 Punkte
für
Bogen

Abb. 14.35: Abmessungen

```
Befehl: BKS    BKS zurücksetzen auf WELT zum Spiegeln
Aktueller BKS-Name: *LINKS*
BKS    Ursprung des neuen BKS angeben oder [...] <Welt>: Enter
Befehl: ⚠_mirror
SPIEGELN    Objekte wählen: Alles außer R100 wählen
SPIEGELN    Objekte wählen: Enter
SPIEGELN    Ersten Punkt der Spiegelachse angeben: Startpunkt des R100-Bogens
SPIEGELN    Zweiten Punkt der Spiegelachse angeben: Endpunkt des R100-Bogens
SPIEGELN    Quellobjekte löschen? [Ja Nein] <N>: Enter
Befehl: BKS    BKS RECHTS. Um zwischen beiden Linien abzurunden
Aktueller BKS-Name: *WELT*
BKS    Ursprung des neuen BKS angeben oder [...bENannt ...] <Welt>: EN
BKS    Option eingeben [HOlen SPeichern Löschen ?]: RECHTS
Befehl: _fillet    Linien mit R=50 abrunden
Aktuelle Einstellungen: Modus = STUTZEN, Radius = 0.0000
ABRUNDEN    Erstes Objekt wählen ... [...Radius ...]: R ABRUNDEN    Rundungsradius
angeben <0.0000>: 50
ABRUNDEN    Erstes Objekt wählen ... [...]: erste Linie anklicken
ABRUNDEN    Zweites Objekt wählen...: zweite Linie anklicken
Befehl: BKS    BKS mit 3 Punkten durch die Endpunkte des 100er-Bogens und der 50er-
Abrundung legen
Aktueller BKS-Name: *VORNE*
BKS    Ursprung des neuen BKS angeben oder [FLäche bENannt Objekt VOrher ANsicht Welt
X Y Z ZAchse] <Welt>: 3
BKS    Neuen Ursprung angeben <0,0,0>: Endpunkt des 100er-Bogens
```

14.4 Modellieren mit Flächen

```
BKS      Punkt auf der positiven X-Achse angeben: anderen Endpunkt des 100er-Bogens
BKS      Punkt mit positiven Y-Wert in der XY-Ebene des BKS angeben: Endpunkt der 50er-
Abrundung
Befehl: _arc      Bogen durch diese 3 Punkte legen
BOGEN    Startpunkt für Bogen angeben oder [...]: Endpunkt des 100er-Bogens
BOGEN    Zweiten Punkt für Bogen angeben oder [...]: Endpunkt der 50er-Abrundung
BOGEN    Endpunkt für Bogen angeben: anderen Endpunkt des 100er-Bogens
Befehl: BKS      BKS WELT zum Spiegeln einstellen
Aktueller BKS-Name: *KEIN NAME*
BKS      Ursprung des neuen BKS angeben oder [...] <Welt>: Enter
Befehl: _mirror   den letzten Bogen spiegeln
SPIEGELN Objekte wählen: letzten Bogen wählen
SPIEGELN Objekte wählen: Enter
SPIEGELN Ersten Punkt der Spiegelachse angeben: Endpunkt des 100er-Bogens
SPIEGELN Zweiten Punkt der Spiegelachse angeben: anderen Endpunkt des 100er-Bogens
SPIEGELN Quellobjekte löschen? [Ja Nein] <N>: Enter
```

Sie können nun alle Flächen mit FLÄCHE|ERSTELLEN|ANHEBEN erzeugen. Beginnen Sie mit der Dachfläche. Für diese Funktion wählen Sie die vier Querschnittskurven (siehe Abbildung 14.35) und lassen dann eine Fläche mit glatter Oberfläche erstellen. Weitere Eingaben sind nicht nötig. Wenn Sie die Querschnittskurven eventuell behalten wollen, müssen Sie das automatische Löschen von Kurven, die zur Erzeugung von Volumenkörpern oder Flächen dienen, abschalten. Das geschieht durch Eingabe des Wertes **0** für die Systemvariable DELOBJ.

```
Befehl: DELOBJ    automatisches Löschen der für die Flächenerzeugung verwendeten Pro-
filkurven verhindern
Neuen Wert für DELOBJ eingeben <1>: 0
Befehl: _loft
Aktuelle Drahtmodelldichte: ISOLINES=4, Erstellungsmodus für geschlossene Profile
=Volumenkörper
ANHEBEN   Querschnitte in Reihenfolge der Erhebung wählen oder [Punkt mehrere kurven
VErbinden MOdus]: _MO Erstellungsmodus für geschlossene Profile [Volumenkörper Flä-
che] <Volumenkörper>: _SO
ANHEBEN   Querschnitte in Reihenfolge der Erhebung wählen oder [Punkt mehrere kurven
VErbinden MOdus]: Dachkanten und Bögen in der richtigen Reihenfolge für das Dach wäh-
len
ANHEBEN   Querschnitte in Reihenfolge der Erhebung wählen oder [Punkt mehrere kurven
VErbinden MOdus]: Enter
ANHEBEN   Option eingeben [Führungen Pfad nur Querschnitte Einstellungen] <nur Quer-
schnitte>: Enter
```

Auch die anderen Flächen der Sporthalle können mit ANHEBEN erstellt werden. Wählen Sie für die nächste Fläche auf einer Seite dann zuerst den unteren inneren Ellipsenbogen, dann den darüber liegenden, dann den äußeren versetzten, dann

Kapitel 14
Modellieren mit Volumenkörpern, NURBS und Netzen (nicht LT)

am Dach den inneren Ellipsenbogen und dann am Dach wieder den äußeren versetzten. Nun sollen diese vier Flächenteile aber nicht wie beim Dach glatt ineinander übergehen, sondern mit Knick. Dazu benutzen Sie nach der Auswahl die Option EINSTELLUNGEN und ändern im Dialogfenster von GLATT ANPASSEN auf GEREGELT. Damit erhalten Sie Übergänge zwischen den Teilflächen, als wären es einzelne Regelflächen (wie bei Befehl REGELOB).

Das Flächenmodell hat den Vorteil, dass Sie eine schattierte Darstellung erzeugen oder verdeckte Kanten ausblenden können. Verdeckte Kanten können Sie mit dem Befehl VERDECKT ausblenden. Sie finden diesen Befehl unter START|ANSICHT in der Dropdown-Liste für VISUELLE STILE.

Abb. 14.36: Darstellung mit Materialien, Sonnenlicht und Bodenschatten

Zusätzlich können Sie mit dem MATERIALIEN-BROWSER noch den einzelnen Flächen Oberflächenmaterialien zuordnen, im Register RENDER in den Gruppen LICHTER und SONNE & STANDORT den Schattenwurf aktivieren, die Sonne einschalten und die Uhrzeit für den Sonnenstand einstellen.

14.5 Modellieren mit Netzen

Register NETZ Gruppe GRUNDKÖRPER

Sie enthält die Werkzeuge zum Erstellen von Netzkörpern. Die Netzkörper können im Unterschied zu den Volumenkörpern mit geglätteten Oberflächen frei modelliert werden. Dadurch können moderne Freiform-Modelle erzeugt werden. In der Gruppe sind auch die vier Flächen ROTOB, KANTOB, REGELOB und TABOB enthalten.

1. NETZQUADER – Der Grundkörper wird entweder über zwei räumlich diagonale Punkte oder zwei in der Ebene diagonale Punkte zuzüglich z-Höhe erzeugt.
2. NETZKEGEL – Der Netzkegel wird über Zentrum und Radius für die Grundfläche sowie die Höhe in Z-Richtung erstellt. Es kann ein oberer Radius für einen

Kegelstumpf eingegeben werden. Ein liegender Kegel entsteht mit der Option ACHSENENDPUNKT.

3. NETZZYLINDER – Den Netzzylinder über ZENTRUM, RADIUS und HÖHE in z-Richtung erstellen. Auch ein liegender Zylinder ist mit der Option ACHSENENDPUNKT über den zweiten Endpunkt beliebig auszurichten.

1	Netzquader
2	Netzkegel
3	Netzzylinder
4	Netzpyramide
5	Netzkugel
6	Netzkeil
7	Netztorus

Netzmodellierung: Netzquader (8, 9, 10, 11), Grundkörper – Netzgrundkörper-Optionen

Abb. 14.37: Gruppe GRUNDKÖRPER

4. NETZPYRAMIDE – Ein pyramidenförmiger Körper basierend auf polygonaler Grundfläche ähnlich POLYGON wird erzeugt.
5. NETZKUGEL – Die Kugel wird über ZENTRUM und RADIUS erzeugt.
6. NETZKEIL – Der Grundkörper Keil entsteht mit rechteckiger Grundfläche und Höhe am ersten Eckpunkt. Die Dreiecksfläche liegt immer in der xz-Ebene.
7. NETZTORUS – Der Grundkörper Torus in Form eines Schwimmreifens wird über ZENTRUM, großen RADIUS der Rohrmitte und kleinen Rohrradius erstellt.
8. ROTOB – Durch Rotation eines Profils um eine Achse wird eine Rotationsfläche erzeugt.
9. KANTOB – Die kantendefinierte Fläche entsteht durch glatte Interpolation zwischen vier Randkurven.
10. REGELOB – Die Regelfläche wird durch geradlinige Verbindung zweier beliebig geformter Kurven generiert.
11. TABOB – Die tabellarische Fläche entsteht über eine Art Extrusion eines Profils.

Register START Gruppe AUSWAHL

In dieser Gruppe finden Sie die Werkzeuge zum Modellieren der Netzkörper. Über die Filter wählen Sie, welche Unterobjekte Sie zur Deformation heranziehen wollen. Mit dem jeweiligen GIZMO wählen Sie die Art der Bewegung, die Sie ausführen möchten.

Abb. 14.38: Multifunktionsleisten-Gruppe ANSICHT|AUSWAHL

1. KEIN FILTER▾ – Hierunter wählen Sie, ob Sie den gesamten Volumenkörper, einzelne Knotenpunkte, Kanten oder Netzflächen zur Bearbeitung wählen möchten. Die Option VOLUMENKÖRPER-ENTWICKLUNG erlaubt die Wahl von Teilkörpern, die beim Aufbau eines komplexen Gesamtkörpers durch Vereinigung, Differenz oder Schnittmenge verwendet wurden.
2. VERSCHIEBEN-GIZMO▾ – In diesem Untermenü verbergen sich die Operationen, die Sie zur Deformation gebrauchen können. Sie stellen hiermit die Operation ein, die dann an den nach obigem Filter gewählten Unterobjekten eines Netzkörpers nach Anklicken ausgeführt wird. Mit gedrückter [Strg]-Taste können Sie bei Kanten und Flächen jeweils die Alternative auswählen. ZEICHNUNGSANSICHT-KOMPONENTE bedeutet Komponente in einem Ansichtsfenster im LAYOUT.

14.6 Modellieren mit Netzkörpern

Als wichtige Neuerung gibt es seit der Version 2010 die Möglichkeit, mit Hilfe von Netzkörpern freie Oberflächen zu modellieren. Die Netzkörper bestehen aus meh-

14.6 Modellieren mit Netzkörpern

reren Netzmaschen, die geglättet und manipuliert werden können. Wenn einzelne Netzknoten, -kanten oder -maschen beispielsweise verschoben werden, dann wirkt sich diese Verformung auf den gesamten Netzkörper aus, wobei natürlich der Einfluss der Modifikation mit der Entfernung abnimmt. Diese Art der Modellierung geglätteter Oberflächen bezeichnet man auch als Freiformmodellierung. Neben der Modellierbarkeit gibt es auch noch die Möglichkeit, einzelne Teilobjekte wie Knoten, Kanten oder Flächen aus dieser Deformation auszuschließen, indem man sie sozusagen versteift.

Abb. 14.39: Register NETZ

Die Funktionen für die Freiformmodellierung sind im Register NETZ zusammengefasst. In der ersten Gruppe GRUNDKÖRPER finden sich alle Grundobjekte, die modellierbar sind. Da sind einerseits dieselben Objekte wie bei den Volumenkörpern im Register START unter MODELLIEREN die Körper QUADER etc. zu finden: NETZQUADER, NETZKEGEL, NETZZYLINDER, NETZPYRAMIDE, NETZKUGEL, NETZKEIL und NETZTORUS. Daneben gibt es auch modellierbare Flächen: Rotationsfläche ROTOB, kantendefinierte Fläche KANTOB, Regeloberfläche REGELOB und tabellarische Fläche TABOB. Mit dem Werkzeug ↘ erreichen Sie die OPTIONEN FÜR NETZ-GRUNDKÖRPER (Abbildung 14.40). Hier wird definiert, mit wie vielen Netzmaschen die Netzkörper erstellt werden sollen. Damit wird auch vorbestimmt, wie sehr sich der Körper später beim Modellieren deformieren lässt. Auch der Glättungsgrad kann bei der Voransicht eingestellt und beurteilt werden. Die Vorgabe ist null, also ungeglättet, und so werden die Netzkörper auch zuerst eingefügt.

Kapitel 14
Modellieren mit Volumenkörpern, NURBS und Netzen (nicht LT)

Abb. 14.40: Einstellungen für Netzkörper

In der Gruppe NETZ liegen verschiedene Werkzeuge zum Glätten und Versteifen:

- OBJEKT GLÄTTEN – kann Volumenkörper in Netzkörper umwandeln und gleichzeitig glätten.
- MEHR GLÄTTEN/WENIGER GLÄTTEN – erhöht oder verringert den Glättungsgrad.
- NETZ VERFEINERN – erhöht die Netzmaschen in jeder Richtung. Die Funktion ist aber erst ab Glättungsgrad 1 sinnvoll. Hierbei können Sie die Unterobjektauswahl aus der Gruppe AUSWAHL auch auf FLÄCHE schalten, um nur einzelne Flächen zu verfeinern.

Abb. 14.41: Netze mit Glättung, Verfeinerung und verschiedenen Faltwerten

14.6 Modellieren mit Netzkörpern

- FALTE HINZUFÜGEN/FALTE ENTFERNEN – dient zum *Versteifen* von Flächen oder Kanten, die dann entweder nicht geglättet werden können oder schwächer geglättet werden (Abbildung 14.41). Ein hoher Faltwert bedeutet hohe Steifigkeit.
- Unter ↘ finden Sie die NETZ-TESSELLATIONSOPTIONEN, mit denen Sie die Feinheiten für die Netz-Verfeinerung einstellen können. Insbesondere können Sie hier auch festlegen, ob Sie Dreiecks- oder Viereckfacetten vorschreiben oder optimiert die Flächen unterteilen lassen.

Die Gruppe NETZ BEARBEITEN enthält mehrere Funktionen zur Bearbeitung von *Einzelflächen* des Netzkörpers:

- NETZFLÄCHE TEILEN – dient zur Unterteilung einer Netzfläche über eine Trennlinie, die Sie selbst einfügen können. Die Trennung kann von Kante zu Kante gehen oder von Scheitelpunkt zu Scheitelpunkt (sprich: Eckpunkt der Teilfläche) und auch gemischt. Dadurch können Sie die Flexibilität der Fläche für Glättungen erhöhen.

Abb. 14.42: Quader geglättet, oben Flächen unterschiedlich geteilt

- FLÄCHE EXTRUDIEREN – ermöglicht es, einzelne Netzflächen zu extrudieren. Nicht gewählte Nachbarflächen werden nur wenig an den Rändern deformiert, wie es dem Glättungsgrad des Gesamtkörpers entspricht. Die mitgewählten Flächen können einzeln extrudiert werden oder im Verbund (Abbildung 14.43). Wenn Sie dagegen mit dem VERSCHIEBEN-GIZMO aus der Gruppe AUSWAHL dieselben drei Flächen verschieben, ergibt sich eine globale Verformung des Volumenkörpers.

Kapitel 14
Modellieren mit Volumenkörpern, NURBS und Netzen (nicht LT)

Abb. 14.43: Dieselben drei Netzflächen mit GIZMO verschoben (links), extrudiert ohne (Mitte) und mit Verbindung (rechts)

- FLÄCHE VERSCHMELZEN – macht aus mehreren gewählten Flächen eine Gesamtfläche.

Abb. 14.44: Drei Netzflächen zu einer verschmolzen

- LOCH SCHLIEßEN – Wenn in einem Netz ein Loch entstanden ist, wie im Beispiel (Abbildung 14.45) durch LÖSCHEN einer Fläche, kann es mit LOCH SCHLIEßEN und nach Wahl der Randkurven wieder geschlossen werden.

Abb. 14.45: Loch in Netzfläche (durch LÖSCHEN entstanden) mit LOCH SCHLIEßEN repariert

- FLÄCHE/KANTE KOMPRIMIEREN (unter ▾) – Mit dieser Funktion können Flächen oder einzelne Kanten aus Ausdehnung null zusammengezogen werden. Benachbarte Flächen werden teilweise dadurch zu Dreiecksflächen.

Abb. 14.46: Mittlere Fläche komprimiert (links), vier Eckflächen komprimiert (rechts)

- DREIECKSFLÄCHE DREHEN (unter ▾) – Bei benachbarten Dreiecksflächen gibt es die Möglichkeit, die Ausrichtung der Dreiecke umzukehren. Das verändert natürlich auch etwas die Oberflächenglättung.

Abb. 14.47: Dreiecksflächen an der vorderen Ecke gedreht

In der Gruppe NETZ KONVERTIEREN finden Sie zwei Funktionen zur Umwandlung von Netzkörpern und Netzflächen in normale Volumenkörper und Flächen. Dies ist dann sinnvoll, wenn danach Volumenkörperfunktionen angewendet werden sollen. Als weitere Option ist hier der Glättungsmodus wählbar. Meist wird man die beste Glättung GLÄTTEN OPTIMIERT wählen.

Die letzte Gruppe AUSWAHL steuert die Aktionen, die Sie zum Modellieren verwenden können. Hier finden Sie links Filteroptionen. Damit legen Sie fest, welche Unterobjekte der Netzkörper Sie modifizieren möchten. Die Wahl besteht zwischen KEIN FILTER, SCHEITELPUNKT, KANTE und FLÄCHE. Eine weitere Filteroption, VOLUMENKÖRPERENTWICKLUNG, ermöglicht die Wahl von Teilobjekten eines komplexen Volumenkörpers, der durch boolesche Operationen aus mehreren anderen zusammengesetzt wurde.

Kapitel 14
Modellieren mit Volumenkörpern, NURBS und Netzen (nicht LT)

Abb. 14.48: Netzflächen und -körper (jeweils links) in Flächen bzw. Volumenkörper konvertiert

Die GIZMOS sind Hilfsfunktionen, über die Sie die Modellierfunktionen auf bestimmte Aktionen, nämlich VERSCHIEBEN, DREHEN und SKALIEREN, schalten können. Die Funktionen werden dann durch Anklicken der als Unterobjekt voreingestellten Flächen, Kanten oder Scheitelpunkte ausgeführt. Dabei erscheint auch stets ein Achsenkreuz-Symbol, mit dem Sie durch Markieren einzelner Achsen die Bewegung kontrolliert beispielsweise nur auf eine Achsenrichtung beschränken können. Es ist auch möglich, durch Markieren einer Ebene im Achsenkreuz die Bewegung auf eine Ebene zu beschränken. Beim DREHEN-GIZMO wählen Sie die Drehachse. Beim SKALIEREN-GIZMO können Sie eine Achsenrichtung zur Skalierung, eine Ebene oder auch das Zentrum wählen.

Abb. 14.49: SKALIEREN-GIZMO in der xy-Ebene in Aktion

Im Beispiel (Abbildung 14.49) wurde die AUSWAHL auf FLÄCHE geschaltet und das GIZMO auf SKALIEREN. Nach Anklicken der Fläche erscheint das Achsensymbol in der Flächenmitte. Dort können Sie noch die Skalierungsrichtung auswählen. Hier wurde keine bestimmte Achse, sondern die Fläche zwischen x- und y-Achse markiert, um eine gleichmäßige Skalierung in der xy-Ebene zu erhalten. Der Abstand zwischen Achsenkreuz und Fadenkreuz steuert den Skalierfaktor.

14.6.1 Beispiel für 3D-Modellierung

Mit dem in Abbildung 14.50 gezeigten Modell eines Kegels sollen einige Schritte der 3D-Modellierung demonstriert werden. Zuerst wird die grobe Form aus Volumenkörpern, nämlich zwei Zylindern und einer Kugel erstellt (Abbildung 14.50 links). Wenn man diese Körper vereinigt und dann aus dem komplexen Gesamtkörper mit OBJEKT GLÄTTEN einen geglätteten Netzkörper erzeugt, ergeben sich oft Unregelmäßigkeiten in der Glättung. Es entstehen hier am Boden unsymmetrische Teilflächen, die man mit FALTE HINZUFÜGEN wieder glattklopfen kann. Besser ist es, aus dem großen Zylinder allein erst einen Netzkörper zu machen (OBJEKT GLÄTTEN), dann diesen wieder in einen Volumenkörper umzuwandeln (IN VOLUMENKÖRPER KONVERTIEREN) und dann alle zu vereinigen und zu glätten. Dieser Netzkörper wird dann überall vernünftig glatt, auch unten am Boden.

Abb. 14.50: Volumenkörper-Modell, vernetzt, Boden versteift

Nun soll der Kegel noch an der Kante zwischen Körper und Hals etwas modelliert werden. Dazu wird die AUSWAHL auf FLÄCHE eingestellt und das SCHIEBEN-GIZMO aktiviert. Nach Markieren der umlaufenden Einzelflächen wurde im Gizmo die z-Achse markiert und dann alle Flächen nach oben verschoben (Abbildung 14.51). Dies wurde für einen zweiten Flächenkranz mit Verschiebung nach unten wiederholt. Zum Schluss wurden noch in der Mitte jeweils drei Flächen zu einem langen Streifen verschmolzen (FLÄCHEN VERSCHMELZEN) und dann diese Streifen umlaufend mit dem SKALIEREN-GIZMO etwas bauchig ausgeformt. Dazu war es nötig, das Gizmo über die Kontext-Funktion GIZMO NEU POSITIONIEREN mit Objektfang

MITTE ZWISCHEN 2 PUNKTEN (über ⌈Strg⌉+Rechtsklick) mittig zu positionieren und durch Klick zwischen seine x- und y-Achsen das flächige Skalieren zu aktivieren (Abbildung 14.53).

Abb. 14.51: Zu modifizierende Flächen gewählt und in z-Richtunug verschoben

Abb. 14.52: Zweiter Flächenverband mit GIZMO nach unten verschoben

Abb. 14.53: SKALIEREN-GIZMO mittig positioniert und auf xy-Ebene beschränkt

Sie können im Register AUSGABE unter 3D-DRUCKEN das Modell als STL-Datei ausgeben und an einen 3D-Druckdienst schicken lassen. Die Funktion sucht direkt die Internet-Verbindung zu Druckdiensten, die mit der Firma Autodesk zusammenarbeiten. Eine zweite Funktion zur Ausgabe der nötigen Datei für 3D-Drucker finden Sie unter ANWENDUNGSMENÜ|EXPORTIEREN|ANDERE FORMATE. Sie müssen dann das Format STEREOLITHOGRAPHIE (*.STL) wählen und dort die Volumen- oder Netzkörper wählen. Sie können auch in Deutschland Firmen finden, die 3D-Drucke erstellen. Ich arbeite selbst auf dem Gebiet mit meiner Firma ACOSTAS GmbH (Fliederstr. 55, 82110 Germering). Die Kosten solcher 3D-Drucke hängen vom Volumen des Teils ab und können vorher gut abgeschätzt werden.

14.7 Aufbereitung zum Plotten

Für das Plotten einer 3D-Konstruktion möchten Sie natürlich die Standard-Ansichten in einem Layout erzeugen. Hierfür gibt es bei AutoCAD 2013 die neue Registerleiste LAYOUT.

14.7.1 Standard-Ansichten aus dem Modellbereich heraus erstellen

Wenn Sie das Register LAYOUT im Modellbereich aktivieren, gibt es nur wenige nutzbare Funktionen. Mit LAYOUT|NEU können Sie neue Layouts erstellen, mit LAYOUT|SEITENEINRICHTUNG können Sie eine SEITENEINRICHTUNG für das Plotten aus dem Modellbereich erstellen und mit ANSICHT ERSTELLEN|BASIS haben Sie ins Schwarze getroffen: Diese Funktion erzeugt *automatisch* ein neues Ansichtsfenster von einer Standard-Ansicht Ihrer Modellbereichs-Konstruktion (Vorgabe *VORNE*) in einem vorhandenen oder zu erstellenden neuen LAYOUT – und bietet darin dann auch noch die automatische Erzeugung weiterer normgerechter Ansichten (*OBEN, LINKS* etc.) durch Ziehen in die entsprechende Richtung an. Netze werden hierbei nicht in den Ansichten angezeigt, sondern nur Flächen und Volumenkörper.

Abb. 14.54: Register LAYOUT im MODELLBEREICH

Hier kommen also mehrere Funktionen zusammen:

- Es wird ein neues LAYOUT erstellt,
- darin wird automatisch der *aktuelle Systemdrucker* für eine *automatische* SEITENEINRICHTUNG verwendet,

- und es wird für die Ansicht *VORNE*, entsprechend der *xz-Ebene* des Welt-Koordinaten-Systems (WKS) ein ANSICHTSFENSTER erstellt mit einem *automatisch ermittelten Maßstab*, sodass die übrigen Standard-Ansichten noch daneben aufs Blatt passen.

- Nach Positionieren dieser Basis-Ansicht und Beenden des Dialogs mit [Enter] erscheint die Anfrage nach weiteren Ansichten, und Sie brauchen mit dem Cursor nur noch auf die übrigen Positionen für die Ansichten *LINKS* und *OBEN* oder auch eine Iso-Ansicht zu klicken.

Abb. 14.55: Erstellen eines Layouts mit Standard-Ansichten aus dem Modellbereich heraus

Die erzeugten Ansichten haben Griffe zum Verschieben, aber die orthogonalen Ansichten bleiben miteinander fluchtend gekoppelt. Sie haben auch einen dreieckigen Griff zur Änderung des Maßstabs. Die Darstellung zeigt nach Abschluss der Aktion Sichtkanten und gestrichelte verdeckte Kanten an.

14.7.2 Ansichtsverwaltung im Layout

Sie können die Ansichten auch direkt im aktuellen Layout mit den Werkzeugen der Multifunktionsleiste erstellen und bearbeiten. Die Funktionen seien hier in einer Kurzübersicht vorgestellt.

Abb. 14.56: Multifunktionsleiste LAYOUT

- LAYOUT|NEU – Mit NEUES LAYOUT erstellen Sie nach *Namenseingabe* ein neues Layout. Mit der Option VON VORLAGE kann eine *Vorlagendatei* ausgewählt werden und daraus dann eines von mehreren LAYOUTS.
- LAYOUT|SEITENEINRICHTUNG – Die SEITENEINRICHTUNG stellt ja praktisch die Vorgabewerte für den PLOT-Befehl ein. Hier würden Sie im SEITENEINRICHTUNGS-MANAGER mit ÄNDERN die Vorgaben für den *Plotter*, das *Papierformat* und die *Plotstiltabelle* einstellen.
- ANSICHTSFENSTER|RECHTECKIG – Über zwei diagonale Positionen ziehen Sie ein Ansichtsfenster auf.
- ANSICHTSFENSTER|RECHECKIG ▾|POLYGONAL – Ein polygonales Ansichtsfenster ziehen Sie über mehrere Punkte auf ähnlich wie eine geschlossene Polylinie.
- ANSICHTSFENSTER|RECHECKIG ▾|OBJEKT – Aus einem geschlossenen Objekt wie einem Kreis, einer Ellipse oder einem Rechteck macht diese Option ein Ansichtsfenster.
- ANSICHT ERSTELLEN|BASIS – Sie können hiermit aus 3D-Objekten des Modellbereichs oder aus einer Inventor-Datei (`*.ipt`, `*.iam`, `*.ipn`) die Standard-Ansicht *VORNE* (xy-Ebene) erzeugen. Nach Positionieren dieser Ansicht können weitere Positionen für die anderen orthogonalen Ansichten angezeigt werden (*OBEN, LINKS* etc.). Folgende Optionen stehen zur Verfügung:
    - AUSRICHTUNG – Es kann auch eine andere Standard-Ansicht gewählt werden.
    - VERDECKTE LINIEN – Sie können wählen, ob verdeckte Linien gestrichelt angezeigt werden, mit SCHATTIERT... die Schattierung eingeschaltet wird oder SCHATTIERT MIT SICHTBAREN UND VERDECKTEN KANTEN angezeigt wird.
    - MASSSTAB – Wählen Sie den Maßstab anders als die sinnvoll berechnete Vorgabe.
    - SICHTBARKEIT – Die Darstellung der Kanten kann differenziert eingestellt werden. Beispielsweise können tangentiale Kanten an Kantenrundungen aktiviert werden oder aus Inventor-Dateien die Gewindeelemente angezeigt werden, auch Präsentationspfade aus Präsentationen (`*.ipn`-Dateien).
- ANSICHT ERSTELLEN|PARALLEL – Sie leiten mit dieser Funktion aus einer bestehenden Ansicht die dazu orthogonalen ab.
- ANSICHT ERSTELLEN|SCHNITT – Für eine bestehende Ansicht können Sie einen *Schnittverlauf* angeben und dann eine Position für die Schnittansicht. Mit der Option|TIEFE können Sie auch die Schnitttiefe steuern oder gar mit KAPPEN einen ebenen Schnitt spezifizieren.
- ANSICHT ERSTELLEN|DETAIL – Sie wählen zuerst die Ansicht, von der Sie einen Ausschnitt vergrößern wollen, dann geben Sie den Mittelpunkt des Ausschnitts an und ziehen den Ausschnittskreis auf. Danach folgt die Position für die Detailansicht. Mit der Option BEGRENZUNG können Sie zwischen kreisförmig und

rechteckig wählen. Über MODELLKANTE wählen Sie zwischen vier Darstellungsarten der Detailansicht:

- GLATT erzeugt einen glatten Rand, nicht umlaufend,
- GLATT MIT RAHMEN generiert einen umlaufenden glatten Rand,
- GLATT MIT VERBINDUNG zeigt zusätzlich noch die Verbindungslinie zwischen Ausschnitt und Detailansicht an,
- GEZACKT zeichnet einen gezackten Ansichtsrahmen.

- ANSICHT ÄNDERN|ANSICHT BEARBEITEN – dient zum Ändern der Komponentensichtbarkeit in einer Ansicht, Maßstabsänderungen und Darstellungsart.
- ANSICHT ÄNDERN|KOMPONENTEN BEARBEITEN – ist für Schnittansichten interessant, um die Schnittbeteiligung einzelner Komponenten zu steuern, beispielsweise Normteile nicht zu schneiden.
- ANSICHT ÄNDERN|SYMBOLSKIZZE – Hiermit kann die Detail- oder Schnittgeometrie an Kanten des zu schneidenden oder zu vergrößernden Objekts ausgerichtet werden, beispielsweise mit geometrischen Abhängigkeiten.
- AKTUALISIEREN – dient zum manuellen Aktualisieren von Ansichten. Hier ist standardmäßig die AUTOMATISCHE AKTUALISIERUNG eingeschaltet.
- STILE UND NORMEN|↘ – Mit dem Werkzeug ↘ können hier die Darstellungsstile für Details und Schnitte geändert werden. Die Vorgabe ist aber normgerecht.

Abb. 14.57: Layout mit mehreren Ansichten von einem Inventor-Teil

14.8 3D-Darstellung

14.8.1 Visuelle Stile

Die visuellen Stile beeinflussen die Darstellung und Schattierung von Oberflächen, Schattenwurf, Art der Kantendarstellung und Färbung der Flächen. Sie können die Einstellungen an verschiedenen Stellen vornehmen. Im Register START| ANSICHT und in ANSICHT|VISUELLE STILE finden Sie viele nützliche Stile.

Register ANSICHT Gruppe VISUELLE STILE

Hiermit können Sie die Darstellung der Volumenkörper-Oberflächen, der Schattierung und der Materialien bestimmen. Man bezeichnet diese Darstellungseigenschaften auch als »Visuelle Stile«. Auch können Sie hier die Flächenkanten zur besseren Darstellung ausblenden oder Isolinien oder Facetten der Flächen aktivieren.

Abb. 14.58: Multifunktionsleisten-Gruppe ANSICHT|VISUELLE STILE

1. RÖNTGEN-MODUS – Oberflächen werden schattiert, bleiben aber trotzdem teilweise durchsichtig, um die Kanten anzuzeigen.
2. FLÄCHENFARBEN – stellt die Intensität der Färbung der Flächen ein: Normal / Monochrom / Färbung / Sättigung verringern
3. FLÄCHENSTIL – Kein / Realistischer / Warm-Kalt-Flächenstil
4. SCHATTENWURF – Keine Schatten / Schatten auf Grundebene / Vollständige Schatten – Der Modus SCHATTEN AUF GRUNDEBENE zeigt im Zeichenfenster den Schattenwurf auf die Ebene mit z=0 an; damit VOLLSTÄNDIGER SCHATTEN wirkt, sollten Sie eine Grundebene zur Darstellung des Schattens zeichnen.
5. MATERIAL- UND TEXTURDARSTELLUNG – Hier können Sie Materialien und/oder Texturen für die Oberflächen ein- und ausschalten.

Kapitel 14
Modellieren mit Volumenkörpern, NURBS und Netzen (nicht LT)

Abb. 14.59: Vordefinierte visuelle Stile aus der Multifunktionsleisten-Gruppe VISUELLE STILE

Über zahlreiche Optionen im MANAGER FÜR VISUELLE STILE können noch die Art der Kanten, die Kanten-Präzision oder ein Entwurfsstil mit Kantenzufallswert eingestellt werden. Die verschiedenen Möglichkeiten zeigt Abbildung 14.59. Mit dem MANAGER FÜR VISUELLE STILE können Sie sich neben den gezeigten Stilen mit dem Werkzeug mit Sternchen noch weitere neue einstellen.

14.8 3D-Darstellung

Abb. 14.60: Stil-Änderungen mit dem MANAGER FÜR VISUELLE STILE

Es sei noch angemerkt, dass auch einige Systemvariablen nützlich für die Darstellungssteuerung sind:

- DISPSILH – steuert die Darstellung von Sichtkanten für gewölbte Oberflächen und sollte auf **1** gesetzt sein.
- ISOLINES – gibt die Anzahl der Isolinien in gewölbten Oberflächen an (Vorgabe 4).
- FACETRES – steuert die Anzahl der Facetten, die intern zur Oberflächendarstellung verwendet werden. Der Vorgabewert ist **0.5**. Die feinste Facettierung wird mit dem Wert **10** erreicht, die gröbste mit **0.01**.

Kapitel 14
Modellieren mit Volumenkörpern, NURBS und Netzen (nicht LT)

Abb. 14.61: Visueller Stil VERDECKT mit verschiedenen Kantendarstellungen

14.8.2 Rendern mit Materialien und Beleuchtung

Register RENDER Gruppe MATERIALIEN

Diese Funktionen dienen zum Verwalten der Oberflächen-Texturen und Materialien. Außerdem wird die Art der Materialzuordnung zum Volumenkörper hier bestimmt.

1. MATERIALIEN-BROWSER – startet den MATERIALIEN-BROWSER, aus dem Sie zahlreiche Materialien Ihren Flächen und Volumenkörpern zuordnen können.
2. MATERIALIEN/ TEXTUREN EIN – Hier können Sie Materialien und/oder Texturen für die Oberflächen ein- und ausschalten.

3. MATERIALZUORDNUNG (auf Oberflächen): PLANAR, QUADERFÖRMIG, ZYLINDRISCH, KUGELFÖRMIG – Wählen Sie das sogenannte Materialmapping nach dem Grundtyp des Volumenkörpers.

Abb. 14.62: Multifunktionsleisten-Gruppe MATERIALIEN

4. MATERIALIEN ENTFERNEN – entfernt Materialien von gewählten Objekten.
5. NACH LAYER ANHÄNGEN – allen Objekten auf einem Layer das gleiche Material zuordnen.
6. VERKNÜPFUNGSKOORDINATEN KOPIEREN – Zuordnungskoordinaten von einem Objekt auf ein anderes kopieren.
7. VERKNÜPFUNGSKOORDINATEN ZURÜCKSETZEN – Zuordnungskoordinaten zurücksetzen.
8. MATERIALIEN↘ – startet den Materialeditor zur Erstellung eigener Materialien.

Sie können auch eine dynamische Simulation mit Sonnenstand und Schattenwurf vornehmen. Ordnen Sie dafür den Objekten zunächst Materialien zu. Da die Ziegelstein-Materialien beim Muster MAUERWERK-ZIEGEL (BLOCKVERBAND) auf *8,5 cm x 2,5 cm* skaliert sind und auch mit den *Zeichnungs-Einheiten* skaliert werden, sollten Sie spätestens jetzt die korrekten Zeichnungseinheiten, nämlich Meter, einstellen (ANWENDUNGSMENÜ|ZEICHNUNGSPROGRAMME|EINHEITEN).

Zum Auswählen eines Materials rufen Sie den MATERIALIEN-BROWSER unter RENDER|MATERIALIEN|MATERIALIEN-BROWSER auf. Wählen Sie ein Material aus und klicken Sie dann den oder die Volumenkörper an, um das Material zuzuordnen.

Wenn Sie eine Ziegelwand etwas gröber darstellen wollen, müssten Sie das Material in jeder Richtung noch mit einem Faktor multiplizieren. Man kann auf der

Kapitel 14
Modellieren mit Volumenkörpern, NURBS und Netzen (nicht LT)

Gruppe RENDER|MATERIALIEN|MATERIALZUORDNUNG dazu beispielsweise QUADERFÖRMIG aufrufen. Dann erscheint die in Abbildung 14.63 gezeigte Mapping-Box, über deren Größe ein Material in allen Richtungen variiert werden kann. Wenn nötig, können Sie diese Box auch drehen.

Abb. 14.63: Anpassen eines Ziegelmaterials

Register RENDER Gruppen LICHTER und SONNE & STANDORT

Hiermit können Sie die Beleuchtung der Volumenkörper, insbesondere auch den Sonnenstand und sogar den Sonnenlauf mit Schattensimulation direkt steuern.

1. LICHTER IM MODELL – Liste aller erstellten Lichtquellen
2. VORGABE-BELEUCHTUNG – ein/aus, darunter die Einstellungen der Vorgabebeleuchtung
3. LICHT ERSTELLEN – Sie erstellen hier eine punktförmige Lichtquelle wie z.B. eine Glühbirne mit PUNKT, einen Scheinwerfer mit SPOT, eine Lichtquelle mit parallelen Strahlen über ENTFERNT oder Lichtquellen mit flächiger Ausdehnung über NETZ.
4. Schatteneinstellungen – SCHATTEN DEAKTIVIEREN / SCHATTEN AUF GRUNDEBENE ist ein Schattenwurf auf die Ebene mit z=0 / VOLLSTÄNDIGER SCHATTEN benötigt zum Schattenwurf natürlich eine Grundebene.
5. LICHZEICHEN-ANZEIGE – ein/aus, macht die Beleuchtungskörper durch Logos sichtbar.
6. SONNENSTAND – schaltet die Sonne ein und die Vorgabebeleuchtung aus.

Abb. 14.64: Multifunktionsleisten-Gruppen LICHT, SONNE, UHRZEIT & ORT

7. Himmelsdarstellung – bietet noch Feinheiten zur Beleuchtung. Die Optionen sind nur bei perspektivischer Darstellung wählbar (PERSPEKTIVE über Kontextmenü des VIEWCUBE wählen): HIMMEL DEAKTIVIEREN zeigt keine Himmelsfärbung an, HIMMELSHINTERGRUND zeigt den Himmel farbig an, HIMMEL MIT BELEUCHTUNG bewirkt diffuse Beleuchtung durch den Himmelhintergrund.

8. STANDORT EINSTELLEN – Geografische Position für automatische Sonnenstandberechnung eingeben über: Koordinaten, Landkartenposition oder Google-Earth-Datei.

Zur realistischen Simulation wären nun die VISUELLEN STILE einzustellen. Wählen Sie den Stil REALISTISCH, dann das Werkzeug BODENSCHATTEN. In der Gruppe SONNE & STANDORT schalten Sie die SONNE ein. Notfalls muss man das zweimal tun, bis die Meldung erscheint VORGABEBELEUCHTUNG DEAKTIVIEREN. Das sollten Sie tun.

Klicken Sie nun auf STANDORT EINSTELLEN. Es gibt zwei Optionen: KARTE bedeutet, dass Sie die Koordinaten aus einer Internet-Kartendarstellung ermitteln, DATEI bedeutet, dass Sie die Daten als *.KML oder *.KMZ-Datei von GoogleEarth vorliegen haben. Die Option KARTE setzt voraus, dass Sie bei AUTODESK 360 angemeldet sind. Beim ersten Mal werden Sie gefragt, ob Sie die *Live-Karteneinstellungen* verwenden wollen. Dann erscheint eine Weltkarte, auf der Sie sich an jeden beliebigen Ort zoomen können. Am richtigen Ort wählen Sie per Rechtsklick MARKIERUNG HIER ERSTELLEN und erhalten die Koordinaten ihres Ortes. Weiter geht es auf dem Bildschirm, wo Sie eine *Position* für diesen Ort wählen müssen, in der Regel ist das der Nullpunkt Ihrer Konstruktion, und eine *Nordrichtung* angeben müssen, normalerweise die y-Richtung.

Alternativ können Sie aber auch *Längen und Breitengrad manuell* eingeben, wenn Sie im Kartendialogfeld auf das i-Symbol klicken und die Werte selbst eingeben.

Kapitel 14
Modellieren mit Volumenkörpern, NURBS und Netzen (nicht LT)

Abb. 14.65: Dialogfeld zur Georeferenzieung

Nun können Sie mit dem Schieberegler unter SONNE & STANDORT das Datum einstellen und über den Schieber für die Uhrzeit den Zeitlauf und damit Sonnenstand und Schattenwurf simulieren (Abbildung 14.66).

Abb. 14.66: Simulation von Sonnenstand und Schattenwurf

> **Tipp**
>
> Um einen vollständigen Schattenwurf zu bekommen, müssen Sie ggf. die HARDWAREBESCHLEUNIGUNG einschalten. Dafür gibt es ein extra Werkzeug rechts in der Statusleiste. Über dessen Kontextmenü wählen Sie LEISTUNGSFEINABSTIMMUNG, dort MANUELLE FEINABSTIMMUNG und dann finden Sie auch einen Schalter für VOLLSTÄNDIGE SCHATTENANZEIGE. Danach wirkt auch die Schatten-Einstellung unter RENDER|LICHTER|VOLLSTÄNDIGE SCHATTEN.

14.8.3 Render-Optimierung

Die vornehmste Darstellung von Volumenkörpern und/oder Flächen erreichen Sie unter AutoCAD in der Multifunktionsleisten-Gruppe RENDER|RENDER (Abbildung 14.67). Die Voraussetzungen dafür sind natürlich die Einstellungen für Schattierung, Beleuchtung und Material in den restlichen Gruppen des Registers RENDER.

Unter *Rendern* versteht man eine Bildgenerierung für ein statisches fotorealistisches Bild, die Folgendes berücksichtigt:

- Lichtquellen
- Oberflächenmaterialien
- die aktuelle Ansicht
- ein Hintergrundbild
- ggf. Schnitte

Abb. 14.67: Multifunktionsleisten-Gruppe RENDER

Lichtquellen

Zunächst sollten Sie die zu verwendenden Lichtquellen definieren und positionieren. Die wichtigste Lichtquelle, die Sonne, sollten Sie sowieso über die Multifunktionsleisten-Gruppe SONNE & STANDORT schon eingeschaltet haben und auch die geografische Position schon festgelegt haben.

Es gibt nun vier verschiedene künstliche Lichtarten: PUNKT, SPOT, ENTFERNT und NETZ. Die Erstellung einer Lichtquelle findet über die Gruppe LICHT oder verschiedene Werkzeugpaletten mit vordefinierten Lichtquellen statt. Für die Lichtquellen werden Symbole in die Zeichnung gesetzt, damit Sie deren Position oder Richtung erkennen können. Mit den Werkzeugen fügen Sie die Lichtquellen einfach ein und ändern die Feinheiten am besten nachträglich nach Anklicken über die Eigenschaften. Auch mithilfe des Werkzeugs LICHTLISTE haben Sie schnellen Zugriff auf die Einstellungen aller Lichtquellen. Für jedes Licht können Sie die Farbzusammensetzung frei bestimmen.

Das PUNKT-Licht entspricht einer nackten Glühlampe, die eine punktförmige Lichtquelle darstellt und überallhin leuchtet. Sie wird über ihre Position definiert. Sie können über die Eigenschaften in der Kategorie LICHTABNAHME bei TYP noch wählen, wie stark die Intensität mit der Entfernung abnehmen soll. Physikalisch korrekt ist eine invers quadratische Abnahme, aber der Wirklichkeit kommt in der Computergrafik eine invers lineare Abnahme meist näher, weil sie praktisch noch übrige Streulichter und Restlichter berücksichtigt.

Das SPOT-Licht stellt einen Scheinwerfer dar. Deshalb legt man für SPOT nicht nur eine Quellposition fest, sondern auch eine Zielposition: Damit wird angegeben, was ausgeleuchtet wird. Der Lichtkegel geht nicht abrupt in Dunkelheit über, sondern wird über zwei Winkel so gesteuert, dass ein kontinuierlicher Übergang stattfindet. Dazu definieren Sie über die Eigenschaften einen HOTSPOT-WINKEL für die maximale Helligkeit und einen etwas größeren Winkel für die minimale Helligkeit, genannt LICHTABNAHME-WINKEL. Auch hier können Sie wieder die Intensitätsabnahme mit der Entfernung wie beim Punktlicht steuern.

ENTFERNT ähnelt dem Sonnenlicht. Es kommt aus unendlicher Entfernung und sendet deshalb parallele Strahlen. Es gibt keine Position zu bestimmen, sondern nur eine Richtung über zwei Punkte.

NETZLICHT erlaubt die Erstellung einer Lichtquelle, für die eine Intensitätsverteilung als IES-Datei im Eigenschaften-Manager geladen werden kann. Damit lassen sich Lichtquellen besonders realistisch darstellen.

Materialien

Die *Oberflächenmaterialien* können Sie über RENDER|MATERIALIEN|MATERIALIENBROWSER den Objekten durch Anklicken zuordnen. Mit dem Werkzeug MATERIALZUORDNUNG aus derselben Gruppe lassen sich auch die Materialien den Körper- oder Flächengeometrien anpassen.

Register RENDER Gruppe RENDER

Das Rendern findet normalerweise in einem eigenen Render-Fenster statt.

14.8 3D-Darstellung

Abb. 14.68: Multifunktionsleisten-Gruppe RENDER

1. RENDER – startet die Berechnung der fotorealistischen Darstellung im Render-Fenster.
2. REGION RENDERN – rendert im Zeichenbereich einen angeklickten rechteckigen Bereich.
3. ERWEITERTE RENDER-EINSTELLUNGEN – zeigt alle fürs Rendern verwendeten Einstellungen an.
4. RENDER-FENSTER – schaltet ins Render-Fenster um.
5. BELICHTUNG ANPASSEN – Render-Vorschau mit Beleuchtungsanpassung
6. UMGEBUNG – dient zur Festlegung von Einstellungen für die Effekte NEBEL und TIEFENUNSCHÄRFE. Die Tiefenangaben beziehen sich auf die Kamera-Entfernung, die vordere Entfernung zählt von der Kamerazielposition nach vorn, die hintere nach hinten, beide mit positiven Werten.

Ansicht und Hintergrundbild

3D-Modellierung	Befehl
ANSICHT|ANSICHTEN|ANSICHTS-MANAGER oder START|ANSICHT|UNGESICHERTE ANSICHT ▼ |ANSICHTS-MANAGER	AUSSCHNT

Ein Hintergrundbild lässt sich über eine *Ansicht* integrieren. Stellen Sie dafür zunächst die zu rendernde Ansicht mit VIEWCUBE, 3DORBIT, ZOOM und PAN ein. Dann rufen Sie ANSICHT|ANSICHTEN|ANSICHTS-MANAGER auf und definieren diese als neue Ansicht mit NEU. Geben Sie im Dialogfenster einen ANSICHTSNAMEN wie etwa **3D-Render** ein und ggf. eine ANSICHTSKATEGORIE wie **Rendern**. Unter UMGRENZUNG wählen Sie AKTUELLE ANZEIGE. Bei EINSTELLUNGEN sollte

Kapitel 14
Modellieren mit Volumenkörpern, NURBS und Netzen (nicht LT)

LAYERSCHNAPPSCHUSS MIT ANSICHT SPEICHERN aktiviert sein, damit die Layermodi mit der Ansicht erhalten bleiben. Wählen Sie dann den VISUELLEN STIL aus, meist wird es **Realistisch** sein. Im Bereich HINTERGRUND aktivieren Sie die Option BILD. Mit der Schaltfläche DURCHSUCHEN holen Sie sich ein passendes Hintergrundbild. Im Verzeichnis C:\Windows\Web\Wallpaper finden Sie bestimmt brauchbare Beispiele.

Ansicht und Schnittflächen

Im ANSICHTS-MANAGER können Sie auch Schnittflächen zur Begrenzung der Sichtbarkeit einstellen. Wenn Sie die oben erzeugte Ansicht anklicken, können Sie dort die Eigenschaften der Ansicht sehen. Eine Ansicht entspricht übrigens immer auch einer Kamera. Deshalb können Sie die Schnittflächen auch über das zugehörige Kamera-Logo einstellen, aber das soll später geschehen. Im ANSICHTS-MANAGER wählen Sie nun die Rubrik SCHNITTFLÄCHE, dort nochmals SCHNITTFLÄCHE und aktivieren HINTERER UND VORDERER AKTIVIERT und geben dann Werte ein. Dabei ist zu beachten, dass die Entfernungen für vorderer und hinterer Schnitt vom Kameraziel nach vorne rechnen. HINTERER SCHNITT **0** bedeutet, dass der HINTERE SCHNITT im Kameraziel liegt. Im Beispiel wurde VORDERER SCHNITT **41** eingestellt. Das bedeutet, dass der vordere Schnitt 41 m (bzw. 41 Einheiten) vor dem Kameraziel liegt. Nach Abbildung 14.69 führt dieser Schnitt zum Aufschneiden des Modells. Für den hinteren Schnitt geben Sie die Entfernung vom Kameraziel nach hinten als negative Zahl in Ihren Zeicheneinheiten an.

Abb. 14.69: Schnittflächen über Ansichtseigenschaften festlegen

Kamera und Schnittflächen

Register RENDER Gruppe KAMERA

Die Gruppe KAMERA müssen Sie im Register RENDER erst über Rechtsklick in der Multifunktionsleiste aktivieren.

Abb. 14.70: Aktivieren der Multifunktionsleisten-Gruppe RENDER|KAMERA

1. KAMERA ERSTELLEN – erlaubt, eine Kamera auf eine Punktposition zu setzen und einen Zielpunkt zu definieren. Dieser Kamera entspricht dann eine Ansicht, die unter START|ANSICHT oder ANSICHT|ANSICHTEN gewählt werden kann.
2. KAMERAS ZEIGEN – aktiviert die Anzeige der Kamerasymbole.

Schnittflächen sind stets mit Kameras verknüpft und werden über die Kamera-Eigenschaften definiert (siehe Abbildung 14.71). Die Schnitte können Sie auch nach Anklicken der Kamera-Anzeige sichtbar machen und dynamisch am Bildschirm verschieben. In der Voransicht sehen Sie auch gleich die Wirkung.

Abb. 14.71: Schnittebene in der Kamera-Anzeige

Sie können aber auch den Befehl 3DSCHNITT aufrufen, um Schnittebenen für die aktuelle Ansicht zu definieren. Gehen Sie vorher wieder in die zu rendernde Ansicht 3D-RENDER und tippen Sie den Befehl 3DSCHNITT ein. Es erscheint ein Fenster, das eine Ansicht anzeigt, die senkrecht von oben auf der Bildschirmfläche steht. Dort erscheinen vorderer und hinterer Schnitt als Linien. Sie können nun die beiden Schnitte verschieben und aktivieren.

Kapitel 14
Modellieren mit Volumenkörpern, NURBS und Netzen (nicht LT)

Abb. 14.72: Vorderen und hinteren Schnitt im Befehl 3DSCHNITT verschieben

Rendern

Bevor Sie das eigentliche Rendern starten, stellen Sie vielleicht noch die gewünschte Render-Qualität in der Multifunktionsleisten-Gruppe RENDER|RENDER im aufgeblätterten Gruppenfeld unten ein. Höhere Qualität bedeutet natürlich immer längere Render-Zeit. Wichtig wäre auch noch die AUSGABEGRÖSSE, die die Größe des gewünschten Pixelrasters beschreibt. Hier kann auch eine Datei als Ausgabe festgelegt werden. Als Ausgabe für das Render-Ergebnis ist standardmäßig ein eigenes Render-Fenster eingestellt.

3D-Modellierung	Icon	Befehl	Kürzel
RENDER|RENDER|RENDER		RENDER	REN

Nun können Sie den eigentlichen Befehl RENDER aufrufen, der das Render-Bild berechnet. Wenn Sie in ein Render-Fenster rendern, können Sie auch von dort aus noch das Render-Bild speichern lassen.

In der Gruppe AUTOCAD 360 bietet sich unter IN DER CLOUD RENDERN nun auch die Option, das Rendern in die Cloud zu verlagern. Nach Abschluss der Berechnung erhalten Sie dann eine E-Mail.

14.9 Bewegungspfad-Animation

Eine animierte Darstellung erreichen Sie über den Befehl ANIPFAD bzw. in der Multifunktionsleisten-Gruppe RENDER|ANIMATIONEN (diese Gruppe müssen Sie

14.9 Bewegungspfad-Animation

über Rechtsklick im Register erst aktivieren, da sie standardmäßig nicht aktiv ist). Im Einstellungsdialogfenster können Sie einen Pfad oder eine Punktposition wählen, um die Kamera zu führen (Abbildung 14.73). Die Zielposition der Kamera können Sie gleichfalls über Punktposition oder Pfad angeben. In Abbildung 14.73 wurden zwei Pfade mit dem Befehl SPLINE ~ konstruiert. Damit erhalten Sie schöne glatte Pfade. Für das aktuelle Beispiel wurde der innere Pfad mit VERSETZ ⌐ erzeugt und danach noch um einige Meter mit SCHIEBEN ⊹ nach oben geschoben, damit der Blick aufwärtsgeht. Als Kameraziel wäre anstelle des inneren Pfades auch der Mittelpunkt vom Dachfirst sehr geeignet. Damit erhalten Sie eine ruhigere Kameraführung.

Bei den Einstellungen ist noch die Dauer der Animation wichtig. Sie sollte je nach Größe des Pfades mindestens einige Sekunden betragen. Eine Bildfrequenz von 30 Bildern pro Sekunde ergibt einen ruhigen Bildübergang. Nun wäre noch der VISUELLE STIL für die Animation zu wählen und die Auflösung. Als Stil werden Sie wohl meist REALISTISCH wählen, um die echten Oberflächen mit Materialien zu erhalten. Bei der Auflösung ist zu bedenken, dass bei bewegten Bildern die Auflösung immer viel geringer sein darf als bei einem statischen Bild. Das wird auch beim Fernsehen mit seiner relativ groben Zeilenauflösung ausgenutzt. Das Auge interpoliert bei den bewegten Bildern sowieso zwischen den Einzelbildern und merkt deshalb Ungenauigkeiten im Raster nicht so sehr. Wenn der Pfad Ecken enthält, sollte auf jeden Fall VERZÖGERUNG IN ECKEN aktiviert sein, damit die Kamera nicht ruckelt. Die Option UMKEHRUNG führt zu einem Kameralauf entgegen der Konstruktionsrichtung des Pfades.

Abb. 14.73: Bewegungspfad-Animation mit Einstellungen, Pfaden und Voransicht

Im Vorschau-Fenster können Sie die Animation begutachten. Wenn Sie das Vorschau-Fenster schließen, können Sie im Einstellungsdialogfenster mit OK die Animation erzeugen lassen. Es wird das Dateiformat *.WMV angeboten, das mit dem Windows-Media-Player abgespielt werden kann.

Weitere Möglichkeiten zur 3D-Betrachtung werden durch die Werkzeuge 2D-NAVIGATION bzw. 3D-NAVIGATION im Register RENDER Gruppe ANIMATIONEN erschlossen. In diesem Modus können Sie

- mit den Pfeiltasten Ihren Standpunkt nach vorn, hinten, links und rechts bewegen
- bei gedrückter Maustaste die Blickrichtung schwenken
- bei gedrücktem Mausrad Ihre z-Höhe auf und ab schwenken
- im POSITIONSLOKALISIERER Standpunkt und Zielpunkt verändern
- eine Animationsdatei von Ihrer Navigation mit dem runden Steuerknopf erstellen lassen

Abb. 14.74: Multifunktionsleisten-Gruppe ANIMATIONEN

Abb. 14.75: Positionslokalisierer während einer 3D-Navigation

Die erstellte Animation können Sie beispielsweise zum automatischen Abspielen mit dem Media-Player als *.AVI-Datei speichern. Vorher können Sie die Sequenz mit dem dreieckigen Steuerknopf als Voransicht in AutoCAD betrachten. Die Art der Ausgabedatei wird über die ANIMATIONSEINSTELLUNGEN geregelt. Dort wählen

Sie auch den VISUELLEN STIL und die Bildfrequenz für die Ausgabe. Vor Beginn der Animation sollte die Schrittlänge Ihrer Modellgröße angepasst werden.

14.10 Stereobilder für 3D-Zeichnungen

Der Mensch sieht bis etwa 50 m Entfernung alle Objekte dreidimensional. Das ist dadurch möglich, dass die Augen die Objekte unter etwas verschiedenen Blickwinkeln sehen und die Bilder vom Gehirn zum 3D-Eindruck kombiniert werden. Um den gleichen Effekt im CAD zu erzeugen, können Sie eine Zeichnung in verschiedenen Ansichtsfenstern des Papierbereichs mit den entsprechenden Blickwinkeln darstellen, farblich einmal in Rot und einmal in Blau gestalten und durch eine rotblaue Stereobrille betrachten. Die in Abbildung 14.76 gezeigten Ansichten des Kirchenmodells sind nur im Buch in Grautönen, erscheinen aber auf dem Bildschirm in Rot und Blau.

Wählen Sie die in Abschnitt 13.10.2 *Kirchlein mit Wandstärken, Fenstern und Beleuchtung* konstruierte Kirche als Beispiel aus und gehen Sie in die 2D-Drahtkörperdarstellung. Zeichnen Sie noch um die Kirche herum ein großes Rechteck auf der Ebene mit Z=0. Es sollte etwa fünfmal größer sein als der Grundriss. Dann erzeugen Sie im Layout1 zwei Ansichtsfenster vertikal nebeneinander mit ANSICHT| ANSICHTSFENSTER|NEU und wählen im Dialogfenster ZWEI: VERTIKAL.

```
Befehl: Layout1 in der Statusleiste anklicken.
Befehl:  _delete
LÖSCHEN Objekte wählen: automatisch erzeugtes Ansichtsfenster anklicken.
1 gefunden
LÖSCHEN Objekte wählen: [Enter]
Befehl: -AFENSTER
-AFENSTER Ecke des Ansichtsfensters angeben oder
[...]: <...>: 2
-AFENSTER Ansichtsfensteranordnung angeben [... Vertikal] <Vertikal>: [Enter]
Erste Ecke angeben oder [Zbereich]: <Zbereich>: [Enter]
```

Richten Sie zugleich auch zwei Layer ein, die sinnvollerweise die Namen **BLAU** und **ROT** bekommen und auch die entsprechenden Farben tragen. Nun gehen Sie mit einem Doppelklick ins linke Fenster, damit es als aktives Ansichtsfenster dicker umrahmt erscheint und dort das Fadenkreuz sichtbar wird. Das Kirchenmodell kopieren Sie mit der Verschiebung 0,0,0 und legen die Kopie auf den roten Layer. Zunächst sehen beide Ansichten im Papierbereich gleich aus. In diesem Zustand rufen Sie die kleine Layersteuerung auf und frieren im aktuellen Ansichtsfenster den blauen Layer, indem Sie in der dritten Spalte IN AKTUELLEM ANSICHTSFENSTER FRIEREN anklicken. Analog schalten Sie im rechten Fenster den roten Layer aus.

Kapitel 14
Modellieren mit Volumenkörpern, NURBS und Netzen (nicht LT)

Befehl: _layer   Layer ROT und BLAU einrichten.
Befehl: **Doppelklick ins linke Fenster**
Befehl: **Kirche markieren.**
Befehl: **Über kleine Layersteuerung die Kirche auf Layer BLAU legen.**
Befehl: _copy   Objekte wählen: **Kirche markieren.**
KOPIEREN Objekte wählen: [Enter]
KOPIEREN Basispunkt oder [...]<Verschiebung>: [Enter]
KOPIEREN Verschiebung angeben <0,0,0>: [Enter]
Befehl: _properties   Eigenschaften-Manager aufrufen, dort rechts oben das mittlere Objektwahlwerkzeug anklicken.
Objekte wählen: V[Enter][Enter]   Die eben kopierte Kirche ist damit gewählt. Legen Sie sie nun durch Ändern der Layer-Eintragung auf den Layer ROT.
Befehl: Im aktiven Ansichtsfenster den Layer BLAU über die kleine Layersteuerung Ansichtsfenster-spezifisch frieren.
Befehl: Ins rechte Ansichtsfenster durch Hineinklicken wechseln und im aktiven Ansichtsfenster den Layer ROT Ansichtsfenster-spezifisch frieren.

Jetzt sollten Sie in beiden Fenstern die Ansicht optimieren mit ZOOM, Option GRENZEN und danach ZOOM, Option SKALIEREN mit Faktor **0.8x**. Nun können Sie für die linke Ansicht eine geeignete Sicht einstellen: Befehl DDVPOINT. Geben Sie als Winkel **314** Grad von der x-Achse und **45** Grad zur xy-Ebene ein. Rechts stellen Sie etwas unterschiedlich ein: **316** Grad von der x-Achse und **45** Grad zur xy-Ebene.

Befehl: _zoom
Fensterecke angeben... oder[...] <...>: _e
Befehl:
Fensterecke angeben... [...] <...>: _s
Skalierfaktor eingeben (nX oder nXP): **0.8x**
Befehl: **DDVPOINT**

14.10 Stereobilder für 3D-Zeichnungen

> Winkel 314° und 45° einstellen, Visuellen Stil 2D-DRAHTKÖRPER wählen und zum anderen Ansichtsfenster durch Hineinklicken wechseln.
> Befehl: **DDVPOINT**
> Winkel 316° und 45° einstellen, Visuellen Stil 2D-DRAHTKÖRPER wählen und mit Doppelklick neben die Ansichtsfenster in den Papierbereich wechseln.
> Befehl: Griffe an einem Ansichtsfenster aktivieren und Ansichtsfenster im Papierbereich so übereinander schieben, dass beide mit dem entferntesten Punkt übereinander liegen.

Sie müssen nun die Ansichtsfenster nur noch übereinander schieben. Gehen Sie dazu zuerst in den Papierbereich des Layouts, indem Sie neben die Ansichtsfenster doppelklicken. Rufen Sie SCHIEBEN auf und wählen Sie im rechten Ansichtsfenster mit Objektfang ENDPUNKT den entferntesten Punkt des zuerst gezeichneten Rechtecks als BASISPUNKT und den entsprechenden Punkt im zweiten Ansichtsfenster als ZWEITEN PUNKT DER VERSCHIEBUNG.

Abb. 14.76: Stereoansichten im Papierbereich

Schauen Sie sich beide übereinander liegenden Bilder nun mit einer rot-blauen Stereobrille an, so sehen Sie eine plastische Darstellung. Sie sollten ggf. die Farben der Layer den Farben der Stereobrille anpassen, sodass der rote Layer kaum durch das rote Glas zu sehen ist und der blaue Layer kaum durch das blaue Glas.

> **Tipp**
>
> **Ansichtsfenster wechseln**
>
> Wenn Sie die Ansichtsfenster in solch komplizierten Fällen wechseln wollen, wo sie übereinander oder ineinander liegen, dann können Sie das nicht mehr durch einfaches Hineinklicken bewerkstelligen, sondern Sie müssen mit einer Tastenkombination ins nächste Ansichtsfenster springen. Das erreicht man mit [Strg]+[R].

14.11 Was gibt's noch?

- 3D-OBJEKTFANG – Obwohl es in den Beispielen oben nirgends echt nötig war, sollten doch die neuen 3D-OBJEKTFÄNGE erwähnt werden. Es gibt mit dieser Version zusätzliche Objektfänge, die sich dann speziell auf Ecken, Kanten und Flächen von Volumenkörpern beziehen. Sie finden diese in der Statusleiste neben den normalen Objektfängen als 3DOFANG oder im Objektfangmenü, das Sie mit [Shift]+Rechtsklick aktivieren, unter 3D-OBJEKTFANG.

Icon	Kürzel	Bezeichnung	Wirkung
	ZVERT	Scheitelpunkt	Eckpunkte von Flächen, Körpern und Splines, auch NURBS-Kontrollscheitelpunkte
	ZMIT	Mittelpunkt auf Kante	Mittelpunkt auf einer Kante
	ZZEN	Mittelpunkt der Fläche	Zentrum einer Körperfläche (nicht bei allen Flächen möglich)
	ZKNOT	Knoten	Sichtbarer Knotenpunkt eines Splines oder einer NURBS-Fläche
	ZLOT	Lotrecht	Fällt das Lot auf eine Fläche
	ZNÄH	Nächstliegender an Fläche	Nächster Punkt vom Cursor aus auf einer Fläche
	ZKEIN	3D-Objektfang aus	Schaltet 3D-Objektfang für nächste Punkteingabe aus

- PUNKTWOLKEN – Weil es mittlerweile 3D-Laserscanner gibt, mit denen Sie Objekte über Tausende bis Millionen von Punkten erfassen und dann später im Computer nachmodellieren können, hat AutoCAD im Register EINFÜGEN eine Gruppe PUNKTWOLKEN zum Import von Punktwolken. Die Bearbeitung dieser Punktwolken und die Extraktion der gescannten Körperkonturen geschieht allerdings meist mit Spezialprogrammen, die auf die Arbeit mit einer großen Anzahl von Punkten spezialisiert sind. Die für AutoCAD erforderlichen Dateiformate sind auf gängige Scanner der Firmen Faro, Leica und Topcon ausgerichtet. Auch allgemeine ASCII-Daten für x,y,z-Koordinaten können nun eingelesen werden.

14.12 Übungsfragen

1. Was bedeutet BKS und WKS?
2. Was ist die OBJEKTHÖHE?
3. Welche Bedeutung hat die ERHEBUNG?
4. Welches sind echte dreidimensionale Kurven?
5. Was müssen Sie unternehmen, um Kurven wie KREIS ⊘, BOGEN ⌒ oder PLINIE ⌒ beliebig schräg im 3D-Raum zu konstruieren?
6. Was versteht man unter einer Regelfläche?
7. Mit welcher Funktion glätten Sie eine 3D-Netzfläche?
8. Was sind VISUELLE STILE?
9. Was versteht man unter RENDER ⌒?
10. Was ist bei der Erzeugung von Schattenwürfen zu beachten?

Kapitel 15

Benutzeranpassungen

Die Möglichkeiten zur Anpassung an die Benutzeranforderungen und zur individuellen Gestaltung der Bedienoberfläche werden seit Langem von vielen Anwendern geschätzt. AutoCAD ist ein offenes System in dem Sinne, dass es eine Basis-Software darstellt, die in vielerlei Hinsicht modifiziert werden kann. Das beginnt bei der Konfiguration des Programms über die OPTIONEN und endet bei der Entwicklung maßgeschneiderter CAD-Branchenlösungen über die Programmierschnittstellen (nur bei der Vollversion). Die Möglichkeiten sind sehr umfangreich, ich möchte mich deshalb auf einige wesentliche Punkte beschränken, die für jeden Benutzer machbar sind.

Menüs, Werkzeugkästen und Multifunktionsleisten lassen sich über den CUI-Editor umgestalten und durch eigene Befehle und Befehlsabläufe ergänzen. Sie können auch Standard-AutoCAD-Befehle mit BFLÖSCH entfernen. Mit BFRÜCK lassen sie sich aber wieder zurückholen. Sie können den Befehlsumfang durch AutoLISP-Programme erweitern, die neue Befehle definieren. Befehle, die durch BFLÖSCH eliminiert wurden, können durch gleichlautende AutoLISP-Routinen ersetzt werden. Dadurch können Sie sehr individuelle Anpassungen vornehmen.

15.1 Hilfe in AutoCAD

- Die Hilfe-Funktion können Sie mit F1 aufrufen oder in der Programmleiste rechts oben über . AUTODESK EXCHANGE wird dann in der ONLINE-HILFE, also im Internet, nach den Informationen für den aktiven Befehl oder für eine unter STICHWORT UND FRAGE EINGEBEN formulierte Anfrage suchen. Das setzt natürlich eine Internet-Verbindung voraus. Wenn Sie öfter mal keine Internet-Verbindung haben, dann sollten Sie sich rechtzeitig mit HILFE|OFFLINE-HILFE HERUNTERLADEN die Hilfetexte herunterladen. Die neuesten Entwicklungen erfahren Sie am besten über die einführenden Videos im Begrüßungsfenster (Abbildung 15.1).

Kapitel 15
Benutzeranpassungen

Abb. 15.1: AutoCAD-Hilfe

15.2 Schnelle Bedienung mit Tastenkürzeln

Neben der Möglichkeit, Befehlsabkürzungen zu verwenden und Befehle nur teilweise einzutippen und automatisch vervollständigen zu lassen, gibt es für besonders wichtige Aktionen einige nützliche Tastenkürzel mit der Strg-Taste. Sie sind in der Abbildung 15.1 unten zusammengefasst. Weitere nützliche Tastenkürzel können Sie sich über den Befehl CUI anzeigen lassen, wenn Sie dort in der angezeigten Menüstruktur in die Rubrik TASTATURKURZBEFEHLE klicken und die Anzeige auf der rechten Seite studieren.

Tasten	Funktionsbezeichnung	Beschreibung
Strg+0	Vollbild	Maximiert den Zeichnungsbereich, indem alle Multifunktionsleisten, Werkzeugkästen und Paletten abgeschaltet werden, nur noch Menüleiste und Befehlszeile bleiben eingeschaltet, schaltet auch wieder zurück
Strg+1	Eigenschaften	Ruft den EIGENSCHAFTEN-MANAGER auf und beendet ihn
Strg+2	DesignCenter	Startet und beendet das DESIGNCENTER
Strg+3	Werkzeugpaletten-Fenster	Aktiviert und deaktiviert die WERKZEUGPALETTEN
Strg+4	Manager für Planungsunterlagen (nicht LT)	Startet und beendet den MANAGER FÜR PLANUNGSUNTERLAGEN, der mehrere Zeichnungen in hierarchischen Strukturen verwalten hilft

Tabelle 15.1: Nützliche Tastenkürzel

15.2 Schnelle Bedienung mit Tastenkürzeln

Tasten	Funktionsbe-zeichnung	Beschreibung
Strg + 7	Markierungssatz-Manager	Startet und beendet den MANAGER FÜR MARKIERUNGSSÄTZE. Damit können Markierungen importiert werden, die mit dem Zusatzprogramm AUTODESK DESIGN REVIEW in DWF-Dateien erstellt werden können. AUTODESK DESIGN REVIEW kann von der AutoCAD-DVD mitinstalliert werden. Es erstellt Markierungen in DWF-Dateien, die nicht direkt bearbeitet, sondern nur mit Anmerkungen versehen werden können.
Strg + 8	Taschenrechner	Aktiviert und deaktiviert den Taschenrechner
Strg + 9	Befehlszeile	Schaltet die Befehlszeile aus und ein

Tabelle 15.1: Nützliche Tastenkürzel (Forts.)

Um noch mehr Tastenkürzel zu erfahren, geben Sie den Befehl ABI ein und blättern Sie dort den Abschnitt TASTATURKURZBEFEHLE|TASTATURKÜRZEL auf. Die Liste können Sie drucken lassen!

Abb. 15.2: Liste der Tastaturkürzel

15.3 AutoCAD zurücksetzen

Vielleicht haben Sie sich auch schon mal gewünscht, AutoCAD auf die Einstellungen wie vorm ersten Start zurückzusetzen. Man hat manchmal irgendetwas verstellt, und AutoCAD verhält es sich ganz unvorhergesehen. Dazu beenden Sie zunächst das Programm und starten folgenden Programmaufruf:

START|ALLE PROGRAMME|AUTODESK|AUTOCAD 2014 – DEUTSCH(GERMAN)|EINSTELLUNGEN AUF VORGABE ZURÜCKSETZEN

Bei Aufruf dieser Funktion werden Sie gefragt, ob Sie benutzerdefinierte Einstellungen vorm Zurücksetzen sichern wollen. Wenn Sie bejahen, werden alle Einstellungen, die in Dateien gesichert sind, in einer gemeinsamen Zip-Datei unter EIGENE DOKUMENTE gespeichert (AUTOCAD 2014 - DEUTSCH_CUST_SETTINGS.ZIP).

15.4 Einstellung der OPTIONEN in AutoCAD

Die erste Stufe der Anpassung von AutoCAD ist die Einstellung von Systemvariablen. Die meisten davon sind im ANWENDUNGSMENÜ über die Schaltfläche OPTIONEN zusammengefasst. Die OPTIONEN finden Sie auch im allgemeinen *Kontextmenü*, wenn kein Befehl aktiv ist.

Anwendungsmenü	Befehl	Kürzel	Kontextmenü (wenn kein Befehl aktiv ist)
OPTIONEN	OPTIONEN	O	OPTIONEN

Eine Erklärung aller Einstellungen würde den Rahmen des Buches sprengen. Sie können sich selbst Informationen besorgen, indem Sie auf einen Eintrag klicken und den Cursor etwas darauf stehen lassen (Abbildung 15.3). Eine Informationszeile erscheint dann automatisch. Sie werden nun die wichtigsten Einstellungen der Optionen kurz kennenlernen.

Abb. 15.3: Hilfe aktivieren

Die Einstellungen unter OPTIONEN werden entweder im aktuellen Benutzerprofil der Registrierungsdatenbank (REGISTRY) des Betriebssystems gespeichert oder in der aktuellen Zeichnung. Letztere sind stets durch das blau-gelbe AutoCAD-Icon gekennzeichnet. Die Einstellungen in der Registrierungsdatenbank sind dann für *alle* Zeichnungen wirksam. Die übrigen Einstellungen mit dem AutoCAD-Logo sollten Sie sinnvollerweise bereits in Ihren *Zeichnungsvorlagen* (*.DWT-Dateien) einstellen, damit sie automatisch in die neuen Zeichnungen eingehen. Optionen, die in der LT-Version *nicht* vorkommen, sind in den folgenden Abbildungen umrahmt.

15.4.1 Register DATEIEN

Die zahlreichen Dateien des AutoCAD-Programms werden bei der Installation in das Verzeichnis C:\Programme\Autodesk\AutoCAD 2014 und dort in verschiedene Unterverzeichnisse kopiert. Für die LT-Version lautet es C:\Programme\Autodesk\AutoCAD LT 2014. Beim ersten Aufruf von AutoCAD durch einen Anwender werden die typischen benutzerspezifischen Dateien dann in benutzerspezifische Verzeichnisse kopiert, damit jeder Anwender unabhängig eigene Änderungen vornehmen kann, ohne anderen Anwendern etwas zu verstellen. Die benutzerspezifischen Verzeichnisse sind:

- für Systemdateien wie die Menüdateien und die PGP-Datei mit den Befehlsabkürzungen oder die Schraffur- oder Linientypdateien
    - unter Windows XP: C:\Dokumente und Einstellungen*Benutzername*\Anwendungsdaten\Autodesk\AutoCAD 2014\R19.1\deu\support,
    - unter Windows 7: C:\Benutzer*Benutzername*\AppData\Roaming\Autodesk\AutoCAD 2014\R19.1\deu\Support\
- für Zeichnungsrahmen und Zeichnungsvorlagen
    - unter Windows XP: C:\Dokumente und Einstellungen*Benutzername*\Lokale Einstellungen\Anwendungsdaten\Autodesk\AutoCAD 2014\R19.1\deu\Template,
    - unter Windows 7: C:\Benutzer*Benutzername*\AppData\Local\Autodesk\AutoCAD 2014\R19.1\deu\Support\

Bei AutoCAD LT 2014 lautet die Release-Nummer anders, und deshalb erscheint im Verzeichnispfad statt R19.1 dort R20.

Im Register DATEIEN sehen Sie, wo wichtige Dateien Ihres AutoCAD-Systems gespeichert werden. Wenn Sie auf die Pluszeichen vor den Suchpfaden klicken, werden die Informationen angezeigt.

Unter SUCHPFAD FÜR SUPPORT-DATEI steht der Suchpfad, den AutoCAD nach Linientyp-, Schrift-, Schraffur- und Menüdateien durchsucht. Ihr Arbeitsverzeichnis ist hier nicht angegeben, zählt aber automatisch an erster Stelle dazu. Auch wenn Sie externe Blöcke einfügen und nur den Namen eintippen oder Blöcke mit –Einfüge im eigenen Befehlsmakro einfügen, wird automatisch dieser Suchpfad benutzt. Denken Sie ggf. daran, dass Ihr Pfad EIGENE DATEIEN immer Priorität hat, das heißt unsichtbar vor allen anderen oben steht. Mit der Schaltfläche NACH OBEN kann man einen Pfad in der Priorität erhöhen.

Abb. 15.4: Register DATEIEN

Bei ANPASSUNGSDATEI|HAUPTANPASSUNGSDATEI (*.CUIX) ist die aktuelle Menüdatei eingetragen.

Unter TEXTEDITOR, WÖRTERBUCH UND SCHRIFTDATEINAMEN finden Sie auch Ihre Benutzerwörterbuchdatei. Wenn Sie fehlerhafte Wörter in diese Datei aufgenommen haben, können Sie diese mit einem einfachen Editor korrigieren.

Unter VORLAGENEINSTELLUNGEN|POSITION DER ZEICHNUNGSVORLAGENDATEI ist Ihr eigenes Verzeichnis für Vorlagen eingetragen, das auch automatisch bei Aufruf im Menü DATEI|NEU verwendet wird. Unter EINSTELLUNGEN DER ZEICHNUNGSVORLAGE|VORGEGEBENER VORLAGENDATEINAME FÜR SNEU können Sie eine konkrete Vorlage eintragen, die bei Aufruf des Befehls SNEU (im SCHNELLZUGRIFF-WERKZEUGKASTEN) automatisch verwendet werden soll.

15.4 Einstellung der OPTIONEN in AutoCAD

Unter POSITION DER TEMPORÄREN ZEICHNUNGSDATEI steht das Verzeichnis für die im Register ÖFFNEN UND SPEICHERN aktivierte automatische Sicherungsdatei *.SV$. Normalerweise ist es unter Windows XP das Verzeichnis C:\Dokumente und Einstellungen*Benutzername*\Lokale Einstellungen\Temp. bzw. unter Windows 7 C:\Benutzer*Benutzername*\AppData\Local\Temp Die Datei bekommt den Namen von der aktuellen Zeichnung, ergänzt um einige zusätzliche Zeichen und die Endung .SV$. Diese Sicherungsdatei wird Ihnen nach einem Absturz vom WIEDERHERSTELLUNGSMANAGER ggf. zusammen mit den *.BAK- und *.DWG-Dateien angeboten. Dort können Sie mittels einer Vorschau entscheiden, welche Datei Sie weiterverwenden wollen. Die gewählte Datei wird dann in *.DWG umbenannt.

15.4.2 Register ANZEIGE

Abb. 15.5: Register ANZEIGE

Mit diesem Register steuern Sie Feinheiten und die Geschwindigkeit der Bildschirmanzeige.

ZEICHNUNGSSTATUSLEISTE ANZEIGEN – Hiermit können Sie in Ergänzung zur allgemeinen Statusleiste eine zusätzliche Statusleiste im Zeichnungsfenster einrichten. Dort werden dann der BESCHRIFTUNGS-MAßSTAB sowie weitere Maßstabswerkzeuge aus der normalen Statusleiste herausgenommen und getrennt angezeigt. Diese zusätzliche Statusleiste ist sehr sinnvoll, weil die allgemeine Statusleiste schon sehr ausgefüllt ist.

ERWEITERTE QUICKINFO – Sie erhalten nach den normalen Tooltips, die etwa nach einer halben Sekunde erscheinen, eine umfangreichere Funktionsbeschreibung, wenn Sie länger als zwei Sekunden mit dem Mauscursor auf einem Icon verweilen. Die Zeitschwelle können Sie höher drehen, wenn Ihnen diese Infos lästig werden.

MAUSSENSITIVE QUICKINFO – Die MAUSSENSITIVEN QUICKINFOS zeigen die wichtigsten Objektdaten an, wenn Sie Objekte berühren. Dies können Sie aber auch abschalten.

FARBEN – Unter der Schaltfläche FARBEN lassen sich die Farben für den Bildschirmhintergrund und alle übrigen Elemente der AutoCAD-Benutzeroberfläche umstellen. Stellen Sie sich hier angenehme Farben ein, damit Sie eine gute Arbeitsumgebung haben, z. B. weiß statt dunkel..

SEITENEINRICHTUNGSMANAGER FÜR NEUE LAYOUTS ANZEIGEN – Diese Option startet immer den SEITENEINRICHTUNGSMANAGER, wenn Sie das erste Mal in ein neues Layout gehen. Damit können Sie dann *Plotter*, *Papierformat* und *Plotstiltabelle* fürs zukünftige Plotten einstellen. Das ist eine sehr empfehlenswerte Option.

FLÄCHENFÜLLUNG ANWENDEN – Es gibt in AutoCAD gefüllte Objekte (siehe Befehle PLINIE, RING, SOLID, BAND), die vollständig mit der Layerfarbe ausgefüllt werden. UNGEFÜLLT sollten Sie dann wählen, wenn sehr viele Objekte in der Zeichnung sind und AutoCAD beim Neuzeichnen, Zoomen oder Regenerieren zu langsam wird. Diese Option wirkt aber auch auf Schraffuren! Eine Änderung der Flächenfüllung wird erst nach REGEN bzw. Kürzel RG wirksam.

NUR TEXTBEGRENZUNGSRAHMEN ANZEIGEN – Dieser Modus betrifft die Darstellung von Texten und Maßtexten. Wenn sehr viele Texte in der Zeichnung vorliegen, können Sie eine weitere Beschleunigung der Bildschirmperformance erreichen, indem Sie hier anstelle von Texten nur die Begrenzungsrahmen anzeigen lassen. Sie können diesen Schnelltextmodus auch mit dem Befehl QTEXT schalten. Die Umstellung wird erst nach dem Befehl REGEN oder RG sichtbar.

15.4.3 Register ÖFFNEN UND SPEICHERN

Wenn Sie auch ältere DWG-Formate (2007 und früher) ausgeben müssen, sollten WIEDERGABETREUE... und ZEICHNUNGSGRÖßENBESCHRÄNKUNG... aktiviert sein, damit Beschriftungsobjekte richtig umgesetzt werden können und die Beschränkung auf maximale Objektgröße von 256 MB eingehalten werden.

Die Einstellungen zur temporären Sicherung sind sinnvoll. Wenn Sie eine regelmäßige Sicherung Ihres Zeichnungsstandes wünschen, sollten Sie AUTOMATISCHES SPEICHERN aktiviert halten. Die Zeit ist auf **10** Minuten voreingestellt. Dann wird regelmäßig in dem Verzeichnis gesichert, das im Register DATEIEN bei POSITION DER TEMPORÄREN ZEICHNUNGSDATEI eingetragen ist (Abbildung 15.4). Diese

Sicherungsdatei erhält den Namen Ihrer Zeichnung mit einigen Anhängen und die Endung .SV$. Wenn Sie auf diese Sicherung selbst zurückgreifen wollen, müssen Sie die Endung in .DWG umbenennen.

Abb. 15.6: Register ÖFFNEN UND SPEICHERN

Die Möglichkeit SICHERUNGSKOPIE BEI JEDEM SPEICHERN ERSTELLEN sorgt dafür, dass eine Kopie des vorherigen Stands der Zeichnung mit der Endung .BAK angelegt wird, wenn Sie die Zeichnung geändert haben und sichern.

Unter den SICHERHEITSOPTIONEN können Sie ein Kennwort für Ihre Zeichnungen eingeben. Wenn Sie zusätzlich dann die Option ZEICHNUNGSEIGENSCHAFTEN VERSCHLÜSSELN wählen, erscheint auch beim Öffnen keine Voransicht oder Miniaturansicht und die Eigenschaften sind im Explorer auch nicht abrufbar. Achten Sie bei der Verschlüsselung darauf, dass auch ein Empfänger im Ausland dieselbe Verschlüsselung (Umlaute!) hat. Weiter kann hier die Zeichnung mit einer *digitalen Signatur* versehen werden, damit Sie prüfen können, ob sie unberechtigt verändert wurde.

15.4.4 Register PLOTTEN UND PUBLIZIEREN

Voreinstellungen für Ihren Standardplotter und Ihre Plotstiltabelle sollten Sie nicht hier, sondern über den Befehl DATEI|SEITENEINRICHTUNGSMANAGER vornehmen und in einer Zeichnungsvorlage speichern, damit sie auch stets effektiv werden. Im Register PLOTTEN UND PUBLIZIEREN sind die Einstellungen für das PLOTTEN IM HINTERGRUND und für die PROTOKOLLIERUNG der Plots interessant.

Kapitel 15
Benutzeranpassungen

Abb. 15.7: Register PLOTTEN UND PUBLIZIEREN

15.4.5 Register SYSTEM

Abb. 15.8: Register SYSTEM

LEISTUNGSEINSTELLUNGEN (auch bei LT lässt sich hier die Hardware-Beschleunigung der Grafikkarte aktivieren, aber es gibt keine Einstellungen für 3D-Effekte) –

Unter der Schaltfläche LEISTUNGSEINSTELLUNGEN können Sie für optimierte 3D-Darstellungen bei Bedarf die Performance Ihrer Grafikkarte so anpassen, dass die Bildschirmdarstellung nicht zu langsam wird. Im Prinzip lassen sich alle Oberflächen und Schattierungsdarstellungen dynamisch am Bildschirm realisieren. Wenn die Darstellung zu langsam wird, lassen sich hier die Komfortfunktionen zurückstufen. Für bessere Bildschirmdarstellung, beispielsweise für Schattenwurf, können Sie hierüber auch die Hardwarebeschleunigung Ihrer Grafikkarte aktivieren.

In der LT-Version wird in dieser Registerkarte auch der Benutzername gespeichert.

15.4.6 Register BENUTZEREINSTELLUNGEN

Abb. 15.9: Register BENUTZEREINSTELLUNGEN

RECHTSKLICK-ANPASSUNG – Für den versierten AutoCAD-Benutzer gibt es hier die Möglichkeit, den Rechtsklick noch derart anzupassen, dass ein kurzer Rechtsklick dann [Enter] bedeutet, ein langer Rechtsklick aber das Kontextmenü aktiviert. Das ist eine sehr nützliche Einstellung für effektives schnelles Arbeiten. Nur sollten Sie das Zeitkriterium sauber individuell anpassen, damit eindeutig zwischen kurzem und langem Rechtsklick unterschieden werden kann.

EINFÜGUNGSMASSSTAB – Für alle Einfügeoperationen von Blöcken und externen Referenzen können Sie hier Einheiten vorgeben. Wenn Sie also Blöcke oder externe Referenzen mit anderen Einheiten einfügen als Ihre Zeicheneinheiten, dann sollten Sie hier für die Fälle, in denen in Ihrer Zeichnung oder dem einzufügenden Objekt *keine Einheiten* vereinbart wurden, die *zu benutzenden Einheiten* eintragen. Die Blöcke oder externen Referenzen werden dann automatisch gemäß den jeweiligen Einheiten skaliert.

Unter SCHRIFTFELD-AKTUALISIERUNGSEINSTELLUNGEN (nicht LT) sind sinnvollerweise schon alle Möglichkeiten der Aktualisierung standardmäßig aktiviert.

PRIORITÄT FÜR DATENEINGABE VON KOORDINATEN. Sinnvollerweise sollte immer die TASTATUREINGABE Priorität haben. Sonst reagieren eigene Menüfunktionen, Skript-Dateien oder AutoLISP-Programme, die Koordinaten benutzen, manchmal unerwartet.

ASSOZIATIVBEMAßUNG. Die Assoziativität sollte hier stets eingeschaltet sein, auf jeden Fall, wenn im Layout bemaßt wird.

VORGABE-MAßSTABSLISTE. Sie können hier eine zentrale Maßstabsliste derart bearbeiten, dass unnötige Maßstäbe entfernt und neue hinzugefügt werden. Beispiel für Architektur-Maßstäbe: *Maßstabsname* **1:100-(cm)** mit *Papiereinheiten* **1** und *Zeichnungseinheiten* **10** wäre korrekt. Vermeiden Sie Leerzeichen in den Namen! Diese Maßstabsliste wird in der Registry gespeichert und automatisch geladen, wenn Sie bei NEU keine Vorlage öffnen, sondern OHNE VORLAGE – METRISCH BEGINNEN wählen. Sie wird auch beim Zurücksetzen der Maßstabsliste in MSTABSLISTEBEARB verwendet.

15.4.7 Register ZEICHNEN

Abb. 15.10: Register ZEICHNEN

Hierunter sind alle Einstellungen für den AUTOSNAP-Modus, also den OBJEKTFANG, vereint. Empfehlenswert ist immer, die AUTOSNAP-ÖFFNUNG ANZEIGEN zu lassen. Ferner sollten die AUTOSNAP-MARKIERUNGSGRÖSSE und auch die GRÖSSE DER ÖFFNUNG an die verfügbare Bildschirmgröße und an die Komplexität Ihrer Zeichnung angepasst werden. Wichtig ist natürlich, die AUTOSNAP-MARKIERUNGSFARBE auf den Bildschirmhintergrund abzustimmen. Eine andere interessante Einstellung betrifft die AUSWAHL VON AUSRICHTEPUNKT. Das sind die Punkte, durch die sich die automatischen Hilfslinien im OBJEKTFANGSPUR-Modus ziehen lassen. Im Normalfall erzeugt man diese Punkte, indem man auf dem betreffenden charakteristischen Punkt etwas verweilt. Das ist die Vorgabe AUTOMATISCH. Sie können aber hier auch wählen, dass diese Ausrichtepunkte gezielt erst durch Drücken der Umschalttaste `Shift` aktiviert werden.

Alle drei OBJEKTFANG-OPTIONEN sind interessant. Schraffierte Objekte sollten immer vom Objektfang ausgeschlossen werden. Sonst rastet der Objektfang auf Schraffur-Endpunkten ein. Bei 3D-Konstruktionen kann der Wert der ERHEBUNG anstelle des Z-Wertes der Fangposition verwendet werden (nicht bei LT). Bei Benutzung des dynamischen BKS im 3D-Modus kann man negative Z-Objektfänge ignorieren. Weil beim dynamischen BKS die Z-Achse in der Nähe von Körperflächen immer nach außen zeigt, können dadurch Objektfänge im Innern oder auf der Rückseite von Körpern ausgeschlossen werden. Das ist oft praktisch.

15.4.8 Register 3D-MODELLIERUNG (nicht LT)

Abb. 15.11: Register 3D-MODELLIERUNG

Hier sollten Sie die Z-Achse in Fadenkreuzen aktivieren und auch die Beschriftungen für dynamisches BKS anzeigen lassen, damit Sie in 3D-Konstruktionen insbesondere bei Benutzung des dynamischen BKS immer über die Achsenrichtungen informiert sind.

ViewCube und BKS-Symbol sind für 2D und 3D immer nützlich.

Unter 3D-Objekte gibt es die Löschkontrolle während Erstellung von 3D-Objekten, um nach Wunsch Profil und Pfadkurven, die zur Erstellung eines Volumenkörpers gedient haben, automatisch zu löschen, nicht zu löschen oder erst nach Abfrage im Einzelfall zu löschen oder nicht. Für die ersten Übungen wäre Definierende Geometrie beibehalten am besten. Hinter den U- und V-Isolinien auf Flächen und Netzen stecken die Systemvariablen Surfu und Surfv, die für gewölbte Flächen, aber nicht für die Flächennetze zuständig sind. Die Flächennetze benutzen die Systemvariablen Surftab1 und Surftab2, die hier nicht eingestellt werden können.

Bei Tessellation geht es um die Glättung von Netzkörpern. Die eingestellte Optimierte Glättung ist meist am besten zu gebrauchen. Unter Netz-Grundkörper kann die Anzahl der Netzknoten für die verschiedenen Netz-Grundkörper festgelegt werden. Die Einstellung hier gibt dann vor, wie stark und wie detailliert ein Netzkörper deformiert werden kann. Die Einstellungen von Flächenanalyse dienen zur Justierung der Einstellungen für die Zebra-Analyse gewölbter Volumenkörper, für die Krümmungsanalyse und für die Untersuchung von Formschrägen.

Für die Dynamische Eingabe der Koordinaten können Sie das Z-Eingabefeld dazu schalten. Die nützlichen neuen Ansichtsfenster-Steuerelemente, die mehr für 3D-Konstruktionen interessant sind, könnten Sie hier für 2D wegschalten, ebenso den ViewCube.

15.4.9 Register AUSWAHL

Dieses Register betrifft die Objektwahl und die Griffe. Die Standardeinstellungen sind alle sinnvoll. Die Option Objektgruppe besagt, dass beim Anklicken eines Gruppenelements die gesamte Gruppe gewählt wird. Das Einschalten der Option Assoziativschraffur bewirkt, dass bei Wahl einer Assoziativschraffur auch die dafür verwendeten Grenzobjekte mitgewählt werden. Das hat beim Löschen die Konsequenz, dass Sie nicht nur die Schraffur löschen, sondern auch die Begrenzungsobjekte (Vorsicht!).

Bei den Griffen sollten Sie sich immer genau überlegen, ob Sie Griffe in Blöcken aktivieren einstellen möchten. Wenn Sie diese Option nicht einschalten, hat ein Block nur *einen* Griff, nämlich am Einfügepunkt. Wenn aber die Griffe in Blöcken aktiviert sind, ist *an jedem charakteristischen Punkt jedes Einzelobjekts* des Blocks ein Griff verfügbar. Das ist manchmal sehr nützlich, wenn Sie Blöcke mit Griffen positionieren wollen und mehr Möglichkeiten brauchen.

15.4 Einstellung der OPTIONEN in AutoCAD

Abb. 15.12: Register AUSWAHL

Unter der Schaltfläche EINSTELLUNGEN FÜR VISUELLE EFFEKTE sollten Sie WEITERE OPTIONEN wählen, um ggf. SCHRAFFUREN oder ABSATZTEXT aus diesen Markierungseffekten herauszunehmen.

Auch die Multifunktionsleisten sind teilweise schon kontextabhängig. Klicken Sie beispielsweise eine externe Referenz an, dann erscheint eine Multifunktionsleiste mit passenden Bearbeitungsfunktionen. Dieses Verhalten kann im untersten Schaltfeld noch feingetunt werden.

15.4.10 Register PROFIL (nicht LT)

Abb. 15.13: Register PROFIL

Hier legen Sie fest, unter welchem Namen Ihre AutoCAD-Umgebungseinstellungen in der Registrierungsdatenbank des Betriebssystems gespeichert werden sollen. Wenn Sie einmal schauen wollen, was da alles gespeichert wird, dann können Sie die Einstellungen auch mit EXPORTIEREN als lesbare Textdatei hinausschreiben und mit einem Editor ansehen. Das ist auch nützlich, wenn Sie Ihre Einstellungen auf einen anderen Rechner übertragen möchten.

15.4.11 Register ONLINE

Dieses Register enthält Ihre Anmeldedaten bei Autodesk 360 und die Einstellungen für die Synchronisierung von Zeichnungen und Systemeinstellungen.

Abb. 15.14: Online-Optionen während Ihrer Verbindung mit der Cloud

15.5 CUIX-Datei für AutoCAD anpassen

Die Anpassung des AutoCAD-Menüs geschieht über eine grafische Oberfläche, die als CUI bezeichnet wird: Customized User Interface (Angepasste Benutzer-Oberfläche).

Zeichen und Beschriftung	Icon	Befehl
VERWALTEN|BENUTZERANPASSUNG|BENUTZER-OBERFLÄCHE		CUI, ABI

15.5 CUIX-Datei für AutoCAD anpassen

Zum Anpassen der Benutzeroberflächen finden Sie die Funktion ANPASSEN unter VERWALTEN|BENUTZERANPASSUNG|BENUTZER-OBERFLÄCHE. In AutoCAD öffnet sich daraufhin ein riesiges Dialogfenster mit drei bis vier Bereichen je nach Situation:

- ANPASSEN IN ALLE DATEIEN links oben zeigt alle vorhandenen Menüstrukturen an.
- BEFEHLSLISTE links unten listet vorhandene Befehle auf, aus denen Sie sich welche für die Bestückung eigener Werkzeugkästen etc. wählen können. Hier gibt es auch eine Kategorie BENUTZERDEFINIERTE BEFEHLE für die Programmierung eigener Befehlsfolgen.
- rechts oben werden verschiedene Voransichten angezeigt, abhängig davon, was Sie auf der linken Seite bearbeiten.
- rechts unten werden bei Bearbeitung eines Befehls dessen EIGENSCHAFTEN angegeben.

Abb. 15.15: Oberfläche des Befehls CUI

Das Fenster links oben zeigt alle anpassbaren Menükomponenten an. Dazu gehören insbesondere die WERKZEUGKÄSTEN, MENÜS und MULTIFUNKTIONSLEISTEN. Weiter unten finden Sie den Abschnitt PARTIELLE CUI-DATEIEN. Das sind eigene Teilmenüs oder Menügruppen, die genauso untergliedert sind wie das Hauptmenü. Dort unter CUSTOM können Sie beispielsweise Ihre eigenen Werkzeugkästen, Menüs oder Multifunktionsleisten programmieren. Wenn Sie bei der Installation auch die EXPRESS-TOOLS gewählt haben, erscheint hier die Menügruppe EXPRESS (nicht bei LT). Der Bereich CUSTOM kann beim Release-Wechsel

735

Kapitel 15
Benutzeranpassungen

zur nächsten AutoCAD-Version nämlich übernommen werden, wenn Sie dann die Frage nach dem Migrieren der benutzerspezifischen Einstellungen bejahen. Damit bleiben dann Ihre selbst programmierten Menüfunktionen erhalten.

15.5.1 Neuer Werkzeugkasten

Es soll zunächst ein neuer Werkzeugkasten erstellt werden. Mit einem Rechtsklick auf WERKZEUGKÄSTEN unter PARTIELLE ANPASSUNGSDATEIEN|CUSTOM erhalten Sie die Funktion NEUER WERKZEUGKASTEN. Nach Anklicken wird der Werkzeugkasten mit dem Namen **Werkzeugkasten1** automatisch angelegt. Den Namen können Sie sofort überschreiben, zum Beispiel mit **Spezial**.

Nun soll der Werkzeugkasten mit Werkzeugen bestückt werden. Dazu wählen Sie links unten in der Befehlsliste zunächst eine KATEGORIE und dann einen Befehl, den Sie dann in den neuen Werkzeugkasten ziehen. Der neue Werkzeugkasten soll probehalber mit allen Kreisbefehlen gefüllt werden. Ziehen Sie also alle Kreisbefehle, die Sie unter der KATEGORIE ZEICHNEN finden können, in diesen Werkzeugkasten hinein. Jedes neue Werkzeug wird dann dort mit einem Sternchen angezeigt.

Abb. 15.16: Menüstruktur

Sie können hier schon in der grafischen Gestaltung die Position jedes Werkzeugs innerhalb des Kastens bestimmen. Verlassen Sie nun das CUI-Dialogfeld mit OK. Die CUI-Anpassungen werden gespeichert und sind sofort aktiv.

Abb. 15.17: Neuer Werkzeugkasten mit Kreisbefehlen

Sie können natürlich auch in die existierenden Werkzeugkästen weitere Werkzeuge stecken. Schieben Sie beispielsweise aus der Kategorie DATEI das Werkzeug SPEICHERN UNTER in den Werkzeugkasten STANDARD gleich hinter SPEICHERN. Wenn Sie ein Werkzeug entfernen wollen, gehen Sie mit einem Rechtsklick darauf und wählen einfach LÖSCHEN. Sie können auch zwischen Werkzeugen einen Trennstrich erzeugen, indem Sie im Kontextmenü TRENNZEICHEN EINFÜGEN wählen.

15.5.2 Eigene Multifunktionsregister

Auch eigene Registerkarten können Sie sich im Bereich CUSTOM erstellen. Mit Rechtsklick auf den Abschnitt REGISTERKARTEN erstellen Sie eine neue und geben ihr einen Namen: **Eigene Funktionen**. Da eine Registerkarte sich aus einzelnen Gruppen aufbaut, müssen Sie dann als Nächstes die gewünschten Gruppen erstellen. Wenn diese fertig sind, können Sie sie per Drag&Drop in die Registerkarte ziehen.

Deshalb erstellen Sie jetzt nach Rechtsklick auf GRUPPEN mit der Option NEUE LEISTE eine neue Gruppe und nennen Sie beispielsweise **Spezial**. Hier können Sie nun nach Rechtsklick einzelne Zeilen erstellen und dort die gewünschten Befehle wieder unten aus der BEFEHLSLISTE hineinziehen. Das ist in Abbildung 15.18 in **Zeile 3** der Fall. Die Werkzeuge werden dann später in der Gruppe nebeneinander angezeigt.

Wenn Sie in die Zeile per Rechtsklick ein NEUES DROPDOWN-MENÜ einfügen und dort dann die Befehle hineinziehen, entsteht ein *Flyout* wie in **Zeile 1** und **Zeile 2**. Der Befehl, der direkt auf PRIMÄRBEFEHL folgt, wird der oberste und sichtbare Befehl des Flyouts. Die beiden Dropdown-Menüs wurden **Kreise** bzw. **Bögen** genannt und enthalten entsprechend alle Kreis- und alle Bogenbefehle.

Wenn Sie eine Zeile *unter* den Gruppentitel ziehen, der durch <ANZEIGE> markiert ist, erscheint diese Zeile erst unter dem aufgeklappten Gruppentitel. Das ist bei **Zeile 4** der Fall.

Abb. 15.18: Gruppe mit 3+1 Zeilen und Dropdown-Menüs

15.5 CUIX-Datei für AutoCAD anpassen

Um eine neue Gruppe zu erstellen, müssen Sie nach Rechtsklick NEUE LEISTE wählen. Sie können in eine Zeile auch eine NEUE FALTGRUPPE hineinsetzen. Das sind dann nebeneinanderliegende Werkzeuge mit Beschriftung wie in der Gruppe **Spezial-2** in Abbildung 15.19.

Abb. 15.19: Gruppe mit Faltgruppen

15.5.3 Eigene Werkzeuge im CUSTOM-Menü

Nun sollen aber für Werkzeugkästen, Menüs oder Multifunktionsregister eigene benutzerspezifische Werkzeuge erstellt werden. Dazu gehen Sie in die BEFEHLSLISTE zur Kategorie BENUTZERDEFINIERTE BEFEHLE. Mit einem Klick auf das Werkzeug BEFEHL ERSTELLEN ✱ erhalten Sie dann einen neuen Befehl, zunächst ohne Bild und konkreten Inhalt. Er hat den vorläufigen Namen Befehl1. Auf der rechten Seite des Dialogbereichs können Sie ihn nun unter WERKZEUGBILD und EIGENSCHAFTEN bearbeiten.

Der neue Befehl soll nun eine Befehlsfolge enthalten, die Ihre komplette Zeichnung derart zoomt, dass sie 80% des Bildschirms einnimmt, sodass oben, unten, rechts und links noch je 10% Platz zum Arbeiten bleibt. Bei EIGENSCHAFTEN geben Sie deshalb ein:

	Eingabe	Bedeutung
NAME	Zoomi	Erscheint als Tooltip.
BESCHREIBUNG	Zoomt alle Objekte auf 80% des Bildschirmbereichs	Erscheint als Hilfetext in der Statusleiste.

Kapitel 15
Benutzeranpassungen

	Eingabe	Bedeutung
BEFEHLSAN-ZEIGENAME	ZOOMI	Erscheint als Befehlsname in der Quickinfo.
MAKRO	'ZOOM;G;'ZOOM;0.8X;	Befehlsfolge
BEZEICHNUNGEN	Zoomi	Suchbegriffe für Suche in Anwendungsmenü etc.

Abb. 15.20: Benutzerdefiniertes Werkzeug ZOOMI

Oben bei WERKZEUGBILD wählen Sie als Vorlage zunächst ein Bild aus der Auflistung aus, das dem gewünschten schon möglichst nahe kommt wie das Bild des Befehls ZOOM Option DYNAMISCH. Dieses ändern Sie über BEARBEITEN mit dem WERKZEUGEDITOR ab.

Wählen Sie Farbe und Zeichenwerkzeug aus und zeichnen Sie in das Logo einfach noch die **80%** hinein. Wenn die Grafik fertig ist, klicken Sie auf SPEICHERN und geben dem Werkzeug einen sinnvollen Namen, zum Beispiel ZOOMI.BMP, damit

15.5 CUIX-Datei für AutoCAD anpassen

Sie die Grafik später für Änderungen wiederfinden. Das Dialogfenster WERKZEUG-EDITOR können Sie nun mit SCHLIEßEN verlassen. Das neu gestaltete Bild wird auch gleich in Ihren Befehl übernommen. Im Bereich WERKZEUGBILD finden Sie es übrigens ganz am Ende der Werkzeugbilder.

Abb. 15.21: Werkzeugeditor

Dann klicken Sie ganz rechts unten auf die Schaltfläche ANWENDEN. Damit ist das benutzerdefinierte Werkzeug **Zoomi** dann in die Kategorie BENUTZERDEFINIERTE BEFEHLE aufgenommen. Von hier können Sie es dann leicht in Ihren Werkzeugkasten, Ihr Menü oder Ihre Multifunktionsleiste ziehen und den CUI-EDITOR mit OK verlassen.

Die programmierte Befehlsfolge wird als Makro im Prinzip so eingegeben wie an der Befehlszeile. Nur einige Dinge werden durch Sonderzeichen ersetzt:

Tastatureingabe	Menüsyntax	Bedeutung
Enter	; oder ^M oder **Leerzeichen**	Eingabe beenden
Benutzereingabe	\	Menü wartet auf Benutzereingabe
ESC	^C	Abbruchfunktion

Tabelle 15.2: Zeichen für Menüsyntax

Tastatureingabe	Menüsyntax	Bedeutung
[-]	-	Nachfolgender Befehl läuft ohne Dialogfenster ab
[Strg]+[R]	^V	Ansicht wechseln
NOCHMAL ...	*^C^C	Endlose Befehlswiederholung

Tabelle 15.2: Zeichen für Menüsyntax (Forts.)

Wenn Sie weitere Menüfunktionen programmieren, sollten Sie nach den Syntaxregeln aus Tabelle 15.2 Folgendes beachten:

- [Enter]-Taste – Immer, wenn Sie in einem normalen Befehlsablauf die [Enter]-Taste drücken würden, müssen Sie im Menü **;** oder **ein** Leerzeichen oder ^M schreiben. Zusätzliche Leerzeichen zur Gliederung oder Ähnlichem dürfen Sie nicht verwenden, weil sie als [Enter] gedeutet werden.

- Wenn Sie Benutzereingaben tätigen, wie einen Punkt eingeben oder eine Zahl oder einen Blocknamen, dann steht dafür in der Menüdatei \.

- Bevor die meisten Befehlsabläufe starten können, sollte kein anderer Befehl mehr aktiv sein. Deshalb steht am Anfang der meisten Menüabläufe zweimal ^C, was dem Drücken der [Esc]-Taste entspricht und einen Abbruch jeder gerade laufenden Funktion, auch eines eventuell zusätzlich aktiven transparenten Befehls bedeutet. Ausnahme sind hier transparente Befehle wie 'ZOOM oder 'PAN, die ja gerade auch bei laufenden anderen Befehlen aufgerufen werden können.

- Sie können über die Menüsyntax *keine* Dialogfelder bedienen. Die meisten Befehle, die Dialogfelder verwenden, können auch als reine Befehlszeilendialoge gestartet werden, wenn man dem Befehlsnamen ein Minuszeichen voranstellt. Bei Befehlen, die Dateidialoge starten, können diese über die Systemvariable FILEDIA mit Wert **0** abgeschaltet werden.

- Tastaturkürzel, die mit einer Tastenkombination [Strg]+Taste aufgerufen werden, können im Menü mit ^ vor dem Tastenkürzel aktiviert werden. Ausnahme ist das Weiterschalten von einem Ansichtsfenster zum nächsten, was bei Tastatureingabe [Strg]+[R] ist und im Menü ^V.

- Wenn Sie Befehle automatisch endlos wiederholen wollen, geben Sie über die Tastatur vor dem zu wiederholenden Befehl NOCHMAL ein und dann den zu wiederholenden Befehl. In der Menüdatei schreiben Sie dafür *^C^CBefehlsfolge. In der Menüdatei wirkt diese automatische Wiederholung auf den kompletten nachfolgenden Befehlsablauf.

Nützliche weitere Menüfunktionen sind:

```
*^C^C-EINFÜGE;M10;\;;\
```

fügt einen Block namens **M10** ein und fragt den Benutzer nach dem Einfügepunkt (erster \) und nach dem Drehwinkel (zweiter \). Wenn Sie Befehle benutzen, die Sie nur über Dialogfenster kennen, müssen Sie sie an der Befehlszeile austesten, um zu wissen, was an welcher Stelle einzugeben ist. Beispielsweise wurde hier für die Skalierungsfaktoren in x- und y-Richtung einfach [Enter] (also ;) eingegeben, weil die automatisch immer auf Wert 1 stehen.

```
^C^CORTHO;E;-EINFÜGE;Fenster;\;;\
```

fügt auch einen Block ein. Der Name ist *Fenster*. Da diese in Bauzeichnungen oft nur in orthogonalen Richtungen eingebaut werden, wurde hier vorher mit dem Befehl ORTHO und Option EIN der ORTHO-Modus aktiviert.

```
-LAYER;SE;0;;
```

Ein nützlicher Befehl, der den Layer 0 aktuell setzt. Man beachte, dass hier zum Beenden des Befehls −LAYER zweimal [Enter] nötig ist. Also ausprobieren!

```
-LAYER;M;KONTUR;;
```

Mit der Option MACH des Befehls −LAYER wird ein Layer aktuell gesetzt wie oben bei der Option SETZEN. Sollte der Layer aber noch gar nicht existieren, wird er hierdurch auch erzeugt.

```
@^Z
```

Wenn Sie diesen Befehl auf einen Button oder Ähnliches legen, wird das Zeichen @ für die Eingabe relativer Koordinaten generiert. Dann brauchen Sie nicht die Tastenkombination [AltGr]+[q] zu drücken. Das abschließende ^Z ist unbedingt nötig, weil sonst automatisch ein [Enter] von AutoCAD angehängt wird, und Sie den @-Ausdruck nicht fortsetzen können.

15.5.4 Eigene Menüs

Genauso wie Sie neue Werkzeugkästen erzeugt haben, können Sie neue Menüs erstellen. Mit einem Rechtsklick auf den Knoten MENÜS und Wahl von NEU haben Sie schon ein neues Menü erzeugt. Sie geben ihm wieder einen sinnvollen Namen und können es mit Befehlen füllen. Genauso leicht lassen sich auch Untermenüs erstellen. Über das Kontextmenü zu einem Menü erhalten Sie die Funktion UNTERMENÜ. Dieses können Sie dann genauso mit Befehlen füllen wie das eigentliche Menü.

Abb. 15.22: Eigenes Menü

15.6 Anpassen von Werkzeugpaletten

Die Werkzeugpaletten sind ein optimales Konstruktionshilfsmittel, mit denen nicht nur Blöcke für Normteile verwaltet werden, sondern über die auch Befehle und Befehlsfolgen aufgerufen werden können.

Zeichnen und Beschriftung	Icon	Befehl	Kürzel
ANSICHT|PALETTEN|WERKZEUG-PALETTEN		WERKZPALETTEN	WP

Die Paletten, die AutoCAD standardmäßig mitliefert, zeigen typische Beispiele für Normteile, Schraffuren und Befehlsaufrufe. Viele Normteile sind in Varianten für britische und metrische Einheiten vorhanden.

Die Werkzeugpaletten können wie so viele Dinge über das Kontextmenü gestaltet werden. Da gibt es Werkzeuge nicht nur, um Normteile hinzuzufügen, sondern auch für das Einfügen von Text (TEXT HINZUFÜGEN) und Trennlinien (TRENNUNG HINZUFÜGEN). Außerdem können Sie im Kontextmenü einfach auch neue Paletten hinzufügen (NEUE PALETTE).

Zur Gestaltung der Paletten sollten Sie auch im Kontextmenü die ANSICHTSOPTIONEN wählen und SYMBOL MIT TEXT anstelle von LISTENANSICHT wählen. Die Logos für die einzelnen Werkzeuge sollten aber nicht zu groß gestaltet werden. Dann können Sie viel in einer Palette unterbringen. Standardmäßig enthalten die Paletten schon eine Vielzahl von dynamischen Blöcken. Sie sollten diese studieren, wenn Sie etwas über die Gestaltung von dynamischen Blöcken wissen wollen.

15.6 Anpassen von Werkzeugpaletten

Abb. 15.23: Werkzeugpaletten

Die wichtigste Frage ist, wie man die Palette nun füllt. Sie können Objekte aus der aktuellen Zeichnung verwenden, um Befehle, Schraffuren und Blöcke hineinzubringen. Das geschieht am einfachsten über die Windows-Zwischenablage. Klicken Sie ein Objekt aus der Zeichnung an und klicken Sie mit der rechten Maustaste. Im Kontextmenü wählen Sie KOPIEREN. Damit schaffen Sie das Objekt in die Zwischenablage. Nun machen Sie auf der Werkzeugpalette einen Rechtsklick und wählen EINFÜGEN. Wenn das Objekt ein Block war, wird der Block in die Palette gelegt; war es eine Schraffur, dann kommt die Schraffur hinein, bei anderen Objekten wird der Befehl in die Palette eingebaut, der zur Erstellung des Objekts gedient hat. Bei fundamentalen Zeichen- oder Bemaßungsbefehlen kommt gleich ein ganzer Werkzeugkasten in die Werkzeugpalette. Sie können die Objekte in der Werkzeugpalette über Rechtsklick dann noch in ihren Eigenschaften editieren. Beispielsweise können Sie bei einer Schraffur noch nachträglich Muster und Farbe ändern. Auch Beschreibungen lassen sich hinzufügen. Objekte können aus einer Palette auch wieder über die Funktion LÖSCHEN im Kontextmenü entfernt werden.

Es gibt zwei Funktionen im Kontextmenü zum Anpassen der Werkzeugpaletten. Mit PALETTEN ANPASSEN können Sie die Gruppierung der Paletten verwalten. Im dazugehörigen Dialogfenster ANPASSEN lassen sich auch Palettengruppen exportieren und importieren. Mit BEFEHLE ANPASSEN aktivieren Sie das Dialogfenster BENUTZEROBERFLÄCHE ANPASSEN. Aus der Befehlsliste dort können Sie dann Befehle in die Werkzeugpalette ziehen.

Oft werden die Werkzeugpaletten auch über das DESIGNCENTER gefüllt oder komplett erstellt. Dazu aktivieren Sie das DESIGNCENTER und wählen entweder ein Verzeichnis oder eine Zeichnungsdatei.

Zeichnen und Beschriftung	Icon	Befehl	Kürzel
ANSICHT|PALETTEN|DESIGNCENTER		ADCENTER	ADC

Wenn Sie ein *Verzeichnis* im DESIGNCENTER mit Rechtsklick markieren, finden Sie dort die Funktion WERKZEUGPALETTE VON BLÖCKEN ERSTELLEN. Damit wird aus *allen Zeichnungen in diesem Verzeichnis* automatisch eine neue Werkzeugpalette erstellt, die diese Zeichnungen als Blöcke enthält.

Klicken Sie eine *Zeichnung* im DESIGNCENTER mit Rechtsklick an, dann bekommen Sie im Kontextmenü die Option WERKZEUGPALETTE ERSTELLEN. Damit werden *alle internen Blöcke dieser Zeichnung* in eine neue Palette importiert. Sie können aus dem DESIGNCENTER auch direkt einzelne interne Blöcke mit Drag&Drop in eine Palette ziehen.

15.7 Zusatzprogramme in AutoLISP (nicht LT)

15.7.1 Einführung in das Programmieren in AutoLISP

Bei AutoLISP ist zu beachten, dass Funktionen oder Operationen als geklammerte Ausdrücke geschrieben werden, wobei das erste Argument in der Klammer immer der Befehl oder die Funktion ist und danach stets ein Leerzeichen die nachfolgenden Parameter trennt. In AutoLISP gibt es das Gleichheitszeichen (=) im üblichen Sinn als Zuweisung nicht. Dafür benutzt man den Befehl SETQ (SET eQual = setze gleich). Die Klammerschreibweise soll in einigen Beispielen geübt werden:

Übliche Schreibweise	AutoLISP-Ausdruck
1+2	(+ 1 2)
a=1+2	(setq a (+ 1 2))
b=(1+2)*4	(setq b (* (+ 1 2) 4))
c=1+2+3+4	(setq c (+ 1 2 3 4))
d=(a+b-c)/10+5	(setq d (+ (/ (- (+ a b) c) 10.0) 5))

Sie können das Formulieren der Ausdrücke etwas schematisieren, damit Sie keine Fehler machen. Zuerst klammern Sie den kompletten Ausdruck ein:

```
d=(a+b-c)/10+5            (d=(a+b-c)/10+5)
```

Dann fügen Sie Leerzeichen zwischen den Zahlen und den Operatoren (=, +, -, /, *) ein:

```
(d = (a + b - c) / 10 + 5)
```

Dann klammern Sie jede einzelne Rechenoperation ein:

```
(d = ((a + b) - c) / 10 + 5)
(d = (((a + b) - c) / 10) + 5)
(d = ((((a + b) - c) / 10) + 5))
```

Dann setzen Sie in jeder Klammer den Operator mit nachfolgendem Leerzeichen nach vorn:

```
(= d (+ (/ (- (+ a b) c) 10) 5))
```

Nun müssen Sie nur noch »=« durch »setq« ersetzen:

```
(setq d (+ (/ (- (+ a b) c) 10) 5))
```

15.7.2 Erstes Programm

Mit AutoLISP können Sie leicht kleine Programme schreiben, die beispielsweise Variantenteile erstellen. Als einfaches Beispiel sei hier ein Flansch vorgeführt, bei dem Durchmesser und Anzahl der Bohrungen frei gewählt werden können.

Abb. 15.24: Editieren von PROG1.LSP

Zum Schreiben des Programms ist der in AutoCAD integrierte VISUAL LISP EDITOR am besten geeignet. Sie erreichen ihn unter VERWALTEN|ANWENDUNGEN|VISUAL LISP EDITOR. Wählen Sie dort das Menü DATEI|NEUE DATEI und beginnen Sie mit der Eingabe des Programms. Im Editor können Sie nun den gewünschten Programmtext schreiben und dann abspeichern. Zum Abspeichern müssen Sie das Datei-Menü wählen und darin SPEICHERN UNTER. Geben Sie dann einen Dateinamen mit der Endung .LSP ein.

Als Anfangsbeispiel soll ein ganz kleines Programm geschrieben werden, das als Variantenteil einen Kreis mit wählbarem Radius erzeugt. Es macht nichts anderes als der Befehl KREIS, aber Sie können damit schon einmal die Technik eines AutoLISP-Programms mit Eingabe und Befehlsaufruf üben. Ein AutoLISP-Programm schreibt sich wie folgt:

```
(defun c:PROG1 ( / )
... Programmzeilen ...
)
```

Der erste Befehl dient zur Definition des Programmnamens (DEFUN = DEfine FUNction). Nun sind noch Befehle zum Einlesen von Zahlen und zum Einlesen von Punkten nötig sowie der Aufruf des Befehls Kreis. Die nötigen Befehle lauten:

```
(setq R (getreal "\nBitte Radiuswert: "))
(setq M (getpoint "\nBitte Mittelpunkt: "))
(command "KREIS" M R)
```

Damit lautet das komplette Programm:

```
(defun c:PROG1 (/)
   (setq R (getreal "\nBitte Radiuswert: "))
   (setq M (getpoint "\nBitte Mittelpunkt: "))
   (command "KREIS" M R)
   (princ)
)
```

Sie sehen, dass die eingegebenen Werte für Punkt und Zahl gleich in den Variablen M und R abgespeichert werden. Wenn dieses kleine Programm unter dem Namen PROG1.LSP abgespeichert ist, kann man es in AutoCAD laden mit:

```
Befehl: (load "PROG1")
```

Mit VERWALTEN|ANWENDUNGEN|ANWENDUNG LADEN können Sie das Programm auch laden oder Sie verwenden das Werkzeug aus dem Visual LISP Editor und wechseln dann zu AutoCAD.

15.7
Zusatzprogramme in AutoLISP (nicht LT)

Abb. 15.25: Wichtige Werkzeuge des VISUAL LISP EDITORS

Es wird wie folgt gestartet und bedient:

```
Befehl: PROG1
Bitte Radiuswert: 60
Bitte Mittelpunkt: 100,100
```

Sie können anstelle der Punktkoordinaten natürlich auch eine Position auf dem Bildschirm wählen oder die Fangmodi benutzen wie Endpunkt oder Ähnliches (Abbildung 15.26).

Abb. 15.26: Abarbeitung von PROG1.LSP

15.7.3 Programm für Variantenkonstruktion

Ein umfangreicheres Programm sei nun zunächst vorgestellt und dann im Detail beschrieben:

Kapitel 15
Benutzeranpassungen

```
(defun c:PROG2 ( / )
  (setq MT (getpoint "Mittelpunkt des Teilkreises: ")
        RT (getreal "Radius des Teilkreises: ")
        RB (getreal "Radius der Bohrungen: ")
  )
  (setq ANZAHL (fix (/ (* pi 2) (* 4 (atan RB RT))))
        DW (/ 360.0 ANZAHL)
        RI (* 10.0 (fix (/ (- RT (* 1.5 RB)) 10)))
        RA (* 10.0 (1+ (fix (/ (+ RT (* 1.5 RB)) 10))))
  )
  (print "Innendurchmesser ") (princ (* 2.0 RI))
  (princ "    Außendurchmesser ") (princ (* 2.0 RA))
  (print ANZAHL) (princ "Bohrungen. ") (princ)
  (command "CMDECHO" 0)
  (command "KREIS" MT RI) (command "KREIS" MT RA)
  (setq I 0)
  (while (< I ANZAHL)
    (setq MP (polar MT (* (* DW I) (/ pi 180)) RT))
    (command "KREIS" MP RB)
    (setq I (1+ I))
  )
  (command "CMDECHO" 1)
  (princ)
)
```

Beachten Sie, dass keine Leerzeichen weggelassen werden dürfen, weil sie in LISP als Trennzeichen gelten. Das Einrücken der Zeilen dient der Übersichtlichkeit, damit man weiß, dass noch Klammern offen sind, die erst in späteren Zeilen geschlossen werden. Ansonsten muss innerhalb jeder Zeile die Klammerbilanz stimmen, das heißt, genauso viele öffnende Klammern wie schließende Klammern müssen vorhanden sein. Gleichfalls muss die Bilanz der Anführungszeichen in jeder Zeile stimmen: Es muss immer eine gerade Zahl sein.

Die einzelnen Programmzeilen seien nun kurz erläutert, weil sie typisch für derartige Variantenteile sind.

```
(defun c:PROG2 ( / )
  ...
)
```

Der Programmname wird definiert und die lokal benutzten Variablennamen werden angegeben:

```
MT      Mittelpunkt des Teilkreises für die Bohrungen,
RT      Radius des Teilkreises,
RB      Radius der Bohrungen,
ANZAHL  Anzahl der Bohrungen,
RI      Innerer Radius des Flansches,
RA      Äußerer Radius des Flansches,
DW      Distanz im Winkel zwischen zwei Bohrungen,
I       Index, der in einer Schleife bis ANZAHL hochgezählt wird,
MP      Mittelpunkt einer Bohrung.
```

Nun folgen einzelne Erläuterungen:

```
(setq MT (getpoint "Mittelpunkt des Teilkreises: ")
```

Es wird die Eingabe eines Punkts mit der Funktion GETPOINT und der Aufforderung MITTELPUNKT DES TEILKREISES: angefordert. Der eingegebene Punkt wird gleich der Variablen MT gesetzt.

```
RT (getreal "Radius des Teilkreises: ")
```

Der SETQ-Befehl wird hier mit einer weiteren Gleichsetzung fortgesetzt. Es wird eine reelle Zahl mit dem Text Radius des Teilkreises: angefordert und mit der Variablen RT gleichgesetzt.

```
RB (getreal "Radius der Bohrungen: ")
```

Dies ist die letzte Gleichsetzung im SETQ-Befehl. Eine weitere reelle Zahl wird mit dem Text Radius der Bohrungen: angefordert und mit der Variablen RB gleichgesetzt.

```
)
```

Mit dieser Klammer wird der SETQ-Befehl geschlossen.

```
(setq ANZAHL (fix (/ (* pi 2) (* 4 (atan RB RT)))))
```

In diesem SETQ-Befehl werden mehrere Variablen aus den eingegebenen Werten berechnet. Die erste Variable ANZAHL gibt die Anzahl der Bohrungen im Flansch an. Zunächst wird der Winkel berechnet, den eine Hälfte einer Bohrung im Abstand des Teilkreisradius vom Mittelpunkt einnimmt: atan(RB/RT). Der Teilkreis soll so aufgeteilt werden, dass zwischen den Bohrungen noch einmal der gleiche Abstand bleibt, wie ihn eine Bohrung einnimmt. Deshalb müssen 360° (hier 2) durch 4*atan(RB/RT) dividiert werden. Da die Anzahl der Kreise eine ganze Zahl kleiner oder gleich diesem Wert sein muss, wird mit FIX der ganzzahlige Anteil bestimmt.

```
DW (/ 360.0 ANZAHL)
```

Der Winkelschritt zwischen zwei Bohrungen berechnet sich dann als Quotient aus 360° und der Anzahl der Bohrungen.

```
RI (* 10.0 (fix (/ (- RT (* 1.5 RB)) 10)))
```

Der innere Radius des Flansches soll um einen drei viertel Bohrungsdurchmesser kleiner sein als der Teilkreis: RT-1.5*RB. Er soll aber ein glattes Maß in 10er-Sprüngen betragen. Deshalb wird die berechnete Zahl durch 10 dividiert, das Ergebnis mit fix ganzzahlig gemacht und danach wieder mit 10 multipliziert.

```
RA (* 10.0 (1+ (fix (/ (+ RT (* 1.5 RB)) 10))))
```

Der äußere Radius des Flansches soll um drei Viertel des Bohrungsdurchmessers größer sein als der Teilkreis: RT+1.5*RB. Er soll aber ein glattes Maß in 10er-Sprüngen betragen. Deshalb wird die berechnete Zahl plus 1 durch 10 dividiert, das Ergebnis mit fix ganzzahlig gemacht und danach wieder mit 10 multipliziert.

```
)
```

Hier endet der SETQ-Befehl zur Berechnung der neuen Variablen.

```
(print "Innendurchmesser ") (princ (* 2.0 RI))
```

Der Innendurchmesser wird mit dem Text Innendurchmesser ausgegeben. Er muss zur Ausgabe mit (* 2.0 RI) aus dem Radius berechnet werden. Die Ausgabe mit print generiert zwar einen Zeilenwechsel, gibt aber die obligatorischen Gänsefüßchen mit aus. Schöner wäre ein PRINC-Befehl mit erzwungenem Zeilenwechsel \n: (princ "\nInnendurchmesser ") (princ (* 2.0 RI)).

```
(princ"    Außendurchmesser ") (princ (* 2.0 RA))
```

Der Außendurchmesser wird mit dem Text Außendurchmesser ausgegeben. Er muss zur Ausgabe mit (* 2.0 RA) aus dem Radius berechnet werden.

```
(print ANZAHL) (princ" Bohrungen. ") (print)
```

Die Anzahl der Bohrungen wird ebenfalls in der Befehlszeile ausgegeben.

15.7
Zusatzprogramme in AutoLISP (nicht LT)

```
(command "CMDECHO" 0)
```

Die nachfolgenden KREIS-Befehle sollen kein Echo in der Befehlszeile erzeugen.

```
(command "KREIS" MT RI) (command "KREIS" MT RA)
```

Mit dem KREIS-Befehl werden innerer und äußerer Kreis des Flansches gezeichnet.

```
(setq I 0)
```

Der Schleifenindex wird vor Beginn der Schleife auf 0 gesetzt.

```
(while (< I ANZAHL)
```

Hier beginnt eine Programmschleife, die so lange (while = solange) läuft, wie I kleiner als ANZAHL ist.

```
(setq MP (polar MT (* (* DW I) (/ pi 180)) RT)
```

Der Mittelpunkt jeder Bohrung wird als Punkt in Polarkoordinaten berechnet, ausgehend vom eingegebenen Mittelpunkt MT des Teilkreises. Der Abstand beträgt natürlich RT, nämlich Radius des Teilkreises. Der Winkel wird berechnet als I mal Winkelschritt DW. Dieser muss jedoch für AutoLISP noch durch Multiplizieren mit /180 in Bogenmaß umgerechnet werden.

```
(command "KREIS" MP RB)
```

Nun wird der Kreis für die I-te Bohrung mit Radius RB um den eben berechneten Mittelpunkt MP berechnet.

```
(setq I (1+ I))
```

Mit dem Inkrementierungsoperator 1+ wird der Schleifenindex I erhöht.

```
)
```

Hier endet die while-Schleife.

```
(command "CMDECHO" 1)
```

Das Befehlsecho wird wieder eingeschaltet wie normal üblich.

Kapitel 15
Benutzeranpassungen

```
C:PROG2
Befehl: PROG2
Mittelpunkt des Teilkreises: 50,50
Radius des Teilkreises: 30
Radius der Bohrungen: 6
Innendurchmesser 40.0      Außendurchmesser 80.0
7  Bohrungen.
 CMDECHO
Befehl:
```

Abb. 15.27: Arbeitsweise von PROG2.LSP

Wichtig

Beim Eintippen ist äußerste Sorgfalt auf die korrekte Eingabe insbesondere der Leerzeichen zu verwenden, denn sie dienen in AutoLISP als Trennzeichen zwischen Operatoren und Operanden. Ein beliebter Fehler ist auch das Weglassen von Klammern. Gewöhnen Sie sich an, in jeder Zeile die Klammerbilanz zu ziehen: Die Anzahl der öffnenden Klammern muss gleich der Zahl der schließenden Klammern sein. Bleibt eine Klammer am Ende der Zeile offen, so hat sich die Schreibtechnik bewährt, die folgende Zeile einzurücken, bis diese Klammer wieder geschlossen wird. Dabei kommt dann die entsprechende schließende Klammer direkt unter der öffnenden zu stehen. Mit solchen Techniken finden Sie schnell Klammerfehler und behalten eine gute Übersicht über die Programmstruktur. Die übliche Fehlermeldung für falsche Klammerung lautet Unvollständig gebildete Liste. Ferner müssen Sie auch darauf achten, dass die Anführungszeichen immer korrekt in Paaren auftreten.

15.7.4 AutoLISP- oder weitere Zusatzprogramme laden

Abb. 15.28: Anwendungsprogramm laden

AutoLISP-Programme und auch andere Applikationsprogramme lassen sich auch mit VERWALTEN|ANWENDUNGEN|ANWENDUNG LADEN laden. Im Dialogfenster stellen Sie zuerst das Arbeitsverzeichnis ein, in dem die Programmdatei liegt (1), klicken dann die betreffende Datei an (2), sodass ihr Name im Dateinamenfenster erscheint, (3) und klicken dann auf die Schaltfläche LADEN (4). Sie können auch ein Programm zur STARTGRUPPE hinüberziehen (5), damit sie bei jedem Start von AutoCAD automatisch gestartet wird.

15.7.5 AutoLISP-Übersicht

Der Übersicht halber sei hier noch einmal AutoLISP in zehn Regeln zusammengefasst:

1. Speichern von Zahlen:

   ```
   Befehl:(setq <Name> <Zahl>)
   ```

   Beispiel:

   ```
   Befehl: (setq a 10.5)
   ```

2. Verwenden gespeicherter Zahlen oder Punkte in AutoCAD:

   ```
   Befehl: !<NAME>
   ```

   Beispiel:

   ```
   Befehl: KREIS
   <Zentrum>/2P/3P/TTR: 100,100
   <Radius>/Durchmesser: !a
   ```

3. Erlaubte Zeichen für Namen: Buchstaben, Ziffern, Sonderzeichen

   Es wird nicht zwischen Groß- und Kleinschreibung unterschieden.

   Nicht erlaubt sind Klammern (()), Punkt (.), Anführungszeichen (' und "), Semikolon (;) und das Leerzeichen.

4. Zahlendarstellung:

   Ganze Zahlen von ca. -32.000 bis ca. +32.000

   Dezimalzahlen: 8 signifikante Stellen, mindestens 1 Stelle vor dem Komma (führende Null)

5. Struktur von Berechnungen:

   ```
   (<Operator> <Argument1> <Argument2> ...)
   ```

   Beispiel: (+ 1 3 5)

6. Schachtelung:

   Jedes Argument kann wieder eine Berechnung sein, deren Argumente wieder usw. Bei der Auswertung werden die inneren Klammern zuerst berechnet.

7. Ganze Zahlen /Dezimalzahlen:

Wenn alle Zahlen in einer Berechnung ganzzahlig sind, wird das Ergebnis auch ganzzahlig, notfalls wird gerundet. Wenn auch nur eine Zahl Dezimalstellen besitzt, wird mit Dezimalzahlen gerechnet.

8. Listen:

   Eine Liste ist ein geklammertes Paar oder Tripel (und wenn es mehr sind, dann heißt es n-Tupel) von Zahlen. Eine Liste definiert zum Beispiel die Koordinaten eines Punkts. Solche Listen werden erzeugt mit

   ```
   (setq PKT (list 100 100))
   ```

9. Koordinaten eines Punkts:

   Die Koordinaten eines Punkts können Sie mit folgenden Funktionen abrufen:

   ```
   (setq X (car PKT))
   (setq Y (cadr PKT))
   ```

10. AutoLISP-Programme:

    Definition:

    ```
    (defun c:<Name> ( / )
        <Berechnung>
        <Berechnung>
        ...
    )
    ```

11. Laden:

    ```
    (load "<Name>")
    ```

12. Aufruf:

    ```
    <Name>
    Rückgabewert
    ```

Der Wert der letzten Berechnung oder Aktion wird zurückgegeben und dann in AutoCAD angezeigt.

15.8 Befehlsskripte

Wollen Sie bestimmte Stadien des Konstruktionsprozesses festhalten, dann eignen sich dazu die Dias. Das sind Bildschirmschnappschüsse in einem AutoCAD-eigenen Format. Sie werden mit dem unkomplizierten Befehl MACHDIA erzeugt und erfordern nur die Angabe eines Dateinamens. Mit dem Befehl ZEIGDIA können sie jederzeit unter AutoCAD ganz unproblematisch wieder angezeigt werden. Wegen der Einfachheit bei Generierung und Anzeige eignen sich Dias sehr gut für Vorführungen und besonders auf Messen.

Sie können diese Dias dann noch mit Hilfe von Skriptdateien in Folge automatisch abspielen lassen, sodass sich schöne Demo-Sequenzen ergeben. Eine Skriptdatei erstellen Sie mit dem Editor. Sie können den einfachen Editor aus AutoCAD (nicht LT) heraus auch mit dem Befehl NOTEPAD aufrufen, weil er in der Datei ACAD.PGP als externer Befehl definiert ist. Dann geben Sie einen Dateinamen an, der auf .SCR endet: **TEST.SCR**. Der Inhalt könnte wie folgt lauten:

```
ZEIGDIA TESTDIA    zeigt Dia TESTDIA
PAUSE 1000    Anzeige bleibt 1000 Millisekunden stehen
ZEIGDIA TESTDIA2    zeigt Dia TESTDIA2
PAUSE 1000    Anzeige bleibt 1000 Millisekunden stehen
RSCRIPT    wiederholt Skriptdatei von vorn
```

Dies ist eine Endlosschleife zur Anzeige von zwei Dias. Mit solchen Skripten können Sie beispielsweise Demos für Messen gestalten.

Eine Skriptdatei kann auch verwendet werden, um Bewegungen zu simulieren. Abbildung 15.29 zeigt eine Mühle, deren Flügel gedreht werden können. Die Zeichnung MÜHLE.DWG wurde so erstellt, dass die Flügel als Polylinie gezeichnet wurden und auch als letztes Objekt. Der Drehpunkt der Flügel wurde auf die absoluten Koordinaten 100,100 gelegt. Dann kann man sie mit der folgenden Skriptdatei in Bewegung bringen:

```
DREHEN[Enter]       Aufruf des Befehls DREHEN.
L[Enter]            Letztes Objekt(Polylinie der Flügel) wählen.
[Enter]             Objektwahl beenden.
100,100[Enter]      Der Drehpunkt ist 100,100.
5[Enter]            Der Drehwinkel beträgt 5 Grad.
RSCRIPT[Enter]      Skriptdatei wird von vorn wiederholt.
```

Geben Sie diese Skriptdatei beispielsweise mit dem NOTEPAD-Editor ein und speichern Sie sie unter dem Namen ANI.SCR in Ihrem Arbeitsverzeichnis ab. Sie können sie anschließend mit VERWALTEN|ANWENDUNGEN|SKRIPT AUSFÜHREN starten.

Abb. 15.29: MÜHLE.DWG

Ein weiteres Einsatzgebiet von Skriptdateien besteht darin, bestimmte individuelle Voreinstellungen vorzunehmen oder oft benutzte Befehlsfolgen damit aufzurufen. Die folgende nützliche Skriptdatei können Sie verwenden, um auf metrische Einheiten umzustellen:

```
LIMITEN         Limiten werden als Grenzen für das Raster gesetzt.
0,0             Linke Ecke der Limiten ist 0,0.
420,297         Rechte obere Ecke der Limiten entspricht A3-Format.
-EINHEIT        Einheiten einstellen
2               Dezimalzahlen für lineare Einheiten
2               2 Nachkommastellen
1               Dezimalzahlen für Winkel
1               1 Nachkommastelle
0               Winkelrichtung für 0° in x-Richtung
N               Positive Winkelrichtung gegen den Uhrzeiger
INSUNITS        Einheiten für Zeichnung zum Skalieren von Blöcken
4               4 = mm, 5 = cm, 6 = m
MEASUREMENT     Einheitensystem für Linientypen, Schraffurmuster und Vorgabe-Maß-
stabsliste
1               1 = metrisch (acadiso.lin und acadiso.pat), 0 = Zoll
```

15.9 Der Aktions-Rekorder (nicht LT)

Der Aktionsrekorder ist ein neues Werkzeug, das es erlaubt, Konstruktionsabläufe als Programmablauf aufzunehmen und später wieder identisch abzuspielen. Für die Wiedergabe eines solchen Makros können für die eingegebenen Werte auch Benutzereingaben vorgesehen werden und zusätzliche Meldungen für den späteren Benutzer eingebaut werden.

Abb. 15.30: Aktionsrekorder

Als Beispiel wurde eine M10-Mutter konstruiert und dann mit Meldungen und Benutzereingaben für den Startpunkt versehen. Der Ablauf sieht wie folgt aus:

1. Starten Sie den Aktionsrekorder mit dem Button AUFZEICHNEN.
2. Zeichnen Sie die Bohrung als Kreis mit Durchmesser 8.5.
3. Zeichnen Sie mit Objektfang ZENTRUM einen zweiten Kreis mit Durchmesser **10**.
4. Zeichnen Sie mit POLYGON ein Sechseck mit der Methode INKREIS und Radius **17/2**.
5. Aktivieren Sie BRUCH und klicken Sie die erste Bruch-Position am Gewindekreis an.
6. Aktivieren Sie mit [Strg] und Rechtsklick den OBJEKTFANG und wählen Sie KEINER.
7. Klicken Sie nun die zweite Bruchposition im Gegenuhrzeigersinn auf dem Gewindekreis an.
8. Stoppen Sie die Makro-Aufzeichnung und geben Sie nach Aufforderung einen Namen dafür ein.

Danach können Sie mir dem Button MELDUNG EINFÜGEN noch einen Erklärungstext am Anfang eingeben und einen Text für die Anfrage nach dem Kreismittelpunkt. Dann klicken Sie auf BENUTZEREINGABE ANFORDERN und klicken auf die Koordinaten des ersten Kreiszentrums. Damit erhalten Sie nun ein Makro, das an jedem beliebigen Punkt ausgeführt werden kann. AutoCAD registriert standardmäßig alle Positionen im Makro als relative Koordinaten. Deshalb ist das Makro an jedem anderen Punkt Ihrer Zeichnung ebenfalls aufrufbar, wenn Sie nur den ersten Punkt entsprechend eingeben.

Sie können die Benutzermeldung auch über Rechtsklick auf die betreffenden Stellen anhängen. Genauso können Sie mit Rechtsklick jede Eingabe mit der Option BENUTZEREINGABE ANFORDERN versehen oder die Eingabedaten ändern, beispielsweise auf glatte Koordinaten legen.

Abb. 15.31: Aufgezeichnetes und modifiziertes Aktionsmakro mit Benutzermeldung und Benutzeranfrage

15.10 Die Express-Tools (nicht LT)

Es gibt in AutoCAD 2014 wieder die aus Vorgängerversionen bekannten Zusatzfunktionen, die nicht nur als Menü, sondern auch als Multifunktionsregister EXPRESS-TOOLS zusammengefasst sind. Wenn Sie sie bei der Installation gewählt haben, erscheinen sie beim AutoCAD-Start automatisch als Menü und Multifunktionsleiste und mit einigen Werkzeugkästen. Die EXPRESS-TOOLS gibt es nur in englischer Sprache. Hier sollen die wichtigsten dieser Werkzeuge deshalb mit einer deutschen Kurzbeschreibung vorgestellt werden. Vorzugsweise wird die Reihenfolge in der Multifunktionsleiste benutzt. Die Funktionsaufrufe für das Menü stehen in Klammern.

Abb. 15.32: Multifunktionsleiste EXPRESS-TOOLS

15.10.1 Blocks (Blöcke)

- EXPLODE ATTRIBUTES (EXPLODE ATTRIBUTES TO TEXT) – zerlegt Block (wie URSPRUNG); aus den Attributwerten werden dabei Texte.
- REPLACE BLOCK (REPLACE BLOCK WITH ANOTHER BLOCK) – ersetzt alle Einfügungen eines Blocks durch die eines anderen. Mit PURGE...? und Y werden die Blöcke bereinigt.
- LIST PROPERTIES (LIST XREF/BLOCK PROPERTIES) – zeigt Eigenschaften einzelner Objekte innerhalb von XRef oder Block an.
- IMPORT ATTRIBUTES (IMPORT ATTRIBUTE INFORMATION) – aktualisiert Attributwerte aus der Texttabelle in der Zeichnung. Die Blöcke werden über die HANDLE-Eintragung gefunden. Damit können extern editierte Tabellen zum Aktualisieren der Zeichnung verwendet werden.
- EXPORT ATTRIBUTES (EXPORT ATTRIBUTE INFORMATION) – exportiert Attributwerte in Texttabelle.
- ▼ CONVERT BLOCK TO XREF – ersetzt alle Einfügungen eines Blocks durch eine zu wählende Zeichnungsdatei als Xref. Mit PURGE...? und Y werden die Blöcke bereinigt.
- ▼ COPY NESTED OBJECTS – kopiert Objekte aus XREF oder BLOCK in die Zeichnung.
- ▼ EXTEND TO NESTED OBJECTS – dehnt auf Grenzkanten in Blöcken oder XRefs.
- ▼ TRIM TO NESTED OBJECTS – stutzt auf Schnittkanten in Blöcken oder XRefs.
- Nur im Menü: CONVERT SHAPE TO BLOCK – wandelt Symbol (erzeugt über Befehle SYMBOL, LADEN) in Block um.

15.10.2 Text (Text)

- ARC-ALIGNED (ARC-ALIGNED TEXT) – erzeugt Text, der einem Bogen folgt.
- MODIFY TEXT
    - EXPLODE (EXPLODE TEXT) – wandelt Texte in Polylinien um.
    - CHANGE CASE (CHANGE TEXT CASE) – ändert Groß- und Kleinschreibung der gewählten Texte: SENTENCE CASE Anfangsbuchstabe des ersten Wortes groß, sonst alles klein, LOWERCASE alles klein, UPPERCASE alles groß, TITLE jeder Anfangsbuchstabe eines Wortes groß, TOGGLE CASE schaltet die Groß-/Kleinschreibung jedes Buchstabens um.
    - ROTATE (ROTATE TEXT) – dreht Textobjekte in neue Winkelposition. Die Option MOST READABLE bestimmt die optimale Leseposition.

- **FIT** (TEXT FIT) – verändert die Textbreite (DTEXT) durch Neuposition des Endpunkts. Die Option START POINT erlaubt die Neufestlegung des Startpunkts.
- **JUSTIFY** (JUSTIFY TEXT) – verändert Positionierung eines Textes (wie ZENTRTEXTAUSR).
- **CONVERT TO MTEXT** (CONVERT TEXT TO MTEXT) – wandelt Texte (DTEXT), auch mehrere Zeilen, in MTEXT um.
- **AUTO NUMBER** (AUTOMATIC TEXT NUMBERING) – versieht mehrere wählbare Textzeilen (DTEXT) mit Nummerierungen.
- **ENCLOSE IN OBJECT** (ENCLOSE TEXT WITH OBJECT) – umrahmt einen Text durch verschiedene Objekte: CIRCLE (Kreis), SLOT (rechteckige Box mit Halbkreisen rechts und links), RECTANGLE (Rechteck).
- **REMOTE TEXT** – fügt Textzeilen aus einer Datei als neues RText-Objekt ein. Mit der Option DIESEL können Ausdrücke mit der DIESEL-Sprache geschrieben werden, die aktuelle Werte anzeigen wie zum Beispiel: **$(getvar, "dwgprefix")$(getvar, "dwgname")** zur Anzeige von Zeichnungspfad und -name.
- **TEXT MASK** – versieht Texte (DTEXT) mit verschiedenen Hintergrundobjekten als Maske: WIPEOUT (Befehl ABDECKEN), 3DFACE (Befehl 3DFLÄCHE), SOLID (Befehl SOLID).
- **UNMASK TEXT** – entfernt Textmaske.

15.10.3 Modify (Ändern)

- **MOVE/COPY/ROTATE** – führt mehrere Transformationen mit denselben Objekten durch: MOVE Schieben, COPY Kopieren, ROTATE Drehen, SCALE Skalieren, BASE neuen Basispunkt für die obigen Aktionen festlegen, UNDO Zurück.
- **STRETCH MULTIPLE** (MULTIPLE OBJECT STRETCH) – arbeitet ähnlich wie STRECKEN, aber es können mehrere zu streckende Bereiche gewählt werden, bis die Objektwahl mit [Enter] beendet wird.
- **FLATTEN OBJECTS** – konvertiert 3D-Kurven und netzartige Flächen in 2D-Geometrie.
- **EXTENDED CLIP** – stutzt mehrere Objekte (Pixelbild, Wipeout [Abdecken], XRef, Block) an Polylinie, Linie, Kreis, Bogen, Ellipse oder Text.
- **EXTENDED OFFSET** – entspricht dem Befehl VERSETZ.
- **CONVERT SHAPE TO BLOCK** – entspricht der gleichnamigen Funktion in Abschnitt 15.10.1.
- Nur im Menü: **DRAW ORDER BY COLOR** – ordnet Zeichnungsobjekte in ihrer Anzeigereihenfolge nach Farbe.

- Nur im Menü: MULTIPLE COPY – kopiert die gewählten Objekte mehrfach mit folgenden Optionen: REPEAT verwendet den letzten Kopierabstand erneut, DIVIDE arbeitet wie Teilen, MEASURE arbeitet wie Messen, ARRAY ermöglicht ein rechteckiges Muster unter einem Winkel ähnlich wie REIHE. Optionen im Modus ARRAY:
  - PICK – Die Wiederholabstände werden über ein Rechteck mit diagonalen Punkten in x und y zugleich angegeben. Die Kopien werden nur auf *die* Positionen des Rasters gesetzt, die Sie explizit anklicken.
  - MEASURE – Die Kopien werden auf alle Positionen gesetzt, die durch einen zweiten Punkt begrenzt werden.
  - DIVIDE – Es wird ein zweiter Punkt zur Begrenzung des auszufüllenden Bereichs angegeben und dann die Anzahl der Spalten (colums) und Zeilen (rows).

15.10.4 Layout Tools (Layout-Werkzeuge)

- ALIGN SPACE – dreht den Inhalt eines Ansichtsfensters. Sie wählen über zwei Punkte im Modellbereich des Fensters eine Richtung und geben über zwei Punkte im Papierbereich eine neue Ausrichtung an.
- SYNCHRONIZE VIEWPORTS – dreht und skaliert den Inhalt des zweiten Ansichtsfensters so, dass er zum ersten Ansichtsfenster passt.
- MERGE LAYOUTS – transportiert die Ansichtsfenster des zuerst gewählten Layouts in das zweite Layout. Das erste Layout kann auf Anfrage PURGE... bereinigt werden.
- LIST VIEWPORT SCALE – zeigt den Maßstab des gewählten Ansichtsfensters in der Form 1:x an.

15.10.5 Draw (Zeichnen)

- BREAK-LINE SYMBOL – erzeugt eine Bruchlinie als Zickzacklinie. Die Länge wird über zwei Punkte angegeben. Es wird für das Symbol ein vorgegebener Block vorgeschlagen. Die Position des Bruchsymbols kann mit [Enter] auf Mittelpunkt (MIDPOINT) gesetzt werden oder mit dem automatisch aktiven Objektfang NÄCHSTER gewählt werden. Optionen: SIZE: Änderung der Zackenlänge (Vorgabe 0.5), EXTENSION Verlängerung an beiden Enden (Vorgabe 1.25), BLOCK Wahl eines anderen Bruchsymbols (mit Punktobjekt auf dem Layer *DefPoints* an jedem Ende).
- SUPER HATCH... – erzeugt eine Superschraffur aus folgenden Objekten durch kachelartige Aneinanderreihung: IMAGE: Rasterbild, BLOCK: interner oder externer Block, XREF ATTACH: externe Referenz, WIPEOUT: Abdeckungsfläche (Befehl ABDECKEN).

15.10.6 Dimension (Bemaßung)

- ANNOTATION ATTACHMENT (LEADER TOOLS) – dient zur Bearbeitung von Führungspfeilen mit Texten:
    - ATTACH LEADER TO ANNOTATION verknüpft einen losgelösten Text wieder mit einem Führungspfeil,
    - GLOBAL ATTACH LEADER TO ANNOTATION verknüpft alle losgelösten Texte wieder mit den Führungspfeilen,
    - DETACH LEADERS FROM ANNOTATION löst Text und Führungspfeil voneinander.
- RESET TEXT (RESET DIM TEXT VALUE) – setzt einen überschriebenen Maßtext wieder auf den ursprünglichen assoziativen Wert zurück.
- IMPORT STYLE (DIMSTYLE IMPORT) – importiert einen Bemaßungsstil aus einer Datei mit der Endung `*.dim`.
- EXPORT STYLE (DIMSTYLE EXPORT) – exportiert einen Bemaßungsstil in eine Datei mit der Endung `*.dim`.

15.10.7 Tools (Werkzeuge)

- COMMAND ALIASES (COMMAND ALIAS EDITOR) – Mit diesem Werkzeug können Befehlsabkürzungen in der benutzerspezifischen Datei `acad.pgp` bearbeitet werden. Hier können Sie durch Klick in die Spaltenköpfe auch die alphabetische Reihenfolge einstellen und Befehle wie Abkürzungen schneller finden. Die Optionen: ADD hinzufügen, REMOVE entfernen, EDIT ändern.
- ATTACH XDATA – An ein Objekt können »Extended Data« angehängt werden, wie es bei applikationsabhängigen Objekten üblich ist. Folgende Typen gibt es:
- LIST XDATA (LIST OBJECT DATA) – Die »Extended Data« von applikationsabhängigen Objekten können angezeigt werden.
- SYSTEM VARIABLES – Systemvariablen können hiermit bequem untersucht und editiert werden.
- EXTENDED PLAN – wählt neuen Zoom-Bereich durch Wahl der anzuzeigenden Objekte.
- MAKE LINETYPE – erzeugt eigene Linientypen aus mehreren Liniensegmenten und Symbolen. Sie werden in eine eigene Linientypdatei geschrieben und gleich in die aktuelle Zeichnung geladen.
- MAKE SHAPE – erzeugt eigene Symbole aus mehreren Liniensegmenten, Kreisen und Bögen. Sie werden in eine eigene Symboldatei geschrieben und gleich in die aktuelle Zeichnung geladen. Mit SYMBOL können sie eingefügt werden.

- Nur im Menü: REAL-TIME UCS – Das Koordinatensystem kann durch Ziehen mit der Maustaste gedreht werden. Die vorgegebene Drehachse ist die x-Achse. Mit ⇧ kann auf die y- oder z-Achse als Drehachse umgeschaltet werden. Optionen: SAVE mit Namen speichern, RESTORE letztes BKS wiederherstellen, DELETE BKS löschen, CYCLE orthogonale BKS durchblättern, ANGLE Winkelinkrement für das Ziehen mit der Maustaste definieren, ORIGIN neuen Nullpunkt anklicken, VIEW xy-Ebene wird in die Ansichtsebene gelegt, WORLD Weltkoordinatensystem (WKS) eingeschaltet, UNDO Zurück.
- Nur im Menü: DWG EDITING TIME – bedient eine Benutzer-Stoppuhr.

15.10.8 WEB-Tools (Internet-Werkzeuge)

- SHOW URLs – Hyperlinkadressen werden angezeigt und können editiert werden.
- CHANGE URLs – Hyperlinkadressen können editiert werden.
- FIND AND REPLACE URLs – Nur Objekte mit Hyperlinks lassen sich wählen, und in diesen Adressen können Zeichenketten ersetzt werden.

15.10.9 Nur im Menü: Selection Tools (Objektwahl)

- GET SELECTION SET – stellt einen Auswahlsatz nach zwei Kriterien zusammen. Das erste gewählte Objekt spezifiziert den Layer, das zweite Objekt den Objekttyp. Die Objekte können in einem nachfolgenden Befehl mit der Objektwahlmethode V verwendet werden.
- FAST SELECT – wählt das angeklickte Objekt, sowie alle, die es direkt berühren.

15.10.10 Nur im Menü: File Tools (Dateiwerkzeuge)

- MOVE BACKUP FILES – Eingabe für ein neues Verzeichnis für die Sicherungsdatei (`Zeichnungsname.bak`), die beim Speichern automatisch abgelegt wird. Beginnt der Verzeichnisname nicht mit »\«, dann wird es als Unterverzeichnis des aktuellen Arbeitsverzeichnisses angenommen.
- CONVERT PLT TO DWG – Eine Plotdatei im HPGL-Format kann in eine DWG-Datei umgewandelt werden.
- EDIT IMAGE – startet für ein eingefügtes Bild das passende Editierprogramm Ihres Rechners zum Bearbeiten.
- REDEFINE PATH – Es lässt sich ein neues Verzeichnis für die benutzten Stile, Symbole, XRefs, Bilder und RText-Objekte angeben.
- UPDATE DRAWING PROPERTY DATA – verwaltet Zeichnungseigenschaften ähnlich dem Befehl DWGEIGEN.
- SAVE ALL DRAWINGS – speichert alle geöffneten Zeichnungen.

- CLOSE ALL DRAWINGS – schließt alle geöffneten Zeichnungen.
- QUICK EXIT – entspricht dem Befehl QUIT.
- REVERT TO ORIGINAL – lädt den zuletzt gespeicherten Stand der Zeichnung zurück und verwirft alle aktuellen Änderungen.

15.10.11 Nur im Menü: Web Links (Internet-Links)

Die Funktionen sind Links zu den entsprechenden Websites.

- Express-Tools Newsgroup
- Autodesk Products and Support Website

15.10.12 Nur im Menü: Express-Tools FAQ (Häufig gestellte Fragen)

Hier werden grundsätzliche Fragen zu den Express-Tools geklärt.

15.10.13 Nur im Menü: Help (Hilfe)

Unter dieser Funktion findet sich die englische Hilfefunktion zu den EXPRESS-TOOLS. Die einzelnen Befehle werden unter CATEGORIES erklärt.

15.10.14 Befehle zur Eingabe im Textfenster

ACADINFO – schreibt alle Informationen der AutoCAD-Installation, auch die aktuellen Systemvariablen, in eine Textdatei. Sie kann beispielsweise später benutzt werden, um verstellte Systemvariablen zu lokalisieren. Ein Vergleich unter einem Textprogramm wie Word kann die Unterschiede schnell lokalisieren.

> **Tipp**
>
> Vielleicht sollten Sie diesen Befehl mal ganz am Beginn Ihrer Arbeit mit AutoCAD geben, damit die Standard-Einstellungen aller Systemvariablen gesichert sind. Teile dieser Textdatei können Sie als Skript verwenden, um später alle Systemvariablen wieder herzustellen!

BLOCK? – zeigt die AutoLISP-Objektliste für den Block oder einzelne Objekte im Block an.

BCOUNT – zählt Blöcke innerhalb Ihrer Auswahl ab.

DWGLOG – schaltet eine Protokolldatei über die Zeichnungsbenutzung ein/aus. Damit kann verfolgt werden, wer eine Datei wann bearbeitet hat. Die zugehörigen Programme dwglog.arx und dwglog.lsp sollten dafür in die Startdatei gesetzt werden (siehe Abschnitt 15.7.4, »AutoLISP- oder weitere Zusatzprogramme laden«).

EXPRESSMENU – aktiviert das Menü EXPRESS.

EXPRESSTOOLS – installiert die Express-Tools.

GATTE – ersetzt global Attributwerte für einen bestimmten Block.

DATE – zeigt Datum nach julianischem Kalender an.

LSP – zeigt verfügbare AutoLISP-Aufrufe geladener Programme an.

LSPSURF – listet externe AutoLISP-Dateien auf.

MPEDIT – editiert mehrere Polylinien zugleich, ähnlich PEDIT.

REDIRMODE – steuert, welche Pfade durch das Menü EXPRESS|FILE TOOLS|REDEFINE PATH umdefiniert werden dürfen.

SSX – erstellt einen Auswahlsatz gemäß einem gewählten Objekt und weiteren Kriterien.

TFRAMES – schaltet Rahmen für Bilder/Wipeouts (Befehl ABDECKEN) ein/aus.

DUMPSHX – (Als Befehl in der EINGABEAUFFORDERUNG einzugeben (!)) wandelt binäre, nicht editierbare Symbolbibliotheken (*.shx) in editierbare (*.shp) um. Das Beispiel erstellt die `simplex.shp` aus der shx-Datei: **dumpshx -O simplex.shp simplex.shx**. Das ist nötig, wenn Sie eine Schriftdatei um weitere Zeichen ergänzen wollen: zuerst die *.SHP erstellen, dann mit Texteditor darin das Zeichen erstellen (siehe Handbuch für Benutzeranpassungen), zuletzt wieder die *.SHP mit Befehl KMPILIER in die *.SHX umwandeln.

15.11 Wichtige Systemvariablen

Diese Liste »überlebenswichtiger« Systemvariablen soll Ihnen bei Problemen helfen, AutoCAD wieder flott zu bekommen, wenn Sie mal etwas verstellt haben. Die Liste gibt auch für einige Variablen nicht eine sinnvollere Einstellung wieder als in der Standard-Vorgabe.

Systemvariable	Voreinstellung	Vorschlag	
APERTURE	10	5	Boxgröße für Objektfang in Pixeln
BLOCKEDITLOCK	0		Erlaubt/verbietet Bearbeiten dynamischer Blöcke.
CURSORSIZE	5		Fadenkreuzgröße 5%
DELOBJ	2	0	Automatisch Löschen/Erhalten der Konturen bei Extrusion, Rotation etc.
DIMASSOC	2		Assoziativität der Bemaßung
DISPSILH	0	1	Sichtkanten bei 3D-Objekten anzeigen

15.11 Wichtige Systemvariablen

Systemvariable	Voreinstellung	Vorschlag	
ELEVATION	0.0		Vorgabewert für fehlende Z-Koordinaten
FACETRES	0.05	10	Grobe ... genauere Facettendarstellung in 3D (0.01 ... 10)
FILEDIA	1		Dateidialoge bei Befehlen mit Dateiverwaltung eingeschaltet, (0=in Befehlszeile)
FILLMODE	1		Flächenfüllungen und Schraffuren anzeigen
HIGHLIGHT	1		Gewählte Objekte gestrichelt markieren
MEASUREMENT	1		Metrische Einheiten (bei alten Zeichnungen vor 2000 einstellen!!!) für Linientypen, Schraffurmuster und Vorgabe-Maßstabsliste
MIRRHATCH	0	(1)	Spiegeln von Schraffuren: 0 für Fortsetzen der Schraffur in Spiegelkontur
MIRRTEXT	0		Spiegeln von TEXTEN ohne Spiegelschrift
OSNAPCOORD	2	1	1=Koordinaten haben Vorrang vor Objektfang, auch für Menüfunktionen, AutoLISP und Skripten 2=Koordinaten haben nur bei Tastatureingabe Vorrang
PICKADD	1		Objektwahl erlaubt, mehrfach Objekte zu wählen (oft versehentlich im EIGENSCHAFTEN-MANAGER verstellt)
PICKAUTO	1		Implizites Kreuzen und Fenster
PICKBOX	3		Boxgröße für Objektwahl in Pixeln
PICKDRAG	0		Implizites Fenster und Kreuzen mit Klick-Klick
PICKFIRST	1		Objektwahl vor Befehl möglich
PICKSTYLE	1		Gruppenwahl aktiv
REGENMODE	1		Automatisches Regenerieren in vielen Funktionen (0 bei sehr großen Teilen)
SAVETIME	10		Sicherungsintervall in Minuten (*.SV$)
THICKNESS	0.0		Objekthöhe (Ausdehnung in Z) für 2D-Objekte
VPCONTROL	1		Aktiviert die Anzeige der Ansichtsfenster-Steuerelemente im Zeichenbereich links oben
ZOOMFACTOR	60	3...10 0	Sensibilität des Mausrades
ZOOMWHEEL	0	(1)	Übliche/entgegengesetzte Mausaktion beim Zoomen (1 entspricht Inventor-Richtung)

15.12 Was gibt es sonst noch?

15.12.1 Neue Befehlsvorgaben bearbeiten

Unter VERWALTEN|BENUTZERANPASSUNG|ALIASSE BEARBEITEN haben Sie nicht nur Zugriff auf die bisher verfügbare Liste der Befehlsabkürzungen (Aliasse), sondern auch auf die Liste der *Befehlssynonyme*, die Sie sich nach demselben Muster anpassen können wie bei den Befehlsaliassen beschrieben.

Abb. 15.33: Zugriff auf Befehlsabkürzungen (Aliasse) und Synonyme

Auch die *Autokorrekturliste*, die automatisch aus Ihren erkannten Fehleingaben entsteht, kann hier bearbeitet werden.

15.13 Übungsfragen

1. Wo stellt man die Farbe für den Bildschirmhintergrund ein?
2. Wie aktiviert man für 3D-Drahtmodellanzeige die Sichtkanten?
3. Was schaltet die Checkbox FLÄCHENFÜLLUNG unter ANWENDUNGSMENÜ|OPTIONEN, Register ANZEIGE ein und aus?
4. Womit ersetzt man alle Texte der Zeichnung durch rechteckige Boxen?
5. Wie lautet die Endung der automatischen Sicherungsdatei?
6. Was wird unter ASSOZIATIVBEMAßUNG in ANWENDUNGSMENÜ|OPTIONEN, Register BENUTZEREINSTELLUNGEN eingestellt?
7. Geben Sie die allgemeine Struktur eines AutoLISP-Programms an.
8. Wie laden Sie ein AutoLISP-Programm?
9. Welcher Bereich der Menüdatei sollte für eigene Menüs und Werkzeugkästen benutzt werden?
10. Was bewirkt die RECHTSKLICK-ANPASSUNG?

Kapitel 16

Plugins – Autodesk 360 – Verfügbare Apps

Neben den bisher behandelten Registern mit diversen Konstruktionswerkzeugen gibt es noch drei Register mit Funktionen für die Arbeit mit und übers Internet: PLUGINS, AUTODESK 360 und VERFÜGBARE APPS:

- PLUGINS|SUCHEN – Diese Gruppe enthält den CONTENT EXPLORER, eine erweiterte Suchfunktion, die ähnlich etwas abgespeckt auch schon im DESIGNCENTER unter SUCHEN geboten wird.
- PLUGINS|EXCHANGE APP MANAGER – führt ins Internet in den Autodesk Apps Store, aus dem Sie sich nützliche Apps herunterladen können.
- PLUGINS|SKP-DATEI IMPORTIEREN – ermöglicht den Import von Dateien des Programms SketchUP. Dieses CAD-Programm wurde von Google entwickelt und wird jetzt von Trimble angeboten. Zahlreiche CAD-Modelle in Google Earth sind mit diesem Programm erstellt. Solche Dateien können hiermit importiert werden.
- AUTODESK 360 – Diese Registerkarte enthält mehrere Funktionen zum Upload und zur Verwaltung einer Zeichnung unter AUTODESK 360. Unter dieser Adresse können Sie Ihre Zeichnungen im Internet speichern, 3 GB Speicherplatz sind kostenfrei, für Abonnementskunden 25 GB.
- VERFÜGBARE APPS – In diesem Register können Sie nochmals zum Autodesk Apps Store verzweigen und dann die gewünschten Apps hier einfügen.

Bevor wir im Internet verschwinden, soll ein weiteres Zusatzprogramm erwähnt werden, das bei Problemen sehr hilfreich sein kann, eine allgemeine Rücksetzfunktion.

16.1 Der Content Explorer

Der CONTENT EXPLORER findet sich unter PLUGINS|INHALT|SUCHEN. Er bietet ein Suchhilfsmittel, mit dem Sie in vorbestimmten Ordnern nach Zeichnungsinhalten suchen können. Als Zeichnungsinhalte sind *referenzierte Zeichnungen*, *Blöcke* und alle möglichen *Stile* zu verstehen. Beim ersten Start erscheint das Fenster des CONTENT EXPLORERS hochkant mit zwei voreingestellten Ordnern als Suchziel. Am besten stellen Sie das Fenster auf Breitformat um und wählen dann eigene zu durchsuchende Ordner.

Kapitel 16
Plugins – Autodesk 360 – Verfügbare Apps

Zeichnen und Beschriftung	Icon	Befehl
PLUGINS|INHALT|SUCHEN	🔭	CONTENTEXPLORER

Abb. 16.1: Aufruf des CONTENT EXPLORERS

Klicken Sie unten auf die Dialogfläche ÜBERWACHTEN ORDNER HINZUFÜGEN (meint *zu überwachende*). Sie können dann in einer Ordnerliste Ihre eigenen Ordner auswählen (Abbildung 16.2). Per Rechtsklick lassen sich auch die bereits ausgewählten Ordner aus dem Fenster entfernen. Eine zweite Möglichkeit zum Verwalten der zu überwachenden Ordner finden Sie unter dem EINSTELLEN-Werkzeug, dem Gabelschlüssel-Symbol. Dort sehen Sie auch die ausgeschriebenen Pfade. Im Beispiel wurde zu den beiden von Autodesk vorgegebenen Suchpfaden noch das Verzeichnis mit den eigenen Dateien, nämlich *Documents* hinzugefügt. Die Pfade, die AutoCAD vorschlägt, sind:

- *Downloaded Content* – Ein leeres Verzeichnis für spätere Download-Aktionen unter `C:\Users\Public\Documents\Autodesk\Downloaded Content`.
- *Sample* – Ein Verzeichnis mit vielen Beispiel-Zeichnungen unter `C:\Program Files\Autodesk\AutoCAD 2014\Sample`.

Abb. 16.2: Zu überwachende Ordner hinzufügen

16.1
Der Content Explorer

Abb. 16.3: Einstellungen für den Content Explorer

Wenn Sie im Dialogfenster auf das FILTER-Symbol klicken, können Sie noch einstellen, welchen Inhaltstyp Sie suchen, und auch noch ein Datum oder einen Datumsbereich spezifizieren (Abbildung 16.4).

Für die Anzeige der Suchergebnisse finden Sie neben dem FILTER die ANZEIGEOPTIONEN. Es sind MINIATURANSICHTEN voreingestellt, aber Sie können wie üblich auch DETAILS oder LISTE wählen.

Danach geben Sie oben im Dialogfenster bei DURCHSUCHEN Ihren Suchbegriff ein und klicken auf das Lupensymbol. Die angegebenen Ordner werden durchsucht, was natürlich einige Zeit in Anspruch nehmen kann.

Abb. 16.4: Filtereinstellungen

Im vorliegenden Beispiel wurde ohne besondere Filtereinstellungen nach `testxx` gesucht. Es wurden ein Block mit dem Namen `testxxx` und die beiden Zeichnungen `testxxx.dwg` und `testxxx_1_1_9452.sv$.dwg` gefunden. Wo Block und

Kapitel 16
Plugins – Autodesk 360 – Verfügbare Apps

Zeichnungen liegen, können Sie nach Rechtsklick darauf und EIGENSCHAFTEN erfahren (Abbildung 16.7).

Abb. 16.5: Suchergebnis für `testxx` in den oben angegebenen Verzeichnissen

Im Beispiel wurde nun die Zeichnung *testxxx.dwg* mit einem Doppelklick oder Rechtsklick und ÜBERPRÜFEN analysiert. Dann werden die enthaltenen benannten Objekte wie Blockdefinitionen und Stile angezeigt. Dieses aufgeblätterte Suchergebnis können Sie in Abbildung 16.6 sehen. Aus dieser Übersicht können Sie sich Objekte per DRAG & DROP in Ihre aktuelle Zeichnung ziehen, wie Sie es vom DESIGN-CENTER kennen.

Abb. 16.6: Aufgeblättertes Suchergebnis, Übertragen des Rahmens per DRAG & DROP

Die Sucheinstellungen werden unter dem DISKETTEN-Symbol gespeichert. Sie können dort jederzeit wieder aktiviert oder gelöscht werden. Sie dürfen auch Suchkriterien mit *logischen Operatoren* wie AND, OR oder NOT kombinieren. Auch Platzhalter wie * für beliebige Zeichenfolgen sind erlaubt. So suchen Sie beispielsweise mit **Kont* OR Mitt*** und der Filtereinstellung auf **Layer** in Ihren Such-Ordnern alle Layer, die mit *Kont* oder *Mitt* beginnen. Diese werden als Ergebnis aufgelistet und über Rechtsklick und EIGENSCHAFTEN erfahren Sie auch, in welchen Zeichnungen sie liegen.

Mit dem START-Symbol (Häuschen-Logo) stellen Sie vor der nächsten Suche die Original-Such-Ordner für die nächste Suche wieder ein.

Abb. 16.7: Eigenschaften anzeigen

16.2 Apps managen

Zur Verwaltung Ihrer Apps, die Sie aus Autodesk Exchange herunterladen können, stehen hier die Werkzeuge zur Verfügung: PLUGINS|APP MANAGER| EXCHANGE APP MANAGER. Wenn Sie noch keine Apps heeruntergeladen haben, erhalten Sie hier auch zwei Buttons mit Informationen über den Umgang mit Apps (Abbildung 16.8).

Kapitel 16
Plugins – Autodesk 360 – Verfügbare Apps

Abb. 16.8: Exchange App Manager mit Info-Werkzeugen

16.3 Import von SketchUp-Dateien

Dateien des CAD-Programms SKETCHUP, entwickelt von *Google* und nun im Besitz von *Trimble*, können jetzt von AutoCAD importiert werden. Das Programm SKETCHUP kann schnell und einfach Volumenkörper erstellen, vorzugsweise mit Befehlen wie KLICKZIEHEN bei AutoCAD. SKETCHUP-Modelle finden Sie auch in Google Earth für viele berühmte Gebäude. Eine SketchUp-Datei (*.SKP) wird als Block nach AutoCAD importiert. Man kann diesen Block auflösen und erhält dann ggf. nach mehrmaligem Auflösen einen *Netzkörper* in AutoCAD. Der Trick, der SKETCHUP zu einem relativ einfachen CAD-System macht, besteht darin, dass es sich auf *facettierte Körper* beschränkt. Dadurch wird die Mathematik einfach.

Abb. 16.9: Import einer SKP-Datei als Block in AutoCAD

> **Tipp**
>
> Zu SketchUp siehe auch mein Buch **SketchUp 8.0** aus dem Verlag mitp.

16.4 Autodesk 360

AUTODESK 360 ist ein Ort im Internet, wo Sie sich unter Ihrer E-Mail-Adresse anmelden und Zeichnungen speichern können. Zu diesem Ort können Sie dann Ihre Zeichnungen hochladen, verwalten und auch dort mit AUTOCAD WS (Web Share) im Internet bearbeiten. Das ist besonders dann interessant, wenn Sie unterwegs sind, etwa beim Kunden, und Ihre Zeichnung zeigen und in gewissem Umfang auch bearbeiten wollen. Es ist auch möglich, die Zeichnung dort für andere Personen freizugeben, damit andere sie auch weiterbearbeiten können. Natürlich lassen sich die bearbeiteten Zeichnungen wieder von dort herunterladen.

Die Werkzeuge für Autodesk 360 befinden sich in AutoCAD im Register AUTODESK 360 (Abbildung 16.10). Folgende Funktionen finden Sie dort:

Abb. 16.10: Werkzeuge für Autodesk 360

- AUTODESK 360|ZUGRIFF
  - DOKUMENTE VERWALTEN – bietet eine Übersicht über Ihre in der Cloud gespeicherten Dateien. Wenn Sie noch nicht angemeldet sind, startet bei all diesen Funktionen zuerst die Anmeldeseite (Abbildung 16.11).

Abb. 16.11: Anmeldung bei Autodesk 360

Kapitel 16
Plugins – Autodesk 360 – Verfügbare Apps

Melden Sie sich mit Ihrer E-Mail-Adresse und einem Kennwort an. In der Übersicht über Ihre Zeichnungen können Sie diese auch anklicken und die Online-Bearbeitung starten. Dann landen Sie in der Oberfläche AUTOCAD WS (WEB SPACE).

- WEBSITE ÖFFNEN – Hiermit gehen Sie direkt in die Autodesk-Cloud zu Ihren dort gespeicherten Dateien.
- ONLINE-OPTIONEN – zeigt das Register ONLINE aus dem OPTIONEN-Befehl mit Ihren Einstellungen für die Online-Verbindung an (Abbildung 16.12). Hier wird vor allem geregelt, ob eventuell automatisch in der Cloud gespeichert werden soll. Unter ZU SYNCHRONISIERENDE EINSTELLUNGEN AUSWÄHLEN bestimmen Sie, *welche* der AutoCAD-Einstellungen mit der Cloud synchronisiert werden sollen: OPTIONEN, ANPASSUNGSDATEIEN (Benutzeroberfläche), DRUCKER-SUPPORT-DATEI, BENUTZERDEFINIERTE SCHRAFFURMUSTER, WERKZEUGPALETTEN, ZEICHNUNGSVORLAGEN, BENUTZERDEFINIERTE SCHRIFTEN, FORMEN, LINIENTYPEN.

Abb. 16.12: OPTIONEN-Einstellungen für die Cloud

- AUTODESK 360|SYNCHRONISIEREN VON BENUTZEREINSTELLUNGEN
- MEINE EINSTELLUNGEN SYNCHRONISIEREN – erlaubt das Synchronisieren Ihrer Programmeinstellungen mit den in der Cloud gespeicherten Daten und umgekehrt. Über die Cloud können Sie nun sicherstellen, dass Sie auch unterwegs überall die gleichen Einstellungen benutzen können.
- EINSTELLUNGEN WÄHLEN – zeigt wieder das Register ONLINE aus dem OPTIONEN-Befehl mit Ihren Einstellungen für die Online-Verbindung an (Abbildung 16.12).

16.4 Autodesk 360

- AUTODESK 360|AUSTAUSCH UND ZUSAMMENARBEIT
- DOKUMENT FREIGEBEN – Hiermit können Sie Ihre Zeichnung in der Cloud speichern und für andere dort über die E-Mail-Adresse zur Bearbeitung freigeben. Es wird dann eine E-Mail an den Adressaten geschickt und zur Bearbeitung der Zeichnung eingeladen.
- JETZT ZUSAMMENARBEITEN – Mit dieser Funktion gelangen Sie zu AutoCAD WS (WS = Web Space). Das ist die AutoCAD-Oberfläche in der Cloud, mit der Sie im Prinzip auch unterwegs ohne AutoCAD Ihre in der Cloud gespeicherten Zeichnungen bearbeiten können.

Abb. 16.13: Freigabe einer Zeichnung

DESIGN-FEED – Hiermit aktivieren Sie die DESIGN-FEED-Palette, über die Sie zu Ihrer in der Cloud gespeicherten Zeichnung Anmerkungen und Markierungen hinzufügen können, um Kollegen Hinweise für die Weiterbearbeitung zu geben. Wenn die Zeichnung noch nicht in der Cloud gespeichert ist, dann können Sie das mit einem Klick auf SPEICHERN tun.

Kapitel 16
Plugins – Autodesk 360 – Verfügbare Apps

Abb. 16.14: DESIGN-FEED-Palette

16.4.1 Direkt im Internet bearbeiten: AutoCAD WS (Web Space)

Mittels der Cloud-Funktionen können Sie eine Zeichnung auch bearbeiten, ohne AutoCAD zu benutzen. Das ist sehr nützlich, wenn man unterwegs zwar Internet-Zugang, aber kein AutoCAD hat.

Sie geben im Internet-Browser die Adresse **http://360.autodesk.com** ein und werden dann zur Anmeldung mit den Daten Ihrer Autodesk-ID aufgefordert. Danach landen Sie dann wieder in der Übersicht über Ihre Zeichnungsdateien. Klicken Sie die zu bearbeitende Datei an. Dann erscheinen alle Informationen über diese Zeichnung und eine Schaltfläche ONLINE BEARBEITEN. Über diese kommen Sie zur Bearbeitung der Zeichnung unter AutoCAD WS. Oben rechts gibt es eine Option zur Sprachauswahl, sodass Sie deutsche Menütexte aktivieren können.

Sie können AutoCAD WS aber auch direkt aktivieren, indem Sie **http://www.autocadws.com** eingeben. Dort melden Sie sich wie oben an.

Die Oberfläche von AutoCAD WS erscheint mit einer chronologischen Auflistung Ihrer Zeichnungen (Abbildung 16.15).

16.4 Autodesk 360

Abb. 16.15: Startseite von AutoCAD WS

Die interessanteste Seite für Ihre Zeichnung im Internet ist natürlich EDITOR, die Bearbeitungsseite. In Abbildung 16.16 sind die verschiedenen verfügbaren Bearbeitungsfunktionen zusammen dargestellt. Sie entsprechen natürlich nicht dem AutoCAD-Umfang, bieten aber doch die wichtigsten Grundfunktionen, um unterwegs Änderungen an der Zeichnung vornehmen zu können.

Abb. 16.16: Werkzeuge in AutoCAD WS

Kapitel 16
Plugins – Autodesk 360 – Verfügbare Apps

Auf der Seite zur Zeichnungsverwaltung ist auch die Funktion DOWNLOAD zu finden. Damit kann die Zeichnung heruntergeladen werden und landet in Ihrem Windows-Download-Verzeichnis.

Abb. 16.17: Verwaltung der Zeichnungen

16.5 Apps nun auch für AutoCAD

Mit dem Link im Register VERFÜGBARE APPS gelangen Sie in den Apps-Store AUTODESK EXCHANGE. Dort finden Sie verschiedenste Zusatzfunktionen zu AutoCAD, teils kostenfrei, teils gegen Gebühr, die Sie sich in das Register VERFÜGBARE APPS herunterladen können.

Abb. 16.18: Link zu Autodesk Exchange

Abb. 16.19: AUTODESK EXCHANGE – der Laden für Apps bei Autodesk

16.6 Übungsfragen

1. Wie können Sie AutoCAD am schnellsten auf den Zustand nach der Installation zurücksetzen?
2. Unter welchem Titel finden Sie die Funktionen, um im CONTENT EXPLORER Such-Verzeichnisse hinzuzufügen?
3. Nennen Sie drei typische Elemente, nach denen Sie im CONTENT EXPLORER suchen können.
4. Mit welchem Icon können Sie die Such-Einstellungen zurücksetzen?

Anhang A

Fragen und Antworten

A.1 Kapitel 1

A.1.1 Übungsfragen

1. Wie unterscheiden sich Demo-Version, Studenten-Version und lizenzierte Version?
2. Wo liegen die wichtigsten benutzerspezifischen Dateien?
3. Was sind neben dem Preis die wichtigsten Unterschiede zwischen LT- und Vollversion?
4. Was versteht man unter Migrieren?
5. Wie reaktivieren Sie eine »verlorene« Befehlszeile?
6. Was ist der Unterschied zwischen *Befehlsoptionen* und *Befehlsvorgaben*?
7. Was ist der Unterschied zwischen *Kontextmenüs* und *Griffmenüs*?
8. Wo erscheint die *Koordinatenanzeige* der Fadenkreuzposition?
9. Womit können Sie die STATUSLEISTE konfigurieren?
10. Wo finden Sie die ANSICHTSSTEUERUNG und was ist enthalten?
11. Mit welchen Funktionstasten schalten Sie FANG und RASTER ein oder aus?

A.1.2 Antworten

1. Die Demoversion kann über www.autodesk.de heruntergeladen und dann 30 Kalendertage ohne Lizenz zum Testen verwendet werden. Die Studentenversion ist über students.autodesk.com zu erhalten und kann mindestens ein Jahr nur zum Üben und Lernen verwendet werden. Die gekaufte lizenzierte Version kann dauerhaft für kommerzielle Projekte verwendet werden.
2. `Dokumente und Einstellungen/Benutzername/AppData/Local/.../template`
   und
   `Dokumente und Einstellungen/Benutzername/AppData/Roaming/.../Support`
3. In der LT-Version fehlen:
   - Befehle zur Erzeugung und Bearbeitung von *Volumenkörpern*,
   - *Schnittstellen* für Programmiersprachen,
   - Lizenzierung für *Netzwerke*,

- der *Aktionsrekorder* und
- Befehle zum *Erstellen parametrischer Abhängigkeiten*.

4. Die Übernahme von Einstellungen einer alten Version in die aktuelle beim ersten Aufruf
5. Mit [Strg]+[0] oder mit dem Befehl BEFEHLSZEILE
6. Befehlsoptionen werden in eckigen Klammern [...,...,...] angeboten und können durch Anklicken oder Eingabe des/der Großbuchstaben aktiviert werden. Befehlsvorgaben erscheinen in spitzen Klammern <...> und werden mit [Enter] akzeptiert.
7. Kontextmenüs werden über *Rechtsklick* aktiviert, *Griffmenüs* erscheinen (nicht bei allen Objekten) nach Anklicken eines Objekts und *Anfahren* (nicht Klicken) eines der blauen Griffe.
8. Links unten in der STATUSLEISTE
9. Mit ▼ fast ganz rechts in der STATUSLEISTE und auch generell nach Rechtsklick auf nicht belegte Bereiche der STATUSLEISTE
10. Links oben in Zeichenbereich bei [..][....][......]. In der ersten Klammer können die Bedienelemente VIEW-CUBE und NAVIGATIONSLEISTE verwaltet werden, in der zweiten die *Ansichtsrichtung* gewählt werden und in der dritten die Darstellung schattierter Flächen und Körper gestaltet werden.
11. Mit [F9] und [F7]

A.2 Kapitel 2

A.2.1 Übungsfragen

1. Für welchen der Befehle NEU oder SNEU können Sie eine Zeichnungsvorlage vorgeben?
2. Mit welchem Befehl können Sie ein gefülltes Viereck zeichnen?
3. Mit welchem Befehl kann man den Anzeigebereich für das RASTER anders einstellen?
4. Welcher Befehl speichert *immer* mit Anfrage nach einem neuen Dateinamen?
5. Welche Optionen gibt es beim KREIS-Befehl?
6. Können Sie bei der *Polylinie* die Breite segmentweise eingeben?
7. Welcher Befehl macht das letzte LÖSCHEN rückgängig?
8. Wie oft können Sie im Befehl LINIE die Option ZURÜCK eingeben?
9. Welche Eingaben verlangt der Befehl RING?

A.2.2 Antworten

1. Für SNEU 📄 im SCHNELLZUGRIFF-WERKZEUGKASTEN
2. SOLID
3. LIMITEN
4. SICHALS oder SCHNELLZUGRIFF-WERKZEUGKASTEN 💾 oder ANWENDUNGSMENÜ |SPEICHERN UNTER|ZEICHNUNG
5. KREIS
   - MITTELPUNKT, RADIUS
   - MITTELPUNKT, DURCHM
   - 2 PUNKTE
   - 3 PUNKTE
   - TAN, TAN, RADIUS
   - TAN, TAN, TAN
6. Ja
7. HOPPLA
8. Bis der erste Punkt zurückgenommen wurde
9. Innendurchmesser und Außendurchmesser und dann die Mittelpunkte

A.3 Kapitel 3

A.3.1 Übungsfragen

1. Auf welchen Punkt bezieht sich die Koordinatenangabe, die mit @ beginnt?
2. Welcher Objektfang liefert den Kreismittelpunkt?
3. Mit welchem Objektfang können Sie eine Position in Richtung einer Linie, aber 10 Einheiten vom Linienende entfernt angeben?
4. Welches Zeichen garantiert, dass die Koordinaten als absolute im Weltkoordinatensystem gelten, unabhängig davon, wie die DYNAMISCHE EINGABE voreingestellt ist?
5. Wie bezeichnet man rechtwinklige Koordinaten sonst noch?
6. Müssen Sie selbst den Objektfang TANGENTE einstellen, wenn Sie die Kreisoption ZEICHNEN|KREIS|TAN,TAN,TAN benutzen?
7. Unter welcher Bedingung können Sie drei Punkte *nicht* für die Option ZEICHNEN|KREIS|3 PUNKTE verwenden?
8. Wo wird eingestellt, wie weit der Objektfang vom Fadenkreuzmittelpunkt aus reicht?

A.3.2 Antworten

1. Auf den letzten konstruierten Punkt, gespeichert in der Systemvariablen LASTPOINT
2. ZENTRUM ⊙
3. Mit Objektfang HILFSLINIE --- , nachdem Sie kurz mit dem Fadenkreuz auf dem Linienendpunkt (ohne Klick) verweilt sind und dann in der richtigen Richtung weitergezogen sind. Mit Fadenkreuz auf der Spurlinie geben Sie dann den Wert **10** ein.
4. *
5. Kartesische Koordinaten nach dem französischen Mathematiker Descartes
6. Nein
7. Wenn die drei Punkte kollinear sind, d.h. exakt auf einer Linie liegen
8. Unter ANWENDUNGSMENÜ|OPTIONEN im Register ZEICHNEN unter GRÖSSE DER ÖFFNUNG

A.4 Kapitel 4

A.4.1 Übungsfragen

1. Wie kürzen Sie die Befehle SCHIEBEN ✣, KOPIEREN ⚙, DREHEN ↻ und SPIEGELN ⚐ ab?
2. Sie wollen ein Objekt, zum Beispiel eine Linie, auf 45° drehen und kennen den Winkel nicht, unter dem es momentan liegt. Wie gehen Sie vor?
3. Bei Bruch wird normalerweise der Punkt, mit dem Sie die Kurve wählen, gleichzeitig als erster Brechpunkt verwendet. Sie sollen eine waagerechte Linie von der Mitte an 10 Einheiten nach rechts aufbrechen. Was werden Sie tun?
4. Welcher Objektfang erlaubt eine relative Punktposition?
5. Können Sie beim Befehl DREHEN ↻ das Original unverändert erhalten?
6. Wo müssen Sie einen Kreis anklicken, um von 90° bis 180° ein Stück mit BRUCH ⎕ herauszunehmen?
7. Welche bisherigen Editierbefehle erhalten die gewählte Originalgeometrie, zumindest auf Wunsch?
8. Wann kann man die Koordinatenanzeige auf relative Koordinaten umschalten?
9. Wie kann man länger zurückliegende Befehle aufrufen?
10. Wie oft müssen Sie ein Objekt anklicken, damit die Griffe erscheinen?
11. Welche Farbe hat ein heißer Griff?
12. Welche Befehle gibt es im GRIFF-Menü beim heißen Griff?
13. Welche Optionen gibt es im GRIFF-Menü beim heißen Griff?

14. Wie kürzt man den Befehl EIGENSCHAFTEN 📋 ab?
15. Mit welcher Einstellung bleibt vom EIGENSCHAFTEN-MANAGER 📋 nur die Randleiste sichtbar?
16. Kann man den EIGENSCHAFTEN-MANAGER 📋 durchsichtig gestalten?
17. Wann sieht man im EIGENSCHAFTEN-MANAGER 📋 nur die ALLGEMEINEN EIGENSCHAFTEN?
18. Weshalb ist KEINE AUSWAHL im EIGENSCHAFTEN-MANAGER 📋 so gefährlich?
19. In welchen Registergruppen liegen EIGENSCHAFTEN 📋 und EIGANPASS 📋?

A.4.2 Antworten

1. S, KO, DH und SP
2. DREHEN ⟳
   - Basispunkt: **Drehpunkt wählen**
   - Drehwinkel ... [/Bezug]: **B** ⏎
   - Bezugswinkel: **zwei Punkte wählen, nämlich Drehpunkt und einen zweiten Punkt, der den Winkel charakterisiert**
   - Neuer Winkel: **45** ⏎
3. BRUCH
   - Objekt wählen: **MIT** ⏎ **und Linie anklicken**
   - Zweiter Punkt: **@10,0**
   - Anmerkung: Da hier sowohl Objektwahl als auch Objektfang vorliegt, sind sowohl die Objektfang-Box als auch die Objektwahl-Box sichtbar, bei etwas unterschiedlicher Größe als ein doppeltes Quadrat.
4. VON ⏎ . Dieser Objektfang fragt nach einem BASISPUNKT (oder Bezugspunkt) und dann nach einem ABSTAND, der immer mit @ eingegeben werden muss.
5. Ja, mit der Option KOPIE
6. Mit Objektfang QUADRANT ◈ erst bei 90°, dann bei 180°, also immer im mathematisch positiven Sinn bzw. gegen den Uhrzeigersinn (GUZ)
7. KOPIEREN, SPIEGELN (auf Anfrage), REIHERECHTECK, REIHEPFAD, REIHEKREIS, DREHEN (mit Option KOPIE), VERSETZ
8. Wenn man im Befehl LINIE oder PLINIE den ersten Punkt eingegeben hat
9. Über das Kontextmenü auf der Zeichenfläche unter LETZTE EINGABE oder über das Kontextmenü in der Befehlszeile unter ZULETZT AUSGEFÜHRTE BEFEHLE (letzte sechs Befehle)
10. Einmal
11. Rot

Anhang A
Fragen und Antworten

12. VERSCHIEBEN ✥, SPIEGELN ⚠, DREHEN ○, SKALIEREN ▣ und STRECKEN ▢
13. BASISPUNKT (d.h. neuer Basispunkt), KOPIE (erstellt Kopie), REFERENZ (entspricht der Option BEZUG in den normalen Befehlen)
14. E
15. AUTOMATISCH AUSBLENDEN (im Kontextmenü der Randleiste)
16. Ja, mit der Option TRANSPARENZ im Rechtsklickmenü
17. Wenn Objekte verschiedenen Typs gewählt wurden
18. Änderungen an den Einstellungen gelten dann als Vorgabe für alle danach neu gezeichneten Objekte.
19. EIGENSCHAFTEN ▣ liegt in der Multifunktionsleisten-Gruppe START|EIGENSCHAFTEN↘, EIGANPASS ▣ liegt in der Multifunktionsleisten-Gruppe START|ZWISCHENABLAGE|EIGENSCHAFTEN ANPASSEN.

A.5   Kapitel 5

A.5.1   Übungsfragen

1. Wie viele Layer kann man in AutoCAD definieren?
2. Wozu verwendet man verschiedene Farben?
3. Mit welcher Schaltfläche in der Statusleiste schaltet man die Linienstärken-Anzeige ein/aus?
4. Nennen Sie die fünf Modi eines Layers.
5. Welche Linientypfaktoren gibt es?
6. Welcher Linientypfaktor wird über den EIGENSCHAFTEN-MANAGER ▣ eingestellt?
7. Mit welcher Funktionstaste schaltet man den FANG ▣ ein oder aus?
8. Welche Dateiendung hat die Zeichnungsvorlage, und in welchem Verzeichnis sucht sie AutoCAD standardmäßig?
9. Welchen globalen Linientypfaktor brauchen Sie für die Liniengruppe 0,5?
10. Welche Dateiendung hat die Standards-Datei?
11. Welche Layereinstellungen können Sie in der Dropdown-Liste der kleinen Layersteuerung ändern?

A.5.2   Antworten

1. Beliebig viele
2. Zur Unterscheidung der Layer
3. LST ▣

4. a) Aktuell

   b) Ein/Aus

   c) Tauen/Frieren

   d) Entsperren/Sperren

   e) Plotten/Nicht plotten

5. Einen globalen (LTFAKTOR oder kurz LK) und für jedes Objekt noch einen individuellen

6. Der individuelle

7. [F9]

8. Die Endung ist .DWT, das Verzeichnis heißt C:\Dokumente und Einstellungen*Benutzername*\Lokale Einstellungen\Anwendungsdaten\Autodesk\AutoCAD 2014\R19.1\deu\Template bzw. ...\Autodesk\AutoCAD LT 2014\R20\deu\Template. Unter Windows 7: C:\Benutzer*Benutzername*\AppData\Local\Autodesk\AutoCAD 2014\R19.1\deu\Template bzw. ...\Autodesk\AutoCAD LT 2014\R120\deu\Template..

9. Der nötige Linientypfaktor lautet **0.5**.

10. *.DWS

11. Ein/Aus, Tauen/Frieren, in aktuellem AF tauen/frieren, Entsperren/Sperren, Farbe und Aktuell-Setzen durch Anklicken des Namens

A.6 Kapitel 6

A.6.1 Übungsfragen

1. Hat es Sinn, auf eine Punktanfrage auch nur eine Zahl einzugeben? Begründen Sie Ihre Antwort.

2. Erzeugt der Befehl UMGRENZUNG ein neues Objekt oder fasst er nur existierende Kurven zusammen? Sind die Ursprungsobjekte danach noch einzeln vorhanden?

3. Wie viele Dimensionen hat die Polylinie, ist sie ein ebenes Objekt oder ein dreidimensionales Objekt?

4. Welche Befehle erzeugen Polylinien?

5. Dürfen Multilinien mehr als zwei Linien beinhalten?

6. Welches ist die einfachste Option, um in einer Polylinie ein Kreisbogensegment nicht mit tangentialem Anschluss starten zu lassen?

7. Nennen Sie die drei Methoden, die Größe eines Polygons zu spezifizieren.

A.6.2 Antworten

1. Ja, weil AutoCAD dann diese Zahl als Entfernung deutet und sich einen Punkt berechnet, der vom letzten Punkt in Richtung zur aktuellen Fadenkreuzposition genau diesen Abstand hat. Im Normalfall ist diese Vorgehensweise nur mit ORTHO oder unter Benutzung von SPURVERFOLGUNG oder anderen Hilfs- oder Spurlinien sinnvoll.
2. UMGRENZUNG erzeugt eine neue Polylinie. Die Kurven, von denen ausgegangen wird, bleiben als Einzelobjekte unverändert.
3. Die Polylinie ist ein zweidimensionales Objekt.
4. PLINIE, UMGRENZUNG, PEDIT, RECHTECK, POLYGON, RING. Der Schraffurbefehl SCHRAFF erzeugt intern Polylinien als Schraffurbegrenzungen.
5. Ja
6. RI für die Option RICHTUNG. Sie wird in Grad oder als Zielpunkt angegeben.
7. Über die Option SEITE kann die Seitenlänge vorgegeben werden bzw. zwei Punkte, über INKREIS kann der Durchmesser des Kreises angegeben werden, der alle Polygonseiten in der Mitte berührt, und über UMKREIS kann der Durchmesser des Kreises vorgegeben werden, der durch alle Eckpunkte geht.

A.7 Kapitel 7

A.7.1 Übungsfragen

1. Sie sollen mit REIHERECHTECK ein Objekt dreimal nebeneinander, also in x-Richtung, vervielfachen. Geben Sie drei ZEILEN oder drei SPALTEN (REIHEN) an?
2. Welche Objektwahlmodi sind bei STRECKEN erlaubt?
3. Können Sie eine Kontur mit VARIA nur in x-Richtung skalieren?
4. Ein Bogen soll mit dem Befehl LÄNGE an einem Ende so verlängert werden, dass er doppelt so lang ist. Was müssen Sie bei der Option PROZENT eingeben?
5. Sie haben beim Befehl STRECKEN durch den vorgeschriebenen Objektwahlmodus auch Objekte erfasst, die gar nicht verändert werden sollen. Wie können Sie das während der Objektwahl noch korrigieren?
6. Können Sie bei REIHEKREIS einen Startwinkel eingeben?
7. Können Sie mit LÄNGE auch die Länge einer Kurve *messen*?
8. Wie heißen die speziellen Bearbeitungsbefehle für Regionen?
9. Welche Daten liefert der Befehl BEMGEOM (MEASUREGEOM), Option ABSTAND?

10. Wie heißt die Systemvariable, in der automatisch Ihre zuletzt konstruierte Position gespeichert wird? Hinweis: Sie kann mit ID ⌨ überschrieben werden.

A.7.2 Antworten

1. Drei Spalten
2. KREUZEN oder KREUZEN-POLYGON
3. Nein, VARIA ⌨ skaliert in allen drei Koordinatenrichtungen gleichmäßig.
4. 200, da die neue Länge 200 % der alten Länge betragen soll
5. Geben Sie E ⌨Enter⌨ ein, und die Anfrage OBJEKTE WÄHLEN: ändert sich in OBJEKTE ENTFERNEN:. Nun können Sie die Objekte anklicken, die beim Strecken nicht berücksichtigt werden sollen. Oder: Klicken Sie die Objekte, die zu viel sind, bei gedrückter ⌨Shift⌨-Taste an.
6. Nein, die polare Anordnung beginnt immer an Ihren gewählten Objekten. Sie können nur den auszufüllenden Winkel eingeben.
7. Ja, wenn Sie LÄNGE aufrufen, keine Option wählen und einfach die betreffende Kurve anklicken.
8. VEREINIG ⌨, DIFFERENZ ⌨, SCHNITTMENGE ⌨
9. Räumlicher Abstand, projizierte Abstände auf die x-, y- und z-Richtungen (Delta-Werte), Winkel in der xy-Ebene und Winkel relativ zur xy-Ebene bei dreidimensionalen Punkten
10. LASTPOINT

A.8 Kapitel 8

A.8.1 Übungsfragen

1. Sind Plots ohne Papierbereich möglich?
2. Was ist eine Seiteneinrichtung?
3. Wozu legt man Layouts an?
4. Wie viele Layouts gibt es?
5. Kann man Layouts löschen?
6. Kann man in einem Layout mehr als vier Ansichtsfenster erzeugen?
7. Kann man in einem Layout Änderungen an den Zeichnungsobjekten des Modellbereichs vornehmen?
8. Wann benötigt man den Plotstil MONOCHROME.CTB?
9. Sie haben einen Farbplotter als Systemplotter eingestellt. Sie wollen Ihre Zeichnung mit Linienstärken aus der Layertabelle und mit den dortigen Farben ausgeben. Welchen Plotstil müssen Sie aufrufen?

Anhang A
Fragen und Antworten

10. Was bedeuten Ansichtsfenster-spezifische Layer?
11. Wohin gehört der Zeichnungsrahmen in einem Layout?
12. Wie wird der plotbare Bereich im Layout gekennzeichnet?
13. Kann man aus dem Papierbereich heraus Punkte des Modellbereichs mit dem Objektfang erreichen?

A.8.2 Antworten

1. Ohne Papierbereich müssen Sie aus dem Modellbereich heraus plotten. Dort müssen Sie Texte, Bemaßungen und Rahmen mit dem Beschriftungsmaßstab skalieren.
2. Eine *Seiteneinrichtung* ist eine vordefinierte Einstellung fast aller Eingaben für einen PLOT-Befehl. Sie definiert hauptsächlich die Größe des Papierbereichs im Layout.
3. Layouts dienen der grafischen Gestaltung eines Plots. Hier werden insbesondere der Rahmen eingefügt, die Ansichtsfenster erstellt, Maßstäbe für die Ansichtsfenster festgelegt und ggf. in jedem Ansichtsfenster die Sichtbarkeit der Layer eingestellt.
4. Es sind standardmäßig zwei Layouts vorhanden, aber Sie können mit einem Rechtsklick auf LAYOUT1 oder LAYOUT2 das Kontextmenü aufrufen, das die Einrichtung beliebiger zusätzlicher Layouts erlaubt und auch ein Umbenennen der Layouts ermöglicht.
5. Ja, über das Kontextmenü auf dem LAYOUT-Reiter
6. Im Prinzip sind beliebig viele Ansichtsfenster möglich. Mit dem Werkzeug LAYOUT|ANSICHTSFENSTER|RECHTECKIG lassen sich immer weitere hinzufügen.
7. Man kann im Layout mit Doppelklick in ein Ansichtsfenster gehen und dort im Modellbereich arbeiten.
8. Ohne diesen Plotstil würden moderne Drucker, entsprechend der Layertabelle, entweder Farbe oder Grauschattierungen ausgeben. Der Plotstil `monochrome.ctb` sorgt dafür, dass alle Linien schwarz geplottet werden und die Linienstärke aus der Layertabelle übernommen wird.
9. `acad.ctb`
10. Unter Ansichtsfenster-spezifischen Layern versteht man das individuelle Frieren oder Tauen eines Layers in einzelnen Ansichtsfenstern.
11. In den Papierbereich
12. Mit einem gestrichelten Rahmen
13. Ja, der Objektfang greift aus dem Papierbereich im Ansichtsfenster in den Modellbereich hindurch.

A.9 Kapitel 9

A.9.1 Übungsfragen

1. Mit welchem Befehl können Sie die Textanzeige auf die Textberandung reduzieren?
2. Mit welchem der Befehle DTEXT A oder MTEXT A können Sie *im* Befehl die Bildschirmposition wechseln?
3. Wie geben Sie die Sonderzeichen für Durchmesser, Grad und Plus-Minus ein?
4. Wann erzeugt MTEXT A einen automatischen Umbruch und wann schreibt man notfalls über die Grenzen der Textbox hinaus?
5. In welchen Objekten sucht die allgemeine Suchfunktion BESCHRIFTEN|TEXT| TEXT SUCHEN ?
6. Wo hat man Zugriff auf das Benutzerwörterbuch?
7. Welche Option von DTEXT A verwenden Sie, um einen Text genau mittig in ein Rechteck einzupassen?
8. Sie geben mit DTEXT A einen mehrzeiligen Text ein. Auf welche Zeile beziehen sich die Positionierungsangaben?
9. Mit welchem Textbefehl können Sie einen ganzen Absatz rechtsbündig schreiben?

A.9.2 Antworten

1. QTEXT, Option EIN
2. Beim Befehl TEXT bzw. DTEXT A können Sie während des Schreibens neue Textpositionen zum Weiterschreiben anklicken. Voraussetzung ist, dass die Systemvariable DTEXTED auf **1** oder **2** gesetzt ist und nicht auf **0**.
3. %%c, %%d, %%p
4. MTEXT A erzeugt einen automatischen Umbruch nur an Wortgrenzen. Wenn mehr Zeilen zu schreiben sind, als in die Textbox passen, wird die Box nach unten erweitert.
5. In Texten, Attributen, Tabellen, Hyperlinks und Bemaßungen.
6. Es heißt SAMPLE.CUS und liegt im Verzeichnis C:\Dokumente und Einstellungen*Benutzername*\Anwendungsdaten\Autodesk\AutoCAD 2014\R19.1\deu\Support\ bzw. ...Autodesk\AutoCAD LT 2014\R20\deu\Support\. Unter Windows 7: C:\Benutzer*Benutzername*\AppData\Roaming\Autodesk\AutoCAD 2014\R19.1\deu\Support\ bzw. ...Autodesk\AutoCAD LT 2014\R20\deu\Support\.
7. TEXT A, Option P für Position, Option MITTEL
8. Auf die erste Zeile
9. Mit DTEXT A und Positionsoption R, mit MTEXT A und der entsprechenden Formatierungsoption RECHTS.

A.10 Kapitel 10

A.10.1 Übungsfragen

1. Welche Arten von Abhängigkeiten kennen Sie?
2. Wie wirkt die Abhängigkeit GLEICH = ?
3. Auf welches Objekt wirkt die Abhängigkeit GLATT ⸲ und wie kann man die Wirkung beschreiben?
4. Was ist der Unterschied bei der Abhängigkeit SYMMETRISCH [] zwischen der Option OBJEKTE WÄHLEN und 2 PUNKTE?
5. Wie wirkt TANGENTIAL ⸲ auf verschiedene Objekte (Linie, Bogen, Kreis)?
6. Welche Folge hat die Abhängigkeit TANGENTIAL ⸲?
7. Nennen Sie die sieben Bemaßungsabhängigkeiten.
8. Was bedeutet bei der Bemaßungsabhängigkeit die Form BESCHRIFTEND?
9. Wie wird eine überflüssige Bemaßungsabhängigkeit verarbeitet?
10. Kann man aus einer normalen Bemaßung eine Bemaßungsabhängigkeit machen?

A.10.2 Antworten

1. Geometrische Abhängigkeiten und Bemaßungsabhängigkeiten
2. GLEICH = setzt die Längen von Linien gleich oder die Radien von Kreisen.
3. GLATT ⸲ verbindet zwei Splinekurven mit einem tangentialen und krümmungsstetigen Übergang.
4. Bei der Option OBJEKTE WÄHLEN werden Linien in ihrer Richtung symmetrisch ausgerichtet, bei 2 PUNKTE wird die 2. Linie so verschoben, dass ihr gewählter Endpunkt symmetrisch zum Punkt auf der ersten Linie liegt.
5. Das zuerst gewählte Objekt bleibt in seiner Lage, das zweite Objekt wird so verschoben, dass es entweder *direkt* tangential berührt oder dass seine *Verlängerung* berühren würde.
6. Bei Positions- oder Richtungsänderungen eines der beiden Objekte läuft das zweite immer tangential mit.
7. Linear, Ausgerichtet, Horizontal, Vertikal, Radial, Durchmesser, Winkel
8. Eine solche Bemaßungsabhängigkeit wird wie eine normale Bemaßung mit dem aktuellen Bemaßungsstil dargestellt.
9. Überflüssige Bemaßungsabhängigkeiten werden nur als sogenannte *Referenzabhängigkeiten* geführt, die zur Eindeutigkeit der Geometrie nicht mehr nötig sind, aber in weiteren Teilen der Zeichnung und deren Formeln eventuell als Referenz Verwendung finden können.
10. Ja, mit PARAMETRISCH|BEMAßUNG|KONVERTIEREN oder dem Befehl BAKONVERTIER bzw BEMABHÄNG Option KONVERTIEREN.

A.11 Kapitel 11

A.11.1 Übungsfragen

1. Welche zusammengesetzten Objekte kennen Sie?
2. Welche davon kann man mit URSPRUNG 🗇 auflösen?
3. Was sind die Vorteile von Blöcken?
4. Wie ändert man einen externen Block (Wblock)?
5. Wie aktualisiert man einen externen Block (Wblock)?
6. Wie ändert man eine externe Referenz?
7. Kann man Attributwerte nachträglich ändern?
8. Mit welchem Befehl werden Attribute in externe Dateien geschrieben?
9. Wie kann man eine externe Referenz zum Bestandteil der eigenen Zeichnung machen?

A.11.2 Antworten

1. BLOCK, WBLOCK und externe Referenz (XREF) sind die traditionellen zusammengesetzten Objekte. Auch die POLYLINIE 🗇 und die REGION 🗇 sind in gewissem Sinn zusammengesetzte Objekte aus Linien- und Bogensegmenten bzw. Splines. Ferner ist jedes *Bemaßungsobjekt* ein spezieller Block. Auch die SCHRAFFUR 🗇 ist aus Linien zusammengesetzt. Die GRUPPE könnte man auch als zusammengesetztes Objekt zum Zwecke einfacherer Objektwahl bezeichnen.

2. Mit dem Befehl URSPRUNG 🗇 lassen sich Blockeinfügungen, Bemaßungen, Schraffuren, Regionen und Polylinien zerlegen, nicht aber externe Referenzen, weil die nur als Phantombilder in der eigenen Zeichnung vorhanden sind. Volumenkörper lassen sich in ihre Flächen zerlegen. Darauf deutet insbesondere das Befehlssymbol hin. Flächen können in die Randkurven zerlegt werden. Eine GRUPPE kann nur mit START|GRUPPEN▾|GRUPPENMANAGER (Befehl KLASSISCHGRUPPE) oder mit dem Befehl GRUPPEAUFHEB wieder aufgelöst werden.

3. Durch die Verwendung von Blöcken spart man Speicherplatz, da die Geometrie auch bei mehrfacher Verwendung nur einmal in der Blockdefinition gespeichert ist. Blöcke lassen sich einfach ändern und aktualisieren, indem man die Blockdefinition ändert.

4. Einen Wblock ändert man, indem man die Zeichnung des Wblocks öffnet, die Änderungen durchführt und sie wieder speichert.

5. Ein eingefügter Wblock wird aktualisiert, indem man ihn noch einmal mit einer Pro-forma-Einfügeoperation einfügt, diese aber abbricht, sobald die Blockdefinition aktualisiert ist.

Anhang A
Fragen und Antworten

6. Eine externe Referenz wird genauso geändert wie ein Wblock. Eine Aktualisierung ist nicht nötig, da beim nächsten Öffnen einer Zeichnung, die diese externe Referenz benutzt, sowieso das aktuelle Bild herangezogen wird. Die externe Referenz kann auch mit Doppelklick editiert werden.
7. Ja
8. ATTEXT oder EATTEXT oder DATENEXTRAKT
9. Durch BINDEN kann man aus einer externen Referenz einen internen Block machen und ist dadurch von der externen Datei unabhängig.

A.12 Kapitel 12

A.12.1 Übungsfragen

1. Wie wird Bezugsbemaßung erstellt?
2. Mit welchem Befehl generiert man praktischerweise die Form- und Lagetoleranzen?
3. Wie erhält man bei der Winkelbemaßung △ die Option, um die drei Punkte Scheitelpunkt, erster Winkelendpunkt und zweiter Winkelendpunkt eingeben zu können?
4. Wie nennt man die Bemaßung, die mit BEMWEITER erstellt wird?
5. Beschreiben Sie die Bemaßung mit dem Befehl BEMAUSG.
6. Was stellt die Bemaßungsfunktion SCHRÄG unter BESCHRIFTEN|BEMAßUNGEN▼|SCHRÄG eigentlich schräg, die Maßlinie oder die Hilfslinien?
7. Wie lautet das Sonderzeichen für Durchmesser, das man ggf. als Präfix in einer Linearbemaßung braucht?
8. Woran erkennt man, dass in einem Bemaßungsstil Einstellungen überschrieben wurden?
9. Was bedeutet die *Assoziativität der Bemaßung*?
10. Wird beim Schraffieren ein Maßtext automatisch ausgespart?

A.12.2 Antworten

1. Eine Bezugsbemaßung wird in der Weise erstellt, dass die erste Bemaßung als normale Linearbemaßung BEMLINEAR ausgeführt wird, wobei die Position der ersten Hilfslinie die Bezugslinie festlegt, und die nachfolgenden Bemaßungen mit BEMBASISL erzeugt werden.
2. Die Form- und Lagetoleranzen sind als Option im Befehl SFÜHRUNG enthalten. Bei diesem Befehl wird praktischerweise auch der Führungspfeil mitgezeugt.
3. Die angesprochene Option erhält man, indem man nach dem Befehlsaufruf nochmals die ⎡Enter⎤-Taste betätigt.

4. BEMWEITER ⊞ erstellt eine Kettenbemaßung.
5. BEMAUSG ⬉ erzeugt eine ausgerichtete Bemaßung, deren Maßlinie parallel zur Verbindung der gewählten Hilfslinienpositionen läuft.
6. SCHRÄG ⌐ stellt die *Hilfslinien* auf den eingegebenen Winkel ein.
7. Das Sonderzeichen für Durchmesser schreibt sich %%c.
8. Ein Bemaßungsstil mit überschriebenen Einstellungen wird als abgeleitete Variante, als Unterstil mit dem Titel *Stilüberschreibung* grafisch angezeigt.
9. Die Assoziativität der Bemaßung bewirkt, dass sich die Maßzahl ändert, sobald die Hilfslinienpositionen bzw. die bemaßten Objekte verändert werden.
10. Ja, Maßtexte werden beim Schraffieren automatisch ausgespart.

A.13 Kapitel 13

A.13.1 Übungsfragen

1. Welche Volumenkörper, auch Grundkörper genannt, bietet AutoCAD?
2. Was versteht man unter Bewegungskörpern?
3. Was versteht man unter booleschen Operationen?
4. Wie verhält sich bei VEREINIG ⓪ das Endvolumen zur Summe der einzelnen Volumen?
5. Wie unterscheiden sich KAPPEN ⌇ und QUERSCHNITT ⌑?
6. Welche 2D-Editierbefehle können auch auf Volumenkörper angewendet werden?
7. Was versteht man unter dem Kofferecken-Problem bei Volumenkörpern?

A.13.2 Antworten

1. AutoCAD kennt die Grundkörper POLYKÖRPER ⎔, QUADER ▱, KUGEL ○, ZYLINDER ⌼, KEGEL △, KEIL ◁, PYRAMIDE △ und TORUS ◎.
2. Bewegungskörper entstehen durch die Bewegung einer geschlossenen Polylinie oder einer Region in einer Richtung oder entlang von Pfaden oder Polylinien (EXTRUSION ⎘, SWEEPING ⤳) oder um eine Achse (ROTATION ⟳). Durch Interpolation zwischen Profilen erzeugt die Funktion ANHEBEN ◎ einen Lofting-Körper. Mit KLICKZIEHEN ⎘ werden Extrusionen elegant und schnell aus geschlossenen Bereichen erzeugt.
3. Boolesche Operationen sind Begriffe aus der Mengenlehre, die Kombinationen von Volumenkörpern beschreiben. AutoCAD verwendet VEREINIG ⓪, DIFFERENZ ⓪ und SCHNITTMENGE ⓪.

4. Vereinig ist die Zusammenführung mehrerer Volumina, wobei sich überlappende Bereiche nur einfach zählen. Das Gesamtvolumen ist also immer kleiner oder gleich der Summe der Einzelvolumina.
5. Bei Kappen wird ein Volumenkörper in zwei Teile geschnitten, die entweder beide behalten werden oder von denen einer verworfen wird. Bei Querschnitt wird eine Schnittfläche durch einen Volumenkörper erzeugt. Der Volumenkörper selbst wird aber nicht modifiziert. Die erzeugte Schnittfläche ist eine Region.
6. Abrunden und Fase lassen sich mit angepasster Funktionalität auch auf Volumenkörper anwenden.
7. Wenn in einer Ecke eines Volumenkörpers drei Abrundungen zusammentreffen, entsteht eine sogenannte Kofferecke.

A.14 Kapitel 14

A.14.1 Übungsfragen

1. Was bedeutet Bks und Wks?
2. Was ist die Objekthöhe?
3. Welche Bedeutung hat die Erhebung?
4. Welches sind echte dreidimensionale Kurven?
5. Was müssen Sie unternehmen, um Kurven wie Kreis, Bogen oder Plinie beliebig schräg im 3D-Raum zu konstruieren?
6. Was versteht man unter einer Regelfläche?
7. Mit welcher Funktion glätten Sie eine 3D-Netzfläche?
8. Was sind Visuelle Stile?
9. Was versteht man unter Render?
10. Was ist bei der Erzeugung von Schattenwürfen zu beachten?

A.14.2 Antworten

1. Bks bedeutet Benutzerkoordinatensystem, Wks ist das eindeutige Weltkoordinatensystem, mit dem Sie jede Zeichnung beginnen.
2. Die Objekthöhe ist eine z-Ausdehnung, die vielen 2D-Objekten eine Ausdehnung in der dritten Achsenrichtung gibt und damit eine schnelle Erweiterung zum 3D-Modell simuliert. 2D-Objekte mit Objekthöhe können in echte Flächen umgewandelt werden.
3. Die Erhebung legt die z-Arbeitsebene fest: Immer, wenn bei einer Koordinateneingabe keine z-Koordinate eingegeben wird, wird für z der Wert der Erhebung verwendet.

4. 3D-Kurven, bei denen jeder einzelne Punkt mit beliebigen dreidimensionalen Koordinaten angegeben werden kann, sind LINIE , 3DPOLY , SPIRALE und SPLINE .

5. Man muss ein entsprechend schräg liegendes BKS einrichten.

6. Eine Regelfläche verbindet zwei Randkurven Punkt für Punkt in geradliniger Weise.

7. Mit PEDIT , Option OBERFLÄCHE GLÄTTEN.

8. VISUELLE STILE sind Einstellungen für die Darstellung von Oberflächen als Drahtmodell, mit verdeckten Kanten oder mit unterschiedlich schattierten Flächen.

9. RENDER generiert eine fotorealistische Darstellung einer 3D-Konstruktion mit schattierten Oberflächen unter Berücksichtigung von Lichtquellen, Oberflächenmaterialien und Schattenwürfen.

10. Gehen Sie zum Multifunktionsregister ANSICHT. In der Gruppe VISUELLE STILE wählen Sie den Stil REALISTISCH oder KONZEPTUELL. Gehen Sie ins Register RENDER. In der Gruppe LICHTER wählen Sie SCHATTEN AUF GRUNDEBENE. In der Gruppe SONNE UND STANDORT aktivieren Sie SONNENSTAND. Dort finden Sie auch das Werkzeug STANDORT EINSTELLEN zur Wahl der Ortsposition auf der Landkarte. Dann können Sie den Tag im Datums-Skalenbalken einstellen und darunter die Uhrzeit. Der vollständige Schatten kann allerdings nur angezeigt werden, wenn Sie die Hardwarebeschleunigung Ihrer Grafikkarte mit Schattendarstellung aktiviert haben. Dazu finden Sie rechts in der Statusleiste das Icon HARDWARE-BESCHLEUNIGUNG. Aktivieren Sie dort HARDWARE-BESCHLEUNIGUNG und ADAPTIVE RÜCKSTUFUNG.

A.15 Kapitel 15

A.15.1 Übungsfragen

1. Wo stellt man die Farbe für den Bildschirmhintergrund ein?
2. Wie aktiviert man für 3D-Drahtmodellanzeige die Sichtkanten?
3. Was schaltet die Checkbox FLÄCHENFÜLLUNG unter ANWENDUNGSMENÜ|OPTIONEN, Register ANZEIGE ein und aus?
4. Womit ersetzt man alle Texte der Zeichnung durch rechteckige Boxen?
5. Wie lautet die Endung der automatischen Sicherungsdatei?
6. Was wird unter ASSOZIATIVBEMAßUNG in ANWENDUNGSMENÜ|OPTIONEN, Register BENUTZEREINSTELLUNGEN eingestellt?
7. Geben Sie die allgemeine Struktur eines AutoLISP-Programms an.
8. Wie laden Sie ein AutoLISP-Programm?

Anhang A
Fragen und Antworten

9. Welcher Bereich der Menüdatei sollte für eigene Menüs und Werkzeugkästen benutzt werden?
10. Was bewirkt die RECHTSKLICK-ANPASSUNG?

A.15.2 Antworten

1. Unter ANWENDUNGSMENÜ|OPTIONEN, Register ANZEIGE, Schaltfläche FARBEN, Kontext 2D-MODELLBEREICH, 3D-PARALLELPROJEKTION oder PERSPEKTIVISCHE 3D-PROJEKTION
2. Unter ANWENDUNGSMENÜ|OPTIONEN, Register ANZEIGE, Bereich BILDSCHIRM-LEISTUNG, Checkbox ECHTE SILHOUETTEN FÜR VOLUMENKÖRPER UND FLÄCHEN ZEICHNEN (nicht bei LT)
3. Die Füllung bei Polylinien, Solids, Ringen und Bändern (seltener Befehl BAND) sowie Schraffuren. Eine Änderung wird erst nach dem Befehl REGEN sichtbar.
4. Unter ANWENDUNGSMENÜ|OPTIONEN, Register ANZEIGE, Bereich BILDSCHIRM-LEISTUNG, Checkbox NUR TEXTBEGRENZUNGSRAHMEN ANZEIGEN.
5. SV$
6. Dort wird die Assoziativität der Bemaßung zu den bemaßten Objekten eingestellt.
7. (defun C:Programmname (/).....)
8. (load "Programmname") oder VERWALTEN|ANWENDUNGEN|ANWENDUNG LADEN
9. Der Bereich CUSTOM sollte für benutzerspezifische Änderungen verwendet werden, weil er bei späteren Versionswechseln dann übernommen – sprich migriert – werden kann.
10. Man kann unter ANWENDUNGSMENÜ|OPTIONEN im Register BENUTZEREINSTEL-LUNGEN über die Schaltfläche RECHTSKLICKANPASSUNG eine zeitabhängige Funktion einstellen, sodass ein schneller Rechtsklick [Enter] bedeutet, ein langsamer Rechtsklick aber das Kontextmenü aktiviert.

A.16 Kapitel 16

A.16.1 Übungsfragen

1. Wie können Sie AutoCAD am schnellsten auf den Zustand nach der Installation zurücksetzen?
2. Unter welchem Titel finden Sie die Funktionen, um im CONTENT EXPLORER Such-Verzeichnisse hinzuzufügen?
3. Nennen Sie drei typische Elemente, nach denen Sie im CONTENT EXPLORER suchen können.

4. Mit welchem Icon können Sie die Such-Einstellungen zurücksetzen?

A.16.2 Antworten

1. Das Rücksetzprogramm finden Sie unter START|ALLE PROGRAMME|AUTODESK|AUTOCAD 2014|EINSTELLUNGEN AUF VORGABE ZURÜCKSETZEN.
2. Neue Suchverzeichnisse können unter ÜBERWACHTEN ORDNER HINZUFÜGEN eingegeben werden.
3. Elemente, nach denen gesucht werden kann, sind: *Ordner, DWGs, Blöcke, Externe Referenzen, Layer, Linientypen, Layouts und Stile für Texte, Bemaßungen, Tabellen, Multiführungslinien.*
4. Mit dem Filter-Icon können Sie Sucheinstellungen über den Schalter ALLE AUSWÄHLEN am einfachsten zurücksetzen.

Anhang B

Inhalt der DVD

B.1 Verwendung der Buch-DVD

Auf der DVD befinden sich Testversionen von AutoCAD 2014 für 32- und 64-Bit-Betriebssysteme im Verzeichnis \AUTOCAD. Nach Einlegen der DVD können Sie mit dem WINDOWS-EXPLORER ins Verzeichnis \AUTOCAD gehen und per Doppelklick die zu Ihrem Betriebssystem passende *.exe-Datei starten. Die AutoCAD-Installationsdateien werden dann entpackt und die Installation der Testversion automatisch gestartet, wie in Abschnitt 1.1 *Die Testversion* beschrieben.

Die Übungszeichnungen, Tutorials und weiteren Dateien zum Buch befinden sich ebenfalls auf der DVD in entsprechend benannten Verzeichnissen.

> **Wichtig**
>
> **Strikte 30-Tage-Testphase!**
>
> Bedenken Sie bei der Installation der Testversion, dass die Testphase exakt vom Installationstag an in Kalendertagen zählt und eine spätere Neuinstallation zur Verlängerung der Testphase keinen Zweck hat. Nach den 30 Tagen ab Erstinstallation kann und darf die Software nur noch nach Kauf benutzt werden!
>
> Auch eine erneute Installation einer neuen Testversion funktioniert nicht, da Ihr PC registriert hat, dass bereits eine Testversion installiert wurde.

B.2 Beispielzeichnungen, Vorlagen und Tutorials

Im Verzeichnis \DWGs der DVD finden sich zahlreiche Beispielzeichnungen, die entweder eigene Titel besitzen, die im Buch genannt sind, oder parallel zu den Abbildungen des Buches durchnummeriert wurden und deshalb leicht zuzuordnen sind. Wenn Sie die Dateien bearbeiten wollen, sollten Sie sie auf Ihre Festplatte kopieren. Sie können im Explorer einfach das gesamte Verzeichnis \DWGs auf Ihr Festplatten-Laufwerk ziehen. Damit Sie diese Dateien dann bearbeiten können, muss dort der Schreibschutz entfernt werden, den die Dateien von der DVD her besitzen. Markieren Sie dazu die Ordner und/oder Dateien im Windows-Explorer, wählen Sie mit Rechtsklick das Kontextmenü und klicken Sie auf EIGENSCHAFTEN. In diesem Dialogfenster können Sie den SCHREIBSCHUTZ deaktivieren.

Im Verzeichnis \DWTs der DVD befinden sich Beispiele für Zeichnungsvorlagen.

Im Verzeichnis \Menü der DVD wird eine Menüdatei mit eigenen Anpassungen angeboten. Sie entspricht den in Kapitel 15 vorgestellten Änderungen.

B.2.1 Übersicht über die Übungszeichnungen

Die Übungszeichnungen wurden parallel zu den Abbildungsnummern in den Kapiteln nummeriert. Beispiel:

01-13.dwg ist die Zeichnungsdatei für die in Abbildung 1.13 gezeigte Konstruktion mit allen Voreinstellungen. Wenn Sie die Konstruktion nachvollziehen wollen, brauchen Sie nur die Zeichnung zu öffnen, die Geometrie zu löschen und können mit Ihrer eigenen Konstruktion beginnen.

In Beispielen, die vorhergehende Konstruktionen verlangen, sind diese in den Zeichnungen bereits enthalten. Damit können Sie solche Zeichnungen dann sofort weiterzeichnen, ohne die vorhergehenden Schritte durchzuführen.

B.2.2 Zeichnungsvorlagen

Folgende fachspezifische Zeichnungsvorlagen sind mit Layern, Linientypen, Bemaßungsstilen, Textstilen und Layouts eingerichtet worden:

- Architektur.dwt
- Mechanik.dwt
- Schreiner.dwt

B.2.3 Multimedia-Tutorials

Im Verzeichnis \Tutorials der DVD sind Dateien gespeichert, die Sie nach Doppelklick mit dem WINDOWS MEDIA PLAYER abspielen können. Beim Abspielen sollten Sie auf jeden Fall in den Vollbildschirm-Modus schalten. Sie erreichen ihn im WINDOWS MEDIA PLAYER über die Tastenkombination [Alt]+[Enter] oder über das Pfeilsymbol ↗ unten rechts auf dem Bildschirm. Der Vollbildschirm-Modus kann mit [ESC] wieder abgeschaltet werden. Wenn das DVD-Laufwerk nicht schnell genug ist, sollten Sie diese Dateien zum störungsfreien Abspielen auch auf die Festplatte kopieren.

Stichwortverzeichnis

Symbole
(Strg)+(9) 49
* 501
.BAK 80, 346, 725, 727, 766
.DGN 523
.DWF 366, 523, 525
.DWG 39, 80, 252, 256, 346, 486
.DWT 256, 258, 597, 650, 791
.DXF 75
.X 141, 149
.Y 141, 149
? 501
@ 100

Numerisch
F2 227
2D-Modellbereich 155
2D-Schnitt 638
3D 29, 377, 586
    konstruieren 600
3D-Darstellung 649, 697, 729
3DDREHEN 615, 622, 625, 647
3D-Drehen 624
3DDWF 387
3DFLÄCHE 763
3D-Koordinate 600
3D-Modell 586, 593 f.
3D-Objekte 659
3D-Objektfang 53, 129
3DPOLY 660
3D-Schieben 624 f.
3D-Schnittobjekt 638
3D-Skalieren 624 f.
3D-Spiegeln 622, 624, 626

A
A3-Format 370, 759

Abbruch 59, 225, 742
    Funktion 59
ABDECKEN 307, 583
ABFLACH 639
Abhängigkeit 443
    geometrische 444, 446
Abhängigkeiten 35, 53
Abkürzungen
    Befehle 229
ABLEITEN 53
Ableiten 129, 446
ABRUNDEN 158, 172, 559, 622
Abrunden
    parallele Linien 174
Absatzeinstellungen 411
Abschneiden 165
Absolutkoordinate 98, 227
ABSTAND 160, 335
Abstand 175
    regelmäßiger 205
Abstufung 436
Absturz 80
ACAD.PGP 33, 229, 758, 765
ACADISO.LIN 33, 759
Achsenkreuz 105, 358, 360
ADC 252, 490, 746
ADCENTER 252, 490, 746
ADDSELECTED 308
AFENSTER 376
Afzuschneiden 377
Ähnliche auswählen 190
Ähnliche Objekte 229
Aktionsrekorder 36
Aktualisieren
    Bemaßungen 582
    Bemaßungsstil 563
    WBLOCK 489
Aktualität 522

Aktuelle Zeit 346
Alle
    Objektwahl 184
AM 54
    Zeichenhilfe 572
Ändern
    Attributwerte 500
    Block 467
    Eigenschaften 261
    Textausrichtung 419
    Texte 418
    Wblock 488
ANHEBEN 604, 614, 619, 666, 675
Anklicken 179
Anmerkung 587
ANNOALLVISIBLE 398
Anordnung 322
    auflösen 326
    kreisförmige 322
    polare 322
    rechteckige 321
Anpassen
    Text 407
Anpassungen
    der alten Version 36
Ansichtsfenster 357, 359, 373
    aus Objekt 377
    Befehle 376
    Beschriftungsskalierung 393
    mehrere 377
    neues 377
    polygonal 377
    wechseln 716
    zuschneiden 377
Ansichtsfenster maximieren 55
Ansichtsrichtung 786
Ansichtssteuerung 597
Anwendungsmenü 39
APERTURE 768
Apps 38
Arbeitsbereiche 38, 41, 597
Arbeitsbereichswechsel 55
Architekturbemaßung 576
Assoziativ 432, 665
Assoziativschraffur 436, 732
At 100
ATTDEF 495
ATTEDIT 500
ATTEXT 512, 514

Attribut
    ändern/ergänzen 499
    extrahieren 514
    global ändern 501
    Modus 495
    synchronisieren 499
    Text 762
    zu Block hinzufügen 480
Attributanfrage 496
Attributbezeichnung 496
Attribut-Extraktion 36
Attributsdefinition 495
Attributwert
    ändern 500
    einzeln ändern 500
    ersetzen 768
    exportieren 762
    importieren 762
ATTSYNC 499
AUFLAYERKOP 249
AUFPRÄGEN 635
AUFRÄUM 140, 159, 351
Ausgabedatei 514
Ausgewähltes hinzufügen 52, 190, 308
AUSRICHTEN 622, 625
Ausrichten 159, 333, 624
    Text 407
Ausrichtepunkt 141, 476, 731
    automatisch 731
    mit Umschalttaste 731
Ausschnittsfenster 374
Auswahlsatz 766
Auto-Abhängigkeit 452
AutoCAD
    starten 36
AutoCAD LT
    Unterschiede zur Vollversion 35
AutoCAD starten 36
AutoCAD-Schrift 405
Autodesk 360 74, 771, 777
Autodesk Apps-Store 42
Autodesk Exchange Apps 42
Autokorrekturliste 770
AutoLISP 746, 756
AutoLISP-Programm
    automatisch starten 755
    laden 755
Automatische Hilfslinie 731
Automatisches Speichern 726

AutoSnap
  Markierungsfarbe 731
  Markierungsgröße 731
  Öffnung 126, 731
Autostack 414

B
BASIS 489
Basislinienabstand
  korrigieren 569
BASISPUNKT
  Objektfang 402
Basispunkt 132, 196, 208, 402, 465, 472
BATTMAN 499
BBEARB 467, 480
Bearbeiten
  mit Doppelklick 50
  Volumenkörper 621
Befehl
  beenden 70
  externer 758
  in Werkzeugpaletten 746
Befehle 46
  eingeben 45
  transparente 67
Befehlsabbruch 59
Befehlsabkürzungen 47, 229, 770
Befehlsechos 108
Befehlslistings 108
Befehlsoptionen 48
Befehlssynonyme 770
Befehlsvorgaben 48
Befehlswiederholung 174
Befehlszeile 46, 47, 49
  fehlt 46
Begrenzungsrahmen 343
Bemaßung 535
  aktualisieren 582
  assoziativ 54
  ausgerichtet 565
  Bogen 565
  linear 565
  Radien 565
  schräge Hilfslinien 571
  Winkel 566
Bemaßungen
  erneut verknüpfen 572
  unterbrechen 569

Bemaßungsabhängigkeit 443, 455
  beschriftend 457
  dynamisch 457
Bemaßungsart 546
Bemaßungsassoziativität 572
Bemaßungsbefehl 562
Bemaßungsfamilie 573
Bemaßungsfamilien 573
Bemaßungslinie 549
Bemaßungsposition
  bei Schnellbemaßung 547
Bemaßungsskalierung 559
Bemaßungsstil 540
  aktualisieren 563
  detailliert einstellen 547
  einstellen 535
Bemaßungstext 432
Bemaßungstextstil 547
BEMAUSG 563, 565
BEMBASISL 563, 567
BEMBOGEN 563
BEMBRUCH 563, 569
BEMDURCHM 566
BEMLINEAR 563, 565
BEMMITTELP 564, 571
BEMORDINATE 563, 565
BEMPLATZ 563, 569
BEMRADIUS 563, 565
BEMREASSOZ 564, 572
BEMVERKLINIE 564, 572
BEMVERKÜRZ 563
BEMWEITER 563, 568
BEMWINKEL 563, 566
Benanntes Objekt 466, 476
Benutzeranpassung 719
Benutzeroberfläche 38
Benutzervariable
  Bemaßungsabhängigkeiten 458
Benutzer-Wörterbuch 412
BEREINIG 40, 475, 476, 635
BERWECHS 159, 375
Beschriftung 402, 457
Beschriftungs-Maßstab 55
Beschriftungs-Sichtbarkeit 55
Beschriftungsskalierung 393, 394
Beschriftungsüberwachung 54, 572
Betriebssysteme 28
Bewegungskörper 616
Bezug, DREHEN 203
Bezugsbemaßung 567

BFLÖSCH 719
BFRÜCK 719
BILD 523
Bildgenerierung 705
Bildschirmanzeige
    Einstellungen 725
Bildschirmhintergrund
    Farbe 726
Binden 524
BKS 65, 447, 609, 653
    dynamisches 53, 607, 610
BLENDEN 158
BLOCK 432, 465, 471
    Express-Tools 762
Block
    ändern 467
    Attribute 498
    DesignCenter 491
    dynamischer 492, 502
    ersetzen 762
    extern 467, 488
    intern 465, 471
    suchen 532
    Werkzeugpaletten 492
    zählen 767
    zu Xref 762
Blockdefinition 466, 472
Blockeditor 467, 480, 500, 502
Blockeigenschaft 515
Blockeinheit 473
BOGEN 267, 312
    editieren 272
    Laufrichtung umkehren 267
Bogenlänge 332
Bogensegment 274
Boolesche Operation 629
Breite 278
    Polylinie 89
    verschiedene 280
Breitenfaktor 405
BRUCH 158, 200 f.
Bruchlinie 764
Bruchstrich, waagerecht 414
Buch-DVD 36

C

Cloud 74
CONTENTEXPLORER 771 f.
CONTINUOUS 235
COPYTOLAYER 249

CUIx-Datei 724, 734
CURSORSIZE 768

D

Dateiverwaltung 72
DATENEXTRAKT 512
DBKS 53, 129, 607
DC 252
DDEDIT 418
DDPTYPE 327
DEHNEN 158, 165, 168 ff.
Dehnen 170
DELOBJ 768
DesignCenter 252, 469, 489, 746
Design-Web-Format 519
Dezimalstelle 258
Dia 757
DICKE 624
DIFFERENZ 303, 622, 630
Digitale Signaturen 35
Doppelklickbearbeitung 50
Drag&Drop-Methode 438
Drahtmodell 593
Drahtmodellkonstruktion 675
DREHEN 158, 203, 208, 622
    in 3D 619
DREHEN3d 619
Drehen-Gizmo 690
DTEXT 401, 406
Durchmesser 408
DVD 27, 355, 528
DWF 387
Dwfanhang 525
DWF-Datei 519
    einfügen 525
DWF-Dateien 525
DWFx 387
DYN 49, 53, 70
Dynamische Eingabe 49, 53, 70
Dynamischer Block 492
Dynamisches Bks 53, 129

E

EATTEDIT 500
EATTEXT 512
Echtzeit-Pan 95
Echtzeit-Zoom 95
Editierbefehl 157
Effekt
    Textstil 405

EIGANPASS 220, 262
Eigenschaft 260, 261
    abstimmen 41
    anpassen 220, 262
    übertragen 220
    von Objekten 214
Eigenschaften-Manager 41, 214, 344
    Einstellungen 217
EIGÜBERTRAG 220
EINFÜGE 465, 474, 487, 524
Einfügepunkt 465, 475
    externer Block 489
Eingabe
    dynamische 49, 53
Eingabeaufforderung 46
Einheiten 258
    metrische 241
    unterschiedliche 469
Einheitensteuerung 557
Einstellung
    Abhängigkeiten 459
Einzelauswahl 216
Einzelflächen
    Netzkörper 687
ELLIPSE 272, 440, 675
Ellipsenbogen 272, 273, 675
Endpunkt 131
Entfernen
    einzelne Objekte 188
    Objektwahl 188
ERHEBUNG 658
Ersetzen
    Texte 413
ESC-Taste 59, 225
ETRANSMIT 79
Euro-Symbol 408
Excel 517
Excel-Tabellen 523
Export 486
Exportieren 40
    Layerstatus 252
    nach Excel 427
    Paletten 746
    Palettengruppen 745
    Profil 734
Express Tools 31, 45, 735, 761, 768
Extended Data 765
Externe Referenz 470, 519
Externer Befehl 758

Externer Block 467, 485
    aktualisieren 489
    ändern 488
EXTRUSION 604, 615, 666

F

F2 46
F3 129, 136
F7 64, 129
F8 112, 129
F9 64, 129
F10 123, 129
F11 129, 579
F12 129
Fading 519
Faltwert 687
FANG 53, 64
Fangmodus 53, 129
Farbbuch 437
Farbe 237
    Bildschirmhintergrund 726
Farbeinstellung 238
FASE 158, 175, 622, 623
Fasenkante 312
Favoriten 491
Fenster 180
    implizites 181
    Objektwahl 180
    verschiebbar 55
Fensterhöhe 575
Fenstermodus
    implizit 181
Fensterpolygon
    Objektwahl 183
Fest 451
Fläche 337, 339
    drehen 633
    extrudieren 631
    farbig ausfüllen 634
    formen 670
    kopieren 634
    löschen 633
    modellieren 662
    NURBS-Fläche 663
    prozedurale 663
    stutzen 668
    verjüngen 634
    verlängern 670
    verschieben 632
    versetzen 632

Flächenberechnung 274
Flächenfüllung 726
Flächeninhalt 339
Flächenmodell 593
Flächenübergang 665
Flicken 666
Form/Lagetoleranzen 570
Freiformmodellierung 685
Frieren 379
Führungslinie 586
Führungslinien 586
FÜLLEN 90, 436
Funktion
    Abbruch 59

G

G2
    Abhängigkeit 450
Geometrische Abhängigkeit 444, 446
Gewinde 201, 312
Gitterraster 94
Gizmo 651, 684, 688, 690
Glatt 450
Gleich 451
Grad 408
    null Grad 102
Grafikkarte 29
Grenzen 57
Grenzkante 168
Griff 59, 191, 204, 581, 732
    einrasten 205
    heißer 209
    in Blöcken 732
    multifunktionaler 212
    Vervielfältigung mit Griffen 210
    wegschalten 205
Griffe 51
Griffmenüs 51
Groß- und Kleinschreibung 762
Grundeinstellungen 40
Grundkörper 606
GRUPPE 187, 192, 207
    Objektwahl 187

H

Halbkreis 174
Halterung 367
Handskizze 64
Hardware 28
Hardwarebeschleunigung 55
Hardware-Voraussetzung 28
HATCHTOBACK 437
Hauptanpassungsdatei 724
Heißer Griff 209
Hervorhebung 83
HIGHLIGHT 188 f., 769
Hilfe 42, 43, 59
Hilfslinie 146, 235, 550
    automatische 731
Hinweistexte 587
Hinzufügen
    Objektwahl 188
Höhe 405
HOPPLA 83
Horizontal 447
HTML-Datei 387
Hyperlinkadresse 766

I

ID 271, 334
i-drop 387
Implizites Fenster 181
Implizites Kreuzen 182
Importieren
    Paletten 746
IMWEBPUBLIZIEREN 387
Indexfarbe 437
Inkrementwinkel 123
Installation 29
Interner Block 471
Internetseite 387
ISOCP.SHX 404
Isolieren 55
    von Objekten 229
Isometrie 155

J

Jokerzeichen 501
JPEG 387

K

Kalenderfunktion 768
Kante
    farbig ausfüllen 635
    kopieren 635
KANTOB 682, 683
KAPPEN 624, 627
Kartesische Koordinate 99, 114

Kästchen
    blaue 59
KEGEL 612
KEIL 609
Keiner 132
Kettenbemaßung 100, 568
KLICKZIEHEN 604, 617, 776
KLINIE 581
Knoten 132
Kollinear 448
Kollisionsbereich 627
Konfigurieren
    Plotter 364
Konstruieren
    3D 600
Konstruktionslinie 581
Kontextmenü 50, 70, 116, 118, 174, 221
    bei Fenstern 226
    bei Griffen 205, 206
    für die Befehlszeile 227
    für Statuszeile 226
    Linie-Befehl 69
    ohne aktiven Befehl 221
KONTUR 234
Konvertieren
    in 3D-Objekte 659
    in NURBS 672
konvertieren
    in Volumenkörper 691
    Netz 689
Konzentrisch 451
Koordinate 103
    absolute 97
    absolute, rechtwinklige 98
    dreidimensional 600
    kartesische 98, 99, 114
    rechtwinklige 97, 119
    relative 97, 100, 119
    relative, rechtwinklige 99
Koordinatenanzeige 111
Koordinateneingabe 97, 113
KOPIEREN 158, 197, 209, 483, 622
    mehrfach 210, 764
KREIS 84, 149
Kreisförmige Anordnung 322
Kreuzen 182
    implizites 182
    Objektwahl 182
Kreuzen-Polygon
    Objektwahl 183

Kriterien
    Ähnlichkeit 229
Krümmungsstetig 666
KUGEL 612
Kugelkoordinate 600, 603
Kurve
    zusammengesetzte 273
Kurvenrichtung 287
Kürzel
    für Objektfang 127

L
LÄNGE 156, 159, 332
LAS 251
LASTANGLE 272
LASTPOINT 103, 271, 334
Laufrichtung 287
LAYAFI 249
LAYAKT 249
LAYAKTM 248
LAYANZEIG 249
LAYAUS 249
LAYEIN 249
LAYER 233, 235, 302, 492
    aktueller 248
    Aus/Ein 246
    Frieren/Tauen 247
    für Bemaßung 536
    Modi 245
    Sperren/Entsperren 247
    XREF 521
    zusammenführen 248
Layername 234, 236
LAYERP 248
Layerstatus 251
Layersteuerung
    Ansichtsfenster-spezifisch 379
LAYERV 248
Layerverwaltung 246
Layerzugehörigkeit
    Block 477
LAYFRIER 249
LAYISO 249
LAYISOAUFH 249
LAYKONV 254
LAYLÖSCH 249
LAYMWECHS 249
LAYOUT 58, 357
    neues 367
Layout1 54

LAYSPERR 249
LAYSPERRAUFH 249
LAYTAU 249
LAYZUSF 249
Letzter Punkt 103
Letztes
    Objektwahl 184
LICHT 645, 702
    Punktlicht 706
    Spotlicht 706
LICHTER 702
Lichtquelle 705
LIMITEN 65 f., 759
LINIE 67
Linie-Bogen-Übergang 270
Linienbreite 274
Liniensegment 274
Linienstärke 53, 242
    Bildschirmanzeige 242
Linientyp 234, 238
    eigener 765
LISTE 315, 344, 351
    Plot-Formate 381
Live-Schnitt 638, 639
Lizenzübertragung 34
LOFTING 604, 619
Logische Operatoren 775
LÖSCHEN 82, 475
    rückgängig 83
Löschen 158
    doppelte Objekte 140
LOT 132
Lotrecht 446
LST 53
    Zeichenhilfe 242
LT-Version 785

M

Mac
    AutoCAD für 27
MACHDIA 757
Manager
    für Planungsunterlagen 387
Mapping 655
    Layerzuordnung 256
Mapping-Box 702
Markierung 188
Maschinenbau
    Bemaßungssonderzeichen 578
MASSEIG 341

Masseneigenschaft 341, 637
Maßlinie
    mit Verkürzungssymbol 572
Maßstab 393
    hinzufügen 55
    hinzufügen/löschen 401
    sperren 376
    Textskalierung 394
Maßstabsangaben
    nicht in mm 363
Maßstabseinstellung 398
Maßstabsliste 361, 401
    bearbeiten 361
    speichern 363
    Vorgabe- 241, 730, 759, 769
    Zentrale 363
Mausrad
    Doppelklick 66
    drücken 66
    Orbit 57
    Pan 57
    rollen 66
    Zoom-Grenzen 57, 95
Maustaste
    rechte 70, 118
MEASUREMENT 241, 769
Mehrfachauswahl 216
Menü
    erstellen 743
Menüdatei 724
Menüfunktion
    eigene 742
Menüleiste 41
Menüsyntax 741
MESSEN 315, 320, 327, 328
Metrische Einheiten 241
MFÜHRUNG 586, 588
Microsoft XPS-Viewer 387
MIRRHATCH 769
MIRRTEXT 200, 408, 769
MISCHEN 158, 178, 666
Mitte
    zwischen 2 Punkten 149
Mittel
    Text 407
MITTELLINIE 234
Mittelpunkt 131, 133
Mittelpunktssymbol 571
MLEDIT 300

Stichwortverzeichnis

MLINIE 297, 300
MLSTIL 300
Modell 54, 58, 345
Modellbereich 159, 345, 355, 356, 357, 359
    Verschiebbarer 358
Modellieren
    Flächen 662
MONOCHROME.CTB 382
MSTABSLISTEBEARB 401
MTEXT 401, 409
Multi-Führungslinie 586, 588
Multifunktionale Griffe 212
Multifunktionsleiste 49
    fehlt 46
    MFLEISTE 45
Multilinie 297
Multilinienstil 300, 301
Mutter 311
Mzlösch 223

N

nach hinten 585
Nachkommastelle 258
Nächster 132
Navigationsleiste 57, 657, 786
NCOPY 483
Neigungswinkel 403, 405
Netz 666
Netzkegel 682
Netzkeil 683
Netzkugel 683
Netzmodell 593
Netz-Objekte 45
Netzpyramide 683
Netzquader 682
Netztorus 683
Netzwerklizenz 36
Netzzylinder 683
NEU 76
NKOPIE 159, 483
Normteil 522
Normteilebibliothek 490
Null Grad 102
NURBS 662, 665
NURBS-Fläche 663

O

Oberflächenbeschaffenheit 705
OBJECTISOLATIONMODE 229
Objekt
    benanntes 466, 476
    entfernen 187
    gefülltes 369
    Vorgaben für neue Objekte 217
    vorwählen 205
    wählen 180, 188
Objektdaten 344
Objektfang 53, 126, 129, 130, 132, 150, 180, 402
    komplexer 140
    Mitte zwischen 2 Punkten 149
    permanenter 135
    Positionierung 132
    temporärer 127
    wechseln 136
Objektfangbereich 126
Objektfangspur 53, 129, 141, 148, 476
Objektfangsymbol 135
Objektgruppe 732
Objekthöhe 658
Objektmass 401
Objektwahl 83, 179, 732
    ergänzen 229
    hinzufügen 188
    Letztes 184
    Objekte übereinander 605
    übereinander liegende 54, 189
    Vorher 185
Objektwahlbox
    Größe 83
Objektwahlmodus 179, 180
OFANG 53
ÖFFNEN 77
Online-Hilfe 43
    herunterladen 59
Operation
    boolesche 629
Operatoren
    logische 775
Option 150, 152, 719, 722
    Anzeige 725
    Auswahl 733
    bei Griffen 208
    Benutzereinstellungen 729
    Dateien 724
    Öffnen und Speichern 726
    Plot 728
    Profil 733
    System 728
    Zeichnen 730

Stichwortverzeichnis

ORBIT 57, 597, 600, 656
ORTHO 53, 111, 129, 134
    Koordinateneingabe 111
OSNAPCOORD 769
OTRACK 53, 129, 141, 143, 599, 612, 616
OVERKILL 351

P

Palette
    exportieren 746
    gestalten 744
    importieren 746
Palettengruppe
    exportieren 745
PAN 57, 66 f.
    Echtzeit 97
PANTONE 437
Papierbereich 159, 357, 360
Papiereinheiten 363
Papierformat 367
Parallel 450
Parallele 140
Parallele Linien
    abrunden 174
Parameter 443
Parameter-Manager 458
Parametrik 443
Parametrische Konstruktionen 35
PAUSE 758
PC2 366
PCP 366
PEDIT 50, 159, 274, 282 ff., 660
Peditaccept 287
Pfad 615
Pfeil 274
Pfeilspitze 551
Pfeilsymbol 280
PICKADD 229, 769
PICKFIRST 769
Planar 666
Planfläche 628
Plan-Inhaltsverzeichnis 390
Plansatz 387
PLINIE 88, 273
Plotabstand 369
Plot-Layout 367
Plot-Manager 364, 365
Plotstil
    farbabhängig 382

Plotstil-Manager 382
Plotten 234
Plotter
    einrichten 364
    hinzufügen 366
    kalibrieren 366
Plottereinstellung 367
Plugins 44
Plus-Minus 408
PNG 387
POLAR 53
Polare Anordnung 322
Polarfang 122
Polarkoordinate 97, 101
    relative 101
POLYGON 290
POLYKÖRPER 618
Polylinie 176, 273, 274, 615
    mit unterschiedlicher Breite 280
Position
    Text 407
Positionsnummer 588
Positionsstetigkeit 665
PostScript 365
Profil
    exportieren 734
    nicht löschen 605
Programmleiste 39
Prozedurale Fläche 663
PRÜFBEM 563, 571
Prüfmaß 571
PRÜFSTANDARDS 254
Publizieren 40, 44, 384, 385
    im Web 387
PUNKT 132, 403
    Basispunkt 196
    letzter 103
    Objektfang 403
    Zweiter Punkt 196
Punktfilter 148
Punktlicht 706
Punktlichtquelle 645
Punktraster 94
Punktstil 327, 351
PYRAMIDE 613 f.

Q

QTEXT 402, 726
QUADER 608

Quadrant 132, 134
QUERSCHNITT 629, 638
QuickInfo 214

R

Radienbemaßung 576
Radius 172
Radiusbemaßung 565
    Verkürzt 566
RAL 437
RAM-Speicher 28
RASTER 53, 64
Rasteranzeige 53, 129
Rasterformat 365
Rechenausdruck 458
RECHTECK 86, 289
Rechts
    Text 407
Rechtschreibkontrolle 417
Rechtschreibprüfung 33, 412, 417, 441
Rechtschreibung 402, 412
Rechtsklick
    zeitabhängig 118, 174
Rechtsklick-Anpassung 118
REFBEARB 481, 525
Referenz 209
    externe 470, 522
    externeReferenz 519
    öffnen 525
    suchen 533
Referenzmanager 35
Regelmäßiger Abstand 205
REGELOB 662, 682, 683
REGEN 90
REGION 303, 343, 615
Registrierungsdatenbank 734
REIHE 155, 156, 315, 316
REIHEBEARB 159
REIHEKREIS 159, 315, 318, 626
REIHEPFAD 159, 315, 319, 626
REIHERECHTECK 159, 315 f., 626
Relativkoordinate 100, 121
RENDER 702, 705, 708
Reparieren 40
Revisionswolke 306
Richtung
    null Grad 102
RING 88, 291
ROTATION 604, 616
ROTOB 682, 683
RSCRIPT 758
Rückgängig 81, 209, 223
Rücksetzen
    AutoCAD-Einstellungen 35

S

SAUSWAHL 191
SBEM 545, 563
SC 54
    Zeichenhilfe 605
Schablonendatei 515
Schattenanzeige 705
SCHIEBEN 158, 195, 622
Schließen 75
    Linie-Befehl 69
Schlüsselweite 311
SCHNEBENE 638
SCHNEBENEEINST 639
SCHNEBENEVERK 639
SCHNEBENEZUBLOCK 639
Schnellansicht-Layouts 55
Schnellansicht-Zeichnungen 55
Schnellauswahl 191, 216, 224
Schnellbemaßung 545
Schnelleigenschaften 54
SCHNELLKAL 338
Schnellkal 429
Schnelltextmodus 726
Schnellzugriff-Werkzeugkasten 41
Schnitt 629
Schnittebene 638
Schnittkante 167
SCHNITTMENGE 303, 622, 630
Schnittobjekt 638
Schnittpunkt 131, 133
    erweiterter 139
Schnittverlauf 638
Schnittvolumen 638
SCHRAFFEDIT 159
SCHRAFFUR 431
    Assoziativität 433
    mit Farbverlauf 436
    Sichtbarkeit 436
    spiegeln 439
    Super- 764
Schraffurbearbeitung 288
Schraffuren
    nach hinten 437

Schraffurgrenze 431
Schraffurinsel 431
Schraffurmusterdatei 241
Schraubenlinie 660
Schreibschutz 78
Schrifteigenschaft 410
Schriftfeld 370, 412, 422
Schriftname 404
Schriftzeichen 403
Schwerpunkt 343
Sechseck 290, 311
SEIG 54
Seiteneinrichtung 367
SELECTSIMILAR 229
SFÜHRUNG 586
ShowMotion 57
SICHALS 72, 260
Sicherung
    automatische 80
    temporäre 726
Sicherungsdatei 80, 766
Sicherungskopie 346, 727
Skalieren 207, 208, 331, 333
    Texte 418
Skalieren-Gizmo 690
Skalierfaktor 475, 491
Skalierung 330
Skalierung für Bemaßungen 557
SketchUp 45, 776
Skizze 294, 295
SKP-Datei 45
Skriptdatei 758
SNEU 76
Software-Voraussetzung 28
SOLID 87
Sonderzeichen 408, 412, 415, 417, 559
    Maschinenbaubemaßung 578
SONNE 702
Spaltenformatierung 411
Speicherplatzanforderung 32
Speicherung
    automatische 346
SPIEGELN 158, 199, 208
SPLINEEDIT 159
Splinekurve 158, 319, 450
Spotlicht 706
Spurmodus 141
Spurpunkt
    temporärer 140

Spurverfolgung 53, 123, 129
Standardplotter 366
STANDARDS 254
Standards-Prüfung 35
STANDORT 702
Stapelplotten 385
Start 36
Statusleiste 53, 226
SteeringWheel 58, 117, 597
Stereounterstützung 713
Stetigkeitsbedingungen 665
STIL 401, 403
Stileinstellung 220
Stoppuhr 346
STRAHL 267
Straken 619
STRECKEN 155, 159, 208, 328
    mehrere Bereiche 763
Strg+R 358, 716
Strichelung 234, 238
Strichstärke 382
Stückliste 494, 512
Studentenversion 27
STUTZEN 158, 161, 165, 169, 200, 230
    automatisch 172
    bei Abrunden 177
    bei Fase 177
    Flächen 668
SUCHEN 224, 771
    Blöcke 532
    Texte 413, 420
    Xrefs 533
    Zeichenketten 413
Suchfunktion
    Texte, Attribute, Maßtexte 420
Superschraffur 764
SWEEP 604, 617, 666
Symbol 762
    eigenes 765
Symbolbibliothek 768
Symmetrisch 448
Systemplotter 365
Systemvariable 765, 768
Systemvoreinstellung 722

T

Tabelle 424
TABOB 682, 683
Tangente 132

Tangentenstetigkeit 665
Tangential 447
Taschenrechner 429
Tastenkürzel
    Übersicht 722
Teilebibliothek 469
TEILEN 315, 327, 328
Temporäre Sicherung 726
Temporärer Spurpunkt 140, 143
Tessellationsoptionen 687
Testversionen 27
TEXT 401, 406
    zu MTEXT 763
Text 762
    am Bogen 762
    ändern 418
    Attribute 762
    ausrichten 407
    einzeiliger 406
    Groß- und Kleinschreibung 762
    importieren 441
    in Polylinien umwandeln 762
    kopfstehend 403
    maskieren 763
    Mittel 407
    Position 407
    reaktiver 763
    rechts 407
    rückwärts 403
    senkrecht 403
    skalieren 418
    zentrieren 407
Text importieren 413
Textausrichtung 419
Textbegrenzungsrahmen 726
Textbereich 409
Textbox
    Breite ändern 414
Textbreite 403
Textdarstellung 553
Texte skalieren 418
Textfenster 46
    größer-kleiner 227
Texthöhe 403, 405, 548
    Papierbereich 393
    Wert 0 405
TEXTNACHVORNE 585
Textobjekt 432

Textrahmen 763
Textstil 403, 404
Textsuche 413
Textzeile
    nummerieren 763
Titelliste
    Plansatz 390
TOLERANZ 561, 564, 570
    Abhängigkeiten 452
TORUS 612
TPY 53
Transformation
    mehrere 763
Transparente Befehle 67
Transparenz 53
Trennen 635
Trennzeichen 102
True-Type-Font 405
T-Träger 302

U

Übergang
    Linie-Bogen 270
    mit Knick 270
    tangentialer, glatter 270
ÜBERLAG 520, 627
Überlagerungsprüfung 624
Überprüfen 40, 636
Überschreiben 574
    von Bemaßungen 574
UMBENENN 483
Umbenennen 222
    Blöcke 483
UMDREH 159, 287
UMGRENZUNG 615
Umschalttaste 169
Unterobjekt 190
URSPRUNG 158, 475

V

VARIA 155, 159, 315, 330
    mit Griffen 208
Verbergen 55
VERBINDEN 159, 287
Verbindungsfläche 666
VERDICKEN 624
VEREINIG 303, 304, 622, 629
Vergrößern 97
Verkleinern 97

Verlaufsschraffur 437
Verschachtelte Objekte 483
Verschieben 208
Verschieben-Gizmo 684
Verschmelzen 172, 179, 670
verschmelzen 688
VERSETZ 158
Versteifen 687
Vertikal 450
Vervielfältigung
    mit Griffen 210
Vervollständigen
    Befehle 47
Verzeichnisstrukturen 33
Vieleck
    regelmäßiges 290
View-Cube 597, 599, 657, 786
Visual-LISP-Editor 748
VOLKÖRPERBEARB 622, 630
Vollbild 55
Volumeninhalt 341
Volumenkörper 35, 274, 341
    bearbeiten 621, 622
Volumenmodell 593, 594
Von 140, 145
Von Punkt
    Objektfang 145
Voransicht 77
Vorauswahl 205
Vorgabe
    für neue Objekte 217
Vorgabe-Maßstabsliste 241, 364
Vorher
    Objektwahl 185
Vorlage 257
Vorlagendatei 514, 515
    einstellen 76
Vorwahl 206

W

Wahl 229
Wandstärke 636
WBLOCK 467, 484, 485
Web Links 767
Wechselnde Auswahl 54, 605
Weltkoordinatensystem 116, 675, 766
Werkzeugkasten 49
    neuer 736
    verschiebbar 55

Werkzeugpalette 438, 744
    anpassen 745
    Befehle 746
    für Blöcke 492
Wiederherstellen 223
Wiederherstellungsmanager 80
Willkommensbildschirm 37
Winkel 335
    Grad, Minuten, Sekunden 259
    Richtung 102
Winkelbemaßung 566
Winkeleingabe 560
Winkeleinstellung
    polare 123
WKS 116, 694
    Textausrichtung 245
Wörterbuch 724
    benutzerspezifisch 417

X

XCLIPFRAME 524
XÖFFNEN 525
XREF 470, 519, 522
    Binden 524
XZUORDNEN 519, 523
XZUSCHNEIDEN 524

Z

Z 81
    im Linie-Befehl 69
Zahlen-Genauigkeit 258
ZAun 185
    Objektwahl 185
Zeichenbefehl
    komplexer 267
Zeicheneinheit 729
Zeichenhilfen 64
    als Text 54
ZEICHENREIHENF 159
Zeichensatz 404
Zeichensatzdatei 403
Zeichentabelle
    Sonderzeichen 416
Zeichnung
    neue 76
Zeichnung1.dwg 39
Zeichnungsdatei 39
    temporäre 725
Zeichnungseinheiten 40, 363

Zeichnungsinhalte 771
Zeichnungsprogramme 40, 94
Zeichnungsrahmen 370
Zeichnungsregister 45
Zeichnungsvorlage 257, 259, 724
    einstellen 76
    Pfad 260
ZEIGDIA 758
zeigen 164
ZEIT 345
Zeitabhängiges Rechtsklicken 118
Zentrieren
    Text 407
ZENTRUM 131, 133
ZLÖSCH 82
ZOOM 66, 95
    Alles 97
    Echtzeit 96
    Faktor 97
    Fenster 96
    Flyout 95
    Grenzen 57, 66, 96
    Mitte 97
    Vorher 96
Zoomen 57
    Mausrad 95
Zurück 81
    Objektwahl 188
Zurücksetzen 722
Zusammenfallend 449
Zusammenstellungszeichnung 470, 522
Zweiter Punkt 196
Zwischenablage
    Einfügen aus 483
zyklische
    Auswahl 54
ZYLINDER 603, 611
Zylinderachse 611
Zylinderkoordinate 600, 602

Tanja Köhler

Architektur 3D-Modellierung
mit AutoCAD und 3ds Max

- **Professionelle Architekturmodelle realisieren**
- **Optimale Zusammenarbeit von 3ds Max und AutoCAD**
- **Mit vielen praxisnahen Übungen**

In diesem technischen Handbuch gibt Ihnen Tanja Köhler mit vielen praxisnahen Beispielen und Übungen sowie zahlreichen Illustrationen eine Anleitung für die Realisierung von professionellen 3D-Architekturmodellen. Sie erfahren, wie Sie mit AutoCAD und 3ds Max qualitativ hochwertige Modellierung von Gebäuden und architektonischen Objekten realisieren. Zudem erhalten Sie Hilfe bei der Strukturierung und Organisation der Projektschritte, die für eine professionelle Visualisierung nötig sind. Die Beispiele aus dem Buch beziehen sich auf die Versionen AutoCAD 2012 und 3ds Max 2012, sind aber auch auf ältere Versionen übertragbar.

Die Autorin:

Tanja Köhler studierte Architektur in Wuppertal, Helsinki und Tokio. Sie arbeitete in Japan bei Kisho Kurokawa architect & associates und in verschiedenen Architekturbüros in Deutschland und Belgien. Als 3D-Artistin vertiefte sie ihre 3D-Software-Kenntnisse in der Computerspiele-Branche bei Opus Studio Inc. (Tokio) und Bluebyte/Ubisoft. Unter anderem visualisierte sie die Gebäude für "Die Siedler VI - Aufstieg eines Königreiches". Heute lebt und arbeitet sie als freie Architektin bei München und ist Lehrbeauftragte am Lehrstuhl für Computergestütztes Planen in der Architektur der RWTH Aachen.

Probekapitel und Infos erhalten Sie unter:
www.mitp.de/9119

ISBN 978-3-8266-9119-5

Das Praxismagazin für AutoCAD- und Inventor-basierte Lösungen

2 Ausgaben gratis

Immer wissen was los ist

mit einem persönlichen Abonnement

www.autocad-magazin.de/abo

WIN VERLAG

www.autocad-magazin.de
www.inventor-magazin.de